Elsaghe · Die imaginäre Nation

Yahya Elsaghe

Die imaginäre Nation

Thomas Mann und
das ›Deutsche‹

Wilhelm Fink Verlag

Publiziert mit Unterstützung des schweizerischen Nationalfonds zur Förderung der wissenschaftlichen Forschung

Umschlagabbildung

Albrecht Dürer, Philipp Melanchthon
(›Vorbild‹ für Jonathan Leverkühn)

Die Deutsche Bibliothek – CIP- Einheitsaufnahme

Elsaghe, Yahya A.:
Die imaginäre Nation : Thomas Mann und das „Deutsche" /
Yahya Elsaghe. - München : Fink, 2000
ISBN 3-7705-3455-7

Gedruckt auf alterungsbeständigem Papier

ISBN 3-7705-3455-7
© 2000 Wilhelm Fink Verlag, München
Gesamtherstellung: Ferdinand Schöningh GmbH, Paderborn

Inhalt

Für Kritik, Ermutigung und Unterstützung sei herzlich gedankt:

Nina Berman, Lukas Bernhart, Michael Böhler, Marco Danieli, Dorothea El Saghe, Oliver Lubrich, Gert Mattenklott, Irit Rogoff, Claudia Roth, Hinrich C. Seeba, Katharina Suske, Paolo Vignoli, Sigrid Weigel, Maya Widmer, Geoff Wilkes, Karin Zotzmann;

der Alexander von Humboldt-Stiftung, dem Australian Research Council, dem Schweizerischen Nationalfonds zur Förderung der wissenschaftlichen Forschung.

Einleitung

Thomas Mann, auf den sich ein Konservativer wie Franz Josef Strauß ebenso berufen konnte wie Johannes R. Becher als Kulturminister der Deutschen Demokratischen Republik — »Du Deutschlands Ruhm und Ehre: Thomas Mann«[1] —, gehört nach wie vor zum Grundbestand der deutschen Bildungsgüter, wie auch aus einer 1997 von der Hamburger Wochenzeitung *Die Zeit* durchgeführten Erhebung »[d]es deutsche[n] Literatur-Kanon[s]« wieder hervorgeht. Auf der ermittelten Liste der wichtigsten Autoren, was immer die dafür angesetzten Kriterien gewesen sein mögen, rangiert Thomas Mann nach Goethe und Kafka auf dem dritten Platz,[2] so daß er, das Wort in einer nationalstaatlich eingeengten Bedeutung genommen, der überhaupt kanonischste aller ›deutschen‹ Autoren wäre, da es ja ›Deutschland‹ in diesem Sinn zu Goethes Zeit noch nicht gab und Kafka aus dem einen Deutschland ausgeschlossen blieb, dessen Kaiser am 18. Januar 1871 proklamiert wurde. Außerhalb des deutschen Sprachraums wäre das Ergebnis solch einer Quantifizierung der ›Kanonizität‹ deutscher Autoren kaum anders ausgefallen. Auf einer soeben erstellten Rangliste der hundert besten ›gay novels‹ nimmt *Death in Venice* den ersten Platz ein.[3] Thomas Mann verkörpert »la bonne Allemagne«[4] und gilt als ›good German‹, ein Bild übrigens, zu dem er in den Vereinigten Staaten, wo er zuweilen geradezu für einen ›American author‹ gehalten wird (was er ja de iure sein letztes Lebensjahrzehnt auch war), ganz gezielt selber beigetragen hat, indem er zum Beispiel die Übersetzung solcher Texte zu unterbinden wußte, die dieser Rezeptionshaltung nicht harmonisierbar gewesen wären.[5]

In derselben Ausgabe der *Zeit*, in der die letzte Folge jener Kanondiskussion erschien, wird unter der Schlagzeile »Warum immer wieder Lübeck?« ganz selbstverständlich ein maximaler Gegensatz vorausgesetzt zwischen Lübeck als »Stadt Thomas Manns« und Lübeck als Ort einer Folge von Ereignissen, die an ein anderes, das eben durchaus nicht ›gute‹ Deutschland erinnern: »Wie ist all das möglich in der Vaterstadt Thomas Manns [...]?«[6] Thomas Manns Popularität und Prestige, mit an-

---

1   Johannes R. Becher, Thomas Mann [Sonett], in: Spektrum 11.5: Zum 90. Geburtstag Thomas Manns, 1965, S. 139.
2   Der deutsche Literatur-Kanon, in: Die Zeit, 23.5.1997.
3   Freundliche Auskunft von Herrn Prof. Dr. Frederick A. Lubich, Norfolk, vom 5.6.1999.
4   Jacques Darmaun, L'Allemagne, Thomas Mann, les Juifs. Le sens d'une interrogation, in: Cahiers d'études germaniques 32, 1997, S. 85–96, hier S. 85.
5   Vgl. Dieter Wolfgang Adolphs, Thomas Manns Einflußnahme auf die Rezeption seiner Werke in Amerika, in: Deutsche Vierteljahrsschrift für Literaturwissenschaft und Geistesgeschichte 64, 1990, S. 560–582.
6   Susanne Gaschke, Brandanschläge, Briefbomben, Hakenkreuze, Haßparolen:

deren Worten, liegt zu einem guten Teil die sogenannte Zwei-Deutschland-Theorie zugrunde, die man zwar auch aus seinem eigenen Spätwerk, zumal aus *Lotte in Weimar* oder *Doktor Faustus* abstrahieren kann,[7] der er aber ironischerweise doch skeptisch und jedenfalls skeptischer als andere Emigranten wie zum Beispiel Bertolt Brecht gegenüberstand (mit dem es gerade über dieser Frage im Exil zu einer schweren Verstimmung kam[8]). Die Zwei-Deutschland-Theorie, wie sie so leicht in die Polemik der beiden deutschen Staaten überführbar war, die potentielle Polysemie also dieses Ausdrucks weist wieder auf die Problematik des Begriffs ›Deutsch*land*‹, auf die Fragwürdigkeit des Versuchs zurück, dem ›Deutschen‹ einen nationalen, national eindeutigen Sinn zu geben.

Wie der Felix Krull der späteren Romanfassung »wenige Jahre nur nach der glorreichen Gründung des Deutschen Reiches« geboren[9] — ursprünglich sollte Felix' Geburtsjahr mit dem der Reichsgründung sogar zusammenfallen,[10] und in der ersten Buchausgabe von 1922 (unachtsamerweise auch der von 1937 und in der Folge bis 1954) hieß es nur vage »vor vierzig Jahren«[11] —, gehört Thomas Mann einer Generation an, deren nationale Identität sich unter besonders schwierigen Bedingungen bilden mußte und immer wieder gefährdet werden sollte. Als schriftstellerisch prominentester Repräsentant dieser ersten Generation nach 1871, dessen literarische Imaginationsangebote in so hohem Maß akzeptabel waren und es noch immer sind, verspricht er wesentliche

Die Stadt Thomas Manns kommt nicht zur Ruhe. »Warum immer wieder Lübeck?«, in: Die Zeit, 30.5.1997.

7 Vgl. Hans Rudolf Vaget, *Germany: Jekyll and Hyde*. Sebastian Haffners Deutschlandbild und die Genese von *Doktor Faustus*, in: Eckhard Heftrich und Helmut Koopmann (Hgg.), Thomas Mann und seine Quellen. Festschrift für Hans Wysling, Frankfurt a. M. 1991, S. 249–271.

8 Vgl. Klaus Harpprecht, Thomas Mann. Eine Biographie, o. O. [Reinbek b. Hamburg] 1995, S. 1354–1377.

9 Zitiert wird nach: Thomas Mann, Gesammelte Werke, Frankfurt a. M. ²1974; hier Bd. 7, S. 266. Die Zitate aus den Handschriften erfolgen mit freundlicher Erlaubnis des Thomas Mann-Archivs der Eidgenössischen Technischen Hochschule, Zürich. Dem Leiter des Archivs, Herrn Dr. Thomas Sprecher, und seinen Mitarbeiterinnen, Frau Katrin Bedenig, Frau Cornelia Bernini, Frau Rosmarie Hintermann und Frau Martina Peter, sei für ihre Hilfsbereitschaft bestens gedankt.

10 Vgl. Hans Wysling, Narzißmus und illusionäre Existenzform. Zu den *Bekenntnissen des Hochstaplers Felix Krull*, Frankfurt a. M. ²1995 (Thomas Mann-Studien, Bd. 5), S. 36 f., der die Verschiebung des Geburtsjahrs von 1871 (vgl. auch ders. und Yvonne Schmidlin, Thomas Mann. Ein Leben in Bildern, Zürich ²1994, S. 189: »Heinrich Manns Geburtsjahr«) auf 1875 allein aufgrund der autobiographischen bzw. der Beziehung zu Heinrich Manns Geburtsjahr 1871 zu erklären versucht.

11 Thomas Mann, Bekenntnisse des Hochstaplers Felix Krull. Buch der Kindheit, Wien, Leipzig, München 1922, S. 14; ders., Bekenntnisse des Hochstaplers Felix Krull, Amsterdam 1937, S. 9; ders., Bekenntnisse des Hochstaplers Felix Krull. Buch der Kindheit, Leipzig 1948, S. 6; ders., Bekenntnisse des Hochstaplers Felix Krull. Erzählung, Berlin 1954, S. 11.

Aufschlüsse über den kollektiven Aspekt der Identitätsproblematik zu geben, die er in den *Bekenntnissen des Hochstaplers* bloß individuell zuspitzte. Vor dem theoretischen Hintergrund von Benedict Andersons Untersuchungen zu der Rolle gelesen, die, neben Zeitungen und mediengeschichtlich eng mit diesen verknüpft, auch Romane und Novellen bei der kollektiven Imagination des Nationalstaats spielten,[12] eignen sich Thomas Manns Erzähltexte vorzüglich dazu, ein im Sinne Roland Barthes' ›mythisches‹[13] Potential von Literatur zu studieren. Literatur scheint in den Epochen des Nationalstaats und des Nationalismus unter anderem dazu zu dienen, »die Raumgestaltung, die wir Grenze nennen«, gerade nicht als »seelisches [...] Geschehen« und »soziologische Funktion« wahrzunehmen, als die sie Georg Simmel seinerzeit bereits genau zu analysieren vermochte,[14] sondern sie vielmehr zu einer unabänderlichen Gegebenheit umzustilisieren und also einen mit dem Begriff der ›Nation‹ immer schon insinuierten Natürlichkeitsanspruch phantasmatisch einzulösen.

Diesem Anspruch auf Naturgegebenheit konnte das sogenannte ›Zweite Reich‹, von Nietzsche als »res facta [...] ficta et picta« verspottet,[15] so wenig genügen wie nur eines. Es mußte von allem Anfang an mit einem unausweichlichen Legitimationsproblem konfrontiert sein. Seine »glorreiche[] Gründung« beruhte bekanntlich auf einer völlig neuen Definition dessen, was ›deutsch‹ war und was nicht. Diese *Redefinition*, der Etymologie des Worts und seiner Affinität zu Territorialkonflikten entsprechend, hatte reine, militärische Gewalt zur Voraussetzung, nicht erst den Deutsch-Französischen Krieg von 1870/71, sondern auch schon den Deutschen Krieg von 1866, in dem Österreich zusammen mit seinen Verbündeten, darunter Bayern und Sachsen, nicht vernichtend, aber doch endgültig von Preußen und den preußischen Alliierten geschlagen worden war. Das mit der gewaltsamen Durchsetzung der preußischen Ansprüche gegebene Legitimationsproblem war damit ein doppeltes. Es bestand nicht nur in der zum einen Teil, nämlich nach Südosten hin ganz neuen Abgrenzung nach außen, deren Fragwürdigkeit sich an den Windungen der deutschen Geographen unmittelbar erkennen läßt,[16] sondern auch in der Integration solcher deutscher Städte und

---

12 Benedict Anderson, Imagined Communities. Reflections on the Origin and Spread of Nationalism, London und New York ²1994, S. 22–36.
13 Roland Barthes, Mythen des Alltags, Frankfurt a. M. 1964, S. 130–133.
14 Georg Simmel, Soziologie des Raumes, in: Georg Simmel, Aufsätze und Abhandlungen 1901–1908, Bd. 1, hg. v. Rüdiger Kramme, Angela Rammstedt und Otthein Rammstedt, Frankfurt a. M. 1995 (Gesamtausgabe, Bd. 7), S. 132–183, hier S. 141, 143; ders., Soziologie. Untersuchungen über die Formen der Vergesellschaftung, hg. v. Otthein Rammstedt, Frankfurt a. M. ²1995 (Gesamtausgabe, Bd. 11), S. 697.
15 Friedrich Nietzsche, Sämtliche Werke. Kritische Studienausgabe, hg. v. Giorgio Colli und Mazzino Montinari, München, Berlin, New York 1980, Bd. 5, S. 194.
16 Vgl. Hans-Dietrich Schultz, Deutschlands »natürliche« Grenzen, in: Alexander Demandt (Hg.), Deutschlands Grenzen in der Geschichte, München 1990, S. 33–

Staaten, die der Etablierung eines preußisch dominierten Reichs skeptisch gegenübergestanden beziehungsweise sich soeben noch militärisch dagegen gewehrt hatten. Diesem zweifachen Legitimationsdefizit war mit keinem der seinerzeit gängigen nationalistischen Diskurse beizukommen, weder mit historischen noch mit konfessionell-religiösen, weder mit linguistischen noch auch nur dialektologischen und am allerwenigsten mit ethnischen Argumenten.

Daß dennoch in kurzer Zeit ein energisch deutsches Nationalgefühl sich einstellen konnte, das über die »relativ harmlose Befriedigung der Aggressionsneigung« hinausgehen sollte, als welche Sigmund Freud den »Narzißmus der kleinen Differenzen« taxierte,[17] versteht sich also durchaus nicht von selbst und erzeugt einen Erklärungsdruck: Wie imaginierten die Deutschen, die sich nun in einem neuen, nationalstaatlich-nationalistischen Sinn als solche verstanden, das Reichsterritorium und seine Grenzen? Inwiefern reagierte diese Imagination des Reichs auf die weiteren Redefinitionen des deutschen Territoriums, wie sie im zwanzigsten Jahrhundert in verhältnismäßig kurzen Intervallen folgen sollten? Nach welchen Mustern vollzog sich die nationale Identitätsbildung? Was bestimmte die Vorstellung des Eigenen und des Fremden? In welchem Verhältnis standen hier individuelle und kollektive Identität?

Thomas Manns Œuvre bietet sich aus mehreren Gründen als Gegenstand für die skizzierte Problemstellung an. Seine Lebens- und Schaffenszeit umfaßte alle wesentlichen Zäsuren der deutschen Geschichte zwischen der Reichsgründung von 1871 und der Vereinigung von 1990. Und die Fragwürdigkeit der deutschen Identität, wie sie mit einer Unterdrückung einer reich ausgebildeten Heterogenität einherging, wiederholte und verschärfte sich bei ihm auf persönlicher Ebene gleich doppelt, sowohl genealogisch als auch sexuell: genealogisch wegen der ›kreolischen‹ Abstammung seiner Mutter; sexuell wegen seiner stark ausgeprägten homoerotischen, von der Norm abweichenden und um dieser Norm willen unterdrückten Neigungen. Denn wie George Mosse in seinen Untersuchungen des Zusammenhangs gezeigt hat, in den ›Nationalismus und Sexualität‹ beim Übergang von der religiös-moralisch zu einer wissenschaftlich begründeten Homophobie gerieten, wurde die heterosexuelle Norm im Lauf des neunzehnten Jahrhunderts zusehends dem ideal ›Deutschen‹ angeglichen, gleichgesetzt und subsumiert.[18]

Auch in methodologischer Hinsicht eignet sich Thomas Manns Gesamtwerk für das hier leitende Frageinteresse wie kaum ein anderes; und zwar aufgrund einer — als solche sich zugegebenermaßen nur her-

---

88, hier S. 48–52.

17   Sigmund Freud, Gesammelte Werke. Chronologisch geordnet, hg. v. Anna Freud, Edward Bibring und Ernst Kris, London und Frankfurt a. M. 1940–1968, Bd. 14, S. 474.

18   George L. Mosse, Nationalism and Sexuality. Respectability and Abnormal Sexuality in Modern Europe, New York 1985, v. a. S. 31–37; ders., Das Bild des Mannes. Zur Konstruktion der modernen Männlichkeit, Frankfurt a. M. 1997, v. a. S. 77–98.

meneutisch zirkulär bewährenden — Vorentscheidung über das grundsätzliche Verhältnis der literarischen Texte Thomas Manns zu ihrem sozialen, insbesondere zum Kontext der für den Autor von Jugend an prägenden Wilhelminischen Gesellschaft. Innerhalb einer Typologie wie derjenigen Stephen Greenblatts scheint die ›Beziehung zwischen künstlerischer Produktion und anderen Formen der Produktion und Reproduktion, die eine Gesellschaft ausmachen‹, hier weit eher eine ›einfache‹, ›eine gegenseitig affirmative‹ zu sein, als daß das ›Potential‹ wirklich freigesetzt würde, ›diese affirmative Beziehung zu stören‹, und Thomas Mann zu jenen Autoren gehörte, welche prinzipiell ›gegen die Grenzen ihrer eigenen Kultur schlagen‹.[19]

Im Unterschied zu den Haupttendenzen der bisherigen Forschung, wie sie bei deren sehr beträchtlichem Umfang mit immerhin vertretbarer Ungenauigkeit etwa in den *Thomas Mann-Studien* oder dem *Thomas Mann-Jahrbuch* auszumachen sind, geht es im folgenden weniger um das eigentlich Originelle und als originell Intendierte der Werke, sondern um das, was an ihnen Teil und Ausdruck übergreifender Strukturen ist und dem Autor möglicherweise sogar gleichsam hinter dessen Rücken unterlief. Insofern, als aus ihnen unabhängig von der Autorintention kollektive Vorstellungen sprechen, sollen Thomas Manns Erzähltexte ›diskursanalytisch‹ gelesen und insofern ›dekonstruiert‹ werden, als sich solche Vorstellungen selbst gegen die Intentionen des Autors durchsetzen (zum Beispiel antisemitische Stereotype bei erklärtermaßen ›philosemitischer‹ Gesinnung). Das methodische Problem aber der ›Dekonstruktion‹, daß nämlich die im Text als solche unterlaufene Intention oft selbst im jeweiligen Rezeptionsvorgang erst konstruiert werden muß, entfällt bei Thomas Mann in einem Grad wie bei vielleicht keinem anderen Autor; deshalb, weil er ja selbst immer wieder in Briefen, Reden und Essays explizit die Intentionen bestimmte, die er in seinen literarischen Texten umsetzte oder eben umzusetzen wenigstens glaubte, so daß es hier also möglich ist, mit großer Genauigkeit die Abstände der jeweiligen Autorintention zu dem auszumessen, was in den betreffenden Texten tatsächlich steht.

Dem maximalistischen Anspruch, der oben umrissenen Problematik in allen, jedenfalls in allen sich dafür unmittelbar anbietenden Erzähltexten Thomas Manns nachzugehen — also abzüglich der wenigen, deren erzählte Zeit in keiner direkten Beziehung zu den Weiterungen der deutschen Nationalidentität steht (wie *Der Erwählte, Die vertauschten Köpfe, Lotte in Weimar* oder die Josephstetralogie) —, diesem selbstverständlichen und an sich auch hier verbindlichen Anspruch auf Vollständigkeit stehen die Redundanzen und ermüdenden Längen gegenüber, die sich ergäben, wollte man jeden der in Betracht kommenden Texte der Reihe nach der immer gleichen Fragestellung unterziehen.

---

19   Stephen Greenblatt, Culture, in: Frank Lentricchia und Thomas McLaughlin (Hgg.), Critical Terms for Literary Study, Chicago und London ²1995, S. 225–232, hier S. 231.

Dieses Problem der Darstellung, da es die hohe Redundanz der Primärtexte selbst, deren in der hier interessierenden Hinsicht erstaunliche Konstanz reflektiert — und solche Konstanz und Einförmigkeit des Gesamtwerks nachzuweisen gehört schon zu den hauptsächlichen Zielen der Untersuchung —, wird sich nicht wirklich lösen, sehr wohl aber minimieren lassen. Einzelne jeweils in den Fokus des Interesses gerückte Texte sollen exemplarisch, das heißt mit ständiger Bezugnahme auf das Gesamtwerk, andere aber nur in Form solcher Bezugnahmen analysiert werden — so die *Bekenntnisse des Hochstaplers Felix Krull* oder der hier natürlich besonders belangvolle *Zauberberg* —, also nicht als Gegenstand eines auf sie zentrierten Kapitels. Die Exemplarität der en détail zu analysierenden Texte bemißt sich nach den folgenden drei verschiedenen, wenngleich nicht immer ganz auseinanderzuhaltenden, zuweilen — gerade im Fall des *Zauberberg* — auch kollidierenden Kriterien: erstens einem rezeptions-, zweitens einem produktionsgeschichtlichen und drittens einem thematischen.

Erstens sollen wo immer möglich die kanonischen, populären, am besten rezipierten Erzähltexte Thomas Manns untersucht werden, die sowohl in der Forschungsliteratur am gründlichsten und extensivsten behandelten als auch in der außerwissenschaftlichen Rezeption, zum Beispiel in Form von Verfilmungen präsentesten. Gerade so wird deutlich werden, worauf das weithin herrschende Bild des Autors basiert und womit es erkauft ist. Die Kanonisierung Thomas Manns beruht letztlich auf einer entschiedenen Reduktion der Komplexität sowohl des Œuvres als auch der darin artikulierten Probleme nationaler Selbstvergewisserung. Die konsequent blinden Stellen der Rezeption, die unbewußten Allianzen der Wissenschaftler oder zum Beispiel auch der Drehbuchautoren und Regisseure mit ihm, die den ›Klassiker‹ erst konstituierenden Identifikationen der Rezeptionsgemeinschaft mit ›ihrem‹ Autor werden sich immer wieder abzeichnen, am wohl aufschlußreichsten in der Verfilmungsgeschichte. Nicht nur, daß heiklere, im Lauf der Zeit heikel gewordene Momente konsequent retuschiert und diejenigen verharmlost werden, an denen ausnahmsweise ein subversives Potential (vor allem der späten und spätesten Erzähltexte) zum Tragen kommen könnte; erstaunlich häufig werden die Leerstellen der Texte in den Filmen scheinbar willkürlich gefüllt, aber genauer besehen ganz in Thomas Manns Sinn, wie er sich aus dem Gesamtwerk abstrahieren läßt. Um für dies alles nur ein paar wenige Beispiele vorwegzunehmen:

In der Forschungsliteratur zu den *Buddenbrooks*, etwa den einschlägigen Kapiteln in Michael Zellers *Bürger oder Bourgeois?*,[20] im *Buddenbrooks-Handbuch*[21] oder in Martin Swales' einschlägigem Beitrag zu

20 Michael Zeller, Bürger oder Bourgeois? Eine literatursoziologische Studie zu Thomas Manns *Buddenbrooks* und Heinrich Manns *Im Schlaraffenland*, Stuttgart 1976 (Literaturwissenschaft — Gesellschaftswissenschaft, Bd. 18), v. a. S. 19–29 (»Werner Sombarts ›Bourgeois‹-Kriterien und die Figur des Hermann Hagenström« und »Das Geschichtsmodell in *Buddenbrooks*«).
21 Ernst Keller, Hagenströms, in: Ken Moulden und Gero von Wilpert (Hgg.), *Bud-*

einer Reihe von »Masterwork Studies«,[22] das heißt bis in die Siebziger-, Achtziger- und Neunzigerjahre und gerade auch dort, wo das Verhältnis thematisch wird, in dem der »Verfall« der »eine[n] Familie« zum Aufstieg einer anderen steht, der Hagenströms, deren mütterlicherseits jüdische Herkunft im Text überdeutlich markiert ist und der zeitgenössischen Kritik keineswegs entging, auch 1954 nochmals in Pierre-Paul Sagaves hierin folgenloser Analyse *Réalité sociale et idéologie religieuse dans les romans de Thomas Mann* hervorgehoben wurde,[23] — in der ganzen umfangreichen Thomas Mann-Forschung muß man nach noch so flüchtigen Erwähnungen antisemitischer Reflexe in den *Buddenbrooks* sehr lange suchen. Und die verschwindend wenigen Ausnahmen von dieser Regel stammen kaum zufälligerweise wieder nicht aus dem deutschen und zu ihrem besten Teil nicht einmal mehr aus dem europäischen, sondern aus dem amerikanischen Raum (ein Aperçu in einem Aufsatz von Egon Schwarz,[24] ein paar Seiten in Jacques Darmauns *Thomas Mann et les Juifs*,[25] ein Kapitel in Rolf Thiedes Dissertation *Stereotypen vom Juden*,[26] die allerdings erst erschien, als das Manuskript der vorliegenden Arbeit schon abgeschlossen war).

In der ersten Verfilmung des *Felix Krull*, wie das betreffende Romankapitel zur Zeit des westdeutschen ›Wirtschaftswunders‹ entstanden, soll der Reichtum eines dubiosen Ehepaars von »Gänseleberpastete« herrühren (einem in den *Buddenbrooks* konstant mit dem Juden Hermann Hagenström assoziierten Produkt) und nicht mehr von »Klosettschüsseln«,[27] so daß er nun nicht mehr auf die anale Qualität des trotzdem ›nicht stinkenden‹ Gelds oder auf die beliebige Kommutabilität einmal ›gewaschenen‹ Kapitals hin dechiffriert werden kann. In einer jüngeren Fernsehverfilmung verkauft Krull den von ihm gestohlenen Schmuck einem Hehler, der nicht wie im Roman Jean-Pierre, sondern »Blumenberg« heißt und seinem Habitus nach zum Klischeejuden gemodelt ist; und in derselben, bis heute immer wieder ausgestrahlten Filmversion des *Felix Krull* spricht die Prostituierte Rozsa Jiddisch, während ihre

denbrooks-Handbuch, Stuttgart 1988, S. 195 f.

22 Martin Swales, *Buddenbrooks*. Family Life as the Mirror of Social Change, Boston 1991 (Twayne's Masterwork Studies, Bd. 79), v. a. S. 89–103.

23 Pierre-Paul Sagave, Réalité sociale et idéologie religieuse dans les romans de Thomas Mann. Les *Buddenbrook*; La *Montagne magique*; Le *Docteur Faustus*, Paris 1954 (Publications de la Faculté des Lettres de l'Université de Strasbourg, Bd. 124), S. 39.

24 Egon Schwarz, Die jüdischen Gestalten in *Doktor Faustus*, in: Thomas Mann-Jahrbuch 2, 1989, S. 79–101, hier S. 87.

25 Jacques Darmaun, Thomas Mann et les Juifs, Bern, Berlin, Frankfurt a. M., New York, Paris, Wien 1995 (Collection Contacts, III: Etudes et documents, Bd. 27), S. 30–37.

26 Rolf Thiede, Stereotypen vom Juden. Die frühen Schriften von Heinrich und Thomas Mann. Zum antisemitischen Diskurs der Moderne und dem Versuch seiner Überwindung, Berlin 1998 (Reihe Dokumente — Texte — Materialien, Bd. 23), S. 81–100.

27 Bd. 7, S. 448.

Sprache im Romantext nur eben ›ins Unsinnige entgleitet‹ (und dadurch aufs Materielle reduziert wird wie ihr sexuell attraktiver und ökonomisch für den ›Helden‹ und Zuhälter lukrativer Körper). In der zum hundertsten Geburtstag des Autors veranstalteten Fernsehverfilmung des *Tristan* ist die Äußerung eines erfolgreich assimilierten über einen anderen Juden, dieser stamme »*bloß* aus Lemberg«,[28] um das für eine bekannte Variante des ›jüdischen Selbsthasses‹ so symptomatische Adverb gekürzt, ohne daß diese oder eine andere Tilgung der im Novellentext konsistenten Antisemitismen in einer sonst sehr kritischen Rezension des *Spiegel* angemerkt worden wäre[29] — in der betreffenden Nummer wurde auch so etwas wie eine Thomas Mann-Debatte ausgetragen, die sich freilich in der Entrüstung über Hanjo Kestings »Zehn polemische Thesen über einen Klassiker«[30] erschöpfte und wie alle zehn der doch absichtlich provokativen »Thesen« das Thema des Antisemtismus aussparte —; und im Film *Wälsungenblut* wird die jüdische Aggression gegen einen unbescholtenen deutschen Adligen zu einer solchen des Adels gegen einen braven Bürger umgeschrieben (nur unter dieser Bedingung, daß die inkriminierte Familie nicht mehr als jüdische dargestellt würde, hatte die Erbengemeinschaft die Verfilmungsrechte überhaupt an Georges Lafôret alias Franz Seitz abgetreten[31]). In Seitz' Verfilmung des *Doktor Faustus* ist die Rolle des Teufels statt mit einem professionellen Schauspieler mit einem als solcher bekannten Wiener besetzt; die tödliche Ansteckung wird zwar nicht über Österreich-Ungarn, jedoch aus dem ›christlichen Abendland‹ hinaus, nämlich ins »Türkenviertel« von Sarajevo verlagert; und die infizierte, im Roman anonyme und ganz herkunftslose Prostituierte erhält hier einen am ehesten wohl slawisch assoziierbaren Phantasienamen (»Lada«, der übrigens, wie noch zu zeigen sehr sinniger-, wenn auch kaum intendierterweise, nach Johann Jakob Bachofen, an einer von Thomas Mann eigenhändig angestrichenen Stelle, in der Mythologie der Lykier »das weibliche Prinzip« bezeichnet[32]).

Zweitens — und dieses Kriterium bedingt unter anderem den Verzicht auf ein eigenes Kapitel zum *Zauberberg*, der werkchronologisch

28   Bd. 8, S. 225; im Original keine Hevorhebung.
29   Gunar Ortlepp, Selbstmord am Klavier. *Tristan. Fernsehfilm nach Thomas Mann von Herbert Ballmann und Wolfgang Patzschke*, in: Der Spiegel 29.24, 1975, S. 132.
30   Hanjo Kesting, Thomas Mann oder der Selbsterwählte. Zehn polemische Thesen über einen Klassiker, in: Der Spiegel 29.22, 1975, S. 144–148.
31   Vgl. Gabriele Seitz, Film als Rezeptionsform von Literatur. Zum Problem der Verfilmung von Thomas Manns Erzählungen *Tonio Kröger*, *Wälsungenblut* und *Der Tod in Venedig*, München 1979 (Tuduv-Studien, Reihe Sprach- und Literaturwissenschaften, Bd. 12), S. 463.
32   Johann Jakob Bachofen, Urreligion und antike Symbole. Systematisch angeordnete Auswahl aus seinen Werken […], hg. v. Carl Albrecht Bernoulli, Leipzig 1926, Bd. 2, S. 324.

allzu nahe bei seinem »Gegenstück«,[33] dem ausführlich diskutierten *Tod in Venedig* liegt, — zweitens müssen Texte aus allen Schaffensperioden des Autors herangezogen werden, wobei das Frühwerk wegen seiner zeitlichen Nähe zur Reichsgründung die meisten Aufschlüsse zu geben verspricht und ein anderer Schwerpunkt am besten auf dem Spätwerk liegen sollte. Denn ein wesentliches Erkenntnisinteresse gilt hier ja dem bei solch einem Vergleich der Extreme am leichtesten ersichtlichen Grad der Konstanz beziehungsweise der Flexibilität der untersuchten Imaginationsmuster; dem Verhältnis, in dem Thomas Manns Erzähltexte zu all den Redefinitionen des deutschen Territoriums und der deutschen Identität stehen, welche in die Lebenszeit des Autors fielen; der Frage, ob diese Texte einen jeweils neu festgelegten Grenzverlauf, insbesondere auch nach 1945, unmittelbar reflektieren oder ihn gewissermaßen verleugnen.

Drittens schließlich soll die Auswahl der Texte differenziert genug sein, um die Problematik der nationalen Identität möglichst in ihrer ganzen Komplexität und in allen ihren Facetten vorzuführen. Dieses dritte läßt sich aus inneren Gründen nicht säuberlich vom zweiten, produktionsgeschichtlichen Kriterium trennen — der chronologischen Nähe des *Tod in Venedig* zu seinem »humoristische[n] Gegenstück« entspricht eine in der hier interessierenden Hinsicht auch thematisch ausgeprägte Affinität zum *Zauberberg* — und kann gelegentlich das erste, rezeptionsgeschichtliche Kriterium geradezu ausschließen. So wird sich zum Beispiel in einem wenig beachteten Teil des Spätwerks, auf Kosten der zuvor erstaunlich lange vorherrschenden Emphase auf der Grenze zu Österreich, eine Akzentverschiebung zur Westgrenze hin abzeichnen, die in offensichtlichem Zusammenhang mit der lebens- und weltgeschichtlich neu eingetretenen Situation steht, der Rückkehr aus dem kalifornischen Exil und einem ganz neuen Stadium der deutsch-amerikanischen Beziehungen.

Die in der Tat erstaunlichen Antworten, welche die so ausgewählten Texte auf die Frage geben werden, wie die erste im Zweiten Reich großgewordene Generation dieses Reich imaginierte, sind in verschiedenen zeitgenössischen Diskursfeldern zu rekontextualisieren. Zu diesen gehören, um nur einige zu nennen, die chauvinistische Sprachphilosophie zum Beispiel eines Houston Stewart Chamberlain; die Verbindung von Sexismus und Rassismus etwa bei Otto Weininger;[34] der ›Orientalismus‹ eines Theodor Lessing respektive, später, der Antiamerikanismus beispielsweise Theodor W. Adornos; vor allem aber die Hygiene, wie sie »im wilhelminischen Deutschland zu einem Konsenselement« geworden war,[35] und die epochalen Fortschritte, die ganz besonders von deutschen

33   24.7.1913 an Ernst Bertram, in: Thomas Mann, An Ernst Bertram. Briefe aus den Jahren 1910–1955, hg. v. Inge Jens, Pfullingen 1960, S. 17 f., hier S. 18.

34   Vgl. Jacques Le Rider, Der Fall Otto Weininger. Wurzeln des Antifeminismus und Antisemitismus. Mit der Erstveröffentlichung der *Rede auf Otto Weininger* von Heimito von Doderer, Wien und München 1985, S. 189–199.

35   Joachim Radkau, Das Zeitalter der Nervosität. Deutschland zwischen Bismarck

Wissenschaftlern auf dem Gebiet der Epidemologie gemacht wurden (die Entdeckung der Typhus-, Tuberkulose- und Choleraerreger in den Achtzigerjahren des neunzehnten, des Syphiliserregers am Anfang, des Grippevirus in den Dreißigerjahren des zwanzigsten Jahrhunderts) und die sich selbst wieder zu einem beträchtlichen Teil als Konstituenten des zeitgenössischen Orientalismus beschreiben lassen.

So hatte die Jagd auf den Choleraerreger alle Züge eines Kolonialkriegs, mit Siegern und Verlierern, Toten und Dekorierten. Robert Koch brach mit einer »Schar junger Militärärzte«[36] in einer eigentlichen ›Parallelaktion‹ einen Tag nach dem französischen Team ins englische Kolonialgebiet auf — wie Gustav Aschenbach über München und Italien —; unter den Franzosen steckte sich Pasteurs Schüler Louis Thuillier an und starb; die Franzosen resignierten und kehrten geschlagen heim; die Deutschen setzten ihre Expedition fort, bis die eindeutige und endgültige Identifikation des Erregers gelang; Koch zog im ›Triumph‹ und als »Held« und zweiter »Ajax« in Berlin ein,[37] wurde, schon unmittelbar nach der Entdeckung des Tuberkulosebazillus zum Kaiserlichen Geheimen Regierungsrat erhoben,[38] nun vom Kaiser mit dem ›Kronen-Orden Zweiter Klasse mit dem Stern‹ dekoriert,[39] auf den er, so Koch selber und ganz wörtlich, so stolz wie auf eine militärische Auszeichnung war.[40] Die hieran leicht ersichtliche Verbindung von Außenpolitik und Epidemologie ist wohl in einem größeren, für Thomas Manns ›formative‹ Lebensjahre besonders prägenden Ideologiezusammenhang zu sehen.

Zwei Jahre nach der Reichsgründung und zwei Jahre vor Thomas Manns Geburt veröffentlichte jenseits des Rheins der Vater eines anderen kanonischen Erzählers, Adrien Proust, eine Preisschrift mit einem hier sehr vielsagenden Titel: *Essai sur l'hygiène internationale. Ses applications contre la peste, la fièvre jaune et le choléra asiatique. (Avec une carte indiquant la marche des épidémies de choléra, par les routes de terre et la voie maritime.)* Im Rahmen der ›internationalen Hygiene‹ postulierte Proust in erster Linie, jedenfalls unter bestimmten Bedingungen — »comme sur les limites de l'Orient et de l'Occident«[41] —, die offenbar durch ihn berühmt gewordenen »cordons sanitaires« (ein von

und Hitler, München und Wien 1998, S. 200 f.

36   Stefan Winkle, Geißeln der Menschheit. Kulturgeschichte der Seuchen, Düsseldorf und Zürich 1997, S. XXXI.

37   Vgl. Richard Bochalli, Robert Koch. Der Schöpfer der modernen Bakteriologie, Stuttgart 1954 (Große Naturforscher, Bd. 15), S. 75.

38   Vgl. Thomas D. Brock, Robert Koch. A Life in Medicine and Bacteriology, Madison (Wisconsin) 1988 (Scientific Revolutionaries), S. 137.

39   Vgl. Brock, S. 332, Anm. 32.

40   Vgl. Brock, S. 167.

41   Adrien Proust, Essai sur l'hygiène internationale. Ses applications contre la peste, la fièvre jaune et le choléra asiatique. (Avec une carte indiquant la marche des épidémies de choléra, par les routes de terre et la voie maritime.), Paris 1873, S. 55.

ihm allerdings schon als bekannt vorausgesetzter Begriff, dessen Prägung ihm also wohl nicht ganz zu Recht nachgesagt wird). Die Praxis des cordon sanitaire, als Verhängung von Geographie, Völkerrecht und Infektionsprävention, ebenso wie die Durchbrüche, welche der deutschen Epidemiologie in den folgenden Jahren und Jahrzehnten des Nationalismus gelingen sollten: dies alles reflektiert die innere Beziehung, in welcher der menschliche Körper als Gegenstand politischer Macht zum modernen Konzept der Nation steht und die Giorgio Agamben freigelegt hat, indem er Michel Foucaults Begriff der ›Biopolitik‹[42] und Carl Schmitts Staatstheorie ineinander überführte.[43]

Für die nachhaltigen Folgen dieser Beziehung, besonders für die im kollektiven Imaginären synergetischen Wirkungen von Infektionsangst und Nationalismus, das versteht sich oder verstünde sich doch außerhalb eines monomanisch auf Thomas Mann kaprizierten Kontexts von selbst, gäbe es unzählig viele andere, bessere oder jedenfalls näherliegende Untersuchungskorpora als diesen einen Autor, seine Zeit oder die deutsche Literatur, zum Beispiel Kriegspropaganda oder Visumsreglemente. Auf einem französischen Plakat aus dem Ersten Weltkrieg, das einen mit einem Schwert durchbohrten oder besser penetrierten Reichsadler darstellt — zu dieser Sexualisierung bald mehr —, heißt es unter dem Titel »2 FLÉAUX«: »L'AIGLE BOCHE SERA VAINCU / LA TUBERCULOSE DOIT L'ÊTRE AUSSI«.[44] Wer in der zweiten Hälfte der Achtzigerjahre für ein Semester aus der Schweiz nach Bayern wechselte, mußte sich auf Herz und Nieren (aber noch nicht auf HIV) testen lassen. Wer Mitte der Neunzigerjahre aus Europa als Gastwissenschaftler in die Vereinigten Staaten kam, mußte seinen Körper dafür versichern, daß er, zur Leiche und potentiellen Infektionsquelle geworden, reibungslos repatriiert würde. Und wer heute woher auch immer nach Australien fliegt, wird vor der Landung mehr oder weniger diskret desinfiziert. —

Im Zeichen staatlich organisierter Hygiene erscheint das Phänomen der modernen Nationalgrenze bezeichnenderweise auch dort schon, wo Thomas Mann zum ersten Mal wenn nicht dieses Phänomen als solches, so doch seinen eigentümlich ortlosen Status berührt (der dadurch besonders sinnfällig wird, daß die Ländergrenze, die Grenze zu Venedig und Italien, hier durchs Wasser verläuft): »Man war angekommen und war es nicht; man hatte keine Eile und fühlte sich doch von Ungeduld getrieben.«[45] Oder besser gesagt und vielleicht ebenso bezeichnenderweise — denn ›man‹ befindet sich auf einer vom Deutschen Reich aus

42   Michel Foucault, Histoire de la sexualité, Bd. 1: La volonté de savoir, Paris 1976, S. 183. Vgl. Ferenc Fehér und Agnes Heller, Biopolitik, Frankfurt a. M. und New York 1995 (Wohlfahrtspolitik und Sozialforschung, Bd. 6), v. a. S. 61–73.

43   Giorgio Agamben, Homo Sacer. Sovereign Power and Bare Life, Stanford 1998 (Meridian. Crossing Aesthetics), S. 3–12, 127 f., 174–180.

44   Abgebildet in: Sander L. Gilman, Franz Kafka. The Jewish Patient, New York und London 1995, S. 148, Abb. 32.

45   Bd. 8, S. 462.

gesehen zentrifugalen Bewegung — steht diese erste literarische Berührung einer Nationalgrenze im Zeichen *mangelhaft* organisierter Hygienemaßregeln. Jenen ›heterotopischen‹[46] Status nämlich der Grenze nimmt Gustav Aschenbach nur wahr, diese verfestigt sich nur deshalb zu einer zeiträumlich erfahrbaren Realität, und der Moment der Grenzüberschreitung gewinnt nur deswegen zeitliche Ausdehnung, weil »die Barke des Sanitätsdienstes erwartet werden muß[]«: »Eine Stunde verging, bis sie erschien.«[47]

Der cordon sanitaire als einzig verläßlicher Schutz gegen Infektionskrankheiten gibt in Thomas Manns Erzählungen und Romanen ganz offensichtlich das hauptsächliche, alle anderen gleichsam nur subsidiär anlagernde Modell für die Imagination der reichsdeutschen Grenze ab, und das weit über die Existenz des Zweiten und selbst noch des sogenannten Dritten Reichs hinaus. Um für die entsprechenden drei Abschnitte der Schaffenszeit je nur ein einziges, besonders gut bekanntes Beispiel zu nennen (den *Tod in Venedig* für das Deutsche Kaiserreich, den *Zauberberg* für die Weimarer Republik und den *Doktor Faustus* für die Exilzeit), in dem jeweils eine tödliche Infektionskrankheit außerhalb des deutschen Reichsgebiets situiert ist: »Der« Cholera-»Tod in Venedig«, die Tuberkulose in Davos, die syphilitische Ansteckung Adrian Leverkühns in »Preßburg« — alle jenseits der Südostgrenze und auf österreichischem oder ehemals österreichischem und Österreich nahegelegenem Gebiet. Als cordon sanitaire wurde also zunächst vor allem ein ganz bestimmter und ausgerechnet derjenige Teil der Reichsgrenze imaginiert, an dem die nationalistischen Diskurse am gründlichsten versagt hätten. Die Notwendigkeit, solches Versagen phantasmatisch zu kompensieren, verrät sich insbesondere auch in der imaginären Überdetermination des betreffenden Grenzsegments, dadurch eben, daß an diese eine noch etliche andere Grenzimaginationen gebunden sind.

---

46   Vgl. Michel Foucault, Des espaces autres, in: Architecture, Mouvement, Continuité 5, Oktober 1984, S. 46–49, hier S. 47.

47   Bd. 8, S. 462. Was es mit der »Barke des Sanitätsdienstes« auf sich hat, die der Erzähler so erwähnt, daß deutlich erkennbar wird, wie selbstverständlich man bei der zeitgenössischen Leserschaft ohne weiteres ein genaues Wissen darüber voraussetzen durfte: worum genau es dabei ging, worin genau die Aufgabe des an der Grenze zu ›erwartenden‹ ›Diensts‹ bestand, auf welche Reisenden dieser es abgesehen hatte, woraufhin diese untersucht oder geprüft wurden, ob es sich dabei um etwas allgemein Übliches oder aber für die Zeit, das Land oder die Stadt Typisches handelte, — all die so naheliegenden, aber in der Forschungs- und Kommentarliteratur nicht eigentlich offengelassenen, sondern gar nicht erst gestellten Fragen konnten leider auch hier nicht beantwortet werden, auch nicht nach Anfragen beim Institut für Geschichte und Ethik der Medizin der Universität zu Köln, beim Institut für Medizin- und Wissenschaftsgeschichte der Medizinischen Universität zu Lübeck, beim Max Planck-Institut für Wissenschaftsgeschichte und beim Deutschen Studienzentrum in Venedig. Herrn Prof. Dr. Dr. Klaus Bergdolt, Köln, Herrn Prof. Dr. Dietrich von Engelhardt, Lübeck, Herrn Dr. Michael Hagner, Berlin, Herrn Dr. Rudolf Pokorny, Venedig, sei für ihre Hilfsbereitschaft bestens gedankt.

Die Reichsgrenze erscheint bei Thomas Mann auch als Sprach-, Kontinental- und als Geschlechtergrenze: als Sprachgrenze in dem radikalen Sinn, daß jenseits des Reichs, und zwar auch schon auf noch deutschsprachigem Gebiet (in der Schweiz oder in Österreich) die sinnvolle, ›logozentrische‹ Sprache schlechthin aufhört; als Kontinentalgrenze insofern, als Deutschland tendenziell mit ›Europa‹ und ›Abendland‹ konvergiert; als Geschlechtergrenze meist — nämlich mit der sehr bezeichnenden Ausnahme des überhaupt letzten Erzähltexts — in dem Sinn, daß das deutsche Territorium als männlich und das jenseitige Gebiet als weiblich imaginiert wird. Es sind immer männliche deutsche ›Helden‹, welche die deutsche Grenze übertreten, um sich jenseits dieser Grenze in Lebensgefahr zu begeben; und die Todes-, Krankheits- und Ansteckungsgefahr ist immer mehr oder weniger direkt mit einem sexuellen Begehren verbunden, das sich auf einen entweder weiblichen oder dann, mit Thomas Manns Wort: ›vormännlichen‹ Körper richtet, welcher immer als wesentlich, das heißt ethnisch fremder und andersartiger erscheint (auf die unbestimmt, aber so entschieden fremde Prostituierte Hetaera Esmeralda, daß Hans Wysling ihr »Vor-Bild[]« in Albrecht Dürers Portrait einer Schwarzafrikanerin gefunden zu haben glauben konnte;[48] auf die »ganz« asiatische Russin Clawdia Chauchat aus dem »ganz entlegenen [...] Daghestan, [...] das liegt ganz östlich über den Kaukasus hinaus«;[49] auf den Polen Tadzio im zusehends orientalisch verfremdeten Venedig, dessen »unsaubere[] Vorgänge im Inneren«[50] im Grunde ihrerseits als venerische Infektion einer Prostituierten imaginiert sind).

Nicht nur aber, daß Thomas Manns literarische Texte außerordentlich sprechende und ergiebige Zeugnisse des imaginativen Aufwands sind, der zu leisten war, um das Legitimationsdefizit eines »Reiches« zu kompensieren, dessen Territorium so ganz offenkundig willkürlich definiert und dessen Grenzen mit militärischer Gewalt gezogen worden waren; auch die tour de force, welche die Einigung im Reichsinnern bedeutete, ist in diesen Erzähltexten reflektiert. Bei Thomas Mann lassen sich auch die kulturellen, konfessionellen oder ökonomischen Differenzen und Rivalitäten aufzeigen, welche im geeinten Reich natürlich weiterbestanden und in der unmittelbaren Vorgeschichte seiner »glorreichen Gründung«, in den Bündnissen des Deutschen Kriegs, eben noch ganz besonders deutlich geworden waren.

Erstaunlicherweise unterliegt die Imagination der internen Grenzen demselben Strukturmuster wie diejenige der Reichsgrenze, so die Repräsentation des deutschen Nord-Süd-Gegensatzes, den Freud selbst als Paradebeispiel für »Narzißmus der kleinen Differenzen« aufführte.[51] In

---

48 Hans Wysling, Thomas Manns Deskriptionstechnik, in: Hans Wysling, Thomas Mann heute. Sieben Vorträge, Bern und München 1976, S. 64–84, 122–125, hier S. 68, 72.

49 Bd. 3, S. 193.

50 Bd. 8, S. 504.

51 Freud, Bd. 13, S. 111; Bd. 14, S. 473.

der Regel nimmt Preußen oder doch das protestantische Norddeutschland im Verhältnis zu den ehemaligen Verbündeten Österreichs (zum Beispiel Leipzig im *Doktor Faustus*), besonders zum katholischen Süden (zum Beispiel München im *Tod in Venedig*), oder auch zum katholischen Deutschland überhaupt (zum Beispiel Düsseldorf in der *Betrogenen*) dieselbe Position ein wie das Reich gegenüber dem Ausland, die Position eben des Gesunden und Männlichen, Normalsprachlichen und zivilisatorisch Maßgebenden. Diese Struktur wird sich endlich auch noch innerhalb Norddeutschlands selbst fortsetzen. Im Dienst »der kleinen Differenzen« und ihrer phantasmatischen Aufschwellung wird sie das Verhältnis »benachbarte[r] Städte[]«,[52] insbesondere die Imagination Lübecks in seinem Verhältnis zu den rivalisierenden Hansestädten (zum Beispiel Bremen in *Tristan*), im Frühwerk (besonders in den Vorstufen der *Buddenbrooks*) sogar auch zu Berlin und Preußen prägen. Vor allem aber bestimmt die skizzierte Imaginationsstruktur Thomas Manns literarische Repräsentationen derjenigen, die als die Fremden im eigenen Land par excellence herzuhalten hatten: »das überallhin versprengte Volk der Juden«, das, so Freuds Sarkasmus über den »Narzißmus der kleinen Unterschiede«, »sich in dieser Weise anerkennenswerte Verdienste um die Kulturen seiner Wirtsvölker erworben« hat.[53] Durch die Assimilation ebensowenig identifizierbar geworden wie die Träger der gefürchteten Infektionskrankheiten, eigneten sich die deutschen Juden besonders gut dazu, von der Problematik und Fragwürdigkeit der nationalen Identitätskonstruktion abzulenken und zu entlasten (am allerdeutlichsten in der Novelle *Wälsungenblut*, wenn der Autor 1940 in einem Brief an eine Lulla Adler auch behauptete, das »Jewish setting« habe seinerzeit, »thirty-five years ago, when antisemitism was rare in Germany«, »no particular significance« gehabt: »Certainly the story contained in it no deliberate impugning of any race or people, and for anyone to arrive at such a conclusion is quite erroneous.«[54])

Die oben erwähnte, sehr lange vorherrschende Obsession mit der deutsch-österreichischen Grenze, wie sie natürlich auch die nur bedingt ›deutsche‹ Identität des Autors reflektiert (der das Angebot der österreichischen Staatsbürgerschaft freilich ausschlug,[55] dessen Wesenheit ein Zeitgenosse aber dennoch unter dem Titel »Thomas Mann der Österreicher« »auf die bündigste Formel« bringen zu können glaubte[56]), soll in den ersten beiden Kapiteln vorgeführt werden, erst an einem verhältnis-

---

52   Freud, Bd. 13, S. 111.

53   Freud, Bd. 12, S. 169; Bd. 14, S. 473.

54   29.10.1940 an Lulla Adler; in: Hans Wysling (Hg.), Thomas Mann, München 1975–1981 (Dichter über ihre Dichtungen, Bd. 14/I–III), Bd. 1, S. 229 f.; vgl. Bd. 3, S. 603.

55   Vgl. Thomas Sprecher, Deutscher, Tschechoslowake, Amerikaner. Zu Thomas Manns staatsbürgerlichen Verhältnissen, in: Thomas Mann-Jahrbuch 9, 1996, S. 303–338, hier S. 313 f. mit Anm. 49.

56   Oswald Brüll, Thomas Mann. Variationen über ein Thema, Wien, Leipzig, München 1923, S. 7–33, hier S. 7.

mäßig frühen, dann an einem späten Text, am *Tod in Venedig* und am *Doktor Faustus*. Die innerdeutschen Äquivalente dieser Grenze werden in den folgenden drei Kapiteln an *Tristan*, *Gladius Dei* und *Buddenbrooks* aufgezeigt. Die gleichfalls schon erwähnte Akzentverschiebung zur Westgrenze soll dann anhand des überhaupt letzten oder jedenfalls des letzten vollendeten Erzähltexts Thomas Manns dargestellt werden (*Die Betrogene*), bei dem das rezeptionsgeschichtliche Kriterium der Auswahl wie bereits angedeutet hinter das produktionsgeschichtliche und das thematische zurücktreten mußte. Doch ist die stiefmütterliche Behandlung, welche dieser eine Text innerhalb und außerhalb der Forschung erfahren hat, selbst ein rezeptionstheoretisch bemerkenswertes, hochinteressantes und sehr erklärungsbedürftiges Faktum, das mit jener Verschiebung des Hauptakzents in enger Beziehung zu stehen scheint.

Wie es das rezeptionsgeschichtliche Kriterium der Korpusdefinition zwangsläufig mit sich bringt, wird ein wesentlicher Teil der ganzen Untersuchung in der Diskussion der Forschungsliteratur bestehen, die daher nicht in einem eigenen Kapitel isoliert werden kann. Hingegen soll die Auseinandersetzung mit einem bestimmten, in der traditionellen Thomas Mann-Literatur geradezu topischen Argument auf die letzten beiden Kapitel und einen Anhang vertagt werden. Es wird darin auf einen Einwand entgegnet werden, der sich aus der bisherigen Forschung wie von selbst gegen das hier Behauptete ergeben wird, genauer gesagt gegen die Interpretation der Sexuierung von Eigenem und Fremdem. Die Regelmäßigkeit, mit der das eigene Wesen als männlich und alles Fremde als wesentlich weiblich erscheint, hat damit zu tun — so unser Argument —, daß Androzentrismus und Xenophobie in einem inneren, am besten wohl psychoanalytisch beschreibbaren Zusammenhang stehen, den Homi Bhabha einstweilen faute de mieux metaphorisch, aber doch treffend als ›Kollusion zwischen Rassismus und Sexismus‹ bezeichnet hat.[57] Dagegen nun ließe sich der in der Tat nicht abwegige Einwand ins Feld führen, Thomas Mann sei aus familiengeschichtlich-biographischen Gründen ein denkbar schlechter Zeuge für die strukturelle Bedingtheit solcher Konvergenzen von sexueller und nationaler Identität. Die Sexuierung von Eigen- und Fremdkultur, gerade hier einmal autobiographisch erklärbar, könne daher nicht repräsentativ gelesen und dürfe auf keine allgemeinen Strukturen hin extrapoliert werden.

Mit solch einem Einwand gegen die diskursanalytische Methode und die durch sie erzeugten Resultate ist prinzipiell das Verhältnis der hier praktizierten zu biographischen Verfahrensweisen berührt, welche die Thomas Mann-Forschung und -Rezeption nach Ausweis nur schon der in den letzten fünf Jahren neu erschienenen Biographien zu einem sehr erheblichen Teil noch immer beherrschen. Auch wo es nicht um die Person des Autors, sondern um seine Texte geht, ist seit den zeitgenössischen ›Schlüsseln‹ zu den *Buddenbrooks* die Identifikation von biogra-

---

57   Homi K. Bhabha, The Location of Culture, London und New York 1994, S. 69.

phischen und intertextuellen ›Modellen‹, von ›Vorbildern‹ und ›Quellen‹, um einen problematischen und suggestiven, aber nun einmal etablierten Jargon zu übernehmen, oft genug ultima ratio dieser Rezeption und Forschung geblieben, obgleich nicht wenige jener ersten ›Entschlüsselungen‹ nach wie vor kontrovers sind und daran allein bereits die Grenzen sichtbar werden, auf die das Interesse an ›Modellen‹ schon innerhalb seiner eigenen Voraussetzungen stößt; ganz zu schweigen davon, daß bei solch einem Frageinteresse von vornherein ausgegrenzt bleibt, was sich nicht auf ›Modelle‹ zurückführen läßt, und daß bestimmte, diskursanalytisch belangvolle Faktoren a limine aus dem Blickfeld fallen — etwa etliche in Thomas Manns Texten tales quales nachweisbare Topoi der antisemitischen Propaganda oder der sozialdarwinistischen Populärliteratur —, solange man die Perspektive auf die Frage verengt, ob der Autor eine bestimmte ›Quelle‹ gekannt haben kann oder gelesen haben muß. Nur so kann man es sich zum Beispiel erklären, wenn der Fokus des Interesses noch nie beharrlich genug auf den Zusammenhang gelenkt wurde, in dem der »Verfall einer Familie« in den *Buddenbrooks* zur Reichsgründung steht und der eine offenbar von Grund aus andere Gestalt annimmt als bei der ›Modell‹-Familie.

Daß biographische und intertextuelle Beziehungen grundsätzlich und besonders für das Verständnis von Thomas Manns literarischem Werk sehr wohl Relevanz haben können, soll hier nicht im Dienst eines methodologischen Rigorismus in Zweifel gezogen werden, ganz im Gegenteil. Vielmehr sollen, wo immer es sich anbietet, die einschlägigen Ergebnisse der bisherigen Thomas Mann-Forschung aufgegriffen, modifiziert und allenfalls erweitert werden. Zu fragen und auszuweisen bleibt jedoch, *wo* es sich anbietet, wann es sich im hier leitenden Problemzusammenhang aufdrängt. Bei einem anderen als einem positivistisch beschränkten Interesse an weiter nicht reflektierten ›Fakten‹ sind mit identifizierten ›Modellen‹ keine Antworten gegeben, sondern erst die eigentlichen Fragen gestellt: warum gerade dieses und kein anderes ›Modell‹ herangezogen, was an ihm überhellt, was ausgeblendet, wie es im ganzen verformt, entstellt oder suppliert wurde. Denn bei strukturalistischem Aufriß der Merkmalsätze selbst solcher Figuren, die in den fiktionalen Texten sogar den ›wahren‹ Namen ihrer ›Vorbilder‹ tragen (wie der Züricher Musikmäzen Reiff im *Doktor Faustus*), lassen sich bei eingehender Recherche dominante Merkmale nachweisen, die dem angeblichen ›Vorbild‹ fehlten, ihm in der Fiktionalisierung sozusagen anerfunden wurden (zum Beispiel war der historisch recherchierbare Hermann Reiff weder kinderlos, noch hatte er ein Glasauge) und welche daher einen eigentlich besonders hohen, aber in der Forschung in der Regel ignorierten Erklärungsbedarf schaffen.

An den biographischen wie den literarischen ›Modellen‹, mit anderen Worten, müssen jenseits des positivistischen Selbstzwecks ihrer Identifikation die Motive ihrer jeweiligen Wahrnahme und gerade ihre Differenzen zur jeweiligen literarischen Verarbeitung interessieren. Ein so fokussiertes Interesse kann einem diskursanalytischen Verfahren dort sinnvoll integriert werden, wo solche Motive und Differenzen selbst wieder als Funktionen übergreifender Diskursformationen (im Fall Reiff etwa der über Bachofen vermittelten Assoziationen von Licht, Virilität und Antirepublikanismus beziehungsweise von Dunkelheit, Matriarchalität und Demokratie) und diese vice versa als die Matrizen sich beschreiben lassen, welche die Regelmäßigkeiten hinter den verschiedensten Verfremdungen eines ›Modells‹ zu verstehen ermöglichen. Daß ein gewisser Maurice Hutzler als ›Modell‹ für Dr. Sammet diente oder eine in den Hauslehrer ihres Sohns verliebte Münchner Aristokratin das ›Vorbild‹ Rosalie von Tümmlers war, erscheint unter diesem Gesichtspunkt weniger wichtig. Sondern von Bedeutung ist eher, daß Thomas Mann auf die Geschichten dieser beiden ihm gleichermaßen fernstehenden Menschen überhaupt so aufmerksam werden konnte und was ihn so sehr zu faszinieren vermochte an der Verbindung von Judentum, sozialer Demütigung und Suizid aus gekränktem Ehrgeiz respektive von Unterleibskrebs, nationaler Peripherie und sexueller Leidenschaft für einen Jahrzehnte jüngeren Mann. Zu fragen wäre weiter, warum er die Lebensgeschichte Hutzlers auf zwei verschiedene Figuren gewissermaßen verteilt, warum er dessen schlimmes Ende auf die Figur Raoul Überbeins verlagert hat; oder weswegen aus einem gewöhnlichen Hauslehrer ein amerikanischer Veteran des Ersten Weltkriegs, aus einer Münchener Aristokratin eine Rheinländerin, aus einem Gebärmutterein Eierstockkrebs ›wurde‹; in welcher Beziehung diese spezifisch weibliche Krankheit zu Thomas Manns eigener Krebserkrankung und in welcher die skandalöse Liebe der Aristokratin zum homosexuellen Begehren des bürgerlichen Autors steht.

Oder um nur noch zwei gleich ausführlicher zu diskutierende Beispiele von ›Vor*bildern*‹ zu geben, die dieser Bezeichnung besonders genau zu entsprechen scheinen, hat es weniger Bedeutung, daß eine Photographie Gustav Mahlers und Dürers »Bildnis einer Deutschen in Venedig« als ›Modelle‹ für das Portrait Gustav Aschenbachs beziehungsweise Elsbeth Leverkühns dienten. Sondern zu fragen ist vielmehr, was an Mahlers Person diesen als ›Modell‹ für Aschenbachs Äußeres überhaupt erst so geeignet erscheinen ließ und welcher Grammatik gleichsam die erheblichen, bislang völlig übersehenen Differenzen zwischen Photographie und literarischem Portrait unterliegen, warum etwa im Text die Proportion von Kopf und Körper bestimmt wird, über welche die Photographie keine Aussagen zuläßt, oder warum das literarische Portrait zuletzt zu ›leben‹ beginnt und Aschenbachs Mund »oft schlaff«, aber nur zuweilen und nur vorübergehend so »schmal«[58] sein soll wie Mahlers Lippen auf der Photographie; was »eine[] Deutsche[] *in Venedig*« zur Mutter »des deutschen Tonsetzers Adrian Leverkühn« prädestinieren konnte, deren deutsche Identität im Text noch zweifelhafter werden sollte, weshalb beispielsweise Haar und Teint im literarischen Portrait dunkler ausgefallen sind als beim Dürerschen ›Vorbild‹.

---

58 Bd. 8, S. 457.

Um hiermit wieder auf den Einwand zurückzukommen, das bei Thomas Mann stabile Syndrom von Fremdheit und Weiblichkeit sei im persönlichen ›Familienroman‹ des realen Autors vorgegeben und habe also einen bestenfalls individualpsychologischen Aussagewert, könne aber keineswegs auf jene sozialpathologisch generelle ›Kollusion zwischen Rassismus und Sexismus‹ hin verallgemeinert werden, so wäre solcher an sich sehr berechtigter Kritik entgegenzuhalten, daß zwar nicht das autobiographische Faktum, wohl aber seine Bedeutung, seine Semiose sozusagen, ihrerseits wieder auf kulturell vorgegebenen Mustern beruht. Die Abhängigkeit biographischer ›Fakten‹ von kulturell vermittelten Interpretations- und Repräsentationsmustern, angesichts derer die Unterscheidung von fiktiven und autobiographischen Texten sich sehr problematisch gestaltet, wird hauptsächlich am Roman *Königliche Hoheit* und an der Novelle *Der Wille zum Glück* nachzuweisen sein, dann aber auch, komplementär oder gegenläufig dazu, am Korpus der eigentlich autobiographischen Texte. Daraus wird sich unter anderem ergeben, daß Thomas Manns eigene Rede über seine Mutter durchaus nicht spontan war, daß sie ihm vielmehr von der sogenannten völkischen Literaturwissenschaft aufgezwungen wurde und daß Thomas Mann den Vererbungsdeterminismus dieser Literaturwissenschaft vollständig internalisiert hatte. Seine Rede über die Mutter und deren Fremdheit, die er indessen entweder nur vage oder dann inkorrekt bestimmte, scheint eine Angst vor der ziemlich nahe liegenden Möglichkeit abzuwehren und der rezeptionsgeschichtlich erwiesenen[59] Gefahr zuvorzukommen, als ›Mischling‹, durch im ›völkischen‹ Sinn ›minderwertiges Blut‹, seine deutsche Identität zu verlieren und nicht mehr zu dem, wie er es in der protofaschistischen Zeitschrift *Das Zwanzigste Jahrhundert* einmal genannt hatte: zu dem »jüngste[n] und gesündeste[n] Kulturvolk Europas« gehören zu dürfen.[60]

---

59 Vgl. z. B. Willi Dünwald, Thomas Mann, in: Die Schaubühne, 4.9.1913, S. 830–835, hier S. 830; K., Thomas Manns Kotau vor Paris. Der Mann, der für Vaterlandsverräter eintritt und sein Volk lästert, in: Berliner Nachtausgabe, 7.2.1928.

60 T[homas] M[ann], Ein nationaler Dichter [1896], in: Thomas Mann, Essays, Bd. 1: Frühlingssturm. 1893–1918, hg. v. Hermann Kurzke und Stephan Stachorski, Frankfurt a. M. 1993, S. 18–20, hier S. 18.

Der Tod in Venedig

Gustav Aschenbachs genealogische und territoriale Herkunft

Die ersten Worte des *Tods in Venedig*, »Gustav Aschenbach oder von Aschenbach«,[1] nehmen eine Alternative vorweg, in deren Bannkreis die Charakterisierung des Protagonisten, seiner »Leistung« und seines »Talent[s]« steht; dann jedenfalls, wenn man dem bürgerlichen Namen das Leistungsprinzip und der adligen Namensform ein genetisch-genealogisches Prinzip zuordnet, wie es der Begriff »Talent« impliziert. Fragwürdig würde die zweite Zuordnung freilich schon im unmittelbar anschließenden Nebensatz, in dem sich Aschenbachs Adel als bloß »amtlich[er]« erweist und, als erworbener, verdienter, dem Leistungsethos verhaftet bleibt:[2] »von Aschenbach, wie seit seinem fünfzigsten Geburtstag amtlich sein Name lautete«.[3]

Dieser Vorrang der »Leistung« gegenüber dem »Talent« steht in Widerspruch zu den Stellen, an denen Aschenbachs »Talent« und »Leistung« thematisch werden. An allen diesen Stellen überwiegt das genetische Moment. Die »Würde« zum Beispiel, deren »geistige Folge [...] jene *adelige* Reinheit« seiner »Produkte[]« sein soll, hat Aschenbach zwar ausdrücklich »gewonnen«, aber er selber soll »behauptet[]« haben, »jedem großen Talente« sei dazu »ein natürlicher Drang und Stachel *eingeboren*«.[4] Die Tautologie dieses ›natürlichen‹ und auch noch ›eingeborenen‹ »Drang[s] und Stachel[s]« geht keineswegs nur auf Kosten des hier indirekt zitierten »Helden des Zeitalters«.[5] Denn ein Primat des ›Eingeborenen‹ kehrt in wenig veränderter Gestalt wieder — und dies entspricht einer von Anfang an[6] und immer wieder[7] beobachteten Affi-

---

1   Bd. 8, S. 444.

2   Zu anderen Asymmetrien solcher Art vgl. Bernhard Böschenstein, Exzentrische Polarität. Zum *Tod in Venedig*, in: Volkmar Hansen (Hg.), Interpretationen. Thomas Mann. Romane und Erzählungen, Stuttgart 1993, S. 89–120.

3   Bd. 8, S. 444. Vgl. Walter H. Sokel, Demaskierung und Untergang wilhelminischer Repäsentanz. Zum Parallelismus der Inhaltsstruktur von *Professor Unrat* und *Tod in Venedig*, in: Gerald Gillespie und Edgar Lohner (Hgg.), Herkommen und Erneuerung. Essays für Oskar Seidlin, Tübingen 1976, S. 387–412, hier S. 397 f.

4   Bd. 8, S. 454; im Original keine Hervorhebung.

5   Bd. 8, S. 454.

6   Vgl. z. B. Franz Leppmann, Thomas Mann, Berlin o. J. [S. 149: »Abgeschlos-

nität von realem, fiktivem und fingiertem Autor —, wenn der Erzähler in eigener Instanz sich über Aschenbachs ›Naturell‹ ausläßt. »Fast jedem Künstlernaturell«, erklärt er mit nur geringfügig weniger anmaßlichem Geltungsanspruch, um Aschenbachs Sympathie für das geburtsadlige »Vorzugskind« Tadzio zu rechtfertigen: »*fast* jedem Künstlernaturell« sei »ein üppiger und verräterischer Hang *eingeboren*, Schönheit schaffende Ungerechtigkeit anzuerkennen und aristokratischer Bevorzugung Teilnahme und Huldigung entgegenzubringen«.[8] (Anlaß freilich zu dieser Reflexion ist in sehr bezeichnender, in einer für die Äquivalenz von sexistischer und klassengesellschaftlicher Diskriminierung sehr bezeichnenden Weise, Tadzios Sonderbehandlung nicht von Standes, sondern von Geschlechts wegen, seine Bevorzugung seinen »drei«[9] natürlich gleichermaßen ›aristokratischen‹ Schwestern gegenüber.)

»Ungerechtigkeit anzuerkennen« ist für ein »Künstlernaturell« wie Aschenbach vermutlich deshalb »verräterisch[]«, weil dieser selber ein Profiteur »aristokratischer Bevorzugung« zu sein scheint. Mit keinem

---

sen [...] 1915.«], S. 123.

7   Der einzige Sekundärtext, der gegen diese ex- oder dann implizite Identifikation Thomas Manns mit Aschenbach Bedenken anmeldet, sie aber in modifizierter Form doch auch bestätigt, indem er sie nämlich als Finte des Autors interpretiert: Peter von Matt, Zur Psychologie des deutschen Nationalschriftstellers. Die paradigmatische Bedeutung der Hinrichtung und Verklärung Goethes durch Thomas Mann, in: Sebastian Goeppert (Hg.), Perspektiven psychoanalytischer Literaturkritik, Freiburg i. Br. 1978, S. 82–100, hier S. 94.

8   Bd. 8, S. 470; im Original keine Hervorhebungen.

9   Bd. 8, S. 469. Ob Thomas Mann mit der Dreizahl der Schwestern die Vorgaben des Selbsterlebten manipulierte oder ob er hier einfach seiner Erinnerung folgte und wie genau diese dann war, läßt sich aufgrund des zugänglichen Materials nicht mit Sicherheit entscheiden. Nach einer mündlichen Äußerung Katia Manns (zitiert bei Wolfgang Leppmann, [Nachbemerkung zu:] Time and Place in *Death in Venice*, in: Wolfgang Leppmann, In zwei Welten zu Hause. Aus der Lebensarbeit eines amerikanischen Germanisten, München und Wien 1989, S. 127–141, hier S. 141) soll Wladyslaw Baron Moes seinerzeit nur mit »two sisters« in Venedig und seiner eigenen Angabe nach mit »drei Geschwister[n]« im Grand Hôtel des Bains gewesen sein (W. B., Ich war Thomas Manns Tadzio, in: Twen 7.8, 1965, S. 10). Nimmt man beide Angaben trotz ihrer indirekten Überlieferung beim Nennwert, dann muß Thomas Mann eine Vierzahl von Geschwistern (zwei Brüder, zwei Schwestern) zu nur einem Bruder und drei Schwestern umgruppiert haben. Sei es, daß er das ganz bewußt tat, oder sei es, daß es ihm unwillkürlich unterlief, jedenfalls ließe sich solch eine Umgruppierung leicht an die zahlensymbolische Tradition anschließen — wie etwa auch die Konstellation von Johannes Friedemann und seinen drei als Friederike, Henriette und Pfiffi in die *Buddenbrooks* eingegangenen Schwestern (vgl. Bd. 8, S. 78, mit Bd. 1, S. 75) —: Vgl. Wolfgang Binder, Goethes Vierheiten, in: Wolfgang Binder, Aufschlüsse. Studien zur deutschen Literatur, Zürich und München 1976, S. 119–130; Manfred Koch, Serlo, Aurelie, Orest und Cornelia. Zu den Namen in Goethes Roman *Wilhelm Meisters Lehrjahre*, in: Germanisch-romanische Monatsschrift, Neue Folge, 47, 1997, S. 399–413, hier S. 411–413; Friedrich Ohly, Goethes Ehrfurchten — ein ordo caritatis, in: Euphorion 55, 1961, S. 113–145, 405–448.

Geringeren als Ludwig XIV. wird Aschenbach schon in den Arbeitsnotizen verglichen.[10] An einer »Prinzregentenstraße«[11] residiert er (wie der Autor zur Zeit der Werkentstehung noch an der Franz Joseph-Straße) oder dann auf einem »Landsitz«,[12] der mit einer allerdings etwas hyperbolischen Bezeichnung so heißt (der »Landsitz« erweist sich eine Seite später als doch nur »kleine[s] Haus[]«[13]). Und sein »Interesse« an der eigenen »Abstammung« ist ein ausdrücklich »aristokratisches«:

> Wie jeder Mann, dem natürliche Verdienste ein aristokratisches Interesse für seine Abstammung einflößen, war er [Aschenbach] gewohnt, bei den Leistungen und Erfolgen seines Lebens der Vorfahren zu gedenken […].[14]

Der apodiktische Redegestus, handgreiflich wieder im generalisierenden Indefinitpronomen »jeder«, kann nicht über die Fragwürdigkeit des im Relativsatz eingeschobenen Argumentationsmanövers hinwegtäuschen. Das bei Thomas Mann auch sonst belegte,[15] für ihn so überaus charakteristische, im *Doktor Faustus* und in den Goethe-Essays sogar als solches thematische Oxymoron »angeborener« und »natürliche[r] Verdienste«[16] bringt die Paradoxie eines Versuchs zum Ausdruck, den Gegensatz von Leistungs- und Herkunftsprinzip aufzuheben. Das typisch bürgerliche Ethos eines »Moralisten der Leistung«[17] wird durch »Erfolg[]« zu einer quasi geburtsständischen Privilegierung umgemodelt und prompt mit dem »persönlichen Adel« honoriert.[18] Daß dies in engem Zusammenhang mit einer Inthronisation »ein[es] deutsche[n] Fürst[en]«[19] geschehen sein soll,[20] weist auf eine innere Beziehung hin, in welcher Aschenbachs Snobismus zum Wilhelminischen »Zeitalter[]« steht, namentlich zu dessen ›neofeudalistischer‹ Tendenz, die Eric

---

10 Bd. 8, S. 456; T. J. Reed (Hg.), Thomas Mann. *Der Tod in Venedig*. Text, Materialien, Kommentar […], München und Wien 1983 (Hanser Literatur-Kommentare, Bd. 19), S. 115. Zur Gleichsetzung von »Dichter[n]« und Monarchen vgl. Thomas Mann, Bilse und ich, Vorwort [zur ersten Auflage], in: Thomas Mann, Aufsätze; Reden; Essays, hg. v. Harry Matter, Bd. 1: 1893–1913, Berlin und Weimar 1983, S. 64–66, hier S. 66.
11 Bd. 8, S. 444.
12 Bd. 8, S. 448.
13 Bd. 8, S. 449.
14 Bd. 8, S. 503.
15 Vgl. z. B. Bd. 2, S. 613; Bd. 5, S. 1262; Bd. 7, S. 330; Bd. 10, S. 559.
16 Bd. 6, S. 114 f.; Bd. 9, S. 101, 735. Vgl. Johann Wolfgang von Goethe, Werke, hg. i. A. der Großherzogin Sophie von Sachsen, Weimar 1887–1919 (Nachdruck München 1987), Abt. I, Bd. 28, S. 45.
17 Bd. 8, S. 454.
18 Bd. 8, S. 456.
19 Bd. 8, S. 456.
20 Vgl. Sokel, S. 397; von Matt, Zur Psychologie des deutschen Nationalschriftstellers, S. 89.

Hobsbawm auf die Formel »The Invention of Tradition« gebracht hat.[21] Jedenfalls ist es Aschenbach »innerlich gemäß« gewesen, als der »persönliche[] Adel« ihm als »dem Dichter« ausdrücklich und ausschließlich »des ›Friedrich‹« verliehen wurde[22] — die »Werke« schon nur seiner »Reifezeit« umfaßten ja noch etliche andere Titel —: »Friedrich[] von Preußen« war »das angemaßte Vorbild Wilhelms« II.,[23] dessen Kabinettsordre vom »Adel der Gesinnung«[24] den Antagonismus von Adel und Bürgertum in ähnlicher Weise verleugnete wie die Rede von Aschenbachs ›innerlicher‹ Prädestination zum Adelsdiplom.

Die Berufung einerseits auf die eigenen »Leistungen« und individuell gemeisterten »Aufgaben«[25] — ein offenbar der religiösen Sprache entstammendes Wort[26] —, andererseits aber zugleich auch noch auf die »Vorfahren« — deren einer war »Prediger[]«[27] — hat durchaus Methode; nicht einfach nur in der konsistent sakralen Tönung von Aschenbachs ›Beruf‹, der übrigens auch ganz explizit den »weltliche[n]« »Geschäfte[n]« gegenübergestellt wird,[28] sondern vor allem in ihrer selbst wieder als Folge oder Erbe der sakralen Stilisierung beschreibbaren Widersprüchlichkeit. Diese nämlich entspricht dem spezifisch bürgerlichen Ideologem, das Max Weber in seinen zeitgenössischen Arbeiten über die »protestantische Ethik« und den »Geist des Kapitalismus« analysierte.[29] Aschenbachs »Interesse«, »Leistung[]« auf eine von vornherein entschiedene »Bevorzugung« zurückzuführen und die »Erfolge[]« des »Lebens« zu phänotypischen Realisationen solcher Erwähltheit zu deklarieren, läßt sich als Säkularisat des calvinistischen »Gnadenaristo-

21 Eric Hobsbawm, Mass-Producing Traditions: Europe, 1870–1914, in: Eric Hobsbawm und Terence Ranger (Hgg.), The Invention of Tradition, Cambridge 1984, S. 263–307, hier S. 273–278.

22 Bd. 8, S. 456.

23 Heinrich Mann, Ein Zeitalter wird besichtigt, Berlin und Weimar 1973, S. 10. Vgl. Rudolf Braun und David Gugerli, Macht des Tanzes — Tanz der Mächtigen. Hoffeste und Herrschaftszeremoniell 1550–1914, München 1993, S. 296.

24 Gordon A. Craig, Die preußisch-deutsche Armee 1640–1945. Staat im Staate, Düsseldorf 1960, S. 260.

25 Bd. 8, S. 474, 452.

26 Vgl. Max Weber, Die protestantische Ethik und der Geist des Kapitalismus, in: Max Weber, Die protestantische Ethik, Bd. 1: Eine Aufsatzsammlung, hg. v. Johannes Winckelmann, Gütersloh ⁹1991, S. 27–277, hier S. 66.

27 Bd. 8, S. 450.

28 Bd. 8, S. 457.

29 Vgl. Jochen Vogt, Einiges über »Haus« und »Familie« in den Buddenbrooks, in: Heinz Ludwig Arnold (Hg.), Thomas Mann, Frankfurt a. M. ²1982 (Text und Kritik, Sonderband), S. 67–84, hier S. 75 f.; Harvey Goldman, Max Weber and Thomas Mann. Calling and the Shaping of the Self, Berkeley, Los Angeles und London 1988; Dieter W. Adolphs, [Rezension von:] Hubert Bruntträger. Der Ironiker und der Ideologe. Die Beziehung zwischen Thomas Mann und Alfred Baeumler; Harvey Goldman. Max Weber and Thomas Mann. Calling and the Shaping of the Self, in: German Quarterly 69, 1996, S. 448–450.

kratismus«[30] interpretieren, wie Weber das Dogma der Gnadenwahl einmal nannte.

Wie es nur ein »Mann« sein kann, »dem natürliche Verdienste ein aristokratisches Interesse für seine Abstammung einflößen«, so wird diese ganz selbstverständlich mit der patrilinearen Erbfolge gleichgesetzt, die, wie schon bei Gotthold Buddenbrook und seinen drei ewig ledigen Töchtern natürlich als Indiz des »Verfall[s]«, in Gustav Aschenbach ausläuft: »Einen Sohn hatte er nie besessen.«[31] Das ist dem zweiten Novellenkapitel zu entnehmen, wo, nach dem unverhältnismäßig weit ausladenden[32] Katalog der »Werke seiner Reifezeit«, Aschenbachs Herkunft erst regional, dann genealogisch bestimmt wird: Aschenbach wurde in »einer Kreisstadt der Provinz Schlesien [...] geboren«[33] (daß unter den deutschen Schriftstellern »große, echte Repräsentanten« des »Bürgertums« aus den »Städte[n]« »besonders [...] der Peripherie« stammten, hatte sich Thomas Mann in Georg Lukács' *Die Seele und die Formen* angestrichen[34]); und wie in *Lotte in Weimar* der strahlende Eroberer und Freiheitskämpfer Heinke oder auch der vielleicht berühmteste aller deutschen Militärs aus »preußisch Schlesien«[35] kommt, Carl von Clausewitz — der übrigens auf einem *polnischen* Feldzug an derselben *Cholera*-Epidemie starb wie der preußische Staatsphilosoph Hegel —, so »waren« Aschenbachs »Vorfahren« in erster Linie »Offiziere«.[36] Sowohl auf die genealogische als auch auf die regionale Bestimmung der Herkunft nimmt die anschließende Charakterisierung der Dienstwilligkeit Bezug, womit sich Aschenbach den »Aufgaben« so energisch widmete, »welche sein Ich und die europäische Seele ihm stellten«.[37] Seine »Willensdauer und Zähigkeit«, der »Willensmanie« der letzten Vorkriegsjahre konform,[38] wird zu »derjenigen« in Beziehung gebracht, »die seine Heimatprovinz eroberte«.[39] Die militärgeschichtliche Anspielung, welche die wieder genealogisch motivierte Gleichsetzung von soldatischem und literarischem »Dienst[]«[40] vorwegnimmt, weist auf die »Prosa-Epopöe vom Leben Friedrichs von Preußen« zurück, die den Werkkatalog und damit das zweite Kapitel eröffnet[41] (und in gewisser Hinsicht auch an die Eröffnung des ersten erinnert: Die Alternative einer bürgerlichen und einer adligen Namensform ist im paradoxen — von Thomas Mann

---

30 Weber, S. 148.
31 Bd. 8, S. 456.
32 Vgl. Oskar Seidlin, Stiluntersuchung an einem Thomas Mann-Satz, in: Horst Enders (Hg.), Die Werkinterpretation, Darmstadt 1978, S. 336–348.
33 Bd. 8, S. 450.
34 Georg von Lukács, Die Seele und die Formen. Essays, Berlin 1911, S. 137.
35 Bd. 2, S. 547; vgl. S. 525.
36 Bd. 8, S. 450.
37 Bd. 8, S. 447.
38 Radkau, Das Zeitalter der Nervosität, S. 366.
39 Bd. 8, S. 425.
40 Bd. 8, S. 453, 504.
41 Bd. 8, S. 450.

freilich auch sonst verwandten[42] — Kompositum »Prosa-Epopöe« insofern wieder eingespielt, als das Verhältnis von ›prosaischem‹ und metrisch-›epischem‹ Erzählen in der Poetologie anhand der Konkurrenz von Adel und Bürgertum formuliert wurde, so in Johann Karl Wezels Dictum vom Roman als »wahre[r] bürgerliche[r] Epopee«.[43])

Bekanntlich hat der Autor, wie Goethe mit dem Jagd-Gedicht des *Manns von funfzig Jahren*, mit der »Prosa-Epopöe vom Leben Friedrichs von Preußen« seiner Novellenfigur die Realisierung eines eigenen, nicht sehr weit gediehenen Projekts delegiert, des Friedrich-Romans, mit dem Thomas Mann spätestens seit 1905 sein »Meisterstück«[44] zu schreiben beabsichtigte, dessen Vollendung dann aber eben nur dem für dieses eine Werk geadelten Aschenbach gelingen sollte. Den »geistigen Kern«[45] des Romanprojekts immerhin soll Thomas Manns Essay über *Friedrich und die große Koalition* enthalten. Dieser »Abriß« freilich, wie bereits sein Untertitel ankündigt, wurde »für den Tag und die Stunde«, nämlich im Kriegsjahr 1914 geschrieben, auf dessen Vorgeschichte der erste Satz des *Tods in Venedig* anspielt und das der Autor aus diesem Text und seiner Rezeption nahezu vorhersagte: »Eine Nation, in der eine solche Novelle nicht nur geschrieben, sondern gewissermaßen akklamiert werden kann«, vermutete er 1913 (in Heinrich Manns Erinnerung »für die Gemüter schon ein Kriegsjahr«[46]), habe »einen Krieg nötig«.[47]

Der Ausbruch dieses Kriegs, »den Deutschland« nun doch »nie gewollt haben würde, wenn man es nicht genötigt hätte, ihn zu wollen«,[48] bestimmt weitgehend die Tendenz des Friedrich-Essays, der unter demselben Obertitel mit zwei anderen, unverhohlen propagandistischen Texten (der Antwort *An die Redaktion des »Svenska Dagbladet«* und den späterhin »zu Lebzeiten des Autors von den deutschen Ausgaben ferngehalten[en]« und bis heute nicht ins Englische übersetzten *Gedanken im Kriege*[49]) als »ein ganz nettes Ganzes«[50] auch noch in Buchform erschien. Indem er den Weltkrieg zur »Wiederholung« der Schle-

42   3.2.1936 an Eduard Korrodi, in: Thomas Mann, Briefe, hg. v. Erika Mann, Frankfurt a. M. 1962–1965, Bd. 1, S. 409–413, hier S. 412.

43   Johann Karl Wezel, Hermann und Ulrike. Ein komischer Roman, Leipzig 1780 (Nachdruck Stuttgart 1971; Deutsche Neudrucke, Texte des 18. Jahrhunderts), S. II.

44   5.12.1905 an Heinrich Mann, in: Thomas Mann und Heinrich Mann, Briefwechsel 1900–1949, hg. v. Hans Wysling, Frankfurt a. M. ²1995, S. 111–113, hier S. 113.

45   Bd. 10, S. 567.

46   Heinrich Mann, Eine Liebesgeschichte. Novelle, München 1953, S. 22.

47   24.3.1913 an Ida Boy-Ed, in: Thomas Mann, Briefe an Otto Grautoff 1894–1901 und Ida Boy-Ed 1903–1928, hg. v. Peter de Mendelssohn, Frankfurt a. M. 1975, S. 172 f., hier S. 173.

48   Bd. 13, S. 551.

49   Vgl. Adolphs, Thomas Manns Einflußnahme auf die Rezeption seiner Werke in Amerika, S. 566.

50   6.5.1915 an Korfiz Holm; Briefe, Bd. 1, S. 119 f., hier S. 120.

sischen Kriege erklärte und diese zum deutschen Gründungsmythos
erhob,[51] versuchte Thomas Mann indirekt, doch ganz offensichtlich, die
deutsche Aggression von 1914 zu rechtfertigen (so etwa mit der zwar in
bezug auf Friedrichs Verhalten aufgestellten, aber bezeichnenderweise
in einem jener beiden Propagandatexte wörtlich wiederkehrenden Behauptung, daß »[e]in Angriff [...] aus Not [...] kein Angriff mehr« sei
und daß nur »Heuchelei oder Einfalt [...] zwischen ›Offensive‹ und
›Defensive‹ säuberlich unterscheidet«[52]).

Bei der engen Bindung an spätere, wenn auch im *Tod in Venedig* bereits vorschattende Ereignisse und dem dadurch relativierten Anspruch,
den »geistigen Kern« eines ja erheblich älteren Projekts »herauszustellen«, läßt der »Aufsatz«[53] dennoch sehr genaue Rückschlüsse darauf zu,
was sich für den Autor mit Aschenbachs »Heimatprovinz«, der »Provinz
Schlesien« immer schon verband, und zwar insoweit, als sich das 1914
Gesagte mit dem aus den älteren Vorarbeiten zum Romanprojekt Rekonstruierbaren berührt. Thomas Mann, das wird an diesen Berüh-
rungsstellen deutlich,[54] entzog die preußisch-österreichische Grenze
jeder ethischen und völkerrechtlichen Argumentation — denn innerhalb einer solchen wären preußische »Ansprüche« auf »die schöne Provinz« wirklich »vollkommen unbegründet[]« —, indem er sie auf die
Geschlechterdifferenz, und das hieß auf etwas rational Unzugängliches
zurückführte: »Die Geheimnisse des Geschlechtes sind tief und werden
nie völlig erhellt werden.«[55]

Diese »Geheimnisse« determinieren Preußens Sonderstellung im achtzehnten, auch schon nach Nietzsches Verdikt »einem rechten Weibsjahrhundert« (im Gegensatz natürlich zum neunzehnten, dem »eigentlich bürgerliche[n] Jahrhundert«[56]), in dem »die mächtigsten Länder
[...] von Frauen regiert« und bis auf den »antifeminin[en]« Friedrich
selbst die männlichen Machthaber effeminiert gewesen sein sollen (der
sächsische Minister Brühl »feminin[]« und Ludwig XV. »ein Weibs-
mann«). Es »scheint [...] sicher«, daß Friedrichs »Bösartigkeit mit seiner
Weiberfeindlichkeit irgendwie zusammenhing«. Vor allem hätten die
unbewältigten »Geheimnisse des Geschlechtes« den preußisch-österrei-
chischen Konflikt dominiert, in dem Friedrich seine »tiefe Misogynie«
und »Gefühllosigkeit für das Weibliche besonders deutlich« werden

---

51 Bd. 10, S. 77. Vgl. z. B. Bd. 13, S. 533: »Deutschland ist heute Friedrich der
    Große«; Bd. 13, S. 547: »erschüttert und fast entzückt über die erstaunliche Ähn-
    lichkeit der Sachlage«.
52 Bd. 10, S. 99, 112; Bd. 13, S. 547 f.
53 Bd. 10, S. 567.
54 Vgl. Anna Ruchat, Thomas Manns Roman-Projekt über Friedrich den Großen im
    Spiegel der Notizen. Edition und Interpretation, Bonn 1989 (Studien zur Germa-
    nistik, Anglistik und Komparatistik, Bd. 121), S. 128 f.
55 Bd. 10, S. 80, 84, 95.
56 Bd. 10, S. 193. Zur Sexualisierung der Standesdifferenz vgl. z. B. auch Wolf-
    gang Schivelbusch, Das Paradies, der Geschmack und die Vernunft. Eine Ge-
    schichte der Genußmittel, Frankfurt a. M. 1992, S. 107 f.

ließ. Friedrich soll »Ekel« vor der »Mutterschaft« Maria Theresias empfunden und in ihr »nur das Geschlecht beschimpft[]« haben (so wie andererseits ihr ›Haß‹ und »Kummer in ihrem weißen Busen« ans Geschlecht zurückgebunden wird: »sie haßt diesen Friedrich mit ganzer
Weibeskraft«).[57]

Auch der »Raub« des von Maria Theresia »geliebte[n], beweinte[n]
Schlesien« — nach den in Thomas Manns Nachlaßbibliothek enthaltenen *Kriegsaufsätzen* Houston Stewart Chamberlains nur eine Episode
im »Krieg zwischen dem echten und dem unechten Deutschland«, der
»erst 1866 endet«[58] — mußte natürlich mit Friedrichs »Verhältnis zu
den Frauen zu tun« haben.[59] Die »Willensdauer und Zähigkeit« Friedrichs des Großen, die Aschenbachs »Heimatprovinz erobert[]« haben
und nach deren Vorbild dieser endlich seine literarischen »Leistungen«
erbringen sollte, waren auf dem Vorstellungshintergrund des Autors
also gegen eine Frau gerichtet. Auch in Aschenbachs ›Naturell‹ bildet
der entsprechende Wesenszug denn ein genuin männliches Erbe:

> Da er [Aschenbach] also die Aufgaben, womit sein Talent ihn belud, auf
> zarten Schultern tragen und weit gehen wollte, so bedurfte er höchlich
> der Zucht, — und Zucht war ja zum Glücke sein eingeborenes Erbteil von
> väterlicher Seite.[60]

Die Notwendigkeit, die »Zucht« als ein »zum Glücke […] eingeborenes
Erbteil von *väterlicher* Seite« zu bestimmen, scheint sich aus der vorangehenden genealogischen Skizze zu ergeben, die an einer Stelle, »in
der vorigen Generation«, ausnahmsweise von ihrer patrilinearen Ausrichtung abweicht:

> […] Gustav Aschenbach also war zu L., einer Kreisstadt der Provinz
> Schlesien, als Sohn eines höheren Justizbeamten geboren. Seine Vor-
> fahren waren Offiziere, Richter, Verwaltungsfunktionäre gewesen, Män-
> ner, die im Dienste des Königs, des Staates ihr straffes, anständig kar-
> ges Leben geführt hatten. Innigere Geistigkeit hatte sich einmal, in der
> Person eines Predigers, unter ihnen verkörpert; rascheres, sinnlicheres
> Blut war der Familie in der vorigen Generation durch die Mutter des
> Dichters, Tochter eines böhmischen Kapellmeisters, zugekommen.
> Von ihr stammten die Merkmale fremder Rasse in seinem Äußern. Die
> Vermählung dienstlich nüchterner Gewissenhaftigkeit mit dunkleren,

---

57   Bd. 10, S. 92, 98, 105, 95, 91, 93, 95, 93, 81. Vgl. Ed[uard] Heyck, Die Frauen
     des Rokoko, in: Velhagen und Klasings Monatshefte 22.1, 1907/1908, S. 57–
     71, hier v. a. S. 57–60, und Thomas Manns Kommentar dazu im Notizheft zum
     Friedrich-Projekt, S. 38.
58   Houston Stewart Chamberlain, Deutschland, in: Houston Stewart Chamberlain,
     Kriegsaufsätze, München 81915, S. 68–94, hier S. 82.
59   Bd. 10, S. 83, 98, 90. Zur Raub- und Beute-Metaphorik vgl. Thomas Carlyle,
     Geschichte Friedrichs des Zweiten, genannt Friedrich der Große, hg. v. Karl
     Linnebach, Berlin 31916 f., Bd. 3, S. 529.
60   Bd. 8, S. 452.

feurigeren Impulsen ließ einen Künstler und diesen besonderen Künstler erstehen.[61]

Die völlig vereinzelte, so ganz erratische Erwähnung einer »Mutter des Dichters« ist schon deshalb bemerkenswert, weil sie die strenge Komposition des Kapitels leicht stört. Der beiläufige Hinweis auf »Merkmale […] in seinem Äußern«, die vom »zugekommen[en]« »Blut« der »Mutter« herrühren sollen, greift dem eigentlichen Portrait dieses »Äußern« vor, das ansonsten bis zum Kapitelende hinausgezögert wird. Am Ende des zweiten Kapitels wiederum, in der Beschreibung von Aschenbachs »Äußern«, sucht man vergebens nach einer Explizierung dessen, was an den dort aufgezählten »Merkmale[n]« entschieden »fremd[]« sein sollte:

> Gustav von Aschenbach war etwas unter Mittelgröße, brünett, rasiert. Sein Kopf erschien ein wenig zu groß im Verhältnis zu der fast zierlichen Gestalt. Sein rückwärts gebürstetes Haar, am Scheitel gelichtet, an den Schläfen sehr voll und stark ergraut, umrahmte eine hohe, zerklüftete und gleichsam narbige Stirn. Der Bügel einer Goldbrille mit randlosen Gläsern schnitt in die Wurzel der gedrungenen, edel gebogenen Nase ein. Der Mund war groß, oft schlaff, oft plötzlich schmal und gespannt; die Wangenpartie mager und gefurcht, das wohlausgebildete Kinn weich gespalten. Bedeutende Schicksale schienen über dieses meist leidend seitwärts geneigte Haupt hinweggegangen zu sein […].[62]

Den »heimlich-persönlichen Zusammenhang« dieses Portraits hat Thomas Mann selber preisgegeben. Er hatte seinem »Helden nicht nur den Vornamen […], sondern […] ihm auch bei der Beschreibung seines Äußeren die Maske Mahlers« »verlieh[en]«.[63] Konkrete Vorlage für Aschenbachs Portrait war eine heute im Thomas Mann-Archiv befindliche Zeitungsphotographie Gustav Mahlers, auf den ja schon das erste Wort der Novelle und der bald folgende Hinweis auf das Todesjahr 1911 deuten (die Lücke im Datum wird sogleich mit einer Anspielung auf die Zweite Marokko-Krise geschlossen: »*Gustav* Aschenbach […] an einem Frühlingsnachmittag des Jahres 19.., welches unserem Kontinent monatelang eine so gefahrdrohende Miene zeigte«).[64] Das literarische Portrait weicht aber so stark von der dafür benutzten Photographie ab, daß T. J. Reed diese bei seiner sonst akkuraten Reproduktion der Archiv-Materialien durch eine andere, Aschenbachs Äußerem etwas weniger frappant widersprechende zu ersetzen sich offenbar gezwungen sah (auf der zum Beispiel Mahlers »Haupt«, die Evangelienreminiszenz des Novellentexts[65] gewissermaßend einlösend, wirklich »seitwärts ge-

---

61 Bd. 8, S. 450.
62 Bd. 8, S. 456 f.
63 18.3.1921 an Wolfgang Born; Briefe, Bd. 1, S. S. 184–186, hier S. 185.
64 Bd. 8, S. 444; im Original keine Hervorhebung.
65 Vgl. Peter von Matt, …fertig ist das Angesicht. Zur Literaturgeschichte des menschlichen Gesichts, Frankfurt a. M. 1989, S. 230 f.

neigt[]« ist).⁶⁶ Über das »Verhältnis« von »Kopf« und »Gestalt« etwa, welches im rassenbiologischen Diskurs schon des neunzehnten Jahrhunderts von erheblicher Bedeutung und zum Beispiel in der *Zeitschrift für Ethnologie* unter den Resultaten von »Körpermessungen verschiedener Menschenrassen« in derselben Mißproportion und mit fast identischen Worten für die »Allerweltsnation« der Juden charakteristisch war (dort *»erscheint«* ›der‹ jüdische Kopf *»im Verhältnis* zu ihrer kleinen Statur [...] grösser als bei allen übrigen Völkern«),⁶⁷ läßt die benutzte Photographie, ein Brustbild, eigentlich gar keine Aussagen zu. Ein anderer Widerspruch zwischen dem photographischen und dem literarischen Portrait ist sogar schon in diesem selbst, nämlich an der Stelle greifbar, wo es durch Zeitadverbien zu einem belebten Bild wird. Auf der Photographie ist beim besten Willen nichts von einem »schlaff[en]« »Mund« zu sehen. Die hier im Gegenteil ausgeprägte Schmalheit der Lippen wird im literarischen Portrait durch die Adverbien zu einer sekundären, vorübergehenden und »plötzlich[en]« Erscheinung isoliert, zu einer willentlichen und die eigentlich »schlaff[e]« Natur des Munds verdeckenden Anspannung, wie sie für Aschenbachs Lebensführung überhaupt charakteristisch ist: »Der Mund [...] oft schlaff, oft plötzlich schmal und gespannt [...].«

Selbst wenn man anderweitige Eindrücke in Rechnung stellt — Thomas Mann hatte den bereits schwerkranken Mahler 1910 in München anläßlich der Uraufführung der Achten Symphonie persönlich kennengelernt —, folgen die Abweichungen von der Photographie einem deutlichen Muster. Dieses verrät der Text selbst, und zwar an der Stelle, an der er über das auf der Photographie Abgebildete ganz wörtlich hinausgeht und wie eben gesehen in bemerkenswerte Nähe zur rassenbiologischen Terminologie gerät: »Sein Kopf *erschien* ein wenig zu groß im Verhältnis zu der fast zierlichen Gestalt.« Die ›Erscheinung‹ Gustav Aschenbachs hat Thomas Mann aus der Photographie Gustav Mahlers konstruiert, indem er diese ganz offensichtlich durch das Raster eines Stereotyps las, unter dem Vorwissen um Mahlers »fremde[] Rasse«.

Aber auch ohne die ja ziemlich offensichtlich ausgelegten Indizien zu identifizieren, die auf eine Affinität Aschenbachs zu dem als solcher berühmten »Jude[n] Mahler« hinweisen — so apostrophiert ihn noch aus Anlaß seines Todes sein Rivale Richard Strauss —,⁶⁸ mußte ein zeit-

---

66   Reed, Thomas Mann. *Der Tod in Venedig*, S. 111.
67   A. Weisbach, Körpermessungen verschiedener Menschenrassen, Berlin 1878 (Zeitschrift für Ethnologie 9, 1877, Supplement), S. 212 f.; im Original keine Hervorhebungen. Vgl. z. B. Der Judenstamm in naturhistorischer Betrachtung (anonym), in: Ausland 53, 1880, S. 453–456, 483–488, 509–512, 536–539, hier S. 455: »[...] daß sie [die Juden] in den Hauptverhältnissen [...] des Kopfes und Halses zu dem übrigen Körper an der äußersten Grenze der Unterschiede stehen. [...] Die Juden haben demnach den relativ längsten Kopf und Hals.« Vgl. auch Gilman, Franz Kafka, S. 60.
68   Vgl. Sander L. Gilman, Disease and Representation. Images of Illness from Madness to AIDS, Ithaca und London 1988, S. 179–181.

genössisches Publikum etliche der in Aschenbachs Portrait aufgezählten »Merkmale« mit »fremder Rasse« assoziieren: »unter Mittelgröße«, »Kopf [...] *ein wenig* zu groß« — ein in Thomas Manns Portraits jüdischer Körper konstantes understating —, die zwar »edel«, aber halt dennoch »gebogene[] Nase«, »Mund [...] groß« und eben auch »schlaff«. Doch werden diese »Merkmale« hier wie gesagt nicht ausdrücklich als fremde gekennzeichnet. Erwähnenswert und bedeutsam ist ihre Fremdheit offenbar allein im Zusammenhang mit Aschenbachs Mutter.

Der »Mutter des Dichters« fällt für dessen Idiosynkrasie die etwa gleiche Rolle zu wie dem Dionysischen auf der im *Tod in Venedig* erstmals integrierten[69] Ebene der klassisch-mythologischen Reminiszenzen. Deren hier einschlägige Motivreihe tendiert regelmäßig ins betont Körperliche, ja Animalische, besonders in Gestalt der verschiedenen Satyr- und Silen-Figuren mit ihren fast ebenso regelmäßig notierten »Merkmale[n] fremder Rasse«. Dionysos, vergleichsweise »weibisch[]«[70] und eng assoziiert mit Vertierung, Transsexualismus und »schamlos[er]«,[71] »obszöne[r]«[72] Sexualität, gilt in der Altertumswissenschaft der Jahrhundertwende als der schlechthin *»fremde Gott«*.[73] Seine Kulte, worauf man in der Thomas Mann-Forschung auch schon hingewiesen hat, nennt Erwin Rohde sogar einmal ausdrücklich »Epidemien«;[74] nur daß dieser im *Tod in Venedig* gleichsam ganz beim Wort oder vielmehr bei der modernen Wortbedeutung genommene Ausdruck bei Rohde nicht einfach bloß als hygienisch-medizinische Metapher, sondern zugleich als terminus technicus gemeint sein kann — ἐπιδημεῖν in bezug auf die Ankunft und Gegenwart einer Gottheit im ›Volk‹[75] —, also etwas weniger kühn und inspiriert, als er einem Laien wie Thomas Mann erscheinen mußte. Die dionysischen Kulte und »Epidemien« sollen der zeitgenössischen Lehrmeinung nach aus Osten und Asien nach Europa vorgedrungen sein (eine seit der Entzifferung des Schriftsystems Linear B gegenstandslose Theorie, da der Name des angeblich fremden Gottes in dieser alteuropäischen Schrift schon verzeichnet ist).

In der Metonymie des »Blut[s]« und darin, daß erst »die Mutter des Dichters« mit dessen »Äußern« in Beziehung gesetzt ist, kann man zu-

---

69   Vgl. Hans Rudolf Vaget, Thomas Mann und die Neoklassik. *Der Tod in Venedig* und Samuel Lublinskis Literaturauffassung, in: Hermann Kurzke (Hg.), Stationen der Thomas Mann-Forschung. Aufsätze seit 1970, Würzburg 1985, S. 41–60, hier S. 53–57.

70   Benjamin Hederich, Gründliches mythologisches Lexicon [...], Leipzig 1770 (Nachdruck Darmstadt 1986), Sp. 509, s. v. ›Bacchus‹.

71   Bd. 8, S. 517.

72   Bd. 8, S. 517.

73   Bd. 8, S. 516; Hervorhebungen des Originals.

74   Erwin Rohde, Psyche. Seelencult und Unsterblichkeitsglaube der Griechen, Freiburg i. Br., Leipzig, Tübingen ²1898 (Nachdruck Darmstadt 1991), Bd. 2, S. 42.

75   Vgl. Henry George Liddell und Robert Scott, Greek-English Lexicon. Revised and Augmented Throughout by Henry Stuart Jones, Oxford ⁹1982, S. 630, s. v. ἐπιδημεύω, ἐπιδημέω, Nr. III.1.

nächst ein Komplement zur vornehmlich ethischen Festlegung des väterlichen »Erbteil[s]« sehen. An die Geschlechterdifferenz der Eltern lagert sich also der Gegensatz von »Geistigkeit« und »physische[r] Basis«,[76] von Triebkontrolle und Körperlichkeit an, wie ihn Thomas Mann nach Ausweis unzähliger Anstreichungen später bei seinen Bachofen-Lektüren in der Hierarchisierung der »intellektuell[]«-»metaphysischen« Vater- und der »stofflich[]«-»physischen« Mutterrechtsperiode wieder- und wiederfinden sollte;[77] aber auch, über die Ahnen väterlicher- respektive den Großvater mütterlicherseits, die Antinomie von gutbürgerlicher und künstlerischer, im Wortsinn bohemeartiger Existenzform — schon Hermann Broch nahm diese etymologische Beziehung zum »böhmischen Kapellmeister[]« in seiner Rezension als »Reverenz vor der Vererbungstheorie« wahr[78] — und vor allem das Verhältnis von Heimat und Fremde, zu dem die Nachbarschaft Böhmens und der »Provinz Schlesien« emporstilisiert wird.

Die Grenze zwischen den benachbarten Regionen (die überhaupt erste ›Grenze‹ übrigens insofern, als für sie dieses etymologisch slawische Wort zuerst in Gebrauch kam[79]), die sich für Thomas Mann wie gesehen als Resultat eines reinen Geschlechterkampfs darstellte, wird weit über den Konfessionsgegensatz hinaus, nämlich durch die Andeutung »fremder Rasse« ethnographisch vertieft; sei es, daß darin eine das deutsche und preußische Selbstverständnis konstituierende Differenz zum Slawentum zum Tragen kommt, oder sei es sogar, daß hier auf die Juden Böhmens angespielt wird.[80] Für die zweite Möglichkeit spricht nicht nur jene Aufzählung der äußeren »Merkmale« und die jüdische Abstammung des »böhmischen Kapellmeisters« Gustav Mahler, mit dem Aschenbach in der Rezeptionsgeschichte immer wieder identifiziert wurde. Wenn das frühere, ›züchtige‹ und »straffe[]« Leben des »Helden« ganz dem väterlich-preußischen »Erbteil« verpflichtet blieb, so legt es der Kontrast zum mütterlichen »Blut« natürlich nahe, Aschenbachs von ihm selbst als ›weiblich‹, ›weibisch‹ und ›sklavisch‹[81] erfahrenes Schicksal, seine pädophile Leidenschaft und die damit verbundene[82] Infektionskrankheit, als Rache der vordem unterdrückten, böhmisch-bo-

---

76   Bd. 8, S. 450 f.

77   Bachofen, Urreligion und antike Symbole, Bd. 2, S. 134 et passim.

78   Hermann Broch, Philistrosität, Realismus, Idealismus der Kunst, in: Der Brenner 3, 1.2.1913, S. 399–415, hier S. 401.

79   Vgl. Lucien Febvre, »Frontière« — Wort und Bedeutung, in: Lucien Febvre, Das Gewissen des Historikers, hg. v. Ulrich Raulff, Berlin 1988, S. 27–37, hier S. 36.

80   Vgl. Rolf Fieguth, Zur literarischen Bedeutung des Bedeutungslosen. Das Polnische in Thomas Manns Novelle *Der Tod in Venedig*, in: Hendrik Feindt (Hg.), Studien zur Kulturgeschichte des deutschen Polenbildes 1848–1939, Wiesbaden 1995 (Veröffentlichungen des Deutschen Polen-Instituts Darmstadt, Bd. 9), S. 130–147, hier S. 131 mit Anm. 4.

81   Bd. 8, S. 522, 504.

82   Bd. 8, S. 500 f.

hemehaften Wesenshälfte zu verstehen;[83] und diese ja auch am Ende des Jahrhunderts noch oder wieder geläufige Assoziierbarkeit von tödlicher Ansteckung und ›unzüchtiger‹ Sexualität entspräche genau der Topik des zeitgenössischen Antisemitismus.[84]

Die Reichsgrenze als abendländischer Limes und als cordon sanitaire

Im »Frühling[] des Jahres 19[11]« wurde in Dresden eine Weltausstellung der Hygiene eröffnet, an der »zum erstenmal auf einer hygienischen Ausstellung« auch die »*Rassenhygiene*« vertreten war,[85] und daß dies besonderer Rechtfertigungen bedurft hätte, geht aus keinem Wort des »Offizielle[n] Katalog[s]« hervor. Jenes »Konsenselement« Hygiene geriet offenbar ganz selbstverständlich, wenn noch nicht in den Bann, so doch schon unter den Einfluß des eugenetisch-rassistischen Diskurses. Etwas von dieser Selbstverständlichkeit zeigt sich an der Grenzimagination im *Tod in Venedig* insofern, als zu dem ethnographischen und zugleich sexuellen Aspekt, den die deutsche Grenze über eine Frau und deren Fremdheit erhält, wie von selbst auch noch eine hygienische Dimension kommt. Durch die, wie ein Rezensent schrieb: »fremdblütige Mutter«[86] wird die kleindeutsche Grenze zugleich mit den Krankheits- und Todesängsten besetzt, welche die »internationale[] Hygieneausstellung« zum Ausdruck brachte (zu deren Faszinosa übrigens ein materiell-quantifizierendes ›break down‹ des menschlichen Körpers gehörte, wie es sich dann auch im *Zauberberg* finden sollte[87]). Aschenbachs Mutter, die »Ausländerin«, wie ein anderer Rezensent sie ausgerechnet

---

83 Vgl. Helmut Jendreiek, Thomas Mann. Der demokratische Roman, Düsseldorf 1977, S. 235; Rolf Günter Renner, Lebens-Werk. Zum inneren Zusammenhang der Texte von Thomas Mann, München 1985, S. 46; Claus Tillmann, Das Frauenbild bei Thomas Mann. Der Wille zum strengen Glück. Frauenfiguren im Werk Thomas Manns, Wuppertal 1991 (Wissenschaftliche Monographien, Literaturwissenschaft, Bd. 2), S. 11.

84 Vgl. Sander L. Gilman, Rasse, Sexualität und Seuche. Stereotypen aus der Innenwelt der westlichen Kultur, Reinbek b. Hamburg 1992, S. 181–204, 281–311; ders., Disease and Representation, S. 155–181.

85 Offizieller Katalog der internationalen Hygieneausstellung. Dresden, Mai bis Oktober 1911, Berlin o. J., S. 258; Hervorhebung des Originals.

86 Carl Busse, Neues vom Büchertisch […], in: Velhagen und Klasings Monatshefte 27.10, 1912/1913, S. 309–312, hier S. 310.

87 Bd. 3, S. 385.

in den *Preußischen Jahrbüchern* nannte,[88] steht der Krankheit und dem »Tod« eindeutig näher als die Vorfahren »von väterlicher Seite«. Wie leicht man das von kleindeutschem Standpunkt aus definierte ›Ausland‹ mit Krankheit assoziieren konnte, bezeugen schon diese *Preußischen Jahrbücher*, wo das Detail der mütterlichen »Herkunft« bereits hervorgehoben wird. Wegen »dieser seiner Herkunft« fehle es Aschenbach an »stammhafter Zugehörigkeit« und in eins damit an »gesunde[r] Kraft«, wenn er auch »in Deutschland« lebe und »die deutsche Sprache seine Sprache« sei.[89]

Selbst diese beiden an Aschenbachs deutsche Identität gemachten Konzessionen hätten sich bei genauer Lektüre noch erübrigt. Erstens ist Aschenbachs Existenz insofern, als ihr »gesunde Kraft« fehlt, nicht »in Deutschland« lokalisiert. Sein Tod wie »Der Tod« schlechthin ist schon im Titel der Novelle, noch bevor die eigentliche Erzählzeit beginnt, nach Venedig situiert; und auch vor Beginn der eigentlich erzählten Zeit unterliegt alles ›Ungesunde‹ an Aschenbach bereits einer gleichsam zentrifugalen Bewegung. Nicht nur, daß er »frühzeitig München zum dauernden Wohnsitz« »wählte«,[90] also die Hauptstadt eines mehrheitlich katholischen Lands, das Preußen historisch oder auch nur schon dialektal wesentlich ferner steht als dem im Deutschen Krieg verbündeten Österreich; insofern, als ihr die »gesunde Kraft« entschieden fehlt, ist Aschenbachs Existenz schlechterdings nicht mehr »in Deutschland« situiert. Von Anfang an, schon im Rückblick auf Aschenbachs bisheriges Leben, wird alles eindeutig ›Ungesunde‹ daran aus dem reichsdeutschen Staatsgebiet ausgegrenzt:

> Als er [Aschenbach] um sein fünfunddreißigstes Jahr in Wien erkrankte, äußerte ein feiner Beobachter über ihn in Gesellschaft: »Sehen Sie, Aschenbach hat von jeher nur so gelebt« — und der Sprecher schloß die Finger seiner Linken fest zur Faust [...].[91]

Die Äußerung des »feine[n] Beobachter[s]« leiten etwas gar umständliche Orts- und Zeitangaben ein. Die Altersangabe, da sie auf eine ziemlich frühe Gefährdung des Lebens deutet, ließe sich noch damit rechtfertigen, daß im folgenden gleich auf Aschenbachs seit der Kindheit schwache Konstitution hingewiesen wird. Die Ortsangabe hingegen tut zunächst denkbar wenig zur Sache. Wahrscheinlich stammt sie aus der hier herangezogenen Quelle; vorausgesetzt, man identifiziert diese gegen die communis opinio[92] anhand einer Aussage Thomas Manns, der,

---

88 Richard Zimmermann, [Rezension von:] *Der Tod in Venedig* [...], in: Preußische Jahrbücher 156, April–Juni 1914, S. 356 f., hier S. 357.
89 Zimmermann, S. 357.
90 Bd. 8, S. 456.
91 Bd. 8, S. 451.
92 Vgl. z. B. Rolf Günter Renner, Das Ich als ästhetische Konstruktion. *Der Tod in Venedig* und seine Beziehung zum Gesamtwerk Thomas Manns, Freiburg i. Br. 1987 (Rombach Wissenschaft, Reihe Litterae), S. 35; Ehrhard Bahr, Thomas

wenngleich Jahrzehnte später, die Anregung zu jener symbolischen Geste in einem Gespräch mit Richard Beer-Hofmann und nicht etwa bei der Lektüre von Goethes Briefen erhalten haben wollte: »In this case [im Unterschied zu einer im vorangehenden Passus negativen Antwort auf eine andere Anfrage zum *Tod in Venedig*: ›God knows where I picked up the Ciceronian definition of eloquence‹], quite characteristically, I know very well the origin of the quotation, the reason be-ing.being [sic!] that it is connected with a personal impression: It was the poet Richard Behr-Hoffmann [sic!] who used this description in a conversation about Hofmannsthal.«[93]

Das Selbstzeugnis steht notabene in einem Kontext, in dem Thomas Mann seine sonst ›invariabel‹ einschlägige Gedächtnisschwäche unumwunden zugibt — »I invariably forget the sources which served me« —, nur diesen einen Fall dezidiert (»*very* well«) und aus besonderen Gründen davon ausnimmt (»quite characteristically«). Das Zeugnis des Autors ernstzunehmen scheint aber auch schon deswegen sehr geboten, weil es so außerordentlich genau auf die im Novellentext beschriebene Situation paßt, so zur Berufung auf die Instanz eines »feine[n] Beobachter[s]«, als welcher Beer-Hofmann unter seinen Zeitgenossen galt.[94] Vor allem aber soll sich Beer-Hofmann im fraglichen Gespräch ja auf Hugo von Hofmannsthal bezogen haben, also auf einen wieder österreichisch-jüdischen Intellektuellen. Dessen Kränklichkeit hatte Thomas Mann selber einmal vermerkt, und zwar ausgerechnet in Hofmannsthals ›fünfunddreißigstem Jahr‹.[95] (Im übrigen fand er es eine »[m]erkwürdige Vorstellung«, daß Hofmannsthal Carl Jacob Burckhardt den *Tod in Venedig* in gewollt »Wienerischem Tonfall« vorgelesen haben soll.[96])

Wirklich verstanden freilich ist die Ortsbestimmung mit solchen historischen Daten noch nicht, ob man diese nun aus der Biographie Hofmannsthals oder auch aus der Gustav Mahlers bezieht, an dessen »*fürstliche[m]* Sterben« Thomas Mann in mehreren (auch hinsichtlich der ›Fürstlichkeit‹ gleichlautenden) Selbstzeugnissen den Ort Wien besonders registriert hatte.[97] Historisch-biographische Vorgaben könnten bestenfalls die Wahl der Stadt erklären, nicht aber die Notwendigkeit, sie als Ort der Erkrankung eigens zu nennen. Der Name des Orts, an dem Aschenbach »um sein fünfunddreißigstes Jahr« erkranken mußte und

---

Mann. *Der Tod in Venedig*, Stuttgart 1991 (Erläuterungen und Dokumente), S. 22 f.

93   20.11.1946 an John Conley (Thomas Mann-Archiv; vgl. John Conley, Thomas Mann on Sources of Two Passages in *Death in Venice*, in: German Quarterly 40, 1967, S. 152–155, hier S. 154).

94   Vgl. Neue Zürcher Zeitung, 13./14.8.1994.

95   7.12.1908 an Heinrich Mann, in: Thomas Mann und Heinrich Mann, Briefwechsel 1900–1949, S. 136 f., hier S. 136.

96   Tagebücher 1953–1955, S. 338.

97   Bd. 13, S. 149; im Original keine Hervorhebung. Vgl. 18.3.1921 an Born; Briefe, Bd. 1, S. 185; Katia Mann, Meine ungeschriebenen Memoiren, hg. v. Elisabeth Plessen und Michael Mann, Frankfurt a. M. 1974, S. 73.

mit dessen »Rassenmischung« der reale Autor seine eigene »Mischung« einmal verglich,[98] bezeichnet hier mehr und anderes als nur die Hauptstadt des Reichs, dem »die Mutter des Dichters« und dessen »Merkmale fremder Rasse« entstammen.

In einer Hommage an den »genius loci« der Stadt und ihre »große[n] und merkwürdige[n] Einsame[n]« nannte Hofmannsthal Wien einmal Europas Pforte zum Orient, und das auch in einem übertragenen Sinn, indem er nämlich die geographische Lage dieser, so gesehen, wahren und einzig echten Metro-pole mit deren wissenschaftsgeschichtlicher Bedeutung zusammenbrachte: »porta Orientis auch für jenen geheimnisvollen Orient, das Reich des Unbewußten«.[99] Das erinnert an Freuds eigene kolonialistische Metapher für die weibliche Sexualität, »dark continent«, und verrät die Homologie des psychoanalytischen und eines älteren, von Edward Said ›Orientalismus‹ genannten ›Diskurses‹.[100] Auch Thomas Mann selber, zu Freuds achtzigstem Geburtstag — und unter dem an Aschenbachs Aristokratismus erinnernden Titel »Adel des Geistes« —, hat das Verhältnis des »Ich« zum »Es« anhand der eurasischen Landmasse veranschaulicht. Das »Ich«, versteht sich, identifizierte er mit Europa, das er als »eine kleine aufgeweckte Provinz des weiten Asiens« bezeichnete.[101] ›Asien‹ (ein in seiner gleichmacherischen Bedeutungsbreite offenbar im Lexikon etwa japanischer oder malaiischer Erbwörter entsprechungsloser Ausdruck), im Unterschied zur »kleine[n]«, bemerkenswerterweise wieder so genannten »Provinz«, meint hier, und ohne daß dies noch der Differenzierung oder einer Begründung zu bedürfen scheint, einen ›verschlafenen‹ und ›unbewußten‹, amorphen und übergroßen, geschichts- und, wie Thomas Mann bei Bachofen nachlesen konnte, »bewegungslosen«[102] Raum, den die »europäische Seele« immer schon hinter sich gelassen zu haben glaubte.[103]

Der Topographie des *Tods in Venedig* liegt nun ganz offensichtlich solch eine hygienisch-psychologische Metaphorisierung zugrunde. War Aschenbach während seines früheren, »straffe[n], anständig karge[n] Leben[s]« »unser[en] Kontinent«[104] »zu verlassen« niemals auch nur

98   Bd. 11, S. 370.
99   Hugo von Hofmannsthal, Wiener Brief [II], in: Hugo von Hofmannsthal, Gesammelte Werke, Reden und Aufsätze, Bd. 2: 1914–1924, Frankfurt a. M. 1979, S. 185–196, hier S. 185, 195 f. Vgl. dazu Bernd Urban, Hofmannsthal, Freud und die Psychoanalyse. Quellenkundliche Untersuchungen, Frankfurt a. M., Bern, Las Vegas 1978 (Literatur und Psychologie, Bd. 1).
100   Vgl. Edward W. Said, Orientalism, New York 1979, S. 3.
101   Bd. 9, S. 486. Vgl. dazu die »Gehirn«-»Körper«-Metaphorik bei Theodor Lessing, Europa und Asien, Berlin-Wilmersdorf 1918 (Politische Aktions-Bibliothek), S. 7–11.
102   Bachofen, Urreligion und antike Symbole, Bd. 1, S. 83.
103   Zur zeitgenössischen Assoziation solcher Vorstellungen insbesondere auch mit Venedig vgl. Georg Simmel, Venedig, in: Georg Simmel, Aufsätze und Abhandlungen 1901–1908, Bd. 2, hg. v. Alessandro Cavalli und Volkhard Krech, Frankfurt a. M. ²1997 (Gesamtausgabe, Bd. 8), S. 258–263, hier S. 260–262.
104   Bd. 8, S. 444.

»versucht«[105] — ein von seinen religiösen Konnotationen her tenden-
ziös-hyperbolisches Verb —, so ist das Ende dieses »anständig karge[n]« wie des »Leben[s]« überhaupt bereits im Titel der Novelle nach
»Venedig« und damit nicht eben nur in die Romania oder in die Nähe
zur Slavia verlegt, sondern auf einen Schnittpunkt von ›Nord‹ und
›Süd‹, ›Westen‹ und ›Osten‹ schlechthin. ›Venedig‹ liegt in einer imaginären Geographie, wie sie noch die postumen Interpreten des Texts
bezeugen — so etwa Walter Jens und selbst Edward Said —: »an der
Grenze von Europa und Asien«, »at or just beyond the boundaries of
Europe«.[106]
    Dieses imaginäre Venedig würde mehr noch als Wien »porta Orientis«
zu heißen verdienen. Im letzten Novellenkapitel, in dem die eigentliche
Stadt den Schauplatz abzugeben beginnt, öffnet sich zusehends deren
›Pforte zum Orient‹, wenn etwa die römisch-katholische Messe zum
»morgenländischen Tempel[]«-Kult stilisiert und gleich darauf das
»Arabische« der Architektur in den Blick gerückt wird.[107] Der Aschenbachs ›unzüchtige‹ Neigung hervorruft, stammt aus dem zwar noch
einigermaßen ›zivilisierten‹ Osten — gemessen am ungleich ›barbari-
scheren‹ Gepräge der im Text beschriebenen und für Thomas Mann
auch sonst eindeutig und vollends ›asiatischen‹ Russen —; aber das
»Verheißungsvoll-Ungeheure«, in das Tadzio am Ende »hinaus[zu]deu-
te[n]« scheint,[108] müßte, kartographisch konkret gesehen, weit im Osten
oder Südosten liegen. »Der Tod«, der sich simultan-gegenläufig zu
Aschenbachs Reise auf Venedig zubewegt,[109] kommt seinerseits aus dem
Orient: »die *indische* Cholera«; »aus den warmen Morästen des Ganges-
Deltas«; »von *syrischen* Kauffahrern [...] verschleppt«.[110]

Seit mehreren Jahren schon hatte die indische Cholera eine verstärkte
Neigung zur Ausbreitung und Wanderung an den Tag gelegt. Erzeugt aus
den warmen Morästen des Ganges-Deltas, aufgestiegen mit dem mephi-
tischen Odem jener üppig-untauglichen, von Menschen gemiedenen Ur-
welt- und Inselwildnis, in deren Bambusdickichten der Tiger kauert, hatte die Seuche in ganz Hindustan andauernd und ungewöhnlich heftig ge-
wütet, hatte östlich nach China, westlich nach Afghanistan und Persien
übergegriffen und, den Hauptstraßen des Karawanenverkehrs folgend,
ihre Schrecken bis Astrachan, ja selbst bis Moskau getragen. Aber während Europa zitterte, das Gespenst möchte von dort aus und zu Lande sei-

---

105   Bd. 8, S. 447.
106   Walter Jens, Der Gott der Diebe und sein Dichter. Thomas Mann und die Welt der
      Antike, in: Walter Jens, Statt einer Literaturgeschichte, Pfullingen ⁷1978, S.
      165–183, hier S. 166; Edward W. Said, Culture and Imperialism, New York
      1993, S. 202.
107   Bd. 8, S. 501–503; vgl. S. 500, 521.
108   Bd. 8, S. 525.
109   Vgl. die sorgfältig aufeinander abgestimmten Zeitangaben Bd. 8, S. 444 (»An-
      fang Mai«), S. 457 (»nach etwa zwei Wochen [...] zwischen Mitte und Ende des
      Mai«) mit S. 512 f. (»Mitte Mai [...] Anfang Juni«).
110   Bd. 8, S. 512.

nen Einzug halten, war es, von syrischen Kauffahrern übers Meer verschleppt, fast gleichzeitig in mehreren Mittelmeerhäfen aufgetaucht, hatte in Toulon und Malaga sein Haupt erhoben, in Palermo und Neapel mehrfach seine Maske gezeigt und schien aus ganz Kalabrien und Apulien nicht mehr weichen zu wollen. Der Norden der Halbinsel war verschont geblieben. Jedoch Mitte Mai dieses Jahres fand man zu Venedig an ein und demselben Tage die furchtbaren Vibrionen in den ausgemergelten, schwärzlichen Leichnamen eines Schifferknechtes und einer Grünwarenhändlerin. Die Fälle wurden verheimlicht. Aber nach einer Woche waren es deren zehn, waren es zwanzig, dreißig, und zwar in verschiedenen Quartieren. Ein Mann aus der österreichischen Provinz, der sich zu seinem Vergnügen einige Tage in Venedig aufgehalten, starb, in sein Heimatstädtchen zurückgekehrt, unter unzweideutigen Anzeichen, und so kam es, daß die ersten Gerüchte von der Heimsuchung der Lagunenstadt in deutsche Tagesblätter gelangten. Venedigs Obrigkeit ließ antworten, daß die Gesundheitsverhältnisse der Stadt nie besser gewesen seien, und traf die notwendigsten Maßregeln zur Bekämpfung. Aber wahrscheinlich waren Nahrungsmittel infiziert worden, Gemüse, Fleisch oder Milch, denn geleugnet und vertuscht fraß das Sterben in der Enge der Gäßchen um sich, und die vorzeitig eingefallene Sommerhitze, welche das Wasser der Kanäle laulich erwärmte, war der Verbreitung besonders günstig. Ja, es schien, als ob die Seuche eine Neubelebung ihrer Kräfte erfahren, als ob die Tenazität und Fruchtbarkeit ihrer Erreger sich verdoppelt hätte.[111]

Konstitutiv für diese Beschreibung ist der Antinomismus, welcher mit jener Anregung durch das in seiner modern-medizinischen Bedeutung genommene Wort »Epidemie[]« im Grunde schon vorgegeben ist und welcher sich besonders deutlich an dem »Gemisch aus Granatapfelsaft und Soda«[112] aufzeigen ließe, mit dem sich Aschenbach ansteckt. In dem »Gemisch« ist die mythologische Stilisierung des Tods so raffiniert wie problematisch mit der wissenschaftlichen Erklärung der Krankheit kombiniert — »Soda« wurde bekanntlich aus gewöhnlichem Trinkwasser hergestellt —, vor deren »principe générateur« noch Proust unumwunden kapituliert hatte[113] (wobei in der Thomas Mann-Forschung bezeichnenderweise die mythische auf Kosten der modernen Komponente stark überfärbt wird, wenn etwa Werner Frizen den Text folgendermaßen paraphrasiert: »Aschenbach […] genießt den Saft einer Frucht […], die einst Persephone in den Hades bannte und die aus Dionysos' Blut erwuchs: einen rubinroten ›Granatapfelsaft‹.«[114])

Wie zum Beispiel der gebrauchte Terminus »Vibrionen« verrät und wie es überhaupt Thomas Manns außerordentlich regem und zeitlebens wachgebliebenem Interesse am wissenschaftlichen, vor allem aber am

---

111   Bd. 8, S. 512 f.
112   Bd. 8, S. 506.
113   Proust, S. 319 f.
114   Werner Frizen, Thomas Mann. *Der Tod in Venedig*. Interpretation, München 1993 (Oldenbourg Interpretationen, Bd. 61), S. 83.

medizinischen Fortschritt entspricht,[115] beruht die Beschreibung der Cholera einerseits auf den damals neusten, den Forschungsergebnissen Robert Kochs und seiner Mitarbeiter, stimmt aber andererseits doch auch mit der mythologischen Stilisierung der »Epidemie[]« als dionysischem Kultzug überein. Bedeutet die übergreifende mythologische Ästhetisierung der Epidemie als Ankunft des »fremde[n] Gott[es]« einen Atavismus und eine wissenschaftsgeschichtliche Regression, eine Revokation der verhältnismäßig jungen, in der zweiten Hälfte und im letzten Drittel des neunzehnten Jahrhunderts nach dreihundertjähriger Stagnation erzielten Erkenntnisfortschritte, der von Owsei Temkin so genannten ›Säkularisierung‹[116] der Infektionskrankheiten, so weist auch der Wortlaut der scheinbar nüchternen Beschreibung eine untergründige Tendenz auf, hinter dem eben erreichten und dem Autor ganz offensichtlich bekannten Stand der medizinischen Erkenntnis zurückzubleiben.

Die »Seuche« wird zum »Gespenst«. Sie gewinnt auch hier letztlich ein aller Kausalität und Kontrolle entzogenes Eigenleben. »Erzeugt aus den [...] Morästen des Ganges-Deltas« — diese Vorstellung von ›miasmatischer‹ Spontangenese der Cholera im Sinne am ehesten Justus von Liebigs, wie ihr auch noch nach Kochs Entdeckungen in modifizierter Form der Münchener Hygieniker Max von Pettenkofer anhing, fällt hinter den Wissensstand seit Pasteur zurück[117] —, legt die »Seuche« einfach »[s]eit mehreren Jahren schon [...] eine verstärkte Neigung zur Ausbreitung und Wanderung an den Tag«. Die Imagination dieser »Wanderung«, genauer besehen und besonders wenn man sie neben die seuchengeschichtlichen Fakten hält, ist für eine Verschränkung von Infektionsangst, Klassendünkel und Xenophobie ebenso symptomatisch wie in einem späteren »tragische[n] Reiseerlebnis« der »Aberglaube«, ein abgeklungener »Keuchhusten sei akustisch ansteckend«: die Ansteckungsangst, die in *Mario und der Zauberer* für einmal der italienische Hochadel vor dem deutschen Bürgertum hat, übrigens auch eine ältere Frau vor einem deutschen Jungen, in Gestalt einer römischen Fürstin, die auf einer »Umquartierung« des ob solchem »Byzantinismus« empörten Erzählers und seiner »Kleinen« »in den Nebenbau« des Grand Hôtel besteht.[118]

115 Vgl. Hans Wolfgang Bellwinkel, Naturwissenschaftliche Themen im Werk von Thomas Mann, in: Naturwissenschaftliche Rundschau 45, 1992, S. 174–183.

116 Owsei Temkin, An Historical Analysis of the Concept of Infection, in: Owsei Temkin, The Double Face of Janus and Other Essays in the History of Medicine, Baltimore und London 1977, S. 456–471, hier S. 469.

117 Zur Kontroverse zwischen Liebig und Pasteur und ihren weitreichenden ideologischen Implikationen vgl. Margaret Pelling, Contagion / Germ Theory / Specificity, in: W. F. Bynum und Roy Porter (Hgg.), Companion Encyclopedia of the History of Medicine, New York und London 1993, Bd. 1, S. 309–334, hier S. 327.

118 Bd. 8, S. 661 f.

Wenn im *Tod in Venedig* die Krankheit zum Beispiel, wofür sich in den von Thomas Mann herangezogenen Materialien nicht der geringste Hinweis zu finden scheint, ausgerechnet »von syrischen Kauffahrern übers Meer verschleppt« worden sein soll, dann steht dahinter selbstverständlich der Glaube, daß sie, eigentlich in ›Asien‹ zu Hause, auch nur über Asiaten und ›Fremde‹ nach Europa gelangt sein kann. In der Tat steht die »Ausbreitung« der Cholera, die erst im neunzehnten Jahrhundert nach Europa gelangte, mit »Kauffahrern« und Handel in einem ursächlichen Zusammenhang; nur daß die Zunahme des Handelsaufkommens und der Ausbau der Verkehrswege natürlich primär von den zunehmend industrialisierten Großmächten ausging.[119] Die Ursache für das Auftauchen der indischen Cholera in Europa wäre also in Europa selbst zu suchen und zu finden.

Die scheinbar so sachliche Beschreibung der Epidemie ebenso wie die mythologische Stilisierung, indem der Ursprung der »Seuche« je ganz ins Außerhalb verlegt wird, lenkt aber nicht nur von den Ursachen der eigentlichen »Einschleppung«, sondern insbesondere von den Bedingungen ab, welche die großen Cholera-Epidemien in Europa überhaupt ermöglichten. Diese Bedingungen waren Thomas Mann nach Ausweis seiner Arbeitsnotizen präsent oder hätten es jedenfalls sein können:

Eigentliche Heimat Ostindien, endemisch besonders im Gangesdelta. Rapide Steigerung u. Beschleunigung des Verkehrs seit Einführung der Dampfschiffe, erklärt die ausgedehnte Verschleppung seit diesem (vorig.) Jahrhundert. Verschont geblieben kaum ein Land, nur ganz verkehrsarme Orte im Hochgebirge u. in der arktischen Zone. Zwei *Wege für die Verbreitung* besonders beträchtlich: Der eine über Central-Asien, folgend den Hauptstraßen des Karavanenverkehrs, nach dem europ. Rußland. *Der zweite zur See nach den Mittelmeerhäfen.* Gefahr aus dem Schiffsverkehr jetzt sehr im Vordergrund.
   Art der Verbreitung: Oft direkte Übertragung von Kranken auf Gesunde. Mittelbare Übertragung speziell durch Trinkwasser, in das Ch.-Dejektionen (Exkremente, Kot) gelangt sind. In Hamburg *erkrankten 30% der Bevölkerung*, weil (im Gegensatz zu Altona, wo gut filtriertes Trinkwasser benutzt wurde) in Hamb. das rohe Wasser in die Stadt geleitet wurde. Verschiedene öffentliche Anstalten, die nur mit Brunnenwasser versorgt waren, blieben verschont. Direkte Übertragungen verhältnismäßig selten, da die von Kranken ausgeschiedenen Bacillen in relativ frischem Zustande in den Darm Gesunder gelangen müssen, da sie sonst absterben. Anders, wenn Dejektionen ins Trinkwasser gelangen. Dann werden die Erreger vielen gleichzeitig zugeführt, und es kommt zu explosionsartigen [sic!] Verbreitung [dafür zuerst: ›Ausbrüchen‹] wie in Hamburg. Eine Stadt mit guter centraler Wasserversorgung wird viel weniger für die Epidemie disponiert sein, als eine mit schlechter Wasservers. Gut durchgef. Kanalisation hoher Schutz, weil dadurch die Dejektionen, die Haus- u. Waschwässer, die ungezählte Erreger enthalten, so-

---

119   Vgl. Jacques Ruffié und Jean-Charles Sournia, Die Seuchen in der Geschichte der Menschheit, Stuttgart 1987, S. 68.

fort abgeführt werden. Einschleppung: Es ist etwa ein Armer, der keinen Arzt zu Rate zieht, so daß die nötigen Maßregeln nicht getroffen werden. Ist unter den Erkrankten gerade ein Gemüsehändler oder eine Milchverkäuferin, so können Kommabazillen leicht die Waaren [sic!] infizieren, wodurch Ausbruch. Höhepunkt meist im Spätsommer, weil Temperatur des Flußwassers dann am höchsten, — gut für die Bazillen.

Thomas Mann mußte also nicht nur über den Zusammenhang der »Einschleppung« mit der neuen Verkehrstechnologie (den »Dampfschiffe[n]«) genau Bescheid wissen, sondern eben auch darüber, daß die eigentlichen Epidemien sich keinesfalls auf die »Einschleppung« des Erregers allein reduzieren ließen. Die wesentliche Bedingung für die europäischen Epidemien des neunzehnten Jahrhunderts, die hygienischen Verhältnisse in den schnell gewachsenen Großstädten, waren damals bereits durchaus bekannt und hätten sich, wie die Beispiele etwa Hamburgs oder zuvor schon Londons bewiesen, auch schon wirklich bewältigen lassen. In der sachlichen Beschreibung der Epidemie, durch die darin hypostasierte »Neigung« der »Seuche« zur »Wanderung« und durch die ausschließliche Fixierung ihrer außereuropäischen »Heimat«, wird ein zuerst und zuletzt soziales Problem zu einem, wie man heute sagen könnte, interkulturellen Konflikt umfunktioniert. Die literarische Repräsentation der Krankheits- und Todesängste entlastet von der Wahrnehmung gesellschaftlicher Asymmetrien und ihrer Folgen. Dies mag erheblich zum zeitgenössischen Erfolg der Novelle beigetragen haben, und jedenfalls steht diese ganze Verkennungsstruktur in einer frappant homologen Beziehung zu den außen- und innenpolitischen Verhältnissen im Reich, in dem die Novelle »akklamiert« wurde, der innenpolitischen Entlastungsfunktion einer zusehends aggressiveren Außenpolitik.

Auch vor diesem speziellen Hintergrund ist die Wahl Venedigs als Ort ›des‹ Todes schlechthin konsequent und bedeutsam; und zwar abgesehen von der Rolle, welche die Stadt in der europäischen Seuchengeschichte erwartungsgemäß spielte und die sich sprachlich in der Etymologie des ›Lazaretts‹ niedergeschlagen hat (als Synekdoche des Pesthauses von S. Maria di Nazaret beziehungsweise des Aussätzigenhospitals Ospedale di S. Lazzaro[120]). Denn auf die Cholera erstreckte sich diese Rolle gerade nicht. Auf Prousts »Carte indiquant la marche des épidémies de choléra, par les Routes de terre et la Voie maritime« sucht man Venedig vergebens. In einem Zeitungsartikel über die *Die Cholera in Italien*, dessen erste Hälfte im Materialienkonvolut zum *Tod in Venedig* erhalten blieb, ist nur von Sizilien, von Palermo die Rede, und das unter dem Aspekt, daß sich auch dort »die Verhältnisse erheblich *gebessert* zu haben« »scheinen«.[121]

---

120 Vgl. Wolfgang Pfeifer et al., Etymologisches Wörterbuch des Deutschen, Berlin 1989, Bd. 2, S. 986, s. v. ›Lazarett‹.
121 Münchner Neueste Nachrichten, 5.9.1911; Hervorhebung des Originals.

Die Wahl Venedigs, nach Arthur Eloesser, einem persönlichen Bekannten Thomas Manns, süffisanterweise durch die Lektüre »österreichische[r] Zeitungen« angeregt (»[...] trotz allen Vorsichtsmaßnahmen,
die wie üblich von den Behörden noch mehr gegen die Ausbreitung
des Gerüchts als gegen die Krankheit ergriffen worden waren [...]«),[122]
drängte sich demnach aufgrund der epidemologischen Faktenlage
nicht auf. Wie »gut« das venezianische Klima »für Bazillen« auch immer sein mochte, so handelte es sich bei seinerzeit in Venedig auftretenden wahrscheinlich wirklich um einzelne und insofern epidemolo-
gisch noch weniger bedenkliche Fälle. Die Dementis der »Obrigkeit«,
die im *Tod in Venedig* (und bei Eloesser) von vornherein als völkerpsy-
chologisch typische Lügen abgetan werden, scheinen seinerzeit, jedenfalls legt Wolfgang Leppmanns Rekonstruktion der faktischen Verhältnisse keinen anderen Schluß nahe,[123] durchaus der Wahrheit entsprochen zu haben.

Wenn man also mit der Forschung, in der jüngeren zum Beispiel entlang der Motivlinie von Lärm und Stille,[124] oder nur schon aufgrund
der etwa in Georg Simmels Philosophie der Großstadt von 1903 vorherrschenden Fließmetaphorik den *Tod in Venedig* als Reaktion auf die
Verunsicherung durch die modernen Metropolen[125] lesen kann — auch
Aschenbachs ›Perversion‹ war einer antiurbanistischen Kulturkritik mü-
helos integrierbar, wie sie Oswald Spenglers auf Thomas Mann gemünztes Wort vom »Großstädtisch-Homosexuelle[n]«[126] auf eine einzige
Formel bringt —, so läßt sich solch eine Lektüre insbesondere auf den
»Tod« fokussieren, der im Titel der Novelle in die Stadt situiert wird; so
aber, daß ein generelles Hygieneproblem europäischer und eben auch
der deutschen Großstädte hier im Grunde zu einem speziellen Problem
des ›Auslands‹ umstilisiert und in dem zunehmenden Maß verleugnet
ist, in dem Venedig während der Erzählzeit immer mehr zur außereuropäischen, ›asiatischen‹ Stadt verfremdet wird.

---

122 Vgl. Arthur Eloesser, Thomas Mann. Sein Leben und sein Werk, Berlin 1925, S.
     173.
123 Wolfgang Leppmann, Time and Place in *Death in Venice*, S. 132 f.; ders., Kein
     Tod in Venedig. Thomas Mann und die Wirklichkeit, a. a. O., S. 122–126, hier
     S. 124 f.
124 Vgl. Walter Pabst, Satan und die alten Götter in Venedig. Entwicklung einer lite-
     rarischen Konstante, in: Euphorion 49, 1955, S. 335–359, hier S. 336; Wolf-
     gang Leppmann, Time and Place in *Death in Venice*, S. 129; Marc A. Weiner,
     Undertones of Insurrection. Music, Politics, and the Social Sphere in the Mod-
     ern German Narrative, Lincoln und London 1993 (Texts and Contexts, Bd. 6), S.
     77.
125 Georg Simmel, Die Großstädte und das Geistesleben, in: Simmel, Aufsätze und
     Abhandlungen 1901–1908, Bd. 1, S. 116–131, hier S. 130.
126 Oswald Spengler 13.12.1913 an Hans Klöres, in: Oswald Spengler, Briefe
     1913–1936, hg. v. Anton M. Kokanek, München 1963, S. 24. Vgl. Mosse, Na-
     tionalism and Sexuality, S. 32 f.; Thomas Nipperdey, Deutsche Geschichte
     1866–1918, Bd. 1: Arbeitswelt und Bügergeist, München 1998, S. 106.

Durch diese Verfremdung und die damit gleichsinnige Fixierung ›des Tods‹ auf die Stadt gewinnt die in gerade dieser Hinsicht wie gesehen fingierte »Wanderung« der Epidemie eine politische Bedeutung. Der Kontakt zwischen Österreich und Venedig, den die »indische«, von »syrischen Kauffahrern« und zuletzt eben von jenem Vergnügungstouristen »verschleppt[e]« Cholera im *Tod in Venedig* herstellt,[127] hat offensichtlich eine historische Dimension und eine nationalideologische Funktion. Wie noch zur Zeit der Werkentstehung die ersten drei Stationen auf Aschenbachs fataler und bezeichnenderweise wie in Wilhelm Jensens *Gradiva*[128] im »Nachtzuge«[129] beginnender Reise — Triest, Pola[130] und die »Insel der Adria« mit »geschlossen österreichische[r] Hotelgesellschaft«[131] (die »Insel Brioni«[132] wahrscheinlich oder jedenfalls eine der brionischen Inseln) — gehörte Venetien ja fast genau bis zur Reichsgründung zu Österreich. Die erst nach dem Deutschen Krieg erfolgte Trennung wird durch den Gang der auch in den Notizen so genannten »Cholera *asiatica*« aufgehoben, in den Ansteckungs-, aber auch anderen, aus Misogynie, Klassenhaß und Xenophobie gespeisten Ängsten, welche die Epidemie aufgrund ihrer stark ausgeprägten Metaphorizität auslöst: Die »unsauberen Vorgänge im Inneren Venedigs«[133] fallen mit einer »Entsittlichung der unteren Schichten« geradezu zusammen, wenn »angeblich der Seuche zum Opfer gefallene Personen vielmehr« vergiftet wurden; und der metaphorischen Repräsentation der »unsauberen Vorgänge im Inneren« des Stadtkörpers als Geschlechtskrankheit entsprechend, nimmt »die gewerbsmäßige Liederlichkeit [...] aufdringliche und ausschweifende Formen an, wie sie sonst [...] im Orient zu Hause« gewesen sein sollen.[134]

Befällt die also nicht nur wegen ihrer Herkunft mit dem »Orient« assoziierte Krankheit über den Vergnügungstouristen ausdrücklich auch Österreich, so scheint sie andererseits vor der kleindeutschen Grenze haltzumachen. Das reichsdeutsche Gebiet bleibt im ausführlichen Bericht über die Epidemie ausgespart, der gerade hierin über die von Thomas Mann gesammelten Materialien hinausgeht. In seinen Brockhaus-Exzerpten[135] wäre nämlich sehr wohl dokumentiert gewesen, woran er sich aber angesichts der Ausmaße der betreffenden Epidemie und

---

127   Bd. 8, S. 512.
128   Vgl. Manfred Dierks, Traumzeit und Verdichtung. Der Einfluß der Psychoanalyse auf Thomas Manns Erzählweise, in: Eckhard Heftrich und Helmut Koopmann (Hgg.), Thomas Mann und seine Quellen. Festschrift für Hans Wysling, Frankfurt a. M. 1991, S. 111–137, hier S. 113–117.
129   Bd. 8, S. 457. Vgl. Wolfgang Leppmann, Time and Place in *Death in Venice*, S. 135.
130   Vgl. Fieguth, S. 132.
131   Bd. 8, S. 458.
132   18.3.1921 an Born; Briefe, Bd. 1, S. 185.
133   Bd. 8, S. 504.
134   Bd. 8, S. 514.
135   Vgl. T. J. Reed bei Bahr, S. 112, Anm. 55.

deren sehr bedrohlicher Nähe zu seinem damaligen Wohnort Lübeck ohnehin erinnern mußte, daß nämlich die in Westeuropa letzte gravierende Cholera-Epidemie 1892 zuerst in Hamburg ausgebrochen war, und von der für die ganze Beschreibung offenbar maßgeblichen »vierte[n] Epidemie von 1865–75« steht in den Exzerpten nur eben, sie habe »einen großen Teil Europas« »überzog[en]«, ohne daß die entsprechend kleine Restmenge näher bestimmt wäre.

In *Der Tod in Venedig*, der durch den bestimmten Artikel insinuierten Generalisierbarkeit dieses Titels gemäß, bleibt »der Norden [...] verschont«[136] von der Seuche. Hierin, um dieses Detail nochmals zu überhellen, weicht die Beschreibung der »Cholera asiatica« von Thomas Manns Brockhaus-Exzerpten, der dort und auch heute noch als ›vierte‹ bezeichneten Epidemie ab. Preußen kommt überhaupt nicht und die Germania nur an ihrer Peripherie in Kontakt mit dem wieder biblisch-hyperbolisch so benannten »Übel«, und zwar wieder über das ›Ausland‹, aus dem »die Mutter des Dichters« stammt, durch jenen Österreicher nämlich, »der sich zu seinem Vergnügen einige Tage in Venedig aufgehalten« hatte und als erstes Opfer der Cholera im deutschsprachigen Raum registriert wird.

Daß es »[e]in Mann« ausdrücklich »aus der *österreichischen* Provinz« gewesen sein muß, der die Seuche so gefährlich nahe an das Deutsche Reich heranbrachte, ist ebenso bezeichnend wie der Umstand, daß Aschenbach schon vor dem Einsatz der eigentlich erzählten Zeit ausgerechnet »in Wien« — nach Lodovico Settembrini »Mittelpunkt[]« des »asiatische[n] Prinzip[s]«[137] — »erkrankte«. Die Assoziation Österreichs mit Krankheit und Tod hat bei Thomas Mann Methode und, wie schon angedeutet, nationalideologischen Sinn. Die erste Leiche im *Zauberberg* zum Beispiel, an welcher Hans Castorp besonders der »Transport [...] nach Kärnten« zurück interessiert, ist die eines österreichischen Herrenreiters.[138] Dessen Witwe übrigens, um etwas vorzugreifen, spricht einen offenbar irritierend »näselnden und schleppenden« Dialekt, so wie Leo Naphta, in Galizien geboren und in Feldkirch erzogen, »mit schleppendem Akzent« und Dr. Krokowski »mit [...] etwas fremdländisch schleppenden Akzenten«[139] redet — mit den fast genau gleichen Worten hob Thomas Mann in einer Kindheitserinnerung einen »fremdartig schleppenden Dialekt« an einem jüdischen Mitschüler hervor[140] — oder auch im *Doktor Faustus* der »Österreicher« Leo Zink eine »sanft schleppende[] Sprache« hat (und zugleich, »faunus ficarius«,[141] der er ist — dem »deutschen Tonsetzer[]« scheinbar ebenso mißliebig wie sei-

---

136   Bd. 8, S. 512.
137   Bd. 3, S. 221 f.
138   Bd. 3, S. 408.
139   Bd. 3, S. 519, 29.
140   Bd. 13, S. 467.
141   Vgl. Jakob Sprenger und Heinrich Institoris, Der Hexenhammer (Malleus maleficarum), hg. v. J. W. R. Schmidt, Berlin 1906, Bd. 1, S. 48.

nem humanistischen Freund —, eine »überlange Nase«, um noch weiter vorzugreifen).[142]

Zu dem sehr wenigen, das sich aus den Notizen zu einem frühen, nicht ausgeführten Projekt mit dem Titel *Die Geliebten* rekonstruieren zu lassen scheint,[143] gehört der österreichische Dialekt, welchen ein düpierter »Gatte« ausdrücklich »im *Sanatorium* gelernt«, mit welchem er sich also geradezu angesteckt haben soll: »Fürchterlich!«[144] Die eine Figur aus Österreich-Ungarn, die in den Pariser Kapiteln des *Felix Krull* erscheint, unrasiert und mit »slavisch geschnittenen Augen«, der mit assoziativ sprechendem Namen so genannte Stanko, hat »dreckige Kopfschmerzen« und »Influenza«,[145] eine nicht nur sehr ansteckende, sondern seinerzeit auch noch als lebensgefährlich gefürchtete Krankheit (die den märchenhaften Romanhelden und Schulschwänzer bezeichnenderweise nur als simulierte und nur in der Diagnose im »Schulglauben« befangener »Hohlköpfe«, also nicht wirklich berühren darf[146]): So sollte die fälschlicher-, aber desto bezeichnendererweise so genannte ›spanische‹ Grippe von 1918 und 1919, einem gerne und oft angestellten, jedoch wegen der gegenseitigen Abhängigkeit der verglichenen Größen problematischen Vergleich zufolge, in ihren ersten vier Monaten mehr Menschenleben kosten als der ganze Weltkrieg an allen Fronten, dessen Truppenbewegungen das Virus allerdings wahrscheinlich überhaupt erst nach Europa gelangen ließen.

Die also regelmäßig morbiden Zusammenhänge, in denen Österreicher bei Thomas Mann vorkommen, scheinen den Legitimationsdruck aufzufangen, der von der Heterogeneität Österreichs auf die »nationale[n] Grenzen«[147] Deutschlands ausgeht. Aufschlußreich dafür ist wieder ein Wort Settembrinis, dessen makabre Metaphorik die österreichische Alternative zum »nationale[n] Staat« mit dem Todestabu belegt (und zur ziemlich genau gleichen Zeit auch in *Mein Kampf* erscheint): »die

---

142   Bd. 6, S. 264, 309, 654.

143   Vgl. Peter de Mendelssohn, Der Zauberer. Das Leben des des deutschen Schriftstellers Thomas Mann, Frankfurt a. M. ²1996, Bd. 1, S. 643–647.

144   Thomas Mann, Notizbücher, hg. v. Hans Wysling und Yvonne Schmidlin, Frankfurt a. M. 1991 f., Bd. 2, S. 67; Hervorhebung des Originals. Dem Projekt *Die Geliebten* wird diese Notiz hier weder im einschlägigen Register noch im Fußnotenkommentar zugerechnet, in Anm. 1 f. vielmehr auf den *Doktor Faustus* verwiesen, unter dessen Vorarbeiten übrigens einiges aus den von de Mendelssohn auf *Die Geliebten* bezogenen Notizbucheinträgen so gut wie wörtlich wiederkehrt.

145   Bd. 7, S. 401.

146   Bd. 7, S. 304. Rolf Kruse, Gesundheit und Krankheit — Anfälle im Werk Thomas Manns, in: Epilepsie-Blätter 7.2, 1994, S. 22–30, hier S. 28, stipuliert »eine Erkrankung an echter Epilepsie« für die im Fragment nicht mehr erzählte Zeit. Der Wortlaut der nachgelassenen Notiz, auf die Kruse seine These abstellt (ebd., S. 30, Nr. 13c), bietet dafür jedoch keine hinreichende Sicherheit: »Im Zuchthaus ein Geistlicher [...], der mit ihm über seine Epilepsie spricht« (Wysling, Narzißmus und illusionäre Existenzform, S. 472).

147   Bd. 3, S. 529.

Mumie des Heiligen Römischen Reiches Deutscher Nation«[148] (respektive, in jener gespenstischen »Abrechnung« mit Österreich: »diese staatliche Mumie«[149]). Daß ausgerechnet die deutsch-österreichische Grenze bei Thomas Mann regelmäßig als cordon sanitaire imaginiert wird, kompensiert wie schon gesagt die Unmöglichkeit, gerade diese Grenze in einem nationalistischen Diskurs auch nur notdürftig zu legitimieren. Die Zwanghaftigkeit, womit der eigentlich kleindeutschen, ideologisch problematischsten Grenze wenigstens im Imaginären eine innere, hygienische Berechtigung immer wieder zugespielt wird, reflektiert die Gefährdung der im modernen Sinn ›deutschen‹ Identität durch diese so offensichtlich willkürlich gezogene Grenze (über deren Existenz sich nicht zufällig ganz am Anfang von *Mein Kampf* der Verfasser ereifert).

Die anderen Aspekte, welche die kleindeutsche Grenze bei Thomas Mann zusätzlich zum hygienischen hat, lassen sich gerade schon an der für diesen Hauptaspekt entscheidenden Geschichte des österreichischen Touristen aufweisen. Dieser soll sich »zu seinem Vergnügen einige Tage in Venedig aufgehalten« haben. Obwohl oder auch gerade deshalb, weil solches »Vergnügen« nicht näher bestimmt wird und da Venedig in der deutschen Literatur spätestens seit Goethes *Venezianischen Epigrammen* einen einschlägigen Ruf hat, könnte das »Übel« bereits hier mit ›unzüchtiger‹ Sexualität in einen Zusammenhang gebracht werden, wie er am Schluß der ausführlichen Beschreibung der Epidemie dann expliziert ist: Zu den direkten Folgen der Cholera gehören ja »Entsittlichung« und orientalisch »ausschweifende Formen« der »gewerbsmäßige[n] Liederlichkeit«.

148   Bd. 3, S. 528.
149   Adolf Hitler, Mein Kampf, München ⁸1931, S. 155.

Die Reichs- als Sprachgrenze

In dem tendenziösen Bericht über die »Ausbreitung« der Cholera läßt der Erzähler auf sehr bemerkenswerte Weise und bis zur völligen Ununterscheidbarkeit seine eigene Rede im Referat oder Zitat der Antwort aufgehen, die Aschenbach endlich bekommt, nachdem ihn die Abreise irgendeiner, doch einer ausdrücklich »deutschen Familie« einmal Verdacht schöpfen ließ.[150] Diese einzig ehrliche Antwort bekommt Aschenbach natürlich nicht von einem Einheimischen, sondern von einem Angehörigen des Erdteils, der den Gegenpol zu all der »Liederlichkeit« bildet, die im »Süden [...] und [...] Orient [...] zu Hause« sein soll: desjenigen Nordens oder Nordwestens, der, anders als Nordwestdeutschland, in Sachen der Hygiene tatsächlich als am fortschrittlichsten galt[151] und zum Beispiel 1866 von der Cholera verschont geblieben war, weil man nämlich aus der britischen Typhus-Epidemie der Fünfzigerjahre gesundheitspolitische und städtebauliche Konsequenzen gezogen hatte.[152] Der Aschenbach als einziger »die Wahrheit« sagt und dem die ganze Schilderung der Epidemie in den Mund gelegt wird, ist zwar kein Deutscher, aber immerhin ein Germane — einem anderen ›Kriegsaufsatz‹ Chamberlains zufolge sogar ein »reinere[r] Germane[]« als viele Deutsche«[153] —: »ein Brite [...] von jener gesetzten Loyalität des Wesens, die im spitzbübisch behenden Süden so fremd, so merkwürdig anmutet«.[154] Den guten Charakter des »Engländer[s]«, wie die Verworfenheit des »Süden[s]«, verbürgt eine Völkerpsychologie — so ist auch nach Chamberlains ›Kriegsaufsatz‹ »der einzelne Engländer [...] tapfer und tüchtig« und muß nur den »morsch[en]« englischen Staat ein »siegreiches [...] Deutschland erretten«[155] —, deren ›gnomischen Code‹[156] einmal mehr das Pronomen ›jener‹ aufruft. Doch nicht erst die ›loyale‹ Mentalität des »Brite[n]«, schon seine »Sprache« garantiert die »Wahrheit« seiner Rede. Die »Wahrhaftigkeit«[157] dieser »Sprache« scheint allem in ihr Sagbaren vorauszuliegen: »Und dann sagte er in seiner *redlichen* und bequemen Sprache die Wahrheit.«[158]

---

150 Bd. 8, S. 499.
151 Vgl. Dirk Schubert, Von der Katastrophe zur »Gesundung«. Stadthygiene, Städtebau und Sanierung nach der Cholera 1892 in Hamburg, in: Thomas Hapke (Hg.), Stadthygiene und Abwasserreinigung nach der Hamburger Cholera-Epidemie. Umweltforschung vor 100 Jahren im Spiegel der Sieklär-Versuchsstation Hamburg-Eppendorf, Herzberg 1993, S. 11–39, hier S. 16.
152 Vgl. Winkle, S. 407.
153 Houston Stewart Chamberlain, England, a. a. O., S. 44–67, hier S. 45.
154 Bd. 8, S. 511.
155 Chamberlain, England, S. 67.
156 Vgl. Roland Barthes, S/Z, Frankfurt 1987, S. 23 f.
157 Bd. 8, S. 500.
158 Bd. 8, S. 512; im Original keine Hervorhebung.

Wie hier eine germanische, so ist es sonst besonders die deutsche Sprache — nach einem dritten ›Kriegsaufsatz‹ »einzig« in ihrer »Majestät und [...] Lebensfülle«[159] —, die als das eigentliche Medium der ›Redlichkeit‹ fungiert. Wenngleich Aschenbach »die Wahrheit« über das »Übel« immerhin auf Englisch *hört*, unverrückbar *geschrieben* steht sie jedenfalls doch nur in den »deutsche[n] Tagesblättern«. In diese »gelangte[]«[160] sie über die Geschichte des infizierten Touristen. »So erklärt[] sich der Abzug des [...] österreichischen« und vor allem eben auch »des deutschen [...] Elementes«.[161] Mit dem Opfer »aus der österreichischen Provinz« kann die Seuche jenseits der kleindeutschen Grenze gebannt werden; und da die »Provinz« im Vagen bleibt, wird noch nicht einmal mit Bestimmtheit gesagt, ob auch nur der deutsche Sprachraum betroffen ist. Sonst jedenfalls sind die Gegebenheiten in der Novelle so arrangiert, daß das ›lebensvolle‹ Deutsche mit der Krankheit möglichst nicht in Berührung kommt. Der Ausbruch der Seuche ist zuallererst daran wahrzunehmen, daß die deutsche Sprache sich vor dieser zurückzieht. Genau hierin besteht die erste »un*heim*liche Wahrnehmung[]«, die Aschenbach am Anfang des letzten Kapitels macht. Die ausbrechende Seuche kündigt sich dort »[e]rstens [...] und insbesondere« dadurch an, daß »die deutsche Sprache« vor ihr zurückweicht. Das Deutsche wird so zum sensibelsten Organ der Hygiene:

> In der vierten Woche seines Aufenthalts auf dem Lido machte Gustav von Aschenbach einige die Außenwelt betreffende unheimliche Wahrnehmungen. Erstens schien es ihm, als ob bei steigender Jahreszeit die Frequenz des Gasthofes eher ab- als zunähme, und insbesondere, als ob die deutsche Sprache um ihn her versiege und verstumme, so daß bei Tisch und am Strand endlich nur noch fremde Laute sein Ohr trafen.[162]

Mit diesem Konsekutivsatz, der eine zuvor noch im Konjunktiv gehaltene »Wahrnehmung[]« in den Indikativ überführt, erübrigt sich auch die zweite Konzession, die in den *Preußischen Jahrbüchern* an Aschenbachs deutsche Identität gemacht wurde, daß eben »die deutsche Sprache« seine Sprache« sei. Denn indem Aschenbach seiner ›unzüchtigen‹ Neigung und der damit in expliziten Zusammenhang gebrachten Krankheit[163] erliegt, fällt er aus der deutschen Sprach- und auch der Lesegemeinschaft heraus, als die Benedict Anderson die ›imagined community‹ der Nation beschrieben hat. Die »deutsche[n]« oder, wie sie vorzugsweise mit einem Ausdruck genannt werden, der die Ambivalenz dieses Adjektivs im Sinn des Nationalen vereindeutigt: »die heimatli-

---

159 Houston Stewart Chamberlain, Die deutsche Sprache, a. a. O., S. 24–35, hier S. 25.
160 Bd. 8, S. 512 f.
161 Bd. 8, S. 500.
162 Bd. 8, S. 499.
163 Bd. 8, S. 500 f., 504.

chen Blätter« sind im letzten Kapitel »vom Lesetisch der Hotelhalle [...] verschwunden«.[164]

Der Konsekutivsatz, der die zuvor in Aschenbachs Subjektivität zurückgenommenen Beobachtungen zur Gewißheit gleichsam gerinnen läßt, gibt Aufschluß über eine spezifische Funktion, welche der Sprache, insbesondere dem Deutschen als der Sprache sozusagen des Über-Ich im *Tod in Venedig* wie in Thomas Manns Gesamtwerk zukommt (wenn zum Beispiel auf dem »Zauberberg« Hans Castorp mit Joachim Ziemßen in »größte[r] Scheu« seine »Landsleute[]«[165] oder Adrian Leverkühn mit Rüdiger Schildknapp am Ort der eigentlichen Teufelsbegegnung »[d]as deutsche Element [...] gänzlich« ›meidet‹, so daß kaum »ein Laut der Muttersprache an sein Ohr« ›schlägt‹[166]). Was mit Aschenbach zu geschehen beginnt, sobald er österreichischen Boden betreten und sich damit in Lebensgefahr begeben hat, gestaltet sich als fortschreitender Sprachverlust in dem Sinn, daß mit den Weltsprachen, den »großen Sprachen«[167] des europäischen Nordens und Westens, vor allem aber mit der deutschen, die verständliche und sinnvolle Sprache schlechthin ›verschwindet‹ und also die eigene als die einzig eigentliche Sprache erscheint.

Das andere Extrem sinnleerer, »fremde[r] Laute« repräsentieren im *Tod in Venedig* italienische Dia- und Soziolekte, »Balkan-Idiome« und »durcheinander«[168] gesprochene Fremdsprachen, die gerne in völlige Totenstille übergehen. Von der »Insel der Adria«, auf der sich Aschenbach, vermutlich wieder nach dem Vorbild von Jensens *Gradiva*, die ersten »eineinhalb Wochen« aufhält, erfährt man wenig mehr, als daß ihr »Land*volk*« »in *wildfremden*«, wohl südslawischen »Lauten« redet.[169] Die »Fahrt nach Venedig« sodann (an deren Ziel als erstes Wahrzeichen »die *Seufzer*brücke« namentlich fixiert wird[170]) ist durch Momente sinnloser oder unverständlicher Sprache geradezu strukturiert, deren Sprecher vorwiegend den »unteren Schichten« angehören und dem geadelten Aschenbach auch sozial denkbar fern stehen: Mit »leere[m] Gerede« stellt ein »ziegenbärtiger Mann [...] die Fahrscheine« aus;[171] unter dem »Gefasel« des »alte[n] Stutzer[s]«,[172] der seiner »Exzellenz« erst in verschiedenen, aber sinnlos gewordenen Sprachen »die Abschiedshonneurs zu machen« versucht (»Au revoir, excusez und bon jour [...]«) und schließlich »in girrenden, hohlen und behinderten Lauten« nur

---

164 Bd. 8, S. 504, 500.
165 Bd. 3, S. 400.
166 Bd. 6, S. 292.
167 Bd. 8, S. 469.
168 Bd. 8, S. 477.
169 Bd. 8, S. 458; im Original keine Hervorhebungen. Zum romantischen Verständnis des Slawischen als naturnaher Sprache vgl. Fieguth, S. 140.
170 Bd. 8, S. 463; im Original keine Hervorhebung.
171 Bd. 8, S. 458.
172 Bd. 8, S. 468.

mehr »lallt« und »meckert«, verläßt Aschenbach das Schiff;[173] im »rauh[en], unverständlich[en]« »Stimmengewirr« der »im Dialekt miteinander zanken[den]« »Ruderer« besteigt er die Gondel;[174] er »entkomm[t]« dem »Stimmengewirr«; »die Stille« zerstreut die »Stimmen« der zudringlichen Wassermusikanten; von wieder unverständlichen »Lauten« ist die letzte Wegstrecke begleitet, dem wiederholtermaßen so genannten »Raunen« und »Flüstern des Gondoliers«, der »zwischen den Zähnen« »stoßweise und abgerissen mit sich selber« spricht.[175]

War die »Hotelgesellschaft« auf der »Insel der Adria« immerhin schon »geschlossen österreichisch[]«,[176] so »vermisch[]en« sich im »Bäder-Hotel« auf dem Lido »[g]edämpft« ganz verschiedene »Zungen« und »Laute«[177] mit der »schwache[n] Stimme« des Begehrten: »in Zungen, polnischen, französischen und auch in Balkan-Idiomen durcheinander«.[178] Von Anfang an scheint »der slawische Bestandteil vorzuherrschen«,[179] bis »endlich« allein noch »fremde Laute« Aschenbachs »Ohr« nur eben ›treffen‹. Solch ein ›fremder‹ und ausdrücklich auch wieder ›wilder‹[180] »Laut« bildet den Tagesrest in Aschenbachs dionysischem Traum, der »melodische«[181] »u-Ruf«,[182] den der Träumer aus dem »Anrufe ›Tadziu‹«[183] isoliert.[184] Der Kasus, die besondere Wortart, der eigens erwähnte Umstand, daß es sich bei diesem Namen auch noch um eine »Koseform«[185] und »Abkürzung«[186] handelt, — alles rückt den entscheidenden Vokativ in die Nähe zur Interjektion und drängt ihn an die äußerste Grenze einer logisch fungiblen Sprache, die im fragmentierten »u-Laut«[187] des Traums vollends überschritten ist.

Julia Kristevas These, daß solche ›vorsymbolischen‹, ›semiotischen‹ Spracherlebnisse aus der Mutterbeziehung entstehen und wesentlich daran gebunden bleiben,[188] ließe sich am *Tod in Venedig* durchaus erhärten. Die *Materi*alität dieser gewissermaßen rein musikalischen Sprache erinnert in doppelter Hinsicht an »die Mutter des Dichters«: an die

173   Bd. 8, S. 463 f.
174   Bd. 8, S. 463 f.
175   Bd. 8, S. 465–467.
176   Bd. 8, S. 458.
177   Bd. 8, S. 469.
178   Bd. 8, S. 469, 476 f.
179   Bd. 8, S. 469.
180   Bd. 8, S. 478.
181   Bd. 8, S. 476.
182   Bd. 8, S. 516.
183   Bd. 8, S. 478.
184   Vgl. Marc A. Weiner, Silence, Sound, and Song in *Der Tod in Venedig*. A Study in Psycho-Social Repression, in: Seminar 23, 1987, S. 137–155, hier S. 145 f.; Sokel, S. 404 f.
185   Bd. 8, S. 476.
186   Bd. 8, S. 478.
187   Bd. 8, S. 476.
188   Julia Kristeva, Die Revolution der poetischen Sprache, Frankfurt a. M. 1978, S. 38 f.

Festlegung ihres »dunkleren, feurigeren« »Erbteil[s]« aufs Körperliche (»sinnlicheres *Blut*« und »Merkmale« im »*Äußern*«); aber auch noch an das genealogische Element in ihrem schmalen Merkmalsatz. Als »Tochter eines [...] Kapellmeisters« teilt sie ihre zumindest verwandtschaftlich gegebene Affinität zur Musik mit Gerda Buddenbrook oder Elsbeth Leverkühn, Gabriele Klöterjahn oder, in der Novelle, die Thomas Mann zusammen mit dem *Tod in Venedig* einst für sein »beste[s] Werk[]« hielt,[189] mit Tonio Krögers Mutter, die mit denselben zwei Adjektiven eingeführt wird, welche das mütterliche Temperament im *Tod in Venedig* bestimmen: »seine *dunkle* und *feurige* Mutter, die so wunderbar den Flügel und die Mandoline spielte«[190] (beziehungsweise, in der das Attribut der ›phallischen‹ Mutter aufschwellenden Verfilmung, »die Laute«). Im Medium der Musik wird das Motiv des Sprachverlusts im *Tod in Venedig* denn zum letzten Mal durchgespielt, im »Lach-Refrain« des »Schlager[s] in *unverständlichem* Dialekt«, im »Lachen« vor allem des Bariton-Buffo mit »heiser[er]« oder vielmehr »fast ohne Stimme«[191] — »Stimme heiser und klanglos (Vox cholerica)«,[192] notierte sich Thomas Mann ebenso wie er bei den Vorarbeiten zum *Doktor Faustus* in einer handschriftlichen Symptomatologie der Syphilis dann wieder die »verwaschene Sprache« unterstrich —, der die Zunge endlich nicht mehr zur Artikulation, sondern, wie schon auf dem Schiff »der gräßliche [...] Stutzer«[193] mit »krähender Stimme«,[194] zu einer obszönen Geste gebraucht: Wieder ist das Ende der Sprache Anfang einer ›wilden‹ Sexualität.

Die fremden »Zungen« und »Laute«, als solche aufs Physische und Physikalische reduziert, bilden das Fluidum der Leidenschaft, durch welche sich der »Einsam-Stumme[]«[195] wissentlich an seinen preußischen »Vorfahren« vergeht.[196] Sie ist von Anfang an und, wie soeben gesagt, noch im Traum an einen fremden »Laut« gebunden, an die isolierte Vokativendung der »Koseform« und »Abkürzung« und also, wie ebenfalls gesagt, noch nicht einmal an den Eigennamen. In einer für die ›Einsamkeit‹ und Egozentrik seines Begehrens überaus bezeichnenden Weise hat Aschenbach den Eigennamen aus dem gehörten »Laut« ja auch nur eigenmächtig und Thomas Mann ebenso bezeichnender-

189   Thomas Mann, Bekennnisse eines Dichters, in: Straßburger Post, 8.9.1913.
190   Bd. 8, S. 275; vgl. S. 289, 313, 337; im Original keine Hervorhebungen. Vgl. dieselben Adjektive, auf Thomas Manns eigene Mutter gemünzt, in: Lilli Bourges, Der Dichter Thomas Mann, in: Kölnische Volkszeitung, 17.9.1919 (dazu das Urteil in Thomas Mann, Tagebücher, hg. v. Peter de Mendelssohn und Inge Jens, Frankfurt a. M. 1979–1995, Tagebücher 1918–1921, S. 305: »Ausgezeichnet«).
191   Bd. 8, S. 506–510; im Original keine Hervorhebung.
192   Vgl. Bd. 8, S. 513.
193   Bd. 8, S. 468.
194   Bd. 8, S. 459 f.
195   Bd. 8, S. 468.
196   Bd. 8, S. 503 f.

weise falsch erschlossen. »Tadziu« rekonstruierte er aus einem seinerzeit gehörten »Agdu«, weil Olga Meerson, eine hierzu konsultierte Russin, Tadzio »viel schöner« fand als Wladzio-Wladyslaw — das wäre der faktisch richtige Name des begehrten Jungen gewesen — und weil der polnische Nationalheld so hieß:[197] Die mit Tadeusz Kosciuszko, seinem von Rußland und Preußen niedergeschlagenen Aufstand gegebene Dimension des Namens läßt sich zur einen, nämlich sozusagen der russischen Hälfte ganz unmittelbar greifen, in Tadzios blankem Haß auf die Russen, der in der gegenüber der Erstpublikation erweiterten Buchfassung sogar explizit »politisch« motiviert ist: »Dieser kindische Fanatismus [...] verlieh der [...] bedeutenden Gestalt des Halbwüchsigen eine *politisch-geschichtliche* Folie [in der *Neuen Rundschau* nur: ›eine Folie‹], die gestattete, ihn über seine Jahre ernst zu nehmen.«[198] Zur anderen, preußischen Hälfte jedoch erscheint die »politisch-geschichtliche« Opferrolle Polens nur indirekt, in der Zuweisung der Rollen des ›erastes‹ und des ›eromenos‹, darin, daß der Preuße Aschenbach die Subjekt- und ein unmündiger Pole die Objektposition einnimmt.

Wie die Funktion des Deutschen als Sprache des Über-Ich so ist auch das dazu gewissermaßen reziproke Syndrom von Begehren und Sprachverlust, als ein eindeutig autobiographischer Zug des *Tods in Venedig*, in dieser Novelle vielleicht besonders stark ausgeprägt, aber keineswegs auf sie beschränkt. Es findet sich tale quale bei Felix Krull oder auch bei Hans Castorp. Erst über die von ihr verursachten Geräusche wird Castorp auf Clawdia Chauchat überhaupt aufmerksam; und andererseits sind Settembrinis vergebliche Warnungen vor dieser ›Asiatin‹ in wie immer betont gutem Deutsch gehalten: ein ebenso befremdlich-redundantes wie bezeichnendes Motiv, da die »Mutter« Settembrinis, offenbar allen in Frage kommenden ›Modellen‹ und ›Vorbildern‹ hinzuerfunden,[199] »deutschen Blutes« gewesen sein soll.[200] Die ›Chauchat‹ — von ihrem wahren, russischen Namen kennt auch Castorp wieder nur die mutmaßliche Endung »-anow oder -ukow«[201] —, eine Analphabetin, welche ihrerseits Deutsch und Französisch durcheinanderspricht oder »miaut«,[202] wie Behrens mit Anspielung auf das ihrem fran-

---

197 2.7.1911 an Thomas Mann (Thomas Mann-Archiv).
198 Thomas Mann, Der Tod in Venedig. Novelle, München 1912, S. 39 f., vs. ders., Der Tod in Venedig. Novelle, in: Neue Rundschau 23, 1912, S. 1368–1398, 1499–1526, hier S. 1391; im Original keine Hervorhebung.
199 Vgl. z. B. Hans Wißkirchen, ›Ich glaube an den Fortschritt, gewiß.« Quellenkritische Untersuchungen zu Thomas Manns Settembrini-Figur, in: Thomas Sprecher (Hg.), Das *Zauberberg*-Symposium 1994 in Davos, Frankfurt a. M. 1995 (Thomas Mann-Studien, Bd. 11), S. 81–116; Helmut Koopmann, Wer ist Settembrini? Über Namen und Identität einer Figur aus Thomas Manns *Zauberberg*, in: Davoser Revue 69.3: *Der Zauberberg*, 1994, S. 24–27.
200 Bd. 3, S. 216.
201 Bd. 3, S. 192 f.
202 Bd. 3, S. 491. Vgl. Holger Rudloff, Pelzdamen. Weiblichkeitsbilder bei Thomas Mann und Leopold von Sacher-Masoch, Frankfurt a. M. 1994, S. 77–80.

zösischen Pseudonym eingeschriebene »Weibchen-Kätzchenhafte[]«[203] sagt, entstellt das Deutsche »in ihrer exotischen Aussprache«.[204]

Die, in der Handschrift steht: »wortkarg[e]«, bei »ungewissester Herkunft« doch »aus Ungarn gebürtig[e]« und über Wien nach Frankfurt gelangte Prostituierte Rozsa, und auf den übrigens nachträglich eingelegten Manuskriptseiten läßt sich eine sukzessive Verstärkung dieses Motivs beobachten, spricht »mit ausländischem Tonfall« (ältere Textschicht) beziehungsweise »gebrochenen Tonfalles« (Einfügung) und kann endlich »überhaupt kein Deutsch« mehr. »[I]hre Worte« entgleiten nun »sonderbar ins Unsinnige«[205] (während sie in Bernhard Sinkels und Alf Brustellins Verfilmung, einer erstmals 1982 und bis heute immer wieder ausgestrahlten Produktion des Zweiten *Deutschen* Fernsehens und des *Österreichischen* Rundfunks, zwar wieder fließend Deutsch spricht, aber mit einem nun definit ›fremden‹, nämlich mit jiddischem Akzent).

Der Hinweis auf die »endlich nur noch fremde[n] Laute«, der im *Tod in Venedig* das Ende der Sprache bezeichnet und zugleich die rettungslose Verfallenheit an ›unzüchtige‹ Sexualität und Krankheit, steht am Anfang des Kapitels, in dem sich der Schauplatz der Handlung vom Lido ins eigentliche Venedig verlagert. War der Lido des dritten und vierten Kapitels noch eine Exklave der ›abendländischen‹ Zivilisation, wie sie sich neben den Aschenbach vertrauten Weltsprachen besonders in der uniformen Kleidung manifestierte, in der »Uniform der Gesittung«[206] — eine für die Gleichsetzung von ›Kultur‹ und Militarismus besonders erhellende Formel —, die durch diese Bezeichnung wieder mit Aschenbachs väterlich-preußischem, militärisch-›anständigem‹ Erbe assoziiert ist, so wird Venedig im Schlußkapitel, wie schon gesagt, zu einer orientalischen Stadt verfremdet. Die Polarität der beiden Orte, aufgrund der italienischen Namensgenera, konvergiert mit dem für Aschenbachs Genealogie grundlegenden Strukturprinzip, mit der Sexuierung seines ›heimatlichen‹ und seines ›ausländischen‹, des ›anständigen‹ und des ›dunklen‹ »Erbteil[s]«. Jedenfalls schlägt sich das wahre grammatische Geschlecht Venedigs im fünften Kapitel auf aufdringlich deutliche Weise nieder, in jener leicht dechiffrierbaren Rede von »den unsauberen Vorgängen im Inneren Venedigs« und im genau entsprechenden Topos von der schon in den Notizen »buhlerische[n]«, im No-

---

203 Bd. 10, S. 194. Nach Frederick A. Lubich, Thomas Manns *Der Zauberberg*. Spukschloß der Großen Mutter oder Die Männerdämmerung des Abendlandes, in: Deutsche Vierteljahrsschrift für Literaturwissenschaft und Geistesgeschichte 67, 1993, S. 729–763, hier S. 747, »evoziert« der Namen ›Chauchat‹ »im Portugiesischen — der Muttersprache von Manns Mutter — unüberhörbar die Vulgärvokabel für die weibliche Scham«.

204 Bd. 3, S. 463.

205 Bd. 7, S. 381 f. Zur Assoziation Ungarns mit dem »Wandercirkus« vgl. Bd. 13, S. 467.

206 Bd. 8, S. 469.

vellentext »schmeichlerische[n] und verdächtige[n] Schöne[n]«[207] oder, wie es in der noch deutlicheren Rezension Heinrich Manns heißt, der »Courtisane unter den Städten«, die »aus Geldgier [...] verlockt und mordet«.[208]

Die Imagination Venedigs, die Orientalisierung der Stadt und die Verdächtigung ihrer »unsauberen« Schönheit, läßt sich auf ein religiöses Muster zurückführen, in dem sich Misogynie und Xenophobie, Infektions- und Sexualangst exemplarisch verbunden haben. Dieser extreme Typus weiblich sexualisierter Städteimagination[209] erhellt, warum die Schilderung der Epidemie auf die »ausschweifende[n] Formen« der »*gewerbsmäßige[n]* Liederlichkeit« zulaufen muß und weshalb Aschenbachs eigene Hingabe an die »Liederlichkeit« mit einem Versiegen der ihm verständlichen Sprachen einhergeht, mit dem Verlust seines sermo patrius (um den jüngeren, hier so ganz und gar deplazierten Ausdruck ›Muttersprache‹ zu vermeiden). Venedig, als Ort »exotische[r] Ausschweifungen«,[210] des Sprachverlusts und der Sprachverwirrung, ist die ›Hure Babylon‹.

---

207   Bd. 8, S. 503.
208   Heinrich Mann, [Rezension von:] *Der Tod in Venedig* [...], in: März 7.13, 1913, S. 478 f.
209   Vgl. Sigrid Weigel, Topographien der Geschlechter. Kulturgeschichtliche Studien zur Literatur, Reinbek b. Hamburg 1990, S. 207; Peter von Matt, Brecht und der Kälteschock. Das Trauma der Geburt als Strukturprinzip seines Dramas, in: Peter von Matt, Das Schicksal der Phantasie. Studien zur deutschen Literatur, München und Wien 1994, S. 297–312, hier S. 303.
210   Bd. 8, S. 503.

Doktor Faustus

Die Situierungen von Adrian Leverkühns Bordellbesuchen

Das Fremde, so kann man das am *Tod in Venedig* Beobachtete einstweilen zusammenfassen, scheint bei Thomas Mann nicht die Form eines eigentlichen *Texts* annehmen zu können, wenn man dieses Wort in seiner engeren und besonders wenn man es in seiner im Deutschen ältesten Bedeutung nimmt, die es aus der Opposition von Sprache und Musik, nämlich in Abgrenzung von den ›Noten‹ erhielt (etwa bei Luther: »text und [...] noten«).[1] Der Verlust des ›sermo patrius‹ und die daraus resultierende Musikalität sinnleerer oder eben »melodische[r]« und nur noch *mate*rieller »Silben«,[2] wie gesehen, führt im *Tod in Venedig* offensichtlich wieder auf die mütterliche Linie der Genealogie, den »böhmischen Kapellmeister[]« zurück. Diese Assoziation des ›Fremden‹ nicht nur mit dem anderen Geschlecht und dem »Tod«, sondern in eins damit auch mit der Musik als der Kehrseite eines Sprachverlusts hat Luchino Visconti übrigens sinnfällig inszeniert. In der Verfilmung beginnt die danach ganz ›stumme‹, allein mit Instrumentalmusik unterlegte Sterbeszene mit einem russischen und von einer Frau gesungenen Lied.

Das ganze Konglomerat von Assoziationen ist bei Thomas Mann sehr stabil. Es läßt sich bereits in älteren Romanen und Novellen nachweisen, wie schon angedeutet an Gerda Buddenbrook, Gabriele Klöterjahn oder Consuelo Kröger, aber zum Beispiel auch noch an Marie Godeau, ihrem »reizende[n] Fremdakzent« und dem *»Material«* ihrer »Gesangsstimme«[3] (dem ebenfalls so genannten »Material« von Elsbeth Leverkühns »Stimme« »nicht nur ähnlich, sondern« damit geradezu identisch, wobei die »innere[] Musikalität« dieser ausnahmsweise unzweifelhaft deutschen Mutter »im übrigen latent« bleiben muß[4]) — das heißt in einem dreieinhalb Jahrzehnte jüngeren Text, dessen trotzdem sehr enge Beziehung zum *Tod in Venedig* Visconti ebenso genau umgesetzt hat:

In einer der allerersten Einstellungen seines Films trägt das in der Novelle anonyme Schiff, das Aschenbach nach Venedig bringt, den

---

1   Jacob Grimm und Wilhelm Grimm et al., Deutsches Wörterbuch, Leipzig 1854–1971 (Nachdruck München 1984), Bd. 11, Abt. 1, Teil 1, Sp. 294 f., s. v. ›Text‹.

2   Bd. 8, S. 476.

3   Bd. 6, S. 558; im Original keine Hervorhebung.

4   Bd. 6, S. 34, 558.

Namen, welchen Adrian Leverkühn der ihn ansteckenden Prostituierten gibt (die in Seitz' Verfilmung wie ein russisches Automobil »Lada« heißt): »Esmeralda«. Die entsprechenden Kapitel des *Doktor Faustus* bilden die Grundlage einer später eingespielten Retrospektive. Vermittelt ist diese über das von Aschenbach belauschte Klavierspiel Tadzios. Die gespielte Melodie setzt in Aschenbach die Erinnerung an einen Bordellbesuch frei, in dem wieder die Musik an die Stelle sprachlicher Kommunikation tritt. Mit den zwei im *Doktor Faustus* verschiedenen Bordellbesuchen, die in Viscontis Kontamination zu einem einzigen zusammenfallen, hat Thomas Mann seinerseits Angaben und Spekulationen über eine syphilitische Ansteckung Nietzsches kontaminiert, wie er sie vor allem in Hellmut Walther Branns Buch über *Nietzsche und die Frauen* vorfand. Brann zufolge soll Nietzsche zweimal in seinem Leben ins Bordell gegangen sein, um sich »aus inneren Sühnegründen« anzustecken, also »absichtlich, als Selbstbestrafung«,[5] »Selbstzüchtigung, Selbstkreuzigung«[6] — und Thomas Mann zitiert diese These auch in seinem Dürer-Essay und in *Nietzsche's Philosophie im Lichte unserer Erfahrung* so, als müsse sie einem durchaus einleuchten —: 1876 in Nürnberg und schon einmal »zehn Jahre« zuvor, das würde heißen in Leipzig, »kurze Zeit« nach einem »Kölner Bordellabenteuer«,[7] das Paul Deussen in seinen *Erinnerungen an Friedrich Nietzsche* ›mitteilt‹.

Den *Erinnerungen* Deussens folgt im *Doktor Faustus* sehr weitgehend die Schilderung des ersten Bordellbesuchs, ein frühneuhochdeutscher Brief Leverkühns an Serenus Zeitblom; so in der Gestalt des »Fremdenführer[s]«[8] und »unheimlichen Sendboten«,[9] der den ahnungslosen Studenten »in ein übelberüchtigtes Haus« bringt, und vor allem auch darin, daß die ganze Szene »[s]prachlos« bleibt und nicht über die Übersprungshandlung des Klavierspielens hinausführt.[10] Außerdem weist Leverkühns Brief auch etliche Zitate aus Zarathustras Lied *Die Wüste wächst* auf, in dem »man Erinnerungen an diese Bordellszene [hat] finden wollen«[11] und »dessen gräßliche Scherzhaftigkeit«, »peinliche[] Humorigkeit« und »qualvolle[] Geschmacklosigkeit« jedenfalls für Thomas Mann ohne Frage zum Besuch jenes »teuflischen Salons« in direkter Beziehung stand:[12]

> Afrikanisch feierlich!
> [...]

---

5   Bd. 9, S. 680.
6   Bd. 10, S. 231.
7   Hellmut Walther Brann, Nietzsche und die Frauen, Leipzig 1931, S. 207 f.
8   Bd. 6, S. 189.
9   Bd. 9, S. 679; vgl. Bd. 6, 204.
10   Paul Deussen, Erinnerungen an Friedrich Nietzsche, Leipzig 1901, S. 23 f.; in Thomas Manns Exemplar angestrichen wie übrigens auch das Referat dieser Stelle bei Brann, S. 16.
11   Curt Paul Janz, Friedrich Nietzsche. Biographie, München 1981, Bd. 1, S. 138.
12   Bd. 9, S. 679.

Ihr allerliebsten Freundinnen,
Zu deren Füssen mir,
Zum ersten Male,
Einem Europäer, unter Palmen
Zu sitzen vergönnt ist. [...]
[...]
Heil, Heil jenem Wallfische [sic!],
Wenn er also es seinem Gaste
Wohl sein liess! — ihr versteht
Meine gelehrte Anspielung?[13]

Das »orientalisierende[] Gedicht«,[14] inspiriert von den seinerzeit zirku-
lierenden Berichten und Gerüchten über die algerische Oase Biskra,[15]
welche die Projektionsfläche für eskapistische Sehnsüchte und alle
möglichen sexuellen Phantasien frustrierter »Europäer« abzugeben hatte,[16] Zarathustras kolonialistische Verfremdung also der Prostitution
gibt ein wesentliches Moment der Bordellszene im *Doktor Faustus* vor
(zu dessen Vorarbeiten übrigens eine Blütenlese polemisch-misogyner
Exzerpte von Salomon über Seneca und Dion Chrysostomos bis in die
Neuzeit gehört, welche Nietzsches Gedicht an »Geschmacklosigkeit«
um nichts nachstehen). Leverkühn und Zeitblom reduzieren die Prostituierte immer wieder auf das ›Fremde‹ ihrer Erscheinung, und zwar
weit über die ›bräunliche‹ Farbe hinaus, wie sie in Thomas Manns Gesamtwerk konstant erotisch, oft auch homoerotisch besetzt ist — vom
goldig-braunen und blond-brünetten Felix im *Buch der Kindheit* über
die »bräunliche Schöne«[17] Maria Mancini bis zur »bräunliche[n] Man-
nespracht« des »Dr. *Brünner* (*so* hieß der Herrliche)« in der *Betrogenen*[18] —: »eine Bräunliche, im spanischen Jäckchen, mit großem Mund,
Stumpfnase und Mandelaugen«; die »›Bräunliche[]‹ [...] mit dem großen Mund«; »die Stumpfnäsige [...] im spanischen Mieder«.[19] Während
aber der »Europäer« Zarathustra in »Afrika[]« ausdrücklich »gute«, ja
die »beste« und »schönste« »Paradieses-Luft« einatmet[20] (Biskra gilt
heute noch als Luftkurort), bezeichnet der Provinzdeutsche Leverkühn
»jene Stätte«[21] als »Lusthölle« und antizipiert mit diesem von Zeitblom
eigens noch hervorgehobenen Ausdruck[22] seine Ansteckung. »Ein gan-

13   Nietzsche, Bd. 4, S. 380 f.
14   Bd. 9, S. 279.
15   Vgl. Joachim Köhler, Zarathustras Geheimnis. Friedrich Nietzsche und seine
     verschlüsselte Botschaft. Eine Biographie, Reinbek b. Hamburg 1992, S. 587 f.
16   Vgl. Radkau, Das Zeitalter der Nervosität, S. 376 f.
17   Bd. 3, S. 353.
18   Bd. 7, S. 273 (vgl. S. 328: »bräunlich«); Bd. 8, S. 881; im Original keine Her-
     vorhebungen. Vgl. z. B. auch Bd. 2, S. 284.
19   Bd. 6, S. 191, 204, 198; »im spanischen Jäckchen« ist im Manuskript nach-
     träglich eingefügt.
20   Nietzsche, Bd. 4, S. 382 f.
21   Bd. 6, S. 205.
22   Bd. 6, S. 191, 194.

zes Jahr«[23] später kehrt er ja zurück, um das zuvor durchs Klavierspiel Substituierte nachzuholen, aber zunächst vergebens, da er das Objekt seiner »Fixierung« hier nicht mehr findet:

> Die Fixierung, so unheilvoll sie war, bewirkte, daß er, unter einem musikalischen Vorwand [in der Handschrift folgt: ›und es scheint mir nur zu bedeutungsvoll, daß Musik und Leidenschaft sich hier schicksalbildend zusammenschlossen‹], eine ziemlich weite Reise tat, um die Begehrte zu erreichen. Es fand nämlich damals, Mai 1906, unter des Komponisten eigener Leitung, in Graz, der Hauptstadt Steiermarks, die österreichische Premiere der »Salome« statt, zu deren überhaupt erster Aufführung Adrian einige Monate früher mit Kretzschmar nach Dresden gefahren war, und er erklärte seinem Lehrer und den Freunden, die er unterdessen in Leipzig gemacht,[24] er wünsche das glückhaft-revolutionäre Werk, dessen ästhetische Sphäre ihn keineswegs anzog, das ihn aber natürlich in musikalisch-technischer Beziehung und besonders noch als Vertonung eines Prosa-Dialogs interessierte, bei dieser festlichen Gelegenheit wiederzuhören. Er reiste allein, und es ist nicht mit Sicherheit zu bezeugen, ob er sein angebliches Vorhaben ausführte und von Graz nach Preßburg, möglicherweise auch von Preßburg nach Graz fuhr, oder ob er den Aufenthalt in Graz nur vorspiegelte und sich auf den Besuch von Preßburg, ungarisch Pozsony genannt, beschränkte. In ein dortiges Haus nämlich war diejenige, deren Berührung er trug, verschlagen worden, da sie ihren vorigen Gewerbsplatz um einer Hospitalbehandlung willen hatte verlassen müssen; und an ihrer neuen Stätte machte der Getriebene sie ausfindig.[25]

Der eigentliche Grund für die »ziemlich weite Reise«, »eine Hospitalbehandlung« der »Begehrte[n]«, und das heißt doch wohl die Effizienz des reichsdeutschen Staatsapparats und seiner Hygienemaßregeln, ist ebenso bedeutsam wie Leverkühns »musikalische[r] Vorwand«, die *Sa*-

---

23 Bd. 6, S. 204. Vgl. Bd. 9, S. 679; Brann, S. 207 f. mit Thomas Manns An- und Unterstreichungen z. B. der Monatsangabe »Februar 1865«, der das Datum von Leverkühns Brief angeglichen ist: Bd. 6, S. 186, bzw. in der Handschrift: »Freitags nach Purificationis« — ›Mariä Reinigung‹ ist am 2. Februar —, eine Korrektur aus »Pauli Bekehrung«, d. h. 25. Januar — ein Datum, das und dessen Form sich Thomas Mann fast ein halbes Jahrhundert, nämlich seit seiner Beschäftigung mit Savonarola zu späterer Verwendung vorgemerkt hatte: Pasquale Villari, Geschichte Girolamo Savonarola's und seiner Zeit. Unter Mitwirkung des Verfassers aus dem Italienischen von Moritz Berduschek, Leipzig 1868, Bd. 1, S. 284: »Geschrieben zu Pavia, am Tage der Bekehrung St.-Pauli Apostoli 1490«, weist in Thomas Manns Exemplar, neben der übrigens 1901 ins Notizbuch übertragenen Auflösung des Datums (Notizbücher, Bd. 1, S. 262), eine hierfür einschlägige Glossierung auf: »25 Januar / Art des Datums zu verwenden.«

24 Vgl. Grimm, Bd. 4, Abt. 1, Teil 1, Sp. 162–164, s. v. ›Freunde‹; Bd. 6, Sp. 1364–1388, s. v. ›machen‹, wo ein Idiom ›Freunde machen‹ ohne reflexives Dativpronomen nicht belegt ist. Es könnte sich hier, nach Jahren im amerikanischen Exil, um einen Anglizismus handeln.

25 Bd. 6, S. 205.

lome nach »einige[n] Monate[n]« noch ein zweites Mal sehen zu wollen, nachdem ihn schon »deren überhaupt erste[] Aufführung« von Leipzig nach Dresden, in die sächsische Hauptstadt und ostwärts auf die kleindeutsche Grenze zu geführt hat. In der, wie Strauss sie 1942 nannte: »Orient- und Judenoper«, von deren Grazer Premierenaufführung Thomas Mann übrigens wußte, daß auch Hitler sie besucht hatte,[26] sollte es um das »wirklich [Ö]stliche[]«, »wirklich [E]xotische« und »[F]remdartige[]« gehen.[27] Die Oper des bayerischen Komponisten, in deren Zentrum mit dem Tanz der sieben Schleier eine ohnehin textlose Partie steht,[28] »interessiert[]« Leverkühn »besonders [...] als Vertonung eines Prosa-Dialogs«, als Überführung also eines Texts in Musik (einer Übersetzung eines von einem englischsprachigen[29] Autor auf Französisch geschriebenen Texts). Und wie Zeitblom darauf besteht, daß die infizierte Prostituierte den ihretwegen »weither Gereiste[n]« lieben mußte,[30] begehrt Salome hier, bei Wilde, den Mann,[31] dessen Tod sie verschuldet.

Vor allem aber sind die drei Ortsangaben bedeutsam, von denen die ersten beiden nachträglich ins Manuskript eingefügt wurden und deren doppelte Redundanz also gesucht und gewollt ist: »in Graz, der Hauptstadt Steiermarks, die österreichische Premiere«. Die Aufführungsgeschichte der *Salome* führt von der sächsischen Hauptstadt über die Reichsgrenze. Doch um sich »die lieben Franzosen« zu holen, wie der in Italien in persona erscheinende Teufel mit einer in diesem Zusammenhang natürlich sehr sprechenden Wendung sagt,[32] muß Leverkühn zwar nicht eigentlich weiter reisen, als »sein angebliches Vorhaben« ihn ohnehin schon führen würde, aber eben dennoch (wie der Faust des

---

26 Vgl. Eckhard Heftrich, Vom Verfall zur Apokalypse. Über Thomas Mann, Bd. 2, Frankfurt a. M. 1982 (Das Abendland, Neue Folge, Bd. 14), S. 179, 304 f., Anm. 8.

27 Richard Strauss, Betrachtungen und Erinnerungen, hg. v. Willi Schuh, Zürich 1981, S. 224.

28 Vgl. Linda Hutcheon und Michael Hutcheon, The Empowering Gaze in *Salome*, in: Profession 1998, S. 11–22, hier S. 14 f.

29 Vgl. Gilman, Disease and Representation, S. 156–162.

30 Bd. 6, S. 206. Vgl. Winfried Schleiner, The Nexus of Witchcraft and Male Impotence in Renaissance Thought and its Reflection in Thomas Mann's *Doktor Faustus*, in: Journal of English and Germanic Philology 84, 1985, S. 166–187, hier S. 186 mit Anm. 39.

31 Vgl. Gabriele Brandstetter, Tanz-Lektüren. Körperbilder und Raumfiguren der Avantgarde, Frankfurt a. M. 1995 (Fischer ZeitSchriften), S. 225–245; zur Assoziation der Salome mit der Syphilis über Oskar Panizzas *Liebeskonzil* — ein wie der *Doktor Faustus* auf den Hypotext von Goethes *Faust* hin transparentes Stück — Hans Rudolf Vaget, The Spell of Salome: Thomas Mann and Richard Strauss, in: Claus Reschke und Howard Pollack (Hgg.), German Literature and Music. An Aesthetic Fusion: 1890–1989, München 1992 (Houston German Studies, Bd. 8), S. 39–60, hier S. 52 f.

32 Bd. 6, S. 305. Den Ausdruck hatte Thomas Mann exzerpiert aus: Johann Astruc, Abhandlung aller Venuskrankheiten, Leipzig 1764.

Volksbuchs, zu dessen »Buhlschaften [...] eine Ungerin« gehört[33]) über die deutsche Sprachgrenze: »nach Preßburg, [...] ungarisch Pozsony«, beziehungsweise, in der Fassung der Handschrift, welche die politische Zugehörigkeit der Stadt noch nach den Verhältnissen der Enstehungs- und nicht der erzählten Zeit bestimmt: »tschechisch Bratislava«[34] — und in Seitz' Verfilmung sinnigerweise sogar nach »Sarajewo [sic!]«, also zwar noch immer nach Österreich (ein ins Bild kommender »K. u. K.-Obrist«[35] hat das eigens sicherzustellen), aber doch auch ausdrücklich in die »Carsija«, das »Türkenviertel«,[36] das heißt, wie im Film ganz deutlich wird — nach erfolgter Ansteckung »ruft der Muezzin zum Gebet«[37] —, aus dem ›christlichen‹ Abendland hinaus.

Was er also aus der Nietzsche-Literatur zusammengelesen hatte, hat Thomas Mann in den beiden Bordellbesuchen des *Doktor Faustus* so arrangiert, daß zwischen den einen und den anderen, tödlichen Besuch die Sprach- und zugleich die kleindeutsche Grenze zu liegen kommt. Wie schon im *Tod in Venedig* wird die Reichsgrenze wieder mit Sexual- und vor allem mit Infektionsängsten besetzt. Die Einverwandlung der Legende von Nietzsches Infektion und die in derselben Hinsicht manipulierte Paraphrase der vierten Cholera-Epidemie scheinen ganz offensichtlich auf die Legitimationsbedürftigkeit der nationalen Identität insofern zu reagieren, als die »nationale Einigung — noch dazu eine partielle, eine Kompromiß-Einigung —«[38] eine fragwürdige Abgrenzung nach außen zur Voraussetzung hatte. Doch auch die andere Seite der Identitätsproblematik, eine gewaltsam erzwungene Einheit im Innern des Reichs, läßt sich hier aufzeigen.

---

33 Historia von D. Johann Fausten [...], hg. v. Richard Benz, Stuttgart 1964, S. 137.

34 Vgl. Oskar Seidlin, *Doctor Faustus*: The Hungarian Connection, in: German Quarterly 56, 1983, S. 594–607, hier S. 597.

35 Franz Seitz, *Doktor Faustus* — Lesefassung des Drehbuches, in: Gabriele Seitz (Hg.), *Doktor Faustus*. Ein Film von Franz Seitz nach dem Roman von Thomas Mann, Frankfurt a. M. 1982, S. 31–112, hier S. 58.

36 Franz Seitz, *Doktor Faustus* — Lesefassung des Drehbuches, S. 57.

37 Franz Seitz, *Doktor Faustus* — Lesefassung des Drehbuches, S. 59. Die »Lesefassung des Drehbuches« folgt hier offenbar dem schon realisierten Film; denn in der originalen ›Fassung des Drehbuches‹ ist das betreffende Detail nicht am Ende der letzten, sondern am Anfang der ersten Sarajevo-Einstellung vermerkt (Kopie des Thomas Mann-Archivs, S. 97). Vgl. dazu z. B. auch Hans W. Geissendörfer, *Der Zauberberg* — Lesefassung des Drehbuchs, in: Gabriele Seitz (Hg.), *Der Zauberberg*. Ein Film von Hans W. Geissendörfer nach dem Roman von Thomas Mann, Frankfurt a. M. 1982, S. 33–157, hier S. 91: »[...] Masse Herz klopft« — ein dem ZDF- und ORF-Publikum dann endlich nicht einmal in dieser moderaten Form zugemuteter Röntgenblick auf die Liebesnacht —, mit dem ursprünglichen Drehbuch (Kopie des Thomas Mann-Archivs, S. 133): »[...] Masse Herz klopft und wie der Penis schattenhaft in die Schattenhöhle zwischen Oberschenkelknochen und Beckenknochen eintaucht«.

38 Bd. 6, S. 400.

Leverkühns erster Bordellbesuch weist gegenüber den Nietzsche-Biographien, deren Daten Thomas Mann nach Ausweis der Nietzsche-Rede von 1947 die ganze Zeit über präsent geblieben waren, eine bezeichnende Veränderung auf. Nietzsche machte sein scheinbar unfreiwilliges, vergleichsweise harmloses »Bordellabenteuer« vom »Februar 1865« noch vor seinen Leipziger Semestern, nämlich in Köln, wo die Mitglieder der Studentenverbindung ›Franconia‹ ihr Keuschheitsgebot umgehen konnten, da dieses nur für Bonn galt[39] (dessen Rheinische Friedrich-Wilhelms-Universität 1818 übrigens als protestantische Konkurrenz zur Universität zu Köln neu gegründet worden war[40]). In die Leipziger Semester Nietzsches fiel erst »das Cholera-Jahr« 1866, wie es Peter Gast nannte,[41] für welches eine bei Brann wie auch bei E. F. Podach zitierte Krankengeschichte Nietzsches »Syphilit. Ansteckg.« verzeichnet.[42] In Leverkühns Brief aber (seinerseits in den Februar datiert: »Freitags nach Purificationis [dafür in der Handschrift zunächst: ›Pauli Bekehrung‹] 1905«) ist Leipzig Ort nur noch des unfreiwilligen, hier allerdings schon eindeutig verhängnisvollen Bordellbesuchs, nicht mehr eigentliches Ziel, sondern gewissermaßen nur noch Ausgangspunkt einer Bewegung von Westen nach Osten, wie sie Thomas Mann in Nietzsches Biographie und der darin für ihn zentralen Ansteckungslegende vorfinden konnte.

Er hat diese Bewegung im *Doktor Faustus* jedoch nicht einfach über die Reichs- und Sprachgrenze verschoben, sondern sozusagen verdoppelt, um sie erst in einer zweiten Etappe über das Reichsgebiet hinauszuführen. Denn schon Leverkühns erster Eintritt in die »Lusthölle«, indem er mit seinem Umzug nach Leipzig genau zusammenfällt, ist in eine übergreifende Bewegung integriert, die bereits in den Vorarbeiten zum Roman auf die kleindeutsche Grenze zu-, aber allem Anschein nach noch nicht über sie hinausläuft. Die Differenzierung des Umzugs nach Leipzig und der im Mai des folgenden Jahrs in Preßburg erfolgenden Ansteckung, die dadurch ermöglichte Dissoziation der deutschen Stadt und der tödlichen Krankheit muß also um so ernster genommen werden, als sie sich erst aus der nachträglichen Modifikation

---

39 Vgl. Janz, S. 138.
40 Vgl. auch Lucien Febvre, Der Rhein und seine Geschichte, hg. v. Peter Schöttler, Frankfurt a. M. und New York 1994, S. 173 f.
41 Zur Äquivalenz von Cholera und Syphilis vgl. Pia Daniela Volz, Nietzsche im Labyrinth seiner Krankheit. Eine medizinisch-biographische Untersuchung, Würzburg 1990, S. 189 f.
42 Brann, S. 205; E. F. Podach, Nietzsches Zusammenbruch. Beiträge zu einer Biographie aufgrund unveröffentlichter Dokumente, Heidelberg 1930, S. 118. Die Marginalglossen (z. B. »1888«, »1889«) seines Exemplars und sein Notizenkonvolut zeigen deutlich, daß sich Thomas Mann einen genauen Überblick über die Eckdaten von Nietzsches Leben zu verschaffen versuchte. Es ist daher durchaus wahrscheinlich, wenn für die Argumentation auch nicht sehr erheblich, daß er das Jahr 1866 nach Leipzig lokalisierte, obwohl weder Podach noch Brann die für dieses Jahr registrierte Infektion mit einer Ortsangabe versehen.

eines älteren, weniger verschlungenen ›plot‹ ergeben zu haben scheint. In den Notizen sind Umzug und Ansteckung noch nicht auseinandergehalten: »1906 ist das Jahr, wo er von Halle nach Leipzig geht und die Infektion empfängt«.

»Zum Winter-Semester-Beginn 1905«[43] wurde der Umzug nach Leipzig erst nachträglich vorverlegt. Dieses neue, der Infektion gewissermaßen vorgebaute Datum ist in einer Fehlleistung und also zum Zeichen seiner Wichtigkeit in den Brief Leverkühns sozusagen verschleppt: »Freitags nach Purificationis 1905«, das heißt am 3. Februar (oder auch »Freitags nach Pauli Bekehrung 1905«, am 27. Januar), dürfte Leverkühn diesen Brief pedantisch strenggenommen nicht datieren, da er erst zu »Beginn« des »Winter-Semester[s] 1905 […] nach Leipzig« gegangen sein soll und um »Purificationis« oder »Pauli Bekehrung« desselben Kalenderjahrs noch nicht dort gewesen sein kann.

Wenngleich es in Leipzig in der vorliegenden Gestalt des Romans erst zu einem nur flüchtigen Kontakt mit der Infizierten kommt, so bewirkt ihre »Berührung« auch in der gegenwärtigen Form des Textes doch schon eine »so unheilvoll[e]« »Fixierung« und gewinnt dadurch eine Fatalität, wie sie Nietzsches unfreiwilligem ›Abenteuer‹ in Köln offenbar gefehlt hat.[44] Bleibt also im *Doktor Faustus*, ganz anders als in der Nietzsche-Literatur, die eigentliche Ansteckung aus dem Reichsgebiet ausgegrenzt, so beginnt das Verhängnis und ›Unheil‹ hier eben dennoch bereits innerhalb dieses Gebiets, zwar immer noch in Deutschland, aber doch schon »im Königreich Sachsen«.[45] Der zur Höllenfahrt stilisierte Umzug nach Leipzig, der den Studenten allererst in Lebensgefahr bringt und welcher zugleich, wieder anders als bei Nietzsche, mit einem »Berufswechsel«, nämlich, der unheilsgeschichtlichen Stilisierung gemäß, mit dem Entschluß zu völliger Deckung gebracht wird, »das theologische Studium noch vor dem ersten Examen abzubrechen« (Leverkühn weiß den Studienabbruch »seinen Eltern […] so hinzustellen, als handle es sich nur um einen Wechsel der Universität, — gewissermaßen stellt[] er es vor sich selbst so hin«),[46] — der für Leib und Seele bedrohliche Universitätswechsel also von Halle nach Leipzig bedeutet eine, und zwar die in Leverkühns Biographie erste und als solche entscheidende Emigration.

Er verläßt nun erst das Land seiner Väter. Denn nicht nur daß die Vaterstadt Kaisersaschern lediglich »*etwas* südlich von Halle« und also mit Sicherheit noch auf preußischem Gebiet »gelegen ist«;[47] auf zur erzählten Zeit preußischem Territorium »blühte« das »Geschlecht« der Leverkühns eh und je, zu den beiden ersten ›Teilen‹ jedenfalls, zu denen sei-

---

43   Bd. 6, S. 183.
44   Brann, S. 205–208, spekuliert immerhin mit der Möglichkeit, daß das Kölner ›Abenteuer‹ Nietzsche zu seinem Leipziger, dem nach Brann ersten freiwilligen Bordellbesuch verleitet habe.
45   Bd. 6, S. 18.
46   Bd. 6, S. 170, 185.
47   Bd. 6, S. 50; im Original keine Hervorhebung.

ne Herkunft nicht vage in einer natürlichen, sondern in der politischen Geographie präzis verortet ist: »*teils im Schmalkaldischen*« (1866 zur preußischen Provinz Hessen-Nassau gekommen), »*teils in der Provinz Sachsen*, teils am Lauf der Saale«.[48] Aus dem von Preußen aus definierten Ausland jedoch, wie könnte es anders sein, kommt Adrians Mutter, allerdings, ihrer gegenüber der Mutter Aschenbachs harmloseren Artung entsprechend (wie sie sich auch in einer gleichsam nur latenten Musikalität niederschlägt[49]), weder aus österreichischem noch auch aus mit Österreich aliiertem Gebiet: »Aus der Gegend von Apolda«[50] (das hieß seinerzeit aus dem Großherzogtum Sachsen-Weimar-Eisenach).

Die »Provinz Sachsen« und das »Schmalkaldische[]«, das fiktive Kaisersaschern, das mit diesem am meisten Merkmale teilende Merseburg oder das dem erfundenen Stadtnamen am nächsten assoziierte Aschersleben — kurz der gesamte Raum, auf den die Geschichte der Leverkühns bis zu Adrians Umzug von Halle nach Leipzig begrenzt blieb, stand in der innerdeutschen Geographie der erzählten Zeit also unter derselben Territorialgewalt wie die »Provinz Schlesien«, aus der Aschenbach, bevor er seinem mütterlich-fremden Erbe und seiner päderastischen Neigung erliegt und sich an den »unsauberen Vorgängen im Innern Venedigs« ansteckt, zuerst einmal ohne Angabe von Gründen in die bayrische Hauptstadt gezogen ist, um dort, »am *Nördlichen* Friedhof«, beim »*Englische[n]* Garten« und »gegenüber« einem »*byzantinische[n]* Bauwerk« einem »auffallend [S]tumpfnäsig[en]«, »Fremdländischen«, »Wilden« zu begegnen,[51] welcher in ihm eine untergründig sexuelle Phantasie freisetzt und ihn dadurch noch weiter in den Süden und endlich in den »Tod« lockt. Dieser fortgesetzten Nord-Süd-Bewegung entsprechen Leverkühns alles in allem konstante[52] Nord-

---

48 Bd. 6, S. 19; im Original keine Hervorhebungen.
49 Vgl. Renate Böschenstein-Schäfer, *Doktor Faustus* und die Krankheit als Inspiration, in: Thomas Sprecher (Hg.), Vom *Zauberberg* zum *Doktor Faustus*. Krankheit und Literatur. Die Davoser Literaturtage 1998, Frankfurt a. M. (Thomas Mann-Studien) [im Druck].
50 Bd. 6, S. 32.
51 Bd. 8, S. 444–446; im Original keine Hervorhebungen.
52 Der Ausgangspunkt der Bewegung, d. h. der »zur Dorfgemeinde Oberweiler gehörige[] Hof[] Buchel, nahe Weißenfels, […] wohin man von Kaisersaschern in dreiviertelstündiger Bahnfahrt gelangte« (Bd. 6, S. 19; vgl. Sprenger und Institoris, Bd. 2, S. 49 f.), rückt im Lauf der Entstehungsgeschichte tendenziell nach Norden: In den Notizen kam Kaisersaschern noch nicht nur »etwas«, sondern einfach und entschieden »südlich von Halle« zu liegen (wie Merseburg oder, von Nietzsches Biographie her, Naumburg); und für »die Städtenamen«, welche die Lage von Kaisersaschern und in eins damit von *Ober*weiler und Buchel »umschreiben«: »Eisleben, Wittenberg, Quedlinburg, auch Grimma, Wolfenbüttel und Eisenach« (Bd. 6, S. 15) — die beiden so definierbaren Dreiecke schneiden sich in einem trapezförmigen Raum *nordwestlich* von Halle, der übrigens auch Aschersleben umschließt —, finden sich in der Handschrift ältere Lesarten, deren gemeinsamer Nenner darin besteht, daß die betreffenden Städte weiter »unten auf der Landkarte« (Bd. 8, S. 275), alle »südlich von Halle« liegen: »*Eisenach*,

Süd- und die darin integrierten Bewegungen von Westen nach Osten —
von Hof Buchel und Kaisersaschern über Halle und Leipzig nach München, mit Ausläufern ins östlich und südlich angrenzende Ausland —,
besonders eben auch der Übertritt aus preußischem in ein aus preußi-
scher Sicht einst feindliches Gebiet, ins »*Königreich* Sachsen«, das im
Deutschen Krieg wie Bayern mit Österreich verbündet war (und Heimat
zum Beispiel auch des »knabenhaften«[53] Rudi Schwerdtfeger ist, dem es
zum eigenen Verderben gelingt, Leverkühn im zugleich auch etymologischen Sinn des von Zeitblom mit Bedacht gewählten Worts, in einer
wieder auch konkret-zentrifugalen Bewegung zu ›ver-führen‹:[54] nach
Bern und Zürich, nach Wien und endlich nach Ungarn, wohin die prak-
tizierte Homosexualität gebannt bleibt wie Aschenbachs päderastisches
Begehren nach Venedig).

Die Überblendung von antiurbanistischen Reflexen und innerdeutschen Animositäten

»[D]iabolische«[55] Züge wie der Münchner trägt überdeutlich auch der
Leipziger »Sendbote[]«, dessen Rolle Seitz vielleicht unreflektierter-,
aber dann desto sinnigererweise mit Franz ›André‹ Heller besetzte, der
seinen Wiener Akzent im Film nicht gänzlich verleugnet. Der im Roman natürlich sächsische »Dienstmann« und »Kerl«[56] redet ausdrücklich
»teuflisch«, wenn er das Deutsche entstellt und seine »zwei, drei englische[n] und französische[n] Brocken, teuflisch gesprochen« (»teuflisch
gesprochen« ist in der Handschrift nachträglich eingefügt): »peaudiful
puilding und andiquidé exdrèmement indéressant«.[57] »[T]euflisch« ist
indessen nicht nur seine, sondern die Sprechweise auch der »Vermiete-
rin« und der Leipziger Dialekt überhaupt: »teuflisch gemein […], als ob
unser sanft verschlafenes Thüringisch aufgeweckt wäre zu einer Siebenhunderttausend-Mann-Frechheit und Ruchlosigkeit des Maulwerks mit
vorgeschobenem Unterkiefer«.[58]
Den eigentlichen Grund für Leverkühns etwas befremdliche Entrüstung über einen dem eigenen so nahe verwandten Dialekt verrät der

---

Wittenberg, Quedlinburg«; »*Apolda, Sondershausen* und Eisenach« (im Original
keine Hervorhebungen).
53   Bd. 6, S. 265, 347, 440.
54   Bd. 6, S. 551 f.
55   Bd. 9, S. 680.
56   Bd. 9, S. 678 f.
57   Bd. 6, S. 189.
58   Bd. 6, S. 187.

spekulative, aber auch als spekulativer noch aberwitzige Vergleich, dem zufolge ein »sanft verschlafenes« Deutsch allein durch die Größe der Sprachgemeinschaft »zu einer Siebenhunderttausend-Mann-Frechheit« ausarten kann. Die metonymische Charakterisierung der eigenen als einer »sanft verschlafene[n]« Sprache verleiht dieser ein typisches Attribut der »Provinz«, aus welcher der wie Nietzsche »[i]n mitteldeutscher Ländlichkeit geboren[e]«[59] Adrian Leverkühn stammt und die er zu seinem an Leib und Seele großen Schaden verlassen hat. Diese »Ländlichkeit« ist hier in einem auch tiefereren Sinn ›mittel-‹, nämlich echt, unverfälscht und kern-deutsch bis in die »Physiognomie«[60] ihrer Repräsentanten.

Nicht zufällig endet Elsbeth Leverkühns Portrait, nach traditionellem Schema von oben nach unten geführt, mit einer Erwähnung ihrer »wohlgebildeten Knöchel«,[61] einer Formel, deren gestelztes Kompositum hier nicht nur oder dann doch auf komplizierterere Art als andere stilistische Spreizungen auf die Rechnung des *fiktiven* Autors und seines humanistischen Bildungshintergrunds geht. Es handelt sich dabei nämlich um ein Goethe-Zitat, sei dieses nun mit voller Absicht oder aber unterhalb der Bewußtseinsschwelle mit eingeflossen. Mit denselben, dort verbatim repetierten und also desto auffälligeren Worten endet das auch als ganzes fast wortwörtlich wiederholte Frauenportrait in *Hermann und Dorothea*,[62] einem einst als »Epos vom deutschen Bürgertum«[63] und als Goethes überhaupt »deutscheste[s]« Werk rezipierten Text,[64] in dessen unmittelbare Nachfolge Thomas Mann den gleichfalls neunteiligen[65] *Gesang vom Kindchen* zu stellen versucht hatte.[66] Im Zuge der nationalen Selbstvergewisserung scheint *Hermann und Dorothea* eine größere Rolle gespielt zu haben als jeder andere dieses oder sonst eines ›Klassikers‹. Die Schlußverse zum Beispiel wurden 1849 in der Frankfurter Paulskirche zitiert, als die Nationalversammlung einen Kaiser wählte; dieselben Verse von der Bestimmung ›des‹ Deutschen übrigens, die Thomas Mann zur Siebenhundertjahrfeier der Freien und Hansestadt im Lübecker Stadttheater (kurz nach dem Selbstzitat seines eigenen »Hexameter«-*Gesangs*) verlas.[67] Daß die am Ende von Elsbeth

---

59 Bd. 9, S. 676.

60 Bd. 6, S. 20.

61 Bd. 6, S. 33.

62 Goethe, Werke, Abt. I, Bd. 50, S. 229, 237.

63 Robert Petsch, *Hermann und Dorothea*. Ein Epos vom deutschen Bürgertum, in: Deutsche Grenzlande 14, 1935, S. 128–134. Vgl. Bd. 9, S. 301–304.

64 Felix A. Theilhaber, Goethe. Sexus und Eros, Berlin-Grunewald 1929, S. 239; Alfred Dove, zitiert in: Johann Wolfgang Goethe, Sämtliche Werke nach Epochen seines Schaffens. Münchner Ausgabe, hg. v. Karl Richter et al., Bd. 4.1: Wirkungen der Französischen Revolution 1791–1797, hg. v. Reiner Wild, München 1988, S. 1093.

65 Vgl. dazu auch die neunteilige Gliederung von *Lotte in Weimar* und ursprünglich auch von *Königliche Hoheit*.

66 Vgl. Tagebücher 1918–1921, S. 137.

67 Bd. 11, S. 397.

Leverkühns Portrait zitierten »Knöchel« bei Goethe eigentlich noch einer Frau gehören, die nicht etwa aus Mitteldeutschland stammt, sondern vom »überrheinische[n] Land« aus ins für sie als »Elend« definierte rechtsrheinische Gebiet eindringt,[68] daß sie also ausgerechnet aus einem Bereich kommt, dessen Bewohner und vor allem Bewohnerinnen in Thomas Manns imaginärer Geographie die nationale Identitität zu befestigen keineswegs geeignet sind, sie vielmehr, im *Krull* etwa oder in der *Betrogenen*, sehr irritieren, — dieser hübschen Ironie entspricht am andern, sozusagen am Kopfende desselben Portraits ein sinniges, in Hinblick auf die Assoziation des Weiblichen mit dem Fremden äußerst bezeichnendes Mißverständnis, welches dem Autor bei der Übersetzung gleichsam des hier einschlägigen ›Modells‹ unterlaufen zu sein scheint:

> Aus der Gegend von Apolda gebürtig, war sie so brünetten Typs, wie es in deutschen Landen zuweilen vorkommt, ohne daß die erfaßbare Genealogie eine Handhabe zur Annahme römischen Bluteinschlages böte. Der Dunkelheit ihres Teints, der Schwärze ihres Scheitels und ihrer still und freundlich blickenden Augen nach hätte man sie für eine Welsche halten können, wenn nicht doch eine gewisse germanische Derbheit der Gesichtsbildung dem widersprochen hätte.[69]

›Modell‹ stand hierfür ein unter verschiedenen Namen bekanntes Frauenportrait Albrecht Dürers von etwa 1506, das als »Bildnis einer Deutschen in Venedig« selbst in Schullesebüchern als ›Vorlage‹ für Thomas Manns literarisches Portrait reproduziert ist.[70] Das Original hing seinerzeit im ›Deutschen Museum‹ und hängt noch immer in Berlin, heute unter dem Titel »Bildnis einer jungen Venezianerin« (so ist es auch in den Katalogen von 1975 und 1996 verzeichnet), früher als »Bildnis einer jungen Frau« (so im Katalog von 1929).[71] Die unterschiedlichen Titelgebungen — ›junge Frau‹, ›junge Venezianerin‹, ›Deutsche in Venedig‹ — reflektieren eine gelehrte Kontroverse über die Identität der Person, die Dürer in venezianischer Tracht vor der Kulisse des Meers porträtiert hat und in der zuweilen nicht nur eine mehr oder weniger bestimmbare ›Frau‹ und ›Deutsche‹, sondern wegen der auf ihr Kleid gestickten Initialen »A. D.« eine gewisse »Anna Dorssin« oder sogar Agnes Dürer, Dürers Gattin, gesehen wurde.

Dieser, aber auch nur dieser Teil der Kontroverse, ob es sich also bei der Portraitierten um *irgendeine* Deutsche handelt oder aber um die Ehefrau des Malers, war Thomas Mann sehr wahrscheinlich bekannt. Jedenfalls wird die Streitfrage auf den ersten Seiten eines Buchs diskutiert, das Thomas Mann besaß und das, wie gleich noch zu zeigen, für

---

68   Goethe, Werke, Abt. I, Bd. 50, S. 189.
69   Bd. 6, S. 32.
70   Vgl. z. B. Karl Wolf (Hg.), Lesebuch A (Gymnasium) 9. Schuljahr, Stuttgart 1967, S. 81 f. mit Bl. 80/81 verso.
71   Freundliche Auskünfte von Herrn Henrik Engel, Gemäldegalerie Berlin, vom 25.1.1999.

das Portrait Elsbeth Leverkühns entscheidende Bedeutung erlangen sollte: *Dürer und seine Zeit*, herausgegeben von Wilhelm Waetzoldt (alias Gilgen Holzschuher, ein zur zweiten Hälfte seinerseits von einem Dürer-Portrait herrührender Name, das, samt der Legende »Hieronymus Holzschuher«, ganz am Anfang von Waetzoldts Band und, wie hier nur sehr wenige andere, in Farbe reproduziert ist). Zwar verwirft Waetzoldt dort die These von der Identität des »Frauenbildnis[ses]« mit »Frau Agnes«;[72] aber er ist doch bereit, sie zu diesem Zweck zu referieren. Die Möglichkeit hingegen, die angesichts der offenbar eindeutig venezianischen Tracht am nächsten liegen müßte und sich heute denn durchzusetzen scheint, die aber schon in der zeitgenössischen, auch der von Waetzoldts in seine Bibliographie aufgenommenen Literatur mit Entschiedenheit vertreten wurde,[73] daß es sich nämlich um gar keine Deutsche, sondern um eine Venezianerin handelt, würdigt Waetzoldt keiner einzigen Silbe. Über die Motive dieses Verschweigens läßt sich wenigstens spekulieren.

Warum hat die Vorstellung oder gar das Eingeständnis, einem Frauenkörper keine eindeutige nationale Identität zuweisen zu können, für Waetzoldt etwas so Bedrohliches, daß diese Möglichkeit als solche a limine gar nicht erst in Betracht kommen darf? Wenn es immerhin diskutabler ist, Agnes Dürer mit sonst einer Deutschen als eine Deutsche mit einer Venezianerin zu verwechseln, dann artikuliert dieses Beharren auf der unbedingten Unverwechselbarkeit zwar nicht der individuellen, wohl aber der nationalen Eigenart eine chauvinistische Grundhaltung, wie sie sich schon ganz zu Anfang des Buchs verrät. Waetzoldt kann dort die ungarische Herkunft der Dürers nicht erwähnen, ohne im selben Atemzug apodiktisch das unbedingt ›Deutsche‹ an Dürer herauszustellen, das die Voraussetzung auch der Dürer-Reminiszenzen im *Doktor Faustus* bildet (so hat Thomas Mann unter vielem anderen die »Abtstube« »des deutschen Tonsetzers«, anachronistischerweise »im Charakter eher von 1600 als von 1700«, bis ins letzte Detail nach einer in Waetzlodts Band enthaltenen Photographie von »Dürers Arbeitszimmer. Nürnberg« beschrieben[74]). »[G]egen die« ja eigentlich wieder gar nicht abwegige »Annahme: die Dürer seien vormals Angehörige des magyarischen Landvolkes gewesen« und Dürer selbst also kein ›reiner‹ Deutscher, »spricht« nach Waetzoldt, und ohne daß dies noch irgendeiner weiteren Ausführung zu bedürfen scheint, die physiognomisch-genetische Evidenz, »das urdeutsche Antlitz des Vaters«.[75]

Für das Portrait Elsbeth Leverkühns, in welchem sich diese Tendenz nationaler Vereinnahmung in verräterischer, den gemeinsamen Gesin-

---

72 Wilhelm Waetzoldt, Dürer und seine Zeit. Große illustrierte Phaidon-Ausgabe, Wien 1935, S. 19.

73 Gustav Glück, Dürers Bildnis einer Venezianerin aus dem Jahre 1505, in: Jahrbuch der Kunsthistorischen Sammlungen in Wien 36, 1924, S. 97–121, hier S. 118.

74 Bd. 6, S. 276 f., bzw. Waetzoldt, Bl. 192/193 recto.

75 Waetzoldt, S. 12.

nungs- oder Bildungshintergrund des Romanautors und des Kunsthistorikers verratender Weise fortsetzt, ist an alledem einstweilen nur soviel wichtig, daß Thomas Mann in jener ›Vorlage‹ eine ohne jeden Zweifel deutsche Frau dargestellt sehen mußte. Um so schwerer fällt es zunächst, das literarische Portrait zu verstehen. Denn ironischerweise ist in diesem die nationale Identität des Frauenkörpers doch wieder problematisiert, und zwar ganz unabhängig von jener Thomas Mann ja kaum bekannten kunsthistorischen Kontroverse und ohne daß die ›Vorlage‹ selbst irgend einen Anlaß dazu geboten zu haben scheint. Obwohl auf Dürers Gemälde eine hellbraune bis dunkelblonde Frau mit keineswegs auffallend dunkler Haut zu sehen ist, werden bei Elsbeth Leverkühns Portrait zuerst die »Dunkelheit ihres Teints« und »Schwärze ihres Scheitels« registriert, die gleich bei dieser ersten Gelegenheit sozusagen entschuldigt und durch »eine gewisse germanische Derbheit der Gesichtsbildung« gewissermaßen aufgewogen und ins unzweifelhaft Deutsche vereindeutigt werden müssen.

Der merkwürdige Aufwand, der hier scheinbar ganz überflüssigerweise, das heißt ohne Veranlassung durch das vermeintliche ›Vorbild‹, um die germanische Herkunft letztlich natürlich auch »des deutschen Tonsetzers Adrian Leverkühn« betrieben wird, reflektiert zunächst die besonderen Modalitäten der Thomas Mannschen Dürer-Rezeption. Thomas Mann hat hier nicht wirklich, wie gelegentlich kolportiert, nach Dürers Gemälde gearbeitet. Sondern ihm lag dieses in *Dürer und seine Zeit*, mit der Legende »Bildnis einer Deutschen aus Venedig. (Anna Dorssin?)«, nur als Schwarzweißreproduktion vor. Auf der Reproduktion wiederum können auch einem, dem die Ineinssetzung des Mütterlich-Weiblichen mit dem Südlich-Fremden ferner liegt als Thomas Mann, wenn nicht die Haut, so doch mindestens das Haar der Frau, obschon in der Farbtönung des Originals ganz unverdächtig hell, tatsächlich als »schwarz[]« und ›dunkel‹ erscheinen.[76] Gleichgültig aber, ob sie nun wirklich auf solch eine sehr wahrscheinliche Fehlinterpretation, eine unwillkürlich falsche Farbgebung in der Phantasie des Autors oder aber, weit weniger wahrscheinlich, auf dessen bewußte Absicht zurückgeht, die ganze Nachdunkelung gleichsam des Dürerschen Originalportraits wird jedenfalls nur gerade und genau bis zu dem Punkt getrieben, an dem eine ethnisch unzweifelhaft deutsche Identität Elsbeth Leverkühns noch feststeht: »*so* brünetten Typs, *wie* es in deutschen Landen zuweilen vorkommt, *ohne daß* die erfaßbare Genealogie eine Handhabe zur Annahme römischen Bluteinschlages böte«.

Der »schöne[] altdeutsche[] Kopf ihres Gatten«[77] jedoch bleibt in seiner ›deutschen‹ und »altdeutschen« Schönheit ganz ohne solche Kautelen auf die »mitteldeutsche[] Ländlichkeit« der Familie bezogen. Als »Mann *besten* deutschen Schlages« repräsentiert Jonathan Leverkühn einen in gewissermaßen auch negativem Sinn provinziellen Typus, das

---

76   Waetzoldt, Abb. 36 [ohne Paginierung].
77   Bd. 6, S. 32.

heißt einen »Typ, wie er in unseren Städten kaum noch begegnet«.[78] Wie nahe der Erzähler Zeitblom, mitten im »totalen Krieg« und nach beschlossener ›Endlösung‹, mit dieser Gleichsetzung von »Ländlichkeit« und ›typisch‹ deutschem »Menschentum« der zur fiktiven Erzählzeit in Deutschland herrschenden Ideologie kommt, verrät er im Grunde selbst, indem er sich nämlich ausgerechnet hier wieder von dieser distanzieren und vor ihren Vertretern und deren *»oft denn doch beklemmende[r]«* Aggressivität auch den »deutschen Schlag[]« der Leverkühns in Schutz nehmen muß (nachdem er bereits im vorhergehenden Kapitel einmal mit seiner persönlichen »Jugenderfahrung« eigens begründete, warum er »gerade in der Judenfrage und ihrer Behandlung« dem »Führer und seinen Paladinen niemals *voll* habe zustimmen können«[79]):

> Jonathan Leverkühn war ein Mann besten deutschen Schlages, ein Typ, wie er in unseren Städten kaum noch begegnet und gewiß nicht unter denen zu finden ist, die heute unser Menschentum mit oft denn doch beklemmendem Ungestüm gegen die Welt vertreten, — eine Physiognomie, wie geprägt von vergangenen Zeiten, gleichsam ländlich aufgespart und herübergebracht aus deutschen Tagen vor dem Dreißigjährigen Kriege.[80]

Das eigentliche und vor allem das »beste[]« deutsche »Menschentum« erscheint hier als »ländlich.« Was das Portrait Jonathan Leverkühns damit negativ impliziert, entspricht genau der Wendung in malam partem, die dessen Sohn Zarathustras »gelehrte[r] Anspielung« auf den »Wallfisch[]« gibt. Adrian identifiziert Leipzig mit Ninive, der im Buch Jona mit einem epitheton constans so genannten »großen Stadt«:

> Ist an der Pleiße, Parthe und Elster [in einer älteren Schicht der Handschrift folgt ein für die Verwandtschaft Leipzigs und Venedigs vielleicht bezeichnendes Nebensatzfragment: ›Armen teils um, teils durch die Stadt fließen‹] unleugbar ein ander Dasein und geht ein anderer Puls als an der Saala, weil nämlich ein ziemlich groß Volk hier versammlet ist, mehr als siebenhunderttausend, was von vornherein zu einer gewissen Sympathie und Duldung stimmt, wie der Prophet schon für Ninives Sünde ein wissend und humorhaft verstehend Herz hat [...]. Da magstu denken, wie's erst bei siebenhunderttausend Nachsicht erheischend zugeht, wo sie in den Messe-Zeiten, von deren herbstlicher ich als Neu-Kömmling eben noch eine Probe hatte, aus allen Teilen Europas, dazu aus Persien, Armenien und anderen asiatischen Ländern noch erklecklichen Zustrom haben.
> Nicht als ob mir dies Ninive sonderlich gefiele, ist gewiß nicht die schönste Stadt meines Vaterlandis [sic!], Kaisersaschern ist schöner [...].[81]

---

78 Bd. 6, S. 20; im Original keine Hervorhebung.
79 Bd. 6, S. 15; im Original keine Hervorhebung.
80 Bd. 6, S. 20.
81 Bd. 6, S. 186 f.; vgl. S. 193.

So wie Sachsen das am dichtesten besiedelte und am stärksten urbanisierte Land,[82] so war Leipzig damals die am weitaus schnellsten wachsende Großstadt des Deutschen Reichs. Zwischen der Reichsgründung
und der erzählten Zeit hatte sich die Leipziger Bevölkerung fast versiebenfacht.[83] Als moderne Großstadt erscheint Leipzig hier in explizitem
Gegensatz zu Halle (»ein anderer Puls als an der Saala«), das auch
schon anläßlich von Leverkühns erster Entfernung und Entfremdung
von Elternhaus, Vaterstadt und ländlicher Provinz ausdrücklich gegen
das Phänomen der Großstadt abgesetzt wurde: »Halle war, *wenn auch
keine Großstadt*, so doch eine große Stadt [...], *aber* trotz allen neuzeitlichen Massenbetriebes verleugnete es [...] nicht den Stempel hoher Alterswürde.«[84]

Dem halben Weg also genau entsprechend, den die in Leverkühns
Leben erste »große Stadt« auf der abschüssigen Bahn von Kaisersaschern nach Leipzig bezeichnet, nimmt Halle, wo der Student etwa mit
dem so offensichtlich diabolischen Privatdozenten Schleppfuß in institutionell-flüchtige Berührung kommt, sowohl hinsichlich seiner Größe
wie auch zwischen »Alterswürde« und »neuzeitliche[m] Massenbetrieb[]« eine ambivalente Stelle ein. Solche Ambivalenz entfällt in der
eindeutig negativen Darstellung Leipzigs. Die den Bauernsohn Leverkühn hier plötzlich heimsuchende Nostalgie nicht etwa nach Halle, sondern gleich nach Kaisersaschern und der Provinz ist Teil und Ausdruck
eines zeitgenössischen Antiurbanismus, wie ihn zum Beispiel der
Sozialdarwinist Otto Ammon in seiner Preisschrift über *Die Bedeutung
des Bauernstandes* vertrat, die 1906, im Jahr von Leverkühns syphilitischer Infektion, bereits in zweiter Auflage erschien und in welcher Ammon die Verstädterung unter vielem anderen auch für eine bedrohliche
Zunahme gefährlicher »Ausschweifungen« verantwortlich machte,[85] ein
Hauptargument gegen die Großstadtkultur, seitdem die sanitären Verhältnisse sich schon in den Achtzigerjahren so weit gebessert hatten, daß
die Lebenserwartung der Städter die der Landbevölkerung zu übersteigen begann.[86] Im *Doktor Faustus* äußert sich dieser antimoderni-

---

82   Vgl. Gerald D. Feldman, Bayern und Sachsen in der Hyperinflation 1922/23,
     München 1984 (Schriften des Historischen Kollegs, Vorträge, Bd. 6), S. 13.
83   Vgl. die Tabelle bei Jürgen Reulecke, Geschichte der Urbanisierung in Deutschland, Frankfurt a. M. 1985 (Neue Historische Bibliothek), S. 203. Leverkühns
     Angabe — Leipzig muß »1905« etwas weniger als »siebenhunderttausend« Einwohner gezählt haben (vgl. ebd.) — ist anachronistisch. Sie stammt aus der
     vierzehnten Auflage der Encyclopædia Britannica von 1936, die sich auf eine
     Zählung aus dem Jahr 1933 bezieht. Vgl. Liselotte Voß, Die Entstehung von
     Thomas Manns Roman *Doktor Faustus*. Dargestellt anhand von unveröffentlichten Vorarbeiten, Tübingen 1975 (Studien zur deutschen Literatur, Bd. 39), S.
     70–73.
84   Bd. 6, S. 124 f.; im Original keine Hervorhebungen.
85   Otto Ammon, Die Bedeutung des Bauernstandes für den Staat und die Gesellschaft. Sozialanthropologische Studie, Berlin ²1906, v. a. S. 27–33.
86   Vgl. Radkau, Das Zeitalter der Nervosität, S. 311.

stisch-reaktionäre Zeitgeist impulsiv und unreflektiert, nicht unmittelbar als Widerstand gegen die moderne Großstadt oder die mit ihr verbundenen Modernitätserfahrungen, Existenzängste und Sinnkrisen — »die ›futility malady‹, die in den großen Städten umgeht«, hat Thomas Mann in einer unter den Materialien zum Roman erhaltenen Rezension von John Cowper Powys' *Philosophy of Solitude*[87] rot unterstrichen —, sondern als All-Ergie auf den Dialekt der Städter, dessen Abstand zur Standardsprache hier um so schärfer hervortritt, als Leverkühn »Reformationsdeutsch«,[88] also in einer Urform der neuhochdeutschen Einheitssprache schreibt (und in Seitz' Film übrigens durchaus nicht Thüringisch, sondern überhaupt lupenreines Hoch- und Höchstdeutsch spricht).

Auf die Bedrohung des deutschen »Menschentum[s]« durch die Großstadtkultur und in eins damit auf die in »Bismarcks [...] Reichsgebilde«[89] prekäre Stellung Sachsens scheint aber nicht nur der irritierende Dialekt des Leipziger »Sendboten« zu deuten, sondern auch wieder der Umstand, daß der »Fremdenführer« »Brocken« verschiedener Sprachen durcheinander spricht. Denn obwohl dies wie gesehen im Rahmen der Chronologie gar nicht möglich wäre, in welcher Leverkühn zwar richtig »[z]um Winter-Semester-Beginn 1905« umzieht, von diesem Umzug aber in einem etliche Monate *älteren* Brief Rechenschaft ablegt, soll er wie Goethe zur Herbstmesse nach Leipzig gekommen sein, als die Stadt »aus asiatischen Ländern noch erklecklichen Zustrom« hatte. Durch dieses forcierte Arrangement können die Irritationen der »labyrinthisch[en]«[90] Großstadt mit Überfremdungsängsten enggeführt werden, und zwar weit über das Maß hinaus, in dem Deutschland seit dem letzten Jahrzehnt des neunzehnten Jahrhunderts zum Einwanderungsland geworden war.[91] Wie das fiktive Kaisersaschern seinen Namen durch das Grab ausgerechnet Otto III. erhält, eines der »europäischste[n]«[92] Kaiser, und damit von einer mittel- und kerndeutschen Provinz- zugleich auch zu einer ›europäischen‹ Hauptstadt wird, so droht in der sächsischen Metropole wie in Venedig oder Wien bereits ›Asien‹ zu beginnen.

Die Überfremdungs- und Übervölkerungsängste verraten sich in der vorliegenden Fassung des Texts (»Zustrom« ersetzte eine ältere Lesart

87 Max Güttinger, Zurück zum Ichthyosaurus, in: Neue Zürcher Zeitung, 11.2.1934; Thomas Manns Hervorhebungen.
88 Bd. 6, S. 194.
89 Bd. 13, S. 549.
90 Bd. 6, S. 189.
91 Vgl. Ernst Walter Zeedlen, Großer Historischer Weltatlas, Teil 3: Neuzeit. Erläuterungen, München 1984, S. 338.
92 Paul Michael Lützeler, Neuer Humanismus. Das Europa-Thema in Exilromanen von Thomas und Heinrich Mann, Lion Feuchtwanger und Stefan Zweig, in: Paul Michael Lützeler, Europäische Identität und Multikultur. Fallstudien zur deutschsprachigen Literatur seit der Romantik, Tübingen 1997 (Stauffenburg Discussion, Bd. 8), S. 107–125, hier S. 112.

»Zulauf«) schon in einer dafür symptomatischen Fließmetaphorik, besonders aber in Leverkühns Vorstellung, zum Objekt des »exotischen« Blicks zu werden und dadurch die im *Tod in Venedig* noch von einem Deutschen gehaltene Subjektposition zu verlieren: »[...] die Leute, die sich da drängen, sehen dich wohl mit exotischen Augen an und reden in Zungen, von denen du nie einen Laut gehört.«[93]

Anders als bei Goethe, der die »Meßzeit« zunächst als »Fortsetzung eines vaterländischen Zustandes« wahrnahm und dessen »besonderes Vergnügen« »jene Bewohner der östlichen Gegenden« mit einschloß,[94] aber genau wie im *Tod in Venedig* und in der zitierten Fassung sogar mit den genau gleichen Worten — »reden in Zungen« ist spätere Lesart für »reden Sprachen« —, erscheint das ›Exotische‹ und ›Asiatische‹ hier unter sprachlichem Aspekt, eben in der Unzugänglichkeit der fremden »Zungen« und »Laut[e]«; nur daß die imaginäre Sprach- und Kontinentalgrenze, indem sie wieder eine der Reichsgründung vorausgehende Animosität der deutschen Staaten reflektiert, nun innerhalb des Reichs selbst zu verlaufen droht. Und die verschiedenen und in ihrer Verschiedenheit unverständlichen Sprachen registriert Leverkühn unmittelbar vor seinem Eintritt in die »Lusthölle«, so daß Fremdheitserfahrung und »gewerbsmäßige Liederlichkeit« hier wieder zur selben Konfiguration zusammenfinden wie schon in Venedig.

In Hinsicht auf die Imagination des Eigenen und des Fremden unterscheidet sich also der nach dem Zweiten Weltkrieg vollendete Roman nicht von der Novelle, aus der Thomas Mann den Ersten, von ihm dann als »Bringer« eines »Dritten Reiches«[95] begrüßten, prognostizierte. Nach dem Ende des Dritten Reichs ist das imaginierte Fremde noch wie während des Zweiten als Reflex gegen die »Mumie« des Ersten beschreibbar. Die Fremde beginnt jeweils auf dem im Deutschen Krieg feindlichen Gebiet, und sie konstituiert sich je als eine leicht dechiffrierbare Symbiose von ›Asien‹, Sprachverwirrung und Prostitution. Hinter der Stilisierung auch Leipzigs steht wieder ganz offensichtlich der für die Imagination des Fremden schon im *Tod in Venedig* leitende, in Thomas Manns Bibel an den einschlägigen Stellen übrigens angestrichene[96] und auch schon in der »Orient- und Judenoper« aufgerufene Text, deren Aufführungsgeschichte die Allianz von Sachsen und Österreich gewis-

---

93   Bd. 6, S. 189 f.

94   Goethe, Werke, Abt. I, Bd. 27, S. 48.

95   Bd. 13, S. 551; im Original hervorgehoben. Vgl. Hermann Kurzke, Auf der Suche nach der verlorenen Irrationalität. Thomas Mann und der Konservativismus, Würzburg 1980 (Epistemata, Reihe Literaturwissenschaft, Bd. 1), S. 141–145.

96   Die heiligen Schriften des Alten und Neuen Bundes deutsch von Martin Luther, München und Leipzig o. J.; Bd. 1, S. 17 (1. Mose 11); Bd. 3, S. 222, 228, 243, 259 (Ezechiel 3, 7, 16, 23); Bd. 4, S. 475, 478–480 (Offenbarung 14, 17 f.). Vgl. auch Zeitbloms Hinweise auf Ezechiel, Dürer und »die große Erzhure [...], bei deren Schilderung der Nürnberger sich heitererweise geholfen hat, indem er die mitgebrachte Portraitstudie einer *venezianischen* Kurtisane dazu benutzte« (Bd. 6, S. 475; im Original keine Hervorhebung).

sermaßen wiederherstellt. Johannes der Täufer nennt Salome dort immer wieder »Tochter Babylons«.[97]

97   Richard Strauss, Salome. Drama in einem Aufzuge nach Oskar Wilde's gleichnamiger Dichtung in deutscher Übersetzung von Hedwig Lachmann. Musik von Richard Strauss, Berlin 1905, S. 17–20.

Tristan

Die Bewegungen von Norden nach Süden und die norddeutschen Äquivalente des Nord-Süd-Gefälles

Die Spannungen, die zwischen den Regionen des Deutschen Reichs durch dessen Gründung entstanden oder sich verschärften und wie sie bis heute an der Sonderstellung des Freistaats Bayern am deutlichsten faßbar sind, werden in Thomas Manns Werk durch regelmäßige, regelmäßig negativ besetzte Bewegungen im deutschen Raum reflektiert. Seine Erzähltexte und selbst die autobiographischen Skizzen beschreiben immer wieder dieselbe Bewegung von Norden nach Süden, von seiner »erste[n] Novelle« an, die er »verstohlenerweise« im »Büro einer Feuerversicherungsgesellschaft«[1] schrieb und die 1894 in der *Gesellschaft* erschien — bei allem »umstürzlerischen«[2] Charakter des Publikationsorgans und der antifeministischen Gesinnung seines Herausgebers Michael Georg Conrad gemäß ein massiv reaktionärer Anschlag auf die »Frauenemanzipation«[3] und in hierin überaus sinniger Symmetrie zur letzten Novelle, *Die Betrogene*. Die eigentliche Handlung der »erste[n] Novelle«, einer Aitiologie der »spöttische[n]« und »bitteren« Züge des früh gealterten »Dr. med. Selten«[4] — er wurde von einer Schauspielerin betrogen und aufs tiefste verletzt —, fängt damit an, daß Selten von »seinem norddeutschen Heimatort«, nachdem er »das Gymnasium absolviert« hat, »[m]it neunzehn oder zwanzig Jahren« in »eine übermittelgroße Stadt Süddeutschlands« zieht, wo ihn dann sein heilloses Unglück ereilt.[5] Paolo Hofmann, dessen ebenfalls enttäuschter »Wille zum Glück« in der gleichnamigen Novelle von 1896 in den Tod führt, zieht seinen Eltern von »Norddeutschland« nach Karlsruhe nach und reist von dort aus nach München, nach Rom[6] und weiter bis nach Nordafrika, dann aber endlich wieder nach München zurück, wo er stirbt, und zwar »am Morgen nach der Hochzeitsnacht, — beinahe in der Hochzeitsnacht«.[7] (Die femme fatale, slawisch in Heinrich Manns von Hans

---

1   Aufsätze; Reden; Essays, Bd. 1, S. 52.
2   Bd. 11, S. 330.
3   Bd. 8, S. 11.
4   Bd. 8, S. 11 f.
5   Bd. 8, S. 14.
6   Bd. 8, S. 44 f.
7   Bd. 8, S. 61.

Rudolf Vaget als Quellentext identifizierten Novelle *Das Wunderbare*,[8] ist hier Jüdin.)

Auch die »Reisen«[9] des »Bajazzo« in der so benannten Erzählung von 1897 (1898 zusammen mit *Der Wille zum Glück* in die Sammlung *Der kleine Herr Friedemann* aufgenommen) führen bis nach »Sizilien und Afrika«[10] hinab, aber von dort aus ebenfalls wieder nach Deutschland zurück, jedoch wieder nicht mehr bis in die Vaterstadt zurück — sie bleibt »so weit dahinten« —,[11] deren Schilderung sehr das Lübeck der im selben Jahr begonnenen *Buddenbrooks* vorwegnimmt, sondern nur noch bis in eine »mitteldeutsche Residenzstadt«, die er sich »beim Beginn [s]einer Reise bereits ausersehen hatte«.[12] Dort verkommt er vollends.

Im *Kleiderschrank*, einer »Geschichte voller Rätsel« von 1899, die in der Sammlung *Tristan* Carla Mann gewidmet ist — bei ihr gestaltete sich der Umzug nach Süddeutschland sehr viel deutlicher als bei Thomas oder Heinrich Mann als Deklassierung und ›Fall‹: sie wurde Schauspielerin, ›fiel‹ in dem spezifisch weiblichen Sinn, den das Verb in der Novelle *Gefallen* erhält, und nahm sich auf dieselbe qualvolle Weise wie im *Doktor Faustus* Cla*r*issa Rodde das Leben —: der todkranke Albrecht Van der Qualen also reist im »Schnellzuge Berlin-Rom«, wobei die Reise ausdrücklich in Berlin nicht ihren eigentlichen Anfang nahm und in Lübeck ein Herr von Qualen eine lokalpolitisch einigermaßen prominente Person war.[13] Die »Rätsel« der »Geschichte«, zu denen Van der Qualens regelmäßige Vergewaltigungen einer »Gestalt« mit »Kinderschultern« gehören,[14] sind in »eine unbekannte Stadt« irgendwo zwischen Berlin und Florenz situiert, von der immerhin doch feststeht, daß sie »zwei, fünf oder zwölf« »Schnellzug«-»Stunden« von Berlin gelegen ist — also schwerlich »[i]n Nordeutschland« —, andererseits aber »[z]weifelsohne« »noch in Deutschland«.[15]

Gabriele Klöterjahn aus Bremen kommt in der Titelnovelle desselben Novellenbands, wie gleich noch genauer zu untersuchen, von Lübeck in bayerisches oder österreichisches Gebiet, um sich dort, verführt von einem Juden, den Tod zu holen. Joachim[16] Ziemßens und Hans Castorps

---

8   Hans Rudolf Vaget, Intertextualität im Frühwerk Thomas Manns. *Der Wille zum Glück* und Heinrich Manns *Das Wunderbare*, in: Zeitschrift für deutsche Philologie 101, 1982, S. 193–216.

9   Bd. 8, S. 117.

10   Bd. 8, S. 118 f.

11   Bd. 8, S. 107.

12   Bd. 8, S. 119.

13   Lübeckisches Adreß-Buch 1879, Lübeck o. J. (Nachdruck ebd. 1978), S. XXXX, unter den Rubriken »Gemeindevorstand« (als erster der Liste) und »Gemeinnütziger Verein der Travemünder Liedertafel«.

14   Bd. 8, S. 159.

15   Bd. 8, S. 152–154.

16   Zur regionalen, besonders ›märkischen‹ Bedeutsamkeit dieses Vornamens vgl. Heinz Sauereßig, Die Entstehung des Romans *Der Zauberberg*, in: Heinz Sauereßig (Hg.), Besichtigung des Zauberbergs, Biberach a. d. Riss 1974, S. 5–53,

Reisen aus Hamburg in den süddeutschen Sprachraum (wo fortgeschrittene Medizinstudenten kein Latein können und wo man statt dessen die auf derselben Notizbuchseite vermerkte Allerweltssprache Espe-
ranto studiert[17]) sind unmittelbar mit Krankheit und Tod assoziiert.
Tony Buddenbrooks erste Ehe scheitert in Hamburg, die zweite aber in
München. Tonio Krögers problematische Existenz äußert sich in der
Verlegung des Schauplatzes von Norden nach München, so wie ja Gustav Aschenbach, nach einigen episodischen Versuchen anderswo,
schon früh aus der schlesischen Provinz nach München kommt, wo ihn
am Nordfriedhof die Gestalt eines Fremden in die Ferne und endlich
nach Venedig und in den »Tod« lockt. Adrian Leverkühn zieht aus der
»Dorfgemeinde *Ober*weiler«[18] über Kaisersaschern, Halle und Leipzig
nach München, auch er dann noch über München, »dieses selbstver-
gnügte[] Capua«,[19] hinaus ins wirkliche Italien — dort erst begegnet er
dem Teufel ja in ganz unverstellter Person —, aber doch auch wieder
nach Bayern zurück, wo er, wie der ihn dort aus Mitteldeutschland be-
suchende, ein archaisiertes Deutsch sprechende Nepomuk Schneidewein, ein schlimmes Ende nimmt.

Die negativen Besetzungen der Abwärtsbewegung, die in der Regel
von protestantischem Gebiet ausgeht und auf katholischem endet, scheinen erstaunlicherweise ganz unabhängig davon zu sein, ob die Bewegung über die Reichsgrenze hinausführt oder auf den innerdeutschen
Raum beschränkt bleibt. Die imaginär am stärksten besetzte Demarkati-
onslinie scheint gegen alle naheliegende Erwartung nicht mit der Grenze des Deutschen Reichs zusammenzufallen. Wenn man diese imaginäre
Linie überhaupt mit einer politisch-symbolischen Grenze zusammenbringen wollte, dann käme dafür am ehesten noch diejenige des Norddeutschen Bundes in Frage. Die regelmäßigen Bewegungen von Norden
nach Süden reflektieren so mit ihrer assoziativen Besetzung die Geschichte der deutschen Reichsgründung und die resultierenden Spannungen und Konflikte. Der Weg in Verwahrlosung, Krankheit und Tod
führt bei Thomas Mann in aller Regel aus preußischem oder dann aus
preußisch assoziiertem, grosso modo heißt das aus solchem Gebiet heraus, das im Deutschen Krieg mit Preußen verbündet war.

Ausnahmen von dieser ›Regel‹ scheint es nur gerade zwei zu geben:
Die Betrogene, in der die Nord-Süd-Bewegung rheinaufwärts, von Duisburg nach Düsseldorf und von Düsseldorf nach Benrath, über ›preußisches‹ Gebiet nicht hinausläuft; und die *Bekenntnisse des Hochstaplers
Felix Krull*, genauer gesagt, nach dem Umzug ostwärts nach Frankfurt,
die wiederum in den Westen zurückführende Reise von Frankfurt nach
Paris (die Krulls urgroßmütterlicherseits französischer Abstammung
entspricht — entlang der mütterlichen Linie in der Genealogie des *realen* Autors wird Krull endlich auch Portugal und sollte er dann Süd-

---

hier S. 16.
17 Notizbücher, Bd. 2, S. 230.
18 Bd. 6, S. 19; im Original keine Hervorhebung.
19 Bd. 6, S. 269.

amerika bereisen —), wo Felix nicht etwa, wie eigentlich zu erwarten und wie auch in dem für die Pariser Lokalia benutzten Artikel von Thomas Mann unterstrichen, an der »gare de l'est«,[20] sondern am »Bahnhof des Nordens«[21] eintrifft, um die Stadt dann doch, wie Aschenbach auf seinem »am Nördlichen Friedhof« einsetzenden Weg, südwärts zu verlassen. Zur selben Zeit wie Die Betrogene niedergeschrieben (drei, vier Jahrzehnte nach dem Buch der Kindheit und unter dem Eindruck seiner in Zürich gemachten Bekanntschaft mit einem »Münchener Kellner«,[22] an dem ihn nicht zuletzt der »Münchener Dialekt« faszinierte[23]), scheint die Reise nach Paris auch schon in der Konzeption aus einer späteren Phase der Enstehungsgeschichte zu stammen. Zuvor, in einer Notiz aus dem ersten Jahrzehnt des Jahrhunderts, deren Terminus post quem die Hochzeitsreise des realen Autors ist, erwog dieser, wie fast zu erwarten, eine Bewegung südwärts in ein berühmtes Hotel am Zürichsee: »Ist Kellner bei Baur au lac?«[24] (Eine weitere, die ursprünglich geplante Route dokumentierende Notiz wurde später eigens ausgestrichen, im Zusammenhang wohl mit den Exilerfahrungen und den damit verbundenen pauschalen Umwertungen im Stil von »Natürlich sind die Schweizer besser […] als die Deutschen«:[25] »In der Schweiz: Widerwille gegen die Bevölkerung. Seine Talente kommen diesen Flegeln gegenüber nicht zur Geltung.«[26])

Die bei Thomas Mann regelmäßig wiederkehrende Bewegung nach »unten auf der Landkarte«[27] und ihre fast ebenso regelmäßige Assoziation mit sexueller Versuchung, existenzieller Gefährdung und sozialem Abstieg, in dem die vertikale Metaphorisierung der »Landkarte« ganz wörtlich umgesetzt erscheint, gehört natürlich zu den vielen autobiographischen Reminiszenzen des Gesamtwerks und strukturiert umgekehrt, wie gegebenen Orts noch zu zeigen, als konstanter Faktor die autobiographischen Skizzen des Autors. Indessen müßte es eigentlich schon die relative Auswechselbarkeit der Ausgangspunkte und Zielorte verbieten, die Regelmäßigkeit der Nord-Süd-Bewegung einsinnig aus der Lebensgeschichte des Autors herzuleiten. Vielmehr scheint dieser Bewegung bereits bei ihrer Interpretation innerhalb des eigenen Lebens eine imaginäre Topographie vorauszuliegen, welche natürlich auch ihre Rezipier- und Dechiffrierbarkeit in den literarischen Texten allererst gewährleistet.

Nicht einmal in den vielen literarischen Texten, in denen die Koordinaten der Bewegung mit den biographischen Daten genau übereinstim-

---

20 Walther Siegfried, Paris vor dem Krieg, in: Süddeutsche Monatshefte, April 1916, S. 47–76, hier S. 47; Thomas Manns Hervorhebungen.
21 Bd. 7, S. 390.
22 Tagebücher 1949–1950, S. 205.
23 Tagebücher 1949–1950, S. 213.
24 Notizbücher, Bd. 2, S. 184.
25 Tagebücher 1949–1950, S. 217.
26 Vgl. Wysling, Narzißmus und illusionäre Existenzform, S. 416.
27 Bd. 8, S. 275.

men, läßt sich ein monokausaler Zusammenhang zwischen beidem herstellen. Dies gilt insbesondere auch für die Bedeutung der Stadt München als Ort der Gefährdung und Versuchung. Bekanntlich zog Thomas Manns Mutter nach dem frühen Tod seines Vaters bald einmal und mit kurzer Verzögerung eben auch der gescheiterte Gymnasiast in diese Stadt. Die Gründe für Julia Manns ziemlich brüskierenden Umzug liegen im dunkeln. Thomas Mann erklärte ihre »prompte Übersiedlung nach München« privatim mit ihren »Unterströmungen von Neigungen zum ›Süden‹, zur Kunst, ja zur Bohème«.[28] Das Vage dieses Wortlauts, die durch die Anführungszeichen gewissermaßen eingestandene Metonymizität des »›Süden[s]‹«, das Geheimnis, das die Übersiedlung im übrigen umgibt, — alles spricht dafür, diese Gründe in denselben, ausdrücklich »leicht zu durchschauen[den]« Motiven zu vermuten, welche Zeitblom mit immer noch euphemistisch-verhüllenden, aber doch deutlicheren Worten dem genau entsprechenden Umzug der »Frau Senator Rodde«[29] aus Bremen unterstellt (eine Senatorengattin dieses Namens, auf die Thomas Mann wie zum Beispiel auch auf den Namen ›Riedesel‹[30] bei Goethe gestoßen zu sein scheint, lebte übrigens um die vorhergehende Jahrhundertwende in Lübeck[31]), einer Figur, die in einer Lesart der Handschrift schon bei der erstbesten Gelegenheit als »eine *dunkeläugige* Matrone«[32] und im ganzen bekanntlich ganz unverkennbar nach dem ›Modell‹ Julia Manns porträtiert ist: »Wünsche einer unerschöpften und wahrscheinlich nie recht befriedigten Lebenslust«.[33]

Trotz dem also ganz offensichtlichen und ernstlich nicht bestreitbaren Anteil, der Thomas Manns ganz persönlichen Erfahrungen der Stadt zuzuschreiben ist, deren in seinem eigenen Leben so enger Assoziation mit dem Verlust des Vaters und in gewissem Sinne eben auch der Mutter, fragt es sich doch, wieviel mit dem Hinweis auf diesen autobiographischen Zusammenhang allein für das Verständnis der literarischen Texte gewonnen sein soll. ›Erklärt‹ wäre damit nur dann etwas, wenn die Bedeutung, welche München und der Umzug dorthin für Thomas Mann erhielten, sich sozusagen spontan eingestellt hätte, ganz unabhängig von kulturell vorgegebenen Interpretationsmustern, aufgrund derer er der Stadt in seiner und der Lebensgeschichte seiner Mutter eine spezifische Bedeutung allererst verleihen konnte. Für die Vorgängigkeit

28 29.6.1939 an Agnes Meyer; Briefe, Bd. 2, S. 100–102, hier S. 101.
29 Bd. 6, S. 261.
30 Vgl. Johann Wolfgang von Goethe, Gespräche, hg. v. Woldemar von Biedermann, Leipzig 1889–1891, Bd. 3, S. 189; mit Anstreichungen in Thomas Manns Exemplar (keine dagegen in: Heinrich Gloël, Goethes Wetzlarer Zeit. Bilder aus der Reichskammergerichts- und Wertherstadt, Berlin 1911, S. 25, 94).
31 Vgl. Goethe, Werke, Abt. I, Bd. 36, S. 182; Abt. III, Bd. 7, S. 185.
32 Im Original keine Hervorhebung. Vgl. Bd. 6, S. 261: »Dunkeläugig [...], von damenhafter Haltung, elfenbeinfarbenem [dafür zunächst: ›und angenehmem‹] Teint«.
33 Bd. 6, S. 261.

solcher kollektiver Muster, die imaginäre Affinität Münchens zum
»›Süden‹« und allem ›Asiatischen‹, liefert das allerschönste Sinnbild der
Salon der »Senatorswitwe aus Bremen«,[34] mit dessen Beschreibung die
Erzählung von Adrians zweiter, auf München und Bayern konzentrier-
ter Lebenshälfte beginnt.

In die »bayerische[] Hauptstadt«[35] kommt er nicht direkt aus Leipzig,
sondern »zunächst« wendet »er sich [...] der Heimat zu«,[36] um an der
Hochzeit seiner Schwester teilzunehmen, die ihrerseits wegzieht, aber zu
Johannes Schneidewein und nach Langensalza (seit 1815 preußisch und
1866 Ort der hannoverschen Kapitulation vor Preußen). Dies alles markiert die maximale Fallhöhe des Umzugs nach München und des Ein-
zugs des Untermieters in den ganz weiblichen Haushalt der Senatorin
und ihrer beiden Töchter, die dasselbe schlimme Ende nehmen wie
Thomas Manns Schwestern, nachdem diese Lübeck einmal verlassen
hatten. Die »Kaperung des Natürlich-Sündhaften« durch »das Sakra-
ment der Ehe« — ganz besonders »lobt[]« Leverkühn an der Hochzeit,
»daß es [...] keine anzüglichen Reden [...] gegeben habe« —,[37] aber
auch die Person des Bräutigams (»gute Rasse, ein [...] sauberer Mann«,
»aus Berner Bauernblut«, »mit stehengeblieben-altdeutschen Ausdrük-
ken«[38]) bildet den schärfsten Kontrast zu den »Schlüpfrigkeiten« der
zwar noch »stubenreine[n] Bohème«,[39] aber »dabei [...] locker [...] genug, um die Erwartungen zu erfüllen, die Frau Senator Rodde bestimmt
hatten, ihren Wohnsitz von Bremen nach der süddeutschen Hauptstadt
zu verlegen«.[40]

Bevor Zeitblom diese »Erwartungen« und »Wünsche« er- oder verrät
(oder eben »durchschau[t]«, wie es im Text seit der Korrektur des älteren, unverfänglichen Verbs »einzusehen« heißt), welche die Witwe nach
München führten, beschreibt er deren Salon und vor allem, erst recht
vor dem »ernste[n] Portrait« des toten Senators, ein »stark nachgedun-
keltes Ölgemälde von 1850«,[41] welches die Senatorin dann auch nach
Pfeiffering mitnimmt, wenn sie Jahre später Leverkühn dorthin nach-
zieht.[42] Dargestellt ist darauf »das Goldene Horn mit dem Blick auf Ga-
lata«.[43] Die Münchner »Bohème« und ihre »Schlüpfrigkeiten«, welche
dann bekanntlich in der Zeit der Weimarer Republik ihre fatalen Folgen

---

34   Bd. 6, S. 260.
35   Bd. 6, S. 260.
36   Bd. 6, S. 246.
37   Bd. 6, S. 248 f.
38   Bd. 6, S. 247, 249.
39   Bd. 6, S. 261.
40   Bd. 6, S. 261.
41   Bd. 6, S. 261.
42   Bd. 6, S. 434.
43   Bd. 6, S. 261. Das Sujet ließ sich einstweilen nur für ein Ölgemälde von Ottokar
      Gräbner nachweisen, das sich unter dem Titel »Konstantinopel« unter den Be-
      ständen der Bayerischen Staatsgemäldesammlungen befindet und »1953« datiert
      ist.

zeitigen werden, Leverkühns Münchener und annähernd alle seine oberbayerischen Jahre sind also a limine vor einer betont ›dunklen‹ und für Thomas Manns imaginäre Geographie überaus bezeichnenden Kulisse situiert, an der Grenze von Europa und ›Asien‹, ja eigentlich — denn der Blick fällt ja auf die europäische Hälfte Istanbuls — schon *hinter* dieser Grenze.

In solcher Affinität zur Kontinentalgrenze, wie sie auch der Anfang des *Tod in Venedig*, jene »*byzantinische* [...] Aussegnungshalle«[44] konnotiert — und »lieber ginge« Tony Buddenbrook »in die Türkei« als in dieses »fremde[] Erdreich« zurück[45] —, übernimmt Bayern und vor allem München, das sich bis 1914 trotz »modernem Massenbetrieb«[46] als alternative, ländlich-›dörfliche‹[47] Groß- und »Kunststadt«[48] gegen die Metropole Berlin profilierte,[49] vom Frühwerk bis zum *Doktor Faustus* regelmäßig und häufiger als alle anderen deutschen Städte und Regionen die Funktion, die sich in diesem *Doktor Faustus* schon an Leipzig und Sachsen aufweisen ließ: eben das Fremde und was an Phantasien und Ängsten damit assoziiert ist innerhalb der Reichsgrenzen zu repräsentieren. Wie in Sachsen und Leipzig oder, da »sich die Sprachgrenze zwischen dem Ober- und dem Mitteldeutschen [...] als Kulturgrenze darstellt«,[50] stärker noch als dort ist die Fremdheitserfahrung wesentlich an den Dialekt gebunden, der in seinem Abstand von der Norm, wie auch die »Miß- und Nichtverständnisse« deutlich bezeugen,[51] als kaum zugänglich erscheint. Die dialektale, aber auch konfessionell-religiöse und ganz allgemein historisch-kulturelle Affinität Bayerns zu Österreich, beziehungsweise der entsprechend große Abstand vom preußischen Zentrum des neuen Reichs, ist an etlichen Stellen des Gesamtwerks reflektiert. Der Wahlmünchner Aschenbach ist, um es nochmals zu sagen, zuerst in Wien erkrankt. Schon im *Willen zum Glück* ist die für den Protagonisten fatale Familie Stein von Wien nach München gezogen, wo dieser Protagonist auf seiner gegenläufigen Reise von Norddeutschland nach Süden seine *femme fatale* kennenlernt. Und im *Tristan* liegt der Ort der Krankheit ebenfalls wieder im bayrisch-österreichischen Raum.

---

44 Bd. 8, S. 445; im Original keine Hervorhebung.
45 Bd. 1, S. 387.
46 Bd. 6, S. 270.
47 Bd. 6, S. 269.
48 Bd. 6, S. 261.
49 Vgl. Walter Schmitz, [Einleitung zu:] Die Münchner Moderne. Die literarische Szene der »Kunststadt« um die Jahrhundertwende, Stuttgart 1990, S. 15–24, hier S. 23.
50 Wolfgang Frühwald, »Katholisch, aber wie Sailer...«. Kultur und Literatur in Bayern am Übergang zur Moderne, in: Aus dem Antiquariat 7, 1984, S. A237–A246, hier S. A238.
51 Bd. 1, S. 350.

Das Sanatorium des *Tristan* (ein seinerzeit süffisanterweise mit »Parzival« verwechselter Titel[52]), das der Name »Einfried«, über die offenkundige Anlehung an den sprechenden Namen von Richard Wagners Bayreuther Villa Wahnfried hinaus, besonders makaber bezeichnet, läßt sich anhand des Texts allein nur mit dieser sehr signifikanten Unschärfe im ›bayrisch-österreichischen Raum‹ lokalisieren. Im ersten Abschnitt, und das ist auch schon alles an positiv-konkreten topographischen Hinweisen, werden nur eben »Berge« genannt.[53] Dazu kommt ex negativo, daß fast nur deutsche oder deutschsprachige Patienten und Patientinnen erwähnt werden oder daß bis auf eine ausdrücklich deplazierte, ohne ausweisbaren Grund hierher situierte »englische Familie«[54] keine als solche gekennzeichnete internationale Patientenschaft erscheint. Das alles verbietet es, dem Rezeptionssog gleichsam des *Zauberbergs* nachzugeben und »Einfried« als Schweizer Kurort zu identifizieren. Es kommen nur die bayrischen *oder* die österreichischen »Berge« in Frage.

Diesen Rest an Unentscheidbarkeit, der mit den ungezählten engen Assoziationen Bayerns und Österreichs im Werk Thomas Manns genau übereinstimmt, kann man nur bei Preisgabe der werkimmanenten Lektüre überwinden, wenn man sich nämlich auf die in der Thomas Mann-Forschung selbstverständlich gewordene Weise nach realen ›Vorbildern‹ umsieht. Hat der Autor, der seinem offensichtlichen alter ego in den *Hungernden* den Namen »Detlef« gab, sich in Detlev Spinell selber porträtiert oder seinen Bruder parodiert, so müßte das Sanatorium nach Riva zu liegen kommen, wo Thomas Mann nach einer genau zeitgenössischen, also immer schon jedem auf autobiographische Beziehungen erpichten Leser zugänglichen Angabe Richard Schaukals sich aufgehalten hatte (wie übrigens auch Franz Kafka oder Hermann Sudermann zur Behandlung durch den österreichischen — in Heinrich Manns literarischem Portrait typisch »wienerische[n]«[55] — Arzt Christoph Hartung von Hartungen);[56] das heißt, oder hieß jedenfalls bis 1918, nach Österreich, »unter fremde[s] Volk[] [...] — und doch auf deutsche[n] Boden«:[57] So bezeichnete Thomas Mann seinerzeit auch dasjenige Gebiet um den Gardasee, das nur vom Wiener Kongreß bis zur Einigung Italiens österreichisch war.[58]

52 Richard Schankal [sic!], Thomas Mann. Ein literar-psychologisches Portrait, in: Rheinisch-Westfälische Zeitung, 9.8.1903.
53 Bd. 8, S. 216.
54 Bd. 8, S. 222, 241.
55 Heinrich Mann, Die Göttinnen oder Die drei Romane der Herzogin von Assy, hg. v. Peter-Paul Schneider, Frankfurt a. M. 1987, Bd. 3, S. 227.
56 Schankal [sic!], a. a. O.
57 Bd. 13, S. 368.
58 Vgl. Eberhard Sauermann, Thomas Mann und die Deutschnationalen. Otto Grautoff als Faktor der Rezeptionssteuerung von Thomas Manns Frühwerk, in: Internationales Archiv für Sozialgeschichte der deutschen Literatur 16, 1991, S. 57–78, hier S. 63.

Ob nun in den österreichischen oder den bayerisch-österreichischen Raum situiert, jedenfalls sind Krankheit und Tod im *Tristan* nicht in erster Linie mit Menschen aus dieser Region, mit keinen typischen Bayern und Deutsch-Österreichern assoziiert. Während der Jude Detlev Spinell als Neurastheniker nur »ein bißchen elektrisiert« wird,[59] gesundheitlich also nicht ernstlich gefährdet zu sein scheint, mit seiner Angegriffenheit nur kokettiert und sich eigentlich nur um eines bestimmten (nicht von ungefähr französisch-internationalen[60]) Möbelstils willen im Sanatorium aufzuhalten vorgibt — das einzig für Tuberkulöse damals einigermaßen Stereotypische an ihm wäre allenfalls seine ständige Lektüre[61] —, ist das eigentliche Opfer, dem auf den männlichen Namen verkürzten Novellentitel zum Trotz, eine Norddeutsche. Dies entspricht in zweierlei Hinsicht dem zeitgenössischen Diskurs über Tuberkulose: einerseits der seinerzeit geläufigen Vorstellung von der ›jüdischen‹ Resistenz gegen Tuberkulose;[62] andererseits dem Topos von der besonderen Anfälligkeit der Frauen für diese Krankheit,[63] der sich genau für die Zeit des *Tristan* belegen läßt, während im *Zauberberg* die meisten schweren Fälle männlich sind und der gut zwanzig Jahre jüngere Roman im Vergleich mit der Novelle einen imaginationsgeschichtlichen Übergang von typisch weiblicher ›Auszehrung‹ und ›Schwindsucht‹ zu endlich fast ebenso typisch männlicher ›Tuberkulose‹ zu reflektieren scheint.[64]

Von Interesse ist hier aber vor allem, daß Gabriele Klöterjahn-Eckhof, wie es mehrmals und ausdrücklich heißt und was bereits wieder mit der Notierung »gewisse[r] liebenswürdige[r] Lautverzerrungen«[65] verbunden wird, aus Bremen kommt. Ihrem Mann mußte sie »in seine Vaterstadt, dort oben am Ostseestrande«, ›folgen‹.[66] Angesichts der damals, 1903, schon populär gewordenen *Buddenbrooks*,[67] in denen die »Vaterstadt« ebenso ungenannt bleibt, wie sie eindeutig identifizierbar ist, liegt es nur zu nahe, den im Gegensatz zu Bremen nicht namentlich genannten, sondern in seltsamer und desto auffälligerer, zu solch einer Identifikation geradezu herausfordernder Umschreibung ausgesparten Ort mit der »Vaterstadt« auch des Autors gleichzusetzen. Über den kerngesun-

---

59 Bd. 8, S. 227.
60 Vgl. Bd. 8, S. 227 f., mit Nipperdey, S. 733.
61 Vgl. Gilman, Franz Kafka, S. 172 f.
62 Vgl. z. B. »Dr. Glatter« in: Der Judenstamm in naturhistorischer Betrachtung, S. 538; Gilman, Franz Kafka, S. 58, 171, 176–178, 202–205, 236, 241; dagegen z. B. L. St., Die Juden in den südwestlichen Provinzen Rußlands I, in: Globus 37, 1880, S. 331–333, hier S. 332 f.
63 Vgl. Gilman, Franz Kafka, S. 54–58; Roy Porter, What is Disease?, in: Roy Porter (Hg.), The Cambridge Illustrated History of Medicine, Cambridge, New York, Melbourne 1996, S. 82–117, hier S. 106.
64 Freundlicher Hinweis von Frau Dr. Misha Kavka, Zürich.
65 Bd. 8, S. 221.
66 Bd. 8, S. 221.
67 Vgl. Harpprecht, S. 172–180.

den und vitalen »Herrn« Klöterjahn und seine Frau, die niemals wirklich
»bei Kräften gewesen«[68] zu sein scheint und im Moment des Erzähleinsatzes an einer endlich sehr ansteckenden[69] Krankheit leidet, wird auf
dem »sphärenreich[en]«[70] Gebiet Norddeutschlands zwischen zwei der
drei rivalisierenden Hansestädten eine Opposition konstruiert, welche
Lübecks Bedrohung durch diese Rivalität wieder in eine Infektionsangst
umsetzt. Bis auf den kleinen Rest einer Andeutung — »die Zeiten sind«
für Klöterjahns angeblich »blühendes Geschäft« »schlecht«[71] —, entlastet diese hygienisch-sexuelle Imagination der Städte und ihres Verhältnisses von der eigentlichen, nämlich ökonomischen Natur der Bedrohung. Seit 1895, mit der Eröffnung des Nord-Ostsee-, damals Kaiser-
Wilhelm-Kanals, hatte der ›Standort‹ Lübeck seine monopolartige Sonderstellung im Ostseehandel zusehends an Hamburg und Bremen verloren. Betrug Lübecks Handelsvolumen 1890, gute zehn Jahre vor der
Novelle, noch doppelt so viel wie dasjenige von Bremen und Hamburg
zusammengenommen, so sollte es keine weitere zehn Jahre nach Erscheinen des *Tristan* nur noch die Hälfte des hamburgischen allein ausmachen.[72]

Doktor Leander und Detlev Spinell

Sehr viel weniger dezent als die Sexualisierung und hygienische Opponierung der norddeutschen Hansestädte ist die Opposition, die zwischen
Klöterjahns »Vaterstadt« und dem Raum installiert wird, in dem sich das
Sanatorium »für Lungenkranke« und »Patienten aller Art«[73] befindet.
Wie schon angedeutet und sehr bemerkenswerterweise handelt es sich
bei dieser Opposition von Norddeutschland und dem bayrisch-österreichischen Raum nicht zugleich um eine solche zwischen Norddeutschen
und Bayern oder Deutsch-Österreichern. Vielmehr bringt es die Versuchsanordnung gleichsam des Sanatoriums mit sich — und das erklärt
vielleicht ihre extensive Wiederaufnahme im *Zauberberg* —, daß der
süddeutsche und alpine Raum mit Menschen beliebiger deutscher oder
österreichischer beziehungsweise, im *Zauberberg*, ganz beliebiger Her-

---

68   Bd. 8, S. 220 f.
69   Bd. 8, S. 258.
70   Bd. 3, S. 400.
71   Bd. 8, S. 249.
72   Vgl. Jürgen Kuczynski, Die Wahrheit, das Typische und die *Buddenbrooks*, in:
      Jürgen Kuczynski, Gestalten und Werke. Soziologische Studien zur Literatur,
      Berlin und Weimar 1969, S. 246–279, hier S. 251.
73   Bd. 8, S. 217.

kunft bevölkert werden kann, so eben auch mit einem »*hergelaufene[n]*
Bummler*«*[74] wie Detlev Spinell, und diese Versammlung noch dazu
unter das Zeichen der ansteckenden Krankheit und des Todes zu stehen
kommt.

Bei solcher Diversifikation des Personals ist es um so bezeichnender,
daß Spinell, die mit dem Sanatorium a limine assoziierte und auf dieses
topographisch festgelegte Hauptfigur, dieselbe Herkunft aufweist wie
die Figur, die im Zusammenhang mit dem Sanatorium und überhaupt
als erste genannt wird und diesem auch institutionell vorsteht. Als erster
fällt der Name des »Doktor Leander«, den Vaget mit ›Hero und Leander‹ als einem antiken Analogon zu ›Tristan und Isolde‹ in Verbindung
bringt:[75]

> Nach wie vor leitet Doktor Leander die Anstalt. Mit seinem zweispitzi-
> gen schwarzen Bart, der hart und kraus ist wie das Roßhaar, mit dem man
> die Möbel stopft, seinen dicken, funkelnden Brillengläsern und diesem
> Aspekt eines Mannes, den die Wissenschaft gekältet, gehärtet und mit
> stillem, nachsichtigem Pessimismus erfüllt hat, hält er auf kurz ange-
> bundene und verschlossene Art die Leidenden in seinem Bann, — alle
> diese Individuen, die, zu schwach, sich selbst Gesetze zu geben und sie
> zu halten, ihm ihr Vermögen ausliefern, um sich von seiner Strenge
> stützen lassen zu dürfen.[76]

Bei allem Gräzismus soll der erste und nicht nur als solcher auffällige
Name die Fremdheit seines Trägers durchaus nicht als ›echt‹ klassisch-
antikisch kennzeichnen. Wie die ihrem Namen und Beruf nach so ähnliche ›Graue Schwester‹ Leandra, die Thomas Buddenbrook in seiner
den »Verfall« seiner »Familie« verratenden Schwäche für den Katholizismus zur Pflege seiner todkranken Mutter rufen läßt — übrigens um
den Preis der chronologischen Plausibilität: das Todesjahr Elisabeth
Buddenbrooks (1871) fällt drei Jahre vor die Zeit, zu der die Grauen
Schwestern ihre Arbeit in Lübeck tatsächlich aufnehmen sollten
(1874)[77] —, ist auch der ebenso eng mit dem Tod assoziierte Doktor
Leander in religiöser, aber in eins damit und anders als Leandra vor allem in ethnischer Hinsicht suspekt. Die schwedische Schauspielerin Za-
rah Leander, welche den Namen als Filmstar im nationalsozialistischen
Deutschland gleichsam arisieren, ihn von seiner spezifischen Konnotierbarkeit befreien sollte, war damals kaum erst geboren.

Wenn nicht schon die Kombination des Namens mit dem Doktorat in
Medizin und der Fähigkeit, sich das ganze »Vermögen« anderer anzu-
eignen, so markiert das erste körperliche Merkmal den »Doktor Leander« als Juden; wie auch bei Leo Naphta mit seiner vor allem anderen

---

74   Bd. 8, S. 259; im Original keine Hervorhebung.
75   Hans Rudolf Vaget, Thomas Mann. Kommentar zu sämtlichen Erzählungen,
      München 1984, S. 83.
76   Bd. 8, S. 216.
77   Vgl. Gustav Lindtke, Die Stadt der Buddenbrooks. Lübecker Bürgerkultur im 19.
      Jahrhundert, Lübeck ²1981, S. 45.

»gebogene[n] Nase«[78] nicht erst die »dicken« beziehungsweise »dickge-schliffenen Gläser«[79] (die ein zeitgenössischer Leser leicht als Indizien der ›Degeneration‹ entziffern konnte oder, mit dem damaligen Schlag-wort — Max Nordaus gleichnamige Abhandlung wurde im Erschei-nungsjahr des *Tristan* neu aufgelegt —: als Indizien der »Entartung«,[80] welche aber in der Verfilmung Hans W. Geissendörfers fehlen, der gleichwohl auf der ›Authentizität‹ bestanden haben soll, »die Rolle Naphtas von einem semitischen Schauspieler darstellen« zu lassen[81]). Als jüdischen konnotiert Doktor Leanders Körper bereits der Hinweis auf den besonderen Bart. Sein Bart, wie er im Text vorgestellt wird (nicht aber in Herbert Ballmanns Fernsehverfimung von 1975, wo Le-anders Kultur- und Naturkörper überhaupt dem des deutschen und »weißen«[82] Arztes Behrens angenähert ist), gleicht aufs Haar »Dr. Kro-kowski's« »in zwei Spitzen auslaufende[m] Vollbart[]«,[83] und zwar inso-fern nicht zufällig, als Thomas Mann »Edhin Krokowski« schon im Projekt des *Elenden* als Allonym für die von ihm tödlich gehaßten Ju-den Alfred Kerr und Theodor Lessing vorgemerkt zu haben scheint.[84]

Der Vergleich mit dem »Roßhaar, mit dem man die Möbel stopft«, eine unheimliche Antizipation der dürftigen materiellen Verwertbarkeit, auf welche die Körper jüdischer Menschen ein paar Jahrzehnte später reduziert werden sollten, gehört zunächst natürlich wie im *Doktor Fau-stus* Kunigunde Rosenstiels »schwer zu bändigende[s] *Woll*haar«[85] zu der bei Thomas Mann häufigen und regelmäßigen, weit über die ›typi-schen‹ Tiernamen hinausgehenden Vertierung der Juden wie übrigens auch der »Südländer«,[86] der er schon früh auch den Namen einer privi-

---

78   Bd. 3, S. 517. Zur anderweitigen Stigmatisierung Naphtas, v. a. zur Sexualisie-rung seiner Krankheit vgl. Gilman, Franz Kafka, S. 303.

79   Bd. 3, S. 517.

80   Vgl. z. B. Kurt Hildebrandt, Norm und Entartung des Menschen und Norm und Verfall des Staates, Berlin 1934, S. 235. Zumindest über die erste der beiden hier in einem Band zusammengenommenen Abhandlungen, *Norm und Entartung des Menschen*, die er bald nach ihrem ersten Erscheinen las, hat Thomas Mann sehr günstig geurteilt: »ein wichtiges Werk, aus der George-Sphäre, der wahrschein-lich die Wahrheit und das Leben gehört« (Tagebücher 1918–1921, S. 542 f.; vgl. S. 538).

81   Iris Bellinghausen, Umsetzung eines intellektuellen Diskurses in Bilder am Bei-spiel des Naphta-Komplexes in Hans W. Geißendörfers Film *Der Zauberberg* nach dem gleichnamigen Roman von Thomas Mann, München 1985 [Manu-skript], S. 85. — Die als allgemein bekannt voraussetzbare, nämlich armeni-sche Fremdheit des betreffenden Schauspielers ist allerdings keine ›semitische‹.

82   Bd. 3, S. 68.

83   Bd. 3, S. 29; im Original keine Hervorhebung.

84   Vgl. de Mendelssohn, Bd. 2, S. 1508.

85   Bd. 6, S. 417; im Original keine Hervorhebung.

86   Z. B. Bd. 12, S. 542; Bd. 8, S. 306; Bd. 7, S. 532, 555 f.; Notizbücher, Bd. 2, S. 41. Zur zeitgenössischen Verbreitung solcher Vorstellungen vgl. z. B. auch 5.12.1903 an Heinrich Mann; Thomas Mann und Heinrich Mann, Briefwechsel 1900–1949, S. 79–88, hier S. 87: »[...] nur Affen und andere Südländer [...]«,

legierten Westberliner Wohnlage dienstbar machte. Als »Tiergarten mit echter Kultur« charakterisierte Thomas Mann das Haus seiner Schwiegereltern in spe;[87] »Tiergarten-Novelle« war neben »Judengeschichte« der Arbeitstitel der Novelle, in der er dieses Haus so maliziös porträtierte;[88] und zu den Reminiszenzen der *Walküre*[89] gehört dort auch ein Fell, auf dem der Inzest der Geschwister stattfindet[90] und in das deren Körper in den Lithographien der Erstausgabe förmlich fließend übergehen.[91]

So wie der erste, mit »1« numerierte Abschnitt mit der Erwähnung einer durch Signalement und Namen als jüdische markierten Figur beginnt, so endet er mit der Aussparung eines entsprechend markierten Namens — wenn man von einer dieser Auslassung folgenden, als solche ausgewiesenen Appendix einmal absieht:

> Was für Existenzen hat ›Einfried‹ nicht schon beherbergt! Sogar ein Schriftsteller ist da, ein exzentrischer [in der Handschrift zunächst: ›pittoresker‹[92]] Mensch, der den Namen irgendeines Minerals oder Edelsteines führt und hier dem Herrgott die Tage stiehlt...
> Übrigens ist, neben Herrn Doktor Leander, noch ein zweiter Arzt vorhanden, für die leichten Fälle und die Hoffnungslosen. Aber er heißt Müller und ist überhaupt nicht der Rede wert.[93]

Nicht nur, daß sein erstes Wort, »Übrigens«, den letzten Absatz als Anhängsel ausweist; auch sein Gegenstand sei »überhaupt nicht der Rede wert«. In verräterischer Komik wird jedoch nicht in erster Linie und nicht eigentlich dieser Umstand, »nicht der Rede wert« zu sein, in einen Gegensatz zum Vorhergehenden gerückt, dazu eben, daß, »neben Herrn Doktor Leander, noch ein zweiter Arzt vorhanden« ist, sondern vor allem anderen der Name dieses Arzts, der, kerndeutsch und denkbar unauffällig, mit »Leander« ebenso kontrastiert wie mit dem unmittelbar zuvor noch ausgesparten Namen des »exzentrische[n] Mensch[en]«: »Aber er heißt Müller [...].«

---

   mit Wilhelm Weigand, Der Abbé Galiani, [Einleitung zu:] Ferdinando Galiani, Die Briefe des Abbé Galiani, München und Leipzig 1907 [in Thomas Manns Nachlaßbibliothek], S. I–XCVII, hier S. VII (auch wieder in: Ferdinando Galiani und Luise D'Epinay, Helle Briefe, Frankfurt a. M. 1992 [Die andere Bibliothek], S. 7–37, hier S. 12): »die affenartige Gelenkigkeit des Südländers«.

87   27.2.1904 an Heinrich Mann; Thomas Mann und Heinrich Mann, Briefwechsel 1900–1949, S. 96–100, hier S. 97.

88   27.10.1905 an Heinrich Mann; Dichter über ihre Dichtungen, Bd. 1, S. 224; vgl. S. 227.

89   Vgl. Richard Wagner, Sämtliche Schriften und Dichtungen. Volks-Ausgabe, Bd. 6, Leipzig ⁶o. J., S. 2.

90   Bd. 8, S. 408–410.

91   Thomas Mann, Wälsungenblut. Mit Steindrucken von Th[omas] Th[eodor] Heine, München 1921, S. 82, 85.

92   Thomas Mann, [Tristan] hg. v. Hanns Martin Elster, Dresden 1920 (Deutsche Dichterhandschriften, Bd. 1) [Faksimile der Handschrift; ohne Paginierung].

93   Bd. 8, S. 217 f.

Wenn man den Text hier sozusagen durch seine Ironie hindurch oder über diese hinweg beim Wort nimmt, hängt es vom Namen ab, wer »der Rede wert« ist und wer »nicht«. Die tatsächliche Wichtigkeit des Namens, unmittelbar vor dem ironischen Spiel damit, geht daraus hervor, wie der Name des »exzentrische[n] Mensch[en]« umschrieben, das Interesse und die Spannung von allem Anfang an auf diesen »Namen irgendeines Minerals oder Edelsteines« gelenkt wird. Nicht nur ist durch diese appellativische Auflösung des Namens dessen Träger sozusagen mineralisiert, ähnlich wie am anderen Ende des ersten Abschnitts Leanders Körper virtuell zum Möbelpolster entmenschlicht und abgetötet wird; die scheinheilig unbestimmte Umschreibung »irgendein[]« — »Mineral[]« — »Edelstein[]« hat eine eindeutige Tendenz und enthüllt noch vor dem Namen selbst, was daran wichtig ist und was er über die appellativische Bedeutung hinaus zu bedeuten hat. Durch seinen Edelsteinnamen ist der »exzentrische[] Mensch« nach einem seinerzeit verbindlichen Interpretationsmuster eindeutig markiert. Diese Markierungsfunktion wird später doppelt und dreifach hervorgekehrt, dadurch, daß der endlich doch genannte Name den Anfang des vierten Abschnitts bildet, daß er dort gleich wiederholt wird und daß er auch noch typographisch hervorgehoben ist wie viele andere in derselben oder auch anderer, vor allem aber in derselben Hinsicht auffällige Personennamen besonders beim frühen Thomas Mann, von »Stein«[94] über »Grünlich«[95] und »Permaneder«[96] bis zu »›Spoelmann‹, [...] ›Spoelmann‹«[97] und »Mager«[98]: »Spinell hieß der Schriftsteller, der seit mehreren Wochen in ›Einfried‹ lebte, Detlev Spinell war sein Name, und sein Äußeres war wunderlich.«[99]

Obwohl der Primärtext also auffällig viel Aufhebens um den Namen »Spinell« macht, hat die Thomas Mann-Forschung diesen kaum wahrgenommen. Am ausführlichsten kommentieren ihn erwartungsgemäß Manfred Link in einem Buch über die *Namen im Werk Thomas Manns*, Siegmar Tyroff in seinem Buch *Namen bei Thomas Mann [...]* und Antal Madl in seinem ebenfalls *Namen bei Thomas Mann* überschriebenen Aufsatz:

> Wie es uns Erika Mann anläßlich des Geschenkes der Familie, eines Turmalinringes, zum 80. Geburtstag des Vaters berichtet, hatte der Dichter wohl auch hier »im Lexikon nachgeschlagen«[100] und gefunden, daß »Spinell« sowohl einen roten Edelstein ($MgAl_2O_4$) als auch die eisenhaltigen Mineralien Magnetit ($FeFe_2O_4$ [sic!]) und Chromit ($FeCr_2O_4$)

---

94 Bd. 8, S. 46.
95 Bd. 1, S. 94.
96 Bd. 1, S. 309.
97 Bd. 2, S. 149.
98 Bd. 2, S. 369.
99 Bd. 8, S. 223; Hervorhebung des Originals.
100 Vgl. Erika Mann, Mein Vater, der Zauberer, hg. v. Irmela von der Lühe und Uwe Neumann, Reinbek b. Hamburg 1996, S. 428 f.

bezeichnen kann, was ihm für die beabsichtigte Namenssymbolik sehr zustatten kommen mußte, denn es bleibt ja zunächst noch in der ironischen Schwebe, ob der schwärmerische Exzentriker Spinell, der einen einzigen Roman veröffentlicht hat, als Schriftsteller »Edelstein« oder nur »Mineral« bedeutet, das letztere wird allerdings mit fortschreitender Handlung immer wahrscheinlicher (möglicherweise wurde bei diesem Namen die naheliegende Assoziation an die sehr umgangsprachliche Redensart »er *spinnt*« ebenfalls miteinkalkuliert).[101]

Die Weichheit seines Namens stimmt mit seinem Wesen überein [...]. Detlev Spinells Vor- und Nachname ist je zweisilbig. Sie bilden ein harmonisches Ganzes. Wie ein Schmuckstück ist Spinell kostbar, aber nutzlos.[102]

Das lange Zögern, den Namen Spinells zu nennen [sic!] und das sich sofort anschließende »Mißverstehen« des Namens sowie die Antwort auf etwas, wonach überhaupt nicht gefragt wurde, nämlich: »... er ist kein Italiener, sondern bloß aus Lemberg gebürtig«, haben im Novellenzusammenhang ihre konkreten Funktionen. Der irrtümlich genannte Name Spinelli war für den zeitgenössischen deutschen Leser ein Hinweis auf den italienischen Opernkomponisten Nicola Spinelli [...], dessen Kunst Gabriele d'Annunzios ästhetische Anschauungen wesentlich beeinflußte. So wird durch diesen »Irrtum« eine Verbindung hergestellt zwischen [sic!] dem Ästhetizismus eines d'Annunzio, der zu dieser Zeit auf Thomas Mann noch große Wirkung ausübte und von der [sic!] in gewissem Maße auch das Verhalten Spinells in der Novelle bestimmt ist. Die Identität des Vornamens Frau Klöterjahns mit dem d'Annunzios (denn beide heißen Gabriele) unterstreicht gerade mit Hilfe der Namen diese Anspielung.[103]

Links, Tyroffs und Madls Lektüren des Namens sind extreme, aber dennoch auch repräsentative Beispiele für eine in der Thomas Mann-Forschung zwar zugestandenermaßen nicht ganz ausnahmslose,[104] jedoch weithin vorherrschende assertorische Rezeptionshaltung, in welcher das Boshafte und Bösartige der Texte systematisch ausgespart bleibt, übersehen unter irgendwelchen Banalitäten (»je zweisilbig«) und an den Haaren herbeigezogenen Bildungsreminiszenzen (»Ästhetizismus eines d'Annunzio«). Symptomatisch für die Methode, die solcher

---

101 Manfred Link, Namen im Werk Thomas Manns. Deutung, Bedeutung, Funktion, Tokyo 1966 (Proceedings of the Department of Foreign Languages and Literatures, University of Tokyo, Bd. XIV.1), S. 54; Hervorhebung des Originals.

102 Siegmar Tyroff, Namen bei Thomas Mann in den Erzählungen und den Romanen *Buddenbrooks, Königliche Hoheit, Der Zauberberg*, Bern und Frankfurt a. M. 1975 (Europäische Hochschulschriften, I, Bd. 102), S. 85 f.

103 Antal Madl, Namen bei Thomas Mann, in: Antal Madl (Hg.), Festschrift für Karl Mollay, Budapest 1978 (Budapester Beiträge zur Germanistik, Bd. 4), S. 193–205, hier S. 195 f.

104 Vgl. z. B. Klaus-Jürgen Rothenberg, Das Problem des Realismus bei Thomas Mann. Zur Behandlung von Wirklichkeit in den *Buddenbrooks*, Köln und Wien 1969 (Literatur und Leben, Bd. 11).

Stumpfsinn trotz allem hat, ist der Rekurs auf die Ironie, die »ironische[] Schwebe«, oder auch der Umstand, daß Link mit einer entschieden aggressiven Intention der Namengebung nur in Klammern und nur als ›Möglichkeit‹ spekuliert, die sich gegebenenfalls nur auf »miteinkalkuliert[e]« Nebeneffekte beschränken darf.

Ja, »der Dichter« hat nachweislich »›im Lexikon nachgeschlagen‹«. — Wie Thomas Mann auf den Namen Spinell verfiel, läßt sich anhand der Notizbücher ausnahmsweise ziemlich genau nachvollziehen. Der Name erscheint zum ersten Mal in einem ganz anderen Zusammenhang, im Umkreis nämlich des *Fiorenza*-Dramas. Im siebten Notizbuch, mitten unter den Exzerpten aus der für den Renaissancismus des wilheminischen Bürgertums[105] epochalen *Cultur der Renaissance in Italien*, steht ganz unvermittelt: »Spinell, ein Mineral, event edel.« Es handelt sich hierbei um ein Exzerpt aus einem Konversationslexikon,[106] und es läßt sich leicht rekonstruieren, wie es unter die Auszüge aus Jacob Burckhardts Buch rutschte. Das der »Spinell«-Notiz unmittelbar vorausgehende Exzerpt stammt aus dem zweiten Band der *Cultur der Renaissance*, Seite 190, das unmittelbar folgende aus Seite 191. Auf Seite 193 findet sich in einer Fußnote ein jedem Laien sicherlich ganz unverständlicher Hinweis: »v. di Parri Spinelli«.[107] Offenbar hatte Thomas Mann bei der Lektüre dieser ihm nicht verständlichen Stelle in seinem Konversationslexikon nach dem Namen »Spinelli« gesucht — zu diesem wird »Spinell« aufgrund eines Mißverständnisses ja auch im *Tristan* einmal entstellt oder vielmehr veredelt —, ihn dort zwar nicht gefunden, dafür aber den Eintrag unter dem nächstähnlichen Lemma »Spinell« mit Interesse gelesen. Daß dieser Eintrag ins Notizbuch übernommen wurde, obwohl er so gar rein nichts mit *Fiorenza*, Savonarola oder auch nur der *Cultur der Renaissance* zu tun hat, läßt auf eine von Anfang an spezifische Absicht Thomas Manns schließen.

Daß Thomas Mann auf das Lemma ›Spinell‹ eigentlich gestoßen war, als er einen Eigennamen suchte, entspricht genau der späteren Rückverwandlung gleichsam des Appellativs in einen Personennamen, und die Verwendbarkeit des Worts als Name bestimmte vermutlich auch Thomas Manns durch das Exzerpt dokumentiertes Interesse an der doppelten Klassifizierbarkeit als »Mineral« sowohl wie auch als »Edelstein«. Diese Ambivalenz »mußte« ihm in der Tat »sehr zustatten kommen«. Sie erst ermöglichte ja die Stimmigkeit und Präzision der scheinbar so unschuldig vagen Umschreibung »irgendeines Minerals oder Edelsteines«, deren Hinterhältigkeit den oben zitierten Forschern so gründlich entgangen ist. Ähnlich wie in *Königliche Hoheit*, wo Thomas Mann den

---

105 Vgl. Hans Wanner, Individualität, Identität und Rolle. Das frühe Werk Heinrich Manns und Thomas Manns Erzählungen *Gladius Dei* und *Der Tod in Venedig*, München 1976 (Tuduv-Studien, Reihe Sprach- und Literaturwissenschaft, Bd. 5), S. 34.

106 Vgl. Meyers kleines Lexikon, Leipzig ⁸1931 f., Bd. 3, Sp. 613, s. v. ›Spinell‹.

107 Jacob Burckhardt, Die Cultur der Renaissance in Italien. Ein Versuch, Leipzig ⁷1899, Bd. 2, S. 193, Anm. 3.

sterbenden Großherzog »mehrere Stoffe« durchprobieren läßt — »Seide, Atlas und Brokat« —, um ihn endlich mit dem billigsten den richtigen Namen »Sammet« treffen zu lassen,[108] so abstrahiert er auch hier ein Prinzip jüdischer Nachnamengebung (nach Produkt- oder Handelsgutsbezeichnung), indem er den tatsächlichen, ›wahren‹ Namen aber ganz unten auf der paradigmatischen Achse und Wertskala plaziert. Der Wert, der im Edelsteinnamen ungeachtet seiner Stigmatisierung als solcher, als Eigenname, nämlich eben durch seine appellativische Bedeutung immerhin noch konnotierbar bliebe, entfällt hier insoweit, als das »Mineral« Spinell nur ausnahmsweise und »event[uell] edel« sein kann.

Den Verdacht, den die Aussparung des Eigennamens im ersten Abschnitt erzeugt oder seinerzeit jedenfalls erzeugen konnte, ja erzeugen *mußte*, erhärtet das Portrait, welches der endlich voll, wiederholt und zuerst kursiv (beziehungsweise, im ursprünglichen Fraktursatz, gesperrt) ausbuchstabierte Name einleitet und für welches er vermöge seiner spezifischen Verdächtigkeit eine Interpretationsanleitung schon vorgibt. Die untergründige Logik zwischen der Benennung der Figur und dem Portrait ihres Körpers schlägt sich syntaktisch in einem Syndeton nieder. Die Nennung des »Name[ns]« erfolgt gleichsam im selben Atemzug wie die erste und pauschale Charakterisierung des »Äußere[n]« seines Trägers: »[...] Spinell war sein Name, *und* sein Äußeres war wunderlich.« Wie am Ende des ersten Abschnitts durch eine syndetische Fügung ein innerer Zusammenhang zwischen einem Allerweltsnamen und dem Umstand insinuiert wurde, daß die Person des Namensträgers irrelevant sei — »er heißt Müller *und* ist überhaupt nicht der Rede wert« —, so suggeriert das Syndeton hier eine enge Beziehung zwischen dem ausgefallenen Namen »Detlev Spinell« und dem »wunderlich[en]« »Äußere[n]« des so Heißenden, das eine eingehende Portraitierung rechtfertigt:

> *Spinell* hieß der Schriftsteller [...], Detlev Spinell war sein Name, und sein Äußeres war wunderlich.
>
> Man vergegenwärtige sich einen Brünetten am Anfang der Dreißiger und von stattlicher Statur, dessen Haar an den Schläfen schon merklich zu ergrauen beginnt, dessen rundes, weißes, ein wenig gedunsenes Gesicht aber nicht die Spur irgendeines Bartwuchses zeigt. Es war nicht rasiert, — man hätte es gesehen; weich, verwischt und knabenhaft, war es nur hier und da mit einzelnen Flaumhärchen besetzt. Und das sah ganz merkwürdig aus. Der Blick seiner rehbraunen, blanken Augen war von sanftem Ausdruck, die Nase gedrungen und ein wenig zu fleischig. Ferner besaß Herr Spinell eine gewölbte, poröse Oberlippe römischen Charakters, große, kariöse Zähne und Füße von seltenem Umfange. Einer der Herren mit den unbeherrschten Beinen, der ein Zyniker und Witzbold war, hatte ihn hinter seinem Rücken »der verweste Säugling« getauft; aber das war hämisch und wenig zutreffend. — Er ging gut und

---

108 Bd. 2, S. 123.

modisch gekleidet, in langem schwarzen Rock und farbig punktierter
Weste.[109]

Der Scheinheiligkeit des Erzählers zum Trotz, die Jost Hermand freilich
doch zur irrwitzigen Behauptung einer nur eben »zart angedeutete[n]
jüdische[n] Herkunft«[110] Spinells zu verleiten vermochte, trotz der geheuchelten Distanzierung also von dem gleichwohl zitierten Bonmot
eines »jener« syphilitischen »Herren«, vom »hämisch[en] und wenig zu-
treffend[en]« Spitznamen »der verweste Säugling«, den dieser Erzähler
in der gemilderten Form des »grauhaarige[n] Schuljunge[n]«[111] übrigens selber aufgreifen wird, liest sich das Portrait wie ein Katalog antisemitischer Stereotype, wie sie im Lauf des neunzehnten Jahrhunderts,
parallel oder gegenläufig zur Assimilation, immer mehr vom Kultur-
auf den Naturkörper übergingen. Bezeichnend dafür war die Ablösung
der pathologischen Haut[112] als *des* typisch ›jüdischen‹, durch die Akkulturation indessen ganz gegenstandslos gewordenen Stereotyps, von dem
Spinells »poröse Oberlippe« ein allerletzter Rest sein mag. Abgelöst
wurde das Stereotyp der ›jüdischen‹ Haut durch die topisch zwar verhältnismäßig alte,[113] von der Mitte des neunzehnten Jahrhunderts an[114]

---

109 Bd. 8, S. 223; Hervorhebung des Originals.
110 Jost Hermand, Peter Spinell, in: Modern Language Notes 79, 1964, S. 439–
     447, hier S. 442.
111 Bd. 8, S. 257. Vgl. Arthur Holitscher, Lebengeschichte eines Rebellen, Berlin
     1924, S. 104: »Mein Aussehen blieb bis in spätere Jahre befremdlich, Gesicht
     und Gestalt hatten etwas kindlich Unterentwickeltes, Zurückgebliebenes [...].«
112 Vgl. Gilman, Franz Kafka, S. 45.
113 Vgl. z. B. Johann Jacob Schudt, Jüdische Merckwürdigkeiten [...], Bd. 2, Frank-
     furt a. M. und Leipzig 1714 (Nachdruck Berlin 1922), S. 963: »Zu den Kenn-
     zeichen des Leibes will ich nicht eben bey den Männern zehlen die sonderbahre
     Ziehung des Barts / und bey denen Weibern die Verbergung deren Haupt-Haaren
     [...]; sondern daß sie in der Bildung ihres Angesichts so formiret / daß der Jud
     gleich hervor guckt / an der Nase / Lippen / Augen / auch der Farbe und der
     gantzen Positur.« Im unmittelbar folgenden Paragraphen wird zur Bestätigung
     all dessen »der andächtige Prediger Scriver« zitiert, der das »Merckmahl« der
     Nase jedoch ausläßt (ebd., S. 964): »[...] sie sind entweder blaß und gelbe / oder
     schwartzlich / sie haben insgemein grosse Köpffe / grosse Mäuler / und auffge-
     worffene Lippen / herfürstehende Augen / und Augen-Wimmer als Borsten / gros-
     se Ohren / krumme Füsse / und Hände / so ihnen über die Knie hinhängen / gros-
     se unförmliche Wartzen / oder sind sonst in ihren Gliedmassen nicht symmetrice
     und schicklich proportioniret gewesen.«
114 Vgl. z. B. Eden Warwick, Nasology: Or, Hints Towards a Classification of
     Noses, London 1848, wo neben drei anderen (»Roman«, »Greek« und »Cogita-
     tive«) auch der Typus der ›jüdischen‹ Nase geführt, diese aber und die durch sie
     angezeigten Charaktereigenschaften noch nicht strikt rassistisch festgelegt
     sind. Die ›jüdische Physiognomie‹ sei nicht auf ›die Juden‹ beschränkt und nicht
     für diese allein charakteristisch (S. 156 f.). Auch Adam Smith hätte eine ›jüdi-
     sche‹ oder, wie Warwick sie zu nennen vorschlägt, eine ›syrische‹ Nase gehabt,
     zum Zeichen seiner materialistisch-ökonomischen Obsession, ebenso Correg-
     gio und Vespasian zum Zeichen ihres Geizes (S. 165–171).

sukzessive an rassistischer Bedeutsamkeit zulegende ›jüdische Nase‹ und ihre Folgen (zum Beispiel ›mauschelnde‹ Artikulation),[115] wie sie auch in Sammets oder dem Portrait Naphtas eine ›hervorragende‹ Stelle einnimmt, das Thomas Mann, aufgrund seiner Wiener Begegnung mit Georg Lukács, im Kapitel mit dem vielsagenden Titel *Noch jemand* gezeichnet hat.

Fast ebenso typisch wie die Nase, mit denselben sexualsymbolischen Vorstellungen assoziiert — der objektiven, untilgbaren[116] Andersartigkeit des beschnittenen Penis —, und wichtig vor allem bei der militärischen Diskriminierung jüdischer Männer war der Gemeinplatz vom ›jüdischen‹ Plattfuß und seiner ungewöhnlichen Größe,[117] wie er im »seltenen Umfange« von Spinells »Füße[n]« talis qualis aktualisiert wird. Haben aber Leander und Krokowski einen vollen Bart, versuchen Iwan Herzl durch die auffällig stark »überpuderte[]« und Siegmund Aarenhold durch täglich mehrmalige Rasur vergeblich,[118] ihren starken Bartwuchs gewissermaßen wettzumachen, und ist selbst noch im *Doktor Faustus*, in der Portraitierung des Teufels als »bebrillete[r] Musikintelligenzler« dessen Oberlippe auffällig »mangelhaft rasiert[]«[119] — alles wieder Reflexe des Mißtrauens gegen die Assimilierbarkeit einer als naturaliter andersartig gedachten ›Rasse‹, einerlei, ob es sich hier um ein Portrait Adornos oder Mahlers handelt[120] —, so zeigt Spinells Gesicht erstaunlicherweise »nicht die Spur irgendeines Bartwuchses«: ein Widerspruch ebenso verräterisch wie der ganz ähnliche oder, aufgrund der sozusagen indexikalischen Bedeutsamkeit des Bartwuchses, sogar identische zwischen der Imagination des Juden als ›oversexed‹ und der »[a]lten Erfahrung«, daß »bei den Juden der Unterleib der locus minoris resistentiae« sei.[121] Solche »Versuch[e], widersprüchliche Eigenschaften an gewissen Gruppen festzumachen« — ein etwa in der ›Kraniologie‹ mit der Theorie zweier diametral verschiedener Typen von »Judenschäde[n]« gelöstes Problem[122] —, sind natürlich die besten »Beispiel[e] von Vorurteil gegen solche Gruppen«, wie Ruth Klüger an Thomas Manns

115   Vgl. Sander Gilman, The Jew's Body, New York und London 1991, S. 179–181.

116   Zur bis tief ins zwanzigste Jahrhundert hinein reichenden Vorstellung von einer Vererbbarkeit der Beschneidung vgl. Sander Gilman, The Indelibility of Circumcision, in: Koroth 9, 1991, S. 806–817, hier S. 810–817.

117   Vgl. Gilman, The Jew's Body, S. 38–59; Franz Kafka, S. 43 f.

118   Bd. 8, S. 381, 390, 407, 637.

119   Bd. 6, S. 325, 317.

120   Vgl. Michael Maar, Der Teufel in Palaestrina. Neues zum *Doktor Faustus* und zur Position Gustav Mahlers im Werk Thomas Manns, in: Literaturwissenschaftliches Jahrbuch, Neue Folge, 33, 1989, S. 211–247; ders., Der kalte Schatten großer Männer. Über den Teufel in Thomas Manns *Doktor Faustus*, in: Frankfurter Allgemeine Zeitung, 13.6.1992; ders., Geister und Kunst. Neuigkeiten aus dem Zauberberg, München und Wien 1995, S. 274, Anm. 24.

121   Der Judenstamm in naturhistorischer Betrachtung, S. 537.

122   Vgl. Weisbach, S. 214: »ein dolichocephaler mit schmalem, langen [sic!] Gesichte, im ganzen grosser Nase und dünnen Lippen und ein brachycephaler mit breitem Gesichte, niedriger, breiter, kleiner Nase und dicken Lippen«.

widersprüchlichen Charakterisierungen des ›jüdischen‹ Temperaments aufgedeckt hat[123] (einmal ›vergnügt‹ und dann wieder ›melancholisch‹: bereits in Linnés noch ganz der Vier-Säfte-Lehre verhafteten, noch für Kant[124] verbindlichen und offenbar erst nach der ›Entdeckung‹ Australiens durch Blumenbachs fünf Rassen[125] überholten Klassifikation figuriert der »Homo Asiaticus« als »melancholicus« und übrigens auch schon als »avarus«[126]).

Erscheint in Thomas Manns Vorarbeiten zur letzten und berühmtesten Novelle des *Tristan*-Zyklus »der Künstler als Castrat (an seiner Lebensfähigkeit beschnitten)« und vergleicht Tonio Kröger im Novellentext, in einem hierin aberwitzigen Gespräch mit Lisaweta Iwanowna, sich selber und die »Künstler« schlechthin in ihrer Entfernung von allem »Menschlichen« mit »jene[n] präparierten päpstlichen Sänger[n]« (»[m]an frage ›das Weib‹ danach«[127] — als ob die Iwanowna weder »Weib« noch Künstlerin wäre —), so bildet die zweifelhafte Männlichkeit auch Spinells den offensichtlichsten Kontrast zwischen diesem und Klöterjahn. Klöterjahn, seinem »stark assoziationsbildend[en]«,[128] in sehr »ordinäre[r]«[129] und genau einschlägiger Weise sprechenden Name gemäß, sieht »der Schriftsteller von Beruf«, einmal mehr in der Position des geschädigten Dritten und »mit lächerlich angewiderte[r] Miene«, »in ziemlich unerlaubter Weise mit einem Stubenmädchen scherzen«.[130]

Wenn Spinell also seinerseits »an seiner Lebensfähigkeit beschnitten« zu sein scheint, dann hat man das wohl weder nur als Index eines »Künstlernaturell[s]« noch einfach als semitische respektive antisemitische Markierung zu lesen, sondern am besten vielleicht als einen Hinweis auf die intrikate Beziehung, in die das eine mit dem anderen bei Thomas Mann immer wieder zu stehen kommt und auf welche schon die eben zitierte Verbalmetapher hindeutet oder genauer gesagt die Polysemie dieser Metapher: »beschnitten«. Wie vor allem auch die offen autobiographischen Texte verraten, weist das von der Thomas Mann-

---

123 Ruth Klüger, Thomas Manns jüdische Gestalten, in: Ruth Klüger, Katatrophen. Über deutsche Literatur, Göttingen 1994, S. 39–58, hier S. 46 f. Vgl. z. B. auch die bei Thomas Mann bald besonders stark ausgeprägte (Bd. 6, S. 417, 597), bald aber auch »vollständig« fehlende (Bd. 3, S. 617) Musikalität der Juden.

124 Immanuel Kant, Von den verschiedenen Rassen der Menschen, in: Immanuel Kant, Werkausgabe, hg. v. Wilhelm Weischedel, Bd. 11: Schriften zur Anthropologie, Geschichtsphilosophie, Politik und Pädagogik I, Zürich 1977, S. 9–30, hier S. 14–17.

125 Johann Friedrich Blumenbach, Handbuch der Naturgeschichte, Göttingen [12]1830, S. 56 f. Vgl. z. B. August Zeune, Die drei Stufen der Erdkunde für höhere und niedere Schulen, Berlin 1844, S. 21.

126 Caroli Linnaei [...] Systema naturae per regna tria naturae, secundum classes, ordines, genera, species, cum characteribus, differentiis, synonymis, locis, Bd. 1, Stockholm [10]1758, S. 20 f.

127 Bd. 8, S. 296 f.

128 Tyroff, S. 84.

129 Bd. 8, S. 254, 258; vgl. S. 232.

130 Bd. 8, S. 222.

Forschung so gründlich aufgearbeitete ›Künstlerproblem‹ frappante Homologien mit dem von ihr fast ebenso gründlich gemiedenen Problem der Antisemitismen auf, für deren volle Verfügbarkeit *Tristan* als wahre Fundgrube dienen könnte (zum Beispiel nur schon Spinells schäbig gedruckter, aber auf Kostbarkeiten »aller Art« kaprizierter Roman[131]). Bei der individuellen Vereinsamung des ›Künstlers‹ wie bei der kollektiven Ausgrenzung ›der‹ Juden wird je ein aus heutiger Sicht sozial verursachtes und soziologisch beschreibbares ›Problem‹ zu einem naturgegebenen umgemodelt; nur daß dieser Vorgang im Fall des ›Künstlerproblems‹ spätestens seit dem Sturm und Drang abgeschlossen war, während er sich im anderen Fall zur Zeit von Thomas Manns Frühwerk eben erst vollzogen hatte. Für diesen jungen Prozeß, für die Verlagerung der antisemitischen Stigmatisierung von kulturell tradierten auf ›natürlich‹ unabänderliche Erscheinungen ist die weitere Charakterisierung im folgenden fünften Abschnitt des Novellentexts überaus bezeichnend: »Seine [Spinells] Stimme war mild und recht angenehm; aber er hatte eine etwas behinderte und schlürfende Art zu sprechen, als seien seine Zähne der Zunge im Wege.«[132]

Mit wieder scheinheilig apologetischer Geste — dem Hinweis auf eine ›angenehme Stimme‹ — weist der Erzähler um so nachdrücklicher auf einen Makel Spinells hin, der in eigentümlicher und, wie gesagt, für das aktuelle Stadium des antisemitischen Diskurses typischer Weise zwischen Kultur und Natur oszilliert. Signifikant ist schon der Umstand, daß Spinells Sprache oder Sprechweise, als letztes Charakteristikum und nachdem seine eigentliche Portraitierung schon abgeschlossen ist, überhaupt noch thematisch wird. Eine besondere Sprechweise, Deutsch mit jiddischem Akzent, das sogenannte ›Mauscheln‹, war ja im deutschen Sprachraum einst ein Schibboleth, durch das sich ›der‹ Jude als solcher verriet, das aber nach der Akkulturation immer mehr nur noch den nicht Assimilierten markierte. (Auch in *Wälsungenblut* ist nur noch die ältere Generation und selbst dort nur noch eine ohnehin »unmöglich[e]« Jüdin an ihrer »Rede« erkennbar: »mit sonderbaren und an Kehllauten reichen Worten durchsetzt, Ausdrücken aus dem Dialekt ihrer Kindheit«.[133])

Auf die Verwischung kultureller Differenz reagierte der antisemitische Diskurs bekanntlich mit dem Übergang zu rassenbiologischen Argumentationen. Diesem Übergang kann man in der Charakterisierung von Spinells Sprache geradezu beiwohnen. Zwar wird seinem Naturkörper, der »Stimme« selbst, noch eine »recht« gute Zensur erteilt und nur seine »Art zu sprechen« beanstandet. Diese aber wird unter der Hand gleich doppelt zu einem Defekt desselben Naturkörpers stilisiert: einmal durch den konjunktivischen Nebensatz (»als seien seine Zähne der Zunge im Wege«), der eigentümlich zwischen einer Vergleichs- und einer

---

131 Bd. 8, S. 224.
132 Bd. 8, S. 225.
133 Bd. 8, S. 380, 385.

Begründungsfunktion schillert und Spinells »Art zu sprechen« in einen sei es nun assoziativen oder eben sogar kausalen Zusammenhang mit seinen zuvor schon erwähnten »kariöse[n] Zähne[n]« bringt (die natürlich ein sicheres Indiz der ›Entartung‹ sind[134]); zweitens aber auch in der Kennzeichnung der »Art zu sprechen« als »behindert[] und schlürfend[]«, dann jedenfalls, wenn man die etymologische oder doch volksetymologische[135] Nähe und Übergängigkeit von ›schlürfen‹ und ›schlurfen‹ und damit die metaphorische Konnotierbarkeit des Partizips »schlürfend[]« im Ohr behält und sich an die konstante Kennzeichnung der österreichischen Artikulation als einer »schleppend[]«-behinderten erinnert. Die so gegebene Assoziierbarkeit »behinderte[r]« Sprech- und »behinderte[r]« Gehweise scheint nicht zufällig zu sein. Wie das ›Mauscheln‹, das, wie oben einmal angedeutet, endlich über die besondere Form und Proportion der ›jüdischen‹ Nase in den zeitgenössisichen rassenbiologischen Diskurs integriert werden konnte, so bildete auch der spezifisch ›jüdische‹ Gang eine pièce de résistance dieses Diskurses[136] und konnte als solche zum Beispiel auch noch 1961 dem Züricher Theaterpublikum bei der sogenannten »Judenschau« in Max Frischs Stück *Andorra* als allgemein bekannt zugemutet werden.

Die ›Herkunft‹ Spinells, wie sie, den durch den Namen hervorgerufenen Vorstellungen entsprechend, in seinem Portrait und der Charakterisierung seiner Sprechweise angedeutet ist, wird unmittelbar nach dieser Charakterisierung endlich auch noch in geographischer Hinsicht thematisch, und wieder so, daß das an dieser ›Herkunft‹ eigentlich Inkriminierte zwar nicht wirklich beim Namen genannt, aber dennoch mit hier ganz unmißverständlichen Worten umschrieben wird, deren im technisch-rhetorischen Sinn ›emphatische‹ Verwendung die stark gehäuften Auslassungszeichen[137] sogar noch typographisch verraten:

> Nach Tische, als man ins Konversationszimmer hinübergegangen war und Doktor Leander den neuen Gästen im besonderen eine gesegnete Mahlzeit wünschte, erkundigte sich Herrn Klöterjahns Gattin nach ihrem Gegenüber.
> »Wie heißt der Herr?« fragte sie... »Spinelli? Ich habe den Namen nicht verstanden.«
> »Spinell... nicht Spinelli, gnädige Frau. Nein, er ist kein Italiener, sondern bloß aus Lemberg gebürtig, soviel ich weiß...«

---

134 Vgl. z. B. Hildebrandt, S. 235. Zu Thomas Manns eigenen Zahnproblemen vgl. Thomas Rütten, Zu Thomas Manns medizinischem Bildungsgang im Spiegel seines Spätwerks, in: Thomas Sprecher (Hg.), Vom *Zauberberg* zum *Doktor Faustus*. Krankheit und Literatur. Die Davoser Literaturtage 1998, Frankfurt a. M. (Thomas Mann-Studien) [im Druck].

135 Vgl. Grimm, Bd. 9, Sp. 851, s. v. ›schlürfen, schlurfen‹; Pfeifer, Bd. 3, S. 1540 f., s. v. ›schlürfen‹.

136 Vgl. z. B. Der Judenstamm in naturhistorischer Betrachtung, S. 455 f.

137 Zu der in *Tristan* überhaupt auffallend hohen Frequenz dieser Satzzeichen vgl. Jürgen Stenzel, Zeichensetzung. Stiluntersuchungen an deutscher Prosadichtung, Göttingen 1966 (Palaestra, Bd. 241), S. 106–116.

»Was sagten Sie? Er ist Schriftsteller? Oder was?« fragte Herr Klöterjahn; er hielt die Hände in den Taschen seiner bequemen englischen Ho-
se, neigte sein Ohr dem Doktor zu und öffnete, wie manche Leute pflegen, den Mund beim Horchen.
    »Ja, ich weiß nicht, — er schreibt...«, antwortete Doktor Leander.
»Er hat, glaube ich, ein Buch veröffentlicht, eine Art Roman, ich weiß
wirklich nicht...«
    Dieses wiederholte »Ich weiß nicht« deutete an, daß Doktor Leander
keine großen Stücke auf den Schriftsteller hielt und jede Verantwortung
für ihn ablehnte.[138]

Gabriele Klöterjahns italianisierende Entstellung oder vielmehr Nobilitierung des Namens reflektiert, ›spiegelt‹ im genauen Wortsinn den gegenläufigen oder eben spiegelverkehrten Weg, der zur Prägung des Namens »Spinell« führte. Daß es bei Leanders Richtigstellung und »Antwort auf etwas, wonach überhaupt nicht gefragt wurde«, um mehr und
anderes geht als um die Alternative, ob der Name der eines »Italiener[s]« sei oder nicht — positiv-explizit wird Spinells Nationalität in der
Antwort ja gar nicht bestimmt —, deuten schon die vielen Auslassungszeichen an und verrät vollends das Adverb in Leanders eigentlicher
Korrektur: »sondern *bloß* aus Lemberg«.
    Für diese Textstelle, die Herbert Ballmann, Wolfgang Patzschke und
Peter Stripp im Drehbuch zur Fernsehverfilmung sehr bezeichnenderweise vereinfachten, verharmlosten, verfälschten, indem sie Leander
kurzerhand »sondern aus Lemberg gebürtig« sagen und mit der Tilgung des bösartigen Adverbs ex nagativo dessen Signifikanz natürlich
nur desto deutlicher werden ließen, liegt auch wieder in der fachwissenschaftlichen Rezeptionsgeschichte ein in seiner Ahnungslosigkeit und
Naivität, seiner Komplizenschaft geradezu mit dem Autor symptomati-
scher Kommentar vor. Ulrich Dittmann, in seinen 1971 erstmals erschienen und 1983 »ergänzte[n]« *Erläuterungen und Dokumenten*, ist
zur fraglichen Stelle nur gerade das hier eingefallen:

> *Lemberg*: heute ›Lwow‹. Stadt im südwestl. Rußland; Lemberg wechselte
> im Lauf der Geschichte öfters die nationale Zugehörigkeit. Um 1900 war
> Lemberg die Hauptstadt des österreichischen Kronlandes Galizien, ge-
> hörte also zur fremdsprachigen Provinz der k. u. k. Monarchie; diese
> den österreichischen Stammlanden ferne Lage, die bei Manns Zeitge-
> nossen im Ruf der Kulturlosigkeit stand, erklärt auch das *bloß* in der Er-
> wähnung des Dr. Leander.[139]

Die im Adverb »bloß« denotierte Abwertung bezieht sich selbstverständlich nicht auf Lemberg und Galizien als einfach nur ›kulturlose‹ »Provinz« der österreichischen »Stammlande[]«, sondern als typischen Hei-
mat-, Herkunfts- oder Geburtsort etlicher in den deutschen Sprachraum,

---

138 Bd. 8, S. 225 f.
139 Ulrich Dittmann, Thomas Mann. *Tristan*, Stuttgart 1983 (Erläuterungen und Do-
     kumente), S. 17; Hervorhebungen des Originals.

besonders auch nach Wien und Berlin gezogener Juden. Eine frühe Figurenskizze Thomas Manns lautet: »Comerzienrat [...] Ausspuckeles aus Galizien. Wohnhaft Berlin W Tiergartenstraße«. Saul Fitelberg, der wiederholt auf seinem Judentum insistiert, stammt aus Lublin, also seinerseits aus Galizien.[140] »Herr Aarenhold« — »ein Wurm [...], eine Laus, jawohl« — wurde »im Osten an entlegener Stelle geboren«.[141] Dabei weist Leanders scheinbar nur etwas hochgestochene Formulierung, Spinell sei »aus Lemberg *gebürtig*«, eigens darauf hin, daß Spinell selbst noch zur allerersten Generation der Zuzügler gehört, also sozusagen auch ontogenetisch ein in der urbanen Gesellschaft ursprünglich Fremder und »[H]ergelaufener« ist: anders als der durchaus in Wien ›gebürtige‹, von Thomas Mann coram publico als besonders echter »Sohn«[142] dieser Stadt bezeichnete Peter Altenberg alias Richard Engländer, den Jost Hermand und Wolfdietrich Rasch hinter Spinell vermuteten,[143] unabhängig voneinander und mit je guten Argumenten — so wird Spinell Altenbergs damals einigermaßen berühmter Buchtitel »Wie ich es sehe« Wort für Wort in den Mund gelegt[144] —, die sich übrigens leicht ergänzen ließen (Altenberg schrieb zum Beispiel eine ›Studie‹ mit dem Titel »Tristan und Isolde«[145]); und anders auch als der gleichfalls jüdische Arthur Holitscher — ihm ist *Der Weg zum Friedhof* gewidmet,[146] die erste, der *Tristan*-Novelle unmittelbar vorhergehende Erzählung des Zyklus —, der sich in Spinell porträtiert sah und der von Anfang seiner persönlichen Bekanntschaft mit Thomas Mann an gefühlt zu haben scheint, wie ihn dieser als literarisch verwertbares Objekt studierte und geradezu Experimente mit ihm anstellte.[147]

Spinells Markierung als »hergelaufener« Ostjude steht in unmittelbarer Beziehung dazu, »daß Doktor Leander keine großen Stücke auf den Schriftsteller« hält und daß er noch dazu — ein zunächst befremdlicher Zusatz — »jede Verantwortung für ihn ablehnt[]«; ganz als ob sich die »Verantwortung« eines leitenden Arzts für Charakter, Beruf und Lebenslauf seiner Patienten von selbst verstünde. Die Selbstverständlichkeit, womit solch eine »Verantwortung« Leanders für »den Schriftsteller« erst einmal vorausgesetzt zu sein scheint, hat natürlich mit dem Ju-

140 Bd. 6, S. 530–540.
141 Bd. 8, S. 385.
142 Thomas Mann, Brief über Peter Altenberg, in: Egon Friedell (Hg.), Das Altenbergbuch, Leipzig, Wien, Zürich 1921, S. 67–77, hier S. 76.
143 Hermand, passim; Wolfdietrich Rasch, Thomas Manns Erzählung *Tristan*, in: William Foerste und Karl Heinz Borck (Hgg.), Festschrift für Jost Trier, Köln und Graz 1964, S. 430–465, hier S. 442–445. Vgl. Hubert Ohl, Ethos und Spiel. Thomas Manns Frühwerk und die Wiener Moderne. Eine Revision, Freiburg i. Br. 1995 (Reihe Litterae, Bd. 39), S. 116.
144 Bd. 8, S. 235. Vgl. Rasch, S. 442; Hermand, S. 443.
145 Peter Altenberg, Tristan und Isolde, in: Peter Altenberg, Was der Tag mir zuträgt. Fünfundsechzig neue Studien, Berlin ²1902, S. 140–149.
146 Thomas Mann, Tristan. Sechs Novellen, Berlin 1903, S. 1.
147 Holitscher, S. 221. Vgl. zum hier erwähnten Früh- bzw. Spätaufstehen Bd. 8, S. 228 f.

dentum des einen wie des anderen und nichts oder wenig damit zu tun, daß Spinell einen dubiosen Beruf hat und auch in diesem unproduktiv und erfolglos ist (»*ein* Buch [...], eine *Art* Roman«, »glaube ich, [...] ich weiß wirklich nicht...«). Daß ausgerechnet Leander, als in der ›westlichen‹ Gesellschaft arrivierter Jude, Spinells Geburtsort verrät und explizit abwertet — »*bloß* aus Lemberg« —, entspricht einem zeitgenössischen Verhaltensmuster assimilierter Juden, das Sander Gilman in *Jewish Self-Hatred* untersucht hat und das etwa auch in den Generationenkonflikten von *Unordnung und frühes Leid* das Ressentiment des akkulturierten Abel Cornelius gegen den eigenwillig-auffälligen Iwan Herzl bestimmt. Leanders Verhältnis zu Spinell weist alle Merkmale einer ›negativen Projektion‹ auf. Leander, mit Gilmans Worten, ›exorziert‹ seine durch den ubiquitären Antisemitismus geschürten ›Selbstzweifel‹ und ›Unsicherheitsgefühle‹, indem er die antisemitischen Aggressionen, denen er selbst ausgesetzt sein muß, an den »bloß aus Lemberg gebürtig[en]« Sonderling und Außenseiter weitergibt.[148]

Nicht nur also, daß Spinells Charakter in stark überdeterminiertem Gegensatz zum »*Groß*kaufmann« und »*Groß*händler«[149] Klöterjahn gehalten ist — seine nur »auf den ersten Blick [...] sauber[e]« Handschrift ist nach den praktischen Kriterien des »Kontor[s]« »miserabel«, seine mittels dieser Schrift sublimierte Aggression wird von Klöterjahn »mündlich«-direkt abgefertigt,[150] seine in Wagnerscher (in den Klavierauszügen auf das wieder materiell-sprachlose Element der Mischform vereindeutigter) Musik sublimierte Sexualität hingegen bringt Gabriele Klöterjahn um, während sie, trotz Spinells gegenteiliger Behauptung und Beschuldigung,[151] die Geburt des von ihrem Ehemann empfangenen Kinds nur stark mitgenommen zu haben scheint —; auch die topographische Entgegensetzung des gestandenen »Großhändler[s]« und des »*Bummler[s]*« besteht nicht einfach im Nord-Süd-Gefälle zwischen einer Hansestadt und dem bayrisch-österreichischen Raum.

Die topographische Komponente in der Opponierung der Rivalen ist in verschiedene Aspekte differenziert oder eben gerade nicht in dem Sinn differenziert, daß diese verschiedenen Aspekte als solche auseinandergehalten würden. Das Sanatorium Einfried, das neben »Phthisiker[n]« ja etwa auch Syphilitiker beherbergt (»Herren mit entfleischten Gesichtern«, welche »auf jene unbeherrschte Art ihre Beine« »werfen [...], die nichts Gutes bedeutet«),[152] ein gleichsam pathogener, ein Ort der ansteckenden Krankheit und der mit der Wagner-Reminiszenz des Titels angezeigten »Entartung« — Nordau widmet der »Richard Wagnerei« ein umfangreiches Kapitel: »Der eine Richard Wagner ist allein mit einer größeren Menge Degeneration vollgeladen als alle anderen

---

148   Sander L. Gilman, Jewish Self-Hatred. Anti-Semitism and the Hidden Language of the Jews, Baltimore und London 1986, S. 270.
149   Bd. 8, S. 218, 221; im Original keine Hervorhebungen.
150   Bd. 8, S. 256 f.
151   Bd. 8, S. 254.
152   Bd. 8, S. 217.

Entarteten zusammengenommen«[153] —, dieses Sanatorium also ist zwar nur regional und nicht nationalgeographisch situiert, und seine Opposition zur Stadt »am Ostseestrande« läßt sich eindeutig weder auf den reichsinternen Nord-Süd-Konflikt noch auf den nationalen zwischen dem deutschen Reich und Habsburg-Österreich festlegen. Insofern aber, als Spinells Existenz wenigstens dem Geburtsort nach eindeutig fixiert und eben nach Lemberg situiert ist, läuft seine Rivalität zu Klöterjahn dennoch auf den deutsch-österreichischen Konflikt hinaus, der dabei unversehens zu einem ethnischen und über den ethnischen zu einem moralischen wird.

Eng verbunden jedoch mit der geographischen Entgegensetzung ist paradoxerweise eine Opposition von seßhafter und räumlich unsteter Existenz, wie sie das Adjektiv »hergelaufen[]« und die dadurch aktualisierte Grundbedeutung des Schimpfworts »Bummler« denotieren: »vagari«, »huc illuc ferri«.[154] Anton Klöterjahn dagegen, der seine Differenz zu Spinell »wiederholt« in das Bild einer gleichsam organischen stabilitas loci faßt, »daß er das Herz auf dem rechten Fleck habe« und nicht »in den Hosen«,[155] ist in »seine[r] Vaterstadt« geblieben und hat einen »bewundernswert lebhaften und wohlgeratenen Sohn und Erben«,[156] der ihm »so […] ähnlich« sieht[157] und zum weiteren Zeichen seiner paternitas certissima denselben Vornamen trägt, so wie auch schon in den *Buddenbrooks* vollkommene Namensidentität von Vater und Sohn ein handgreifliches Indiz solider, noch nicht vom »Verfall« gezeichneter Familienverhältnisse war. Die Rivalität zwischen Klöterjahn und Spinell, ein Konflikt ganz offensichtlich auch zwischen dem Über-Ich des realen Autors und seinem »unausbleiblich«-»unausweichliche[n] Beruf«[158] — »Dichten, das ist Gerichtstag über sich selbst halten«, lautet das Motto des *Tristan*-Zyklus[159] —, erschöpft sich topographisch also weder im innerdeutschen Nord-Süd- noch im deutsch-österreichischen Konflikt, sondern sie ist zunächst und zugleich eine Rivalität zwischen einem offenbar eh und je seßhaften Deutschen und einem ›ex-zentrischen‹, in den deutschen Sprachraum eingedrungenen, eben einem »hergelaufene[n]« Juden.

153   Max Nordau, Entartung, Berlin 1892 f., Bd. 1, S. 267.
154   Grimm, Bd. 2, Sp. 515, s. v. ›bummeln‹.
155   Bd. 8, S. 258 f.
156   Bd. 8, S. 221.
157   Bd. 8, S. 236.
158   Bd. 8, S. 253, 257, 260.
159   Tristan [ohne Paginierung].

Gladius Dei

»München leuchtete«

Innerhalb der 1903 erschienenen Sammlung *Tristan. Sechs Novellen,* deren Untertitel mit einer zyklischen Anordnung der Novellen zu spekulieren geradezu einlädt, steht die eponyme Novelle *Tristan* an zweiter Stelle und damit in symmetrischem Bezug zur zweitletzten, *Gladius Dei,* in der es bekanntlich um einen »christliche[n] Jüngling«[1] geht, welcher in einer Münchner Kunsthandlung vergeblich die kommerzielle Profanation religiöser Inhalte beanstandet, das Bild einer im Schaufenster samt dem Christkind regelrecht prostituierten Madonna. Schon 1901 hatte Thomas Mann just *Gladius Dei* und *Tristan* miteinander vor jenem »Akademisch-dramatischen Verein« vorgelesen, der unter fast demselben Namen auch in *Gladius Dei* einmal erwähnt wird;[2] nur daß diese Novelle, anders als die spätere Titelnovelle des Zyklus, im folgenden Jahr in der Wiener Wochenschrift *Die Zeit* schon einmal selbständig und in derselben Form wie im Sammelband publiziert wurde[3] (wenn man von Interpunktion, Hervorhebungen und davon absieht, daß sie erst hier wie alle anderen Novellen des Bands eine Widmung trägt, die übrigens, trotz des sekundären Systemzwangs und dank einer nur in diese eine aufgenommenen Ortsangabe, in offensichtlicherem Bezug zum Novellentext steht als alle fünf anderen, zu dessen florentinischen Reminiszenzen und allenfalls auch zur darin besonderen Rolle des Englischen: »To M. S. [Mary Smith, die Thomas Mann fast geheiratet hätte] in remembrance of our days in Florence«).

Ob intendiert oder nicht, der kompositorisch-formalen und sozusagen auch aufführungsgeschichtlich engen Beziehung der beiden Novellen entsprechen deren thematischen Gemeinsamkeiten, wie sie sich in dieser Weise auf keine der anderen vier Novellen des Bands erstrecken. *Gladius Dei* weist dieselbe gleichsam borromäische Verknotung eines topographischen, eines ästhetischen und eines ethnischen Diskurses auf wie die *Tristan*-Novelle (während dieses dritte, ethnische Element in einem sehr wahrscheinlich zugrundeliegenden, bisher offenbar übersehenen

---

1   Notizbücher, Bd. 1, S. 182; zur Datierung vgl. Notizbücher, S. 109 [Kommentar].

2   Bd. 8, S. 204.

3   Thomas Mann, Gladius Dei, in: Die Zeit, 12.7.1902, S. 31 f.; 19.2.1902, S. 46–48.

Vortext, Peter Altenbergs ›Studie‹ *In München*, ganz fehlt[4]). Die topographische Situierung erfolgt hier wie in keinem anderen Text Thomas Manns schon ganz zu Anfang: »*München* leuchtete«. Allgemeingut ist dieses berühmteste Incipit des Autors freilich und nicht zufällig in abgewandelter, präsentischer Form geworden,[5] obwohl sich der ganze erste Abschnitt der Novelle gerade durch sein Imperfekt von den folgenden, in der Tat im Präsens gehaltenen, unterscheidet.[6] Die Preisgabe des ImPerfekts beruht auf einer Verkennung der prekären Beziehung, in der das ›Leuchten‹ des Anfangs zum unheimlichen »Schwefellicht«[7] am Textende steht; so wie es mitten im »Vogelgeschwätz und heimliche[m] Jubel« das »Nothung«-, also Schwert- oder eben Gladius-»Motiv« ist, das in all der durcheinander klingenden Musik genau identifiziert wird und das Thomas Mann auf seiner ersten Italienreise einmal bis zu »Tränen« gerührt haben soll.[8] Die Bedeutung, die er dem untrüglichen Körperzeichen seiner Tränen in den *Betrachtungen eines Unpolitischen* als einer Präfiguration sozusagen seiner Kriegseuphorie geben sollte, darf man schon für *Gladius Dei* nicht ganz aus dem Blick verlieren, in Hinsicht nämlich auf einen ›unheimlichen‹ Status des Schauplatzes München. An das Schwertmotiv war nicht nur ein in den *Betrachtungen* mit unverfrorener Arroganz behaupteter Exemplaritäts- und Exklusivitätsanspruch der deutschen Kunst geknüpft[9] — »kann man Musiker sein, ohne deutsch zu sein?«[10] —; sondern in der Erinnerung an das Reiseerlebnis verband sich mit diesem eine wohl existentielle, aber auf der Italienreise natürlich leicht ins Nationale übersetzbare Einsamkeitserfahrung. Eindringlichkeit und Suggestivität, und das muß an der autobiographischen Reminiszenz von *Gladius Dei* zu denken geben, gewann das Motiv offenbar erst aufgrund dieser sehr besonderen Rezeptionssituation, als deutsche Musik »in ungeliebter Fremde«.[11]

Eine weitere Verunheimlichung sozusagen scheint der Novellenanfang vom auf ihn bezogenen Ende her auch durch einen mutmaßlichen intertextuellen Bezug zu erfahren, der immerhin wahrscheinlicher ist als eine von Rasch konstruierte Beziehung zu Altenberg (dem Satz »Die junge Comtesse saß da und leuchtete«[12] — sehr viel ergiebiger, wenn man sich denn wieder auf Altenberg kaprizieren wollte, wäre wie eben gesagt ein Vergleich mit der ›Studie‹ *In München*, besonders deren

4   Altenberg, In München, a. a. O., S. 305–309.
5   Vgl. Wolfgang Frühwald, »Der christliche Jüngling im Kunstladen«. Milieu- und Stilparodie in Thomas Manns Erzählung *Gladius Dei*, in: Günter Schnitzler (Hg.), Bild und Gedanke. Festschrift für Gerhart Baumann, München 1980, S. 324–342, hier S. 342, Anm. 67.
6   Bd. 8, S. 197.
7   Bd. 8, S. 215.
8   Bd. 12, S. 81.
9   Vgl. Frühwald, »Der christliche Jüngling im Kunstladen«, S. 333.
10   Bd. 12, S. 82. Vgl. Nipperdey, S. 746 f.
11   Bd. 12, S. 80.
12   Rasch, S. 443.

Anfang und dem damit weitgehend identischen Ende, wo »die ›neue Kunst‹« »[a]us den Vitrinen der edlen Geschäfte [...] strahlt[]«[13]). Wenn Altenbergs ›Studien‹ und ›Skizzen‹ seinerzeit auch nicht ganz so abgelegen waren, wie sie heute vergessen sind, so erscheint die Annahme doch plausibler, daß der Anfang von *Gladius Dei* lexikalisch und in seiner ganzen festlichen Gestimmtheit an das Proömium eines wirklich kanonischen Texts anklingt, mit dessen ›Einfluß‹, gerade wegen dieser Kanonizität, jedenfalls fest gerechnet werden muß, da er natürlich auch unterhalb der Bewußtseinsschwelle liegen kann. Hervorgehoben sind im folgenden Zitat aus *Reineke Fuchs* die lexikalischen Übereinstimmungen mit dem Eingangspassus von *Gladius Dei*:

Pfingsten, das liebliche *Fest*, war gekommen; es *grünten* und blühten
Feld und Wald; auf Hügeln und Höhn, in Büschen und Hecken
Übten ein fröhliches Lied die neuermunterten *Vögel*;
[...].[14]

Unabhängig von der unentscheidbaren Frage, ob es sich bei diesen Übereinstimmungen und bei der auch am Anfang von *Gladius Dei* vergleichgültigten Differenz von ›natürlicher‹ und ›kultureller‹ Festlichkeit um intendierte oder unbewußt mit untergelaufene Zitate handelt, liegt es nahe, aus Thomas Manns Schilderung der »festlichen«[15] Stadt etwas Pfingstliches herauszuhören, zumal »das liebliche Fest« zuletzt, im Jahr vor der Niederschrift des Novellentexts, tatsächlich auf einen »ersten [...] Junitag[]«[16] gefallen war. Und überhaupt ist es bei Thomas Manns erwiesenem Interesse an dem besonderen Tag seiner Geburt (einem Sonntag) schwer denkbar, daß ihm dessen mitunter große Nähe und mögliche Identität mit dem für seinen »unausweichliche[n] Beruf« so sinnigen Pfingstfest entgangen sein kann. Sein Geburtstag (der insgesamt vier mal auf den Pfingstmontag fiel: 1881, 1892, 1932, 1949), war erst 1897, zwei Jahre vor der ersten erhaltenen Notiz zu *Gladius Dei*, auf den Pfingstsonntag zu liegen gekommen, wie dies erst wieder an seinem zweitletzten Geburtstag geschehen und in der Überschrift des betreffenden Tagebucheintrags auch gebührlich registriert werden sollte: »Pfingstsonntag und mein 79. Geburtstag«.[17]
Vor dem Hintergrund des jedenfalls assoziierbaren Pfingstfests erklärt sich vielleicht das in der Schilderung auffällig lange Vorherrschen der Musik als einer allgemein zugänglichen und die Absenz jeder ›eigentlichen‹, definiten ›Sprache‹, später wohl auch die Beredsamkeit des Hieronymus mit »seine[r]« sonst doch so ausgesprochen »blöde[n] Zun-

---

13   Altenberg, In München, S. 305, 309.
14   Goethe, Werke, Abt. I, Bd. 50, S. 5; im Original keine Hervorhebungen. Vgl.
      Bd. 8, S. 197.
15   Bd. 8, S. 197.
16   Bd. 8, S. 197.
17   Tagebücher 1953–1955, S. 236.

ge«[18] und möglicherweise selbst, nun aber eben ins Unheimlich-Bedrohliche gewendet, die ans Ende der Novelle gestellte Feuervision,[19] die einer Adventsvision Savonarolas entnommen und übrigens dort schon klimatologisch metaphorisiert ist:

> Es war ihm [Savonarola], als sähe er mitten am Himmel eine Hand mit einem Schwert, auf dem geschrieben stand: Gladius Dei super terram cito et velociter [...], die Luft verfinstert sich, es *regnet* Schwerter, Pfeile und Feuer, furchtbare *Donnerschläge* ertönen, und die ganze Erde verwüsten Krieg, Hungersnoth und Pest.[20]

Das pfingstlich-sprachproblematische Moment berührt auch die topographisch konkrete, präsentische Schilderung des ›leuchtenden‹ München, die aus einer sozusagen touristischen Perspektive erfolgt. Den Übergang vom Imperfekt ins Präsens bildet wie öfter bei Thomas Mann ein elliptischer, der wegen der Ellipse des Verbs zeitlose Satz vom sehr bezeichnenderweise so genannten ›Geschwätz‹ der Vögel als einer allen, hier ihrerseits wie Vögel »pfeifen[den]« Menschen gleichermaßen verständlichen Sprache:

> Vogelgeschwätz und heimlicher Jubel über allen Gassen...
> Und auf Plätzen und Zeilen rollt, wallt und summt das unüberstürzte und amüsante Treiben der schönen und gemächlichen Stadt.
> Reisende aller Nationen kutschieren in den kleinen, langsamen Droschken umher, indem sie rechts und links in wahlloser Neugier an den Wänden der Häuser hinaufschauen, und steigen die Freitreppen der Museen hinan...
> Viele Fenster stehen geöffnet, und aus vielen klingt Musik auf die Straßen hinaus, Übungen auf dem Klavier, der Geige oder dem Violoncell, redliche und wohlgemeinte dilettantische Bemühungen. Im ›Odeon‹ aber wird, wie man vernimmt, an mehreren Flügeln ernstlich studiert.
> Junge Leute, die das Nothung-Motiv pfeifen und abends die Hintergründe des modernen Schauspielhauses füllen, wandern, literarische Zeitschriften in den Seitentaschen ihrer Jacketts, in der Universität und der Staatsbibliothek aus und ein. Vor der Akademie der bildenden Künste, die ihre weißen Arme zwischen der Türkenstraße und dem Siegestor ausbreitet, hält eine Hofkarosse. Und auf der Höhe der Rampe stehen, sitzen und lagern in farbigen Gruppen die Modelle, pittoreske Greise, Kinder und Frauen in der Tracht der Albaner Berge.[21]

Die a limine namentlich genannte Stadt erscheint hier also nicht einfach als bayerische, sondern als gleichsam babylonische Metropole »aller Nationen«, und jedenfalls wird ihre Affinität zum Süden (»Albaner

---

18 Bd. 8, S. 205. Zum hier angestellten Vergleich mit Moses vgl. Villari/Berduschek, Bd. 1, S. 16.
19 Bd. 8, S. 214.
20 Villari/Berduschek, Bd. 1, S. 113; im Original keine Hervorhebungen.
21 Bd. 8, S. 197.

Berge«) und selbst dem Orient (»Türkenstraße«) hervorgehoben. Die eigentümliche Zweiseitigkeit der Stadtschilderung, das Syndrom von Verfremdung und topographisch namentlicher Konkretion, gilt es in Hinblick auf die erste und alle späteren Erwähnungen des eigentlichen Schauplatzes im Auge zu behalten:

> Aber dort oben am Odeonsplatz, angesichts der gewaltigen Loggia, vor der sich die geräumige Mosaikfläche ausbreitet, und schräg gegenüber dem Palast des Regenten drängen sich die Leute um die breiten Fenster und Schaukästen des großen Kunstmagazins, des weitläufigen Schönheitsgeschäftes von M. Blüthenzweig. Welche freudige Pracht der Auslage! Reproduktionen von Meisterwerken aus allen Galerien der Erde, eingefaßt in kostbare, raffiniert getönte und ornamentierte Rahmen in einem Geschmack von preziöser Einfachheit; Abbildungen moderner Gemälde, sinnenfroher Phantasien, in denen die Antike auf eine humorvolle und realistische Weise wiedergeboren zu sein scheint; die Plastik der Renaissance in vollendeten Abgüssen; nackte Bronzeleiber und zerbrechliche Ziergläser; irdene Vasen von steilem Stil, die aus Bädern von Metalldämpfen in einem schillernden Farbenmantel hervorgegangen sind; Prachtbände, Triumphe der neuen Ausstattungskunst, Werke modischer Lyriker, gehüllt in einen dekorativen und vornehmen Prunk; dazwischen die Porträts von Künstlern, Musikern, Philosophen, Schauspielern, Dichtern, der Volksneugier nach Persönlichem ausgehängt... In dem ersten Fenster, der anstoßenden Buchhandlung zunächst, steht auf einer Staffelei ein großes Bild, vor dem die Menge sich staut: eine wertvolle, in rotbraunem Tone ausgeführte Photographie in breitem, altgoldenem Rahmen, ein aufsehenerregendes Stück, eine Nachbildung des Clous der großen internationalen Ausstellung des Jahres, zu deren Besuch an den Litfaßsäulen, zwischen Konzertprospekten und künstlerisch ausgestatteten Empfehlungen von Toilettenmitteln, archaisierende und wirksame Plakate einladen.[22]

Ernest M. Wolf, indem er einem Hinweis Martha Feuchtwangers folgte, hat das »am Odeonsplatz« gelegene »Schönheitsgeschäft[] von M. Blüthenzweig« anhand einer ungefähr zeitgenössischen Photographie ›identifiziert‹. Diese zeige »am Odeonsplatz« eine »Front von elf Schaufenstern« und die Aufschrift »J. Littauer Kunst-Salon«.[23] »KUNST-SALON J.LITTAUER [sic!]«, um genau zu sein, steht ebenso auf zwei Photographien aus der Mitte der Zwanziger- beziehungsweise noch der Dreißigerjahre über der Elf-Fenster-Front.[24] Unter diesem Namen fir-

---

22 Bd. 8, S. 198 f.
23 Ernest M. Wolf, Savonarola in München. Eine Analyse von Thomas Manns *Gladius Dei*, in: Euphorion 64, 1970, S. 85–96, hier S. 88, Anm. 4. Wenn es sich bei der betreffenden Photographie um die einzige aus der Zeit handelt, die sich heute noch (unter der Signatur Pk-Seg 1604) im Münchner Stadtarchiv befindet, so muß sie etwas jünger sein als der Novellentext. Ein Terminus post quem läßt sich aus den vor der Front der elf Fenster zu sehenden Bäumen gewinnen, die erst 1903 gepflanzt wurden.
24 Frau Eva Graf vom Stadtarchiv München und Frau Angelika Obermeier von der

mierte das Geschäft bis 1936, als es Gertrud Littauer verkaufte, danach war es erst unter »Theodor Heller vorm. J. Littauer« im Handelsregister eingetragen, dann (und bis 1979) nur noch unter »Theodor Heller«, so auch, spätestens seit 1940, in den Adreßbüchern.[25] In den Adreßbüchern aus der Enstehungszeit von *Gladius Dei* findet sich unter »Straßenübersicht« am Odeonsplatz 2 der einschlägige Eintrag »*Littauer* J. Kunsthandlung« in der Tat zusammen mit einer »Buchhandlung«, wie sie im Novellentext an das »Schönheitsgeschäft[] von M. Blüthenzweig« ›anstößt‹.[26] Ausgerechnet hier übrigens, im »KUNST-SALON J.LITTAUER«, und daß Thomas Mann gerade davon keine Kenntnis nahm, ist wirklich schwer vorstellbar, waren Wilhelm von Gloedens berühmt-berüchtigte Aktphotographien italienischer Jünglinge zu sehen und zu kaufen,[27] welche seinerzeit zu einem entsprechenden ›Vergnügungstourismus‹ nach Taormina wesentlich beigetragen zu haben scheinen.[28]

Dem »Namenswechsel Littauer gegen Blüthenzweig« hat sich dann Peter-Klaus Schuster 1984 in seinen »[k]unsthistorische[n] Anmerkungen zu einer Erzählung Thomas Manns« ausführlich und eingehend gewidmet, die sinnigerweise in der *Süddeutschen Zeitung* und im Juni, und zwar, noch sinnigerer-, wenn auch zufälligerweise, just zu Pfingsten erschienen:

> Mit sublimem Spott trifft Thomas Mann die Münchner Zustände. Tatsächlich gab es damals am Odeonsplatz eine große Kunsthandlung, den Kunstsalon Littauer, mit den von Thomas Mann genau beschriebenen elf Schaufenstern. Im Namenswechsel Littauer gegen Blüthenzweig sah man eine Anspielung Thomas Manns auf die immer wieder beargwöhnte Dominanz jüdischer Geschäftsleute im Kunsthandel. Doch sollte man sich von Thomas Manns diesbezüglichen detaillierten Beschreibungen des Herrn Blüthenzweig nicht täuschen lassen. Mit Blüthenzweig ist ein sehr bayerisch-münchnerisches Phänomen gemeint, und es erstaunt, daß die Dechiffrierung des Namens nicht schon früher gelang.
>
> Denn »Blüthenzweig« meint nach allen Regeln Thomas Mannscher Ironie natürlich nichts anderes als »Hanfstaengl«, die 1831 gegründete

---

Bayerischen Staatsbibliothek, München, sei für ihre Hilfsbereitschaft bestens gedankt.

25 Freundliche Auskünfte von Frau Dr. Eva Moser, stellvertretender Geschäftsführerin des Förderkreises Bayerisches Wirtschaftsarchiv e. V., München, vom 7. und 10.12.1998.

26 Adreßbuch von München für das Jahr 1897, München o. J., Teil 2, S. 371;
Adreßbuch von München für das Jahr 1898, München o. J., Teil 2, S. 383;
Adreßbuch von München für das Jahr 1899, München o. J., Teil 2, S. 412;
Adreßbuch von München für das Jahr 1900, München o. J., Teil 2, S. 433;
Adreßbuch von München für das Jahr 1901, München o. J., Teil 2, S. 458;
Adreßbuch von München für das Jahr 1902, München o. J., Teil 2, S. 476.

27 Vgl. John Margetts, Die »scheinbar herrenlose« Kamera. Thomas Manns *Tod in Venedig* und die Kunstphotographie Wilhelm von Gloedens, in: Germanisch-romanische Monatsschrift, Neue Folge, 39, 1989, S. 326–337, hier S. 329.

28 Vgl. Ekkehard Hieronimus, Wilhelm von Gloeden. Photographie als Beschwörung, Aachen 1982, S. 14.

und am Ende des Jahrhunderts mit Filialen in London und New York operierende weltberühmte Münchner Firma für Photographie und photomechanische Kunstreproduktionen.[29]

Schuster attestiert Thomas Mann zwar, den »Kunstsalon Littauer mit den [...] elf Schaufenstern« in *Gladius Dei* »genau beschrieben[]« zu haben (worin freilich nur sehr vage und pauschal von »der Auslage«, den »Fenster[n]«, einem »ersten Fenster« die Rede ist, obwohl dem Autor wenigstens des *Doktor Faustus* — man denke nur an den »Elf-Uhr-Zug« nach Pfeiffering oder an Beethovens »Klaviersonate opus 111«[30] — die auch hier passende, diabolisch-endzeitliche Bedeutung der Elfzahl[31] nicht ganz unbekannt gewesen zu sein scheint). Wies aber Wolf noch auf den »unverkennbar jüdischen Klang« beider Namen hin,[32] wie er für den einen im Handelsregister, in der zeitgemäß-opportunen Tilgung des Zusatzes »vorm. J. Littauer« geradezu aktenkundig und ähnlich auch bei Thomas Mann bezeugt ist — denn noch zwei Jahrzehnte später sollte er sich daran erinnern, wie ein jüdischer Schulkamerad namens Goßlar »die Schwäche des Christengeistes gelten ließ«, wenn ihn ein Lehrer »unverbrüchlich als ›den Schüler Lissauer‹« »bezeichnete«[33] —, so bestreitet Schuster jede Relevanz des Namens »Littauer« für den »Namenswechsel«. Dieser, dessen scheint sich Schuster absolut sicher zu sein, beziehe sich als »Anspielung« nicht auf die »Dominanz jüdischer Geschäftsleute im Kunsthandel«, sondern eben auf »ein sehr bayerisch-münchnerisches Phänomen [...] mit Filialen in London und New York«.

Schusters Hinweis auf den Namen und die Institution »Hanfstaengl« bringt zweifellos einen Erkenntnisgewinn. Angesichts der gut belegten Präsenz des Verlagsimperiums mußte sich der Name bei den kunstgeschichtlich Interessierten und zumal bei den mit Hanfstaengls später sogar benachbarten Manns so tief eingegraben haben, daß dessen Zusammenhang mit dem fingiert-literarischen Namen sich der Kontroverse entzieht oder diese sich dann um die eher unersprießliche, weil letztlich unentscheidbare Frage drehen müßte, ob Thomas Mann mit »Blüthenzweig« eine »Anspielung« auf »Hanfstaengl« bewußt beabsichtigte oder

29 Peter-Klaus Schuster, Als München leuchtete. Kunsthistorische Anmerkungen zu einer Erzählung von Thomas Mann, in: Süddeutsche Zeitung, 9.–11.6.1984.
30 Bd. 6, z. B. S. 441, 71; vgl. z. B. S. 585: »zehn oder elf Tage später«. Zur zumindest diffus-untergründigen Bedeutung der Elf im zeitgenössischen München vgl. z. B. den Namen des 1901 gegründeten (und mit Sicherheit auch Thomas Mann bekannten) Kabaretts »Die Elf Scharfrichter«. (Möglicherweise hat Thomas Mann auch die Nummer 111 des Krankenhauszimmers, in dem er sterben sollte, in ihrer Symbolik registriert: Vgl. Erika Mann, Mein Vater, der Zauberer, S. 447 mit S. 445.)
31 Vgl. Dietz-Rüdiger Moser, Die Zahl Elf als Zahl der Narren. Zur Funktion der Zahlenallegorese im Fastnachtsbrauch, in: Jahrbuch für Volksliedforschung 27/28, 1982/1983, S. 346–363.
32 Wolf, S. 88, Anm. 4.
33 Bd. 13, S. 469. Vgl. 19.4.1944 an Fritz Lissauer; Briefe, Bd. 2, S. 362 f.

ob dieser real allgegenwärtige die Erfindung des literarisch ausgefallenen Namens gleichsam hinter dem Rücken des Autors mitbestimmte. Weit wahrscheinlicher wäre übrigens das zweite. Denn 1919, als ihm »Hanfstaengl [...] ein illustriertes Werk über München« »schickte [...], worin der Anfang von ›Gladius Dei‹ abgedruckt« war, notierte Thomas Mann dies ohne jeden ironischen Unterton ins Tagebuch, also offenbar ohne die seltsame Koinzidenz zu bemerken.[34]

Andererseits aber provoziert Schusters unnötiger und unhaltbarer Anspruch, daß »[d]ie Dechiffrierung des Namens« erst ihm, Schuster, »gelang«. Etwas »anderes« als eine »Anspielung« auf »Hanfstaengl« »sah man« offenbar im Namen »Blüthenzweig« nur deshalb, weil »man sich [...] täuschen« ließ. Der nun in die Diskussion eingebrachte Hinweis auf die Firma Hanfstaengl soll dem Namen »Blüthenzweig« nicht etwa einfach eine neue Bedeutungsfacette abgewinnen; sondern »›Blüthenzweig‹ meint [...] *natürlich nichts anderes* als ›Hanfstaengl‹« — mochten auch die betroffenen Verleger selbst, nach Ausweis jener Schuster durchaus schon zugänglichen Tagebuchnotiz, von der angeblich so ganz selbstevidenten »Anspielung« keine Ahnung gehabt haben.

Schusters Polemik gegen vorgängige, auf rassistische Unter- und Obertöne etwas sensibilisiertere Lektüren, die jedoch zu seiner eigenen in keinem Ausschließungsverhältnis zu stehen bräuchten und sich leicht in sie integrieren ließen, ist um so überflüssiger, als seinerzeit der Name und die Firma Hanfstaengl mit ihren »Filialen in London und New York« dem konstanten ›Argwohn‹ gegenüber der »Dominanz jüdischer Geschäftsleute im Kunsthandel« anheimzufallen noch nicht unbedingt so ungeeignet gewesen sein dürfte (bis nämlich Ernst ›Putzi‹ Hanfstaengl — seit 1911 Leiter der New Yorker Hanfstaengl-Filiale und ein späterer Berater Franklin D. Roosevelts —, in dessen Wohnung Hitler nach dem gescheiterten Putsch Unterschlupf fand, 1923 mit diesem öffentlich in Zusammenhang gebracht und 1931 Auslandspressechef der NSDAP wurde[35]). Die Nonchalance, womit Schuster unnötigerweise einen Monopolanspruch auf die einzig richtige »Dechiffrierung« des Namens erhebt, »erstaunt« also ihrerseits, oder vielmehr »erstaunt« sie gerade nicht, dann nämlich, wenn man sie neben Schusters Inanspruchnahme »alle[r] Regeln Mannscher Ironie« hält. Schusters Lektüre steht im Kontext einer noch immer überwiegenden, vom Autor wie schon ge-

---

34 Tagebücher 1918–1921, S. 352.
35 Vgl. Walther Killy und Rudolf Vierhaus (Hgg.), Deutsche Biographische Enzyklopädie, Bd. 4, München, New Providence, London, Paris 1996, S. 369, s. v. ›Hanfstaengl, Ernst‹; Ernst Hanfstaengl, Zwischen Weißem und Braunem Haus. Memoiren eines politischen Außenseiters, München 1970, S. 145–149. Zur Verbindung der kunstverlegerischen und der politischen Interessen vgl. Ernst Hanfstaengl, Tat gegen Tinte. Hitler in der Karikatur der Welt. Ein Bildband, Berlin 1933; ders., dass. Neue Folge, Berlin 1934. Thomas Mann selbst bezeichnete Ernst Hanfstaengl 1949 als einen »Mann, dessen demokratische Gesinnung *von jeher* bekannt war« (Bd. 11, S. 500; im Original keine Hervorhebungen; vgl. Tagebücher 1949–1950, S. 82).

sagt nachweislich geförderten Rezeptionstendenz (welche zum Beispiel auch den einfältigen Sprachgebrauch Karl Pestalozzis wenn nicht entschuldigt, so doch erklärt, der in einer exemplarisch ›geistesgeschichtlichen‹ Interpretation von *Gladius Dei* die Gemeinsamkeit der zur Jahrhundertwende modernen und der Renaissance-Kunst herausarbeitet und mit einem einzigen, hier so ganz und gar deplazierten und peinlichen Kopulativkompositum die bösartige Stoßrichtung des Texts vollständig zudeckt: »In beiden Kunstauffassungen stehen sich heidnisch-antike Lebensbejahung und *jüdisch-christliche* Weltkritik gegenüber«[36]).

Wie sich selbst noch an der gegenwärtigen Rezeption[37] der nach Kurt Martens' Dafürhalten »köstlichen«[38] Novelle *Wälsungenblut* zeigen ließe, die bei aller »*ironischer* Discretion«[39] — »[d]as Wort ›Jude, jüdisch‹ [sic!] kommt« vorsätzlich »nicht vor«[40] und in der endlich publizierten Fassung auch kein jiddisches Wort mehr[41] — eigentlich wünschbar eindeutig, eindeutig rassistisch auf den Erfolg jüdischer Unternehmer seit den Gründerjahren reagiert,[42] werden in der Thomas Mann-Forschung, im Rekurs auf die »Regeln Thomas Mannscher Ironie«, die aggressiv antisemitischen Reflexe besonders des Frühwerks gerne beschönigt, die übrigens der ›völkischen‹ Literaturwissenschaft durchaus nicht, und zwar gerade auch in ihrem Gegensatz zu den öffentlich expliziten Äußerungen des Autors nicht entgingen; wenn sie nicht ganz ignoriert[43] oder aber zu vereinzelten, keineswegs systematischen »kleinen antisemi-

---

36   Karl Pestalozzi, Geistesgeschichte, in: Seminar Literaturwissenschaft — heute. Sechs Vorträge zur Methodendiskussion, Zürich 1977, S. 73–80, hier S. 73; im Original keine Hervorhebung.

37   Vgl. z. B. Paul Levesque, The Double-Edged Sword. Anti-Semitism and Anti-Wagnerianism in Thomas Mann's *Wälsungenblut*, in: German Studies Review 20, 1997, S. 9–21.

38   Kurt Martens, Literatur in Deutschland. Studien und Eindrücke, Berlin 1910, S. 118.

39   5.12.1905 an Heinrich Mann; Thomas Mann und Heinrich Mann, Briefwechsel 1900–1949, S. 111; im Original keine Hervorhebung.

40   5.12.1905 an Heinrich Mann; Thomas Mann und Heinrich Mann, Briefwechsel 1900–1949, S. 111.

41   Vgl. Dichter über ihre Dichtungen, Bd. 1, S. 224, Anm. 1 [Kommentar].

42   Vgl. Hans-Günter Zmarzlik, Antisemitismus im Deutschen Kaiserreich 1871–1918, in: Bernd Martin und Ernst Schulin (Hgg.), Die Juden als Minderheit in der Geschichte, München ²1982, S. 249–270, hier S. 249 f.

43   Vgl. z. B. Graham Greene, Der Anblick des Montblanc, in: Marcel Reich-Ranicki (Hg.), Was halten Sie von Thomas Mann? Achtzehn Autoren antworten, Frankfurt a. M. 1986, S. 27; Manfred Haiduk, Bemerkungen zu Thomas Manns Novelle *Wälsungenblut*, in: Georg Wenzel (Hg.), Vollendung und Größe Thomas Manns, Halle a. d. S. 1962, S. 213–216; Harry Matter, Die Erzählungen, in: Das erzählerische Werk Thomas Manns. Entstehungsgeschichte; Quellen; Wirkung, Berlin und Weimar 1976, S. 431–534, hier S. 488–494; zum Hintergrund dieser beiden Arbeiten Manfred Jäger, Thomas Manns Werk in der DDR, in: Heinz Ludwig Arnold (Hg.), Thomas Mann, Frankfurt a. M. ²1982 (Text und Kritik, Sonderband), S. 180–194.

tischen Bosheiten« herabgemildert werden, zu denen sich Thomas Mann, so formuliert es Hans Mayer, »zuzeiten« hinreißen ließ.[44]

Zu Thomas Manns Konnotierung abgekürzter Vornamen

»›Blüthenzweig‹ meint« sehr wohl »anderes als ›Hanfstaengl‹«. Symptomatisch für Schusters mangelndes Sensorium für die spezifisch rassistische Funktion des Namens »Blüthenzweig« und in eins damit den ebenso spezifischen Valeur des Namens Littauer ist die Konsequenz, mit der er den einen wie den anderen unvollständig, und das heißt hier: falsch zitiert. Während er darauf hinweist, daß »F. H.« das erfolgreichste »Künstlermonogramm des damaligen München« war,[45] zitiert er den »KUNST-SALON J.LITTAUER« als »Kunstsalon Littauer« und auch »Blüthenzweig« ohne die Initiale, die dem Firmennamen im Novellentext konsequent vorangestellt ist. Es handelt sich hierbei nicht um haarspalterisch feine Unterschiede. Die beiden Namensinitialen sind keine quantité négligeable. Sie sind ebenso bedeutsam und in bestimmter Hinsicht geradezu äquivalent mit der Metamorphose des »KUNST-SALON[S]« beziehungsweise der »Kunsthandlung« in ein »Schönheitsgeschäft«.

Die Namensabkürzung dient in *Gladius Dei*, ganz anders als in der nachträglichen Widmung »To M. S.«, gerade nicht dazu, Diskretion zu wahren oder Persönlichkeitsrechte zu schützen. Ob der Vorname vor einem Nach-, erst recht vor einem Firmennamen ausgeschrieben oder abgekürzt ist (wie realiter bei »*Theodor* Heller vorm. *J.* Littauer«), hat in Thomas Manns Werk eine genau bestimmbare Bedeutung. Ein Name vom Typus des ausdrücklich *nicht* in ›deutschem‹ »Duktus« geschriebenen Autogramms »*E.* Krull«,[46] besonders wenn vor den Nachnamen nur ein einziger Buchstabe zu stehen kommt, während zwei oder mehr wie bei »*C. F.* Köppen«, »*H. C. F.* Burmeester & Comp.«[47] oder »*A. C.* Klöterjahn & Comp.«,[48] hier ziemlich sicher und sonst vielleicht als Anglizismus, einen Firmennamen in bonam partem interessant zu machen oder ihn jedenfalls zu empfehlen vermögen, — ein auf nur eine Initiale abgekürzter Name also kann seinen Träger und gegebenenfalls

44   Hans Mayer, Außenseiter, Frankfurt a. M. 1975, S. 414.
45   Der Zufall will es übrigens, daß dieselben zwei Initialen im Siegel des »Frater Hieronymus« Savonarola stehen (vgl. Bd. 8, S. 1005, mit Villari/Berduschek, Bd. 1, S. 292, Anm.).
46   Bd. 7, S. 296 f.; im Original keine Hervorhebung.
47   Bd. 1, S. 25, 132, 323, 364, 403; im Original keine Hervorhebungen.
48   Bd. 8, S. 218; im Original keine Hervorhebungen.

dessen Geschäft zunächst einmal dem Verdacht aussetzen, etwas zu verbergen zu haben. Eine ganz bestimmte Richtung dieses Verdachts zeichnet sich schon im ersten und überhaupt berühmtesten Roman des Autors ab. In den *Buddenbrooks* weist die Verteilung von ausgeschriebenen, abgekürzten oder ganz fehlenden Vornamen eine eindeutige Struktur auf. Es hat Methode und Bedeutung, wenn die »Firma ›Johann Buddenbrook‹« ohne eine einzige Ausnahme bei diesem Namen, also einschließlich des vollen in der Familie erblichen Vornamens genannt wird und wenn ein ausschließlich »B. Grünlich«[49] genanntes Geschäft das eines Betrügers ist, den der Erzähler wie alle anderen Personen des Romans, auch seine Ehefrau, immer nur beim Nachnamen nennt.

Als »*Grünlich*, Agent«[50] kündigt ihn seine Karte im Kapitel seiner Einführung an, in dem sich Thomas Mann, wie in der ganzen Grünlich-Episode, an Informationen über das Leben seiner Tante Elisabeth hielt, welche er von seiner Schwester Julia schriftlich eingeholt hatte. Aus einer Kollation sozusagen des Kapitels mit Julia Manns Antwortbrief, bei einem Vergleich Grünlichs mit dem Freier Elisabeth Manns, wie ihn Thomas Mann skizziert bekam (Elfeld mit Nachnamen: die deutschtümelnde Schreibung »Elfel*dt*« scheint auf Kosten der Verfasserin zu gehen), ergeben sich erstaunlich wenige Differenzen. Deren eine aber betrifft das sonst holus bolus übernommene Detail der Visitenkarte. Julia Mann ließ ihren Bruder unmißverständlich wissen, daß Grünlichs ›Vorbild‹ seinen Vornamen auf seiner Karte ausschrieb: »Ernst Elfeldt. Agent«.[51] B. Grünlich hingegen gibt seinen Vornamen, ›Christian name‹, wie es im Englischen heute noch heißt, erst im Verlauf des Gesprächs oder vielmehr seines Monologs preis (der übrigens wortwörtlich an die Sprache des Klischeejuden Dr. Sammet in *Königliche Hoheit* anklingt[52]):

> »[...] Ich liebe, wenn ich das aussprechen darf« — und Herr Grünlich wandte sich wieder an den Hausherrn — »die Namen, welche schon an und für sich erkennen lassen, daß ihr Träger ein Christ ist. In Ihrer Familie ist, wie ich weiß, der Name Johann erblich... wer dächte dabei nicht an den Lieblingsjünger des Herrn. Ich zum Beispiel, wenn ich mir diese Bemerkung gestatten darf«, fuhr er mit Beredsamkeit fort, »heiße wie die meisten meiner Vorfahren Bendix, — ein Name, der ja nur als eine mundartliche Zusammenziehung von Benedikt zu betrachten ist [...].«[53]

Auch in der jüngsten *Buddenbrooks*- und selbst der kritischen Thomas Mann-Literatur scheint diese Stelle noch nicht wirklich gewürdigt, geschweige denn verstanden zu sein. Entsprechend jener apologetischen

49   Bd. 1, S. 207, 225 f., 237; vgl. S. 177.
50   Bd. 1, S. 94.
51   Julia Mann, Tante Elisabeth [1.–8.9.1897 an Thomas Mann], in: Sinn und Form 15, 1963, S. 482–496, hier S. 488.
52   Bd. 2, S. 32.
53   Bd. 1, S. 98.

Rezeptionstendenz und obwohl Grünlichs Vorname hier auf so penetrante Weise thematisch und verdächtig wird, hat offenbar noch niemand nach der Bewandtnis gefragt, die es mit der Thematisierung dieses Namens hat. Dabei ist die spezifische Verdächtigkeit des Vornamens im Text selbst überdeterminiert. Der Name ›Bendix‹, so Grünlich, lasse »*schon an und für sich* erkennen«, daß sein »Träger ein Christ ist«, und er sei »ja nur als eine mundartliche Zusammenziehung von Benedikt zu betrachten«. So ziemlich alles an dieser Formulierung ist verdächtig: ihr Rekurs auf das allgemeine und selbstverständliche Erfahrungswissen eines in Barthes' Sinn[54] ›gnomischen Codes‹ (»*ja* nur [...] eine mundartliche Zusammenziehung«); das Adverb »nur«, durch welches die gebotene Namensetymologie entweder als denkbar unspektakuläre oder dann als die einzig denkbare erscheint; und endlich auch die Art, wie diese eine Etymologie doch wieder an die subjektive Perspektive eines ›Betrachters‹ zurückgebunden wird (»als eine mundartliche Zusammenziehung zu *betrachten* ist«).

Wie die zeitgenössischen Leser Grünlichs Insistieren auf der Christlichkeit seines und des Namens seiner »Vorfahren« geradezu entziffern *mußten*, läßt sich anhand der Statistiken in Dietz Berings rechtsgeschichtlicher Studie *Der Name als Stigma* rekonstruieren. Der Vorname ›Bendix‹ war im neunzehnten Jahrhundert und schon zur Zeit von Grünlichs »Vorfahren« durchaus nicht »*nur* als eine mundartliche Zusammenziehung von Benedikt zu betrachten«, sondern auch ganz spezifisch »als [...] Zusammenziehung von Benedikt« als einer Lehnprägung zu hebräisch ›Baruch‹, ›der Gesegnete‹. ›Bendix‹ war ein unter deutschen Juden nicht nur ziemlich häufiger, sondern nach Ausweis aktenkundiger Namensänderungsanträge vor allem auch häufig ›abgewählter‹, und das muß heißen: als jüdischer stark stigmatisierter Vorname.[55]

Der Verdacht, welchen seinerzeit der Vorname selbst und besonders der Aufwand erregen mußte, mit dem Grünlich auf seinem und dem Christentum schon seiner »Vorfahren« besteht, erstreckt sich dann ja auch auf den auffälligen, ausgefallenen und übrigens — Grünlich sollte ursprünglich »Conradi« heißen — verhältnismäßig jungen Nachnamen. Denn das im Spottnamen gleichsam zur Pastellfarbe herabgeminderte Farbadjektiv ›grün‹ bildet bekanntlich die erste Komponente etlicher als typisch jüdisch wahrgenommener ›Wunschnamen‹, für die allein Philipp Stauff in seinem *Semi-Kürschner* von 1913 nicht weniger als achtzehn Beispiele aufführt,[56] und auf ein makaber Vielfaches davon

54 Barthes, S/Z, S. 23 f.
55 Dietz Bering, Der Name als Stigma. Antisemitismus im deutschen Alltag 1812–1933, Stuttgart ²1988, S. 58 f., 240, 416, Anm. 35.
56 Philipp Stauff, Semi-Kürschner oder Literarisches Lexikon der Schriftsteller, Dichter, Bankiers, Geldleute, Ärzte, Schauspieler, Künstler, Musiker, Offiziere, Rechtsanwälte, Revolutionäre, Frauenrechtlerinnen, Sozialdemokraten usw., [sic!] jüdischer Rasse und Versippung [...], o. O. [Selbstverlag] 1913, Sp. 139.

belaufen sich die entsprechenden Eintragungen im *Gedenkbuch* für die *Opfer der Verfolgung der Juden.*[57]

Vor dem Hintergrund des Verdachts, keinen christlichen oder, wie die Opposition zur Entstehungszeit des Romans bereits lautete — noch in den Listen zum *Doktor Faustus* sind die »Namen« strikt in »[d]eutsche« und »jüd[ische]« unterteilt —: keinen deutschen Namen zu tragen, erfüllt die Vornamensinitiale einen konkreten Zweck. Indem Grünlich seinen suspekten Vornamen verheimlicht, schützt er oder versucht er sich wenigstens gegen Diskriminierung zu schützen, wenn nicht gegen persönliche, so doch gegen geschäftliche. Dasselbe Kalkül scheint zum Beispiel auch schon hinter den sehr wenigen Initialen im *Lübeckischen Adreß-Buch* von 1879 zu stehen: »M. H. [Lissauer] & Co, Handlungsfirma; Inh.: A. M. u. J. M. Lissauer, Lumpen-Export, Producten- u. Häutegesch.«;[58] und dafür, daß die so motivierte Praxis der Vornamensabkürzung von den Geschäftsnamen ausging und erst sekundär auf außergeschäftliche Kommunikationssituationen übergriff, legt ein zeitgenössischer Privateintrag des Münchner *Adreßbuchs* beredtes Zeugnis ab: »Littauer Jakob (J. Littauer) Kunsthändler«.[59]

Zu Thomas Manns und Arthur Schnitzlers oder beispielsweise auch zu Carl Zuckmayers Zeit — »S. Ehrenberg« im *Weg ins Freie*, »A. Wormser« im *Hauptmann von Köpenick* —, anders als noch in den Fünfzigerjahren — in *Soll und Haben* liest man auf dem Firmenschild des Klischeejuden »*Hirsch* Ehrenthal«, während die um so vorteilhafter profilierte Firma mit allerdings anglisierendem Inizialen*paar* »T. O. Schröter« heißen darf —, standen solche Abkürzungen im Zeichen nicht mehr einfach nur eines jüdischen Assimilationswillens, wie er sich in A. Wormsers »studentischer Couleur« artikuliert,[60] sondern schon seiner Vergeblichkeit. Einer von Erving Goffman formulierten Regelmäßigkeit unterliegend, führte die mit Vornamensabkürzungen beabsichtigte »Reparatur« des Stigmas gerade nicht zum »Erwerb eines vollkommen normalen Status«, sondern ihr »Ergebnis« bestand in der »Transformation« eines »bestimmten Makel[s]« in das »Kennzeichen, einen bestimmten Makel korrigiert zu haben«.[61] Als Versuch, die Markierung einer durch diese erst geschaffenen Differenz zu löschen, wurden die

---

57 Gedenkbuch. Opfer der Verfolgung der Juden unter der nationalsozialistischen Gewaltherrschaft in Deutschland 1933–1945, hg. vom Bundesarchiv, Koblenz, und dem internationalen Suchdienst Arolsen, Bd. 1, o. O. 1986, S. 460–472.

58 Lübeckisches Adreß-Buch 1879, S. 170. Zu München vgl. z. B. das Ladenschild »A. B. Cohen« in: Richard Bauer (Hg.), Das alte München. Photographien 1805–1912. Gesammelt von Karl Valentin, München 1982, S. 68.

59 Adreßbuch von München für das Jahr 1897, S. 292.

60 Carl Zuckmayer, Der Hauptmann von Köpenick. Ein deutsches Märchen in drei Akten, in: Carl Zuckmayer, Der Hauptmann von Köpenick. Theaterstücke 1927–1937 (Gesammelte Werke in Einzelbänden, hg. v. Knut Beck und Maria Guttenbrunner-Zuckmayer), Frankfurt a. M. 1995, S. 11.

61 Erving Goffman, Stigma. Über Techniken der Bewältigung beschädigter Identität, Frankfurt a. M. 1975, S. 18.

Vornamensinitialen selbst nur wieder zum Stigma, wenn Thomas Mann etwa einer entsprechenden Namensform sozusagen die Lektüreanweisung gleich vorausschicken konnte: »ein Jude, der arme S. Lublinski, war es, der meinen ›Buddenbrooks‹ die Verheißung gab [...]«[62] (und der die »Verheißung« tatsächlich in dieser Form unterzeichnete[63]).

Als offensichtliche Reaktion auf eine im Lauf des neunzehnten Jahrhunderts zunehmende Obsession mit ›jüdischen‹ Namen wurden solche Abkürzungen ihrerseits zum Gegenstand derselben Obsession mit dem Personennamen als Berührungsstelle zwischen der ›symbolischen Ordnung‹ der Sprache und dem ›Realen‹ oder als Reales Imaginierten des Körpers, dessen »jüdische[] Rassenmerkmale[]« bei A. Wormser bezeichnenderweise »nur gering[]« sein sollen.[64] Ganz unmittelbar läßt sich diese Obsession rechtsgeschichtlich als ›Biopolitik‹ fassen, von der Erschwerung erst der Nach-, dann auch der Vornamensänderung[65] im Zweiten bis zum Diktat der Zwangsnamen Sara und Israel im Dritten Reich, und vielleicht noch deutlicher an der antisemitischen Propaganda:

1887, in der ersten Auflage seines ironischerweise noch unter einem Pseudonym veröffentlichten *Antisemiten-Catechismus*, führte Theodor Fritsch (auf dessen Vor- und Nachnamen übrigens 1935 die Namensflucht eines David Wise lauten sollte[66]) ein umfassendes »Verzeichniß jüdischer Familien-Namen« auf.[67] Nur sechs Jahre später jedoch, in der schon fünfundzwanzigsten Auflage, räumte Fritsch ein, daß Familiennamen »keinen sicheren Anhalt für die Beurtheilung der Abstammung« geben.[68] Statt einer Liste »jüdischer Familien-Namen« findet man nur noch den Hinweis auf die Signifikanz der »Vornamen, wie Nathan, Salomon, Baruch, David, Isidor usw., die selbst in der Abkürzung als bloßes N., S., B., D. noch charakteristisch« sein sollen.[69]

Die ersten drei »charakteristisch[en]«, in den *Deutsch-Sozialen Blättern*, wo diese Stelle 1895 sonst wörtlich abgeschrieben wurde, sogar »*äußerst* charakteristisch[en]«[70] Abkürzungen, »N.«, »S.«, »B.«, finden sich bei Thomas Mann tales quales wieder: »*B.* Grünlich« in den *Buddenbrooks*; »*S.* Büchermarkt Verlag Berlin W« auf einer 1898 angeleg-

---

62 Bd. 13, S. 470.
63 S. Lublinski, [Rezension von:] Thomas Mann, *Die* [sic!] *Buddenbrooks. Verfall einer Familie*, in: Berliner Tageblatt, 13.9.1902.
64 Zuckmayer, S. 9.
65 Vgl. Bering, S. 121–202.
66 Vgl. Robert M. Rennick, The Nazi Name Decrees of the Nineteen Thirties, in: Names 18, 1970, S. 65–88, hier S. 71.
67 Thomas Frey, Antisemiten-Catechismus. Eine Zusammenstellung des wichtigsten Materials zum Verständniß der Judenfrage, Leipzig 1887, S. 121–129.
68 Theodor Fritsch, Antisemiten-Katechismus. Eine Zusammenstellung des wichtigsten Materials zum Verständniß der Judenfrage, Leipzig 25 1893, S. 120.
69 Fritsch, Antisemiten-Katechismus, 25 1893, S. 363.
70 T., Änderung jüdischer Vornamen, in: Deutsch-Soziale Blätter, 25.7.1985; im Original keine Hervorhebung.

ten Liste sprechender Phantasienamen, auf der die Initiale »S.« buchstäblich ins Auge sticht, da sie, gut doppelt so groß und um vieles dicker
als alle anderen Lettern, einen ursprünglich ausgeschriebenen, jetzt un-
leserlichen Vornamen (wahrscheinlich »Carl«) überdeckt und so etwas
von der bübischen Freude verrät, die Thomas Mann daran hatte, sich
über die jüdische Herkunft seines schon damaligen, damals noch in
Berlin niedergelassenen Verlegers lustig zu machen — eben sind »100
Jahre Thomas Mann bei S. Fischer« begangen worden[71] (so übrigens
hatte Fischer auch seine sämtlichen Briefe an Thomas Mann und selbst
an Duzfreunde wie Gerhart Hauptmann unterzeichnet, und zwar in einem einzigen Schriftzug als »SFischer«, wie »J.LITTAUER« ohne Abstand und meist ohne Punkt hinter der stigmatischen Initiale, so daß diese im Schriftbild vom Nachnamen gleichsam absorbiert wird[72]) —; und
»Samuel N. Spoelmann« schließlich lautet in *Königliche Hoheit* der Name des amerikanischen Millionärs, der vordem übrigens »Davidsohn«
heißen sollte und der sich zur Entstehungszeit von *Königliche Hoheit* so
auch hätte schreiben müssen, weil nämlich seit 1907 Änderungsanträge
auf die Schreibung ›-son‹ abgelehnt wurden.[73]
Zu dieser Zeit, 1907, in der sechsundzwanzigsten Auflage seines jetzt
Handbuch der Judenfrage betitelten »Katechismus«, ließ Fritsch freilich
Hinweise auf jüdische Namen vollständig weg, die dann in der postumen fünfunddreißigsten Auflage von 1933 dennoch wiederkehren sollten. Hier sind es nun aber doch wieder die Familiennamen (zum Beispiel »Littauer«[74]), welche die Abstammung verraten sollen, da die Vornamen »verhältnismäßig leicht zu germanisieren« seien:

Entweder indem man einen jüdischen Namen durch einen ähnlich klingenden deutschen ersetzt, z. B. Feibel durch Philipp oder Moses durch
Moritz, oder aber indem man in zweiter Generation ausgesprochen deutsche Namen verwendet (besonders beliebt ist der Name Siegfried).[75]

Alle drei bei Fritsch aufgeführten Möglichkeiten, den Vornamen zu
manipulieren, um so eine jüdische Herkunft zu kaschieren und eine solche in der literarischen Verwendung dieser Manipulationsmöglichkei-
ten natürlich nur desto deutlicher zu erkennen zu geben, erscheinen
schon in den Vorarbeiten zu den *Buddenbrooks*, und zwar bei der Markierung der Gebrüder Hagenström. Erstens trägt *Hermann* Hagenström

---

71 Titel einer im November 1997 erschienenen Broschüre des Verlags; im Original
    keine Hervorhebung. Vgl. die offensichtlich kalkuliert ans Ende gesetzte Vorna-
    mensnennung im Nekrolog, Bd. 10, S. 478.
72 Überprüft an den Beständen des Thomas Mann-Archivs. Vgl. Samuel Fischer und
    Hedwig Fischer, Briefwechsel mit Autoren, hg. v. Dierk Rodewald und Corinna
    Fiedler, Frankfurt a. M. 1989.
73 Vgl. Bering, S. 144 f.
74 Theodor Fritsch, Handbuch der Judenfrage. Eine Zusammenstellung der wichtig-
    sten Tatsachen zur Beurteilung des jüdischen Volkes, Leipzig ³⁵1933, S. 33;
    vgl. ders., dass., Leipzig ³⁸1935, S. 33.
75 Fritsch, Handbuch der Judenfrage, Leipzig ³⁵1933, S. 31.

— wie in *Wälsungenblut Sieg*mund und *Sieg*lind Aarenhold — einen, um bei Fritschs Terminologie zu bleiben, »ausgesprochen deutsche[n]« und noch dazu einen nationalmythologisch schwer befrachteten, also einen ganz besonders sakrilegischen Vornamen. Zweitens hat sein Bruder Dr. *Moritz* Hagenström nur den Titel, aber, anders als seine Geschwister Hermann und Julchen, nicht die Vornamen seines ›Vorbilds‹ Dr. *Emil Ferdinand* Fehling, sondern genau denjenigen Vornamen bekommen, der bei Fritsch als Beispiel für die ›Ersetzung‹ des jüdischen Vornamens »durch einen ähnlich klingenden deutschen« dient.[76] Die negative Konnotierung dieses ›deutschen‹, aber gerade als solcher wieder unter Druck geratenen Vornamens[77] dokumentiert besonders drastisch jene oben schon zitierte Liste sprechender Namen aus dem Jahr 1898, weil »Moritz« dort nämlich vor einen Nachnamen zu stehen kam, der den berüchtigten westgalizischen Ekelnamen[78] nachgebildet wurde. Zwischen »S. Büchermarkt Verlag Berlin W« und »Lustmörder Schandfleck« ist der bereits einmal erwähnte Namenswitz vorgemerkt: »Comerzienrat Moritz Ausspuckeles aus Galizien. Wohnhaft Berlin W Tiergartenstraße. Gemahl. geb. Ausgießer aus Frankfurt«.[79] — Und sehr bezeichnenderweise nur gerade diesen einen Vornamen ›Moritz‹ hat Thomas Mann, drittens schließlich, auf einem »*In Schwartau*« überschriebenen Notizzettel dann abgekürzt, in einer Auflistung der Familie Hagenström: »Hermann Hagenström / Dr. *M.* Hagenström«.[80]

Um auf die ja ziemlich genau gleichalte Novelle zurückzukommen — die Entstehungs- und Konzeptionsgeschichte von *Gladius Dei* läßt sich, wie schon angedeutet, bis ins Jahr 1899 dokumentieren —, so vereindeutigt die Vornamensinitiale »M.« im Firmennamen diesen ebenso wie ihr unmittelbarer Kontext zur Linken und zur Rechten: links »Schönheitsgeschäft[]« versus »Kunst-Salon« — davon sogleich mehr —; rechts »Blü*th*enzweig« (mit veraltdeutscher, auch damals schon archaisierender Schreibung — der zeitgenössische wie bereits der *Duden* von 1880 hat »Blü*te*«[81] —, zum Zeichen einer vergeblichen Anmaßung eines besonders alten und besonders deutschen Geschlechtsnamens) als wie gesehen nicht nur ›jüdischer‹ Name, sondern als Anspielung auch auf

---

76 Vgl. Bering, S. 73.
77 Vgl. Benzion C. Kaganoff, A Dictionary of Jewish Names and their History, London und Henley 1978, S. 61; Bering, S. 60 f.
78 Vgl. Karl Emil Franzos, Namensstudien, in: Karl Emil Franzos, Halb-Asien. Land und Leute des östlichen Europa, Bd. 6: Aus der großen Ebene II, Stuttgart und Berlin ²o. J., S. 1–24, hier S. 4–6; Bering, S. 409 f., Anm. 45.
79 Vgl. auf derselben Liste auch »Kreisphysikus Dr. Leonhard Körperwärme« mit dem bei Kaganoff, S. 23, belegten Willkürnamen »Temperaturwechsel«.
80 Älteste Textschicht (Bleistift) unter Auslassung des mit Tinte Dazwischengeschriebenen; im Original Hervorhebung nur des Nachnamens (blau).
81 Konrad Duden, Orthografisches Wörterbuch der deutschen Sprache. Nach den für Deutschland, Österreich und die Schweiz gültigen amtlichen Regeln, Leipzig und Wien ⁷1903, S. 50; ders., Vollständiges Wörterbuch der deutschen Sprache. Nach den neuen preußischen und bayerischen Regeln, Leipzig 1880 (Nachdruck Mannheim 1980), S. 25; in den Originalen keine Hervorhebung.

den Namen eines weltweiten Kunstverlagsimperiums. Während die Vornamensinitiale »J.LITTAUER[S]« nur als solche eine jüdische Herkunft verraten könnte und jedenfalls in Fritschs Auflistung der besonders »charakteristisch[en]« Abkürzungen fehlt, kann »M.« sowohl für Moses[82] als auch für Moritz stehen, sowohl für den unter allen am allerstärksten jüdisch markierten Namen als auch für den entsprechenden und daher nahezu ebenso stark markierten ›deutschen‹ Gleichklangnamen. Die Ersetzung der Abkürzung »J.« beseitigt die letzten Unsicherheiten des argumentum ex nomine und zwingt geradezu oder mußte jedenfalls einen zeitgenössischen Leser zwingen, Motivation und Intention dieser Abkürzung zu supplieren.

Wenn Schuster also die Vornamensinitiale sowohl des »J.LITTAUER« als auch des »Schönheitsgeschäftes von M. Blüthenzweig« schlankweg unterschlägt, dann ist das Teil seines hartnäckigen und halsbrecherischen Versuchs, den »Namenswechsel Littauer gegen Blüthenzweig« nicht als »Anspielung [...] auf die immer wieder beargwöhnte Dominanz jüdischer Geschäftsleute im Kunsthandel« zu lesen. Die Initiale vor dem Namen »Blüthenzweig« ist ein denkbar sicheres Indiz dafür, daß Thomas Mann die Vornamensinitiale »J.LITTAUER[S]« in der Weise des *Antisemiten-Katechismus* interpretierte; und daß er sie durch »M.« ersetzte und also gewissermaßen noch »charakteristisch[er]« werden ließ, müßte eigentlich den letzten Zweifel an der einschlägigen Funktion des Namens beseitigen.

Man braucht sich nur die Funktion von Namen wie »Spinell« oder »Sammet« zu vergegenwärtigen, um zu erkennen, daß die spezifische »Anspielung« im »Namenswechsel Littauer gegen Blüthenzweig« System und Methode hat, daß sich darin ein Interesse an einer generativen Grammatik sozusagen besonders jüdisch wirkender Namen wie auch die dieses Interesse leitende Malice verrät, daß sie also, anders gesagt, ausgerechnet zu den »*Regeln* Thomas Mannscher Ironie« gehört, die Schuster gleich »alle[]« schon zu kennen glaubt. Eine bestimmte Gesetzmäßigkeit der als typisch jüdisch empfundenen Namensgebung, erst genau identifiziert, wird dann in der »Regel[]« nicht einfach talis qualis zur Generation ›erfundener‹ Namen reproduziert, sondern entweder, wie hier durch die besonders suspekte Initiale, den hier besonders fadenscheinigen »Schleier des M.«[83] gleichsam überzeichnet oder dann in pessimam partem variiert (»Spinell« ist nur noch »event[uell]« ein *Edelsteinname*, und »Sammet«, als Appellativ gelesen, bezeichnet unter allen anderen in Frage kommenden Namen des Paradigmas wie gesagt den am wenigsten edlen Stoff).

---

82 Vgl. z. B. die auf die Zeit um 1900 bezogene Bemerkung über Richard M. Meyer (»mit übergroße[n] braune[n] Augen«) bei Victor Klemperer, Ich will Zeugnis ablegen bis zum letzten. Tagebücher 1933–1941, Bd. 1, hg. v. Walter Nowojski, Berlin ⁹1997, S. 341.

83 Victor Klemperer, LTI. Notizbuch eines Philologen, Leipzig ¹⁶1996, S. 244.

Antisemitische Stereotype

Vollends befremdlich erscheint der Ausschließlichkeitsanspruch, den Schuster auf seine »Dechiffrierung« des Namens erhebt, wenn man diesen neben »Thomas Manns diesbezügliche[] detaillierte[] Beschreibungen des Herrn Blüthenzweig« hält — man beachte Schusters komplizenhaft ironische Distanzierung »des *Herrn* Blüthenzweig« —, von denen »sich [...] nicht täuschen [zu] lassen« »man« eigens aufgefordert werden muß; eine Warnung natürlich, die ebenso wie das verräterisch nebulöse Adjektiv der »*diesbezüglichen* [...] Beschreibungen« die Triftigkeit einer anderen Lektüre des Namens ungewollt schon konzediert:

> Es waren mehrere Leute im Laden anwesend. An einem der breiten Tische, die sich quer durch den Raum zogen, saß ein Herr in gelbem Anzug und mit schwarzem Ziegenbart und betrachtete eine Mappe mit französischen Zeichnungen, über die er manchmal ein meckerndes Lachen vernehmen ließ. Ein junger Mensch mit einem Aspekt von Schlechtbezahltheit und Pflanzenkost bediente ihn, indem er neue Mappen zur Ansicht herbeischleppte. Dem meckernden Herrn schräg gegenüber prüfte eine vornehme alte Dame moderne Kunststickereien, große Fabelblumen in blassen Tönen, die auf langen, steifen Stielen senkrecht nebeneinander standen. Auch um sie bemühte sich ein Angestellter des Geschäfts. An einem zweiten Tische saß, die Reisemütze auf dem Kopfe und die Holzpfeife im Munde, nachlässig ein Engländer. Durabel gekleidet, glatt rasiert, kalt und unbestimmten Alters, wählte er unter Bronzen, die Herr Blüthenzweig ihm persönlich herzutrug. Die ziere Gestalt eines nackten kleinen Mädchens, welche, unreif und zart gegliedert, ihre Händchen in koketter Keuschheit auf der Brust kreuzte, hielt er am Kopfe erfaßt und musterte sie eingehend, indem er sie langsam um sich selbst drehte.
>
> Herr Blüthenzweig, ein Mann mit kurzem braunen Vollbart und blanken Augen von ebenderselben Farbe, bewegte sich händereibend um ihn herum, indem er das kleine Mädchen mit allen Vokabeln pries, deren er habhaft werden konnte.
>
> »Hundertfünfzig Mark, Sir«, sagte er auf englisch; »Münchener Kunst, Sir. Sehr lieblich in der Tat. Voller Reiz, wissen Sie. Es ist die Grazie selbst, Sir. Wirklich äußerst hübsch, niedlich und bewunderungswürdig.« Hierauf fiel ihm noch etwas ein und er sagte: »Höchst anziehend und verlockend.« Dann fing er wieder von vorne an.
>
> Seine Nase lag ein wenig platt auf der Oberlippe, so daß er beständig mit einem leicht fauchenden Geräusch in seinen Schnurrbart schnüffelte. Manchmal näherte er sich dabei dem Käufer in gebückter Haltung, als beröche er ihn. Als Hieronymus eintrat, untersuchte Herr Blüthenzweig ihn flüchtig in eben dieser Weise, widmete sich aber alsbald wieder dem Engländer.
>
> Die vornehme Dame hatte ihre Wahl getroffen und verließ den Laden. Ein neuer Herr trat ein. Herr Blüthenzweig beroch ihn kurz, als wollte er so den Grad seiner Kauffähigkeit erkunden, und überließ es der jungen

Buchhalterin, ihn zu bedienen. Der Herr erstand nur eine Fayencebüste Piero's, Sohn des prächtigen Medici, und entfernte sich wieder. Auch der Engländer begann nun aufzubrechen. Er hatte sich das kleine Mädchen zu eigen gemacht und ging unter den Verbeugungen Herrn Blüthenzweigs. Dann wandte sich der Kunsthändler zu Hieronymus und stellte sich vor ihn hin.

»Sie wünschen...«, fragte er ohne viel Demut.[84]

Blüthenzweigs Einführung ist in eine aufschlußreiche Szene integriert, in der das Kosmopolitisch-Babylonische der Stadt wieder eingespielt wird (»französische[] Zeichnungen«,[85] »auf englisch«, »internationale[] Ausstellung«), so wie Savonarola erwartungsgemäß Florenz mit der ›Hure Babylon‹ identifizierte.[86] Die Handlung der Szene, in welche Blüthenzweigs Portrait eingelassen ist, besteht in einem Geschäft: Blüthenzweig »persönlich« bringt »Bronzen«. — Der »Engländer« »mustert[]« die »ziere Gestalt eines nackten kleinen Mädchens«. — Portrait Blüthenzweigs. — Blüthenzweig preist die Ware an. — Charakterisierung seiner Sprechweise und, damit verbunden, Nachtrag zum Portrait. — Der Engländer kauft.

Aufschlußreich ist schon die Ware, die hier den Besitzer wechselt: »Voller Reiz, [...] äußerst hübsch, [...] [h]öchst anziehend und verlokkend.« Die Art, wie diese Ware präsentiert und repräsentiert wird, stimmt genau zum eigentlichen Skandalon des »Schönheitsgeschäftes«, zur Prostituierung der Maria und des Christkinds. Konsequent wird die Ikonizität sozusagen der Ware, deren Zeichencharakter gleichsam übersprungen oder unterschlagen. »*Die ziere Gestalt eines nackten kleinen Mädchens*« »[]faßt« der Engländer »am Kopfe« — eine immerhin insofern noch leicht ambivalente Formulierung, als sie auch auf die künstlerisch-artifizielle ›Gestaltung‹ des Produkts verweisen kann —; »*das kleine Mädchen*« preist Blüthenzweig dem Engländer »mit allen Vokabeln« an; »*das kleine Mädchen*« hat sich der Engländer endlich für »[h]undertfünfzig Mark« »zu eigen gemacht« (das hieß seinerzeit, als sich ein durchschnittliches Jahreseinkommen auf weit weniger als tausend Mark belief,[87] für einen Betrag, der für Leute wie Blüthenzweigs ›schlechtbezahlte‹ Angestellte jenseits des Erschwinglichen liegt).

Die Konflation gleichsam von signifiant und signifié, von Artefakt und Körper, entspricht genau der Umbenennung jenes »KUNST-SALON[S]« — im Notizbuch ist von einem »Kunstladen« die Rede[88] — in ein »Schönheitsgeschäft[]«. Diese Umbenennung würde schon deswegen Beachtung verdienen, weil das Wort ›Schönheitsgeschäft‹ seinerzeit nachweislich ebenso ausgefallen und auffällig war wie heute. Wie im

---

84   Bd. 8, S. 205–207.
85   Bd. 8, S. 206, 208, 210.
86   Vgl. Villari/Berduschek, Bd. 1, S. 129 f. (mit Anstreichungen in Thomas Manns Ausgabe); auch die Verwendung des Motivs in *Fiorenza*, Bd. 8, S. 964, 976.
87   Vgl. Radkau, Das Zeitalter der Nervosität, S. 346.
88   Notizbücher, Bd. 1, S. 182.

neusten *Duden*, so fehlt es auch im entsprechenden Band des Grimm-schen Wörterbuchs, von dem ein glücklicher Zufall will, daß er genau gleich alt ist wie die erste Notiz, die Thomas Manns Arbeit an *Gladius Dei* dokumentiert. Da ›Schönheit‹ ja eine auf Kunstobjekte und Natur-körper gleichermaßen applizierbare Kategorie ist (und überhaupt Kunstbeflissenheit und Sexualität in München schon dort ineinander übergehen, wo die »Akademie der bildenden Künste [...] ihre weißen Arme [...] ausbreitet«), läßt der Text, ganz wörtlich genommen, zu-nächst keine Entscheidung darüber zu, womit genau »M. Blüthenzweig« seine ›Geschäfte‹ macht.

Wenn vor dem Hintergrund solcher Zweideutigkeiten der Engländer den als solcher bezeichneten Körper des »nackten kleinen Mädchens [...] langsam um sich selbst dreht[]« und genüßlich von allen Seiten »mustert[]«, dann ist damit nicht nur (wie andeutungsweise mit dem über die »französischen Zeichnungen [...] meckernd[]« lachenden »Herrn«, subliminal vielleicht auch mit den »senkrecht« »langen, steifen Stielen«, welche die »vornehme alte Dame« ihm »gegenüber prüft[]«) die Übergängigkeit von Kunst und Pornographie inszeniert, die in der zeitgenössischen Zensurdebatte offenbar ein antisemitischer Gemein-platz war[89] und in der Haupthandlung der Novelle ebenso wie in einem ihrer von Vaget[90] identifizierten Hypotexte (Max Grads *Madonna* von 1896[91]), und dort wieder mit einer Wendung ins entschieden Blasphemi-sche thematisch ist. Ganz wörtlich genommen, bringt Blüthenzweig in seinem »Schönheitsgeschäft« nicht einfach nur »Münchener Kunst« an den Mann, sondern er verkauft dem Fremden und Ausländer ein deutsches Mädchen (nicht den Deutschen italienische Knaben). Seine »Schönheitsgeschäfte[]« geraten bei ganz wörtlicher Lektüre unverse-hens zu Kinderprostitution oder »Mädchenhandel«, um die hier genau einschlägigen Partien in Fritschs *Handbuch* und *Mein Kampf* zu zitie-ren.[92]

Es ist kein oder dann ein sehr sinnreicher Zufall, daß die »detaillierten Beschreibungen des Herrn Blüthenzweig« in genau diesem Zusammen-hang erfolgen. Diese Beschreibungen, wie auch Schuster im Grunde einzugestehen scheint — denn sonst brauchte er ja nicht davor zu war-nen, sich von ihnen »täuschen [zu] lassen« —, markieren Blüthenzweig vollends und eindeutig, auf der Ebene des körperlich ›Realen‹. Die kör-perliche Markierung geschieht einmal mehr auf scheinheilige und hin-terhältige Weise. Spezifisch ›jüdische‹, als solche eindeutig identifizier-

---

89 Vgl. Stephan Füssel, Thomas Manns *Gladius Dei* (1902) und die Zensurdebatte der Kaiserzeit, in: Gerhard Hahn und Ernst Weber (Hgg.), Zwischen den Wissen-schaften. Beiträge zur deutschen Literaturgeschichte. Bernhard Gajek zum 65. Geburtstag, Regensburg 1994, S. 427–436, hier S. 429.

90 Vaget, Kommentar zu sämtlichen Erzählungen, S. 101 f. Vgl. dagegen Frühwald, »Der christliche Jüngling im Kunstladen«, S. 340, Anm. 21.

91 Max Grad, Madonna. Novelle, in: Neue Deutsche Rundschau 7, 1896, S. 988–996.

92 Fritsch, Handbuch der Judenfrage, Hamburg ²⁶1907, S. 434; Hitler, S. 63.

bare Merkmale werden aus dem eigentlichen Portrait herausgehalten. Die darin versammelten Charakteristika, je für sich genommen und solange man sie nicht neben den Namen »M. Blüthenzweig« oder ein erst hinterher nachgetragenes Detail der Physiognomie hält, legen eine ethnische Interpretation nicht zwingend nahe, weder der »braune[] Vollbart« noch die »blanken Augen von ebenderselben Farbe« — oder nur insofern, als »blanke[] Augen« (Linnés »Oculi[] fusci[]«[93]) aus anderen Texten der Novellensammlung und des Gesamtwerks ein spezifisches Konnotat schon angelagert haben — noch auch der nur nebenher in einem Partizip erwähnte Umstand, daß Blüthenzweig sich ständig die Hände reibt. Nicht zufällig wird dasselbe nur wenig später, 1905, bei der allerersten sich bietenden Gelegenheit von »Herr[n] Aarenhold« in *Wälsungenblut* gesagt, als er aus seiner Bibliothek heraustrat, »wo er sich mit seinen alten Drucken [...], Ausgaben erster Hand in *allen Sprachen* [...] und *moderige[n]* Scharteken« »beschäftigt hat[]«.[94] Blüthenzweig und Aarenhold — Arnhold hießen übrigens seinerzeit führende, in Berlin allerdings erst seit 1907 etablierte, in den Dreißigerjahren unter antisemitischem Druck ausgewanderte Privatbankiers[95] — weisen damit das Charakteristikum auf, das Thomas Mann in seinem Beitrag zur *Lösung der Judenfrage* unter »mauschelnde[n] Händen«[96] verstanden zu haben scheint: ein Beleg dafür, daß mit der Assimilation parallel zum Phänomen des ›Mauschelns‹ selbst auch die genaue Bedeutung oder doch die präzise Verwendung des Verbs abkam[97] (das etymologisch übrigens auf M. Blüthenzweigs mutmaßlich ›wahren‹ Vornamen ›Moses‹ zurückgeht[98]).

Die übertragene Verwendung des ›eigentlich‹ auf eine typisch jüdische Redeweise bezogenen Verbs ist ebenso symptomatisch wie die dazu reziproke Formulierung, Blüthenzweig möchte »alle[r] Vokabeln [...] *habhaft* werden«, so daß also der Insinuation dieser Formulierung

---

93   Linnaeus, S. 21.
94   Bd. 8, S. 380; im Original keine Hervorhebungen.
95   Vgl. Fritz Stern, Gold und Eisen. Bismarck und sein Bankier Bleichröder, Frankfurt a. M., Berlin, Wien 1978, S. 662; Gerald D. Feldman, Existenzkämpfe, in: Tagesspiegel, 26.6.1998. Zur Deutung des Namens Aarenhold vgl. Thiede, S. 82.
96   Bd. 13, S. 461.
97   Es läßt sich aufgrund der betreffenden Stelle noch nicht einmal mit Sicherheit sagen, ob Thomas Mann jene andere Bedeutung des Verbs überhaupt in seinem passiven Wortschatz verfügbar hatte. Vgl. dagegen Mark H. Gelber, Das Judendeutsch in der deutschen Literatur. Einige Beispiele von den frühesten Lexika bis zu Gustav Freytag und Thomas Mann, in: Stéphane Mosès und Albrecht Schöne (Hgg.), Juden in der deutschen Literatur. Ein deutsch-israelisches Symposium, Frankfurt a. M. 1986, S. 162–178, hier S. 173 f., den Hinweis auf den Tagebucheintrag vom 25.12.1933, daß Thomas Mann ausgerechnet an Weihnachten ausgerechnet dieses Jahrs »bei Tisch einen Juden nachmachte«. Aus dem Eintrag geht allerdings mit keinem Wort hervor, worauf sich diese Imitation, ob sie sich auf die Sprache oder auf die Gestikulation bezog.
98   Vgl. Pfeifer, Bd. 2, S. 1079, s. v. ›mauscheln‹.

nach sein an sich offenbar nicht mehr signifikanter Sprachgebrauch nun als Projektionsfläche und ›Bild*empfänger*‹ außerlinguistisch-charakterologischer Antisemitismen dienen zu können scheint. Die Übertragung des Verbs von einer bestimmten Redeweise auf die Körpersprache ist symptomatisch für den oben schon verschiedentlich berührten Paradigmenwechsel, der sich im antisemitischen Diskurs des neunzehnten Jahrhunderts anbahnte und durchsetzte, indem, als Reaktion auf die Assimilation, die jüdische Andersartigkeit nicht mehr aufgrund kultureller, besonders auch sprachlicher,[99] sondern eben humanbiologischer Kriterien definiert wurde. Charakteristisch für diese Umstellung des Diskurses sind die Versuche, die älteren, kulturell bedingten Stereotype wie Sprache, Gestik oder Gang den neuen Mustern zu integrieren, sie unter Abstraktion von lebensweltlichen Gegebenheiten biologisch zu beschreiben und zu erklären. Zur Entstehungszeit von *Gladius Dei*, in der *Deutschen Zeitschrift für Nervenheilkunde* von 1901, in einer empirischen, auf einem Sample von »18 Fällen« basierten Studie — »[d]ie überwiegende Mehrzahl der betreffenden Patienten«, die offenbar alle aus Tartu, ›Dorpat‹, stammten, »gehört[e] der jüdischen Bevölkerung an«, und zwar, so scheint es, dem »jüdischen Proletariat« —, sah sich H. Higier von »[m]anchen hiesigen Collegen« und »einigen, den Universitätskliniken und Krankenhäusern nahestehenden Aerzten« in seinem Schluß bestärkt, daß ein sonst »ziemlich seltene[s]« Hinken, ›claudicatio intermittens‹, »in hohem Maasse die *Juden*« »bevorzugt«; wobei sich immerhin nur »schwer entscheiden« ließ, ob dies von »geistige[r] Überanstrengung« »oder von der neuropathischen Anlage der Juden« abhänge.[100] In den Achtzigerjahren, als die »Häufigkeit dieses Leidens unter Juden« Higier schon »in hohem Maasse frappirte«, behandelte Gustav Jäger in seiner *Entdeckung der Seele* den sogenannten ›Judengestank‹ (foetor iudaicus) als biologisch unabänderliche Tatsache.[101] Und um wieder auf »M. Blüthenzweig« zurückzukommen, gab sich ein »Herr[] Dr. Wachter« schon 1814 in *Der Gesellschaft naturforschender Freunde zu Berlin Magazin für Entdeckungen in der gesammten Naturkunde* auf einer guten Seite »die Ehre«, in einer *Bemerkung über den Kopf der Juden* die ›kraniologischen‹ »Kennzeichen« zu erklären, an denen man zwar »den Juden ziemlich gut unterscheiden kann«, von

---

99 Vgl. z. B. Johann Christoph Wagenseil, Belehrung Der Jüdisch-Teutschen Red- und Schreibart. Durch welche / Alle so des wahren Teutschen Lesens kundig / für sich selbsten / innerhalb wenig Stunden / zu sothaner Wissenschaft gelangen können […], Königsberg 1694 [ohne Paginierung].

100 H. Higier, Zur Kritik der angiosklerotischen paroxysmalen Myasthenie (»Claudication intermittente« Charcot's) und der sog. spontanen Gangrän, in: Deutsche Zeitschrift für Nervenheilkunde 19, 1901, S. 438–466, hier S. 440 f., 457, 465.

101 Gustav Jäger, Entdeckung der Seele, Berlin, Stuttgart, Leipzig ³1884 (Nachdruck ebd. 1905), Bd. 1, S. 106–109; ders., Die Normalkleidung als Gesundheitsschutz. Gesammelte Aufsätze aus dem *Neuen Deutschen Familienblatt*, Stuttgart ²1891, S. 136.

denen aber »[d]er große *Blumenbach*« »meinete«, daß sie »nicht hinreichend und sicher genug wären« — ein allenfalls durch Blumenbachs anspruchsvolles Latein begründetes Mißverständnis —: »Man bemerkt ohne Mühe bei den Juden, daß vorzüglich die Muskeln, welche zum Sprechen [...] dienen, auf eine Art, welche gänzlich von der der Christen unterschieden ist, bewegt werden, und aus dieser auffallenden Bewegung kann man« — und *diese* Unterstellung ist beim besten Willen nicht mehr als Übersetzungsfehler entschuldbar — »mit *Blumenbach* die großen Veränderungen in ihrer Nase und Kinn [sic!] ableiten.«[102]

Die hinsichtlich ihres Erkenntnisanspruchs wie ihrer Voraussetzungen so offenkundig wirre »Bemerkung« wurde in der einschlägigen Literatur allem Anschein nach bis tief in die zweite Jahrhunderthälfte ignoriert.[103] Zur Zeit aber, als Jäger die »Seele« ›entdeckte‹ und Higier das

---

102 [Anonymus] Wachter, Bemerkung über den Kopf der Juden, in: Der Gesellschaft naturforschender Freunde zu Berlin Magazin für Entdeckungen in der gesammten Naturkunde 6, 1812 [Berlin 1814], S. 64 f. Vgl. Johann Friedrich Blumenbach, Tria crania perantiquorum ex diversissimis orbis partibus gentium, in: Commentationes societatis regiae scientiarum Gottingensis, Classis physica[], 14, 1797 f., S. 36–43, hier S. 42 [Wachter, S. 64: »commentaria societatis Göttingensis [...], pag. 112«]: »Iudaeam gentem a tot inde seculis per vniuersum pene terrarum orbem dispersam, vultum nihilominus gentilitium [sic!] quouis sub coelo intemeratum et plane characteristicum seruasse, vt vulgo notum est ita et pridem caussarum memorabilis phaenomeni indagatio physiologorum et physiognomorum ingenia exercuit.« (Folgt eine Fußnote »v. *de generis hum. variat. nativa* L. ed. 3. pag. 169 [sic!]«, die aber, wenn man ihr nachgeht, ebensowenig Wachters Behauptung bestätigt, daß die »Kennzeichen« für Blumenbach »nicht hinreichend« seien: De generis humani varietate nativa, Göttingen ³1795, S. 195 f., geht es Blumenbach im Zusammenhang der auf die Eigenart einwirkenden Einflüsse lediglich um ›gentes‹, die sich nicht mit andern vermischen und deshalb ihre Eigenart besonders bewahrt haben sollen, die alten Germanen, gewisse Zigeuner und eben die Juden.) Blumenbachs sich im Lauftext anschließende Bemerkung, daß auch Laien den ›Iudaeus centenarius‹ aus seiner einige sechzig Schädel umfassenden Sammlung unfehlbar und »primo statim intuitu« identifiziert hätten, ist um so verdächtiger, als er bei der Besprechung des Kopfes einer ›puella Iudaica‹ auf keine solche empirische Erhärtung der gerade auch hier postulierten jüdischen Merkmale hinweist (Decas tertia collectionis suae craniorum diversarum gentium illustrata, Göttingen 1795, S. 14: »characteres gentilitios [...] iam in infantili aetatula conspicuos esse«). Völlig erklärlich wird die Identifizierbarkeit des ›Iudaeus‹, wenn man die auch im Titel des entsprechenden Kapitels bzw. der entsprechenden Zeichnung mit dem Epitheton ›centenarius‹ immer schon mitgegebene Information der Hochbetagtheit einbezieht. Jedenfalls ist dem ›cranium Iudaei centenarii‹ sein Alter, im Unterschied zu seinem ›vultus gentilicius‹, auch heute noch »primo [...] intuitu« anzusehen. Denn unter allen mit vollständigen Kiefern erhaltenen Schädeln der Sammlung scheint er nach Ausweis sämtlicher Abbildungen mit nur einer Ausnahme (Nr. 15, ›Iacuta‹) der einige ganz zahnlose gewesen zu sein.

103 Vgl. z. B. Weisbach; Joseph Bernard Davis, Thesaurus craniorum. Catalogue of the Skulls of the Various Races of Man, London 1867; Hermann Welcker, Kraniologische Mittheilungen, in: Archiv für Anthropologie 1, 1866, S. 89–160; ders., Wachsthum und Bau des menschlichen Schädels. Erster Theil: Allgemeine

»Prävaliren des semitischen Elementes«[104] unter den an ›claudicatio intermittens‹ leidenden Patienten zu ›frappieren‹ begann, 1882, und kaum zufällig wieder in Tartu, taucht Wachters »Bemerkung« in einer medizinischen Dissertation auf, in Bernhard Blechmanns *Beitrag zur Anthropologie der Juden* und unter demselben Titel in einem von Blechmanns Doktorvater Ludwig Stieda verfaßten Artikel.[105] Obgleich Blechmann und wohl auch Stieda mit Blumenbachs Arbeit vertraut waren und die Falschheit der dessen Autorität unterstellten Aussagen festzustellen durchaus die Möglichkeit gehabt hätten und obgleich sich diese überhaupt nicht mit ihren eigenen Resultaten deckten — ein mit jener Theorie zweier verschiedener »Judenschädel« bewältigter Widerspruch[106] —, wird Wachters Artikel in Blechmanns Dissertation am weitaus ausführlichsten und so gut wie vollständig zitiert, ohne daß er den Autor oder seinen Betreuer zu einer kritischen Stellungnahme herauszufordern scheint. Die Solidarität mit dem Zitierten läßt sich sogar an einer Fehlleistung festmachen. Das Ende des Zitats ist interpunktorisch gar nicht und dieses als solches überhaupt dermaßen mangelhaft markiert, daß es Sander Gilman irrtümlicher-, aber eben begreiflicherweise und in einem bestimmten Sinn sogar mit einer gewissen Berechtigung als eine von Blechmann in eigener Instanz vertretene Position mißverstehen konnte.[107]

In den Jahrzehnten also, die zwischen Wachters eher dilettantischer »Bemerkung« und ihrer akademischen Wiederaufnahme durch Stieda und Blechmann zu liegen kamen, scheint das Postulat einer kausalen Beziehung von ›jüdischer‹ Physiognomie und ›mauschelnder‹ Sprechweise an Attraktivität gewonnen oder jedenfalls die Toleranz gegenüber

---

Verhältnisse des Schädelwachsthums und Schädelbaues. Normaler Schädel deutschen Stammes, Leipzig 1862, v. a. S. 99 f.; Samuel George Morton, Catalogue of Skulls of Man and the Inferior Animals, Philadelphia ³1849, v. a. S. VIII; August Zeune, Über Schädelbildung zur festern Begründung der Menschenrassen, Berlin 1846; G. Vrolik, Schreiben an M. J. Weber über dessen Lehre von den Ur- und Racenformen der Schaedel und Becken des Menschen, Amsterdam 1830; Gottfried Schadow, National-Physiognomieen oder Beobachtungen über den Unterschied der Gesichtszüge und die äussere Gestaltung des menschlichen Körpers [...] — Physiognomies nationales ou observations sur le visage et sur la conformation de la tête de l'homme [...], Berlin 1830, v. a. S. 40 f.

104 Higier, S. 440.
105 Bernhard Blechmann, Ein Beitrag zur Anthropologie der Juden, Diss. Dorpat 1882, S. 10–12; Ludwig Stieda, Ein Beitrag zur Anthropologie der Juden, in: Archiv für Anthropologie 14, 1882, S. 61–71, hier S. 62.
106 Blechmann, S. 56–64.
107 Gilman, The Jew's Body, S. 180 (S. 55–57 auch der Hinweis auf Higier); ders., Creating Beauty to Cure the Soul. Race and Psychology in the Shaping of Aesthetic Surgery, Durham und London 1998, S. 74. Wegen der schlechten Zugänglichkeit von Blechmanns Dissertation wurde Gilmans Verwechslung zunächst fortgeschrieben: Yahya A. Elsaghe, »Herr und Frau X. Beliebig«? Zur literarischen Funktion der Vornamensinitiale bei Thomas Mann, in: German Life and Letters, New Series, 52, 1999, S. 58–67, hier S. 66 mit Anm. 41.

solchen Postulaten erheblich zugenommen zu haben. Ein Zusammenhang dieser Art nun, aber in jetzt schon umgekehrter Determinations-
richtung, als ›Ableitung‹ nicht mehr der Schädelform aus der Sprechweise, sondern der Sprechweise aus der Eigenart des Naturkörpers, bildet in *Gladius Dei* den Anlaß dafür, ein weiteres und das natürlich am
eindeutigsten stigmatische Merkmal der Physiognomie gleichsam nach-
zuschieben. Das eigentliche Portrait Blüthenzweigs ist bereits abgeschlossen durch die ihm folgenden Zitate der immer gleichen »Vokabeln [...], deren er habhaft werden« kann und deren erste, vom Erzähler
ausgewiesenermaßen ins Deutsche nur übersetzte,[108] Preis und Währung,
natürlich ihrerseits schon das Arsenal der antisemitischen Stereotype
aufrufen:

> »Hundertfünfzig Mark, Sir«, sagte er auf englisch; »Münchener Kunst,
> Sir. Sehr lieblich in der Tat. Voller Reiz, wissen Sie. Es ist die Grazie
> selbst, Sir. Wirklich äußerst hübsch, niedlich und bewunderungswür-
> dig.« Hierauf fiel ihm noch etwas ein und er sagte: »Höchst anziehend
> und verlockend.« Dann fing er wieder von vorne an.
> Seine Nase lag ein wenig platt auf der Oberlippe, so daß er beständig
> mit einem leicht fauchenden Geräusch in seinen Schnurrbart schnüffel-
> te. Manchmal näherte er sich dabei dem Käufer in gebückter Haltung, als
> *beröche* er ihn.

Der zeitgenössischen Imagination des jüdischen Körpers gemäß wird
Blüthenzweig durch seine Nase ganz eindeutig und unmißverständlich
markiert. Das Scheinheilige und Hinterhältige dieser Markierung besteht darin, daß der Erzähler so tut, als sei ihm gar nicht an einer solchen gelegen, ja als falle das entsprechende Merkmal als solches kaum
auf. Wie in der am unverstelltesten antisemitischen, nur wenig jüngeren
Novelle *Wälsungenblut* die Zwillinge Siegmund und Sieglind Aarenhold »dieselbe *ein wenig* niedergedrückte Nase« haben,[109] so liegt Blüthenzweigs Nase »ein wenig platt auf der Oberlippe«; und dieser Umstand scheint dem eigentlich bereits abgeschlossenen und hierin unvollständigen Portrait allein um seiner zwar wieder nur »leicht[en]« Auswirkung auf die eben zitierten direkten Reden willen hinzugefügt zu sein,
um deren Eigenart zu veranschaulichen und das »*leicht* fauchende[]
Geräusch« zu erklären, das damit notwendig einhergeht.
   Dieses Arrangement läßt sich ohne weiteres dekonstruieren. Der Vorwand, daß Blüthenzweigs Nase nicht um ihrer selbst willen, sondern
eben um der Plastifizierung gleichsam seiner Redeweise dem schon abgeschlossenen und hierin unvollständigen Portrait doch noch nachge-
schoben wird, steht in verräterischem, die eigentliche Intention dieser
Ergänzung verratenden Gegensatz zu seiner syntaktischen Artikulation.
In der hypotaktischen Struktur des Satzgefüges erscheint die besondere
Redeweise Blüthenzweigs ja nur in einem konsekutiven Neben- und das

---

108   Zur Affinität von Engländer- und Judentum vgl. Thiede, S. 66–68, 110, 175.
109   Bd. 8, S. 381, 408; im Original keine Hervorhebungen.

physiognomische Charakteristikum im Hauptsatz: »Seine Nase lag ein wenig platt auf der Oberlippe, so daß er beständig mit einem leicht fauchenden Geräusch in seinen Schnurrbart schnüffelte.«

Das seltsame Schillern von Haupt- und Nebensache, die innere Beziehung, die zwischen der besonders geformten Nase und der besonderen Artikulationsweise Blüthenzweigs besteht, die Übergänglichkeit also von Körper und Sprache ist wieder, wie die Charakterisierung von Detlev Spinells Rede oder die übertragene Verwendung des Verbs ›mauscheln‹, bezeichnend für die Umstellung des antisemitischen Diskurses von kulturellen auf biologische Stereotype, mit der beziehungsweise mit deren verzweifelter Schwierigkeit natürlich auch die Sensibiltät für ›jüdische‹ Namen und Vornamensinitialen zusammenhing, sofern sie eben den angeblich genetisch so grundverschiedenen Körper ›des‹ Juden vermeintlich eindeutig zu identifizieren erlaubten.[110] Bezeichnend für diesen Übergreifungsvorgang, für die Integration des kulturellen in einen humanbiologischen Diskurs, ist der doppelte Zusammenhang, in dem die Eigenart von Blüthenzweigs Sprechweise hier steht. Blüthenzweigs Artikulation wird erst in direktem Zusammenhang mit seiner Rede und bei deren Beschreibung und Erklärung thematisch. Diese Erklärung selbst aber rekurriert dann auf die »ein wenig platt[e]« Nase, welche Atmung und Sprache »beständig« behindert. In dieser ›Beständigkeit‹ an die Physio- oder Pathologie des Körpers gebunden, reicht Blüthenzweigs eigenartige Redeweise über die Kulturphänomenologie der Sprache und virtuell auch über die *Human*biologie hinaus.

Denn durch die metaphorische Stilisierung des wenn auch noch so »leicht«, aber eben doch »*fauchenden* Geräusch[s]«, das er von sich gibt, wird Blüthenzweigs Körper ebenso ins Tierisch-Vormenschliche verzeichnet wie durch seine »gebückte[] Haltung« (beziehungsweise seine »Verbeugungen«) und vor allem natürlich durch die Vergleiche und Metaphern, die sich an die »gebückte[]« Haltung und die behinderte Atmung anschließen und diese beiden Phänomene in eine einzige Isotopieebene integrieren. Blüthenzweig »schnüffelt[]«, er »schnüffelt[]« später sogar »heftig«,[111] und dem genau entsprechend wird seine Haltung in einem zwar erst konjunktivischen Vergleich interpretiert: »als beröche er ihn«. Nur kehrt dieser hier noch als solcher ausgewiesene Vergleich unversehens in gekürzter Form wieder: »Herr Blüthenzweig beroch ihn kurz, als wollte er so den Grad seiner Kauffähigkeit erkunden« — wieder ein konjunktivischer Vergleich, der aber, indem er das Interesse nun auf die Intention des ›Beriechens‹ fokussiert, von der hier vorgenommenen Kürzung des anderen, zuvor noch halbwegs explizierten Vergleichs, kurz von der Metaphorizität des ›Beriechens‹ ablenkt, dieses gewissermaßen vereigentlicht. Das ganze Satzgefüge suggeriert eine Eigentlichkeit von Blüthenzweigs Tiernatur. Diese überträgt

---

110   Vgl. Shulamit Volkov, Jüdische Assimilation und jüdische Eigenart im Deutschen Kaiserreich, in: Geschichte und Gesellschaft 9, 1983, S. 331–348, hier S. 334–339; Rennick, S. 66 f.

111   Bd. 8, S. 208.

sich auf das gesamte ›Geschäft‹, an dem Hieronymus ja ausdrücklich die »Entfaltung« der »*tierischen* Triebe« verflucht.[112] Vertiert erscheinen auch die Kundschaft und das Personal.

Die erste Figur, die der Erzähler in den Blick nimmt, wird bei dieser und bei mehreren späteren Gelegenheiten über ihren »*Ziegen*bart« und über ihr ›Meckern‹ identifiziert.[113] Wie das Vegetarische dieser metaphorischen Animalität dem zuerst erwähnten Angestellten mit einem »Aspekt von Schlechtbezahltheit und Pflanzenkost«, so entspricht die Animalität selbst, aber auch wieder das Pflanzenfresserische daran, dem zuletzt erscheinenden Angestellten Blüthenzweigs, *Kraut*huber im »besudelte[n] Schur*fell*«, mit »*Seehunds*schnauzbart« und »*Elephanten*augen«[114] (in dessen Gestalt das Vegetarische, wie es von Anfang an mit »Schlechtbezahltheit« einhergeht und als Defekt erscheint, insofern auch ins Vegetabil-Asexuelle hinüberspielt, als er als »ein [...] Etwas« und »Das, was« grammatisch kein Geschlecht hat):

> »Krauthuber!« ließ Herr Blüthenzweig, einer Tür im Hintergrund zugewandt, mit Anstrengung seine Stimme vernehmen. »Kommen Sie sofort herein!«
> Das, was infolge dieses Befehls auf dem Schauplatze erschien, war ein massiges und übergewaltiges Etwas, eine ungeheuerliche und strotzende menschliche Erscheinung von schreckeneinflößender Fülle, deren schwellende, quellende, gepolsterte Gliedmaßen überall formlos ineinander übergingen,... eine unmäßige, langsam über den Boden wuchtende und schwer pustende Riesengestalt, genährt mit Malz, ein Sohn des Volkes von fürchterlicher Rüstigkeit! Ein fransenartiger Seehundsschnauzbart war droben in seinem Angesicht bemerkbar, ein gewaltiges, mit Kleister besudeltes Schurzfell bedeckte seinen Leib, und die gelben Ärmel seines Hemdes waren von seinen sagenhaften Armen zurückgerollt.[115]

Daß Blüthenzweigs Vertierung, wie sie sein Personal und seine Kundschaft gewissermaßen imprägniert, nicht einfach von der stigmatischen Nase, sondern vom Geruchssinn her durchgeführt wird, weist wie die Nase und die Tierhaftigkeit selbst wieder auf das feste Register antisemitischer Stereotype. Bezeichnend hierfür ist nicht allein die vom Text selbst angebotene Interpretation des ›Beriechens‹, daß dieses eben dazu dient, einen jeden Kunden dem »Grad seiner Kauffähigkeit« nach zu identifizieren, die so unterstellte organische Konditionierung ›des‹ Juden auf das Geld (der außerdem sein Personal augenfällig ›schlecht‹ zu ›bezahlen‹ scheint). Bezeichnend ist schon der Umstand, daß Blüthenzweig überhaupt, daß nur er und daß er in so penetranter Weise mit dem Geruchssinn assoziiert wird. Die Beziehung, in welcher der so stark sensibilisierte Geruchssinn Blüthenzweigs nicht nur zur ›jüdischen‹ Nase,

---

112 Bd. 8, S. 210; im Original keine Hervorhebung.
113 Bd. 8, S. 206–211.
114 Bd. 8, S. 213; im Original keine Hervorhebungen.
115 Bd. 8, S. 213.

sondern auch zum eben schon einmal flüchtig berührten Stereotyp des foetor iudaicus steht, das hier scheinbar invertiert ist, gehört zu jenen »Elemente[n] des Antisemitismus« und den »Grenzen der Aufklärung«, die Theodor W. Adorno und Max Horkheimer im so überschriebenen Teil ihrer *Dialektik der Aufklärung* analysiert haben:

> Kein Antisemit, dem es nicht im Blute läge, nachzuahmen, was ihm Jude heißt. Das sind immer selbst mimetische Chiffren: die argumentierende *Handbewegung*, der singende Tonfall, wie er unabhängig vom Urteilssinn ein bewegtes Bild von Sache und Gefühl malt, die Nase, das physiognomische principium individuationis, ein Schriftzeichen gleichsam, das dem Einzelnen den besonderen Charakter ins Gesicht schreibt. In den vieldeutigen Neigungen der Riechlust lebt die alte Sehnsucht nach dem Unteren fort, nach der unmittelbaren Vereinigung mit umgebender Natur, mit Erde und Schlamm. Von allen Sinnen zeugt der Akt des Riechens, das angezogen wird, ohne zu vergegenständlichen, am sinnlichsten von dem Drang, ans andere sich zu verlieren und gleich zu werden. Darum ist Geruch, als Wahrnehmung wie als Wahrgenommenes — beide werden eins im Vollzug — mehr Ausdruck als andere Sinne. Im Sehen bleibt man, wer man ist, im Riechen geht man auf. So gilt der Zivilisation Geruch als Schmach, als Zeichen niederer sozialer Schichten, *minderer Rassen* und unedler *Tiere*. Dem Zivilisierten ist Hingabe an solche Lust nur gestattet, wenn das Verbot durch Rationalisierung im Dienst wirklich oder scheinbar praktischer Zwecke suspendiert wird. Man darf dem verpönten Trieb frönen, wenn außer Zweifel steht, daß es seiner Ausrottung gilt. Das ist die Erscheinung des Spaßes oder des Ulks. Er ist die elende Parodie der Erfüllung. Als verachtete, sich selbst verachtende, wird die mimetische Funktion hämisch genossen. Wer Gerüche wittert, um sie zu tilgen, »schlechte« Gerüche, darf das Schnuppern nach Herzenslust nachahmen, das am Geruch seine unrationalisierte Freude hat. Indem der Zivilisierte die versagte Regung durch seine unbedingte Identifikation mit der versagenden Instanz desinfiziert, wird sie durchgelassen. Wenn sie die Schwelle passiert, stellt Lachen sich ein. Das ist das Schema der antisemitischen Reaktionsweise. Um den Augenblick der autoritären Freigabe des Verbotenen zu zelebrieren, versammeln sich die Antisemiten, er allein macht sie zum Kollektiv, er konstituiert die Gemeinschaft der Artgenossen.[116]

Blüthenzweigs tierhaftes ›Beriechen‹ seiner Kunden stellt also die im Grunde gleiche Bedrohung dar wie der foetor iudaicus. Es gefährdet die Grenze, auf welcher die ganze Novelle basiert und an deren Konsolidierung sie teilhat, die prinzipielle Fremdheit und ›otherness‹ des als Jude Markierten. Die Angst um das »principium individuationis« und vor durchbrochenen Körpergrenzen charakterisiert Thomas Manns Texte aber auch über die von Horkheimer und Adorno speziell in den Blick genommenen »Grenzen der Aufklärung« hinaus und bis in den

---

116 Max Horkheimer und Theodor W. Adorno, Dialektik der Aufklärung. Philosophische Fragmente, Frankfurt a. M. 1988, S. 193; im Original keine Hervorhebungen.

›Stil‹ und die ›Schreibweise‹[117]: so die vielen Infektionskrankheiten in seinem Werk und die damit eng verbundene Konzeption der nationalen und der Kontinentalgrenzen als cordons sanitaires, welche die imaginäre Übertragung der Körper- auf territoriale Grenzen am deutlichsten erkennen läßt; oder die Wahrnehmung der auch explizit als Infektionsherde gefürchteten Angehörigen des Proletariats (bei denen sich eine der großbürgerlichen auch nur von fern vergleichbare Intimsphäre vor der Verbreitung der billigen Steinkohle auszubilden noch nicht einmal beginnen konnte[118]). In den *Buddenbrooks* muß Hanno schon früh die »Vorstellung« bekommen, daß »andere Kinder [...] mit Skrofeln« — tuberkulösen Hautgeschwüren — »und ›Bösen Säften‹ schwer behaftet« sind.[119] Der »Wortführer« der Speicherarbeiter spuckt den Herrschaften »den braunen Saft seines Kautabaks in die Stube«.[120] Dem Schuhputzer Grobleben »hängt« »zu jeder Jahreszeit« »ein länglicher Tropfen« an der »magere[n] Nase [...], ohne jemals hinunterzufallen«.[121] Und auch sonst, zum Beispiel bei den »großmächtigen Füße[n]« der »[b]escheidene[n] Leute«,[122] können sozialdiskriminatorische und antisemitische Topoi zusammenfallen.

117 Vgl. Roland Barthes, Am Nullpunkt der Literatur, Frankfurt a. M. 1982, S. 15–25.
118 Vgl. Radkau, Das Zeitalter der Nervosität, S. 152; Nipperdey, S. 141–147.
119 Bd. 1, S. 521.
120 Bd. 1, S. 487.
121 Bd. 1, S. 400; vgl. S. 486.
122 Bd. 1, S. 718 f.

Die Angst vor durchbrochenen Körpergrenzen

> Und Gott blickte auf sie und machte ihnen Öffnungen, durch die sie sich entleeren konnten, wie es zur Natur geworden ist bis auf diese Stunde. Adam und Eva aber stießen das aus, was sie im Bauche hatten, gingen in die Höhle hinein, traurig und weinend [...].[123]

Wie Gustav Jäger parallel zu seinen Geruchsstudien über die Kleidung »als *Gesundheitsschutz*« gearbeitet hat, so verrät Thomas Mann seinen Horror vor dem offenen Körper auch negativ, durch den großen Aufwand, den er in seinen Portraits regelmäßig mit der genauen und plastischen Beschreibung von Kleidung als einer Konsolidierung der Körpergrenzen betreibt. Der innere Zusammenhang, in dem Thomas Manns Obsession mit perfektionierter *Garde*robe mit einer panischen Abwehr gegen die Entgrenzung des Körpers steht, läßt sich exemplarisch an einem Kapitel des *Felix Krull* aufzeigen, am fünften des ersten Buchs, das aber heißt an demjenigen Textteil, welcher 1911 als überhaupt erstes »Bekenntnis[] des Hochstaplers« publiziert wurde[124] (zu einer Zeit also, für die der *Tod in Venedig* eine ziemlich genaue Kenntnis der Platonischen Ideenlehre bezeugt). Dem Status solch einer allerersten Publikation wird der Text selbst dadurch gerecht, daß der fiktive Autor darin die ›Urszene‹ gleichsam seines Lebens erzählt. Dessen »entscheidende[s]«[125] Trauma ist einerseits wie im *Wilhelm Meister*, ›dem‹ deutschen Bildungsroman schlechthin, ans ›theatralische‹ Milieu gebunden, das indessen zum vornherein ins »bescheidene[] Genre [...] der leichtgeschürzten Muse«[126] herabgesetzt wird, läßt sich aber andererseits auch als Parodie des berühmten Höhlengleichnisses lesen (zu dessen Illustration Platon in einem Vergleich mit den ›Gauklern‹ — ὥσπερ τοῖς θαυματοποιοῖς[127] — seinerseits auf ein theatralisches Arrangement zurückgreift).

---

123 Das »äthiopische Adamsbuch« in der Paraphrase von Edgar Dacqué, Umwelt, Sage und Menschheit. Eine naturhistorisch-metaphysische Studie, München 1924, S. 267; von Thomas Mann angestrichen und mit einem Ausrufezeichen versehen.

124 Thomas Mann, Bekenntnisse des Hochstaplers Felix Krull. Bruchstück aus einem Roman, in: Almanach des S. Fischer Verlags, 25. Jahr, Berlin 1911, S. 273–283.

125 Bd. 7, S. 287.

126 Bd. 7, S. 287. Die fragliche »Operette«, anders als fast zu erwarten, scheint »doch eine erfundene«, »aus gängigen Versatzteilen zusammengebastelt« zu sein (freundliche Auskunft von Herrn Prof. Dr. Volker Klotz, Stuttgart, vom 21.12.1998).

127 Platon, Politeia, hg. v. Karlheinz Hülser, Frankfurt a. M. 1991 (Sämtliche

Als traumatisch erlebte Felix die Diskrepanz zwischen der theatralischen und der privaten Erscheinung eines Menschen, die seinen »Ekel« und »Schauder[]« erregte.[128] Die Faszination des theatralisch-repräsentativen Körpers hängt in dieser Erzählung wesentlich mit den »verschiedenen Toiletten«[129] des Schauspielers zusammen, deren eine als allererstes in den Blick genommen wird, beim ersten Auftritt des mit sprechendem Doppelnamen so genannten Müller-Rosé (»seine Hände außen *mehl*weiß [...], ihre Innenflächen [...] *rosig*«[130]), welcher sich zunächst, seiner besseren Hälfte entsprechend, *»in angenehmen Grenzen«* bewegt:

> Bei seinem ersten Auftreten war er schwarz gekleidet, und dennoch ging eitel Glanz von ihm aus. Dem Spiele nach kam er von einem Treffpunkt der Lebewelt und war ein wenig betrunken, was er in angenehmen Grenzen, auf eine verschönte und veredelte Weise vorzutäuschen verstand. Er trug einen schwarzen, mit Atlas ausgeschlagenen Pelerinenmantel, Lackschuhe zu schwarzen Frackhosen, weiße Glacés und auf dem schimmernd frisierten Kopf, dessen Scheitel nach damaliger militärischer Mode bis zum Nacken durchgezogen war, einen Zylinderhut. Das alles war vollkommen, vom Bügeleisen im Sitz befestigt, von einer Unberührtheit, wie sie im wirklichen Leben nicht eine Viertelstunde lang zu bewahren wäre, und sozusagen nicht von dieser Welt. Besonders der Zylinder, der ihm auf leichtlebige Art schief in der Stirn saß, war in der Tat das Traum- und Musterbild seiner Art, ohne Stäubchen noch Rauheit, mit idealischen Glanzlichtern versehen, durchaus wie gemalt, — und dem entsprach das Gesicht dieses höheren Wesens, ein Gesicht, das wie aus dem feinsten Wachs gebildet erschien. Es war zart rosenfarben und zeigte mandelförmige, schwarz umrissene Augen, ein kurzes, gerades Näschen sowie einen überaus klar gezeichneten und korallenroten Mund, über dessen bogenförmig geschwungener Oberlippe sich ein abgezirkeltes, ebenmäßiges und wie mit dem Pinsel gezogenes Schnurrbärtchen wölbte. Elastisch taumelnd, wie man es in der gemeinen Wirklichkeit an Betrunkenen nicht beobachten wird, überließ er Hut und Stock einem Bedienten, entglitt seinem Mantel und stand da im Frack, mit reich gefälteter Hemdbrust, in welcher Diamantknöpfe blitzten.[131]

Nicht nur also, daß die Kleidung und der Kulturkörper den ersten Eindruck dominieren, indem sie den Blick an »Lack[]« und »Glanzlichtern«, »Diamantknöpfe[n]« und »Brillanten«[132] förmlich abprallen lassen und selbst zur Charakterisierung der »silberne[n] Stimme«[133] die Metapher einer Glanzfarbe eintritt; auch die Schilderung des Gesichts unter dem »wie gemalt[en] Zylinder« (platonisches »Traum- und *Musterbild*

Werke, Bd. 5), S. 508 (514b).
128   Bd. 7, S. 292.
129   Bd. 7, S. 289.
130   Bd. 7, S. 288; im Original keine Hervorhebungen.
131   Bd. 7, S. 287 f.
132   Bd. 7, S. 288.
133   Bd. 7, S. 288.

seiner Art«) spielt diesen einzig sichtbaren Teil des ›eigentlichen‹ Körpers — denn erst trägt Müller-Rosé ja noch Handschuhe — vor allem durch eine Serie von Partizipien ins Artifizielle hinüber, aber ausdrücklich so, daß die Artifizialität der ja tatsächlich »gezeichneten« und »abgezirkelte[n]« Theatermaske als solche gewissermaßen in Vergessenheit gerät: das »Gesicht [...] *wie* aus dem feinsten Wachs gebildet«, das »Schnurrbärtchen« »*wie* mit dem Pinsel gezogen[]«. Der Schock wird dann auch keineswegs nur in einer eigentlichen Desillusionierung bestehen, in der Einsicht nur in den tatsächlich künstlichen Charakter der durch die Theatersituation in Distanz entrückten Erscheinung, sondern im »Ekel«, den der durch seine artifizielle Hülle getretene und sehr bemerkenswerterweise in eins damit aus der natürlichen Hülle der Haut tretende Körper im Moment genau dieses doppelten Übertritts erregt:

Man antwortete drinnen: »Wer da?« oder »Was, zum Deibel!« [...] »Darf man eintreten?« fragte mein Vater; worauf es antwortete, daß man vielmehr etwas anderes, in diesen Blättern nicht Wiederzugebendes tun dürfe. Mein Vater lächelte still und verschämt und versetzte: »Müller, ich bin es — Krull, Engelbert Krull. Man wird Ihnen doch wohl noch die Hand schütteln dürfen!« Da lachte es drinnen und sprach: »Ach, du bist es, altes Sumpfhuhn! Na, immer 'rein ins Vergnügen! — Sie werden ja wohl« hieß es weiter, als wir zwischen Tür und Angel standen, »nicht Schaden nehmen durch meine Blöße.« Wir traten ein, und ein Anblick von unvergeßlicher Widerlichkeit bot sich dem Knaben dar.
An einem schmutzigen Tisch und vor einem staubigen und beklecksten Spiegel saß Müller-Rosé, nichts weiter am Leibe als eine Unterhose aus grauem Trikot. Ein Mann in Hemdärmeln bearbeitete des Sängers Rücken, der in Schweiß gebadet schien, mit einem Handtuch, indes er selber Gesicht und Hals, die dick mit glänzender Salbe beschmiert waren, vermittels eines weiteren, von farbigem Fett schon starrenden Tuches abzureiben beschäftigt war. Die eine Hälfte seines Gesichtes war noch bedeckt mit jener rosigen Schicht, die sein Antlitz vorhin so wächsern idealisch hatte erscheinen lassen, jetzt aber lächerlich rotgelb gegen die käsige Fahlheit der anderen, schon entfärbten Gesichtshälfte abstach. Da er die schön kastanienbraune Perücke mit durchgezogenem Scheitel, die er als Attaché getragen, abgelegt hatte, erkannte ich, daß er rothaarig war. Noch war sein eines Auge schwarz ummalt, und metallisch schwarz glänzender Staub haftete an den Wimpern, indes das andere nackt, wässerig, frech und vom Reiben entzündet den Besuchern entgegenblinzelte. Das alles jedoch hätte hingehen mögen, wenn nicht Brust, Schultern, Rücken und Oberarme Müller-Rosés mit Pickeln besät gewesen wären. Es waren abscheuliche Pickel, rot umrändert, mit Eiterköpfen versehen, auch blutend zum Teil, und noch heute kann ich mich bei dem Gedanken daran eines Schauders nicht erwehren. Unsere Fähigkeit zum Ekel ist, wie ich anmerken möchte, desto größer, je lebhafter unsere Begierde ist, das heißt: je inbrünstiger wir eigentlich der Welt und ihren Darbietungen anhangen. Eine kühle und lieblose Natur wird niemals vom Ekel geschüttelt werden können, wie ich es damals wurde. Denn zum Überfluß herrschte in dem von einem eisernen Ofen überheizten Raum eine Luft — eine aus Schweißgeruch und den Ausdünstungen der Näpfe, Tiegel und farbigen Fettstangen, die den Tisch bedeckten, zu-

sammengesetzte Atmosphäre, daß ich anfangs nicht glaubte, ohne un-
päßlich zu werden, länger als eine Minute darin atmen zu können.[134]

Wurde das Theater mit der »Kirche« verglichen, die Bühne als »verklär-
te[r] Ort« angesprochen und die Schauspieler als »berufene Personen«,[135] so gestaltet sich der Weg hinter die »finstere Loge des Theater-
direktors«, durch einen »Gang« mit »geschlossener Luft« und »offene[n] Gasflammen« und »in de[n] von einem eisernen Ofen überheizten Raum«,[136] dessen Insasse auf Engelbert Krulls Klopfen den Teufel
anruft, als ein einziger Höllensturz (wie auch Platon die der »Sphäre der
Klarheit«[137] entgegengesetzte ›Höhle‹ mit der Unterwelt vergleicht[138]).
War zuvor die Faszination durch die anfängliche, trügerische Herrlichkeit Müller-Rosés über die Sprache der Evangelien zu einem heilsge-
schichtlichen Ereignis hochstilisiert (»sozusagen nicht von dieser Welt«),
so ist die maximale Fallhöhe zwischen dem einen und dem anderen
Aspekt des Körpers auch dadurch auszumessen, wie der zweite, schok-
kierende Eindruck sprachlich wieder die Form der Luther-Bibel annimmt, in der Anspielung auf die theologisch höchste Gefahr, ›an der
Seele‹ irreparablen »Schaden [zu] nehmen«.[139] Die angesichts dieser
religiösen Dimensionierung nur vordergründig humoristische ›Szene‹
(eine als theatralische hier etwas heikle Metapher) beginnt nicht umsonst mit einer zwar witzig ausgesparten, aber dennoch eindeutigen Anspielung auf den Analbereich: »etwas [...] nicht Wiederzugebendes«,
nachdem schon der Weg dahin »durch eine schmale Eisentür hinter die
Kulisse [...] zu einer an der unteren Schmalseite des Ganges gelegenen
Tür« geführt hat, nicht ohne daß der Vater eine »Person [...], die im
Stücke einen Luft*jungen* dargestellt hatte«, »scherzend dort« »kniff [...],
wo sie am breitesten war«[140] (wie sich seinerzeit auch der Kaiser seinen
›Scherz‹ daraus machte, ausgerechnet solche Männer ›dort‹ zu schlagen
und zu ›kneifen‹, die weniger latent homosexuell waren als er selber[141]).
Ebenso bezeichnenderweise endet die ›Szene‹ mit einer Registrierung
des Geruchs, den der aus dem Körper austretende »Schweiß« erzeugt.
Die Erwähnung der »zum Überfluß« von »Schweißgeruch« und anderen
»Ausdünstungen« stinkenden »Atmosphäre«, mit der die traumatische
›Szene‹ schließt, ist in zweierlei Hinsicht bedeutsam: einmal natürlich

---

134   Bd. 7, S. 291 f.
135   Bd. 7, S. 287.
136   Bd. 7, S. 291 f.
137   Bd. 7, S. 279.
138   Platon, 516d.
139   Vgl. Matthäus 16, 26.
140   Bd. 7, S. 291; im Original keine Hervorhebung.
141   Vgl. John C. G. Röhl, The Emperor's New Clothes: a Character Sketch of Kaiser
       Wilhelm II, in: John C. G. Röhl und Nicolaus Sombart (Hgg.), Kaiser Wilhelm
       II. New Interpretations. The Corfu Papers, Cambridge, London, New York, New
       Rochelle, Melbourne, Sydney 1982, S. 23–61, hier S. 34, 48; vgl. ders.,
       Wilhelm II. Die Jugend des Kaisers 1859–1888, München 1993, S. 304 f.

wegen der schon rein formalen Nähe der Geruchsaffektion zum »Ekel« vor dem aus der eigenen Haut tretenden Körper; dann aber auch deshalb, weil die beiden betreffenden Partien durch eine Reflexion im Stil von *Dichtung und Wahrheit*,[142] einen etwas hilflos anmutenden Versuch getrennt sind, das »Ekelgefühl« zu rationalisieren, der wie diese Trennung selbst und wie die ausgewiesenermaßen anhängselartige Erwähnung der stinkenden Luft (»zum Überfluß«) darauf schließen läßt, daß jedenfalls dem Erzähler und wahrscheinlich auch dem Autor der innere Zusammenhang und der gemeinsame Grund des optisch und des olfaktorisch bewirkten Affekts unbewußt blieb.

Nicht zufällig und trotz seinem »kurze[n] gerade[n] Näschen« weist Müller-Rosé mit seinen »mandelförmige[n]« Augen ein Merkmal auf, das bei Thomas Mann sonst regelmäßig die fremde Herkunft einer Figur kennzeichnet, von der femme fatale der frühen Erzählung *Der Wille zum Glück*, Ada von Stein (mit »feuchten Lippen«[143]), bis zum Agenten Saul Fitelberg oder der »*durchsichtig* gekleidet[en]« und gerade wegen dieser Durchsichtigkeit und Ähnlichkeit mit dem »Glasflügler« und dessen »durchsichtiger Nacktheit« so genannten Hetaera Esmeralda.[144] Die Angst vor der Öffnung und den Öffnungen des Körpers ist konstitutiv für die Portraits insbesondere jüdischer oder als jüdisch verdächtiger Figuren. Wie in *Wälsungenblut* bei jenem letzten Rest einer als jüdisch identifizierbaren Sprache diese, »mit sonderbaren und an *Kehl*lauten reichen Worten *durchsetzt*«, als entschieden nicht »dental[e], äußerlich[e], zivilisiert[e]«, sondern als eine besonders »innerlich[e], eingefleischt[e]«,[145] als Herauskehren fast des Körperinneren erscheint, so haben jüdische Körper bei Thomas Mann immer die Neigung, über die ihnen gezogenen Grenzen hinauszudrängen und so in dem genauen Sinn grotesk zu werden, den Michail Bachtin dem Wort gegeben hat,[146] oder dann die Sicht in ihr Inneres freizugeben und damit unweigerliche Ekelreflexe auszulösen.[147] Der im folgenden zweiten Buch der *Bekenntnisse* auftretende Hoteldirektor, Isaak Stürzli (»P. P. Stürzli«, wie er sodann gleich ›praemissis praemittendis‹, unter Auslassung seines Titels und beachtlichen Sozialstatus und mit quasi initialartigem Kürzel heißt),[148] »ein Mann von ungewöhnlicher Körperfülle«, ›weist‹ am »vor-

---

142   Vgl. Hans Wysling, Thomas Manns Goethe-Nachfolge, in: Jahrbuch des Freien Deutschen Hochstifts 1978, S. 498–551, hier S. 511; Thomas Sprecher, Felix Krull und Goethe. Thomas Manns *Bekenntnisse* als Parodie auf *Dichtung und Wahrheit*, Bern, Frankfurt a. M., New York 1985 (Europäische Hochschulschriften, I, Bd. 841).

143   Bd. 8, S. 48.

144   Bd. 6, S. 23, 190; im Original keine Hervorhebung.

145   Roland Barthes, Das semiologische Abenteuer, Frankfurt a. M. 1988, S. 286.

146   Michail Bachtin, Literatur und Karneval. Zur Romantheorie und Lachkultur, Frankfurt a. M., Berlin, Wien 1985, S. 20 f.

147   Vgl. Michel Chaouli, Devouring Metaphor. Disgust and Taste in Kleist's *Penthesilea*, in: German Quarterly 69, 1996, S. 125–143, hier S. 127 f.

148   Bd. 7, S. 333, 337.

dere[n] Teil seiner Nase [...] eine hornartig erhabene Warze auf«.[149] Detlev Spinells Gesicht, auf dem »einzelne[] Flaumhärchen« abstehen, ist »*ein wenig* gedunsen« (so wie auch wieder, schon fast erwartungsgemäß, seine »Nase gedrungen und *ein wenig* zu fleischig«). Die Oberfläche seines Körpers scheint keinen verläßlichen Schutz vor dessen inhärenter Expansionstendenz zu bieten. Spinells »Oberlippe« ist »*porös[]*«, virtuell durchlässig. Dr. Krokowskis Körperoberfläche ist »außerordentlich bleich, von *durchscheinender*, ja *phosphoreszierender* Blässe« und öffnet sich gleich bei der ersten sich bietenden Gelegenheit, »so daß in seinem Barte die gelblichen Zähne sichtbar« werden[150] (die bei Moritz Hagenström, ihrerseits wieder »spitzig[]« und »lückenhaft[]«, noch tiefer ins Körperinnere blicken lassen[151]). Ihre Bedeckung ist prekär, der Anzug »abgewetzt«, die »sandalenartigen *Halb*schuhe«, in äußerstem Gegensatz zu den selbst das Licht zurückwerfenden »Lackschuhe[n]« Müller-Rosés, »durchbrochen«.[152]
Aber selbst dort noch, wo er in mehrere und tadellose Kleidungslagen eingeschlossen ist, droht der jüdische Körper ständig über seine Grenzen hinauszutreten; so auch beim an allen Gliedern wie Hermann Hagenström »fette[n]« Saul Fitelberg, dessen Mund wie derjenige Hagenströms »immer« offen bleibt (und vor dem man die »Landmädchen in züchtig bäuerlicher Tracht«[153] besser unverzüglich in Sicherheit bringt),[154] und bei den Zwillingen Siegmund und Sieglind in *Wälsungenblut*, deren perfektionierte Garderobe mehrmals erwähnt und in einer seitenlangen, in der Erstausgabe[155] doppelt und einmal ganzseitig illustrierten Ankleidungsszene Schicht um Schicht vorgeführt wird.[156] In dem Wert, den sie auf die Äußerlichkeit der Kleidung legen, im Ehrgeiz, »unangreifbar und ohne Tadel an seinem Äußeren [zu] sein vom Kopf bis zu Füßen [sic!]«, besteht »gerade« ihr Selbstverständnis und die Verachtung der »blonden Bürger des Landes in Zugstiefeletten und Klappkrägen«.[157] Obwohl der Körper also von den »Knöpfe[n]« der »Lackstiefel« bis zu den assortierten »Knöpfe[n] des Hemdeinsatzes, der Manschetten, der weißen Weste«[158] kostbar und hermetisch abgeschlossen ist und wie derjenige des noch kostümierten Müller-Rosé Licht und Blick förmlich zurückwirft, weist er doch, und zwar auch hier ausdrücklich bei beiden Zwillingen Aarenhold gleichermaßen, eine je auffällige ›Neigung‹ auf, an den nicht artifiziell bedeckten Stellen über seine Grenze hinauszuquellen, nicht nur in Siegmunds »starke[m], schwarze[m] Bart-

149 Bd. 7, S. 410 f.
150 Bd. 3, S. 29; im Original keine Hervorhebungen.
151 Bd. 1, S. 239.
152 Bd. 3, S. 29; im Original keine Hervorhebung.
153 Bd. 6, S. 340.
154 Bd. 6, S. 528 f.
155 Wälsungenblut, S. 39, 41.
156 Bd. 8, S. 390–396.
157 Bd. 8, S. 393.
158 Bd. 8, S. 395 f.; im Original keine Hervorhebung.

wuchs« (»so stark, daß er [...] abends [...] sich ein zweitesmal davon zu *säubern*« hat, und dennoch »[s]eine Wangen« gleich darauf »schon wieder [...] sich dunkler [...] färben«[159]):

> Sie waren einander sehr ähnlich. Sie hatten dieselbe ein wenig niedergedrückte Nase, dieselben voll und weich aufeinander ruhenden Lippen, hervortretenden Wangenknochen, schwarzen und blanken Augen. Aber am meisten glichen sich ihre langen und schmalen Hände, — dergestalt, daß die seinen keine männlichere Form, nur eine rötlichere Färbung aufwiesen als die ihren. Und sie hielten einander beständig daran, worin sie nicht störte, daß ihrer beider Hände zum Feuchtwerden neigten...[160]

In der bibliophilen, mit Lithographien des berühmt-berüchtigten Simplicissimus-Karikaturisten Thomas Theodor Heine illustrierten Erstausgabe von 1921 — die Novelle wurde offenbar auf Druck der Familie Pringsheim anderthalb Jahrzehnte zurückgehalten und auch erst 1958 in die *Erzählungen* aufgenommen[161] —, die übrigens seit den Siebzigerjahren in Ost und West immer wieder talis qualis, ganz ohne Kommentar oder Geleitwort und sozusagen mit dem allerbesten Gewissen, als Faksimile erschienen ist[162] und gegen Ende der Achtziger in einer Anthologie *Deutscher Liebesgeschichten*, in deren Nachwort Cornelia Staudacher über die üblichen Gemeinplätze von »Künstlertum«, »Dekadenz« und ›Narzißmus‹ auch nicht hinausgelangt,[163] — in dieser Erstausgabe also war dem (selbst antisemitisch angefeindeten) Illustrator das hier in den Blick genommene Detail »beider Hände« wichtig genug, um ihm eigens eine bei aller Kleinheit doch sehr auffällige, weil mitten in den Text gesetzte, den Lesefluß unterbrechende und ziemlich stark behindernde Miniatur zu widmen[164] (die erste von insgesamt nur dreien dieser Art: die zweite zeigt einen Affen im Smoking,[165] die dritte, schon einmal berührte, den jungen Aarenhold bei seiner »Toilette«).

Die Tendenz des ›jüdischen‹ Körpers, über seinen Rand hinauszutreten, durch die er in maximalen Gegensatz zum Idealleib Felix Krulls und seinen »niemals schweißig[en], sondern [...] trocken[en]« Händen

---

159 Bd. 8, S. 381, 390, 407; im Original keine Hervorhebung.
160 Bd. 8, S. 381 f.
161 Thomas Mann, Erzählungen, Frankfurt a. M. 1958, S. 380–410.
162 Thomas Mann, Wälsungenblut. Mit Steindrucken von Th[omas] Th[eodor] Heine, Berlin und Weimar 1975; dass., Stuttgart, Gütersloh, Wien o. J. [1976, nach Georg Potempa, Thomas Mann. Das Werk, Morsum/Sylt 1992, S. 146]; dass., Frankfurt a. M. 1976; dass., Frankfurt a. M. 1984, ²1986, ³1989 [Faksimilia der Ausgabe München 1921].
163 Cornelia Staudacher, [Nachwort zu:] Ein Saum von unsagbarer Zärtlichkeit. Deutsche Liebesgeschichten aus drei Jahrhunderten, hg. v. Cornelia Staudacher, München und Zürich 1987, S. 523–532, hier S. 529 (die Erzählung, im Inhaltsverzeichnis als »Chagrin d'Amour« aufgelistet, S. 333–362).
164 Wälsungenblut, S. 21.
165 Wälsungenblut, S. 24 (vgl. Bd. 8, S. 387).

gerät,[166] der Ekel, den der Erzähler diesem Vorgang gegenüber zu empfinden oder den der Autor an den betreffenden Stellen jedenfalls vermitteln zu wollen scheint, beides zeugt natürlich von der hohen Anfälligkeit des Projektionsmechanismus, der die ›deutsche‹ als die entschieden nicht-jüdische ›Identität‹ stabilisieren soll.[167] So wie Thomas Manns Juden im allgemeinen aus ihrer Haut zu fahren drohen, so hat oder *scheint* Blüthenzweig wenigstens die Fähigkeit zu haben — das läßt sich anhand des Wortlauts wie gesehen weiter nicht entscheiden —, die Körpergrenzen anderer aufzuheben, indem er eben Engländer, Germanen und Christen auf ihre »Kauffähigkeit« hin ›beriecht‹. (Auch in Jägers *Entdeckung der Seele*,[168] deren dritte Auflage kurz nach der Publikation von *Gladius Dei* nachgedruckt wurde und ein offenbar vielgelesenes Buch war, oder in der französischen Anthropologie nach Darwin[169] werden nicht nur Völker- und Rassen-, sondern auch Klassengerüche als unumstößliche Tatsachen ausgegeben, die von Ernährung und hygienischen Verhältnissen ganz unabhängig sein sollen.)

Wie schon angedeutet und wie in der Metapher der Körper*grenze* im Grunde ja schon enthalten, stehen solche Köperimaginationen und die in ihnen artikulierte Gefährdung der individuellen in einem engen Austauschverhältnis zur Gefährdung auch der nationalen Identität oder, mit einem zeitgenössischen Wort, der »Rassenseele«.[170] Die dem ›jüdischen‹ Körper‹ inhärente Tendenz zur Grenzüberschreitung, zur Mißachtung ›abendländischer‹, ›christlicher‹, ›germanischer‹ oder ›deutscher‹ Grenzen setzt sich in der Tatsache fort, daß Blüthenzweigs »Schönheitsgeschäft« so aufdringlich deutlich in München situiert ist, in der Hauptstadt eben eines im preußisch dominierten Reich peripheren und Preußen in vordem militärisch offener Feindschaft gegenüberstehenden Landes. Handgreiflich wird diese Allianz oder Assoziation des Bayerischen und des Jüdischen in der brachialen Gewalt, mit welcher »[d]er christliche Jüngling« aus dem in den Notizen noch so genannten »Kunstladen« herausbefördert wird.[171] Angeordnet ist sie zwar von Blüthenzweig, aber ausgeführt von Krauthuber, der nicht nur zum »Sohn des Volkes« und Klischeebayern — »genährt mit Malz« —, sondern, besonders durch seinen »Seehundsschnauzbart« und seine Sprachlosigkeit — sein einziger »dumpfer Laut« ist »Ha?«[172] —, zum Tier stilisiert wird, wie Blüthenzweig und wie sonst bei Thomas Mann die jüdischen Figuren überhaupt: die Hagenströms ihrerseits zu »Seehunde[n]« oder

166   Bd. 7, S. 273.
167   Vgl. Klaus Theweleit, Objektwahl (All You Need is Love...). Über Paarbildungsstrategien & Bruchstück einer Freudbiographie, München ²1996, S. 24.
168   Jäger, Entdeckung der Seele, Bd. 1, S. 5–7, 272–285.
169   Vgl. Alain Corbin, Pesthauch und Blütenduft. Eine Geschichte des Geruchs, Frankfurt a. M. 1990, S. 277 f.
170   Gustave Le Bon, Psychologische Grundgesetze der Völkerentwicklung, Leipzig ¹⁴1919, S. 6–14.
171   Notizbücher, Bd. 1, S. 182.
172   Bd. 8, S. 213.

zu »Kater[n]« oder, mit zunehmender Ausfällung von Empathie und Tötungshemmung, zu »Vieh« und »Geschmeiß«;[173] die Begleiterin des »Fräulein Levi« zum »Iltis«;[174] Isaak Stürzli zum »Rhinozeros« und seine Sprache zum »Grunzen«[175] — ein galizisch-jüdischer Spottname »Nashorn« ist tatsächlich belegt[176] —; Detlev Spinell zum »Kauz«;[177] Saul Fitelberg zum »Uhu«;[178] Märit Aarenhold zum »Raubvogel[]«[179] und ihr Vater zu einem »Wurm« und, entsprechend den hier besonders offenen Rückgriffen auf das Arsenal antisemitischer Stereotype und die darin altbewährten Infektionsängste,[180] zu einer »Laus, jawohl«;[181] oder endlich auch der Kalte Krieger Eugene Tillinger, wovon der Chefredakteur des *Aufbau* aus Angst vor teueren Prozessen entschieden abriet,[182] zur »Kroete, die in ihrer Winkel-Redaktion hockend, ihr organisches Gift absondert«.[183]

Blüthenzweig, die Stadt und der Staat

Die politische Dimension des gewählten Schauplatzes, um so unheimlicher, als München später zur »Stadt der Bewegung« erklärt werden sollte, bestimmt insbesondere auch die vielen Anspielungen auf Savonarola und das zeitgenössische Florenz. Wie Thomas Mann Savonarola psychologisch zu verstehen und wie er sich dessen Charisma zu erklären versuchte, läßt sich nicht nur aus dem Drama *Fiorenza* rekonstruieren, als dessen »Ableger«[184] und »[p]sychologische Vorstudie«[185] er *Gladius Dei* bestimmte, sondern besser noch aus den Vorarbeiten dazu, die in den Notizbüchern und den Anstreichungen und Glossierungen in der herangezogenen Literatur gut dokumentiert sind. Thomas Mann, so läßt

---

173   Bd. 1, S. 622, 598, 239, 266, 552.
174   Bd. 3, S. 75.
175   Bd. 7, S. 410 f.
176   Franzos, S. 5.
177   Bd. 8, S. 231.
178   Bd. 6, S. 527.
179   Bd. 8, S. 381. Zur hier gleichfalls erwähnten »gefährlichen Hiebnarbe« Kunz
       Aarenholds vgl. Ute Frevert, Ehrenmänner. Das Duell in der bürgerlichen Gesell-
       schaft, München 1991, S. 158 f.
180   Vgl. z. B. Susan Sontag, Krankheit als Metapher, Frankfurt a. M. 1993, S. 98 f.
       mit Anm. 2.
181   Bd. 8, S. 385.
182   Tagebücher 1951–1952, S. 811 [Dokument 33].
183   Tagebücher 1951–1952, S. 805 [Dokument 32].
184   Vaget, Kommentar zu sämtlichen Erzählungen, S. 100.
185   Notizbücher, Bd. 1, S. 182.

sich die Auswertung dieser Zeugnisse summieren, interessierte sich besonders, wie er es in einer Marginalglosse zu Pasquale Villaris Savonarola-Biographie nannte, für das »Machtbedürfnis«[186] Savonarolas, den politischen Aspekt seines Widerstands gegen die Medici[187] (und übrigens auch gegen »diese abscheuliche[], gottesfeindliche[] Sekte der Juden«[188]), in welchen er die Repräsentanten eines ›dekadenten‹ Zeitalters sah, besonders in Piero, dessen Fayencebüste der von Blüthenzweig »kurz« auf seine »Kauffähigkeit« berochene »Herr« deren offenbar bescheidenem »Grad« entsprechend »nur« kauft. Der »allgemeine Verfall« und die damit einhergehenden Symptome (der unverhältnismäßige Stellenwert der Künste und, vor allem bei Piero, der Sexualität) sollten einem ebenso alten wie zynischen Topos nach damit zu tun haben, daß die gegenwärtigen Machthaber, anders als ihre »Väter«, »im Frieden geboren [...] waren«.[189] In dieser Atmosphäre der Dekadenz und ›Verweichlichung‹ konnte sich »ein Vorgefühl seltsamer Ereignisse, großer Umwälzungen und ungeheuern Unglücks« verbreiten, wie es nach Villari die Folie für Savonarolas Auftreten abgab.[190]

Savonarolas religiöser Eifer soll sich also wesentlich auch gegen das politische Establishment der Medici gerichtet haben. Parallelen zur Schilderung Münchens in *Gladius Dei* fallen ins Auge, zur allgemein herrschenden Ungezwungenheit, Laszivität und Kunstbeflissenheit der darin erscheinenden »jungen Leute«, die, »jung[]« um 1900, ebenfalls »im Frieden geboren« sein müssen, nachdem ihre »Väter [...] mit unzähligen Feinden zu kämpfen gehabt hatten«.[191] Und in derselben Weise, wie es Thomas Mann für Savonarolas Florenz angenommen hat, sind im München seines *Gladius Dei* »Kunst und Wissenschaft« (die »weißen Arme« der Akademie) eng mit dem »Verfall« der religiösen, sexuellen und politischen Moral assoziiert:

> Zwei andere Jünglinge standen neben Hieronymus und unterhielten sich über das Bild, zwei junge Männer mit Büchern unter dem Arm, die sie aus der Staatsbibliothek geholt hatten oder dorthin brachten, humanistisch gebildete Leute, beschlagen in Kunst und Wissenschaft.
>
> »Der Kleine hat es gut, hol' mich der Teufel!« sagte der eine.
>
> »Und augenscheinlich hat er die Absicht, einen neidisch zu machen« versetzte der andere... »Ein bedenkliches Weib!«
>
> »Ein Weib zum Rasendwerden! Man wird ein wenig irre am Dogma von der unbefleckten Empfängnis...«
>
> »Ja, ja, sie macht einen ziemlich berührten Eindruck... Hast du das Original gesehen?«
>
> »Selbstverständlich. Ich war ganz angegriffen. Sie wirkt in der Farbe noch weit aphrodisischer... besonders die Augen.«

---

186 Villari/Berduschek, Bd. 1, S. 16.
187 Villari/Berduschek, Bd. 1, S. 96 et passim.
188 Villari/Berduschek, Bd. 1, S. 223 f.
189 Villari/Berduschek, Bd. 1, S. 23.
190 Villari/Berduschek, Bd. 1, S. 51 f.; von Thomas Mann unterstrichen.
191 Villari/Berduschek, Bd. 1, S. 23.

»Die Ähnlichkeit ist eigentlich doch ausgesprochen.«
»Wieso?«
»Kennst du nicht das Modell? Er hat doch seine kleine Putzmacherin dazu benützt. Es ist beinahe Porträt, nur stark ins Gebiet des Korrupten hinaufstilisiert... Die Kleine ist harmloser.«
»Das hoffe ich. Das Leben wäre allzu anstrengend, wenn es viele gäbe wie diese mater amata...«
»Die Pinakothek hat es angekauft.«
»Wahrhaftig? Sieh da! Sie wußte wohl übrigens, was sie tat. Die Behandlung des Fleisches und der Linienfluß des Gewandes ist wirklich eminent.«
»Ja, ein unglaublich begabter Kerl.«
»Kennst du ihn?«
»Ein wenig. Er wird Karriere machen, das ist sicher. Er war schon zweimal beim Regenten zur Tafel...«
Das letzte sprachen sie, während sie anfingen, voneinander Abschied zu nehmen.
»Sieht man dich heute abend im Theater?« fragte der eine. »Der dramatische Verein gibt Macchiavelli's [sic!] ›Mandragola‹ zum besten.«
»Oh, bravo. Davon kann man sich Spaß versprechen. Ich hatte vor, ins Künstlervarieté zu gehen, aber es ist wahrscheinlich, daß ich den wackeren Nicolò [sic!] schließlich vorziehe. Auf Wiedersehen...«[192]

Die letzte Sequenz des Dialogs, in der Verlaufslogik des Texts völlig entbehrlich — sie ließe sich athetieren, ohne daß die Textkohärenz dadurch im geringsten gestört würde —, bringt das Syndrom von sexualmoralisch und politisch »Korrupte[m]« auf den einen Begriff oder Namen ›Machiavelli‹, berüchtigt wegen seines politischen Sarkasmus, hier aber als Verfasser nicht des *Principe*, sondern einer äußerst anzüglichen und amoralischen Komödie erwähnt. Das Gemälde, vermutlich nicht einfach eine ›Madonna mit Kind‹, wie sie übrigens auch zu von Gloedens Sujets gehörte,[193] sondern allem Anschein nach und bei aller modernistischen Unabhängigkeit »von jeder Konvention«[194] eine sogenannte Maria lactans, ein ursprünglich wohl vorchristliches, über die koptische Kunst unter die kanonischen Madonnen-Darstellungen geratenes[195] und in der Neuzeit vollends skandalumwittertes Motiv (seit seiner berüchtigten Erotisierung durch Jean Foucquet, der die Mätresse Agnès Sorel dazu hatte Modell stehen lassen[196] wie der »unglaublich begabte[] Kerl« »seine kleine Putzmacherin«), dieses Gemälde, dessen blo-

---

192   Bd. 8, S. 203 f.
193   Vgl. Ulrich Pohlmann, Wilhelm von Gloeden — Sehnsucht nach Arkadien, Berlin 1987, S. 26. Freundlicher Hinweis von Herrn Dr. Albert von Schirnding, Egling.
194   Bd. 8, S. 202.
195   Vgl. Paul Eich, Die Maria Lactans. Eine Studie ihrer Entwicklung bis in das 13. Jahrhundert und ein Versuch ihrer Deutung aus der mittelalterlichen Frömmigkeit, Diss. Frankfurt a. M. 1953, S. 8–11, 22–24, 35 f.
196   Vgl. Hans Peter Duerr, Der Mythos vom Zivilisationsprozeß, Bd. 4: Der erotische Leib, Frankfurt a. M. 1997, S. 131–136.

ße Reproduktion »junge Männer« sich dem »Teufel« verschreiben und, woran Hieronymus ausdrücklich Anstoß nimmt,[197] sie am »Dogma von der unbefleckten Empfängnis« »irre« werden läßt (dem Kontext nach hat Thomas Mann darunter wohl nicht das »Dogma« von 1854 selbst, sondern die ›Befleckung‹ im landläufigen, natürlich durch Ejakulationsphantasien begünstigten Sinn verstanden: »sie macht einen ziemlich berührten Eindruck...«), — »das Original« also des »Bild[s]« und »Kunstwerk[s]«[198] hat »[d]ie Pinakothek [...] angekauft«, die »staatliche bayrische Gemälde-Galerie[]«,[199] oder, wie es später wiederholt und in verräterischer Verkürzung heißt, ganz einfach »der Staat«: »»[...] Der Staat hat es angekauft...‹ / ›Ich weiß, daß der Staat es angekauft hat‹, sagte Hieronymus. ›Ich weiß auch, daß der Maler zweimal beim Regenten gespeist hat.‹«[200]

Im Anschluß an eine schon auf der ersten Seite eingespielte Isotopie (»[v]or der Akademie der bildenden Künste [...] hält eine *Hof*karosse«), wird hier ausdrücklich nicht nur der ökonomische Aspekt der »Karriere« wiederholt und in der Wiederholung inkriminiert, die der »Kerl« in diesem »Staat« machen kann, sondern eben besonders auch »die Tatsache«, daß ihn der »Regent[]« höchstpersönlich »für ein solches Werk zum hochgeehrten Manne« gemacht hat,[201] so wie Hieronymus sich auch ausdrücklich vom »Staat« distanziert: »[...] ich habe weder Amt noch Würde von Staates wegen«.[202] Blüthenzweig ist also nicht eben nur eine durch antisemitische Stereotypien stark überdeterminierte Figur, die mit den gerahmten Photographien, industriell vervielfachten Fälschungen gleichsam einer »aphrodisisch[]« »hinaufstilisiert[en]« Muttergottes seinen Umsatz um je »[s]iebenzig Mark«[203] erhöht und so die heiligsten Inhalte der christlichen Lehre doppelt und dreifach entweiht und schändet. Sondern zugleich gerät Blüthenzweig zynischerweise gerade durch Hieronymus' einstweilen folgenlose Aggressionen und unheimliche, später »wie echte Prophetien«[204] lesbare Zerstörungsphantasien (»verbrennen, verbrennen, verbrennen«[205]) auch noch zum Alliierten des bayrischen Staats, seiner Institutionen und höchsten Repräsentanten, so wie er über seinen »Knecht«[206] Krauthuber auch gewissermaßen nach unten mit dem bayrischen »Volk[]« assoziiert ist. Ähnlich wie, aber auch bezeichnend anders als die »[h]undertfünfzig Mark«, die er für »das kleine Mädchen« bekommt, und die »[s]iebenzig Mark«, die er

---

197   Bd. 8, S. 209.
198   Bd. 8, S. 209.
199   Vaget, Kommentar zu sämtlichen Erzählungen, S. 100.
200   Bd. 8, S. 210.
201   Bd. 8, S. 210.
202   Bd. 8, S. 208.
203   Bd. 8, S. 207.
204   Hans Carossa, Führung und Geleit. Eine Lebensgeschichte, Leipzig 1933, S. 70.
205   Bd. 8, S. 213.
206   Bd. 8, S. 214.

für die »im Rahmen«[207] gleichermaßen prostituierte Maria fordert, ihren Wert durch den ›Staat‹ erhalten, sind die Kopien des »Bild[s]«, die er gegen je »[s]iebenzig Mark« eintauscht, auf ein Original bezogen, das sich in staatlichem Besitz befindet; nur daß ›den Staat‹ hier noch das Land des bayerischen »Regenten« verkörpert, im Fall des Geldwerts aber schon die *Reichs*bank, die wenige Jahre nach der Reichsgründung aus der Preußischen Bank hervorging.

Blüthenzweigs Affinität zum »Staat« läßt sich auf der Ebene der Renaissance-, Florenz- und Savonarola-Reminiszenzen erstaunlicherweise sogar an seiner in Hinblick auf ihre Antisemitismen schon diskutierten Portraitierung aufzeigen, und zwar ausgerechnet an dem darin prominent ›jüdischen‹ Merkmal. Lorenzo de’ Medici, ›der Prächtige‹, der auch in *Gladius Dei* und unter diesem Beinamen genannt wird, der Inbegriff all dessen, was Savonarola jedenfalls in Thomas Manns Interpretation am zeitgenössischen Florenz so leidenschaftlich haßte, wird in Villaris *Geschichte Girolamo Savonarola's und seiner Zeit* im dritten Kapitel, *Lorenzo der Prächtige und die Florentiner seiner Zeit*, eingeführt und vorgestellt. Den betreffenden Passus hat Thomas Mann in seiner Ausgabe angestrichen:

> [...] der Raub der Gelder aus der Sparkasse der Mädchen, infolge dessen viele derselben, um ihre Mitgift betrogen, dem Laster verfielen; die schamlose Habsucht, mit welcher er das Staatseigenthum an sich riß, das sind die Schandflecke, die auch seine wärmsten Lobredner nicht wegzuwaschen vermögen. Sein Gesicht war der getreue Ausdruck seines Charakters. Es lag etwas Finsteres und Unangenehmes darin; er hatte eine olivengelbe Farbe, einen großen Mund, eine platte Nase, eine näselnde Stimme. Aber sein Auge war feurig und durchdringend und die Stirn hoch. In seinen Manieren zeigte sich die ganze Freiheit und Eleganz seiner Zeit. Sein Gespräch war lebhaft und zeugte von Geist und Kunstwissen. Alle, denen er begegnete, blieben für immer von ihm eingenommen. Er bestärkte sein Zeitalter in allen seinen Tendenzen: sittenlos wie er war, trieb er es mit allen Mitteln bis auf den Gipfel der Verderbtheit. Wie er selber die Vergnügungen liebte, so nährte er auch im Volk den gleichen Hang, um es dadurch zu betäuben und einzuschläfern. Florenz wurde unter seiner Regierung der Schauplatz unaufhörlicher Feste und ausschweifender Gelage.
>
> Lorenzo hatte übrigens einen vorzüglichen Geschmack für Poesie und Kunst. Während er den Handel seines Hauses vernachlässigte und zu Grunde gehen ließ, widmete er seine Mußestunden der Literatur, in der er durch die gelehrtesten Meister seiner Zeit unterrichtet worden war.[208]

Auch schon Lorenzo also hat sich schamlos bereichert, indem er »Mädchen« der Prostitution preisgab, und auch bei ihm entspricht dieser charakterlichen »Verderbtheit« ein häßliches Äußeres und insbesondere »eine platte Nase«: »eine platte Nase, eine näselnde Stimme«. Die hier

---

207 Bd. 8, S. 207.
208 Villari/Berduschek, Bd. 1, S. 37 f.

offenbar ganz zufällige, rein sprachliche Beziehung zwischen der platten »Nase« und der »näselnde[n] Stimme«, wie sie der Übersetzer Moritz Berduschek schon im italienischen Original vorfand (»il naso schiacciato e la voce nasale«[209]), hat Thomas Mann sozusagen beim Wort genommen und arg strapaziert, indem er das eine als Ursache des anderen interpretiert zu haben scheint. Dies anzunehmen legt jedenfalls die Unterstreichung in seiner Ausgabe sehr nahe: »eine *näselnde* Stimme«. Das unterstrichene Partizip hat Thomas Mann überdies mit einer befremdlichen Glosse versehen: »geruchlos.« Diese Glosse verdient um so mehr Interesse, als sie das einzige ist, was Thomas Mann bei seinen Villari-Exzerpten aus der betreffenden Buchseite in sein Notizbuch übertrug. Das entscheidende Wort ist dort seinerseits wieder unterstrichen: »Lorenzo ist *geruchlos.* (Basil)«.[210]

In Hans Wyslings und Yvonne Schmidlins Edition der Notizbücher findet sich zu dieser enigmatischen Notiz folgende Anmerkung: »Vgl. Villari I, S. 37. Vgl. VIII, 1059, 1062.«[211] Der zweite Verweis bezieht sich auf *Fiorenza.* An den angegebenen beiden Stellen ist davon die Rede, daß Lorenzo nicht riechen kann:

DER PRIOR: [...] Ist denn Eure Seele ruchlos, wie man sich sagt, daß Euere Nase geruchlos sei?[212]

LORENZO: [...] Wohin die Sehnsucht drängt, nicht wahr? dort ist man nicht, — das ist man nicht. Und doch verwechselt der Mensch den Menschen gern mit seiner Sehnsucht. Den Herrn der Schönheit hörtet Ihr mich nennen, nicht wahr? Doch ich, ich selbst bin häßlich. Gelb, schwach und häßlich. Die Sinne betete ich an, — mir fehlte ein köstlicher. Ich bin geruchlos. Ich kenne den Duft der Rose nicht, nicht den des Weibes. Ich bin ein Krüppel, bin mißgeboren. Ist es nur mein Leib? Mit wüsten Trieben warf die Natur mich aus [...].[213]

Wie Villari Lorenzos »Gesicht« als »getreue[n] Ausdruck seines Charakters« interpretiert, so wird der köperliche Defekt der ›Geruchlosigkeit‹ hier je in Beziehung zu diesem »Charakter« gebracht: einmal durch die dem populären Predigtstil oder vielleicht auch dessen Reproduktion in Schillers *Wallenstein* genau abgehörte ›Paronomasie‹ »ruchlos« — »geruchlos«; dann aber auf eine in Hinblick auf *Gladius Dei* sehr erhellende Weise, im adversativen und zugleich konsekutiven Zusammenhang, den Lorenzo als »Herr[] der Schönheit« zu seiner »Sehnsucht« und seiner Häßlichkeit und Verworfenheit herstellt, der Diskrepanz genau entsprechend, die in *Gladius Dei* zwischen dem »*Schönheits*geschäft von

---

209 Pasquale Villari, La storia di Girolamo Savonarola et de' suoi tempi, Bd. 1, Florenz 1859, S. 44.
210 Notizbücher, Bd. 1, S. 228.
211 Notizbücher, Bd. 1, S. 228 [Kommentar].
212 Bd. 8, S. 1059.
213 Bd. 8, S. 1062.

M. Blüthenzweig« und Blüthenzweigs abstoßender Erscheinung und Geldgier herrscht.

Um aber auf Lorenzos Geruchlosigkeit und Wyslings und Schmidlins Kommentar dazu zurückzukommen, so hilft der erste Teil der betreffenden Anmerkung nicht viel weiter. Bei »Villari I, S. 37« ist überhaupt nicht von Lorenzos Geruchssinn, sondern eben nur von seiner »Nase« und »näselnde[n] Stimme« die Rede. Die Information, daß »Lorenzo [...] geruchlos« war, stammt nicht von Villari, sondern aus einem anderen, in der Nachlaßbibliothek freilich nicht erhaltenen Quellenwerk, *Die Mediceer* von Eduard Heyck (demselben, dessen im Notizheft zum Friedrich-Projekt für »sehr gut« befundener Aufsatz über *Die Frauen des Rokoko* jenes Bild vom achtzehnten als »einem rechten Weibsjahrhundert« maßgeblich mitprägen sollte). Thomas Mann hat Villaris *Geschichte Girolamo Savonarola's*, jedenfalls an der hier interessierenden Stelle »Villari I, S. 37«, mit Heycks *Mediceern* gewissermaßen kollationiert und die über Villari hinausgehenden Informationen dieses Buchs in sein Exemplar der *Geschichte Girolamo Savonarola's* eingetragen:

> Freilich weder als Kind, noch als Erwachsener ist dieser Mann, in dem aller Sinnenschönheit Kult und alle Geistesanmut der Renaissance sich verkörpern sollten, selber von anziehendem und erfreulichem Äußern gewesen. Die launische Natur, die seinen jüngeren Bruder Giuliano liebevoll ausstattete, gab Lorenzo grobe, eckige Züge, eine eingedrückte Nase, fahle Gesichtsfarbe; die Sehkraft der Augen war schwach, *der Geruchssinn überhaupt mangelnd*, die Stimme ohne Wohlklang.[214]

Vollends im Stich läßt einen Wyslings und Schmidlins Kommentar in bezug auf den enigmatischen Zusatz hinter der Heyck-Paraphrase: »(Basil)«, indem er nicht einmal mit einem »non liquet« eingesteht, daß es sich hier um ein noch ganz ungelöstes Problem handelt und so tut, als gäbe es an »(Basil)« gar rein nichts zu erläutern. — Die am nächsten liegende Vermutung, daß es sich bei »Basil« um eine Quellenangabe, also einen Autornamen oder die Abkürzung eines solchen handle, scheint ins Leere zu stoßen. Ein Name »Basil« oder einer, für den »Basil« eine sinnvolle oder plausible Abkürzung sein könnte, findet sich unter der von Thomas Mann benutzten Literatur jedenfalls nicht. Wenn man das Problem daher nicht völlig auf sich beruhen lassen will, ist man einstweilen faute de mieux auf Spekulationen angewiesen.

In Thomas Manns zugänglicher Korrespondenz taucht der Name Basil nur in zwei Briefen aus dem Jahr 1951 auf,[215] in denen Thomas

---

214 Ed[uard] Heyck, Die Mediceer, Bielefeld und Leipzig 1897 (Monographien zur Weltgeschichte, Bd. 1), S. 79; im Original keine Hervorhebungen. Vgl. auch den Hinweis auf das »Titelbild und Abb. 76 und 79«.

215 28.1.1951 an Alois Johannes Lippl; 16.3.1951 an Richard Braungart (vgl. Thomas Mann, Die Briefe. Regesten und Register, hg. v. Hans Bürgin Otto Mayer, Gert Heine und Yvonne Schmidlin, Frankfurt a. M. 1976–1987, Bd. 4,

Mann auf das Residenztheater zu sprechen kommt und sich besonders lebhaft an einen ihm »unvergeßliche[n] Theaterabend« erinnert, die Aufführung eines »unglaubliche[n] alte[n] englische[n] Schmökers ›Sie ist wahnsinnig‹«: »Basil war der Doktor und sagte durch die Nase: »Still! Keine Regung! Keinen Laut! Oder alles ist verloren!« Mir ist nie etwas so Dummes vorgekommen, aber es war doch ein unvergeßlicher Theaterabend.«[216]

Gemeint ist damit der Schauspieler Friedrich Basil (bei dem Hitler übrigens Unterricht nahm). Besonders »unvergeßliche[n]« Eindruck machte Thomas Mann offenbar, jedenfalls erwähnt er nur dies eine, wie Basil »durch die Nase« sprach, mit anderen Worten: seine »näselnde Stimme« oder, wie es im *Doktor Faustus* von der typischen »Artikulation eines Schauspielers« generell heißt, seine »langsame[], nasige[] Schauspielerstimme«.[217] Damit freilich wäre eine Beziehung der Notiz »(Basil)« noch nicht zum Rest des Notizbucheintrags hergestellt, dessen Teil sie ist (»Lorenzo ist *geruchlos*.«), sondern erst zu »Villari I, S. 37«, der »näselnde[n] Stimme« Lorenzos, auf deren Glossierung (»geruchlos«) jene Notiz Bezug nimmt. Das ›missing link‹ wäre natürlich entweder mit einer auffallend platten Form von Basils Nase oder mit einer ›Geruchlosigkeit‹ auch Basils oder, im allerbesten Fall, mit beiden zugleich gefunden. Die verfügbaren Photographien[218] lassen weder eine extrem platte Nase erkennen, noch verbieten sie allerdings einem, der eine solche à tout prix darauf sehen möchte, Basils Nase als einigermaßen flach wahrzunehmen. Und selbst wenn gegen alle Wahrscheinlichkeit der Nachweis gelänge, daß Basil tatsächlich »geruchlos« war oder daß »man sich« dies von seiner »Nase« wenigstens »sagt[e]«, so bliebe doch noch die Frage, wie Thomas Mann vom einen und erst recht vom anderen je hätte erfahren können.

Die Möglichkeit, daß Thomas Mann Basil gut genug kannte oder jedenfalls Basils Bekannten- und Freundeskreis nahe genug stand, um von einem tatsächlichen Defekt des Geruchssinns zu wissen oder doch einen entsprechenden Klatsch aufzuschnappen, ist durchaus nicht so abwegig, wie es auf den ersten Blick scheinen möchte. Nicht nur, daß Basil, längst schon eine Berühmtheit, ziemlich genau gleichzeitig mit Thomas Mann nach München kam (und später zusammen mit Thomas Mann dem Münchener Zensurbeirat angehören sollte[219]); sein erstes En-

---

S. 28); Briefe, Bd. 3, S. 183–187, 192 f. Vgl. dazu noch eine nicht namentliche Erwähnung im unveröffentlichten Brief vom 16.10.1911 an Arthur Schnitzler (Thomas Mann-Archiv).

216 16.3.1951 an »Herrn« Baumgart; Briefe, Bd. 3, S. 192 f., hier S. 193.
217 Bd. 6, S. 296, 330.
218 Herrn Dr. Hans Wißkirchen und Herrn M. Eickhölter vom Heinrich und Thomas Mann-Zentrum, Lübeck, Herrn Rudolf Gretscher vom Bayerischen Staatsschauspiel, München, und Frau Babette Angelaeas vom Deutschen Theatermuseum, München, sei für ihre Hilfsbereitschaft bestens gedankt.
219 Vgl. Herbert Lehnert und Wulf Segebrecht, Thomas Mann im Münchener Zensurbeirat (1912/13), in: Jahrbuch der Deutschen Schillergesellschaft 7, 1963, S.

gagement hatte er in einer ungleich kleineren, überblickbareren, wenig anonymen Stadt, nämlich in — Lübeck.[220] Der gefeierte Schauspieler, es läßt sich wirklich nicht anders denken, muß in Thomas Manns Lübecker Kindheits- und frühen Jugendjahren in aller Munde gewesen sein und im Zentrum des kulturellen und zumal auch des bohemehaften Lebens gestanden haben, so daß Thomas Mann sehr wohl das Gerede um ihn mitbekommen konnte, das in einer kleinstädtischen Atmosphäre um solch eine Persönlichkeit, auch um ihre Körperlichkeit geradezu zwangsläufig entstehen mußte.

Wie dem aber auch sei, ob nun die Verbindung von platter Nase, näselnder Stimme und fehlendem Geruchssinn durch die Person Friedrich Basils angeregt war oder nicht, festzuhalten ist jedenfalls, daß diese drei Merkmale ihren Zusammenhang in Hinblick auf Thomas Manns Gestaltung des Lorenzo de' Medici in *Fiorenza* behalten. Bei der Übertragung aber einzelner Merkmale Lorenzos auf Blüthenzweig, der dadurch neuerlich mit der »Regierung« des dekadenten »Staats« assoziiert wird, genauer gesagt durch die Modifizierung aller drei betreffenden Merkmale ging dieser Zusammenhang verloren.

Nennen Villari und Berduschek erstens die Unförmigkeit von Lorenzos Nase ›platterdings‹ beim Namen, so soll diejenige des »Herrn Blüthenzweig« nur »*ein wenig* platt auf der Oberlippe« liegen, wobei die hämisch verharmlosende Formulierung in Thomas Manns antisemitischen Portraits, wie oben mehrfach gesehen und unten noch oft zu sehen, Methode und System hat. Trotz der graduellen Reduktion des ästhetisch inkriminierten Merkmals bleibt dieses also, nämlich als antisemitisches Stereotyp, ein »getreuer[r] Ausdruck« einer »Verderbtheit« auch des »Charakters«; nur daß die »Verderbtheit« keine individuelle ist, sondern rassistisch als kollektive imaginiert wird.

Besteht zweitens der akustische *E*ffekt des physiognomischen Merkmals bei Lorenzo in einer zwar unangenehm »näselnde[n] Stimme«, die ihn aber als solche, als »Stimme« eben, noch immer eindeutig als Menschen definiert, so hat die nur »ein wenig platt[e]« Nase in *Gladius Dei* zur Folge, daß Blüthenzweig mehr und minder »kurz und erregt«, »stark« oder »heftig«, aber beständig »in seinen Schnurrbart« bläst. Das resultierende Geräusch wird in seinem Ausschließungsverhältnis zur Sprache unmißverständlich zum »fauchenden« und ›schnüffelnden‹ Tierlaut stilisiert.

Ist die äußere Unförmigkeit des Organs, drittens, bei Lorenzo mit einem funktionalen *D*efekt verbunden, so ist sie bei Blüthenzweig gerade insofern kein »getreue[r] Ausdruck« mehr. Sie steht zum Sensorium, mit dem Blüthenzweig die »Kauffähigkeit« des je berochenen Menschen auszuwittern imstande ist, in einer nicht mehr analogen, sondern sozusagen adversativen oder konzessiven Beziehung. Während also der

---

190–200, hier S. 194.

220 Vgl. Ludwig Eisenberg, Grosses Biographisches Lexikon der Deutschen Bühne im XIX. Jahrhundert, Leipzig 1903, S. 51 f., s. v. ›Basil, Friedrich‹.

funktionale Defekt des mißgestalteten Riechorgans Lorenzo den Menschen entfremdete und, immer in Thomas Manns Interpretation, seine ehrliche Sehnsucht nach der »Schönheit« doppelt motiviert war, so dient Blüthenzweigs feine Nase nur noch dem ganz profanen »Schönheits*geschäft*«, dem Geschäft noch dazu nicht eigentlich mit der »Kunst«, sondern nur ihren mehr und weniger billigen Kopien, der Reproduktion, Verfälschung und Verkitschung von ›wahrer‹ Kunst. Hatte Lorenzo »übrigens«, trotz dem »Finstere[n]« »seines Charakters« und dessen »getreue[m] Ausdruck« in seiner Physiognomie, »einen vorzüglichen Geschmack für Poesie und Kunst«, »vernachlässigte und [...] ließ« er um »der Literatur« willen »den Handel seines Hauses [...] zu Grunde gehen«, so macht Blüthenzweig genau umgekehrt die »Kunst« dem »Handel seines Hauses« und »Schönheitsgeschäftes« mit offenbar sehr gutem Erfolg dienstbar, wie ihm in seiner platten Widerwärtigkeit auch alles andere fehlt, was die Zeitgenossen trotz allem für Lorenzo »für immer« einzunehmen vermochte.

Antisemitismus und Kritik der Moderne

Bei der Differenzialanalyse gleichsam von Lorenzos und Blüthenzweigs Merkmalsätzen zeichnet sich eine Verkennungsstruktur ab, die verrät, was über den in *Gladius Dei* so faustdicken Antisemitismus *auch* verhandelt und gewissermaßen abgeleitet wird. In dem »aufsehenerregende[n]« Bild der »heilige[n] Gebärerin«, das und die »Herr Blüthenzweig« im vollen Wortsinn prostituiert, gehen die Topoi des religiösen und des säkularen Antisemitismus eine bemerkenswerte Verbindung ein. Blüthenzweig entspricht nicht nur ganz genau dem im ›christlichen Abendland‹ überhaupt ältesten Stereotyp von den Juden als Feinden des Kreuzes und Schändern christlicher Mysterien, die den Heiland als »Hurkind und seine Mutter Maria« als »Hure« diffamieren;[221] und er steht auch nicht einfach bloß für »die immer wieder beargwöhnte Dominanz jüdischer Geschäftsleute im Kunsthandel«. Was in Blüthenzweigs »erste[m] Fenster« zur Schau gestellt wird, quellenkritisch beschreibbar als eine Kontamination des bei Max Grad ›echten‹ Marien-»Bild[s]« und »Gemäldes«[222] mit den im »KUNST-SALON J.LITTAUER« seinerzeit vertriebenen Photographien des »Männlich-Vormännli-

---

221   Martin Luther, Von den Juden und ihren Lügen, in: Martin Luther, Werke. Kritische Gesamtausgabe, Bd. 53, Weimar 1919, S. 412–552, hier S. 514.
222   Grad, S. 988 f.

che[n]«[223] und psychologisch natürlich als Retusche gleichsam der Irritation, welche von diesen homoerotischen Aktphotographien auf den realen Autor ausgehen mußte, — dieses Exponat also ist sozusagen auch ein weltliches Sakrileg, eine Entweihung der Kunst als einem um 1900 letzten metaphysischen Refugium:

> Die große, rötlichbraune Photographie stand, mit äußerstem Geschmack in Altgold gerahmt, auf einer Staffelei inmitten des Fensterraumes. Es war eine Madonna, eine durchaus modern empfundene, von jeder Konvention freie Arbeit. Die Gestalt der heiligen Gebärerin war von berückender Weiblichkeit, entblößt und schön. Ihre großen, schwülen Augen waren dunkel umrändert, und ihre delikat und seltsam lächelnden Lippen standen halb geöffnet. Ihre schmalen, ein wenig nervös und krampfhaft gruppierten Finger umfaßten die Hüfte des Kindes, eines nackten Knaben von distinguierter und fast primitiver Schlankheit, der mit ihrer Brust spielte und dabei seine Augen mit einem klugen Seitenblick auf den Beschauer gerichtet hielt.[224]

Erst hier, im zweiten von vier Abschnitten, wird überhaupt gesagt, was genau »inmitten des Fensterraumes« an Anstößigem zu sehen ist, und auch das erst, nachdem wiederholt wurde, daß es sich dabei um eine »Photographie« handelt, daß diese »in Altgold gerahmt« ist und daß sie »auf einer Staffelei« steht. Dies aber wird im Gegensatz zum eigentlichen Sujet hier nicht erstmals aufgezählt, sondern, um es nochmals zu sagen, wiederholt. Die aufgezählten äußerlichen Details erscheinen talia qualia oder, ganz genau genommen, in etwas anderer Reihenfolge schon im ersten Abschnitt:

> In dem ersten Fenster, der anstoßenden Buchhandlung zunächst, steht auf einer Staffelei ein großes Bild, vor dem die Menge sich staut: eine wertvolle, in rotbraunem Tone ausgeführte Photographie in breitem, altgoldenem Rahmen, ein aufsehenerregendes Stück, eine Nachbildung des Clous der großen internationalen Ausstellung des Jahres, zu deren Besuch an den Litfaßsäulen, zwischen Konzertprospekten und künstlerisch ausgestatteten Empfehlungen von Toilettenmitteln, archaisierende und wirksame Plakate einladen.

Die gegenüber der Wiederholung etwas modifizierte Reihenfolge, in der die formalen Details des Exponats erscheinen, gehorcht einer leicht durchschaubaren Strategie. Indem das später zuerst Genannte und sicherlich Wichtigste, daß es sich eben um eine »Photographie« handelt, hinter den Doppelpunkt und den vorangestellten Hauptsatz zu stehen kommt, wird in diesem zunächst eine falsche Fährte gelegt, um die aufgebaute Erwartung dann um so effektvoller zu durchkreuzen. Was vor dem Doppelpunkt (»auf einer Staffelei«, »ein großes Bild«), ja selbst was danach bis zu dem entscheidenden Wort »Photographie« steht (»eine

---

223   Bd. 2, S. 681.
224   Bd. 8, S. 202 f.

wertvolle, in rotbraunem Tone *ausgeführte* Photographie«), muß einem unbefangenen Leser zwangsläufig suggerieren, daß es sich hier um ein ›echtes‹, ›wirkliches‹ Gemälde handelt. Im Text selbst wird damit nachvollzogen, worauf Blüthenzweigs »Schönheitsgeschäft[]« beruhen soll und die Firma der Hanfstaengl-Dynastie wirklich beruhte.

Das Original ist für »die Menge« substituierbar geworden. Die »Reproduktionen«, »in rotbraunem Tone ausgeführt« und »in Altgold gerahmt« — nicht einmal dieser »raffiniert getönte […] Rahmen« ist also noch ›echt‹ —, lassen sich vom »Original« kaum noch unterscheiden. Seiner Austauschbarkeit ganz genau entsprechend, ist »das Original« soeben aus der »internationalen Ausstellung« »angekauft« worden, »angekauft«, so heißt es immer wieder, wie ein oder vielmehr *als* reines Investitionsobjekt, eine Handelsware im Grunde wie die »Toilettenmittel«, für die auf denselben »Litfaßsäulen« »künstlerisch« geworben wird. *Gladius Dei*, mit anderen Worten, läßt sich auch als Zeugnis der Irritationen lesen, welche »die technische Reproduktion des Kunstwerkes«[225] zur Entstehungszeit der Novelle hervorrief. Wie in Walter Benjamins berühmter Schrift über *Das Kunstwerk im Zeitalter seiner technischen Reproduzierbarkeit* nachzulesen, markiert gerade diese Zeit eine entscheidende Epoche in dem Prozeß, der »sich in der Geschichte intermittierend, in weit auseinanderliegenden Schüben, aber mit wachsender Intensität durchsetzt«.[226]

Der Prozeß zunehmend perfektionierter Reproduzierbarkeit und beliebiger Multiplizierbarkeit hatte ausgerechnet zur Zeit der Renaissance und maßgeblich in Italien und Florenz schon die Literatur revolutioniert (die »Photographie« des Madonnenbilds befindet sich »der *anstoßenden* Buchhandlung *zunächst*«, und zu den Anmaßungen des wie Blüthenzweig regelmäßig mit dem dadurch ironisierten Höflichkeitstitel bedachten »Herr[n] Aarenhold« gehört vor allem anderen, daß er »sich mit […] *alten* Drucken beschäftigt« und »beständig […] Ausgaben *erster* Hand« aufkauft[227]). In der *Gladius Dei* eigentlich erzählten Zeit setzt Benjamin einen weiteren ›Schub‹ an, jenem an dem Ort und zu der Zeit stattgehabten ›Schub‹ vergleichbar, auf welche hier das ›leuchtende München‹ konstant projiziert wird. »[U]m neunzehnhundert«, so Benjamin, erfaßte dieser Prozeß »durch die Photographie« die »bildliche[] Reproduktion«.[228] »[D]ie Gesamtheit der überkommenen Kunstwerke«,[229] wie sie Blüthenzweig in dieser Totalität anbietet (»Reproduktionen von Meisterwerken aus allen Galerien der Erde«[230]), ist im kapitalistischen

225 Walter Benjamin, Das Kunstwerk im Zeitalter seiner technischen Reproduzierbarkeit, in: Walter Benjamin, Gesammelte Schriften, hg. v. Rolf Tiedemann und Hermann Schweppenhäuser, Bd. I.2, Frankfurt a. M. 1974, S. 471–508, hier S. 474.
226 Benjamin, S. 474.
227 Bd. 8, S. 380; im Original keine Hervorhebungen.
228 Benjamin, S. 475.
229 Benjamin, S. 475; Hervorhebungen des Originals.
230 Bd. 8, S. 198.

Markt zum »*Objekt*«[231] geworden oder, wie man aus der Perspektive eines kulturkonservativen Autors wie Thomas Mann wohl sagen müßte: herabgesunken. Dieser Prozeß, so unaufhaltsam und irreversibel wie der technische Fortschritt selbst, in dem er die »Aura«[232] des Kunstwerks und die Voraussetzungen aller Genieästhetik vernichtete, mußte für Thomas Mann besonders bedrohlich sein, dessen Selbst- und ganzes Kunstverständnis noch bis in den *Doktor Faustus*, nach eigenem Dafürhalten seinem opus potissimum, so tief in der Genieästhetik wurzelte wie in seiner Generation vielleicht nur noch bei Hugo von Hofmannsthal oder Stefan George (welcher seine genau bis 1899 privat verteilten *Blätter für die Kunst* aus den Zirkulationsmechanismen des Markts vorsätzlich herauszuhalten versuchte).

Von den Verunsicherungen aus gelesen, welche die »Reproduktionen« in den »breiten Fenstern des großen Kunstmagazins« als solche hervorrufen mußten, als technisch perfektionierte und multiplizierte Vergegenständlichungen der Kunst — in den von Blüthenzweig händereibend verlangten »Siebenzig Mark *im Rahmen*«[233] ist die Differenz von ›Kunst‹ und Artefakt nochmals aufgehoben —, von dieser auch ganz persönlichen Verunsicherung des Autors aus gelesen also fügt sich die vom »christliche[n] Jüngling« beanstandete Exponierung »des Bildes in jenem Fenster [...], der großen Photographie« in ein sattsam bekanntes Schema des zeitgenössischen Antisemitismus. Daß ausgerechnet ein »M. Blüthenzweig« mit »Reproduktionen« und »Photographie[n]« so offensichtlich gute Geschäfte macht und daß dieser Blüthenzweig obendrein so aufdringlich als häßlich vertierter und geldgieriger Klischeejude gezeichnet wird, steht in direkter Beziehung zu den unbewältigten Problemen, welche die Moderne, die Technik und der Kapitalismus »um neunzehnhundert« auch für die Ästhetik mit sich brachten. Diese umfassenden und durchgreifenden Probleme werden hier gleichsam isoliert.

Ihre Komplexität wird ad personam oder sozusagen ad gentem reduziert, indem »[d]er christliche Jüngling« nicht an irgendeinen und schon gar nicht an einen ›christlichen‹, sondern an einen eindeutig und überdeutlich jüdischen »Kunstladen« gerät, und zwar, wie Schuster mit seiner »Dechiffrierung« von »Blüthenzweig« als Hanfstaengl ungewollt bewiesen hat, durchaus nicht notwendigerweise. Die Moderne, wie sie sich selbst in einer so traditionsorientierten und vergleichsweise ländlichen Großstadt wie München und in Verunsicherungen auch der überlieferten ästhetischen Systeme und Werte manifestierte, erscheint in *Gladius Dei* nicht als ein allgemeines, sondern eben als ein spezifisch jüdisches Phänomen. Der in der Novelle handgreifliche Antisemitismus ist nicht einfach nur eine Form von, sondern ein Ersatz für Kritik der Moderne.

---

231   Benjamin, S. 475; Hervorhebung des Originals.
232   Benjamin, S. 477.
233   Bd. 8, S. 207; im Original keine Hervorhebungen.

Buddenbrooks

Reflexe des historischen Hintergrunds

Die Zwielichtigkeit des Münchner ›Leuchtens‹, Münchens Abstand vom preußischen Zentrum des Reichs, die Stilisierung Bayerns zum eigentlichen Ausland, die ›jüdische‹ Assoziation ganz bestimmter deutscher Städte und Staaten, — all das läßt sich auch schon in den *Buddenbrooks* aufzeigen, deren »deutschen Charakter« Thomas Mann den folgsamen Otto Grautoff in der Rezension hervorzuheben nachdrücklich anwies;[1] und in einem Rundfunk-Vortrag von etwa 1930, als sie dann wirklich »zu einer Art von deutschem Hausbuch« zu werden versprachen, stellte er sie selber, in einer expliziten Huldigung an Josef Nadlers Literaturtheorie als »direkteste[n] Ausdruck [s]eines persönlichen Wesens« und des »Heimatlich-Stammesmäßigen« daran,[2] über alle seine anderen Werke.

Daß die Frage der nationalen Identität in der *Buddenbrooks*-Forschung dennoch kaum je ins Zentrum eines Frageinteresses rückte, sagt freilich nicht nur über diese Forschung, sondern auch über den Roman selbst etwas aus. Denn obwohl die erzählte Zeit dieses und nur dieses Romans die Vorgeschichte der Reichsgründung, diese selbst und die Jahre der Gründerzeit umfaßt, bleiben die politischen und militärischen Ereignisse ganz im Hintergrund. In der Regel werden sie in direktem Zusammenhang mit der wirtschaftlichen Situation und den Ambitionen der »Firma ›Johann Buddenbrook‹« beim Namen genannt, aber das heißt auch: in konsequentem und zunehmend deutlicherem Zusammenhang mit der im Untertitel des Romans explizierten pessimistischen Tendenz der erzählten Familiengeschichte. Die deutsche Geschichte, die Vorgeschichte der deutschen Einigung, die Reichsgründung und die Gründerjahre bilden hier die Folie für den »Verfall einer Familie«. Beides, die Unterordnung des Historischen unter das Private und die unheilvolle Besetzung dieses Privaten, gilt es zuerst ganz einfach einmal zu registrieren, ohne sich gleich wieder zum advocatus auctoris zu machen und es mit einer literaturkritischen Wertung ad acta zu legen.[3] Angesichts der seinerzeit stark vorherrschenden, eben stark affirmativen bis

---

1   Vgl. Sauermann, S. 57.
2   Manuskript (Thomas Mann-Archiv). Vgl. auch Bd. 11, S. 377 f.
3   Vgl. z. B. Lilian R. Furst, Re-Reading *Buddenbrooks*, in: German Life and Letters, New Series, 44, 1991, S. 317–329, hier S. 321.

euphorischen und fanatischen Haltung der eigenen Zeitgeschichte gegenüber ist die äußerste Dezenz und Zurückhaltung dieser gegenüber zunächst zwar bemerkenswert und eigenartig, vor allem aber auch erklärungsbedürftig.

Die erste Anspielung auf die Vorgeschichte der deutschen Einigung erscheint im achten Kapitel des ersten Teils, anläßlich noch der Einweihung des Buddenbrook-Hauses, im neuen Billardsaal, dessen Verwahrlosung, Zerstörung und Ersetzung (durch den späteren Besitzer des Hauses, Hermann Hagenström) noch in die erzählte Zeit des Romans fallen wird. Bei einer »Karambolage«,[4] hochritualisierter Aggression aller gegen alle und einem Spiel des Typ ›competition‹, das Roger Caillois mit dem bürgerlichen Leistungsprinzip gleichsetzt und dem ›feudalen‹ Spieltyp ›alea‹ gegenüberstellt,[5] haben sich »[d]ie sechs Herren« eben noch über eine Naturkatastrophe, die »Stürme in allen Küsten« unterhalten:[6]

> Dann aber begann man vom Zollverein zu sprechen… oh, Konsul Buddenbrook war begeistert für den Zollverein!
> »Welche Schöpfung, meine Herren!« rief er, sich nach einem geführten Stoße lebhaft umwendend, zum anderen Billard hinüber, wo das erste Wort gefallen war. »Bei erster Gelegenheit sollten wir beitreten…«
> Herr Köppen aber war nicht dieser Meinung, nein, er schnob geradezu vor Opposition.
> »Und unsere Selbständigkeit? Und unsere Unabhängigkeit?« fragte er beleidigt und sich kriegerisch auf sein Queue stützend. »Wie steht es damit? Würde Hamburg es sich beifallen lassen, bei dieser Preußenerfindung mitzutun? Wollen wir uns nicht gleich einverleiben lassen, Buddenbrook? Gott bewahre uns, nein, was sollen wir mit dem Zollverein, möchte ich wissen! Geht nicht alles gut?…«
> »Ja, du mit deinem Rotspon, Köppen! Und dann vielleicht mit den russischen Produkten, davon sage ich nichts. Aber weiter wird ja nichts importiert! Und was den Export betrifft, nun ja, so schicken wir ein bißchen Korn nach Holland und England, gewiß!… Ach nein, es geht leider nicht alles gut. Es sind bei Gott hier ehemals andere Geschäfte gemacht worden… Aber im Zollverein würden uns die Mecklenburg und Schleswig-Holstein geöffnet werden… Und es ist nicht auszurechnen, wie das Propregeschäft sich aufnehmen würde…«
> »Aber ich bitte Sie, Buddenbrook«, fing Grätjens an, indem er sich lang über das Billard beugte und den Stock auf seiner knochigen Hand sorgsam zielend hin und her bewegte, »dieser Zollverein… ich verstehe das nicht. Unser System ist doch so einfach und praktisch, wie? Die Einklarierung auf Bürgereid…«
> »Eine schöne alte Institution.« Dies mußte der Konsul zugeben.
> »Nein, wahrhaftig, Herr Konsul, — wenn Sie etwas ›schön‹ finden!«
> Senator Langhals war ein wenig entrüstet: »Ich bin ja kein Kaufmann…

---

4   Bd. 1, S. 38–40.
5   Roger Caillois, Die Spiele und die Menschen. Maske und Rausch, Frankfurt a. M., Berlin, Wien 1982, S. 125–136.
6   Bd. 1, S. 40 f.

aber wenn ich ehrlich sein soll — nein, das mit dem Bürgereid ist ein Unfug, allmählich, das muß ich sagen! Es ist eine Formalität geworden, über die man ziemlich schlank hinweggeht... und der Staat hat das Nachsehen. Man erzählt sich Dinge, die denn doch arg sind. Ich bin überzeugt, daß der Eintritt in den Zollverein von seiten des Senates...«

»Dann gibt es einen Konflikt —!« Herr Köppen stieß zornentbrannt das Queue auf den Boden. Er sagte »Kongflick« und stellte jetzt alle Vorsicht in betreff der Aussprache hintan. »Einen Kongflick, da versteh' ich mich auf. Nee, alle schuldige Achung. Herr Senater, aber Sie sind ja woll nich zu helfen, Gott bewahre!« Und er redete hitzig von Entscheidungskommissionen und Staatswohl und Bürgereid und Freistaaten...

Gottlob, daß Jean Jacques Hoffstede ankam! Arm in Arm mit Pastor Wunderlich trat er herein, zwei unbefangene und muntere alte Herren aus sorgloserer Zeit.

»Nun, meine braven Freunde«, fing er an, »ich habe etwas für Sie; einen Scherz, etwas Lustiges, ein Verslein nach dem Französischen... passen Sie auf!«

Er ließ sich gemächlich auf einem Stuhl nieder, den Spielern gegenüber, die, auf ihre Queues gestützt, an den Billards lehnten, zog ein Blättchen aus der Tasche, legte den langen Zeigefinger mit dem Siegelring an die spitze Nase und verlas mit einer fröhlichen und naiv-epischen Betonung:

Als Sachsens Marschall einst die stolze Pompadour
Im goldnen Phaeton [sic!] — vergnügt spazierenfuhr,
Sah Frelon dieses Paar — oh, rief er, seht sie beide!
Des Königs Schwert — und seine Scheide![7]

Bezeichnend ist zunächst Köppens Verweis auf eine andere Hansestadt, Hamburg. Hamburg gibt während des ganzen Romans eine Kontrastgröße zur »giebeligen«, »kleine[n], alte[n] Stadt«[8] der Buddenbrooks ab. Als eigentliche Groß- steht Hamburg zu dieser »Vaterstadt« in einem ambivalenten Verhältnis. Aus Hamburg lassen sich die ›ersten‹ Familien ihre Kleider und alles andere kommen, was modisch sein soll und »tipptopp«, wie es mit einem Hamburger Modewort heißt.[9] Aber »in dem großen Hamburg« und seiner »sittenlose[n] Gesellschaft«[10] verkommen auch ihre mißratenen Söhne, die es von dort weiter nach London oder, wie den ganz und gar »entarteten«[11] Jakob Kröger, nach New York verschlägt. Das in der engeren Familie der Buddenbrooks schwarze Schaf, Christian, richtet in Hamburg die Firma H. C. F. Burmeester & Comp. zugrunde; in Hamburg wohnt seine Mätresse und Frau Aline Puvogel, die schlimmste Mesalliance der Familie; und es ist eine Hamburger Anstalt, der sie ihn endlich überantwortet (während übrigens

7   Bd. 1, S. 41 f.
8   Bd. 8, S. 107.
9   Bd. 1, S. 294, 356, 363. Vgl. Friedrich Kluge, Etymologisches Wörterbuch der deutschen Sprache, Berlin und New York ²¹1975, S. 779, s. v. ›tipptopp‹.
10   Bd. 1, S. 237.
11   Bd. 1, S. 695.

sein ›Vorbild‹ und ›Modell‹ Friedrich-Friedel Mann[12] aus Hamburg zu-
rückkehren sollte, um sein Leben sehr wohl »in einer Heilanstalt bei Lübeck« zu beenden[13]).

Köppens Hinweis auf Hamburg ist symptomatisch für die Rolle, die
diese große Hansestadt als ›trend setter‹ in der kleineren spielt, bezeichnend für deren geschwundene oder schwindende Selbstsicherheit, welche die kleinere den preußischen Dominanzansprüchen schwerer wider-
stehen ließ. Lübeck sollte zwar erst lange nach dem betreffenden Streit-
gespräch, aber doch noch vor der Reichsgründung, nämlich 1868 dem
Deutschen Zollverein beitreten (ein Jahr nach dem Beitritt auch zum
Norddeutschen Bund[14]), Hamburg hingegen zwei weitere Jahrzehnte
später, nachdem die faits accomplis längst geschaffen waren.[15]

Die beiden Tendenzen, die konservative, auf die Autonomie der Stadt
bedachte, und die fortschrittliche, die Einigung der Nation begünstigen-
de, halten sich im betreffenden Moment der erzählten Zeit (»Oktober
1835«[16]) offenbar noch die Waage. Indem sich der Konflikt beider
Tendenzen zwischen dem Konsul und dem Weinhändler Köppen zu-
spitzt, erscheint er als Konflikt innerhalb der eigenen Klasse, als Konflikt zwischen Patriziern und Parvenüs, altem und neuem Geld, wobei
die konservative Position süffisanterweise ein Profiteur sozialer Mobili-
tät besetzt. Dieser »Konflikt« kann nicht gelöst und beigelegt, sondern,
»[g]ottlob«, nur übersprungen werden durch eine Intervention der
»zwei […] Herren aus sorgloserer Zeit«, durch einen Appell an das den
»sechs Herren« Gemeinsame und sie mit der »sorglosere[n]« Generation
Verbindende, in der zum Witz sublimierten Aggression der Bürger gegen den Adel, der Männer gegen die Frau und der Hanseaten gegen die
Sachsen.

Die Offenheit des Konsuls der »Preußenerfindung« des zwei Jahre zuvor (1833) gegründeten Zollvereins gegenüber, seine Bereitschaft, dem
Fortschritt und Zeitgeist auch »schöne alte Institution[en]« zu opfern —
wie auch den »praktischen Idealen und Interessen der Zeit« das humanistische »Gymnasium und die klassische Bildung«[17] —, steht in einem
Kontext, der in den wenigen vorangehenden Kapiteln schon entfaltet
wurde, als latenter Generationenkonflikt zwischen dem Konsul und seinem Vater, dem Firmengründer und einstigen »preußische[n] Heereslie-

---

12   Vgl. T. J. Reed, Meeting the Model. Christian Buddenbrook und Onkel Friedel,
     in: German Life and Letters, New Series, 45, 1992, S. 207–211; Sonja Matthes,
     Friedrich Mann und Christian Buddenbrook. Eine Annäherung, Würzburg 1997.
13   De Mendelssohn, Anhang: Familientafel Mann.
14   Vgl. Kenneth B. Beaton, Die Zeitgeschichte und ihre Integrierung im Roman,
     in: Ken Moulden und Gero von Wilpert (Hgg.), Buddenbrooks-Handbuch, Stutt-
     gart 1988, S. 201–211, hier S. 209.
15   Vgl. Hans-Werner Hahn, Geschichte des Deutschen Zollvereins, Göttingen
     1984 (Kleine Vandenhoeck-Reihe, Bd. 1502), S. 195.
16   Bd. 1, S. 34.
17   Bd. 1, S. 30.

ferant[en]«[18] (während Thomas Manns Urgroßvater, Johann Siegmund Mann der Ältere, im Gegenteil die Napoleonische Armee beliefert hatte[19]). Zum ersten Mal erscheint dieses Konfliktpotential bereits im allerersten Kapitel, und dort ausgerechnet schon an den unterschiedlichen Einstellungen gegenüber Preußen, den Preußen und dem Preußischen, kurz wegen des Kindermädchens Ida Jungmann, welche hier eingeführt wird und der »Familie« während ihres ganzen »Verfall[s]« treu bleibt, bis ausgerechnet die aus dem Ausland eingeheiratete Gerda Buddenbrook-Arnoldsen nach dem Tod ihres Mannes »die treue Preußin«[20] und »gute Seele« endlich doch entläßt.[21] Bevor Johann Buddenbrook der Ältere über ihre »fremdartige Aussprache« hier nur eben »spöttisch« »schmunzelt[]«, hatte der Jüngere um des aus »Westpreußen« mitgebrachten Mädchens willen »einen Auftritt mit seinem Vater zu bestehen gehabt, bei dem der alte Herr fast nur Französisch und Plattdeutsch sprach…«[22] Weltoffen und aufgeschlossen ist »der alte Herr« nur im »geschäftlichen Verkehr[], in gesellschaftlicher Beziehung […] mehr als sein Sohn, der Konsul, geneigt, strenge Grenzen zu ziehen« und, so heißt es in ausdrücklichem Zusammenhang mit »Westpreußen«: »und *dem Fremden* ablehnend zu begegnen«.[23]

Die Ereignisse der folgenden Jahrzehnte, in denen Preußen seine Vormacht stetig konsolidierte, werden wie gesagt nur hintergründig, aber meist in für die Interessen der Buddenbrooks nachteiligen und für die alten Verhältnisse der Stadt oft prekären Zusammenhängen erwähnt. Die »Unruhe«, in welche »die Börse« durch die »verzwickte[] schleswig-holsteinische Angelegenheit« gerät[24] — gemeint muß wohl der 1848 vom Bundestag beschlossene und vor allem mit preußischen Truppen geführte Krieg gegen Dänemark sein —, erscheint im selben Abschnitt wie eine Episode, welche die innenpolitischen Ereignisse desselben Jahres reflektiert, obwohl diese doch zu jener anderen »Angelegenheit« in einer rein annalistischen und eigentlich keiner inneren Beziehung stehen. »Trina […], ein Mädchen, das bislang nur Treue und Biedersinn an den Tag gelegt hatte«, beginnt sich »[z]um großen Verdrusse der Konsulin« auch ganz privat von ihrer Bevormundung durch die Herrschaft zu emanzipieren, in ihrer Beziehung zu »einem Schlachtergesellen« — die Verhängung von politischer und sexueller Emanzipation scheint für 1848 oder jedenfalls für eine bestimmte Wahrnehmung dieser Zeit offenbar topisch gewesen zu sein[25] —; »und dieser ewig blutige

---

18   Bd. 1, S. 257, 269.
19   Vgl. Eloesser, S. 20.
20   Bd. 1, S. 337.
21   Bd. 1, S. 698 f.
22   Bd. 1, S. 14 f.
23   Bd. 1, S. 14; im Original keine Hervorhebungen.
24   Bd. 1, S. 177.
25   Vgl. Bernd W. Seiler, Theodor Fontanes uneheliche Kinder und ihre Spuren in seinem Werk, in: Wirkendes Wort 48, 1998, S. 215–233, hier S. 224. Der Rekurs auf »viele[] Zeitgenossen« wird allerdings weder mit »vielen« noch auch

Mensch« wird für die »Entwicklung ihrer politischen Ansichten« verantwortlich gemacht, aufgrund derer Trina »plötzlich zu unverhüllter Empörung übergegangen« ist. Im folgenden Absatz wird dann noch von dem Verfassungskonflikt (»Ständisches Prinzip!« versus »Allgemeine Ständewahl!«) und selbst von der »Ausdehnung der Möglichkeit« die Rede sein, »das Bürgerrecht zu erlangen, auch auf Nichtchristen...«.[26]

»[D]as Jahr 48«, erfährt man so unumwunden fast hundert Seiten später im Zusammenhang mit einem »Bremer Konkurs[] im Jahre 51« und mit den »Unruhen« und Kriegen auch des »Jahr[s] 55«, hat wie diese beiden Jahre »Verluste gebracht«.[27] Auch der Deutsche Krieg oder, wie er vage heißt, »[d]er Krieg« erscheint nur unter dem Blickwinkel seiner für das »Haus ›Johann Buddenbrook‹« katastrophalen und seiner für die Stadt ganz anderen Folgen. Das entsprechende Kapitel, das letzte des siebenten Teils und das überhaupt kürzeste des ganzen Romans, nur eine gute Seite lang, trägt alle Züge einer Appendix; und auch noch in diesem kurzen Kapitel sind die »[g]roße[n] Dinge« und ihre Folgen selbst wieder ein deutlich als solches markiertes Anhängsel:

> Krieg und Kriegsgeschrei, Einquartierung und Geschäftigkeit! Preußische Offiziere bewegen sich in der parkettierten Zimmerflucht der Bel-Etage von Senator Buddenbrooks neuem Hause, küssen der Hausdame die Hände und werden von Christian, der von Oeynhausen zurückgekehrt ist, in den Klub eingeführt, während im Mengstraßenhause Mamsell Severin, Rieckchen Severin, der Konsulin neue Jungfer, zusammen mit den Mädchen eine Menge Matratzen in das ›Portal‹, das alte Gartenhaus schleppt, das voll von Soldaten ist.
> Gewimmel, Verstörung und Spannung überall! Die Mannschaften ziehen zum Tore hinaus, neue rücken ein, überfluten die Stadt, essen, schlafen, erfüllen die Ohren der Bürger mit Trommelwirbeln, Trompetensignalen und Kommandorufen und marschieren wieder ab. Königliche Prinzen werden begrüßt; Durchmarsch folgt auf Durchmarsch. Dann Stille und Erwartung.
> Im Spätherbst und Winter kehren die Truppen siegreich zurück, werden wiederum einquartiert und ziehen unter den Hochrufen der aufatmenden Bürger nach Hause. — Friede. Der kurze, ereignisschwangere Friede von 65.
> Und zwischen zwei Kriegen, unberührt und ruhevoll in den Falten seines Schürzenkleidchens und dem Gelock seines weichen Haares, spielt der kleine Johann im Garten am Springbrunnen oder auf dem ›Altan‹, der eigens für ihn durch eine kleine Säulenestrade vom Vorplatz der zweiten Etage abgetrennt ist, die Spiele seiner viereinhalb Jahre... Diese Spiele, deren Tiefsinn und Reiz kein Erwachsener mehr zu verstehen vermag, und zu denen nichts weiter nötig ist als drei Kieselsteine oder ein Stück Holz, das vielleicht eine Löwenzahnblüte als Helm trägt: vor allem aber die reine, starke, inbrünstige, keusche, noch unverstörte und uneinge-

---

nur mit einem »Zeitgenossen« belegt, sondern nur mit Peter Weiss' *Verfolgung und Ermordung Jean Paul Marats.*
26 Bd. 1, S. 177 f.
27 Bd. 1, S. 256.

schüchterte Phantasie jenes glückseligen Alters, wo das Leben sich noch scheut, uns anzutasten, wo noch weder Pflicht noch Schuld Hand an uns zu legen wagt, wo wir sehen, hören, lachen, staunen und träumen dürfen, ohne daß noch die Welt Dienste von uns verlangt... wo die Ungeduld derer, die wir doch lieben möchten, uns noch nicht nach Anzeichen und ersten Beweisen quält, daß wir diese Dienste mit Tüchtigkeit werden leisten können... Ach, nicht lange mehr, und mit plumper Übermacht wird alles über uns herfallen, um uns zu vergewaltigen, zu exerzieren, zu strecken, zu kürzen, zu verderben...

Große Dinge geschahen, während Hanno spielte. Der Krieg entbrannte, der Sieg schwankte und entschied sich, und Hanno Buddenbrooks Vaterstadt, die klug zu Preußen gestanden hatte, blickte nicht ohne Genugtuung auf das reiche Frankfurt, das seinen Glauben an Österreich bezahlen mußte, indem es aufhörte, eine Freie Stadt zu sein.

Bei dem Fallissement einer Frankfurter Großfirma aber, im Juli, unmittelbar vor Eintritt des Waffenstillstandes, verlor das Haus ›Johann Buddenbrook‹ mit einem Schlage die runde Summe von zwanzigtausend Talern Kurant.[28]

Das ›eigentliche‹ Kapitel, dem gegenüber sich das hier kursiv gesetzte Anhängsel desto deutlicher als solches ausnimmt, erhält seine formal sehr strenge Geschlossenheit erstens dadurch, daß es, anders als sein Anhängsel, ausnahmsweise ganz in den ›Haupttempora‹ steht, in erst historischem, dann gnomischem Präsens und endlich im Futur, während jenes Anhängsel ganz in die Vergangenheit gebannt bleibt; dann aber auch durch die straffe interne Komposition des in Haupttempora Geschriebenen. Dieses zerfällt in zwei mathematisch gleichlange Teile, die mit größtem formalem und stilistischem Aufwand gegeneinander abgesetzt sind, innerhalb der klassischen Rhetorik beschreibbar durch die beiden Unterarten des hohen, ›sublimen‹ Stils, ›genus vehemens‹ und ›genus amplum‹: Erst in drei, je durch Alinea getrennten, an Umfang abnehmenden Abschnitten, in asyndetisch aufeinanderfolgenden Sätzen, mehrheitlich mit Ellipse der Prädikate, der »Krieg« oder vielmehr auch hier schon nur die Auswirkungen, die dieser »Krieg«, und zwar eben nicht der Deutsche, sondern offensichtlich der Deutsch-Dänische Krieg, auf die Lebenswelt der Buddenbrooks hat; dann in einem einzigen, selbst im Satzinneren mit Auslassungszeichen durchsetzten Abschnitt, in wachsenden, syndetischen und anaphorischen Satzkaskaden »die Spiele« des von alledem am wenigsten betroffenen Buddenbrook, in deren Stille und Abgeschiedenheit die »[g]roße[n] Dinge« nicht einzudringen vermögen (oder nur bis zur Unkenntlichkeit gebrochen und verharmlost, in dem einen herausgegriffenen Bild der für einen »Helm« stehenden »Löwenzahnblüte«).

Die »unberührt[e] und ruhevoll[e]« Erlebniswelt des Kindes, als etwas »uns« allen einst Zugängliches, wesentlich Geschichts- oder Zeitloses, die zunächst nur als Intervall »zwischen« die »zwei Kriege[]« tritt und damit freilich schon deren inneren historischen Zusammenhang kappt,

---

28   Bd. 1, S. 436 f.; im Original keine Hervorhebungen.

dann aber auch simultan zu den »[g]roße[n] Dinge[n]« des Deutschen Kriegs vorgestellt sind (»*während* Hanno spielte«), — die ganze Emphase und der volle Ernst, der den Spielen des »kleine[n] Johann« hier zuteil wird, rückt diese »[g]roße[n] Dinge« natürlich in ein Licht, in welchem gerade ihr scheinbar so selbstverständlicher Anspruch auf ›Größe‹ suspekt erscheint; nicht zuletzt auch deswegen, weil der Erzähler durch die erste Person, auf ganz singuläre Weise sich selber ins Spiel bringend,[29] seine eigene Distanz zu den »[g]roße[n] Dinge[n]«, seine Sympathie mit dem Kind zu erkennen gibt und durch den Plural der ersten Person auch den Leser und die Leserin zwingt, die um diese »Dinge« so ganz und gar unbekümmerte Perspektive einzunehmen, ja den Abscheu vor ihnen zu teilen (wenn nämlich die unausweichliche ›Verderbnis‹ des Heranwachsens plötzlich in Verben erscheint, welche auf die wahre Natur der vermeintlich großen Dinge zurückweisen und diesen durch ihre Konkretheit alle Größe nehmen: »um uns zu vergewaltigen, zu exerzieren«).

Was daran angehängt ist, die Erwähnung eben dessen, was »während« Hannos Spielen »geschah[]«, zerfällt wieder in zwei einander streng entgegengesetzte Abschnitte, in denen deutlich wird, wie das allgemeine Wohl nicht mehr mit einem Gedeihen auch der Familie und des »Haus[es] ›Johann Buddenbrook‹« einhergeht. »Hanno Buddenbrooks Vaterstadt, die klug zu Preußen gestanden hatte, blickt[] nicht ohne Genugtuung auf das reiche Frankfurt, das seinen Glauben an Österreich bezahlen mußte« — und etwas von solcher Genugtuung lassen vielleicht auch noch die Milieuschilderungen der Frankfurter Kapitel im *Felix Krull* erkennen —; andrerseits wird mit dem vollen Gewicht, das auf das Explicit eines ganzen Roman-›Teils‹ notwenig zu liegen kommt, auf den »Schlag« hingewiesen, den der Frankfurter Konkurs auch für »das Haus ›Johann Buddenbrook‹« bedeutet und den »1866 Concurse auf österreichischer Seite« offenbar schon in einer frühen Entstehungsphase des Romanprojekts für dieses »Haus« bedeuten sollten.[30]

29   Vgl. Eberhard Lämmert, Thomas Mann. *Buddenbrooks*, in: Benno von Wiese (Hg.), Der deutsche Roman. Vom Barock bis zur Gegenwart. Struktur und Geschichte, Bd. 2: Vom Realismus bis zur Gegenwart, Düsseldorf 1963, S. 190–223, hier S. 209.
30   Vgl. de Mendelssohn, Bd. 1, S. 452.

Der »Verfall« der Familie und der nationale »Aufschwung«

Der »Verfall einer Familie« bei gleichzeitigem »Aufschwung«[31] der »Vaterstadt« und immer mehr auch des ganzen auf dem Weg zur Einigung befindlichen Deutschland, diese Ambivalenz kennzeichnet auch die nächste, wieder äußerst flüchtige und wieder in ökonomischer Hinsicht erfolgende Erwähnung eines weiteren Kriegs. Am Anfang des neunten Teils, nachdem der achte mit der Verurteilung des kriminellen Schwiegersohns Hugo Weinschenk geendet hat und während Elisabeth »Bethsy« Buddenbrook geb. Kröger schon im Sterben liegt — ihren Tod und den damit verbundenen ganz offensichtlich symbolträchtigen Verkauf des am Romanbeginn bezogenen Hauses hat Thomas Mann in einer frühen chronologischen Tabelle gezielt um vier Jahre auf das für die deutsche Geschichte in genau umgekehrtem Sinn bedeutsame Jahr »1870« vorverlegt,[32] während ihr ›Vorbild‹ Elisabeth Mann-Marty die ›Geburt‹ des Reichs um zwei Jahrzehnte überleben sollte —, im ersten Kapitel also des neunten Teils spricht einer der beiden zugezogenen Ärzte Thomas Buddenbrook in schlecht verhülltem Zusammenhang mit dem Gesundheitszustand seiner Mutter auf den Aufenthaltsort seines Bruders Christian an. Und in dieser Situation, vor dem drohenden Tod der Mutter und unmittelbar nach der Erwähnung des mißratenen Familienmitglieds berührt das Gespräch »auf dem Treppenabsatz ein Weilchen [...] andere Dinge«:

> Während die Herren über Säulenhalle und Korridor zurückgingen und auf dem Treppenabsatz ein Weilchen stehenblieben, sprachen sie über andere Dinge, über Politik, über die Erschütterungen und Umwälzungen des kaum beendeten Krieges...
> »Nun, jetzt kommen gute Zeiten, wie, Herr Senator? Geld im Lande... Und frische Stimmung weit und breit...«
> Und der Senator stimmte dem halb und halb bei. Er bestätigte, daß der Ausbruch des Krieges den Verkehr in Getreide von Rußland zu großem Aufschwung gebracht habe, und erwähnte der großen Dimensionen, die damals der Haferimport zum Zwecke der Armeelieferung angenommen habe. Aber der Profit habe sich sehr ungleich verteilt...
> Die Ärzte gingen, und Senator Buddenbrook wandte sich, um noch einmal in das Krankenzimmer zurückzukehren.[33]

Am Vorabend der deutschen Einigung — das letzte *annalistisch* fixierte Datum ist Hannos Geburtstag im April 1869, und der Deutsch-Französische »Krieg« ist »kaum beendet[]« — teilt der politische und wirtschaftliche Exponent der Buddenbrooks den allgemeinen Optimismus

---

31   Bd. 1, S. 558.
32   Vgl. de Mendelssohn Bd. 1, S. 438.
33   Bd. 1, S. 557 f.

der anderen nicht. Die Ambivalenz seiner Zustimmung (»halb und halb«) hat damit zu tun, daß »der Profit [...] sich sehr ungleich verteilt...« habe. Das Auslassungszeichen weist natürlich darauf hin, daß das »Haus ›Johann Buddenbrook‹«, anders offenbar als die Manns, an diesem Krieg ebensowenig verdient hat wie im »Jahr 48«, und vielleicht auch darauf — jedenfalls werden die immer schlechter gehenden Geschäfte des Hauses sonst konsequent an den gegenläufigen »Aufschwung«[34] der Hagenströms gebunden —, wer genau zu den Kriegsgewinnlern großen Stils gehört.

In ihrem sozusagen adversativen oder konzessiven Verhältnis zur »Vaterstadt« wird die »Firma ›Johann Buddenbrook‹« hier zu so etwas wie einer Allegorie für das Verhältnis dieser Stadt zum ›Vaterland‹. Die Disproportionalität zwischen allgemeiner Hochkonjunktur und der Stagnation im besonderen, wie sie für die »Firma ›Johann Buddenbrook‹« behauptet wird, entspricht tendenziell dem damaligen Verhältnis zwischen dem rapiden Wirtschafts- und Bevölkerungswachstum in den anderen Hansestädten und den vergleichsweise sehr tiefen Zuwachsraten im noch in den alten Strukturen verhafteten Lübeck.[35] So gut wie alle anderen, das erfährt man dann auch wieder am Anfang des zehnten Teils, selbst »Krämergeschäfte« können die »frische Stimmung weit und breit« zu ihrem Vorteil nutzen, nur nicht der Leiter der »Firma ›Johann Buddenbrook‹«, und zwar, wie eben gesagt und wie Thomas Mann wissen mußte, im Unterschied zu Heinrich Mann senior, der, hierin keineswegs mehr ›Vorbild‹ oder ›Modell‹ der Romanfigur, sehr wohl am Krieg verdient und von der seit Lübecks Beitritt zum Zollverein guten Konjunktur durchaus profitiert zu haben scheint. Etwas anderes konnte Thomas Mann jedenfalls der nach seiner eigenen Aussage in dieser Hinsicht wichtigsten Informationsquelle nicht entnehmen, einem Brief vom Januar 1899, in dem ein naher Verwandter seines Vaters, Wilhelm Marty, seine »geschäftlichen, städtischen, wirtschaftsgeschichtlichen, politischen Fragen«[36] ausführlich beantwortete.[37]

Thomas Buddenbrook hingegen hat zum Schaden auch noch den Spott:

> Das Betriebskapital aber lag brach seit langen Jahren, mit dem pfennigweisen Geschäftemachen, dessen sich der Senator zur Zeit der Pöppenrader Ernteangelegenheit angeklagt hatte, war es seit dem Schlage, den

---

34   Bd. 1, S. 600.
35   Vgl. Pierre-Paul Sagave, Zur Geschichtlichkeit von Thomas Manns Jugendroman. Bürgerliches Klassenbewußtsein und kapitalistische Praxis in *Buddenbrooks*, in: Helmut Arntzen, Bernd Balzer, Karl Pestalozzi und Rainer Wagner (Hgg.), Literaturwissenschaft und Geschichtsphilosophie. Festschrift für Wilhelm Emmrich, Berlin und New York 1975, S. 436–452, hier S. 437; Lindtke, S. 30.
36   Bd. 11, S. 380.
37   Vgl. auch Georg Potempa, Über das Vermögen der Buddenbrooks. Vortrag, gehalten am 17.1.1995 in Oldenburg [Manuskript], S. 20 f.

er damals empfangen, nicht besser, sondern schlimmer geworden, und jetzt, in einer Zeit, da alles sich frisch und siegesfroh regte, da seit dem Eintritt der Stadt in den Zollverband kleine Krämergeschäfte imstande waren, sich binnen weniger Jahre zu angesehenen Großhandlungen zu entwickeln, jetzt ruhte die Firma ›Johann Buddenbrook‹, ohne irgendeinen Vorteil aus den Errungenschaften der Zeit zu ziehen, und über den Gang der Geschäfte befragt, antwortete der Chef mit matt abwehrender Handbewegung: »Ach, dabei ist nicht viel Freude...« Ein lebhafter Konkurrent, der ein naher Freund der Hagenströms war, tat die Äußerung, daß Thomas Buddenbrook an der Börse eigentlich nur noch dekorativ wirke, und dieser Scherz, der auf das sorgfältig gepflegte Äußere des Senators anspielte, wurde von den Bürgern als eine unerhörte Leistung gewandter Dialektik bewundert und belacht.[38]

Die vor dem Hintergrund des allgemeinen »Aufschwung[s]« dennoch ganz unwahrscheinliche und eben auch durch die Familiengeschichte der Manns keineswegs gedeckte Rezession, in der sich »die Firma ›Johann Buddenbrook‹« in konstantem Gegensatz zu aller »frische[n] Stimmung weit und breit« befindet, dieser »Rückgang[]« der Buddenbrookschen Geschäfte weist in seinem Kontrast zur allgemeinen Wirtschaftssituation natürlich auf das besondere Konzept, aufgrund dessen der »Verfall einer Familie« im Roman vorgeführt und durchgespielt wird. Der »Verfall«, manifest als »eine sich von Generation zu Generation steigernde[] Nervosität«,[39] folgt hier durchaus einer intrinsischen »Gesetzmäßigkeit« oder einem »höheren Willen«;[40] und wenn in der Forschungsliteratur das Gegenteil behauptet wird,[41] dann zeugt das nur von der schon sehr beträchtlichen Distanz immerhin fast eines ganzen Jahrhunderts, das uns von dem Roman und seiner Entstehungszeit trennt.

Die innere Gesetzmäßigkeit des »Verfall[s]« ist von ökonomischen und politischen Faktoren abgelöst, die »einer Familie« mehr oder weniger günstig sein können. Verschlechtern sich die äußeren Variabeln, das wird anläßlich von Thomas Buddenbrooks stagnierenden und rückgängigen Geschäften wiederholtermaßen versichert, so steht dies zur inneren Verfassung des davon Betroffenen in keiner kausalen, sondern einer konsekutiven oder, rhetorisch und kritischer formuliert, metaleptischen Beziehung. Die schlechten Geschäfte sollen Folge, nicht Ursache des »Verfall[s]« sein. Ein solches im Grunde genetisch-biologistisches Theorem des »Verfall[s]« war zur Entstehungszeit des Romans allgemein akzeptabel, geradezu topisch und jedenfalls zu weit verbreitet, als

---

38   Bd. 1, S. 610 f.

39   Joachim Radkau, Neugier der Nerven. Thomas Mann als Interpret des »nervösen Zeitalters«, in: Thomas Mann-Jahrbuch 9, 1996, S. 29–53, hier S. 37.

40   Peter von Matt, Verkommene Söhne, mißratene Töchter. Familiendesaster in der Literatur, München 1995, S. 242.

41   Vgl. Uwe Ebel, Die Kunst als Welt der Freiheit. Studien zu Werkstruktur und Werkabsicht bei Thomas Mann, Metelen und Steinfurt 1991 (Wissenschaftliche Reihe, Bd. 4), S. 52 f.

daß es sich noch auf irgendwen oder irgendeinen besonderen Text zurückführen ließe. Als repräsentatives Beispiel für diesen in Thomas Manns Sinn ›atmosphärischen Einfluß‹[42] sei nur noch einmal der eine Otto Ammon und seine *Sozialanthropologische Studie* erwähnt, die sechs Jahre vor den *Buddenbrooks* zur »Preisschrift« gekürt und sechs Jahre nach den *Buddenbrooks* wieder neu aufgelegt wurde, also keineswegs abwegige und marginale Positionen vertreten zu haben scheint. Der betreffende Passus liest sich wie ein Romanmuster zu den *Buddenbrooks*, zum mißratenen Sohn Christian, zur Totgeburt Tonys, zur langen Kinderlosigkeit Thomas' und Gerdas und endlich zum frühen Tod Hannos:

> Dem Untenstehenden kann die bevorzugte Stellung der höheren Klassen wohl dann und wann Neid erwecken, aber er würde dieses Gefühl nicht aufkommen lassen, wenn er alles wüßte, was mit dieser höheren Stellung untrennbar verbunden ist. Nur seine Unkenntnis läßt ihn das Opfer eines so häßlichen und unangebrachten Gefühls werden. Das Sprichwort: Ein jeder Stand hat seine Plage, ein jeder Stand hat seine Lust, erschöpft den Gegenstand noch lange nicht. Denn die geistig Hochstehenden müssen ihren scheinbaren Vorzug auf dieser Erde teuer bezahlen: mit dem Aussterben ihrer Familien nach einer größeren oder kleineren Anzahl von Geschlechterfolgen. Man kann sagen, daß das Schicksal den Menschen hoch emporhebt, um ihn durch einen tiefen Sturz zu zerschmettern. Bei diesem Hauptsatze der Naturgeschichte des Menschen muß ich einen Augenblick verweilen, da er von grundlegender Wichtigkeit und zum Verständnis des Folgenden unentbehrlich ist.
>   Zuerst müßte ich eigentlich beweisen, daß die behauptete Tatsache des Aussterbens der sozial bevorzugten Familien zutreffend ist. Doch glaube ich richtiger zu handeln, wenn ich von den Beweisen, die überreichlich vorhanden sind, nachher einige in besserem Zusammenhange vorbringe und jetzt gleich die Ursachen darlege, welche das Erlöschen herbeiführen.[43]

Ammons *Sozialanthropologische Studie*, gerade weil sie sich schon auf so engem Raum in die heilloseste Aporie versteigt, läßt ihre ideologische Bedingtheit ohne weiteres erkennen. Sie dient der Erhaltung und Legitimation des status quo. Wie schon ihr Wortlaut verrät (»die [...] Hochstehenden müssen ihren scheinbaren Vorzug *auf dieser Erde* teuer bezahlen«), füllt sie das Vakuum, das der offenbar obsolet gewordene Trost der christlichen Kompensationslogik von Dies- und Jenseits hinterlassen zu haben scheint. Soziale Privilegierung, die der Sozialdarwinist Ammon anderwärts zur biologischen Notwendigkeit erklärt, ist nicht nur unabänderlich, sondern noch nicht einmal beneidenswert. Dem »Hauptsatze der Naturgeschichte« entsprechend, wird sie mit

---

42 Interview vom 13.6.1953, in: Volkmar Hansen und Gert Heine (Hgg.), Frage und Antwort. Interviews mit Thomas Mann. 1909–1955, Hamburg 1983, S. 359–362, hier S. 361.
43 Ammon, S. 17.

»Aussterben« oder eben »Verfall« teuer bezahlt. Die »Beweise[]« dafür, die er seinen Lesern »eigentlich« zu schulden sich durchaus bewußt zu sein scheint, vertagt Ammon, obgleich sie »überreichlich vorhanden« sein sollen, ad Kalendas Graecas; so wie er von den statt dessen ›dargelegten Ursachen‹ gleich unumwunden zugeben wird, daß sie »eine viel sorgfältigere Untersuchung von seiten der Physiologen verdienen« würden.[44]

Die Unausweichlichkeit des »Verfall[s]«, welche in der Forschung weiter kein Befremden hervorgerufen zu haben scheint, wird in der privilegierten »Familie« der Buddenbrooks eben dadurch besonders handgreiflich, daß dieser »Verfall« in konstantem Gegensatz zu den äußeren, das heißt den in der »Vaterstadt« und immer mehr auch den in Deutschland herrschenden Bedingungen steht. Doch ist mit den ›sozialanthropologischen‹ Prämissen des ›Verfalls‹-Theorems die seltsame und in ihrer Konstanz immerhin bemerkenswerte Dissoziierung des Privaten und des Allgemeinen vielleicht erst der Autorintention nach und also noch nicht ganz und vielleicht auch noch gar nicht verstanden. Ein Hinweis auf eine andere, besondere Relevanz dieser Disjunktion läßt sich dem Absatz entnehmen, der jener Skizze der geschäftlichen Stagnation und gar Rezession im ersten Kapitel des zehnten Teils unmittelbar folgt, der Erwähnung nämlich auch der politischen Frustration des Senators:

War aber der Senator im Fortwirken für das alte Firmenschild, dem er ehemals mit soviel Enthusiasmus gedient hatte, durch erlittenes Mißgeschick und innere Mattigkeit gelähmt, so waren seinem Emporstreben im städtischen Gemeinwesen äußere Grenzen gezogen, die unüberschreitbar waren. Seit Jahren, schon seit seiner Berufung in den Senat, hatte er auch hier erlangt, was für ihn zu erlangen war. Es gab nur noch Stellungen innezuhalten und Ämter zu bekleiden, aber nichts mehr zu erobern; es gab nur noch Gegenwart und kleinliche Wirklichkeit, aber keine Zukunft und keine ehrgeizigen Pläne mehr. Zwar hatte er seine Macht in der Stadt umfänglicher zu gestalten gewußt, als ein anderer an seiner Stelle das vermocht hätte, und seinen Feinden wurde es schwer, zu leugnen, daß er »des Bürgermeisters rechte Hand« sei. Bürgermeister aber konnte Thomas Buddenbrook nicht werden, denn er war Kaufmann und nicht Gelehrter, er hatte kein Gymnasium absolviert, war nicht Jurist und überhaupt nicht akademisch ausgebildet. Er aber, der von jeher seine Mußestunden mit historischer und literarischer Lektüre ausgefüllt hatte, der sich seiner gesamten Umgebung an Geist, Verstand und innerer wie äußerer Bildung überlegen fühlte, er verwand nicht den Ärger darüber, daß das Fehlen der ordnungsmäßigen Qualifikationen es ihm unmöglich machte, in dem kleinen Reich, in das er hineingeboren, die erste Stelle einzunehmen.[45]

---

44   Ammon, S. 18.
45   Bd. 1, S. 611.

Daß Thomas Buddenbrook »in dem kleinen Reich, in das er hineingeboren, die erste Stelle einzunehmen« a limine verwehrt ist — so wie vielleicht auch der Autor trotz aller ehrenhalber verliehener Doktor- und Professorenwürde nie ganz über sein Scheitern am Gymnasium hinwegkommen sollte —, kann man mit den neuen politischen Verhältnissen in einen Zusammenhang bringen, den der Wortlaut des Texts im Grunde selbst nahelegt: das »Reich«; das »*kleine* Reich«; »in das er hinein*geboren*«. Die einigermaßen auffällige Hyperbel des »Reich[s]«, dessen Spezifizierung als das »kleine[]« und die Rückbindung dieses »kleinen Reich[s]« an Thomas Buddenbrooks Geburt, — all das läßt sich in Beziehung dazu setzen, daß die politischen Strukturen sich seit dieser lange zurückliegenden Geburt grundsätzlich verändert haben, daß es nun ein großes, preußisch dominiertes, eben ›das Reich‹ schlechthin gibt, dem die »Vaterstadt« mit Köppens Wort nun wirklich »einverleib[t]« ist und in welchem die Autonomie und Macht dieser »Vaterstadt« weitgehend auf- und untergegangen sind. Zu dieser Einbuße an Macht und Selbstbestimmung, der ihrerseits nur noch »dekorativ« gewordenen ›Freiheit‹ der Freien Hansestadt, steht Thomas Buddenbrooks prinzipieller Ausschluß vom eigentlichen Zentrum der Macht in frappanter oder zumindest bemerkenswerter Analogie.

Von jenem ersten politischen Gespräch her, dem darin geäußerten Widerstand gegen die »Preußenerfindung« auch nur schon des vergleichsweise losen und lockeren Zollvereins, läßt sich leicht nachvollziehen, daß ein lübischer Patrizier der deutschen Einigung und der ganzen Euphorie der Gründerjahre mit gemischten Gefühlen gegenüberstehen konnte oder mußte; und sei es auch, daß diese, deren ablehnende Seite nicht oder kaum je über die Bewußtseinsschwelle gelangten. Die kollektive Euphorie des Nationalismus mußte eigentlich notwendigerweise in einem inneren »Konflikt« mit einer Trauer um die verlorene Souveränität und mit aggressiven Impulsen gegen die Repräsentanten der preußischen Zentralmacht liegen; einem Konflikt übrigens, dessen momentane Unauflöslichkeit Thomas Mann im Grunde selbst eingestand, als er nur eben dreieinhalb Jahrzehnte nach der deutschen Einigung zu bedenken gab, daß »vielleicht« »kaum hundert Jahre[]« »genügt[en]«, um »Reichsdeutscher […] zu werden«.[46]

Vor diesem Hintergrund gesehen, würde jedenfalls die sehr verhaltene und erklärungsbedürftige Behandlung der deutschen Einigung in den *Buddenbrooks* einigermaßen verständlich. Im neunten Teil, in dessen erzählte Zeit die deutsche Einigung fällt oder fallen müßte — im ersten Kapitel wird wie gesehen auf den dort »kaum beendeten Krieg[]« von 1870/71 angespielt, am Ende des letzten Kapitels auf den »Beginn des Jahres 72«[47] —, geht es wie ebenfalls schon gesehen um den Tod der Konsulin und den damit verbundenen Verkauf des am Anfang des Romans neu bezogenen Hauses an Hermann Hagenström, um den fort-

---

46   Bd. 13, S. 461.
47   Bd. 1, S. 608.

schreitenden »Verfall« also der einen und den genau reziproken »Aufschwung« der anderen »Familie«. Im ganzen neunten Teil wird »Bismarcks [...] Einigungskunststück[]«[48] mit keiner einzigen Silbe erwähnt. Erst im ersten Kapitel des folgenden zehnten Teils erscheint jene sehr vage Anspielung auf den »Eintritt der Stadt in den Zollverband« und auf »eine Zeit, da alles sich frisch und siegesfroh regt[]«. Im fünften, dem Mittelkapitel desselben zehnten Teils, in dem zur ökonomischen Rezession der Firma und zur politischen Frustration des Senators auch noch dessen empfindlichste, ganz persönliche, die sexuelle Demütigung durch den »extravaganten« »Secondeleutnant«[49] von Throta hinzukommt, erscheint eine weitere Erwähnung des »siegreiche[n] Feldzuge[s]«, und auch hier wieder im Kontrast zum eigentlichen Thema, dem Portrait des Leutnants, der in seiner Feinfühligkeit und Musikalität von den anderen Offizieren der Garnison abgehoben wird.

Obwohl er erst infolge der deutschen Reichsgründung in die Stadt der Buddenbrooks verschlagen wurde — jedenfalls in Thomas Manns nur leicht, aber sehr bezeichnend ungenauer Vorstellung von den historischen Verhältnissen: schon unter den frühen Arbeitsmaterialien, in einer Notiz »*Militär*« sind diese Verhältnisse so verzeichnet: »Nach 71 Preuß. Militär« (tatsächlich hatte Lübeck die Militärhoheit bereits 1867 an Preußen abgetreten[50]) —, verkörpert René Maria von Throta, anders als seine möglichen ›Vorbilder‹,[51] mit seinem französischen ersten und seinem weiblichen zweiten Vornamen, als Rheinländer und Katholik das genaue Gegenteil dessen, was die Imagination des neuen Nationalstaats konstituierte. Der Ehebruch, den Gerda Buddenbrook, eine Niederländerin, deren Familie aber ursprünglich aus Dresden stammt, vielleicht in der ›Tat‹, jedenfalls aber wie Detlev Spinell mit Gabriele Klöterjahn auf wagnerianisch-musikalisch sublimierte Weise begeht, ist also auch durch die Merkmale von Throtas jenseits auch der politisch etablierten Normen situiert und erscheint so als etwas beiderseits Undeutsches oder jedenfalls wesentlich Unpreußisches.

Bemerkenswert aber an dieser politischen Stilisierung des heimlich-privaten Dramas ist die außerordentliche Reserve, mit der diesem und insbesondere der Figur des »Secondeleutnant[s]«, ›Zweiten‹ und ›Stellvertreters‹ der Erzähler begegnet. Die überdeterminierte Opposition von Throtas zu allem Preußischen geht mit einer erzählerischen Sonderbehandlung des ›*extra-vaganten*‹ Leutnants einher. Ganz anders als bei so gut wie allen anderen männlichen Figuren des Romans bleibt völlig ungeklärt, in welchem Verhältnis der Erzähler zu dieser einen Figur steht und welches der Autor seinen Lesern zu ihr aufzwingen möchte. Während er bei Thomas oder Hanno Buddenbrook, bei Kai Graf Mölln

48   Bd. 6, S. 515.
49   Bd. 1, S. 644 f.
50   Vgl. Klaus Schröter, Thomas Mann, Reinbek b. Hamburg [27]1995 (Rowohlts Monographien), S. 22.
51   Vgl. de Mendelssohn, Bd. 1, S. 718 f.; Marianne Krüll, Im Netz der Zauberer. Eine andere Geschichte der Familie Mann, o. O. 1991, S. 86 f.

oder auch noch bei Alois Permaneder unstreitig an Mitgefühl und Sympathie appelliert und bei sämtlichen Hagenströms, beim Hamburger Bendix Grünlich, beim Schlesier Hugo Weinschenk oder bei Sievert Tiburtius aus Riga an Antipathie und Widerwillen, werden hinsichtlich von Throtas keine entsprechenden Signale der Sympathielenkung gesetzt. Gerdas ungestraft fortgesetzter Ehebruch, als Rebellion gegen die Ordnung nicht nur der »Vaterstadt«, sondern eben auch »des geeinten Vater*landes*« genommen, wird weder durch den Autor noch vom Erzähler sanktioniert.

Das eben zitierte Wort vom »geeinten Vaterland[]« fällt ganz beiläufig einmal und gleichsam zwei volle Jahre zu spät, nämlich erst im vierten Kapitel des zehnten Teils, das diese Verspätung gleich an seinem Anfang markiert: »Zu Beginn des Jahres 1873 ward dem Gnadengesuch Hugo Weinschenks vom Senate stattgegeben [...].«[52] In diesem, im Zusammenhang mit einer für Tony Permaneder-Grünlich-Buddenbrook und ihre Tochter Erika Weinschenk-Grünlich in der »Vaterstadt« sehr schwierig gewordenen sozialen Situation, heißt es:

> Würde Frau Permaneder ehrlich gesprochen haben, so hätte sie zugeben müssen, daß dieses Ereignis sie gar nicht sehr freudig berührte und daß sie es lieber gesehen hätte, wenn alles nun auch bis ans Ende geblieben wäre, wie es einmal war. Sie lebte mit ihrer Tochter und ihrer Enkelin friedlich am Lindenplatze, im Verkehr mit dem Hause in der Fischergrube und mit ihrer Pensionsfreundin Armgard von Maiboom, geborene von Schilling, die seit dem Ableben ihres Gatten in der Stadt wohnte. Sie wußte längst, daß sie außerhalb der Mauern ihrer Vaterstadt eigentlich nirgends am richtigen und würdigen Platze war, und verspürte, mit ihren Münchener Erinnerungen, ihrem beständig schwächer und reizbarer werdenden Magen und ihrem wachsenden Ruhebedürfnis, durchaus keine Neigung, auf ihre alten Tage noch einmal in eine große Stadt des geeinten Vaterlandes oder gar ins Ausland überzusiedeln.[53]

Das »geeinte[] Vaterland[]« wird in einem Atemzug mit dem »Ausland« genannt, und zwar in verräterischem Zusammenhang mit Tonys Widerständen gegen den einfachsten Ausweg aus ihrer sozial so mißlichen Lage. Einfach in »eine große Stadt des geeinten Vaterlandes [...] überzusiedeln«, so nahe das eigentlich liegen müßte und in der Lebensgeschichte des ›Vorbilds‹ und ›Modells‹ tatsächlich lag — Elisabeth Haag-Elfeld-Mann und ihre Tochter Alice Biermann-Haag waren seinerzeit nach Dresden gezogen[54] —, ist für Tony ebenso unmöglich wie gleich ganz »ins Ausland« zu emigrieren. Geborgenheit und Schutz scheint nach wie vor nur die »Vaterstadt« bieten zu können. Das »Vaterland« bleibt eine politisch abstrakte Größe und für Heimatgefühl und Schutzbedürfnis ganz irrelevant, im Grunde eben so fremd wie alles andere »Ausland« auch.

---

52   Bd. 1, S. 640.
53   Bd. 1, S. 640.
54   Vgl. de Mendelssohn, Bd. 1, S. 430.

Die deutsche Geschichte, kann man vorläufig also sagen, ist hintergründig und unauffällig, aber eben doch konsequent auf die Familiengeschichte der Buddenbrooks bezogen. Der politisch-militärische Aufstieg Deutschlands verläuft dabei genau gegenläufig zum gleichermaßen stetigen »Verfall« der Familie. Aus der Gegensinnigkeit der Verfalls- und der Erfolgsgeschichte scheint eine Skepsis gegenüber der letzteren zu sprechen, und aus der Hintergründigkeit, in der diese Skepsis doch immer verbleibt, eine Unsicherheit und Ambivalenz. Diese Ambivalenz läßt sich leicht mit jener von Thomas Manns einst selbst in Hinblick auf die Judenassimilation formulierten, zugleich aber indirekt generell eingestandenen Schwierigkeit zusammenbringen, »Reichsdeutscher« zu »werden«, das heißt mit der Überlagerung zweier verschiedener politischer Identitäten, der im modernen Sinn nationalen und der lübisch-hanseatischen. Die Skepsis gegenüber der nationalen Erfolgsgeschichte ist dann Teil und Ausdruck der Melancholie und Nostalgie, welche die Saga vom »Verfall einer Familie« konstituiert. Der »Verfall« der »Familie« verläuft zwar gegenläufig zur nationalen, aber parallel zur Geschichte der »Vaterstadt«, welcher der Autor im hierfür berühmten Roman ein Denkmal gesetzt hat, nicht eigentlich der Stadt schlechthin, sondern vorwiegend eben der noch wahrhaft »Freien Stadt«, deren Untergang als solche in einem ursächlichen Verhältnis zur nationalen Erfolgsgeschichte steht. Daß die Zurückhaltung und Negativität, in welcher diese Geschichte in den Buddenbrooks erscheint, wesentlich mit der hanseatischen Identität des Autors zu tun hat, verstünde sich auch dann von selbst, wenn es nicht unter den erhaltenen Vorarbeiten und Notizen ein genau einschlägiges Exzerpt aus Eckermanns Gesprächen mit Goethe gäbe:

Frankfurt, Bremen, Hamburg, Lübeck sind groß und glänzend, ihre Wirkungen auf den Wohlstand von Deutschland garnicht zu berechnen: würden sie aber wohl bleiben, was sie sind, wenn sie ihre eigne Souveränität verlieren und irgend einem großen deutschen Reiche als Provinzialstädte einverleibt werden sollten? Ich habe Ursache, daran zu zweifeln.[55]

---

55 Notizbücher, Bd. 1, S. 72.

Die reformierte Schule und der deutsche Nationalstaat

Alle weiteren Anspielungen auf die »Gründung des Deutschen Reiches«, ganz ähnlich wie schon die Erwähnungen des Deutsch-Dänischen und des Deutschen Kriegs, der direkt auf die Reichsgründung zuführte, sind in die Biographie Hanno Buddenbrooks integriert, wieder genau wie jene Erwähnung der »zwei Kriege[]« im letzten Kapitel des siebten Teils je in sehr scharfem Kontrast zu diesem letzten Buddenbrook und in endlich direkter Beziehung zu seinem frühen Tod. Die Aggressionen gegen den preußisch dominierten Staat werden gleichsam synekdochisch, parte pro toto, ausagiert, und zwar im berühmten zweiten Kapitel des letzten Teils. Dieses steht unmittelbar vor einem seinerseits und auch nach Thomas Manns eigenem, Jahrzehnte jüngeren Bekunden »berühmte[n]«,[56] nämlich dem Typhus-Kapitel (dessen Berühmtheit übrigens im allerletzten Text nochmals thematisch werden sollte: Zu ausgerechnet diesem einen Kapitel beglückwünschte im Züricher Universitätsspital ein »Prof. Löffler« — »etwas Primadonna« — den Autor, dem das Lob sichtlich schmeichelte; denn er notierte es eigens in einem, eben dem letzten Tagebucheintrag seines Lebens.[57])

Zweifellos zu Recht berühmt ist das Typhus-Kapitel für den »Trick der indirekten Mitteilung von Hanno's Tod«,[58] die entstehungsgeschichtlich daraus resultierte, daß Thomas Mann »mechanisch« und »ungeniert« aus dem »betreffenden Artikel eines *Konversationslexikons* ausschrieb« oder den Artikel doch eben nur »sozusagen ›in Verse brachte‹«.[59] Der Tod »des kleinen Johann«,[60] den das Kapitel auf so distanziert-unbeteiligte wie gerade deshalb eindringliche und erschütternde Weise ›indirekt mitteilt‹, ohne daß auch nur ein einziger Eigenname fiele, nimmt sich in seinem unmittelbaren Zusammenhang und Kontakt mit dem Schulkapitel wie eine Erlösung oder jedenfalls wie der einzige Ausweg aus einer unerträglichen Lebenssituation aus.

In enger Beziehung dazu steht eine Eigenart der Krankheitsbeschreibung, in der sich diese von den anderen des Romans unterscheidet. Beim Typhus, wie er hier beschrieben wird und worauf begreiflicherweise eine Psychoanalytikerin besonders aufmerksam wurde, »ist der Autor« oder immerhin der Erzähler »überzeugt, daß es letztlich vom Lebenswillen des Kranken abhänge, ob er die Erkrankung überleben kann«.[61] Der Verlauf des Typhus wird zuletzt von der psychischen Ver-

---

56   30.12.1945 an Theodor W. Adorno; Briefe, Bd. 2, S. 469–472, hier S. 470.
57   Tagebücher 1953–1955, S. 361.
58   30.12.1945 an Adorno; Briefe, Bd. 2, S. 470.
59   30.12.1945 an Adorno; Briefe, Bd. 2, S. 470; Hervorhebung des Originals.
60   Bd. 1, S. 751.
61   Sieglind Schröder, »...ich glaubte... es käme nichts mehr...«. Psychoanalytische Überlegungen zu Hanno Buddenbrook und Thomas Mann, Berlin 1990 [Ma-

fassung und insofern eben auch von der Lebenssituation des Kranken abhängig gemacht, davon, ob das in dessen Fieberträume »hineinrufen[de]« »Leben« in ihm »ein Gefühl der feigen Pflichtversäumnis, der Scham, der erneuten Energie, des Mutes und der Freude, der Liebe und Zugehörigkeit« wachruft oder aber nur »Furcht und Abneigung«.[62]

Insofern stirbt Hanno Buddenbrook nicht eigentlich am Typhus,[63] sondern an seinem »Leben«, aus dem »ein Tag« im vorangehenden Kapitel vorgestellt wird;[64] und dieses Kapitel läßt keinen Zweifel daran, worin das am wenigsten Erträgliche im »Leben des kleinen Johann«[65] besteht. Die Schule, mit nur leichter Überspitzung gesagt, bringt Hanno um. Diese Schule steht in unübersehbar enger und in der Forschung denn auch teilweise schon registrierter Beziehung zum politischen System, in dessen Reproduktion sie ihren Zweck hat. Der gegenüber der nächstälteren, noch vor der Reichsgründung ausgeschulten Generation Thomas und Christian Buddenbrooks verschärfte Gymnasialterror hat hier wesentlich mit dieser Reichsgründung zu tun. Greifbar wird das Syndrom von neuem Nationalstaat und unerträglich gewordenem Institutionsterrorismus bereits in der Schilderung der zeitgenössischen Alltagsatmosphäre, welche die Folie für Thomas Buddenbrooks seinerseits noch besonders demütigenden Tod abgibt: in der »unerschütterlich *national*liberale[n] Gesinnung« einerseits, mit der »verdiente Bürger [...] ihre Spazierstöcke vor sich her« stoßen; andererseits im »[S]tolz« der »Kaufmannslehrlinge aus guter Familie«, »dem Realgymnasium *entronnen* zu sein«.[66]

Hanno Buddenbrook und Kai Graf Mölln, der todgeweihte Stadtpatrizier aus einer in vollem »Verfall« begriffenen und der Adlige aus einer schon gänzlich verkommenen »Familie«, die das Gros ihrer Mitschüler mit verräterischer Überheblichkeit »[d]as Volk« nennen,[67] leiden nicht einfach nur an ›der‹ Schule, ohne doch dagegen zu rebellieren; es sei denn, daß sich Kai ein wenig und mit danach schlechtem Gewissen am Klassenterror gegen den jämmerlichen Englischlehrer mit dem maka-

---

nuskript], S. 15.
62   Bd. 1, S. 754.
63   Vgl. Erika Mann, Die Buddenbrooks im Film, in: Münchner Illustrierte 37, 12.9.1959, S. 6–10, hier S. 9: »Hanno [erliegt] weniger dem Typhus als dem Wunsch [...], einem Leben, dem er sich nicht gewachsen weiß und das er als gemein empfindet, den Rücken zu kehren«; dagegen Lilian F. Furst, Realistic Pathologies and Romantic Psychosomatics in Thomas Mann's *Buddenbrooks*, in: Clifford A. Bernd, Ingeborg Henderson und Winder McConnell (Hgg.), Romanticism and Beyond. A Festschrift for John F. Fetzer, New York, Washington D. C., Baltimore, Bern, Frankfurt a. M., Berlin, Wien, Paris 1996 (California Studies in German and European Romanticism and the Age of Goethe, Bd. 2), S. 231–245, hier S. 234, wo die Leerstelle der eigentlichen Ansteckung gefüllt und die Schuld an Hannos Tod letztlich den jungen Hagenströms zugespielt wird.
64   Bd. 1, S. 751.
65   Bd. 1, S. 751.
66   Bd. 1, S. 673; im Original keine Hervorhebungen.
67   Bd. 1, S. 711.

175

bern und ›jüdisch‹ suffigierten Spottnamen Modersohn beteiligt, der keine Aussichten hat, definitiv in den »Lehrkörper«[68] aufgenommen zu werden. Ihr sogar schon somatisiertes Leiden — bereits im vorangehenden zehnten Teil artikuliert sich ihr Widerwille gegen »die Disziplin und gesetzmäßige Ordnung« der »Turnspiele« als Ekel vor dem »Schweiß und Bier«-Geruch des damit betrauten »Herr[n] Fritsche«[69] —, dieses ganze vom Erzähler so einfühlsam geschilderte Leiden der je letzten Nachkommen zusehends beziehungsweise vollends entmachteter ›Stände‹ ist eindeutig ein Leiden an der modernen, reformierten, *preußisch* reformierten Schule und damit, durch die Schule hindurch und stellvertretend gleichsam, am preußischen Obrigkeitsstaat. Der »›kategorische Imperativ unseres Philosophen Kant‹«, den der Schuldirektor »in jeder Festrede« als »*Banner* [...] bedrohlich entfaltet[]«,[70] erhält seine offizielle Funktion den Notizen Thomas Manns zufolge »als Symbol für die *preußische* Beamtenwirtschaft in der neuen Schule«.[71]

»Die Schule«, so heißt es dann im Romantext ausdrücklich, sei »ein Staat im Staate [...], in dem *preußische* Dienststrammheit so gewaltig herrscht[], daß nicht allein die Lehrer, sondern auch die Schüler sich als Beamte empf[i]nden, [...] um nichts als ihr Avancement und darum besorgt [...], bei den Machthabern gut angeschrieben zu stehen...«.[72] In einem bedenklichen Sinn wird in dieser neuen Schule »der Stoff durch die Form verzehrt«.[73] Die institutionellen Hierarchien überformen jeden im humanistischen Sinn bildnerischen Zweck (»es gibt Hilfslehrer und es gibt Oberlehrer [...], aber Lehrer gibt es nicht«[74]). Der »Lehrkörper«, in Hannos und Kais »ablehnende[r] und ironische[r]« Sprache, gerät zu einem »wirklich vorhandene[n] Geschöpf, eine[r] Art Ungeheuer von *widerlicher* und phantastischer Gestaltung«,[75] das in seiner Unheimlichkeit und Übermacht Merkmale des neuen deutschen Staats anlagert. Zu den eigens fixierten Widerlichkeiten des »Ungeheuer[s]« gehört nicht zufällig der »ölig-spirituöse[] Geruch« eines Lehrers, der in seinen »schönsten Stunden« ein anderes als sein eigenes künstlerisches Fach unterrichtet und »[d]ann [...] Vorträge« ausgerechnet »über Bismarcks Politik« hält.[76]

---

68   Bd. 1, S. 723.
69   Bd. 1, S. 623.
70   Bd. 1, S. 722; im Original keine Hervorhebung.
71   Zitiert nach de Mendelssohn, Bd. 1, S. 470; im Original keine Hervorhebung.
72   Bd. 1, S. 722; im Original keine Hervorhebung. Vgl. die Schultirade in den Notizen, zitiert bei de Mendelssohn, Bd. 1, S. 472 f., wo das Verhältnis von Schule und Staat nicht herausgearbeitet ist.
73   Vgl. 19.10.1953 an Erich Drucker, 26.12.1953 an Max Rychner, 1.1.1954 an Ernst Benedikt, 15.1.1954 an Oscar Schmitt-Halin; Dichter über ihre Dichtungen, Bd. 3, S. 521, 523 f.
74   Bd. 1, S. 742.
75   Bd. 1, S. 723; im Original keine Hervorhebung.
76   Bd. 1, S. 746.

Die Schule ist, um ganz genau zu zitieren, zum »Staat im Staate« erst »*geworden*«.[77] Das Leiden an den Verhältnissen, die in dem unter Bismarck geeinten Deutschland herrschen, läßt unverzüglich eine Nostalgie entstehen, eine Sehnsucht nach Zuständen, welche in die Zeit vor »Bismarcks Politik« phantasiert werden. Für solche Zustände, sofern sie die Schule betreffen, stand der einstige Lehrer Marcellus Stengel, dessen härteste Bestrafungen darin bestanden, die fehlbaren Schüler bei sich zu Hause Kaffee trinken zu lassen.[78] Der einzige Lehrer, von dem man einige zweihundert Seiten weiter vorne einmal erfahren hat, daß er wie Stengel der Lehrer auch schon von Hannos Vater war, wird in der Schulsatire des elften Teils nicht aufs Korn genommen, obwohl ihn sein »unmögliche[s]« Schielen und besonders sein ekelhafter »Auswurf« dazu fraglos hätten empfehlen müssen. »[D]er *greise* Rechenlehrer Tietge« erscheint hier nur beiläufig und, von Kai als »Leiche« gegrüßt, als ein im Grunde bereits endgültig Abgedankter.[79]

Der Verlust der nostalgisch betrauerten Zeit wird sogar fast explizit mit der Reichsgründung in Zusammenhang gebracht. Der »joviale[] und menschenfreundliche[] alte[] Herr[], unter dessen Regierung« — eine für jene synekdoche Struktur des Schulkapitels außerordentlich bezeichnende Formulierung — unter dessen *Regierung* also »Hannos Vater und Onkel studiert hatten«, ist »gestorben«, und zwar, so steht es ausdrücklich geschrieben, »bald nach dem Jahre einundsiebzig gestorben«.[80] Daß der Amtsantritt seines preußisch-allzupreußischen Nachfolgers Wulicke mit dem Datum der Reichsgründung so gut wie zusammenfällt, ist um so bemerkenswerter, als gerade hierin wieder eine besondere Abweichung von den so akribisch aufgespürten ›Vorbildern‹ besteht. Wie der tyrannische Ephorus in *Unterm Rad*, weil er trotz den auch in diesem Roman sehr starken Suggestionen autobiographischer Wahrheit in Hermann Hesses Lebensgeschichte durchaus nicht verbürgt zu sein scheint,[81] etwas von der generischen Gebundenheit der zeitgenössischen Schulsatiren erkennen läßt, so ist der in den *Buddenbrooks* ad pessimam partem hergestellte Zusammenhang von Reichsgründung und Reformation der Schule gesucht und forciert.

Das für Wulicke ermittelte ›Vorbild‹, der Rektor des Lübecker Katharineums Johannes Julius Schubring, hatte sein Amt durchaus nicht »bald«, sondern fast zehn Jahre nach 1871 angetreten.[82] Seine Amtszeit

---

77   Bd. 1, S. 722; im Original keine Hervorhebung.
78   Bd. 1, S. 67 f.
79   Bd. 1, S. 515, 724; im Original keine Hervorhebung.
80   Bd. 1, S. 722. Vgl. Hans Mayer, Thomas Mann. Werk und Entwicklung, Berlin 1950, S. 38.
81   Vgl. Radkau, Das Zeitalter der Nervosität, S. 320. Zu berücksichtigen wären allerdings noch die Schultraumata Hans Hesses, die nach einem Selbstzeugnis des Autors in den Roman mit eingegangen sind (Hermann Hesse, Gesammelte Werke, Bd. 10: Betrachtungen; Aus den Gedenkblättern; Rundbriefe; Politische Betrachtungen, Frankfurt a. M. 1973, S. 211).
82   Vgl. Ludwig Fertig, Vor-Leben. Bekenntnis und Erziehung bei Thomas Mann,

hat sich auch nicht mit derjenigen des Lehrers Wilhelm Mantels überschnitten, den Thomas Mann mit dem sadistischen Latinisten Mantelsack porträtiert haben soll.[83] Dieser Wulicke, der die Reformation der »Alte[n] Schule«[84] personifiziert und der übrigens bei der ersten Gelegenheit mit denselben Ekelreflexen bedacht wird wie »Herr Fritsche«, ist in einem sehr genauen Sinn nicht mehr ›jovial‹:

> Es war Direktor Doktor Wulicke, der Leiter der Schule, der auf dem Hofe erschienen war: ein außerordentlich langer Mann mit schwarzem Schlapphut, kurzem Vollbart, einem spitzen Bauche, viel zu kurzen Beinkleidern und trichterförmigen Manschetten, die *stets sehr unsauber* waren.[85]

Anders als im *Tonio Kröger* werden der »Vollbart« und der »schwarze[] Schlapphut« nicht als »Wotanshut« und »Jupiterbart«[86] bezeichnet — einen solchen trägt immerhin der Latein-Ordinarius Mantelsack[87] —, zum Zeichen eben der gänzlich fehlenden ›Jovialität‹ und der von Grund auf veränderten Rolle der »klassische[n] Bildung«, deren »heiterer Selbstzweck« »nun« durch »die Begriffe Autorität, Pflicht, Macht, Dienst, Karriere«, kurz durch »*preußische* Dienststrammheit« verdrängt ist.[88] Das Adjektiv ›preußisch‹ muß man hier ganz wörtlich nehmen. Wulicke war »bislang Professor an einem *preußischen* Gymnasium«,[89] und er weist, wie Walter Sokel gezeigt hat,[90] auch etliche stereotype Charakteristika des Preußentums auf. Er ist »ein furchtbarer Mann« und eben kein heidnischer, auch nicht wirklich »der *liebe* Gott«, als der er eingeführt wird, sondern, schon diese Einführung antizipiert es — »Er lustwandelt in seinem Garten« —,[91] der im Gegensatz zum christlich-›lieben‹ als unberechenbar und jähzornig imaginierte Gott des ›Alten‹ Testaments: »von der rätselhaften, zweideutigen, eigensinnigen und eifersüchtigen Schrecklichkeit des alttestamentarischen Gottes«.[92]

Nicht zufällig geht es im längsten Teil des Schulkapitels, in der am weitaus ausführlichsten und mit ihrem ganzen Sadismus und Terrorismus geschilderten Lateinstunde ausgerechnet, bezeichnender-, ironischer- und sarkastischerweise, um das erste Buch der Metamorphosen. Die durch die mitgeteilten Zitatfetzen abgesteckte Partie (»Aurea prima sata est aetas...« bis »patula Jovis arbore glandes«) umfaßt just Ovids Schilderung einer paradiesischen Urzeit (bis unmittelbar vor die Ein-

---

Darmstadt 1993, S. 29.
83 Vgl. Fertig, S. 30.
84 Bd. 1, S. 722.
85 Bd. 1, S. 721; im Original keine Hervorhebungen.
86 Bd. 8, S. 271.
87 Bd. 1, S. 724.
88 Bd. 1, S. 722; im Original keine Hervorhebung.
89 Bd. 1, S. 722; im Original keine Hervorhebung.
90 Sokel, S. 390 f.
91 Bd. 1, S. 721; im Original keine Hervorhebung.
92 Bd. 1, S. 722.

führung des Pflügens), um in diesem maximalen Abstand von den in der Lateinstunde und damit in der preußisch-deutschen Gesellschaft herrschenden Verhältnissen deren Grausamkeit und Unmenschlichkeit natürlich desto härter und schärfer hervortreten zu lassen. Dadurch aber wird der Unterrichtsgegenstand, mit dem »der Ordinarius« die Schüler piesackt, von einem Text gebildet, der, dafür berühmt und in der entsprechenden Tradition grundlegend, selbst schon die Figur der Nostalgie beschreibt, welche aus solchen Unterrichtsmethoden resultiert.

Besonders deutlich wird die enge Beziehung, ja die Identität der Schule mit dem »Staat« in dem am wenigsten humanistischen unter den erwähnten Fächern, der Chemie. Der dafür zuständige »tiefe Oberlehrer«, wieder »schmierig[]« und »ungewaschen« und mit dem Preußentum und Widerwärtigkeit in eins artikulierenden Namen ›Marotzke‹, ist »Reserveoffizier, und zwar mit Begeisterung«, als »Beamter, der zugleich Militär« ist, »bei Direktor Wulicke aufs beste angeschrieben« und honoriert den »Diensteifer« desjenigen Schülers am meisten, der selbst »Offizier werden« will.[93] Weniger deutlich, subtiler und auch hämischer kollaboriert mit der preußischen Zentralmacht »der geistreiche Oberlehrer, Herr Doktor Mühsam«, der seinerseits gleich mit einem hygienischen Makel behaftet wird — er leidet »an Lungenblutungen« —,[94] in der Geographiestunde:

> Jetzt fixierte er die Grenzen von Hessen-Nassau auf der Wandtafel und bat dann mit einem zugleich melancholischen und höhnischen Lächeln, die Herren möchten in ihre Hefte zeichnen, was das Land an Merkwürdigem biete. Er schien sowohl die Schüler wie das Land Hessen-Nassau verspotten zu wollen; und doch war es ein sehr wichtiges Extemporale, von dem alle sich fürchteten.[95]

Warum ist Mühsams Lächeln »zugleich melancholisch[] und höhnisch[]«, und warum scheint der Hohn dieses Lächelns »sowohl die Schüler *wie* das Land Hessen-Nassau« zu treffen? — Um diese Fragen zu beantworten, braucht man sich nur zu vergegenwärtigen, was »das Land Hessen-Nassau« eigentlich war und wie es entstand. Es war eine Hybride und entstand durch denselben Deutschen Krieg, der zuvor im Zusammenhang mit der ›Klugheit‹ der »Vaterstadt« und der »Genugtuung« erwähnt wurde, welche man darüber empfand, daß »das reiche Frankfurt aufhörte, eine Freie Stadt zu sein«. Die Freie Stadt Frankfurt, die im Deutschen Krieg neutral geblieben war, wurde zusammen mit dem Kurstaat Hessen-Kassel und dem Herzogtum Nassau, die zu Österreich gehalten hatten, zu einer einzigen preußischen Provinz, eben dem »Land Hessen-Nassau« zusammengeschlossen.[96] Vor diesem histori-

---

93   Bd. 1, S. 734 f.
94   Bd. 1, S. 744.
95   Bd. 1, S. 745.
96   Vgl. Michael Stürmer, Die Reichsgründung. Deutscher Nationalstaat und europäisches Gleichgewicht im Zeitalter Bismarcks, München ⁴1993 (Deutsche Ge-

schen Hintergrund gelesen, gerät Mühsams Hohn dem »Land Hessen-Nassau« gegenüber zum neuerlichen Ausdruck der Dienstbeflissenheit, mit welcher der »Lehrkörper« sich mit dem preußischen »Staat« identifiziert. Und wenn diese Verspottung Hessen-Nassaus die Schüler der »Vaterstadt« miteinschließt und dem Wortlaut nach (»sowohl [...] wie«) zwischen dieser und der preußischen Provinz überhaupt keinen Unterschied macht, so reflektiert das wie Mühsams ›Melancholie‹ natürlich den Umstand, daß jene »Genugtuung« verfrüht war und nun gar keine Veranlassung mehr dazu bestünde. Denn obgleich es den Sonderstatus einer Freien Hansestadt de iure noch bis 1937 behaupten sollte, um dann allerdings seinerseits Preußen zugeschlagen zu werden, hatte auch Lübeck spätestens 1871 faktisch aufgehört, wirklich ›frei‹ zu sein, und war es, gemessen an der früheren ›Freiheit‹, im Grunde selbst so etwas wie eine preußische Provinz geworden.

Das zweite Kapitel des letzten Teils inszeniert also nicht einfach nur einen Generationenkonflikt und die Gewalt, mit der eine nachwachsende Generation der bestehenden Ordnung integriert wird. Sondern das Schulkapitel, das ein Münchner Rezensent von seiner Kritik des Romans und seiner »wichtig thuende[n] Breite« ausnahm,[97] reflektiert auch die Gewalt, mit der diese Ordnung eben erst installiert wurde. Für den Erfolg ihrer Etablierung stehen die Schüler, »[h]erangewachsen in der Luft eines kriegerisch siegreichen und verjüngten Vaterlandes«, die den Werten dieses Vaterlands selbst schon ›huldigen‹, in »Sitten« (»Sitten von rauher Männlichkeit«) wie auch in der Sprache (ein »Jargon, [...] zugleich salopp und schneidig [...] und von technischen Ausdrücken« wimmelnd).[98] Nicht nur, daß kein einziger unter ihnen »den traurigen Mut« hat, gegen »Parteilichkeit« und Willkür »zu protestieren« — davon kann überhaupt nur im Irrealis die Rede sein[99] —; sondern sie übernehmen und verinnerlichen auch wirklich die offensichtlich absurden und unbegründeten Werte und Wertungen ihrer Peiniger, Hanno ausdrücklich inbegriffen.[100] Wenn Hans Hermann Kilian seinem Mitschüler Hanno, »den er doch nicht leiden« kann, mit der »Kameradschaftlichkeit« eines zukünftigen »Offizier[s]« das offene Buch hinhält und Hanno für die so persiflierte ›Rezitation‹ eine genügende Note erhält, so ist er »in diesem Augenblick ernstlich der Meinung, daß er ein etwas unbegabter, aber fleißiger Schüler sei, der verhältnismäßig mit Ehren aus der Sache hervorgegangen« ist, und er empfindet »deutlich, daß seine sämtlichen Klassengenossen, Hans Hermann Kilian nicht ausgeschlossen,

---

schichte der neuesten Zeit vom 19. Jahrhundert bis zur Gegenwart), S. 47.

97   Hanns von Gumppenberg, Im Akademisch-dramatischen Verein las am Montag Thomas Mann [...], in: Rudolf Wolff (Hg.), Thomas Manns *Buddenbrooks* und die Wirkung, 1. Teil, Bonn 1986 (Sammlung Profile, Bd. 16) [zuerst in: Münchner Neueste Nachrichten, 20.11.1901], S. 9.

98   Bd. 1, S. 719.

99   Bd. 1, S. 725.

100   Bd. 1, S. 731.

ebenderselben Anschauung huldig[]en«.[101] Wenn ein anderer abgekanzelt oder gar als »›Schandfleck der Klasse‹« ausgestoßen wird, so »akzeptiert[]« »[m]an« das »ebenso widerstandslos«.[102] Es gibt je »nur *eine* Meinung«,[103] und wie eben gesagt unterliegt diesem Gruppenzwang auch Hanno, wenn auch mit »Widerwillen, [...] Brechreiz« und zusammengeschnürter »Kehle«.[104]

Tony Buddenbrook und die Männer

Die ›Un*heim*lichkeit‹ Münchens und seines in *Gladius Dei* so zwielichtig im-perfekten Leuchtens, der im kleindeutschen Reich zentrifugale Zug Bayerns wird natürlich besonders im Zusammenhang mit »Tony Buddenbrooks zweite[r] Ehe«[105] thematisch. Ihr erster Brief aus München, keine zehn Jahre vor dem Deutschen Krieg datiert, vermittelt einen Eindruck davon, wie genau auch die nach der Reichsgründung geborene Generation Thomas Manns noch um die frühere Abständigkeit von dem »fremden Lande« »dort unten«[106] wußte, das schon bald einmal, wie zuvor Berlin und Paris,[107] mit »Revolution [...] und [...] Lola Montez«[108] assoziiert wird:

»[...] Ja, München gefällt mir ganz ausnehmend. Die Luft soll sehr nervenstärkend sein, und mit meinem Magen ist es im Augenblick ganz in Ordnung. Ich trinke mit großem Vergnügen sehr viel Bier, um so mehr, als das Wasser nicht ganz gesund ist; aber an das Essen kann ich mich noch nicht recht gewöhnen. [...]
Überhaupt muß man ja an mancherlei sich erst gewöhnen, könnt Ihr Euch denken, man befindet sich eben in einem fremden Lande. Da ist die ungewohnte Münze, da ist die Schwierigkeit, sich mit den einfachen Leuten, dem Dienstpersonal zu verständigen, denn ich spreche ihnen zu rasch und sie mir zu kauderwelsch — und dann ist da der Katholizismus; ich hasse ihn, wie Ihr wißt, ich halte gar nichts davon...«[109]

---

101   Bd. 1, S. 731.
102   Bd. 1, S. 733.
103   Bd. 1, S. 733.
104   Bd. 1, S. 729.
105   Bd. 1, S. 394.
106   Bd. 1, S. 308, 339 f.
107   Bd. 1, S. 193, 196.
108   Bd. 1, S. 351.
109   Bd. 1, S. 307 f.

Nach einer kurzen Beteuerung des Gegenteils, daß ihr München näm-lich »ganz ausnehmend« gefalle, und nach einer schon distanzierten Er-wähnung seiner, wie Thomas Mann in eigener Person einmal in einer Hommage an die Stadt schrieb: »starken Luft«[110] (»[d]ie Luft *soll* sehr nervenstärkend sein«), die freilich später als »Luft einer großen Stadt« und als rundweg »demoralisierte Luft« erscheint,[111] ergeht sich Tony in einem Katalog all dessen, woran man sich »gewöhnen« muß und doch »nicht recht gewöhnen« kann. Der Ernährung, der Währung, der Spra-che und der Religion nach ist Bayern »eben« ein »fremde[s] Land[]«, in seiner Andersartigkeit hassenswert und vor allem hygienisch bedenklich und selbst lebensgefährlich.

Daß »das Wasser nicht ganz gesund *ist*«, wird nicht zufällig als aller-erstes Konkretum notiert. Diese Bemerkung ist nicht einfach nur eine von Tonys Wiedergaben dessen, was sie einst von Morten Schwarzkopf aufschnappte (welcher der »hohe[n] Obrigkeit« und »ihre[n] eigene[n] Begriffen von Süßwasser« die Verantwortung dafür gab, daß die »For-mel für *diese* Travemünder Flüssigkeit [...] viel komplizierter« sei als H_2O[112]). Zu einer Zeit geschrieben, als die Lebenserwartung in den großen Städten wirklich noch unterdurchschnittlich tief lag, artikuliert Tonys Münchner Brief von 1857 mit der auf die Wasserqualität fixier-ten Nosophobie einen antiurbanistischen Argumentationstopos,[113] der ein halbes Jahrhundert später, in Leverkühns Leipziger Brief von 1905 und allem, was sich daraus entwickelt, zwar immer noch als Infektions-angst, aber in bezeichnenderweise modifizierter Form wiederkehrt, nämlich von den eigentlichen, mittlerweile erheblich verbesserten hygi-enischen Verhältnissen der Großstadt auf die Gefährdung verschoben, welche von der Prostitution als einer zunächst rein sozial und ökono-misch bedingten Erscheinung des Großstadtlebens ausgeht.

Den Widerständen gegen die moderne Großstadt scheinen dieselben Infektionsängste zugrundegelegen zu haben wie dem Konzept des cor-don sanitaire. Als Thomas Mann an den *Buddenbrooks* schrieb, war die Hamburger Cholera-Epidemie erst ein paar wenige Jahre vergangen, die für die grundlegende Verbesserung der sanitären Verhältnisse in der Stadt den Ausschlag gab, wie dies in London um die Jahrhundertmitte geschehen war.[114] Daß die Cholera über das Trinkwasser verbreitet wur-de, hatte damals schon John Snow entdeckt,[115] dann auch wieder Robert

---

110   Bd. 13, S. 33.
111   Bd. 1, S. 368.
112   Bd. 1, S. 125.
113   Vgl. Pelling, S. 329.
114   Vgl. Temkin, S. 462.
115   Vgl. Charles E. Rosenberg, Cholera in Nineteenth-Century Europe. A Tool for
       Social and Economic Analysis, in: Charles E. Rosenberg, Explaining Epidem-
       ics and Other Studies in the History of Medicine, Cambridge, New York, Mel-
       bourne 1992, S. 109–121, hier S. 117–120; Roy Porter, The Greatest Benefit to
       Mankind. A Medical History of Humanity from Antiquity to the Present, London
       1997, S. 412 f.

Koch auf seiner indischen Cholera-Expedition. Koch setzte sich mit seiner Entdeckung durch. Abgesehen von Ausnahmen wie dem Münchner Hygieniker Max von Pettenkofer, der noch immer an einen sozusagen miasmatischen Cholera-Faktor »Y« glaubte, diesen Glauben in einem Selbstversuch beinahe mit dem Leben bezahlte und seine Köchin mit dem ihren wirklich bezahlen ließ,[116] vermochte Koch die Fachwissenschaftler wie vor allem auch die Laien zu überzeugen.

»Übertragung speziell durch Trinkwasser« ist ja auch in den Notizen verzeichnet, die Thomas Mann im Zusammenhang mit dem *Tod in Venedig* zur Cholera zusammengestellt hat. Übers Trinkwasser erfolgt dementsprechend, zur einen Hälfte wenigstens, Gustav Aschenbachs Cholera-Infektion, die freilich in der Forschungsliteratur seltsamerweise schon ernsthaft bestritten wurde (Aschenbachs Tod soll eher an »Apoplexie« denken lassen,[117] trotz der eindeutigen Symptomatik — »Schwindelanfälle[]«, »klebrige[r] Schweiß« und »nicht mehr erträglicher Durst«[118] — und trotz einem in den Exzerpten eindrücklich bezeugten Interesse Thomas Manns insbesondere an der Cholera sicca und damit an der Ästhetisierung des Todes, daran, die »Entwürdigung«[119] eines normalen, des eben nicht ›trockenen‹ Krankheitsverlaufs dem sehr wohl ›geschonten‹[120] »Helden des Zeitalters« zu ersparen, dessen »seidene[r] Anzug« und »schickliche[] Abendtracht«[121] auch in Viscontis Film heil und unbesudelt bleiben, so daß sich die soziale Identität des Nobilitierten gegen ihre Bedrohung durch den gleichmacherischen Zug aller Infektionskrankheiten[122] behaupten kann): zur *einen* Hälfte, weil die Infektion seltsamerweise doppelt motiviert ist: einmal durch »Erdbeeren« aus einem »kleinen Gemüseladen«, »überreife [...] Ware«[123] — in den Exzerpten wird eigens auf die Gefahr der »Gemüsehändler« und ihrer »leicht« infizierten »Waaren« hingewiesen —, die Aschenbach allerdings bereits infolge eines Symptoms, seines quälenden »Durst[s]«[124] kauft; dann aber auch, in jener so raffinierten wie problematischen Kombination von wissenschaftlichem und mythischem

---

116 Vgl. Winkle, S. 250.
117 Rolf Günter Renner, Lebens-Werk, S. 42. Vgl. dazu Hollis Alpert, Visconti in Venice, in: Saturday Review, 8.8.1970: »›But when is the precise moment he catches the plague?‹ Luchino looked at me [Dirk Bogarde] [...] and said: ›Never. He dies of grief. If you must have a reason, it's a hart attack.‹«
118 Bd. 8, S. 522, 520.
119 Vgl. dagegen Hans-Joachim Sandberg, »Der fremde Gott« und die Cholera. Nachlese zum *Tod in Venedig*, in: Eckhard Heftrich und Helmut Koopmann (Hgg.), Thomas Mann und seine Quellen. Festschrift für Hans Wysling, Frankfurt a. M. 1991, S. 66–110, hier S. 106.
120 Vgl. dagegen Sandberg, S. 107.
121 Bd. 8, S. 487.
122 Vgl. Laura Otis, The Language of Infection. Disease and Identity in Schnitzler's *Reigen*, in: Germanic Review 70, 1995, S. 65–75, hier S. 65–68.
123 Bd. 8, S. 520.
124 Bd. 8, S. 520.

Diskurs, durch das Trinkwasser in dem »Gemisch aus Granatapfelsaft und Soda«.[125]

Die Infektionsangst, mit der München in Tonys Brief vom »2. April 1857« ganz ähnlich wie später Venedig besetzt wird, hat einen medizingeschichtlich und gesundheitspolitisch ganz konkreten, wenn vielleicht auch nicht ganz korrekt koordinierten Hintergrund. Zur Zeit, als Tony ihren Brief geschrieben haben soll, war München eine sanitarisch vorbildliche Stadt oder jedenfalls im Begriff, eine solche zu werden, deren hygienisches Niveau die anderen deutschen Großstädte erst Jahrzehnte später, nach der Reichsgründung erreichen sollten.[126] Die Sanierungspläne stammten von keinem anderen als von Pettenkofer, der sie nach einem Schock des Jahres 1854 durchzusetzen vermochte: Während der Industrieausstellung von 1854 war die Cholera in der Stadt ausgebrochen, gefährdete das Leben der anwesenden deutschen Könige und kostete dasjenige der bayrischen Königinmutter.[127] Bevor diese einschneidende Epidemie die resoluten sanitären Verbesserungen zur ebenso einschneidenden Folge hatte, war München unter den deutschen Großstädten die gerade für ihr Wasser berüchtigtste. Wer neu zuzog wie Gottfried Keller oder eben auch Tony Buddenbrook, steckte sich am Münchner Trinkwasser offenbar geradezu unweigerlich an, vor allem mit Typhus,[128] der wie die Cholera als »filth disease« galt.[129] Auf die Notwendigkeit übrigens, einen Ersatz für das wirklich gefährliche Trinkwasser zu finden, scheint der typische und ja auch in der Gestalt Alois Permaneders stereotyp notorische Bierkonsum der Münchner zurückzugehen;[130] eine kulturgeschichtliche Aitiologie, die sich in Tonys Brief noch ganz unmittelbar niederschlägt: »Ich trinke [...] sehr viel Bier, *um so mehr, als* das Wasser nicht ganz gesund ist.«

Die Ähnlichkeit mit dem *Tod in Venedig* erstreckt sich weiter auch darauf, wie die Infektions- und die Angst vor dem schlechten Wasser mit anderen Phobien und Widerständen verhängt ist: mit dem Erlebnis eines zur Unverständlichkeit und zum »Kauder*welsch*« entstellten, wirklich unverständlichen und zur Fremdsprache gewordenen Deutsch; und zugleich mit dem hier ganz blanken ›Haß‹ auf den »Katholizismus« und in eins damit dem Widerstand gegen die Äußerungen einer Sexualität, die in dem »fremden Lande« ständig die zu Hause gültigen Schranken zum Tabuierten überschreiten: »[I]rgendein höherer Kirchenmann«, schreibt Tony etwas weiter unten, »vielleicht [...] der Erzbischof«, »wirft« ihr »aus dem Fenster ein Paar Augen zu wie ein Gardelieutenant«,[131] und »mit einem Herrn *Permaneder*«[132] unterhält sie sich

125   Bd. 8, S. 506.
126   Vgl. Winkle, S. 409.
127   Vgl. Winkle, S. 408 f.
128   Vgl. Winkle, S. 408.
129   Pelling, S. 327.
130   Vgl. Winkle, S. 407 f.
131   Bd. 1, S. 308.
132   Bd. 1, S. 308; Hervorhebung des Originals.

deswegen besser als mit allen anderen, »*weil* er der einzige Protestant in der Gesellschaft« ist und der »Ton« sonst »ziemlich équivoque« werden kann.[133]

Solcher nach Tonys Standards nicht sanktionierbarer Sexualität wird dann, trotz seines Protestantismus, bekanntlich auch Permaneder anheimfallen, um Tony so den Grund oder eigentlich nur den Vorwand[134] zur Scheidung zu liefern. Von langer Hand angebahnt wird die betreffende Szene mit einer »Person« und Tonys anschließende grobe Beschimpfung im Dialekt, mit der in der zweibändigen Erstausgabe die erste Hälfte des Romans schloß (»Geh zum Deifi, *Saulud'r dreckats!*«[135]), schon in Tonys zweitem Brief, in welchem der Widerstand gegen den fremden Dialekt wieder mit der Schwierigkeit fast zusammenfällt, sich »an das Essen« zu »gewöhnen«:

Sie schrieb: »Und wenn ich ›Frikadellen‹ sage, so begreift sie es nicht, denn es heißt hier ›Pflanzerln‹; und wenn sie ›Karfiol‹ sagt, so findet sich wohl nicht so leicht ein Christenmensch, der darauf verfällt, daß sie Blumenkohl meint; und wenn ich sage: ›Bratkartoffeln‹ so schreit sie so lange ›Wahs!‹ bis ich ›Geröhste Kartoffeln‹ sage, denn so heißt es hier, und mit ›Wahs‹ meint sie: ›Wie beliebt‹. Und das ist nun schon die zweite, denn die erste Person, welche Kathi hieß, habe ich mir erlaubt, aus dem Hause zu schicken, weil sie immer gleich grob wurde; oder wenigstens schien es mir so, denn ich kann mich auch geirrt haben, wie ich nachträglich einsehe, denn man weiß hier nicht recht, ob die Leute eigentlich grob oder freundlich reden. Diese jetzige, welche Babette heißt, was Bábett auszusprechen ist, hat übrigens ein recht angenehmes Exterieur und schon etwas ganz Südliches, wie es hier manche gibt, mit schwarzem Haar und schwarzen Augen und Zähnen, um die man sie beneiden könnte. Auch ist sie willig und bereitet unter meiner Anleitung manches von unseren heimatlichen Gerichten, so gestern zum Beispiel Sauerampfer mit Korinthen, aber davon habe ich großen Kummer gehabt, denn Permaneder nahm mir dies Gemüse so übel (obgleich er die Korinthen mit der Gabel herauspickte), daß er den ganzen Nachmittag nicht mit mir sprach, sondern nur murrte, und kann ich sagen, Mutter, daß das Leben nicht immer leicht ist.«[136]

Die für die Ehe der Permaneders bald verhängnisvolle »Person« trägt einen infolge der Erstsilbenbetonung und der oberdeutschen Apokope im Grunde »schon« fremden Namen und hat »schon etwas *ganz* Südliches« in ihrem Äußern. Die Stadt und das »Land[]«, wo man Torte mit dem Messer ißt, und wo die Prinzen falsches Deutsch reden«,[137] scheinen nicht nur jenseits der protestantischen Reichsteile, sondern der »Christenmensch[en]« überhaupt zu liegen. Tony Buddenbrooks zweite, ihre Ehe mit Alois Permaneder alias Oberhofe alias Niederpaur alias Rup-

---

133 Bd. 1, S. 309; im Original keine Hervorhebungen.
134 Bd. 1, S. 386.
135 Bd. 1, S. 394; Hervorhebungen des Originals.
136 Bd. 1, S. 365.
137 Bd. 1, S. 388.

paur alias Hofpaur alias Hallhuber[138] alias Chelius alias Kämpf, schon diese zur Chronologie der Entstehungsgeschichte gegenläufige Namensliste läßt es erkennen, wurde indessen erst spät in solcher Weise außerhalb der Ökumene, nach München und Bayern lokalisiert. Die Ehe vermutlich schon mit dem »Kaufmann Kämpf«, mit Sicherheit aber die mit dem »Fabrikant[en] Chelius« sollte in Berlin situiert sein,[139] von wo aus Tony im Romantext das Scheitern ihrer zweiten Ehe immerhin noch telegraphiert.[140] Einigermaßen konstant scheint dabei indessen doch der Charakter beziehungsweise scheinen die Charakterfehler des zweiten Ehemanns geblieben zu sein. Diese und die damit absehbaren Belastungen der Ehe waren offenbar von Anfang an festgelegt, unabhängig von der regionalen Herkunft des Gatten. Auch schon für Anton Chelius jedenfalls verzeichnen die Notizen »Rohheiten«, und selbst »[d]as Kind aus dieser Ehe« sollte bereits »früh« sterben.[141]

Ursprünglich also sollte sich Tony Buddenbrooks zweite Ehekatastrophe in Berlin abspielen: auf der Folie nicht des deutschen Nord-Süd-Konflikts, sondern des Gegensatzes zwischen der Haupt- und der peripheren Hansestadt, die freilich auf der Achse der erzählten Zeit erst Jahre später, mit der Etablierung eines nationalen Zentrums, eben 1871 an die nun erst als solche definierte Peripherie rückte. Es hat somit ganz den Anschein, als habe der Spaß, den der Erzähler den Lesern mit der Karikatur Permaneders, der »einzig völlig frei erfundene[n]«[142] Figur, auf deren und auf Kosten Münchens und Bayerns macht, eine Kompensationsfunktion. Amüsant ist Permaneder und sind Tonys Münchner Erlebnisse ja wegen einer Norm, über deren Verbindlichkeit zwischen Erzähler und Leser ein komplizenhaftes Einverständnis bestehen muß. Die so hergestellte Allianz stellt beide, Erzähler wie Leser, in eine politisch dem preußischen Machtzentrum, dessen zu Bayern ebenfalls maximalem Abstand analoge Position.

Das Einverständnis, das auf Kosten der in ihrer Marginalität lächerlich gemachten Münchner und Münchnerinnen hergestellt wird, konsolidiert ein diese ausschließendes, eben preußisch-deutsches Gemeinschaftsgefühl und verdeckt so die anderen Spannungen, die zur Entstehungszeit des Romans innerhalb des Reichs, auch innerhalb seiner nördlichen, mehrheitlich evangelischen Hälfte noch, im besonderen eben auch zwischen der Hauptstadt Berlin und den ihrer Souveränität verlustig gegangenen Hansestädten bestehen mußten. Wie hier im historisch-kritischen Aufriß des Textes ist das Ressentiment gegen die neue Reichshauptstadt auch sonst gerade daran ablesbar, wie diese *nicht* thematisch wird. Geflissentlich hat Thomas Mann in seinen Erzählungen und Romanen Berlin als Ort und Wort gemieden. Nur gerade die »Tier-

---

138   Notizbücher, Bd. 1, S. 81 (vgl. de Mendelssohn, Bd. 1, S. 476: »Oberhof«), 116, 119 f., 125 (vgl. de Mendelssohn, Bd. 1, S. 476: »Fallhuber«), 127.
139   Vgl. de Mendelssohn, Bd. 1, S. 435, 452.
140   Bd. 1, S. 370.
141   Zitiert bei de Mendelssohn, Bd. 1, S. 452.
142   De Mendelssohn, Bd. 1, S. 502.

gartennovelle« *Wälsungenblut* spielt in Berlin — an der »Tiergartenstraße« sollte ja auch jener »Comerzienrat Moritz Ausspuckeles aus Galizi-
en [w]ohnhaft« sein —, das aber im Text nicht unter diesem Namen erscheint und als Ort der Handlung nur erschlossen werden kann. Und im
Kleinen Herrn Friedemann kommt die schlimmste aller Mannschen
femmes fatales nur vage aus einer »Hauptstadt«, so wie eben nur in
einem frühen, verworfenen Plan Berlin als der Ort in Frage kam, an
dem »Tony Buddenbrooks zweite Ehe« scheitern sollte, und wie Berlin
übrigens als Schauplatz auch des *Felix Krull* nur erwogen, aber dann
offenbar ebenfalls verworfen wurde.[143]

Die Durchnumerierung von »Tony Buddenbrooks [...] Ehe[n]«, wie
sie von der zweiten an erfolgt und komischerweise in der Ehe ihrer
Tochter fortgesetzt wird — »es begann Tony Buddenbrooks dritte
Ehe«[144] —, weist selbst schon auf die paradigmatische Beziehung zwischen der ersten und der »zweite[n] Ehe«, deren ganz offensichtliche
Ähnlichkeiten die Folie desto stärker herausstechender Differenzen
abgeben, der Differenzen zwischen dem »weltläufige[n]«[145] Grünlich-
Conradi und dem schon seinem volksetymologisch sprechenden, latei-
nisch-sprechenden Namen[146] nach bodenständig-biederen Permaneder.
Der eine hat es zum Beispiel trotz seiner peinlich sentimentalen Auftrit-
te nur auf die Mitgift der Braut abgesehen, der andere, treuherzige, gibt
diese nach dem anerkannt selbstverschuldeten Scheitern der Ehe zurück
und gratuliert Jahre später sogar noch zum Firmenjubiläum.

Bei allen Unterschieden haben der Bayer Permaneder und der Hamburger mit dem verdächtig christlichen Namen doch das eine gemein-
sam, daß Tony sie aus reinem Pflichtgefühl der Familie gegenüber heiratet, um »den Hagenströms die Waagschale [zu] halten«.[147] Ihre eigentliche Liebe war und bleibt, daran lassen ihre in wiederkehrende Zitate
gehüllten Erinnerungen bis zum Ende des Romans keinen Zweifel,
Morten Schwarzkopf, der ursprünglich Gerhard Zeltner heißen sollte[148]
und dessen spezifischer Abstand von den beiden Ehemännern in seinen
nun seinerseits sprechenden Namen eingetragen ist. Sein Nachname,
wie auch Tonys Mißverständnis des von seinem Großvater auf ihn gekommenen Vornamens (»Moor«), verfehlt ironisch und emphatisiert so
nur desto stärker Mortens geradezu maximal germanischen Körper
(»außerordentlich heller Teint«, »so blond *wie möglich*«[149]); und sein
wirklicher Vorname markiert dieses Skandinavisch-Nordische besonders auch dadurch, daß jener Großvater wenigstens »ein halber Norwe-
ger« gewesen sein soll.[150] Als Nordeuropäer steht er in Gegensatz zum

143   Vgl. Wysling, Narzißmus und illusionäre Existenzform, S. 416.
144   Bd. 1, S. 447.
145   Bd. 1, S. 100.
146   Vgl. Tyroff, S. 141.
147   Bd. 1, S. 119.
148   Vgl. de Mendelssohn, Bd. 1, S. 476.
149   Bd. 1, S. 122; im Original keine Hervorhebungen.
150   Bd. 1, S. 131.

Münchner Permaneder mit seinem immerhin »*hell*blond[]«-»[s]ee-hundsartige[n]«[151] Schnurrbart; als Sohn eines Lotsenkommandeurs und Göttinger Korpsstudent in Gegensatz zum Hamburger und Groß-städter Grünlich mit den immer wieder erwähnten »Favoris [...] von ausgesprochen goldgelber Farbe« (die übrigens den rotgoldenen Kote-letten auffallend gleichen, welche Heinrich Mann zur selben Zeit, in sei-nem den *Buddenbrooks* thematisch und entstehungsgeschichtlich so eng verwandten Roman *Im Schlaraffenland*, dem Klischeejuden James L. Türkheimer, und zwar ebenfalls als epitheton constans verpaßte[152]); als Vollgermane aber vor allem in Gegensatz zu dem einen, der die Rei-he der Tony einseitig begehrenden Männer eröffnet, den Tony nicht zufällig einmal einen »Filou« nennt,[153] also mit dem in ihrem Sprachge-brauch sonst stehenden Beiwort Grünlichs bedenkt, und dessen Familie eine handschriftliche Auflistung von »*Tony's Feinde[n]*« abschließt: »Grünlich / Permaneder / Hagenströms«.[154]

Die Hagenströms

Zwei Selbstkommentaren des Autors zufolge, die noch nicht ernst ge-nug genommen wurden — abgesehen allerdings von Rolf Thiedes wie gesagt erst nach Abschluß der vorliegenden Arbeit erschienenen Disser-tation —, deren Tiefe auszuloten aber auch hier nicht wirklich der Ort sein kann, liegt den *Buddenbrooks* als leitender Hypotext letztlich eine germanische Heldensage zugrunde, welche im Lauf des neunzehnten Jahrhunderts zum »Urbild reiner echter Deutschheit«[155] avancierte: *Der Ring des Nibelungen*, genauer besehen wahrscheinlich nur der *Dritte Tag*, dessen definitiver Titel die auf den ersten Blick so befremdlicher-weise behauptete Beziehung zum *Verfall einer Familie* schon plausibler werden läßt: *Götterdämmerung*. Der eine, jüngere Autorkommentar — er stammt aus jenem folgenreichen Urlaub in Venedig —, bleibt ganz und gar im Vagen, der andere setzt immerhin die »Buddenbrooks und die Wälsungen« in eine unmittelbare Beziehung zueinander.[156] Vor die-sem und nicht vor dem Hintergrund seiner biographischen Bedingtheit entziffert (der nur wieder die Frage aufwürfe, warum Thomas Mann der

---

151 Bd. 1, S. 325; im Original keine Hervorhebung.
152 Vgl. Thiede, S. 109, 179.
153 Bd. 1, S. 475.
154 Hervorhebungen des Originals.
155 Zitiert nach: Helmut Brackert (Hg.), Das Nibelungenlied, Frankfurt a. M. 1981, Bd. 1, S. 2.
156 Bd. 10, S. 837 f., 840.

Name eines Lübecker »Manufaktur- und Modewarengeschäft[s]«[157] für die Rivalen der Buddenbrooks so passend erschien), beginnt der Name »Hagenström« schon in seinem ersten Glied gleichsam zu sprechen, also auch abgesehen von der dem zweiten Namensglied eingeschriebenen Fließ- und Flutassoziation,[158] wie sie auch im *Doktor Faustus* für Überfremdungsängste symptomatisch ist. Hagen von Tronje (vermutlich dem späteren Kirchheim im Elsaß), im *Ring*, wie Thomas Mann nachweislich bemerkte und vielleicht in Anlehnung an eine überlieferte Variante des Mythos, nicht nur Vasall, sondern »Halbbruder«[159] Gunters, ist ja auch bei Wagner, der sich hierin nun wieder genau an die durch das mittelhochdeutsche Nibelungenlied und dessen Rezeption normalisierte Version hält, in heimtückischer, aber erfolgreicher Weise für den Untergang des genealogisch und in jeder Hinsicht ›edleren‹ Siegfried und also der »Wälsungen« ganz unmittelbar verantwortlich.[160]

Wie schon gesagt und wie von den *zeitgenössischen* Rezipienten genau gesehen, besonders auch von den ›völkisch‹ Gesinnten unter ihnen, denen dies allen Ernstes als »deutschfeindliche Tendenz« zum »Hauptgrund« »der Ablehnung Manns« werden konnte (»[i]n den ›Buddenbrooks‹ läßt er eine alte deutsche Familie durch eine halbjüdische unterkriegen — und regt sich darüber auf«),[161] ist der »Verfall« der »Familie« Buddenbrook während des ganzen Romans und schon in den Notizen mit dem genau gegenläufigen Aufstieg der Hagenströms kontrapunktiert: »*(Krämer) kommen auf. Allen voran aber Hagenströms.*«[162] Die Familie Hagenström ist »noch nicht lange am Orte ansässig«[163] — eine »hergelaufene Familie«[164] nennt sie Tony Buddenbrook mit demselben Wort, mit dem Klöterjahn den »hergelaufene[n] Bummler« Spinell beschimpft —, und dementsprechend treten nur drei ihrer Generationen näher in den Blick: Hinrich Hagenström, welcher dem Konsul Buddenbrook politisch und auch ökonomisch ständig in die Quere kommt; seine Tochter Julchen, eine lebenslange Rivalin Tonys, die eine ungleich bessere Partie macht als diese; sein Sohn Moritz, Schöngeist und Staatsanwalt, der, wie es im Notizenmaterial und mit in der *Götterdämmerung* vorgebildetem, von Thomas Mann dort angestrichenem

157 De Mendelssohn, Bd. 1, S. 68.
158 Vgl. Tyroff, S. 129; Thiede, S. 82 f.
159 Marginalglosse Thomas Manns zu: Wagner, Bd. 6, S. 230.
160 Vgl. Thiede, S. 84, wo von einer »[m]it dem Aufkommen nationalistischen und völkischen Denkens im frühen neunzehnten Jahrhundert[n] statthabenden ›Verschiebung‹ in der »Einschätzung der Hagen-Figur« die Rede ist, allerdings ohne Belege (vgl. dazu auch die Rezension von Erwin Riess, Zum Antisemitismus kein Talent?, in: Konkret 12, 1998, S. 64 f., hier S. 65).
161 Adolf Bartels, Die deutsche Dichtung der Gegenwart. Die Alten und die Jungen, Leipzig ⁹1918, S. 637.
162 Hervorhebung des Originals.
163 Bd. 1, S. 62.
164 Bd. 1, S. 118.

Stabreim heißt: mit ausdrücklich »*Hagenströmsche[m]* Haß«[165] Hugo Weinschenk hinter Gitter bringt, ohne daß er doch dem offensichtlich jüdischen Anwalt Weinschenks rhetorische Brillianz absprechen könnte; der andere Sohn, Hermann, der Hauptrivale Thomas Buddenbrooks in der Senatswahl, die dieser zwar gewinnt, wenn er auch geschäftlich von »Strunck & Hagenström« überflügelt wird; endlich noch Hermanns zwei kräftige Söhne, die den ihnen hoffnungslos ausgelieferten und unterlegenen Hanno Buddenbrook, wo und wann immer sie können, kujonieren.

Eingehend und ausführlich hat das Verhältnis der beiden Familien Martin Swales in seinem Buch *Buddenbrooks: Family Life as the Mirror of Social Change* besprochen, in einem Kapitel *Of Economic Signs and Symbols*.[166] Grundlage seiner Kontraposition der Buddenbrooks und der Hagenströms ist Werner Sombarts Abhandlung *Der Bourgeois. Zur Geistesgeschichte des modernen Wirtschaftsmenschen* von 1913, die Thomas Mann später übrigens nachweislich rezipierte.[167] Sombart unterscheidet darin den ›alten‹, traditionellen »Bürger« vom spezifisch »modernen« Phänomen des Bourgeois, wie er für den »Kapitalismus« typisch sei (um es auf einen Begriff zu bringen, der, von Marx noch nicht verwendet, durch Sombarts Hauptwerk *Der moderne Kapitalismus* allgemeine Verbreitung fand[168]). Die Buddenbrooks, so Swales, repräsentieren die alten Bürger, die Hagenströms die Bourgeois. Ergänzen ließe sich dieses plausible Argument vielleicht noch durch den Hinweis, daß diese Unterscheidung und ihre Terminologie, besonders deren zweite Hälfte, durch Thomas Manns eigenen Sprachgebrauch gedeckt ist. Einen »sale bourgeois« nannte er ausgerechnet Hermann Fehling, der seine Familie in den Hagenströms nicht nur zu Recht porträtiert sah, sondern dies, eigentlich mit demselben Recht, dem Autor sehr übel nahm.[169]

Swales' Argument, wie sehr es auch einleuchtet und überzeugt, hat doch etwas Befremdliches und vielleicht selbst unentschuldbar Gutmütiges. Jedenfalls ließe sich das Verhältnis der beiden rivalisierenden Familien gerade mit Sombart sehr viel genauer und weiter gehend bestimmen und erklären, als es bei Swales geschieht. Sombart, seit 1906 Berliner Professor und späterer Vorsitzender des 1936 unter seiner Mitwirkung aufgelösten »Vereins für Socialpolitik«, eignet sich zweifellos und sogar ganz ausgezeichnet dazu, eine Vorstellung von dem Klima zu gewinnen, welches um die Jahrhundertwende in Kreisen des deutschen

---

165 Im Original keine Hervorhebung. Vgl. Wagner, Bd. 6, S. 211, auch S. 42 (von Thomas Mann ebenfalls angestrichen und mit der Glosse »Hagen« versehen).

166 Swales, S. 89–103.

167 Vgl. Notizbücher, Bd. 2, S. 303 (Original S. 18) mit Anm. 1.

168 Vgl. Hermann Kellenbenz, [Artikel: Werner Sombart,] Der moderne Kapitalismus, in: Walter Jens (Hg.), Kindlers neues Literatur-Lexikon. Studienausgabe. Bd. 15, München 1996, S. 729–731, hier S. 729 f.

169 19.8.1904 an Ida Boy-Ed; Briefe an Otto Grautoff 1894–1901 und Ida Boy-Ed 1903–1928, S. 147–151, hier S. 149.

Bürgertums herrschte; genauer gesagt in solchen Kreisen, die sich selbst in ganz bestimmtem Sinn als ›deutsch‹, eben in Abgrenzung zum jüdisch-deutschen Bürgertum definierten. Besonders deutlich läßt sich die Bedeutung dieses Unterscheidungskriteriums an Sombarts Auseinandersetzung mit Max Webers Hauptwerk *Die protestantische Ethik und der Geist des Kapitalismus* ablesen. Die hier grundlegende Opposition von protestantischer und katholischer Konfession wird von Sombart durch die Opposition ›jüdisch‹ versus ›christlich‹ überschrieben und ersetzt. Was Weber am »Geist des Kapitalismus« als spezifisch Protestantisches identifizierte, so Sombart 1911 in *Die Juden und das Wirtschaftsleben*, »[s]einem Judenbuche«, wie er es in *Der Bourgeois* aus Anlaß seiner wiederholten Verweise darauf regelmäßig nennt,[170] — dieses genuin ›Kapitalistische‹ sei in Wirklichkeit etwas typisch Jüdisches, das jüdische Erbe in der christlichen Religion.[171]

Obwohl sich Sombart durchaus nicht als Antisemiten sehen möchte, ganz unabhängig von diesem hoffnungslos naiven Selbstbild, ist seine Soziologie symptomatisch für die zeitgenössischen Interferenzen und synergetischen Effekte von Rassismus und Kritik der Moderne, wie sie sich auch an *Gladius Dei* aufweisen ließen. Die Verunsicherungen durch den »moderne[n] Kapitalismus« werden in den alten Antisemitismus integriert oder über ihn abgeführt, der dadurch natürlich selbst wieder eine ganz andere Gestalt annimmt. Es handelt sich dabei eigentlich noch nicht einmal um eine *Reduktion* von Komplexität, sondern um eine viel gründlichere Verkennungsstruktur, die sich im Prinzip wenig von den mittelalterlichen Brunnenvergiftungslegenden unterscheidet, wenn diese anders die Unmöglichkeit reflektieren, eine ebenso bedrohliche wie nach dem seinerzeitigen Stand der Wissenschaft unerklärliche Infektionskrankheit rational in den Griff zu bekommen. Dieselbe Zuweisung gleichsam ad homines, die Vorstellung vom ›Juden‹ hier als genuinem Kapitalisten und eben auch als ›Bourgeois‹ hat offensichtlich die Kompensationsfunktion, vom unheimlich Anonymen, dem Zugriff des Subjekts so gründlich Entzogenen der Veränderungen zu entlasten, welche Kapitalismus und Industrialisierung in zunehmender Beschleunigung und konstant größerem Ausmaß mit sich brachten und bringen.

Auch und gerade aus Sombarts Soziologie also, die er selbst zu seiner Lektüre herangezogen hat, hätte Swales einen Anhaltspunkt dafür gewinnen können, was der Rivalität der Buddenbrooks und der Hagenströms an rassistischen Phantasmen zugrundeliegt, wenn die entsprechenden Hinweise im Romantext nicht schon deutlich genug ausgelegt

---

170 Werner Sombart, Der Bourgeois. Zur Geistesgeschichte des modernen Wirtschaftsmenschen, Stuttgart ²1920, S. 299, 337 f.; vgl. z. B. S. 131.

171 Werner Sombart, Die Juden und das Wirtschaftsleben, Leipzig 1911. Vgl. Natalie Zemon Davis, Noch einmal *Religion und Kapitalismus*? Jüdische Kaufmannskultur im siebzehnten Jahrhundert, in: Natalie Zemon Davis, Lebensgänge. Glikl; Zwi Hirsch; Leone Modena; Martin Guerre; Ad me ipsum, Berlin 1998 (Kleine kulturwissenschaftliche Bibliothek, Bd. 61), S. 7–40, hier S. 9–13.

wären. Wenn Swales und etliche andere[172] alle diese Hinweise so erstaunlich, ja erschreckend konsequent überlesen und auch ein auf Antisemitismen ungleich stärker sensibilisierter Leser wie Egon Schwarz allen Ernstes noch *fragen* konnte: ob »die Hagenströms [...] jüdisch versippt« seien,[173] dann hängt das natürlich wieder einmal mit der Rezeption Thomas Manns als des ›guten Deutschen‹ zusammen, welche im angelsächsischen Raum nach wie vor dominiert (etwas weniger vielleicht im französischen, wo wie schon erwähnt Sagave 1954, in einer »dem Schöpfer des herrlichsten deutschen Dichtwerkes unserer Zeit in tiefer Verehrung zugeeignet[en]«,[174] von diesem aber begreiflicherweise dennoch nicht uneingeschränkt hochgeschätzten Arbeit,[175] unter vielem anderen die Bedeutung der »extraction partiellement juive« und des »›déficit racial‹« für die Darstellung der Hagenströms schon sehr genau gesehen hat[176]). Die blinden Stellen in Swales' und in etlichen anderen neueren Arbeiten zu den *Buddenbrooks* sind bezeichnend für den Status der *Buddenbrooks* als Klassiker oder, wie es in der Titelei des Swalesschen Buchs heißt, als »Masterwork«.[177] Der kanonische Status des Romans und seines Autors hat ziemlich wirksam Versuche verhindert, das ›Werk‹ in den seinerzeit nun einmal vorherrschenden Diskursen zu rekontextualisieren; mochte sein ›Meister‹ auch zuvor noch »das heilige Feuer des Antisemitismus«[178] im *Zwanzigsten Jahrhundert* zu schüren

---

172   Vgl. z. B. Bernd Neumann, Der musizierende Sokrates. Zur Rolle der Musik in Thomas Manns *Buddenbrooks*, in: Irmela von der Lühe und Anita Runge (Hgg.), Wechsel der Orte. Studien zum Wandel des literarischen Geschichtsbewußtseins. Festschrift für Anke Bennholdt-Thomsen, Göttingen 1997, S. 129–137, hier S. 135 f.

173   Schwarz, S. 87.

174   Handschriftliche Widmung des in der Nachlaßbibliothek (ohne Anstreichungen, aber ganz aufgeschnitten) erhaltenen Exemplars von Sagave, Réalité sociale et idéologie religieuse dans les romans de Thomas Mann.

175   Tagebücher 1953–1955, S. 226, 849 f. [Dokument 25; 25.5.1954 an Pierre-Paul Sagave].

176   Sagave, Réalité sociale et idéologie religieuse dans les romans de Thomas Mann, S. 39. Vgl. Darmaun, Thomas Mann et les Juifs, S. 30–37.

177   Vgl. z. B. Hermann Kurzke, Thomas Mann. Epoche — Werk — Wirkung, München 1985 (Arbeitsbücher zur Literaturgeschichte), S. 64–66; Paul Klein, Die Infektionskrankheiten im erzählerischen Werk Thomas Manns, in: Hefte der Deutschen Thomas Mann-Gesellschaft 3, 1983, S. 41–56, hier S. 46; Eckhard Heftrich, Thomas Manns Verhältnis zum Deutschtum und Judentum, in: Thomas Mann-Jahrbuch 1, 1988, S. 149–166; z. B. auch das Kapitel zu Leo Naphta bei Michael Rupprecht, Der literarische Bürgerkrieg. Zur Politik der Unpolitischen in Deutschland, Frankfurt a. M. 1995, S. 123–127; die Ausführungen zu Gladius Dei bei Helmut Spelsberg, Thomas Manns Durchbruch zum Politischen in seinem kleinepischen Werk. Untersuchungen zur Entwicklung von Gehalt und Form in *Gladius Dei, Beim Propheten, Mario und der Zauberer* und *Das Gesetz*, Marburg 1972 (Marburger Beiträge zur Germanistik, Bd. 40), S. 48–64; oder zu *Tristan* bei Ohl, S. 112–118.

178   Das Zwanzigste Jahrhundert 6.1, Oktober 1895, S. 145. In derselben Nummer befindet sich einer der Beiträge von »T. M.«.

geholfen haben, einer Zeitschrift, deren Name durchaus nicht zufällig an Chamberlains »Grundlagen des neunzehnten« und Alfred Rosenbergs »Mythus des zwanzigsten Jahrhunderts« anklingt.

Die Familie Hagenström, die ursprünglich schlechtweg »Kohn«[179] heißen sollte — von der verfänglichen Bewandtnis ihres nun so erstaunlich ›germanisch‹ wirkenden Namens war schon die Rede —, erscheint zum ersten Mal im zweiten Teil, zweites Kapitel, integriert in die Kindheitsgeschichte Tony Buddenbrooks:

> Tony blieb ein bißchen stehen, um auf ihre Nachbarin Julchen Hagenström zu warten, mit der sie den Schulweg zurückzulegen pflegte. Dies war ein Kind mit etwas zu hohen Schultern und großen, blanken, schwarzen Augen, das nebenan in der völlig von Weinlaub bewachsenen Villa wohnte. Ihr Vater, Herr Hagenström, dessen Familie noch nicht lange am Orte ansässig war, hatte eine junge Frankfurterin geheiratet, eine Dame mit außerordentlich dickem schwarzen Haar und den größten Brillanten der Stadt an den Ohren, die übrigens Semlinger hieß. Herr Hagenström, welcher Teilhaber einer Exportfirma — ›Strunck & Hagenström‹ — war, entwickelte in städtischen Angelegenheiten viel Eifer und Ehrgeiz, hatte jedoch bei Leuten mit strengeren Traditionen, den Möllendorpfs, Langhals und Buddenbrooks, mit seiner Heirat einiges Befremden erregt und war, davon abgesehen, trotz seiner Rührigkeit als Mitglied von Ausschüssen, Kollegien, Verwaltungsräten und dergleichen nicht sonderlich beliebt. Er schien es darauf abgesehen zu haben, den Angehörigen der alteingesessenen Familien bei jeder Gelegenheit zu opponieren, ihre Meinungen auf schlaue Weise zu widerlegen, die seine dagegen durchzusetzen und sich als weit tüchtiger und unentbehrlicher zu erweisen als sie.[180]

Die Frage, ob die Hagenströms »jüdisch versippt« seien, müßte sich schon hier ein für allemal und mußte sich jedenfalls für ein zeitgenössisches Lesepublikum erübrigen. Es erscheinen etliche bei Thomas Mann bis in den Wortlaut konstante Merkmale des ›jüdischen‹ Körpers schon am Kind (»große[], blanke[], schwarze[] Augen«), dessen Wuchs, mit wieder einmal hämischem understatement, »etwas« von der ästhetischen Norm abweicht (»etwas zu hohe[] Schultern«), und vollends deutlich natürlich an der Mutter und »Frankfurterin« (»außerordentlich dicke[s] schwarze[s] Haar«, die »größten Brillanten der Stadt an den Ohren«[181]), die noch dazu, obendrein oder, wie hier mit dem einmal mehr geheuchelten Anschein der Nebensächlichkeit geschrieben steht: »übrigens« Sem-linger[182] heißt und deren Einheirat »bei Leuten mit strengeren Traditionen [...] einiges Befremden erregt«. Und als wären dies noch nicht genug Hinweise, läßt sich Tony, von ihrem Bruder nur wie ein unartiges »Kind« zurechtgewiesen, in ihrer Wut über das von ihr regelmäßig so

---

179   Notiz, zitiert bei de Mendelssohn, Bd. 1, S. 447.
180   Bd. 1, S. 62 f.
181   Vgl. z. B. auch Bd. 8, S. 380.
182   Vgl. Thiede, S. 90 f.

genannte »Geschmeiß« später so weit gehen, der »Frankfurterin« einen ›typischen‹ Vornamen zuzudiktieren, und zwar unheimlicher-, aber auch sinnigerweise genau den, der dieser »Frankfurterin« von 1939 an tatsächlich aufgezwungen worden wäre: »›Ha! — Natürlich! Wie wäre Sara Semlinger wohl entbehrlich...‹ / ›Sie heißt übrigens Laura, mein Kind, man muß gerecht sein.‹«[183]

Es ist in den *Buddenbrooks* ganz deutlich nachzulesen, worin der Unterschied zwischen den neuen Bourgeois und den guten alten Bürgern »mit [...] Traditionen« *auch*, worin er hier zuallererst besteht. Die einzige für die Hagenströms verbindliche Tradition, »*wenn*« das überhaupt eine »Tradition« zu heißen verdient, besteht in einer »unbeschränkte[n], fortgeschrittene[n], duldsame[n] und vorurteilsfreie[n] Denkungsart«,[184] und diese schließt hier insbesondere eine Gleichgültigkeit gegenüber der ›Rassenfrage‹ ein. Hagenströms »Heirat«, denn Religion wie bislang auch der Vermögenshintergrund der »junge[n] Frankfurterin« fallen ja ganz unter die Leerstellen des Texts, ist eine Mesalliance allein unter einem rassistischen Gesichtspunkt, wie er, in entscheidendem Gegensatz eben zum Bourgeois, für die ›Bürger‹ von offenbar größter Bedeutung ist.

»[J]üdisch versippt«, um Schwarz' befremdliches, dem antisemitischen Sprachgebrauch tale quale entnommenes Wort nochmals zu zitieren — mit genau dieser Formel »jüdisch versippt[]« sollte Thomas Mann selber der einst ›völkische‹ Literaturwissenschaftler Lutz Makkensen angreifen (heute nur noch für sein Wörterbuch und allenfalls noch für seine sprachwissenschaftlichen Arbeiten bekannt)[185] —, »jüdisch versippt« also ist genau genommen nur derjenige »Herr Hagenström«, der, genau wie sein ›Vorbild‹ Johann Christoph Fehling, eine Jüdin ›nur‹ geheiratet hat.[186] Deswegen kann er auch einen germani-

---

183 Bd. 1, S. 118. Vgl. dagegen Thiede, S. 91, der hier eine Anspielung auf einen »ursprüngliche[n] Vornamen« und eine tatsächliche Namensänderung hineinliest, und die Verkürzung dieser an sich schon forcierten Lektüre in Riess' Rezension, S. 65, wo »eine [sic!] Tochter der Hagenströms« schlechtweg »Sara« »heißt«.

184 Bd. 1, S. 410; im Original keine Hervorhebung.

185 Lutz Mackensen, Die Dichter und das Reich, Brüssel 1941, S. 159. Vgl. z. B. auch Stauff, Sp. 293, s. v. ›Mann, Thomas‹. Mackensens institutionsgeschichtlich interessanter Fall und ›linguistic turn‹ scheint noch nicht aufgearbeitet zu sein; vgl. z. B. Wilfried Barner und Christoph König (Hgg.), Zeitenwechsel. Germanistische Literaturwissenschaft vor und nach 1945, Frankfurt a. M. 1996 (Kultur & Medien).

186 Vgl. dagegen Thiede, S. 89 f., wo der angesichts z. B. schon von Hinrich Hagenströms passivem Wahlrecht fragwürdige Versuch unternommen wird, den Leerstellen des Texts die Tendenz der Suggestion nachzuweisen, daß auch »der alte Hagenström« Jude sei (auch S. 96, wo die Bezeichnung Hinrich Hagenströms als »Stänker«, in einer gegen Ausweis des Grimmschen Wörterbuchs als signifikant postulierten Opposition zu ›Stänkerer‹, strapaziert wird: vgl. Grimm, Bd. 10, Abt. II, 1. Teil, Sp. 832–834, s. v. ›Stänker‹, v. a. die Zuordnung der *Buddenbrooks*-Stelle Sp. 834; Sp. 835, s. v. ›Stänkerer‹). Thiedes ge-

schen Namen tragen und braucht er nicht »Kohn« zu heißen. In der nächst jüngeren Generation jedoch, um die es in *Buddenbrooks. Verfall einer Familie* hauptsächlich geht und in deren unmittelbarer, eigener Geschichte die erste Erwähnung der Hagenströms denn erst erfolgt, sind diese Hagenströms durchaus nicht eben nur »jüdisch versippt«. Hagenströms Kinder, Julchen, Hermann und Moritz, die »kleinen ›Semlingers‹«, wie sie in einer Notiz Thomas Manns einmal heißen, sind Juden auch im ganz strengen, matrilinearen Sinn, den eine Hervorhebung in der betreffenden Notiz sogar zu fixieren scheint: »Schulgänge mit den kleinen Semlingers, deren *Mutter* Jüdin ist.«[187]

Diesen drei Kindern ist ihre jüdische Herkunft unterschiedlich deutlich ins Gesicht geschrieben, am wenigsten dem »Schöngeist« und Intellektuellen Moritz, der »nichts Semlinger'sches in seinem Äußern« hat, dafür »aber« — die Konjunktion unterstellt ganz selbstverständlich das unbedingt Negative alles »Semlinger'sche[n]«, das heißt Jüdischen —, »*aber* ein gelbes Gesicht und spitzige, lückenhafte Zähne«.[188] »Julchen« (so hieß auch Johann Christoph Fehlings Tochter) hat wie gesehen die bei Thomas Mann stereotyp »großen, blanken, schwarzen Augen«, die eine Seite später, während sie Tony einer wahren Tantalusqual aussetzt, »vor Vergnügen« auch noch »feucht« werden wie im *Willen zum Glück* Ada von Steins Lippen und also die oben schon diskutierte Tendenz des ›jüdischen‹ Körpers aufweisen, seine Grenzen zu übertreten und ›verschwimmen‹ zu lassen.[189] Am meisten »Semlinger'sches« »in seinem Äußern« hat logischerweise Thomas Buddenbrooks später ökonomisch wie politisch schärfster Konkurrent, Hermann Hagenström (der ebenfalls den Vornamen eines Kinds von Johann Christoph Fehling trägt): »Hermann war blond, aber seine Nase lag ein wenig platt auf der Oberlippe. Auch schmatzte er beständig mit den Lippen, denn er atmete nur durch den Mund.«[190]

Einmal mehr verrät sich das antisemitische Ressentiment in seiner scheinheiligen und allzu offensichtlichen Bemäntelung. Zuerst wird, der väterlichen Linie des ›Mischlings‹ gemäß, ein unverdächtiges oder sogar entschieden positives Merkmal hervorgehoben. »Hermann« ist »blond« — später allerdings nur noch »rötlich[]«[191] wie der ›wahre‹ Müller-Rosé, nicht nur und in wohl nur zufälliger Übereinstimmung mit der Vertierung seines Vaters, H. Hagenström senior, zum »Fuchs«,[192] sondern vor allem auch dem Typus des rothaarigen Juden entspre-

---

ringes Interesse an der generationellen Differenzierung zeigt sich auch in entsprechenden Verwechslungen (S. 94: »seine [*Hermann* Hagenströms] Tochter Julchen«; S. 98: »Auf Tonys Bitte [...] antwortet der Vater [*Thomas* Buddenbrook]«).

187 Hervorhebung des Originals.
188 Bd. 1, S. 239; im Original keine Hervorhebung.
189 Bd. 1, S. 63.
190 Bd. 1, S. 64.
191 Bd. 1, S. 348, 409, 489.
192 Bd. 1, S. 63.

chend, wie ihn etwa Richard Andree analog zur Lehre von den zwei
»Judenschädel[n]« neben dem schwarzhaarigen postulierte.[193] Dann
»aber« wird das hier noch blonde Haar gleichsam wettgemacht durch
die, versteht sich, doch wieder nur »*ein wenig* platt auf der Oberlippe«
liegende Nase, welche an dieser Stelle zum ersten, aber nicht zum letzten Mal, sondern über den gesamten Roman hin ganz redundanter- und
desto bezeichnendererweise immer mal wieder in den Blick genommen
wird (ohne übrigens auf der Portraitphotographie[194] des ›Vorbilds‹ Hermann Fehling erkennbar zu sein).

Nicht von ungefähr stimmt an dieser einschlägigen Stelle Hermann
Hagenströms mit dem Portrait Blüthenzweigs in der Novelle *Gladius
Dei* wortwörtlich überein: »Seine [Blüthenzweigs] Nase lag ein wenig
platt auf der Oberlippe«[195] — »seine [Hermann Hagenströms] Nase lag
ein wenig platt auf der Oberlippe« respektive, einige dreihundert Seiten
weiter hinten, »[d]ieser große, ein wenig zu fette Mann mit [...] seiner
ein wenig zu platt auf der Oberlippe liegenden Nase«.[196] Auch hier, bei
Hagenström, hat das inkriminierte Merkmal der, und sei es auch noch
so »wenig platt[en]« Nase eine wieder akustisch wahrnehmbare und als
solche widerwärtige Weiterung, durch die endgültig auch H. Hagenström junior vertiert wird. Nicht nur »schmatzt[] er beständig«, sondern
er tut es ausdrücklich deshalb, weil er, wie übrigens Dr. Erasmi im *Doktor Faustus*,[197] »nur durch den Mund atmet« — die Oberflächen auch
dieser beiden jüdischen Körper sind also ständig durchbrochen —; und
der unmittelbare Kontakt dieses Satzes zur vorhergehenden Aussage
über die »ein wenig platt[e]« Nase suggeriert natürlich einen Zusammenhang, suggeriert einen natürlichen Zusammenhang zwischen der
Nase und der Mundatmung beziehungsweise dem so bedingten »beständig[en]« Schmatzen.

Das erste negative, als solches von der »blond[en]« Haarfarbe kon-
junktional explizit abgehobene Merkmal (»*aber* seine Nase«) scheint
schon die Erklärung für das folgende zweite und dritte zu sein, für die
sich anschließende und im konjunktionalen Anschluß wieder negativ
markierte Eigenart der schmatzenden »Lippen« (»*Auch* schmatzte er
beständig«) und für die dafür explizit gegebene Begründung (»*denn* er
atmete nur durch den Mund«). Wie Thomas Mann zwischen Savonarolas platter Nase und näselnder Stimme einen kausalen Zusammenhang
gesehen zu haben scheint, wie er einen solchen jedenfalls zwischen der
»ein wenig platt[en]« Nase und dem animalischen Schnüffeln und Fau-
chen M. Blüthenzweigs zu suggerieren wußte und wie einige vierhun-
dert Seiten weiter hinten auch Hermann Hagenströms »platt auf der

---

193   Richard Andree, Zur Volkskunde der Juden. Mit einer Karte über die Verbreitung
       der Juden in Mitteleuropa, Bielefeld und Leipzig 1881, S. 34–37.
194   Vgl. Hartwig Dräger (Hg.), *Buddenbrooks*. Dichtung und Wirklichkeit. Bilddo-
       kumente, Lübeck 1993, S. 229.
195   Bd. 8, S. 206.
196   Bd. 1, S. 409.
197   Bd. 6, S. 208.

Oberlippe liegende Nase ein wenig mühsam in den rötlichen Bart hineinatmet«[198] (und als Subjekt des ›Atmens‹ bezeichnenderweise synekdochisch die Stelle ihres Trägers einnimmt), so besteht eine unausgesprochene, aber eben doch suggestiv insinuierte Beziehung zwischen Hermanns Nase und seiner unappetitlichen Art, »nur durch den Mund« zu atmen und deshalb »beständig mit den Lippen« zu schmatzen. Durch den Mund scheint er eben deshalb zu atmen, weil seine Nase »ein wenig«, aber doch zu »platt« ist, um ihn allein ausreichend mit Atemluft versorgen zu können.

Wie Blüthenzweigs ›Schnüffeln‹ unter dem Aspekt der Geldgier und einer Fähigkeit erscheint, die »Kauffähigkeit« der Kunden auszuwittern, so steht das seinerseits durch eine platte Nase bedingte Schmatzen Hermann Hagenströms in enger Beziehung zu seiner oralen Begehrlichkeit. Als Erwachsener soll er Gänseleberpastete frühstücken — ein schon in den Notizen festgehaltenes Detail,[199] welches Tony Buddenbrook »mit einem ihrer starken Worte«, einem in der Tat »starken«, ältere antisemitische Topik assoziierenden Vergleich fixiert, um ihrem modern-bürgerlichen Antisemitismus als Widerwillen gegen das Äußere Hagenströms Ausdruck zu verleihen, dessen »›Gänseleberpastetengesicht‹ [...] sie [...] ›haßt[] wie die Pest‹«[200] —; und er wird im Lauf der erzählten Zeit zusehends fetter werden. Dabei schließen die Erwähnungen seiner Beleibtheit immer auch die seiner platten Nase mit ein. So atmet, wie schon gesehen nicht eigentlich er selber, sondern »seine platt auf der Oberlippe liegende Nase« offenbar wegen seines »schweren Körper[s]« so »mühsam«, der im selben Satz erwähnt ist.[201]

Zuerst wird die Fettleibigkeit Hermanns beim ersten und einzigen Gruppenbild der Hagenströms thematisch, das in jenem bereits einmal erwähnten Notizzettel *In Schwartau* skizziert ist, im Kapitel VI.6, das heißt in der numerischen Mitte des Texts — der Roman zählt elf Teile und der sechste Teil elf Kapitel —, wo die fallenden und ›verfallenden‹ Buddenbrooks, trotz der Mittelstellung der Szene bezeichnenderweise schon gerade eben nicht mehr gleichauf mit ihren Konkurrenten, um eine »Etage« tiefer speisen als diese, die übrigens zum Zeichen ihrer Assimilation »[a]lle« Schweinefleisch essen. Das bei dieser Gelegenheit gegebene Portrait der ganzen Familie Hagenström liest sich wie ein Katalog alles zuvor schon erwähnten »Semlinger'sche[n] im Äußern« oder sonstigen negativ Markierten; nur daß hier nicht mehr die »Frankfurterin« und geborene Semlinger, sondern ihre Tochter Julchen »Brillanten an den Ohrläppchen« trägt, die, wie die bezeichnende, für die »beinahe« gleichmäßige Signifikanz von Kultur- und Naturkörper bezeichnende Formulierung lautet, »beinahe ebenso groß[]« wie die nach wie vor »großen, blanken, schwarzen Augen« sind:

198 Bd. 1, S. 489.
199 Zitiert bei de Mendelssohn, Bd. 1, S. 447.
200 Bd. 1, S. 439.
201 Bd. 1, S. 489.

Der alte Senator Möllendorpf präsidierte, ein blasser Herr mit weißen, dünnen, spitzen Koteletten; er war zuckerkrank. Seine Gattin, geborene Langhals, hantierte mit ihrer langgestielten Lorgnette, und nach wie vor umstand das graue Haar unordentlich ihren Kopf. Ihr Sohn war da, August, ein blonder junger Mann von wohlsituiertem Äußeren und Gatte Julchens, der geborenen Hagenström, welche klein, lebhaft mit *großen, blanken, schwarzen Augen* und beinahe ebenso *großen Brillanten an den Ohrläppchen*, zwischen ihren Brüdern Hermann und Moritz saß. Konsul Hermann Hagenström begann sehr stark zu werden, denn er lebte vortrefflich, und man sagte sich, daß er gleich morgens mit Gänseleberpastete beginne. Er trug einen rötlichblonden, kurzgehaltenen Vollbart, und *seine Nase — die Nase seiner Mutter —* lag *auffallend platt auf der Oberlippe.* Doktor Moritz, *mit flacher Brust und gelblichem Teint,* zeigte in lebhaftem Gespräch *seine spitzigen, lückenhaften Zähne.* Beide Brüder hatten ihre Damen bei sich, denn auch der Rechtsgelehrte war seit mehreren Jahren verheiratet, und zwar mit einem Fräulein Puttfarken aus Hamburg, einer Dame mit butterfarbenem Haar und übermäßig leidenschaftslosen, augenscheinlich anglisierenden, aber außerordentlich schönen und regelmäßigen Gesichtszügen, denn Doktor Hagenström hätte es mit seinem Rufe als Schöngeist nicht vereinbaren können, ein häßliches Mädchen zu ehelichen. Schließlich waren noch die kleine Tochter von Hermann Hagenström und der kleine Sohn von Moritz Hagenström zugegen, zwei weißgekleidete Kinder, die schon jetzt so gut wie miteinander verlobt waren, denn das Huneus-Hagenström'sche Vermögen sollte nicht verzettelt werden. — Alle aßen Rührei mit Schinken.[202]

Die in die Eßszene eingelagerte Erwähnung auch der sexuellen Verhältnisse, der nahezu inzesthaften de facto-Verlobung der »kleine[n]« »Kinder« (»Inzucht«, wie sie bei den noch dazu so ähnlich heißenden Zwillingen Siegmund und Sieglind Aarenhold in flagranti vorgeführt wird,[203] als der nach Sombart »eiserne[] Reifen« des »jüdische[n] Volk[s]«[204]) und insbesondere des ungleichen Paars Hagenström-Puttfarken, daß nämlich der häßliche »Dr. M. Hagenström« eine so schöne — und verräterischerweise »übermäßig leidenschaftslose[]« — Frau zum Objekt seines Begehrens oder auch nur seiner sozialen Eitelkeit gemacht hat, die Kombination also von kulinarischer und sexueller Begehrlichkeit ist konstitutiv für die Urszene gleichsam, die sich in der Kindheit Tonys zwischen dieser und »den kleinen ›Semlingers‹« abspielt und auf welche die Konkurrenz der beiden Familien immer und immer wieder explizit zurückprojiziert wird. In unmittelbarem Anschluß an Hermann Hagenströms Portrait heißt es:

---

202 Bd. 1, S. 348 f.; im Original keine Hervorhebungen.
203 Vgl. Jacques Le Rider, Das Ende der Illusion. Die Wiener Moderne und die Krisen der Identität, Wien 1990, S. 396.
204 Werner Sombart, Die Zukunft des Kapitalismus, Berlin 1932, S. 434. Zur Interpretation der frühen Heiraten bei Juden vgl. Gilman, Franz Kafka, S. 54.

Das Interessante an ihm aber war, daß er als zweites Frühstück zur Schule nicht Brot mitnahm, sondern Zitronensemmel: ein weiches, ovales Milchgebäck, das Korinthen enthielt und das er sich zum Überfluß mit Zungenwurst oder Gänsebrust belegte... Dies war so sein Geschmack.

Für Tony Buddenbrook war das etwas Neues. Zitronensemmel mit Gänsebrust, — übrigens mußte es gut schmecken! Und wenn er sie in seine Blechbüchse blicken ließ, so verriet sie den Wunsch, ein Stück zu probieren. Eines Morgens sagte Hermann:

»Ich kann nichts entbehren, Tony, aber morgen werde ich ein Stück mehr mitbringen, und das soll für dich sein, wenn du mir etwas dafür wiedergeben willst.«

Nun, am nächsten Morgen trat Tony in die Allee hinaus und wartete fünf Minuten, ohne daß Julchen gekommen wäre. Sie wartete noch eine Minute, und dann kam Hermann allein; er schwenkte seine Frühstücksdose am Riemen hin und her und schmatzte leise.

»Na«, sagte er, »hier ist eine Zitronensemmel mit Gänsebrust; es ist nicht einmal Fett daran — das pure Fleisch... Was gibst du mir dafür?«

»Ja — einen Schilling vielleicht?« fragte Tony. Sie standen mitten in der Allee.

»Einen Schilling...«, wiederholte Hermann; dann schluckte er hinunter und sagte:

»Nein, ich will etwas anderes haben.«

»Was denn?« fragte Tony; sie war bereit, alles mögliche für den Lekkerbissen zu geben...

»Einen Kuß!« rief Hermann Hagenström, schlang beide Arme um Tony und küßte blindlings darauflos, ohne ihr Gesicht zu berühren, denn sie hielt mit ungeheurer Gelenkigkeit den Kopf zurück, stemmte die linke Hand mit der Büchermappe gegen seine Brust und klatschte mit der rechten drei- oder viermal aus allen Kräften in sein Gesicht... Er taumelte zurück; aber im selben Augenblick fuhr hinter einem Baume Schwester Julchen wie ein schwarzes Teufelchen hervor, warf sich, zischend vor Wut, auf Tony, riß ihr den Hut vom Kopf und zerkratzte ihr die Wangen aufs jämmerlichste...[205]

Wie später sein häßlicher Bruder Moritz begehrt auch Hermann, hier in seiner fast buchstäblich überlaufenden Körperlichkeit wieder stark ekelerregend (»dann schluckte er hinunter«), eine besondere Schönheit, welche wie die »augenscheinlich anglisierende[]« jener »Puttfarken aus Hamburg« keine »Semlinger'sche[]«, eben eine entschieden nichtjüdische ist, und zwar versucht er sie für den Gegenwert etwa eines »Schilling[s]« zu kaufen.

Die Konvertibilität von Geld, Ware und Körper, wie sie hier in Hermanns Versuch deutlich wird, sein sexuelles Begehren auf ökonomischem Weg zu befriedigen, wird ein halbes Tausend Seiten weiter unten in der »Denkungsart« desselben Hagenströms wiederkehren, nachdem dieser freilich, »dessen Vater infolge seiner reichen, aber zweifelhaften Heirat gesellschaftlich noch beinahe unmöglich gewesen war«, »den-

---

205 Bd. 1, S. 64 f.

noch« zur »respektable[n] Erscheinung« längst schon arriviert ist.[206] Im vierten Kapitel des neunten Teils, als der Parvenü, bezeichnenderweise eine Offerte aus Bremen überbietend, das Haus »Dominus providebit« zu kaufen sich anschickt, stellt er selber dieses »Geschäft[]« triumphierend zu jener Kindheitsgeschichte in einen Bezug, aus dem Tony die »Sache« »mit dem Hause [...] ganz und gar« herauszuhalten versucht. Daß er das in der Absicht tut, Tony noch tiefer zu demütigen, verrät schon das Lächeln, unter welchem er ihr Wort von den »Unterbrechungen« aufgreift, mit denen sie das Stammhaus gleichsam der Buddenbrooks bewohnt habe und die natürlich Euphemismen für ihre beiden je bald gescheiterten Ehen und also ihrer Deklassierung sind:

> »Unterbrechungen — ja«, wiederholte der Konsul mit zuvorkommendem Lächeln. Dann warf er einen Blick auf Senator Buddenbrook und Herrn Gosch, und da die beiden Herren im Gespräche begriffen waren, rückte er seinen Sessel näher zu Frau Permaneders Sofasitz heran und beugte sich zu ihr, so daß nun das schwere Pusten seiner Nase dicht unter der ihren ertönte. Zu höflich, sich abzuwenden und sich seinem Atem zu entziehen, saß sie steif und möglichst hoch aufgerichtet und blickte mit gesenkten Lidern auf ihn nieder. Aber er bemerkte durchaus nicht das Gezwungene und Unangenehme ihrer Lage.
> »Wie ist es, gnädige Frau«, sagte er... »Mir scheint, wir haben früher schon einmal Geschäfte miteinander gemacht? Damals handelte es sich freilich nur... um was noch gleich? Leckereien, Zuckerwerk, wie?... Und jetzt um ein ganzes Haus...«
> »Ich erinnere mich nicht«, sagte Frau Permaneder und steifte ihren Hals noch mehr, denn sein Gesicht war ihr unanständig und unerträglich nahe...
> »Sie erinnern sich nicht?«
> »Nein, ich weiß, ehrlich gesagt, nichts von Zuckerwerk. Mir schwebt etwas vor von Zitronensemmeln mit fetter Wurst belegt... einem recht widerlichen Frühstücksbrot... Ich weiß nicht, ob es mir oder Ihnen gehörte... Wir waren Kinder damals... Aber das mit dem Hause heute ist ja ganz und gar Sache des Herrn Gosch...«[207]

Indem Hagenström aufdringlich, »unanständig und unerträglich nahe« und »näher« rückt, nötigt er Tony wie einst seinen nun »außerordentlich fett[en]« Körper auf, mit der Atemluft, welche seine — wieder zum grammatischen Subjekt gemachte — »Nase [...] mühsam in den Schnurrbart hinein« atmet, so daß »dann und wann [...] der Mund ihr zu Hilfe kommen« muß, »indem er sich zu einem ergiebigen Atemzuge öffnet[]«.[208] Diese neuerliche, neuerlich virtuelle Vergewaltigung, der sich Tony nun aber gar nicht mehr entziehen kann, zusammen mit Hagenströms Hinweis auf die Analogie zwischen der jetzigen und der damaligen Situation wie auch deren anzüglich doppeldeutige Umschrei-

---

206   Bd. 1, S. 409.
207   Bd. 1, S. 604.
208   Bd. 1, S. 601.

bung (»Leckereien«), — die ganze überdeterminierte Szene zwingt dem Leser eine ganz bestimmte Interpretation ihrer selbst förmlich auf. Hagenström kauft das Haus, um in dieser wenig und plump sublimierten Form dessen jetzige Bewohnerin doch noch zu penetrieren. Wie er früher die Sexualität als »Geschäft[]« zu bewältigen versucht, so verschafft ihm der Vollzug eines ökonomischen Akts doch noch eine lange gestundete Befriedigung und kompensiert die Demütigung der einstigen Abweisung. Nicht zufällig läßt sich der hier so ganz offensichtlich mit Tony solidarische Erzähler für einmal aus der überlegenen und überheblichen Reserve locken, welche sonst die zynischen understatements seiner regelmäßig ausgelegten Antisemitismen bestimmt. Im vierten Kapitel des neunten Teils, genau proportional zu der hier maximalen Demütigung durch die Hagenströms und gleichsam als Entschädigung dafür, liegt Hermann Hagenströms Nase nicht mehr einfach nur »ein wenig«, sondern sie liegt nun »platter als jemals auf der Oberlippe«.[209]

In Tonys Kindheitsgeschichte also, das geht aus deren späterer Wiederaufnahme unmißverständlich hervor, ist nicht eben nur die Differenz der Geschlechterrollen und die patriarchale Gewalt inszeniert, sondern ein ganzer Komplex antisemitischer Stereotype. Daß das rassistische gegenüber dem Moment der Geschlechterdifferenz überwiegt, geht aus der dramatischen Addition gleichsam der Schwester Julchen deutlich hervor, die eben, als »kleine[] ›Semlinger[]‹«, ihren Bruder bei seinem Vergewaltigungsversuch auch noch hilft und bei dieser Gelegenheit nicht von ungefähr »wie ein schwarzes *Teufelchen*« ex machina erscheint. Denn in dieser und anderer metaphorisch säkularisierter Form geistert die alte Diabolisierung der Juden[210] allenthalben in Thomas Manns Werk herum, weit über die *Buddenbrooks* hinaus, in denen zum Beispiel Julchens Bruder Moritz als »Satan[]« bezeichnet wird[211] (und sein von ihm als solcher geschätzter Kontrahent, der schon in den Notizen über Namen, Beruf und Herkunftsort jüdisch markierte »Rechtsanwalt Breslauer aus Berlin« — »so was« wie ein Weihnachtsfest »hat er sicher noch gar nicht gesehen«[212] — als »Teufelsbraten«[213]). Im nächsten Roman des Autors hat die Familie Spoelmann alias Davidsohn eine »Steinölquelle […] reich gemacht«;[214] im nächsten *Erfolgs*roman hat der Jude, Jesuit und Kommunist Leo Naphta seinerseits wieder etwas deutlich Diabolisch-Unterirdisches, und zwar nach Ausweis schon seines volksetymologisch sprechenden Namens — ›Naphtha‹ als Bezeichnung für Erdöl und Schwerbenzin —, ähnlich wie die »Gattin« des »jüdischen Bankier[s]«,[215] der den »rheinischen Schaumweinfabrikanten«[216] *Engel-*

209 Bd. 1, S. 601.
210 Vgl. Josua Trachtenberg, The Devil and the Jews. The Medieval Conception of the Jew and its Relation to Modern Antisemitism, New Haven 1943.
211 Bd. 1, S. 598.
212 Bd. 1, S. 542.
213 Bd. 1, S. 526.
214 Bd. 2, S. 187.
215 Bd. 7, S. 277.

bert Krull in den Tod treibt. Ihr Kleid ist »mit Jett«, also mit Pechkohle, »übersät[]«.[217]

Das am meisten oder eigentlich das einzige als solches beachtete Beispiel für die Diabolisierung jüdischer Figuren ist natürlich der »miesen Verhältnissen«[218] entstammende »Weltmann«[219] Saul Fitelberg alias »Jean *Wiener*«: Wirklich stammt er ja aus »Ljublin mitten in Polen«,[220] also aus Westgalizien, das seit der Dritten Polnischen Teilung und bis lange nach Fitelbergs Emigration vor »mehr als zwanzig Jahren«[221] bekanntlich zu Österreich gehörte (während ein »Kapellmeister Fitelberg«, den Thomas Mann zusammen mit einem Pariser Konzertagenten namens »Jean Wiener« wie übrigens auch den Namen »Gaudeau« in Igor Strawinskys Memoiren gefunden hatte,[222] sozusagen synekdochisch zu Saul Fitelbergs galizischer Herkunft einfach nur ›Pole‹ war und das in der *Entstehung des Doktor Faustus* halb verratene ›Modell‹ Saul Fitelbergs gewissermaßen metonymisch aus Rumänien stammte, der Film-, »Literatur- und Theateragent[] S. C. [*Saul* Colin]«,[223] der seinerseits erst in Paris, dann in den Vereinigten Staaten arbeitete, wohin auch Saul Fitelberg als »der *amerikanische* Impresario« in einer von Thomas Mann monierten Fehlleistung Hans Mayers gleichsam zurückversetzt wird[224]). Der reiche und rührige Agent mit dem »eklatant jüdische[n] Namen«,[225] das haben die Interpreten längst gesehen, ist natürlich der Teufel, der den Heiland in der Wüste versucht und ihn »auf [s]einem Mantel durch die Lüfte« in »die Reiche dieser Welt« »entführen, [...] verführen« möchte.[226]

Von den beiden »[w]eibliche[n] Wesen«, die den »*deutschen* Tonsetzer[] Adrian Leverkühn« anhimmeln und ihm, als Zeitbloms »verjungferte Wiederholung«, aus »als ›höheres Streben‹ verkleidete[r] Einsamkeits- und Leidenssensibilität«[227] so hingebungsvoll und selbstlos dienen wie Ida Herz oder Agnes Meyer dem realen Autor,[228] sollte einem frühen Plan zufolge die eine hinken (im Unterschied, scheint es, zu

216 Thomas Mann, Vorbemerkung zu einer Lesung aus *Bekenntnisse des Hochstaplers Felix Krull* [1953; Typoskript, Thomas Mann-Archiv].
217 Bd. 7, S. 277. Vgl. Bd. 1, S. 440.
218 Bd. 6, S. 530.
219 Bd. 6, S. 527.
220 Bd. 6, S. 530.
221 Bd. 6, S. 531.
222 Igor Strawinsky, Erinnerungen, Zürich und Berlin 1937, S. 132, 141, 146, 199; in Thomas Manns Exemplar je unterstrichen.
223 Bd. 11, S. 280. Vgl. Tagebücher 1937–1939, S. 674 [Kommentar]; Harpprecht, S. 1572 (vs. Link, S. 128: »Henry Seidel Canby«).
224 Mayer, Thomas Mann. Werk und Entwicklung, S. 369; Hervorhebung Thomas Manns (durch eine Wellenlinie, zusätzlich mit einem Fragezeichen versehen).
225 Bd. 6, S. 539.
226 Bd. 6, S. 530.
227 Bd. 6, S. 416, 418.
228 Zur ›Undankbarkeit‹ Thomas Manns gegenüber Agnes Meyer vgl. Albert von Schirnding, Die Betrogene. Zum Briefwechsel Thomas Manns mit Agnes E. Meyer, in: Süddeutsche Zeitung, 7./8.11.1992.

ihrem ›Modell‹ Caroline Newton,[229] aber wie *die* jüdische Intellektuelle Rosa Luxemburg), Meta Nackedey — ein für Richard Harpprecht nur »*etwas* anzügliche[r] Name[]«, vor dessen Erklärung Harpprecht offen kapituliert, indem er sie dem »Himmel« anheimstellt.[230] Statt den »Himmel« anzurufen, braucht man nur Thomas Manns Arbeitsnotizen durchzugehen, um dort, auf einen ersten Blick wenigstens, bestätigt zu sehen, was sich als Vermutung ohnehin aufdrängen müßte, daß »Nackedey« nämlich den jüdischen Spottnamen nachgebildet sein könnte. Meta sollte ursprünglich den »deutsche[n] Namen« »Rühel« tragen und erhielt ihren beleidigend »anzüglichen Namen« offenbar erst in dem Moment, da in ihrem Merkmalsatz zu der hier religiös[231] wie pseudowissenschaftlich signifikanten Behinderung noch genügend andere ›jüdisch‹ assoziierbare Eigenschaften kumuliert waren:

> *Weibliche Wesen*, die ihn [Leverkühn] verehren, betreuen, mit Eßwaren, Backwaren versehen, ihn anbeten und einander nicht leiden können. *Meta Rühel* [darüber: ›Nackedey‹], hinkend, verhuscht, Psychoanalytikerin. Trauernde, wohlgesetzt sprechende u schreibende *Jüdin*.[232]

Auf den zweiten Blick allerdings erscheint es fraglich und letztlich nicht entscheidbar, ob Meta Nackedey, im Roman selbst nicht mehr »hinkend« und ›nur‹ noch »Klavierlehrerin«,[233] in dieser Notiz wirklich als »Jüdin« markiert ist; ob, anders gefragt, aus einem überdetermierten Merkmalsatz der nur in diesem Fall je eindeutig ›jüdischen‹ Nackedey ein weiteres, hier noch namenloses »Wesen« gewissermaßen herauswuchs oder ob mit der Satzellipse »Trauernde, wohlgesetzt sprechende u schreibende *Jüdin*« immer schon, dem Plural der »Wesen« entsprechend, diese andere gemeint war: die auch im Roman eindeutig als solche gekennzeichnete »Jüdin«, die dort jedenfalls die Merkmale der »uralte[n] Trauer« und wenigstens eines »auf ihrer Geschäftsmaschine« untadelig *geschriebenen* Deutsch tragen wird (während albern bleibt, was »sie mit tiefer, wüstenrauher und klagender Stimme« nur *sagt*),[234] zusammen mit einem etwas weniger hämischen Namen, gebildet nach einem Typus jüdischer Wunschnamen — wobei das eigentliche ›Wunsch‹-Element aber im zweiten Glied des Determinativkompositums gleichsam enttäuscht und metonymisch auf etwas nicht gerade Ange-

229 Unter drei Befragten, mit denen Caroline Newton in Princeton persönlichen Umgang hatte, erinnert sich niemand an eine entsprechende Behinderung: weder Frances Lange (die sie allerdings erst in den Sechzigerjahren kennenlernte) noch Alexander Wainwright, Bibliothekar der Princeton University, noch Robert Goheen, Präsident der Universität zu der Zeit, als sie zwei Feiern zu Thomas Manns Ehren finanzierte (freundliche Auskünfte von Frau Frances Lange, Princeton, vom 8.1.1999).
230 Harpprecht, S. 1563; im Original keine Hervorhebung.
231 Vgl. Trachtenberg, S. 40–48.
232 Hervorhebungen des Originals.
233 Bd. 6, S. 416.
234 Bd. 6, S. 417 f.

nehmes abgelenkt wird —: Kunigunde Rosen*stiel*, »Mitinhaberin« einer »Wurstdarmfabrik«,[235] die Leverkühn in den »Hungerjahre[n]«[236] mit allerlei »Eßwaren« und Genußmitteln eindeckt. Über solche Trivialität scheinen die Gaben »der dienenden Frau[]«[237] wenigstens einmal hinauszugelangen. »Die Rosenstiel hat« Leverkühn schon in der ältesten Schicht der Handschrift »eine wunderliche Scharteke« »besorgt«, »eine aus dem dreizehnten Jahrhundert stammende französische Versübersetzung der Paulus-Vision, deren griechischer Text dem vierten Jahrhundert angehört«:

> Auf meine [Zeitbloms] Frage, woher ihm denn das gekommen, antwortete er [Leverkühn]:
> »Die Rosenstiel hat es mir besorgt. Nicht das erste Curiosum, das sie für mich aufgestöbert hat [dieser Satz wurde in derselben schwarzen Tinte, in welcher der Basistext des Manuskripts niedergeschrieben ist, eingefügt]. Ein umgetanes Frauenzimmer. Ihr ist nicht entgangen, daß ich für Leute, die ›niedergestiegen‹ sind, was übrig habe. Ich meine: niedergestiegen zur Hölle. [...]«[238]

Fünfzig Seiten später freilich soll »jene altfranzösische Versübertragung« doch wieder aus »der« in verräterisch emphatisierende Anführungszeichen gesetzten »Welt« der mysteriösen Frau von Tolna stammen.[239] Die Widersprüchlichkeit des Romantexts hängt sehr wahrscheinlich damit zusammen, daß Thomas Mann an der ersten Stelle zeitweise einen anderen Text erwogen hatte, der, in einer für die Arbeitsweise des Autors ungemein typischen Weise, den ersetzten gleichsam noch als Erinnerung, in Form einer falschen Vermutung des Erzählers enthält. Nach dieser endlich doch wieder verworfenen, aber im nachträglichen, überflüssigen und unstimmigen Hinweis auf die Geberschaft der ungarischen Gönnerin gewissermaßen als unbemerkter Rest stehengebliebenen Version wäre die Herkunft der bibliophilen Kostbarkeit zunächst im unklaren und Unheimlichen geblieben, aber auf so suggestive Art umschrieben, daß »die Rosenstiel«, auch in der andern Fassung mit der »Hölle« assoziiert, hier mit dem Teufel auf dieselbe paradigmatische Achse zu liegen gekommen wäre:

> Auf meine Frage, woher ihm denn das gekommen, antwortete er *unbestimmt:*
> — *Von Freundeshand.*
> *Ich riet auf die Rosenstiel, irrte mich aber.*

---

235 Bd. 6, S. 416 f.
236 Bd. 6, S. 418; vgl. S. 459.
237 Bd. 6, S. 419.
238 Bd. 6, S. 472 f.
239 Bd. 6, S. 523.

— Von jemandem, setzte er hinzu, dem nicht entgangen ist, daß ich für Leute, die »niedergestiegen« sind, was übrig habe. Ich meine: niedergestiegen zur Hölle.[240]

---

240 Im Original keine Hervorhebungen.

Die Betrogene

Unordnung und Leid

Die Betrogene, »im Stil der klassischen Novelle erzählt«,[1] beginnt wie
solch eine »klassische[] Novelle«, aber wie kein zweiter Text Thomas
Manns mit einer Zeit- und einer Ortsangabe — und dazwischen nur ein
vom tödlichen Ende der Erzählung her gelesen etwas zynisches Prädikat —: »In den zwanziger Jahren unseres Jahrhunderts« — »lebte« —
»in Düsseldorf am Rhein«.[2] Die einleitende Zeit- und die Ortsangabe
vor der Nennung der Hauptfigur, »Frau Rosalie von Tümmler«, sind innerhalb von Thomas Manns Gesamtwerk nicht nur als solche, nicht nur
formal, in ihrer formalen Exponiertheit singulär. Ungewöhnlich und
auffällig ist je auch ihr referentieller Bezug. Nirgends sonst erscheint
Düsseldorf als Ort einer Handlung — davon weiter unten —; und nur
gerade ein weiterer Erzähltext handelt mit derselben Ausschließlichkeit
von »den zwanziger Jahren unseres Jahrhunderts«.

Die auffallende Seltenheit, mit der Thomas Mann die erste Nachkriegszeit literarisch gestaltete, geschweige denn würdigte, läßt natürlich
etwas von seinen inneren Widerständen gegen »[d]ie Republik der 20er
Jahre« erkennen, welche er schon in den Notizen zum *Doktor Faustus*
als einen einzigen »*Versuch der ›Demokratisierung‹, Europäisierung
Deutschlands*« charakterisierte.[3] Geradezu handgreiflich sind diese Widerstände in jenem einen Erzähltext, den er »zu [s]einen besten« rech-
nete;[4] ein durch die Rezeptionsgeschichte übrigens keineswegs gedeck-
tes Urteil.

Unordnung und frühes Leid ist um eine ganze Generation früher als
Die Betrogene, nämlich 1925 entstanden, das heißt einerseits zwar noch
in den, wie Thomas Mann sie in seinem genau gleichalten Brief *Über
die Ehe*[5] nannte: in den »schlimme[n] Zeiten« der »zwanziger Jahre[]«;
andererseits aber auch schon nicht mehr zu der in der »Inflationsgeschichte«[6] erzählten Zeit, die sich über das Motiv des hyperinflationären

---

1   19.10.1953 an Drucker; vgl. 8.1.1953 an Hermann Hesse, 10.3.1954 an Klaus
     Mampell; Dichter über ihre Dichtungen, Bd. 3, S. 521, 512, 525.
2   Bd. 8, S. 877.
3   Hervorhebungen des Originals. Vgl. Bd. 6, S. 515.
4   Bd. 13, S. 161.
5   Bd. 10, S. 192.
6   3.3.1926 an Hans Heinrich Borcherdt; Dichter über ihre Dichtungen, Bd. 2, S.

Währungsverfalls auf ein Intervall zwischen August 1922 und November 1923 eingrenzen läßt (beziehungsweise, in Thomas Manns später Erinnerung, »von 1922 bis 24«[7]). Die Entstehungszeit der Erzählung wie des Briefs *Über die Ehe* war also genaugenommen schon nicht mehr ganz so »schlimm[]«. Die eben erschienene Erstausgabe des *Zauberberg* brachte schon wieder gutes Geld.[8]

Daß ausgerechnet die gewissermaßen selbst schon historisch gewordene Inflation »den kleidsamen Hintergrund« für die Auseinandersetzung mit solchen »Wirrungen« der »zwanziger Jahre[]« abgibt, die, wie Thomas Mann ganz genau sah,[9] über die Monate der Inflation weit hinausreichten, ist allein schon für seine Voreingenommenheit und Skepsis dem ganzen Jahrzehnt gegenüber sehr bezeichnend. Die »zwanziger Jahre[]« erscheinen in *Unordnung und frühes Leid* als eine durch und durch verkehrte Welt. Das »bürgerliche[] und nicht unnatürliche[] Herkommen«,[10] die soziale Hierarchie der Klassen und die familiale Hierarchie der Generationen sind in »Unordnung« geraten, in einem unerhörten Maß, das über die Begriffe sowohl des Professors und pater familias wie des Erzählers und unverkennbar auch des Autors geht (welcher ein Jahr später, zu seinem einundfünfzigsten Geburtstag, den Professorentitel erhalten sollte, und es ist gar nicht ausgeschlossen, daß er von der bevorstehenden Ehrung schon Wind bekommen hatte, als er *Unordnung und frühes Leid* schrieb; so wie auch in Franz Seitz' Verfilmung zum Beispiel, unter vielem anderen, die Außenansicht »Poschingerstraße 1«[11] — »[i]n den zwanziger Jahren« die Münchener Adresse der Manns —, ganz selbstverständlich eine Identität des fiktiven Universitäts- mit dem realen Titularprofessor voraussetzt beziehungsweise suggeriert).

Über die Erzählerfunktion läßt der Autor deutlich eine Affinität zur resignierenden Vaterfigur erkennen — nicht umsonst fällt in jene Jahre eine Bachofen-Renaissance und entstanden damals die Editionen, in denen Thomas Mann Bachofens Matriarchatstheorie bald intensiv studieren sollte —, wie sie in der *Betrogenen* von Anfang an ganz tot und noch durch die sehr besonderen Umstände ihrer Todesart vollends lächerlich ist: »durch einen Automobilunfall, doch konnte man trotzdem

    63.
7   Bd. 13, S. 185.
8   Vgl. Herbert Lehnert, Thomas Manns *Unordnung und frühes Leid*. Entstellte Bürgerwelt und ästhetisches Reservat, in: Rolf Wiecker (Hg.), Text und Kontext 6.1/6.2: Festschrift für Steffen Steffensen, München 1978, S. 239–256, hier S. 242.
9   Bd. 11, S. 621.
10 Bd. 8, S. 619.
11 Franz Seitz, Unordnung und frühes Leid. Nach der Erzählung von Thomas Mann, o. O. u. J. [1976]. Zur »unappetitliche[n]« Geschichte dieser Adresse vgl. Wolfgang Frühwald, Eine Kindheit in München. Die Familie Mann und das Genre der Inflationsliteratur, in: Andreas Kablitz und Ulrich Schulz-Buschhaus (Hgg.), Literarhistorische Begegnungen. Festschrift für Bernhard König, Tübingen 1993, S. 43–56, hier S. 48 mit Anm. 20.

sagen: auf dem Felde der Ehre, ums Leben gekommen«.[12] Der Vorname der in *Unordnung und frühes Leid* entmachteten Vaterfigur, »Abel«, in verkehrter, aber natürlich gerade in dieser Verkehrtheit wieder signifikanter Beziehung zur Bezeichnung der Kinder als »kleiner Adam und [...] kleine Eva«,[13] appelliert an sich schon an Mitleid und Sympathie — und als typisch jüdischer Name gelesen, wirft er ein erhellendes Licht auf Thomas Manns (in Erfüllung gegangenen) Wunsch, in einer schwedischen »Auswahl [s]einer Novellen« ausgerechnet mit *Unordnung und frühes Leid* die von der Herausgeberschaft vorgesehene, ihm in den Fünfzigerjahren aber peinlich gewordene Erzählung *Wälsungenblut* zu »ersetz[en]«:[14] nämlich seine aggressivste Attacke gegen das jüdische Wirtschafts- und Bildungsbürgertum und die im antisemitischen Witzregister so genannte ›jeunesse isidorée‹, wo ein anständiger »Protestant«, »Germane[]« und »Parsifal«[15] die Position des Opfers einnimmt, düpiert oder, wie es in der ursprünglichen Fassung des Texts mit einem dem darin karikierten Alfred Pringsheim abgefragten Jiddizismus heißt: »beganeft«[16] von einer ihm nur um seines guten adeligen Namens willen Verlobten — die Parsifal bezirzende und so irritierend lachende Kundry als *die* verworfene Jüdin schlechthin —; mag Thomas Mann später auch, wie oben schon einmal erwähnt, offenbar allen Ernstes zum besten gegeben und nur so viel konzediert haben, daß dies alles »leicht in einem antisemitischen Sinn *miß*verstanden [...] werden könnte«.[17]

Ein »Hausdiener« mit dagegen (und im Unterschied zu seinem ›Ludwig‹ geheißenen ›Vorbild‹) typisch bairischem Namen, welcher die soziale Inferiorität seines Trägers anzeigt, Xaver *Kleins*gütl, der »mit seinen dicken Lippen«[18] Dialekt redet, verkörpert die Bedrohung der Klassenprivilegien durch das sich emanzipierende Proletariat oder, wie es im »an den Grafen Hermann Keyserling« adressierten Brief *Über die Ehe* steht, durch das »›Gesinde‹, aus welchem durch Erkältung und sozialistische Verrechtlichung [...] höchst freizügige ›Hausangestellte‹ geworden sind« — ein Titel, den der Erzähler dem »Haus*diener*« nur zur einen, vergleichsweise belanglosen Hälfte zubilligt —;[19] wo doch ein »haustierhaft[]« gefügiger »Dienstbotenstand« als »patriarchalisches Rudiment« nun einmal unabdingbar zu den »sozialen Grundlagen« der »Urordnung« gehöre.[20] Keinsgütl »benutzt willkürlich die Räder seiner

---

12 Bd. 8, S. 877.
13 Bd. 8, S. 625.
14 27.4.1951 an Anders Oesterling; Dichter über ihre Dichtungen, Bd. 1, S. 230 f., hier S. 230.
15 Bd. 8, S. 385, 395, 387.
16 Vgl. de Mendelssohn, Bd. 2, S. 1093–1096; Harpprecht, S. 264–271; Gelber, S. 173.
17 27.4.1951 an Oesterling; Dichter über ihre Dichtungen, Bd. 1, S. 231; im Original keine Hervorhebung.
18 Bd. 8, S. 651.
19 Bd. 10, S. 203.
20 Bd. 10, S. 192.

Herrschaft, auch der weiblichen und [...] *sogar* das des Professors«.[21] »Revolutionsdiener« und »sympathischer Bolschewist«, läßt er es sich nicht verbieten, täglich auf dem Schreibtisch des Professors das Kalenderblatt und »auch das nächste noch abzureißen«, so daß die Lebensplanung »aus aller Ordnung zu geraten« droht.[22] Er trägt einen Ring an der Linken, mischt sich »in Zivilkleidern« unter die »jungen Herrschaften«[23] und kann es sich leisten, ungleich mehr zu rauchen als der Sohn des Hauses, dem er zum Verwechseln ähnlich sieht und welcher seinerseits »Kellner [...] in Kairo« werden möchte (ein »Ziel«, das auch für die englische Übersetzerin so unerhört gewesen zu sein scheint, daß sie es trotz eines konkreten, »knapp vereitelten Fluchtversuch[s]«[24] mißverstand: »at the Cairo, the night-club«[25]); und das alles, obwohl Kleinsgütl und dieser Sohn zwar »[w]ie junge Mushiks« aussehen,[26] der letztere aber durchaus nicht etwa »gewöhnlich«, ja er gleicht »*sogar* auffallend seinem Vater, Professor Cornelius«.[27]

Nicht nur trägt der mißratene Sohn das Haar lang wie Kleinsgütl, sondern er verläßt die ›männliche‹ Rolle sogar so weit, daß er sich auch wie Iwan Herzl die Augen schminkt (wie »[h]ie und da zwei junge Mädchen zusammen [tanzen], zuweilen *sogar* zwei junge Männer«[28]). Herzl, »schmal und klein«, aber mit stereotyp »mächtige[m] schwarze[m] Bartwuchs, wie man an der überpuderten Rasur erkennt« (ein bei Thomas Mann wie gesehen ziemlich konstantes semitisches Attribut), wenngleich er sich andererseits sein wieder stereotyp melancholisches Gesicht mit den ebenso stereotyp »übergroß[en]« Augen ja doch schminkt wie eine Frau, akzeptiert die Anrede »Herr Hofschauspieler«, obwohl er »ein revolutionärer Künstler« ist und es »Hofschauspieler [...] gar nicht mehr« gibt.[29] — Auch »Festkleider« gibt es nicht mehr, »›Herr[e]n‹ [...] im Grunde auch nicht mehr«.[30] »Die Kleiderfrage« bedeutet für die jungen »Villenproletarier« »wenig«. — Ähnlich wie die amerikanisch verzogene Imma Spoelmann nennen die Halbwüchsigen ihre Eltern »Greis«, »Greisin« und »Greislein«, »die ›Kleinen‹« reden sie mit Vornamen an.[31] Eines davon, Lorchen, verliebt sich dann bekanntlich in einen »junge[n] Mensch[en]«, »brünett«, versteht sich, und mit »ungeschickt«

---

21   Bd. 8, S. 619; im Original keine Hervorhebung.
22   Bd. 8, S. 645.
23   Bd. 8, S. 622.
24   Bd. 8, S. 618.
25   Thomas Mann, Mario and the Magician and Other Stories. Translated by H. T. Lowe-Porter, London, Auckland, Melbourne, Singapore, Toronto 1996, S. 79.
26   Bd. 8, S. 619.
27   Bd. 8, S. 618; im Original keine Hervorhebung.
28   Bd. 8, S. 647; im Original keine Hervorhebung. Zur Beziehung von männlicher Homosexualität und der im Text ebenfalls erscheinenden Wandervogel-Bewegung vgl. Bd. 10, S. 195 f., und Gilman, Franz Kafka, S. 158; zur Auflösung des Paartanzes Nipperdey, S. 112.
29   Bd. 8, S. 637 f.
30   Bd. 8, S. 637.
31   Bd. 8, S. 619.

sitzendem »Smoking«,[32] Max Her*gesell*, der »im Tone aller Hergesells« »*dienert*«.[33] Im Mitleid des Vaters mit seiner Tochter, in seiner Gekränktheit durch deren an einen Jüngeren verlorene Liebe artikulieren sich die angestrengt verhehlten Widerstände des Geschichtsprofessors gegen die Gegenwart, der er sich, wofür unter vielem anderen ein abgenommener, da »wirklich nicht länger zu halten[der]«[34] Spitzbart ein Beispiel ist, widerwillig, aber endlich doch fügen muß.

Das »frühe[] Leid« eines Mädchens wird schon im Titel in engen, in der Erzählung selbst sogar in einen unterschwellig kausalen Zusammenhang mit der Weimarer Republik gestellt. Die politische »Unordnung« »*und*« das private »Leid«, mit dem sie in eins gesetzt wird, sind näher besehen ihrerseits wieder eng mit ›Entartungs‹- und Überfremdungsängsten assoziiert, wie sie die kritische Distanz konservativer Kreise der Republik gegenüber mitprägten. Diese Ängste (»Bolschewist« — »Mushiks« — »*Iwan* Herzl«) richten sich hier nicht nur und in der *Betrogenen* überhaupt nicht mehr auf den kommunistischen Osten, um dessen Gunst sich Thomas Mann schon im *Doktor Faustus* bemühen sollte.[35] Genaugenommen kommt das »Leid« schon hier wie dann auch in der *Betrogenen* aus Amerika. Wie in den Reaktionen zum Beispiel Hans Pfitzners[36] auf die ersten Jazz-Konzerte im Deutschland der »zwanziger Jahre[]« — als Pfitzner die musikalische Avantgarde übrigens explizit mit der Währungsinflation verglich und seinem kulturkonservativen Programm dieselbe Notwendigkeit zuschrieb wie einer Stabilisierung der Reichsmark[37] — und wie selbst noch in den Fünfzigerjahren, als Adorno vor dem »Massenphänomen« Jazz und vor der »*ansteckende[n]* Begeisterung« dafür warnte,[38] artikuliert sich der Antiamerikanismus in Thomas Manns »Inflationsgeschichte« als Widerstand gegen eine Musik- und Tanzkultur, die als nicht eben nur ›amerikanisch‹, sondern als ethnisch fremd erscheint; liegt ihr doch als »Quelle: Negermusik« zugrunde.[39] So steht es in denjenigen Notizen des *Doktor Faustus*, aus denen hervorgeht, daß der teufelsbündlerische »Tonsetzer« ursprünglich nicht eben nur in seine »Apokalypsis«, »zu rein *infernalischen* Zwecken«, Reminszenzen an diese Form »von stream-line« und »Massen-Modernität« einmontieren sollte, wie sie der Erzähler, seinerseits Anhänger eines bildungsbürgerlichen Elitismus, als »Seelenlosigkeit« und »Barbarismus« interpretiert.[40] Ursprünglich sollte Leverkühn

---

32   Bd. 8, S. 636.
33   Bd. 8, S. 649; im Original keine Hervorhebung.
34   Bd. 8, S. 625.
35   Bd. 6, S. 450–452.
36   Vgl. Weiner, Undertones of Insurrection, S. 66–69.
37   Hans Pfitzner, Gesammelte Schriften, Augsburg 1926–1929, Bd. 3, S. 331–341.
38   Theodor W. Adorno, Zeitlose Mode. Zum Jazz, in: Merkur 64 (7.6), 1953, S. 537–548, hier S. 537; im Original keine Hervorhebung.
39   Vgl. Strawinsky, S. 102; in Thomas Manns Ausgabe angestrichen.
40   Bd. 6, S. 496–501; im Original keine Hervorhebung.

»nach Kriegsschluß« einmal ein ganzes »Konzertstück[]« solch dubioser Art schreiben, einen »›Ragtime‹ für«, wie könnte es anders sein: »für 11 Instrumente: Bläser, Streicher, Schlagzeug u. *ungarisches* Zimbal«.[41]

»Lorchen« mit dem weiteren Kosenamen, dessen Deminutiv den prekären Zustand des deutschen Selbstbewußtseins ebenso prägnant bezeichnet wie im *Felix Krull* der Umstand, daß derselbe nationalmythologisch besetzte Name, bevor er zusammen mit der deutlich nach Heines Gedicht porträtierten Etikettfigur auf die notdürftige Frankfurter »Pension Loreley« überwechselt, in der »untergegangene[n] Sektmarke ›Lorley extra cuvée‹« zum Markenzeichen eines »Schaumwein[s]« herabkommen konnte, den »die Polizei verbieten« »sollte«:[42] »Loreleyerl« also erfährt ihr »frühes Leid« genau genommen wegen ganz bestimmter, der »wilden Tänze der Neuzeit« (»in neuartiger Haltung, den Unterleib vorgedrückt«[43]), wie sie Hergesell mit ihr tanzt. Von diesen wird die bildungsbürgerliche Villa am Ende einer Antiklimax heimgesucht, nach Liedern »in fremde[n] Sprache[n]«, deren Reihenfolge eine Bewegung aus Europa, dem Germanischen und Indogermanischen hinaus beschreibt: erst eine unidentifizierbar fremde — »kann sein, daß es Schwedisch ist«[44] —, zuletzt Ungarisch, dazwischen Bairisch-Österreichisch[45] und Französisch (worin das bald drohende Thema der Mesalliance antizipiert ist, wenn der »Joli Tambour« singt: »Sire, mon roi, donnez-moi votre fille —«[46]). Die eigentliche Ursache sodann des »Leid[s]« stammt vollends nicht mehr aus Europa: »Shimmys, Foxtrotts und Onesteps [...], diese Double Fox, *Afrikanischen* Shimmys, *Java* dances und *Polka Creolas* — wildes [...] Zeug [...], von fremdem Rhythmus, ein monotones, mit orchestralem Zierat, Schlagzeug, Geklimper und Schnalzen aufgeputztes Neger-Amüsement«.[47] In offen zur Schau gestellter Macht der »Neger« über die Deutschen, darf man vielleicht in Erinnerung rufen, bestand ein paar Jahre zuvor, »im Kriege«, das ganz Unerträgliche eines »Bildchen[s]«, auf welches Thomas Mann in seiner Antwort *An die Redaktion des »Svenska Dagbladet«* seine tiefempfundene patriotische Indignation zentrierte: »Ein Senegalneger, der deutsche Gefangene bewacht, ein Tier mit Lippen so dick wie Kissen [...].«[48]

Unordnung und frühes Leid, als wie gesagt einziger Erzähltext, der zur Zeit der Weimarer Republik entstand und zugleich diese Zeit porträtiert, ist bei allen Bekenntnissen des eben noch ganz »Unpolitischen« zu »Deutscher Republik« ein Ausdruck von Thomas Manns reaktionärer Skepsis den republikanisch-egalitären Verhältnissen gegenüber. Die

---

41   Im Original andere Hervorhebungen. Vgl. Strawinsky, S. 102; in Thomas Manns Ausgabe angestrichen.
42   Bd. 7, S. 267 f., 338.
43   Bd. 8, S. 647.
44   Bd. 8, S. 641.
45   Vgl. auch den schwäbelnden Kinderreim Bd. 8, S. 630.
46   Bd. 8, S. 642.
47   Bd. 8, S. 647; im Original keine Hervorhebungen.
48   Bd. 13, S. 546.

konservative Tendenz der vom Autor selber so hoch geschätzten »Inflationsgeschichte« gilt es in Hinblick auf die intertextuellen Bezüge im Blick zu behalten, welche *Die Betrogene* zu dieser anderen von den »zwanziger Jahren« handelnden Erzählung aufweist: von den Namen (»Anna«; »Cornelius« respektive ›Corneliusstraße‹ — an dieser übrigens, die Thomas Mann zuerst, auf hierfür bezeichnende Weise, ungenannt zu lassen beabsichtigte,[49] wohnte die Familie des von Thomas Mann so innig begehrten Klaus Heuser[50] —) über den Niedergang der Bekleidungskultur (der amerikanische Kriegsveteran Ken Keaton besucht die »Abendgesellschaften« geduldetermaßen, obgleich er »über keinen evening dress« »verfügt[]«[51]) und den Kultur-Antiamerikanismus (dessen in Adornos Aufsatz *Zeitlose Mode* musikologische Maskierung, auch hier rassistisch und wie schon gesehen aus Infektionsängsten gespeist, kam im *Merkur* von 1953 unmittelbar vor den zweiten Teil der *Betrogenen* zu stehen) bis hin natürlich zum Skandalon, daß »die weiblichen Triebe« je zur Unzeit »in Vorschein treten«,[52] beim noch nicht geschlechtsreifen Mädchen beziehungsweise bei einer »impotenten« Frau (so ein vielsagendes Wort der Entwurfsnotizen, das Thomas Mann zwischen Klammern setzte und offenbar selbst als problematisch empfand: vielsagend, als androzentrische Metapher, in Hinblick auf den stark autobiographischen Bezug der Novelle; problematisch als ›Katachrese‹, das heißt als notwendige, als Metapher ohne Äquivalent in der eigentlichen Rede, zum Zeichen einer Unfähigkeit oder auch der Unmöglichkeit, geschlechtsspezifische Erfahrungen über die sexuelle Differenz hinweg zu kommunizieren).

Daß in der *Betrogenen* eine alternde Frau einen viel jüngeren Mann begehrt und aus diesem Begehren heraus sogar initiativ wird, diese Verletzung des »würdigen Matronenstand[s]«,[53] des auch von Bachofen als wesentlich asexuell definierten »Matronentum[s]«[54] und seiner besonderen ›Würde‹, stellt hier die Geschlechterordnung und deren Stereotype nur sehr flüchtig und sozusagen ungewollt in Frage — ebensowenig wie zum Beispiel Imma Spoelmann, deren Emanzipiertheit doppelt, kulturell und sozial, als schon in den Vorarbeiten als solcher fixierter Amerikanismus[55] und durch den märchenhaften Reichtum ihres Vaters, zur

---

49 9.2.1953 an Rudolf Oberloskamp; Briefe, Bd. 3, S. 290.
50 Vgl. Hans Mayer, »München leuchtete«. Über Thomas Mann und München, in: Hans Mayer, Stadtansichten. Berlin; Köln; Leipzig; München; Zürich, Frankfurt a. M. 1989, S. 101–131, hier S. 127.
51 Bd. 8, S. 907.
52 Bd. 8, S. 653.
53 Bd. 8, S. 922.
54 Bachofen, Urreligion und antike Symbole, Bd. 1, S. 92 f.
55 Vgl. z. B. auch die im *Mitteilungsblatt für die Mitarbeiter der Deutschen Akademie der Wissenschaften zu Berlin* kolportierte Anekdote, sei sie nun wahr oder nur gut erfunden, derzufolge Thomas Mann »die Rolle der Frau« in den Vereinigten Staaten »auf folgende Formel« gebracht haben soll (Spektrum 11.5: Zum 90. Geburtstag Thomas Manns, 1965, S. 215 f.): »Das Leben jedes Ameri-

Ausnahme ohne jede Eignung zum Rollenmodell stilisiert ist. Die ›symbolische Ordnung‹ des Geschlechterdiskurses wird auch hier noch zum bösen oder, je nachdem, zum guten Ende ganz selbstverständlich in eine natürliche und unabänderlich gültige überführt. In Worten, die der »[b]etrogenen« »Naturfreundin« selbst in den Mund gelegt werden, bevor sich die Handlung zu verstricken beginnt, sind die stereotyp geschlechtsspezifischen Verhaltensmuster, insbesondere die weibliche Passivität, schon im pflanzlichen Bereich verortet, im Zusammenhang mit den »zweihäusige[n]« »Pappelbäume[n]«, über die sich Thomas Mann in seiner Korrespondenz[56] belehren ließ und bei denen die neuzeitliche Analogisierung von botanischem und zoologischem ›Gonochorismus‹, die metaphorische Sexualisierung vegetabiler Fortpflanzung ausnahmsweise ohne Rest aufgeht — denn im mehrheitlich ›einhäusigen‹ Pflanzenreich ist die ›Diözie‹ der Pappeln nicht die Regel —: im »Liebesdienste des Zephirs an den Kindern der Flur, seinem gefälligen Hintragen des Blütenstaubes auf die keusch wartende weibliche Narbe, — eine Art der Befruchtung, die ihr [Rosalie] besonders anmutig« scheint.[57] Die das ›weibliche‹ Sexualverhalten dabei genau festlegende Bestimmung der »Narbe« (eine für die Vorstellung von der ›Kastriertheit‹ des ›Weiblichen‹ natürlich sehr hilfreiche Metapher), »keusch wartend[]«, war Thomas Mann übrigens wichtig genug, um sie nachträglich in die Handschrift einzufügen.

Die als die ›natürliche‹ imaginierte Ordnung der Geschlechter wird nur versuchweise und nur vorläufig suspendiert, um am Schluß desto unverbrüchlichere Geltung zu behalten. Rosalies versöhnliche letzte Worte, in denen sie sich als »Kind[]« der »Natur« bezeichnet und entmündigt, gelten ihrem vollen Einverständnis und einer völligen Versöhnung mit dieser »Natur«. Das ›unkeusche‹ Begehren der »Betrogene[n]« erscheint endlich als widernatürlich und krankhaft. Das legen besonders auch die sarkastischen Worte des gynäkologischen Spezialisten nahe, gerade weil dieser von der Lebensgeschichte der Patientin nichts weiß — die »Tränen« in seinen »Augen« haben »mit Gemütsbewegung« nichts zu tun[58] — und er also seine Diagnosen scheinbar ohne jede Absicht auf ihr psychisches Erlebnis abgibt:

>»Nenne ich ausgedehnten Befund«, sagte er zu seinem Assistenten, der Dr. Knepperges hieß. »Wir operieren aber doch, Knepperges. Die Totalexstirpation bis zum letzten Bindegewebe im kleinen Becken und zu allem lymphatischen Gewebe kann allenfalls Lebensverlängerung bringen.«

---

kaners zerfällt in drei Abschnitte: er ist nacheinander der Sklave seiner Mutter, seiner Frau und seiner Tochter!«

56 Anonymer Brief vom 7.6.1952 (Thomas Mann-Archiv), mit vielen Anstreichungen.

57 Bd. 8, S. 884.

58 Bd. 8, S. 948.

Doch die Eröffnung der Bauchhöhle bot Ärzten und Schwestern im weißen Licht der Bogenlampen ein zu furchtbares Bild, als daß auch nur auf vorübergehende Besserung zu hoffen gewesen wäre. Der Zeitpunkt, sie zu bewirken, war offenbar längst versäumt. Nicht nur, daß alle Bekkenorgane bereits vom Verderben befallen waren: auch das Bauchfell zeigte, dem bloßen Auge schon, die mörderische Zellenansiedlung, alle Drüsen des lymphatischen Systems waren carcinomatös verdickt, und kein Zweifel war, daß es Krebszellenherde gab auch in der Leber.

»Nun sehen Sie sich die Bescherung an, Knepperges«, sagte Muthesius. »Wahrscheinlich übertrifft sie Ihre Erwartungen.« Daß sie auch seine eigenen übertraf, ließ er nicht merken. »Unserer edlen Kunst«, fügte er hinzu, in den Augen Tränen, die nichts zu bedeuten hatten, »wird da ein bißchen viel zugemutet. Das kann man nicht alles herausschneiden. Wenn Sie zu bemerken glauben, daß das Zeug auch in beide Harnleiter schon metastatisch hineingewachsen ist, so bemerken Sie recht. Die Urämie kann nicht lange säumen. Sehen Sie, ich leugne gar nicht, daß die Gebärmutter das Freßgezücht selbst produziert. Und doch rate ich Ihnen, meine Vermutung zu übernehmen, daß die Geschichte vom Eierstock ausging, — von unbenützten granulösen Zellen nämlich, die seit der Geburt da manchmal ruhen und nach dem Einsetzen der Wechseljahre durch Gott weiß welchen Reizvorgang zu maligner Entwicklung kommen. Da wird denn der Organismus, post festum, wenn Sie so wollen, mit Estrogenhormonen überschüttet, überströmt, überschwemmt, was zur hormonalen Hyperplasie der Gebärmutter-Schleimhaut mit obligaten Blutungen führt.«[59]

Ohne das allerletzte Wort der zynischen Wissenschaftlichkeit zu lassen, deren »Erwartungen«, sowohl die des Assistenten als »auch« die des Professors, die »Bescherung [...] übertrifft«, und ohne es auch wirklich ganz bei einer materialistisch-chemischen Determination des dann ja nur noch scheinbaren Mysteriums ›Liebe‹ zu belassen, wie sie auch im letzten Jahrzehnt »unseres Jahrhunderts« propagiert werden sollte — die restlose Gewißheit über den erstursächlichen »Reizvorgang« bleibt immerhin noch einem leerformelhaft berufenen »Gott« anheimgestellt —: mit gewissen letzten Vorbehalten also suggeriert der Text hier dennoch stark die Möglichkeit, mit der Thomas Mann schon in der allerersten einschlägigen Tagebuchnotiz[60] und in den Notizskizzen spekulierte und die er noch einen Tag vor Beginn der Niederschrift als »denkbar«[61] offenhalten wollte: daß Rosalies Begehren auf einer rein pathologischen »Täuschung« und »Tücke der Natur«,[62] eben einem krankhaft erhöhten Hormonspiegel beruht. Auf jeden Fall aber ist ihre euphorische Selbst-

59 Bd. 8, S. 948 f.
60 Tagebücher 1951–1952, S. 198.
61 13.5.1952 an Frederick Rosenthal; Briefe, Bd. 3, S. 255 f., hier S. 255; Hervorhebung des Originals. Vgl. dasselbe Adjektiv in den Notizen (Hervorhebungen Thomas Manns): »Denkbar, *daß ihre ekstatische Leidenschaft, ihre Liebe, die durch die Person des Geliebten nicht gerade sehr gerechtfertigt ist, ein Effekt der Reizung durch das erkrankte Organ war.*«
62 Bd. 11, S. 528 f.

interpretation ihrer Blutung als einer ›natürlichen‹ Legitimation dieses Begehrens ein makabrer und um so makabrerer Irrtum, als sie sonst ein geradezu irrational feines Sensorium für die körperliche Verfassung *anderer* Frauen hat (und in der älteren Schicht der Handschrift nicht nur wie im publizierten Text das »alleranfänglichste[] Stadium« einer »Schwangerschaft«,[63] sondern sogar auch »die ~~Tage der Reinigung~~ Reinigungstage der Damen ihrer Bekanntschaft« auswittern kann). Die nur scheinbar ›natürliche‹ Legitimation wird ihrem Begehren am Ende entzogen. Die, wie sie in den Notizen heißt: »ekstatische Leidenschaft« der »Betrogene[n]« erscheint ›unnatürlich‹[64] oder ›natürlich‹ eben nur insofern, als sie Symptom einer unheilbaren Krankheit ist.

Der in diesem forcierten Sinn widernatürliche Verstoß gegen die gesellschaftlich sanktionierten Sexualnormen, als wäre er in den Fünfzigerjahren nicht an sich schon spektakulär genug gewesen, ist in der *Betrogenen* sehr bemerkenswerterweise mit weiteren Besonderheiten kombiniert, welche ihrerseits wieder stark an *Unordnung und frühes Leid* erinnern. Mit Rosalie von Tümmlers Leidenschaft ist wie dort das in Thomas Manns Gesamtwerk konstante Thema der »Mesalliance«,[65] hier aber, wie im *Felix Krull*, im präzisen Sinn des Worts berührt. Den amerikanischen Geliebten trennt ja nicht nur sein Lebensalter von der durch die Leidenschaft für ihn »Betrogene[n]«. Er gehört auch einer anderen Klasse oder einem anderen Stand an, oder vielmehr stammt er aus einem gewissermaßen als stände- und klassenlos vorgestellten Land.

Seine soziale Herkunft, worüber sich Rosalie von Tümmler eigens wundert, läßt sich an seinem Körper nicht ablesen. Trotz seinen einst geleisteten Schwerarbeiten und wegen der dabei von ihm wie ausdrücklich von allen amerikanischen Arbeitern getragenen Handschuhe — eine offenbar ganz aus der Luft gegriffene Behauptung[66] — hat er »keine schwieligen Proletarierpfoten«, sondern »weiße[], man könnte sagen: herrschaftliche[] Hände [in den Entwurfsnotizen: ›~~feine~~ anständige‹]« und ganz genau wie Xaver Kleinsgütl einen Ring »an der linken [in der Handschrift korrigiert aus: ›rechten‹]«.[67] Während der Körper, insbesondere wieder die Hände das Lebensalter auch noch in der Gegenwart des Erzählers nicht zu verleugnen vermögen — die »Hautverfärbungen« auf den »Rücken« von Rosalies »feinen [...] Händen« sind »eine

---

63 Bd. 8, S. 882.
64 Ajoy Ranjan Biswas, Thomas Mann and Indian Literature. A Comparative Study in Themes and Motifs, in: Roger Bauer und Douve Fokkema (Hgg.), Space and Boundaries — Espace et Frontières, München 1990 (Proceedings of the XIIth Congress of the International Comparative Literature Association — Actes du XIIe Congrès de l'Association Internationale de Littérature Comparée), Bd. 4, S. 351–356, hier S. 355.
65 Vorbemerkung zu einer Lesung aus *Bekenntnisse des Hochstaplers Felix Krull*.
66 Vgl. Wolfgang Leppmann, Der Amerikaner im Werke Thomas Manns, a. a. O., S. 95–107, hier S. 105 f.
67 Bd. 8, S. 895 f.

Erscheinung, gegen die *noch* kein Mittel gefunden *ist*«[68] —, kann man offenbar schon »[i]n den zwanziger Jahren« von »feinen [...] Händen« nicht mehr zwingend auf eine spezifische soziale Zugehörigkeit eines Menschen schließen.

Dieser Unlesbarkeit oder, im Wortfeld des Novellentitels: der Trüglichkeit der körperlichen Erscheinung in sozialer Hinsicht entspricht der Gegensatz, in dem diese Erscheinung zur realen Verfassung des fatal begehrten Männerkörpers steht. Ken Keaton erscheint zwar sehr robust, seine Schultern sind so gegen »thirty«, in der Handschrift zunächst gar »fifty inches«, das hieße gut und gern einen Meter breit,[69] aber der äußere Eindruck steht hier im Widerspruch zu einem inneren »Mangel« und »Defekt«.[70] Keaton lebt von einer Rente. Er ist »ein Invalide«, jedenfalls institutionell oder ökonomisch als Invalide definiert, »körperlich nicht ganz komplett«[71] — ›incolumitatis ipsius damnatus‹, um es auf die Worte eines schon früh eingespielten Hypotexts zu bringen (in einer für ihren »schlichten Verstand[]«[72] zu hochgestochenen und im Detail übrigens auch falschen[73] Bildungsreminiszenz vergleicht

---

68 Bd. 8, S. 878; im Original keine Hervorhebungen.
69 Bd. 8, S. 894 f.
70 Bd. 8, S. 914.
71 Bd. 8, S. 914.
72 Bd. 8, S. 927.
73 Nach »Wohlgeruch« oder »Götterduft« sucht man im lateinischen Original des Märchens von Amor und Psyche vergebens: »*videt* [Psyche] capitis aurei genialem caesariem ambrosia temulentam, cervices lacteas genasque purpureas pererrantes crinium globos decoriter impeditos [...]« (Apuleius, Metamorphoses, Bd. 1: I–VI, hg. v. J. Arthur Hanson, Cambridge [Massachusetts] und London 1989 [Loeb Classical Library, Bd. 44], S. 290; im Original keine Hervorhebung). In Rosalies Anspielung scheint der »Götterduft« aus einer Übersetzung gelangt zu sein: aus August Rodes *Goldenem Esel* von 1782 (zusammen mit anderem lexikalischem Material, den »Locken und Wangen«, möglicherweise sogar der Rosalies Reminiszenz überhaupt erst ermöglichenden Assoziation von ›Duft‹ und »Rosen«, die in Rodes Wiedergabe von »genas[] purpureas« als »*Rosen*wangen« schon bereitliegt); oder vielleicht auch aus Albrecht Schaeffers *Sogenanntem Goldenen Esel* von 1926. In beiden Übersetzungen von »caesariem ambrosia *temulentam*«, ›ambrosiatrunkenes Haar‹, wird »temulentam« mit »duftend« wiedergegeben, was keineswegs naheliegt; stört solch eine Übersetzung doch die im Hauptverb »videt« artikulierte Vorstellung, das in Rodes elliptischer Version bezeichnenderweise unterschlagen wird: »In der Haare Gold das niedlichste Köpfchen — Ambrosia-*duftende* Locken in zierlichem Gewirre über Rosenwangen, weiß wie Marmor, hinauf auf Brust und Rücken irrend« (Der Goldene Esel. Satirisch-mystischer Roman von Apulejus. Rodesche Uebersetzung. Eingeleitet von M. G. Conrad. Mit 16 Illustrationen, Berlin ⁵1906, S. 104 f.; im Original keine Hervorhebung) — »Sie sieht das wonnevolle Haar des goldenen Hauptes, von ambrosischem Rausche *duftend*, sieht den milchweißen Nacken und die purpurnen Wangen, umschweift von zierlich verwickelten Locken« (Lucius Apuleius, Amor und Psyche. Übersetzt v. Albrecht Schaeffer. Mit einem Kommentar von Erich Neumann [...], München 1952 [Das Erbe der Antike], S. 41 f.; im Original keine Hervorhebung). Zu fragen bleibt, weshalb Thomas Mann das Detail

Rosalie den »Götterduft« ihrer Rosen mit dem »Wohlgeruch«, womit

des im Deutschen ›duftenden Haars‹ wichtig genug war, um das Moment des ›Dufts‹ von den »Locken«, mit denen es in den Übersetzungen allein assoziiert bleibt, gleich noch auf »Hauch« und »Wangen« zu übertragen und damit vom Wortlaut auch dieser Übersetzungen abzuweichen; zumal eine Konkurrenzierung des Lichts durch den Geruch im unmittelbar folgenden Passus erscheint, bei der »synästhetischen Vermischung der Sinne« und »mystischen Wandlung von Düften in Farben«, wo dem Geruch der privilegierte Status eines Signifikats zugewiesen wird: in Gestalt von Rosalies »Problemstellung[]«, »das *unsichtbar* Beglückende dem Augensinn zu überliefern« (Bd. 8, S. 886; im Original keine Hervorhebung). Gleich nach diesem »Gedanken«, »Düfte in Farben auszudrükken«, auf den Rosalie »gegen den Juli« kommt, wird die »zweideutige Übergänglichkeit und Ambivalenz« des Geruchs auf krude Weise vor Augen geführt: »*Aber* auf einem Spaziergang im hohen August« ist die »Ausdünstung« von »Tierexkrementen« und »weit schon verweste[n] Kadaver[n]« »schon nicht mehr Gestank zu nennen, sondern ohne Zweifel als Moschusgeruch anzusprechen« (Bd. 8, S. 887; im Original keine Hervorhebung). Die Bedeutung des in den mythologischen Reminiszenzen auf Kosten des »Augensinn[s]« privilegierten, hier ›aber‹ so trüglichen Geruchs läßt sich anhand der Rolle bestimmen, die Licht und Dunkel in Bachofens Interpretation des »Mythus von Amor und Psyche« spielen, aus der sich längere Auszüge in Thomas Manns Bibliothek in drei Exemplaren finden und in zweien davon zahlreiche Lesespuren aufweisen. Bachofen zentriert seine Deutung auf die »Lampe«, die in der *Betrogenen* gleich zweimal, und zwar in je sehr auffälliger Weise erscheint: in gebrochener Form (Bd. 8, S. 946: »ein Ding [...] wie eine Fackelleuchte«) unter den Unterweltsreminiszenzen, wo sie der Verlaufslogik des Märchens nach gar nicht hingehört; und schon bei der ersten mythologischen Reminiszenz, obwohl Rosalie selber in dem der mythischen Szene entsprechenden ›Augenblick‹ die »Augen« ausdrücklich »geschlossen[]« hält und in ihrem allein des ›Geruchs‹ wegen angestellten Vergleich Psyches »Lampe« eigentlich überhaupt nicht zu erwähnen bräuchte (Bd. 8, S. 885). Ihre »Bedeutung« gewinnt die Lampe bei Bachofen über die Zäsur, welche sie in der sexuellen Beziehung Amors und Psyches markiert. Kraft der »Leuchte« kann Psyche auf den einen, »in all seiner Herrlichkeit erkannten« Gatten fixiert bleiben (Bachofen, Urreligion und antike Symbole, Bd. 1, S. 312–321). In Bachofens Schematisierung des Kulturgangs bezeichnet die Lampe den Durchbruch vom »Hetärismus« zum »Mutterrecht«. Wenn in den mythologischen Reminiszenzen der *Betrogenen* das Lichtmotiv fehlt, dann fungieren Licht und Sehen nicht mehr einfach nur so als Wahrheitsmetaphern, wie etwa das »weiße[] Licht der Bogenlampen« den »Ärzten und Schwestern« das »furchtbare[] Bild« von Rosalies wahrem Zustand präsentiert und wie sie selber ausdrücklich »die Augen« aufschlagen wird, wenn »sich ihr Geist« zum letzten Mal »lichtet[]« (Bd. 8, S. 949 f.). Die Privilegierung des Geruchssinns steht nicht nur in Zusammenhang mit dem Betrug und Selbstbetrug der »Betrogene[n]«, welche das »Tageslicht« ausdrücklich als »ein so falsches, so gänzlich irreführendes Licht« denunziert, als sie sich in genauem Gegensatz zur ›Schaulust‹ der ihren Schwestern hierin nachgebenden Psyche weigert, der Aufforderung ihrer Tochter zu folgen und Ken auch »nur einen Augenblick« in diesem »Tageslicht« »zu sehen (Bd. 8, S. 913). Der ›blinde‹ »Genuß« des ›primitiven‹ »Geruchssensorium[s]« (Bd. 8, S. 885) erhält über die negativen Reminiszenzen an das Märchen von Amor und Psyche und dessen Bachofensche Interpretation den Bedeutungswert einer zivilisationsgeschichtlichen Regression.

»Hauch«, »Locken und Wangen« Psyches »Näschen [...] erfüllt« haben
sollen, als sie sich »mit der Lampe über den schlafenden Amor beug-
te«[74]): Im Märchen von Amor und Psyche, das Thomas Mann noch in
seinem »letzte[n] Manuskript«, einem »Geleitwort« zu den »schönsten
Erzählungen der Welt«, als das »Reizendste« aus den *Metamorphosen*
des Apuleius bestimmte und für dessen Aufnahme in die Anthologie er
sich verwandte,[75] bildet körperliche Versehrtheit neben fehlendem Sozi-
alprestige und Vermögen das dritte und letzte Kriterium eines unwürdi-
gen Geliebten — auch die andern beiden erfüllt der Hauslehrer Keaton
natürlich vollauf —, wie ihn die neidische Aphrodite bei ihrer Verflu-
chung Psyche zudenkt, um deren Keuschheit zu demütigen.[76]
War die Leidenschaft der erheblich älteren Frau schon im anekdoti-
schen Kern der Novelle mit einer Verletzung der Standesgrenzen verbunden — »eine ältere Münchener *Aristokratin*, die sich leidenschaftlich in den Hauslehrer ihres Sohnes verliebt« —,[77] so hat Thomas Mann
in der Person des Haus- und Englischlehrers durch dessen Herkunft das
Problem der Mesalliance zugespitzt und angereichert, das in der Leidenschaft jener »Aristokratin« schon angelegt war und ihn darauf vielleicht überhaupt erst aufmerksam werden ließ. Nicht nur, daß in der *Betrogenen* einerseits der »Hauslehrer« überhaupt erst aufgrund eines spezifisch modernen Phänomens ins ›Haus‹ kommt, das schon in den *Buddenbrooks* für die Heraufkunft neuer und als problematisch empfunde-
ner Verhältnisse steht: nämlich deswegen, weil das humanistische Gymnasium Eduard von Tümmlers Ansprüchen nicht genügt und diesen gerade das eigentlich ›Humanistische‹ daran langweilt, also das Altherge-
brachte und vordem Altehrwürdige seine Autorität und Respektabilität
verloren hat; und daß andererseits eine Rückbesinnung auf dieses Alte
einer Rettung vor der fatalen Leidenschaft gleichkäme — mit dem Vor-
satz, sich »den alten Sprachen« zu widmen, begründet Eduard seinen
und Annas Versuch, den »Mohr« zu ihrem oder dem Besten ihrer Mutter loszuwerden[78] —: diese krankhafte, das Lebensalter mißachtende
Leidenschaft für den Jahrzehnte jüngeren »Hausfreund«[79] ist hier a
limine ein Ausdruck der »demokratischen« Verhältnisse, mit denen die
Heimat des Begehrten und dieser in der Novelle[80] und in den Vorarbeiten dazu schlechterdings identifiziert werden.
Das typisch Amerikanische an Keaton, das sich freilich als gerade
nicht ›typisch‹ oder jedenfalls als ›typisch‹ nur für das Amerika der
zweiten Nachkriegszeit erwiesen hat,[81] ist näher besehen mit der proble-

74   Bd. 8, S. 885.
75   Bd. 10, S. 831.
76   Apuleius, Metamorphoses, S. 242.
77   Tagebücher 1951–1952, S. 198; im Original keine Hervorhebung.
78   Bd. 8, S. 905 f.
79   Bd. 8, S. 906.
80   Bd. 8, S. 913 f.
81   Vgl. George C. Schoolfield, Thomas Mann's *Die Betrogene*, in: Germanic
      Review 38, 1963, S. 91–120, hier S. 100 f.; Wolfgang Leppmann, Der Ameri-

matischen Leidenschaft der alternden »Aristokratin« nicht einfach nur vage assoziiert, sondern es steht zu deren »Erschütterung« in direktem, kausalem Zusammenhang. Wirklich »gewahr« wird die »Aristokratin« ihrer »Neigung«, wie sie in einem seitenlangen Monolog endlich durchbricht, und »[g]anz deutlich« wird diese »Neigung« ihrer deshalb »erbittert[en]« Tochter infolge von »Kens primitive[r] Harmlosigkeit«, der »nach der Suppe, der großen Hitze wegen, [...] die Jacke abzulegen« sich erlaubt hat, obwohl er, anders als »sein[] Schüler[]«, darunter nur »sein weißes, ärmelloses Trikothemd« trug.[82] Erst die amerikanisch »primitive« Ungehörigkeit bewirkt die »Erschütterung«, der »Anblick« der solchermaßen entblößten Arme, »Götterarme«,[83] wie sie Rosalie infolge einer Korrektur nennt — in der Handschrift stand zunächst nur: »herrliche[] Arme« —: mit einem Wort, das wieder auf den Hypotext des Märchens von Amor und Psyche deutet, zugleich aber an eine ziemlich genau gleichalte Szene des *Felix Krull* erinnert, an die von Felix' »Götterglieder[n]« und »Hermes-Beinen«[84] ergriffene Houpflé und damit an die Verwandtschaft der beiden Frauenfiguren; an deren gemeinsame Verwandtschaft auch mit dem Autor, der in ihnen sein eigenes, homosexuelles Begehren maskiert, einmal als organisch krankhaftes, dann, in Gestalt der Schriftstellerin, als lächerliches, doppelt perverses. Nicht nur begehrt die Houpflé, »eine Dame mittleren Alters«,[85] den (entgegen seiner ›Angabe‹ und Angeberei[86]) noch nicht zwanzigjährigen Felix, obwohl er »[b]einahe [...] schon etwas zu alt« für sie ist und weil er jünger aussieht — was im Roman selbst, etwas hausbacken psychoanalytisch, mit ihrer Kinderlosigkeit erklärt wird —; sondern sie ist bekanntlich auch — und für dieses Junktim bietet der Text keine Erklärung mehr an — eine Masochistin (wie nach einer psychoanalytisch gesinnten Interpretation der *Betrogenen* übrigens auch Rosalie von Tümmler[87]).

Die eindeutig komische und entschieden lächerliche Figur der Houpflé, der ursprünglichen Definiertheit des ›komischen‹ Genre genau entsprechend, gehört einer anderen Klasse an als die tragische oder, nach Thomas Manns eigener, schon etwas befremdlicher oder auch sehr zynischer Auffassung: die »halb komisch[e]«[88] der Rosalie von Tümmler. Madame Houpflé alias Diane Philibert ist keine »Aristokratin«, sondern nur, wie man gleich nach ihrer regionalen Herkunft »aus Straßburg« erfährt, »[i]mpudemment riche«;[89] ›impudemment‹ auch in ei-

kaner im Werke Thomas Manns, S. 103–105.
82 Bd. 8, S. 900 f.
83 Bd. 8, S. 901.
84 Bd. 7, S. 442, 444. Vgl. Tagebücher 1949–1950, S. 238.
85 Bd. 7, S. 389.
86 Bd. 7, S. 445.
87 Paul Felder, *Die Betrogene*, »Unverkennbar von mir«, in: Thomas Mann-Jahrbuch 3, 1990, S. 118–138, hier S. 125, der Bd. 8, S. 901: »gefitzt und gepfeffert« als masochistische Phantasie liest.
88 15.1.1954 an Schmitt-Halin; Dichter über ihre Dichtungen, Bd. 3, S. 525.
89 Bd. 7, S. 436.

nem genauen, möglicherweise sogar dem anrüchigen Sinn des Worts ›non olet‹, das Kaiser Vespasian auf die ›nicht stinkenden‹ Erträge seiner ›Urin-Steuer‹[90] gemünzt haben soll. Denn ihr Mann, impotent in bezeichnendem Unterschied zur zeitlebens »überschüssige[n] Rüstigkeit«[91] des geborenen »Edelmann[s] und Offizier[s]«[92] Robert von Tümmler, der ›Mann‹ also der Houpflé ermöglicht deren großspurige Existenz und dichterischen Allüren ja mit einem Produkt, das die absolute Konvertibilität des ›neuen‹ Gelds wie auch dessen Verächtlichkeit noch weit schöner versinnlicht als Kunigunde Rosenstiels »Darmgeschäft[]«[93] und dessen hoher Gebrauchswert in Théophile Gautiers Programm des l'art pour l'art den maximalen Gegensatz einer antiutilitaristischen Ästhetik markiert:[94] »Straßburger Klosettschüsseln von Houpflé«.[95] Dieses treffliche Emblem des kapitalistischen Prinzips, daß man, sit venia verbo, mit jedem Scheiß ein Vermögen machen kann, war zur Zeit und am Ort des deutschen ›Wirtschaftswunders‹ noch heikel genug, um bei der Übersetzung ins Massenmedium des Kinos retuschiert werden zu müssen. In dem Film, den Kurt Hoffmann 1957 unter der »Mitarbeit Erika Mann[s]« »frei nach dem Roman« auf den Markt und unters Volk brachte, stammt der Reichtum der Houpflés aus Gänseleberpastete.

Die ›unkeusche‹, nicht einfach »wartende« Leidenschaft der älteren Frau für den jungen Mann, hier zwar nicht im organischen Sinn krank, aber im sexualpathologischen doch eine masochistisch-päderastische Perversion, wird im *Krull* in die Zeit und auf das Gebiet der Dritten Republik gebannt, deren Gründungsdatum den paar wenigen »Namen« eingeschrieben ist, welche Felix unmittelbar nach seiner Ankunft in Paris vernimmt: »Rue du *Quatre Septembre*«.[96] Die weibliche »Verkehrtheit«[97] ist also wieder an den Niedergang der feudalen Gesellschaftsstruktur gebunden, in deren Namen Anna von Tümmler ihre Mutter von ihrer Leidenschaft abzubringen versucht. Wenn Anna ihr die »polizeiwidrigen Dummheiten gefährlicher Art« vor Augen führt, die sich aus Eduards »Ritterlichkeit«[98] ergeben könnten, käme seine Mutter erst einmal ins Gerede, dann spielt sie damit natürlich auf die für den Ehrenkodex des Adels typische Praxis des Duells an, deren ›Polizeiwidrigkeit‹ freilich ihrerseits schon wieder auf die Überholtheit dieses Kodex verweist. Ganz anders als sein Vater, adliger Offizier im Wilhel-

---

90   Sueton, Vespasian, 23 (»urinae vectigal«; C. Suetonius Tranquillus, Opera, Bd. 1: De vita Caesarum, hg. v. Maximilian Ihm, Stuttgart 1978, S. 308).
91   Bd. 8, S. 877.
92   Bd. 8, S. 928.
93   Bd. 6, S. 416.
94   Théophile Gautier, Mademoiselle de Maupin, Paris 1883 (Nachdruck Genève 1978; Œuvres complètes, Bd. 5), S. 21 [Préface].
95   Bd. 7, S. 448.
96   Bd. 7, S. 392; im Original keine Hervorhebungen.
97   Bd. 7, S. 445. Vgl. Bd. 2, S. 636; Bd. 3, S. 179.
98   Bd. 8, S. 928.

minischen Kaiserreich, hätte Eduard in der Weimarer Republik vergeblich auf obrigkeitliche Sympathien und Toleranz gegenüber den besonderen Begriffen der Duellehre gerechnet.[99]

Die Diskrepanz zwischen dem, wie es im Text heißt: »angeborene[n]«[100] Moralkodex der »Aristokratin« und der republikanischen Gesellschaftsordnung ist ein ganz offensichtliches, geradezu aufdringlich zentrales und als zentral nachweislich intendiertes, aber in der Forschungsliteratur seltsamerweise unbeachtet gebliebenes Thema der Novelle. Auf ihren Bruder, dessen Name übrigens, eine Vollform gleichsam des Vornamens eines für Keaton herangezogenen ›Modells‹ (*Ed Klotz*), als einziger immer schon feststand und gerade auch deswegen auf die *Wahlverwandtschaften* als den Roman von der Verbürgerlichung und vom Niedergang des niederen Adels[101] anzuspielen scheint, auf Eduard also und die Möglichkeit, daß er, Ebenbild seines Vaters,[102] sich auch als Träger der alten heroischen Normen der Adelsehre gerieren könnte, — auf dieses Phantasie- und Idealbild ihres Bruders als eines ›Ehrenmannes‹ kommt Anna ausgerechnet und »*nur* durch sein republikanisches Taschentuch«.[103] Sie hält dieses Bild nämlich dem Versuch ihrer Mutter entgegen, Eduard für die »Freiheit« zu vereinnahmen, mit der sie ihre Leidenschaft gegen Annas moralische Vorhaltungen legitimiert:

> Mit Bestürzung betrachtete Frau von Tümmler die Lahme, die sie nicht ansah, und suchte in ihren Zügen zu lesen.
>
> »Anna!« rief sie gedämpft. »Wie denkst du und wie verhältst du dich? Laß mich gestehen, daß ich dich gar nicht wiedererkenne! Sage, wer ist denn die Künstlerin von uns beiden — ich oder du? Nie hätte ich gedacht, daß du an Vorurteilslosigkeit so hinter deiner Mutter zurückstehen könntest — und nicht bloß hinter der, sondern auch hinter der Zeit und ihren freieren Sitten! In deiner Kunst bist du so fortgeschritten und betreibst das Allerneueste, so daß ein Mensch von meinem schlichten Verstande mit Mühe nur folgen kann. Aber moralisch scheinst du weiß Gott wann zu leben, Anno dazumal, vor dem Kriege. Wir haben doch jetzt die Republik, wir haben die Freiheit, und die Begriffe haben sich sehr verändert zum Légèren, Gelockerten hin, das zeigt sich in allen Stücken. So ist es jetzt unter den jungen Leuten guter Ton, daß sie das Taschentuch, von dem früher immer nur ein Eckchen in der Brusttasche sichtbar war, lang heraushängen lassen, — wie eine Fahne lassen sie es heraushängen, das halbe Taschentuch, — ganz deutlich ist darin ein Zeichen und sogar eine bewußte Kundgebung republikanischer Auflockerung der Sitten zu erkennen. Auch Eduard läßt so nach der Mode sein Taschentuch hängen, und ich sehe es mit einem gewissen Vergnügen.«

99   Vgl. Frevert, S. 240–246.
100   Bd. 8, S. 946.
101   Vgl. z. B. Werner Schwan, Goethes *Wahlverwandtschaften*. Das nicht erreichte Soziale, München 1983, S. 75–80.
102   Bd. 8, S. 883; vgl. S. 927.
103   Bd. 8, S. 929; im Original keine Hervorhebung.

> »Du beobachtest sehr hübsch, Mama. Aber ich glaube, dein Taschen-
> tuchsymbol ist in Eduards Fall nicht sehr persönlich zu nehmen. Du
> selbst sagst oft, der junge Mann — ein solcher ist er nachgerade ja
> schon — habe viel von unserem Vater, dem Oberstleutnant. Es ist im
> Moment vielleicht nicht ganz taktvoll, daß ich Papas Person in unser
> Gespräch und in unsere Gedanken bringe. Und doch —«[104]

Das hier eingeführte, aber »in Eduards Fall« noch »nicht sehr« bedeutsame »Taschentuchsymbol«, über die phallisch-sexuelle Note hinaus,
die es aus seiner Nähe zur Freudschen Traumdeutung der Krawatte vom
Anfang »unseres Jahrhunderts« erhält, wird explizit als Zeichen, ›Symbol‹, »Fahne« definiert und seine Bedeutung auf die »republikanische[]« »Freiheit« festgelelegt. In diesem eigens explizierten Bedeutungswert, als leicht, von einem literaturkritischen Standpunkt aus vielleicht allzu leicht dechiffrierbares und nahezu plattes, aber von der wissenschaftlichen Rezeption wie gesagt dennoch ignoriertes Motiv, kehrt
ein »lang heraushängen[des]« Taschentuch weiter hinten im Text wieder:

> Das Taschentuch hing ihm [Ken Keaton] lang aus der Brusttasche, und
> mit einer plötzlichen Wendung, die Augen auf einmal offen, stopfte
> Rosalie es ihm tief in die Tasche hinein.
> »Sittsam, sittsam, junger Mann!« sagte sie mit ehrbar verweisendem
> Kopfschütteln.[105]

Die feste Verbindung der problematischen, als krankhaft und unnatürlich dargestellten Leidenschaft mit dem Verfall nicht nur der Beklei-
dungssitten und mit der ›Freiheit‹ der »Republik«, samt dem all das ver-
sinnbildlichenden Detail, gehört nachweislich in die ältesten Konzepti-
onsschichten des Texts, soweit diese sich über Thomas Manns Notizen
rekonstruieren lassen. In sehr verräterischer, die antirepublikanischen
Widerstände des Autors verratender Weise erscheint der zentrale Begriff
der »Freiheit« hier in Anführungszeichen: »Zärtliche Herausforderung
des Jungen, bei der die *politische Atmosphäre* [doppelt unterstrichen],
die ›Freiheit‹ unter der Republik (Ken läßt sich modisch das Taschentuch lang heraushängen) eine Rolle spielt.«
Durch die konsistenten Assoziationen des makabren ›Betrugs‹ mit
dem republikanischen System wird dieses sozusagen selbst infiziert und
mit dem Todestabu belegt, so wie auch schon in *Der Tod in Venedig* die
Stadt der Ansteckung und ›des‹ Todes anachronistischerweise als »*die
Republik*« bezeichnet worden war.[106] An der *Betrogenen* lassen sich solche Assoziationen nicht nur bereits in den ältesten Notizen und der
endgültigen Fassung, sondern besonders gut auch zwischen diesen beiden Enden der dokumentierten Entstehungsgeschichte nachweisen,

---

104 Bd. 8, S. 927 f.
105 Bd. 8, S. 939.
106 Bd. 8, S. 463; im Original keine Hervorhebungen.

nämlich an einer Episode, die Thomas Mann ganz ausformuliert hatte, dann aber doch aus dem Manuskript ausschied.[107] Ein Rest und Reflex dieser ausgeschiedenen Episode, gleichsam eine Erinnerung daran, findet sich selbst noch in der Druckfassung, in einem Geständnis, das Anna ihrer Mutter macht, und zwar wieder in jener Form, die in Thomas Manns Umgang mit fallengelassenen Alternativen am Beispiel der Lesarten zum *Doktor Faustus* und der Geberschaft Kunigunde Rosenstiels zu beobachten war: nämlich einer nun anders handelnden Person im Irrealis in den Mund gelegt, als ein von dieser Person einst gefaßter, dann aber nicht ausgeführter Plan (so auch, wenn Ken sagt, er *hätte* sich »bestimmt [...] auch ohne Krieg, auf eigene Hand, als Matrose oder Tellerwäscher, herübergearbeitet«[108] — genau so, aber eben im Indikativ steht es in den ersten Notizen, wo die erzählte Zeit noch nicht annalistisch-absolut festgelegt und der »Krieg« als Faktor der »Atmosphäre« noch gar nicht berücksichtigt ist —):

> »[...] Neulich, [...] da war ich [Anna] versucht, mit Dr. Oberloskamp, der Eduard behandelte, als er die Gelbsucht hatte, und mich einmal, als ich vor Halsentzündung nicht schlucken konnte — du [Rosalie] brauchst ja nie einen Arzt —, mit ihm also war ich damals versucht, über dich zu sprechen und über alles, was du mir anvertraut, nur um mir deinetwegen Beruhigung von ihm zu holen. Aber ich verbot es mir dann, sehr bald verbot ich es mir, aus Stolz, Mama, das wirst du verstehen, aus Stolz auf dich und für dich, und weil es mir erniedrigend schien, dein Erleben so einem Medizinmann auszuliefern, bei dem es mit Gottes Hilfe reicht für Gelbsucht und Halsentzündung, aber doch nicht für tieferes Menschenleid. Ich bin der Meinung, daß es Krankheiten gibt, die für den Doktor zu gut sind.«[109]

Auf den ausgeschiedenen, aber wie gesagt in Reinschrift erhaltenen Blättern ist die Krankheit der Mutter noch nicht »zu gut« »für den Doktor«, sondern Anna versucht diesen im Gegenteil mit allen Mitteln zu konsultieren. Bevor sie ihn endlich in seiner Praxis aufsucht, um seinen dann wirklich besorgniserregenden Rat einzuholen, stellt sie sich krank, um ihn ins Haus zu bekommen. Wie Felix Krull gelingt es ihr zwar, den im Druck verächtlich so genannten »Medizinmann« mit ihrer fingierten Krankheit zu ›betrügen‹, nicht aber, ihn unter vier Augen auf den Zustand ihrer Mutter anzusprechen. Nachdem der Hausarzt jedoch von sich aus bemerkt hat, wie krank diese aussieht und als er ihr zu einer Untersuchung rät, beharrt Rosalie auf ihrer Gesundheit und darauf, daß sie nie einen Arzt brauche (worauf ja auch Anna in der Druckfassung noch anspielt).

---

107 Vgl. Tagebücher 1953–1955, S. 16 f.; dazu Inge Jens, Seelenjournal und politische Rechenschaft. Thomas Manns Tagebücher. Ein Bericht aus der Werkstatt, in: Thomas Mann-Jahrbuch 9, 1996, S. 231–248, hier S. 240 f.
108 Bd. 8, S. 897.
109 Bd. 8, S. 930.

Im Zusammenhang mit dem Selbstbetrug der »Betrogene[n]«, die das professionell bessere Wissen verschmäht, rückt Oberloskamp oder »Oberloscamp« etwas näher in den Blick: die Schreibung des Namens wird erst in den Korrekturen des Typoskripts zu Gunsten der schon in der Handschrift deutlich überwiegenden, sozusagen deutscheren Form normalisiert, parallel oder vielmehr gegenläufig zur ebenfalls hier erst konsequent, aber im Manuskript ihrerseits schon mehrheitlich französischen Schreibung des Namens »Louise«, dessen konsequenter Angleichung sozusagen an den jeweils danebengestellten Namen »Amélie«, so daß also die deutsch-französische Sprachgrenze ganz buchstäblich sexualisiert, der französische Sprachraum gegenüber dem vermännlichten deutschen ›feminisiert‹ wird, wie Thomas Mann übrigens in den Notizen auch einen für ihn offenbar sprechenden italienischen Nachnamen festhielt: »Name: Feminis«. Der nun ostentativ ›deutsche‹ Name des Arztes, zusammen mit »Muthesius« (der über den einst berühmten Berliner Architekten Hermann Muthesius den Modernismus »unseres Jahrhunderts« konnotiert) und besonders »Knepperges« (dieser wurde gleich doppelt, unter den Notizen wie auch als Glosse zu einem medizinischen Bericht vorgemerkt), steht in Gegensatz zu Thomas Manns bisher ausgeprägter Neigung, die in seinen Erzähltexten auftretenden Ärzte als ›typische‹ Juden zu porträtieren und zu benennen, vom »jüdischen Herr[n] mit […] schwarzem Spitzbart«[110] in *Luischen* über Leander und Sammet bis zu Erasmi; und dieser auffällige Gegensatz wiederum ist natürlich für die Entstehungszeit einer Novelle bezeichnend, in der überhaupt jüdische Gestalten in gespenstischem Unterschied zu früheren Milieustudien dieser Art ganz fehlen und deren Handschrift Thomas Mann »[h]erzlich gern […] zu Gunsten bedürftiger Kinder und Jugendlicher in Israel« für eine Faksimile-Ausgabe zur Verfügung stellte.[111] In den frühen Fünfzigerjahren waren Stereotypierungen jüdischer Menschen im deutschen Bildungsbürgertum offenbar obsolet geworden. Daß sich Thomas Mann hier für einmal die gegebene und sonst immer genutzte Gelegenheit entgehen ließ, ist dafür um so bezeichnender, als der von ihm in den medizinischen Fragen der *Betrogenen* konsultierte Arzt, Frederick Rosenthal aus Los Angeles, sich bis in das Deutsch seiner Briefe für ein entsprechendes Portrait angeboten hätte und unter anderen Umständen geradezu aufgedrängt haben müßte. Bei Rosenthals leicht verfremdetem Deutsch läßt sich nämlich nicht entscheiden, ob die Verfremdung als Anglizismus oder Jiddizismus zu bewerten sei (»[…] daß *die ›wirkliche Patientin‹ gelitten hat an einer Eierstockserkrankung*«[112]).

---

110 Bd. 8, S. 186.
111 Thomas Mann, Die Betrogene. Erzählung [Faksimile der Handschrift], Lausanne 1953, Bl. 2 verso (= Bl. 72 recto des Originals).
112 Frederick Rosenthal, Brief vom 11.5.1952 (Thomas Mann-Archiv); Thomas Manns Hervorhebungen.

Statt einem typisch ›jüdischen‹ also gab Thomas Mann dem Hausarzt »zu dekorativen Zwecken«[113] den Namen und den Titel des Düsseldorfer Rechtsanwalts Dr. Rudolf Oberloskamp, der ihn mit Informationen und Materialien zur Stadt versorgte (und ihn über die dabei mit unterlaufenden »N. S.-Reminiszenzen gütigst hinwegzulesen« bat[114]). Der solchermaßen ›deutsch‹ benannte Arzt erscheint in jenem fatalen Zusammenhang als eine gewissermaßen elegische Figur. Er repräsentiert nicht nur das bessere Wissen der Medizin, welches die »republikanisch[]« verkommende »Aristokratin«, stur in ihre »Mundart« fallend, abwehrt: »›Nun ist die Luft von diesem Spuk so voll...‹, zitierte er. Der Graukopf mit dem geschorenen Backenbart stammte aus einer Zeit, wo ein gebildetes Bürgertum in Goethes ›Faust‹ sattelfest gewesen war.«[115]
Der »Graukopf« selbst — dieselbe synekdochische Identifikation mit seinem vorgerückten Lebensalter bezeichnet ihn auch noch in der Druckfassung[116] —, sein Kulturkörper — einen »geschorenen Backenbart« hatte in den *Buddenbrooks*, Mitte des vergangenen Jahrhunderts, schon der Bankier Kesselmeyer getragen — und das Bildungsbürgertum, das er und dessen »geistigen Bankrott« sein Autor nach Walter Muschg »unübertrefflich« verkörpert,[117] stammen »aus einer Zeit«, für deren Kulturnormen parte pro toto die verbindliche Beschlagenheit im Hauptwerk des deutschen Nationalschriftstellers schlechthin steht. (»[T]rotz aller Modernität seiner Erscheinung«, notierte der nordrheinwestfälische Kultusminister Werner Schütz, »dick und wohlwollend«,[118] der den damals noch umstrittenen Exulanten vorsichtshalber nur privat empfing, als dieser zu »[m]erkwürdig-nachträgliche[r] Kenntnisnahme«[119] den berühmten Schauplatz der *Betrogenen* besuchte, habe Thomas Mann die Gesellschaft »mit mehreren wundervoll gesprochenen Goethe'schen Versen« »erquickt[]«.[120])
Wie die Leidenschaft der »Betrogene[n]« an »die politische Atmosphäre« der »Republik« gebunden wird, so richtet sich auch ihr Widerstand gegen eine Entlarvung ihres Selbstbetrugs gegen die Person des Hausarztes und explizit gegen die Verhältnisse von »Anno dazumal« und »vor dem Kriege«, die dieser »alte[]« Arzt gleichsam als Fossil re-

---

113 Gert Heine und Paul Sommer (Hgg.), »Herzlich zugeeignet«. Widmungen von Thomas Mann 1887–1955, Lübeck 1998, S. 195.

114 Rudolf Oberloskamp, Brief vom 9.2.1953 (Thomas Mann-Archiv). Gemeint sind wohl der »Adolf-Hitler-Platz«, das feierliche »Vorwort des Verfassers« und »[d]ie ewige Flamme der Hitler-Jugend« in: Wilhelm Suter, Spaziergänge und Ausflüge im Bereich der Rheinbahn [...], Düsseldorf ⁴1934, S. 9, 14, 16. (Oberloskamps hinzugefügter Bitte, den »Rheinbahnführer [...] gelegentlich« zu retournieren, hat Thomas Mann, da das Exemplar in der Nachlaßbibliothek erhalten ist, offenbar nicht entsprochen.)

115 Zitiert auch in: Tagebücher 1953–1955, S. 797–802 [Dokument 3], hier S. 799.

116 Bd. 8, S. 948.

117 Walter Muschg, Tragische Literaturgeschichte, Bern ³1957, S. 402.

118 Tagebücher 1953–1955, S. 268.

119 Tagebücher 1953–1955, S. 268.

120 Werner Schütz, Begegnung mit Thomas Mann [Manuskript], S. 7.

präsentiert. Indem Rosalie nämlich ihre Tochter beschwichtigt und deren Rat ausschlägt, sich untersuchen, und das *könnte* zumindest noch heißen: sich retten zu lassen, nimmt sie zugleich auch den Titel aufs Korn, den »Hofrat Oberloskamp« in diesem Stadium der Entstehungsgeschichte wie der berühmte Arzt des *Zauberberg*[121] noch führte (mit freilich größerem Recht als der jener »Zeit« ganz fremde, aber einen Hoftitel dennoch akzeptierende Iwan Herzl):

> Aber Rosalie verhielt sich ablehnend. »Was der gute Doktor weiß«, sagte sie, »wissen wir auch. Schließlich bin ich denn doch auch die Jüngste nicht, und da stellen denn solche kleinen Plagen sich ein, mit denen ich schon ohne den alten Hofrat fertig werden will. So nennt er sich ja immer noch, was ich lächerlich finde, da wir ja längst eine Republik sind.«

Intertextuelle Beziehungen inner- und außerhalb des Mannschen Œuvres

Eine elegische Erinnerung an »Anno dazumal« und »vor dem Kriege«, wie sie Oberloskamp einmal verkörpern sollte, ist auch dem endgültigen Text noch eingeschrieben geblieben, und zwar an dessen Schluß, mit dem Thomas Mann, anders als mit dem Vorhergehenden, wieder sehr zufrieden war[122] und der auch in der Rezeptionsgeschichte, nicht nur der fachwissenschaftlichen, das weitaus größte Interesse fand.[123] In der wissenschaftlichen Rezeption interessierten am Ausflug nach Schloß Holterhof vor allem die mythologischen Reminiszenzen, die hier so deutlich wie sonst nur noch, wenn doch auch wesentlich dezenter als im *Tod in Venedig* sind: die »Wendeltreppe«,[124] »ein Ding [...] wie eine

---

121 Vgl. Christian Virchow, Geschichten um den *Zauberberg*. Aus der Hochgebirgsklinik Davos-Wolfgang, in: Deutsches Ärzteblatt, 11.2.1967, zu Behrens ›Vorbild‹ Friedrich Jessen, der nur »Kais. Geh. Sanitätsrat« war.

122 20.3.1953 an Alexander Moritz Frey; Dichter über ihre Dichtungen, Bd. 3, S. 516.

123 Vgl. z. B. Wilfried Hansmann, »...dies Erzeugnis des späten Rokoko...«. Thomas Mann und Schloß Benrath, in: Düsseldorfer Jahrbuch 65, 1994, S. 141–183.

124 Bd. 8, S. 944. Vgl. Karl Kerényi, Labyrinth-Studien. Labyrinthos als Linienreflex einer mythologischen Idee, Amsterdam und Leipzig 1941 (Alba Vigiliae, Bd. 15); dazu Titus Heydenreich, Eros in der Unterwelt. Der Holterhof-Ausflug in Thomas Manns Erzählung *Die Betrogene*, in: Eberhard Leube und Ludwig Schrader (Hgg.), Interpretation und Vergleich. Festschrift für Walter Pabst, Berlin 1972, S. 79–95, hier S. 90.

Fackelleuchte«,[125] vielleicht auch die »*Silber*pappeln«[126] — von denen Thomas Mann zum Beispiel aus Rohdes Buch *Psyche* wissen konnte, daß es »Hadesb[ä]um[e]« sind[127] — und, »mit Ringen in den Ohrläppchen« und hier wieder »rötlichem Schifferbart«, der fremdartige »Führer« des »Privat-Motorboot[s]« (zu dessen »gute[m] Tempo« paßt das für den intertextuellen Bezug[128] zum *Tod in Venedig* desto bezeichnendere Verb »los*gondeln*« denkbar schlecht, das, vordergründig dem umgangssprachlichen Ton der Beratschlagung angeglichen, die Fahrt antizipiert[129]).

Das besondere Interesse an diesen und anderen mythologischen Anspielungen des Texts hat wieder mit einer bestimmten, für die Konstituierung ›klassischer‹ Texte charakteristischen Rezeptionshaltung zu tun. Die Fixierung auf die mythologischen Reminiszenzen des Texts und auf eine in solchen scheinbar sich bewährende »Wahrheit des Mythos«[130] ist Ausdruck eines »[G]lauben[s]« auch »an die Zeitlosigkeit, [...] die menschliche Ewigkeit«, wie Thomas Mann,[131] oder »das reine menschliche [sic!] der Existenz«, wie es *der* deutsche Klassiker postulierte.[132] Sie beruht rezeptionsästhetisch auf derselben ideologischen Voraussetzung wie Oberloskamps bildungsbürgerliche *Faust*-Zitate und wie produktionsästhetisch die mythologischen Reminiszenzen selbst, auf dem in Barthes' Kritik so genannten Ideologem des ›Ewigen Menschen‹;[133] ein »Konservativismus«, wie Thomas Mann sehr wohl sah, der prinzipiell jeden Emanzipationsanspruch im Namen dieses angeblich »Urgegebenen und menschlich Ewigen« zu denunzieren erlaubt.[134]

Das Umfeld, in dem die zeitgenössische Rezeption antiker Mythologie zur Entstehungszeit des Texts stand und in welchem dieser selber rezipiert wurde, läßt sich schon allein an dessen Erstpublikaton, den betreffenden Nummern des »Münchener ›Merkur‹«[135] erkennen. In diesen Nummern erschien unter anderem eine sehr assertorische Würdigung

---

125 Bd. 8, S. 946. Vgl. Bachofen, Urreligion und antike Symbole, Bd. 1, S. 318.

126 Bd. 8, S. 941; im Original keine Hervorhebung. Im anonymen Brief vom 7.6.1952 ist nur von »Pappeln« die Rede: »Männliche u. Weibliche, mit ihrem merkwürdigen Liebesspiel«; ebenso bei Emil Barth, Schloßzauber, in: Merian 4.5, 1951: Düsseldorf, S. 56–60, hier S. 56 (vgl. unten); bei Suter, S. 63 (vgl. hier auch die »Trompetenallee«), jedoch ausdrücklich, im Unterschied allerdings zu den anderen genannten Baumarten von Thomas Mann nicht unterstrichen, von »Silberpappeln«.

127 Rohde, Bd. 2, S. 371, Anm. 2.

128 Vgl. z. B. Peter Dettmering, Dichtung und Psychoanalyse. Thomas Mann — Rainer Maria Rilke — Richard Wagner, Frankfurt a. M. ²1976 (Reprints Psychologie), S. 73–77.

129 Bd. 8, S. 938; im Original keine Hervorhebung.

130 Kurt Hübner, Die Wahrheit des Mythos, München 1985.

131 Bd. 10, S. 193.

132 Goethe, Werke, Abt. IV, Bd. 11, S. 273.

133 Barthes, Mythen des Alltags, S. 128 f., 147.

134 Bd. 10, S. 193.

135 Interview vom April 1953; Frage und Antwort, S. 346.

mythologischer Reminiszenzen in der zeitgenössischen Literatur.[136] Für die geistesgeschichtliche Ausrichtung solcher Reminiszenzen und ihrer Rezeption ist ein Aufsatz derselben Nummer symptomatisch, der dem ersten Teil der *Betrogenen* unmittelbar folgte: *C. G. Jung's Wissenschaft von der Seele.*[137] Carl Gustav Jungs Archetypen- und die damit geistes- und institutionsgeschichtlich verwandte, für Thomas Mann besonders wichtige ›Urbilder‹-Lehre Karl Kerényis — eine Rezension seiner *Antiken Religion* war unmittelbar neben einer solchen der *Betrogenen* zu lesen[138] —, kurzum die ›Mode des Zeitlosen‹, wie man in Anlehnung an jenen anderen, dem zweiten Teil der *Betrogenen* direkt vorausgehenden *Merkur*-Artikel Adornos sagen könnte, bediente damals ein eskapistisches Bedürfnis; ebenso wie *Die Betrogene* selbst oder jedenfalls eine bestimmte Lektüre dieses Texts. »Im Gegenwärtigen Vergangenes« lauten die ersten Worte in einer zeitgenössischen »Betrachtung über *Die Betrogene*«,[139] »was Bestand hat« und »das Unvergängliche« die letzten in der Rezension der *Neuen Zürcher Zeitung.*[140] »[D]as Allgemeine und Menschliche«, wie es Thomas Mann in der ersten Nachkriegs- und Krisenzeit nannte,[141] wurde in der Mythologie und in der Literatur offenbar deshalb so angestrengt und verzweifelt gesucht und in der mythologisierenden Literatur deswegen so gerne gefunden, weil die Vergewisserung solcher existentieller Postulate von der monströsen Eigenart der Zeitgeschichte entlasten, von deren ›Bewältigung‹ dispensieren konnte.

Daß sich die ahistorische Rezeption der *Betrogenen* im Lauf der Jahrzehnte nicht wesentlich geändert hat, ist sicherlich für die stark affirmative Tendenz der Thomas Mann-Forschung und für den Status des Autors als ›Klassiker‹ signifikant. So scheint gerade nur eine einzige feministische Lektüre zur *Betrogenen* vorzuliegen, Maria Kublitz' unmittelbar einleuchtende Interpretation der Novelle als Ausdruck einer »Angst des Mannes [...] vor der ›unstillbaren Lust‹ der Frau«;[142] und

---

136 Karl August Horst, Wandlungen des Mythos, in: Merkur 63 (7.5), 1953, S. 489–494.
137 Rudolf Pannwitz, C. G. Jung's Wissenschaft von der Seele, in: Merkur 63 (7.5), 1953, S. 418–437.
138 In: Atoll 1953 [unpaginiert].
139 Margrit Traber-Kuhn, Betrachtungen über *Die Betrogene* von Thomas Mann [Manuskript, in Thomas Manns Nachlaß].
140 Alexander M. Frey, Thomas Manns neue Erzählung, in: Neue Zürcher Zeitung, 1.10.1953.
141 Bd. 11, S. 385.
142 Maria Kublitz, Thomas Manns *Die Betrogene*, in: Renate Berger, Monika Hengsbach, Maria Kublitz, Inge Stephan und Sigrid Weigel (Hgg.), Frauen — Weiblichkeit — Schrift. Dokumentation der Tagung in Bielefeld vom Juni 1984 (Literatur im historischen Prozeß, Neue Folge, Bd. 14), S. 159–171, hier S. 159. Über dieses Selbstreferat hinaus war diese erste Arbeit leider nicht zugänglich (ebd., S. 170, Anm. 5: »›Nicht mehr lange wird an dieser Krankheit gestorben werden‹ — Über kranke Frauen und ihre Präsentation in der Literatur, in: Spekulum, Berlin/West 1983, S. 19 ff.«).

diese eine Lektüre hat Kublitz in einer »Neu-Befragung auch des emanzipatorischen Potentials dieser Novelle« obendrein noch selber widerrufen.[143] Auf den kürzesten Nenner brachte Margot Ulrich die affirmative Rezeptionshaltung dem Text und insbesondere seiner mythisch-zeitlosen Dimensionierung gegenüber, indem sie, in den Achzigerjahren, ihre Analyse mythologischer und altertumswissenschaftlicher Reminiszenzen mit dem Wort Sesemi Weichbrodts schloß: »Es ist so!« »Es ist so!«, so Ulrich, sei »die Antwort des Mythos«.[144] Von einem ideologiekritischen Standpunkt aus könnte man dem entgegenhalten, daß »Es ist so!« nicht wirklich oder »die Antwort des Mythos« nur bei einer mit dem »Mythos« und seinen Macht- und Geltungsansprüchen solidarischen Rezeptionshaltung ist und daß man »die Antwort des Mythos« besser so paraphrasieren sollte: ›Es soll so sein!‹[145]

In ihrem bezeichnenderweise schon mit einem Selbstkommentar des Autors überschriebenen Aufsatz »...diese kleine Mythe von Mutter Natur« präpariert Ulrich einige, wenngleich längst nicht alle Beziehungen der Betrogenen zu Bachofens Mutterrecht heraus, was an sich schon problematisch ist. Denn Thomas Mann scheint das corpus integrum des Mutterrechts als solches gar nicht gekannt zu haben. Allem Anschein nach rezipierte er Bachofen ausschließlich über ›Reader‹. In der Konsequenz dieser Rezeptionsweise droht sich zum Beispiel Ulrichs hübsche Beobachtung zu erübrigen, daß in dem von Bachofen postulierten »Mutterrecht« unter den »Ehefrauen« gerade den »Wittwen« eine »herausragende[] Stellung« zukam,[146] so schön dies in der Betrogenen passen würde. Die betreffende Stelle fehlt nämlich in den von Thomas Mann benutzten Bachofen-Ausgaben. Wenn jedoch, anders herum, Anna ihrer Mutter vor Augen hält, daß solch ein Ehrenstatus bei »alle[n] gesitteten Völker[n]« der asexuellen »Matrone« zustehe,[147] so kann, ja muß man dies eigentlich als Bachofen-Reminiszenz lesen, obgleich im ganzen Mutterrecht von »Matrone[n]« nirgends die Rede ist, wohl aber in einer abgelegenen Schrift Bachofens, aus der indessen in einer der von Thomas Mann benutzten Ausgaben, im Kapitel Die römische Umgestaltung der asiatischen Überlieferung, ein hier genau einschlägiger Passus abgedruckt ist: Die hetärische Königsfrau Asiens als Vorbild der römischen Matrone. Hierin versucht Bachofen zu zeigen, wie die »Um-

143   Kublitz, Thomas Manns Die Betrogene, S. 160.
144   Margot Ulrich, »...diese kleine Mythe von Mutter Natur«. Zu Thomas Manns letzter Erzählung Die Betrogene, in: Rudolf Wolff (Hg.), Thomas Mann. Erzählungen und Novellen, Bonn 1984 (Sammlung Profile, Bd. 8), S. 121–134, hier S. 132.
145   Vgl. Walter Burkert, Mythisches Denken. Versuch einer Definition an Hand des griechischen Befunds, in: Hans Poser (Hg.), Philosophie und Mythos. Ein Kolloquium, Berlin und New York 1979, S. 16–39, hier S. 31.
146   J[ohann] J[akob] Bachofen, Das Mutterrecht. Eine Untersuchung über die Gynaikokratie der alten Welt und ihrer religiösen und rechtlichen Natur, Basel ²1897, S. 79.
147   Bd. 8, S. 892 f.

gestaltung« und römische Kulturleistung darin bestanden haben soll, daß aus der ›asiatischen‹ Vorstellung »der hetärischen, in amazonischer Hoheit dem Manne gebietenden Königsfrau« »der aphroditische Gedanke« »entfernt« wurde, »der des Weibes Macht auf den Mißbrauch seiner körperlichen Reize gründet«.[148]

Schon jenes Wort etwa vom »Liebesdienste des Zephirs« — des *West*winds also, wie man sich in Hinblick auf die Herkunft des amerikanischen Geliebten vielleicht vergegenwärtigen sollte[149] — oder Rosalies Liebeslied an den als männlicher Liebhaber phantasierten »Wasserwind«[150] spielt möglicherweise nicht nur direkt auf den bei Bachofen mit einem befremdlichen, schon von Friedrich Engels[151] monierten Ausdruck so genannten ›Hetärismus‹ an, sondern möglicherweise auch auf die wichtige Rolle des Zephyrs im Märchen von Amor und Psyche, das Bachofen seiner Theorie einläßlich und ausführlich dienstbar gemacht und Thomas Mann kurz nach Anfang der Arbeit an der *Betrogenen*[152] wieder über eine ihm im »Mai 1952« »in Verehrung und Dankbarkeit« gewidmete, ihrerseits auf Bachofen aufbauende Interpretation[153] rezipiert hatte. In beiden von Thomas Mann benutzten Ausgaben zitiert Bachofen jedenfalls eine entsprechende Stelle des offenbar seinerseits einen ungenannten Autor, vielleicht Aristoteles zitierenden Plutarch: »Befruchtet doch oft selbst des Zephyrs warmer Hauch / Die Vögel, ehe sich die Hegzeit naht.«[154] Und von der vorpatriarchalen »Religionsstufe«

---

148   Johann Jakob Bachofen, Der Mythus von Orient und Occident. Eine Metaphysik der alten Welt. Aus den Werken von J. J. Bachofen. Mit einer Einleitung von Alfred Baeumler, München 1926, S. 583–585.

149   Die mythologische Bewandtnis des Zephyrs war Thomas Mann seit den Vorarbeiten zum *Tod in Venedig* bekannt (vgl. Reed, Thomas Mann. *Der Tod in Venedig*, S. 94). Indessen scheint es keine Hinweise darauf zu geben, daß er um eine besondere, im Kontext der *Betrogenen* ebenfalls passende — übrigens in die schon antike Etymologie des Namens eingeschriebene — Note gewußt haben könnte, das Unheimliche, ›Dunkle‹ dieses Winds (vgl. Plutarque, Œuvres morales, Bd. 12.2: Opinions des philosophes, hg. v. Guy Lachenaud, Paris 1993 [Collection des Universités de France; Association Guillaume Budé], S. 134; Ernst Risch, Zephyros, in: Ernst Risch, Kleine Schriften, hg. v. Annemarie Etter und Marcel Looser, Berlin und New York 1981, S. 158–166).

150   Bd. 8, S. 939. Vgl. Grimm, Bd. 13, Sp. 2551, s. v. ›Wasserwind‹ (im Original keine Hervorhebung): »an der nordsee die *westlichen* winde«.

151   Friedrich Engels, Der Ursprung der Familie, des Privateigentums und des Staats, Berlin 1990 (Karl Marx und Friedrich Engels, Gesamtausgabe, Abt. I, Bd. 29), S. 22 f., Anm.

152   Vgl. Tagebücher 1951–1952, S. 221.

153   Erich Neumann, Eros und Psyche. Ein Beitrag zur seelischen Entwicklung des Weiblichen, in: Lucius Apuleius, Amor und Psyche […]. Mit einem Kommentar von Erich Neumann: Ein Beitrag zur seelischen Entwicklung des Weiblichen, München 1952 (Das Erbe der Antike), S. 75–201.

154   Bachofen, Der Mythus von Orient und Occident, S. 307 (vgl. S. 608); ders., Urreligion und antike Symbole, Bd. 2, S. 20 (vgl. Bd. 3, S. 353). Vgl. Aristoteles, Historia animalium, VI, 2, 560a: ζεφύρια καλεῖται τὰ ὑπηνέμια ὑπό τινων, ὅτι ὑπὸ τὴν ἐαρινὴν ὥραν φαίνονται δεχόμεναι τὰ πνεύμα-

schreibt Bachofen, sie »verleg[e] den Sitz der *Männlichkeit* in das tellurische *Gewässer* und in die Kraft der *Winde*«.[155] Das »Versteck[]« sodann, in dessen »Abgelegenheit[]« Rosalie Ken um den Hals fällt,[156] ist mit »Moderduft«, »›Hu, Totenluft‹«,[157] und seiner anzüglichen Dekoration (»Tapeten mit schnäbelnden *Tauben*paaren«[158]) eine genaue Umsetzung der »priapische[n] Darstellungen in Gräbern«, die Bachofen anhand eines »campanischen« oder des »*Kolumbariums* der Villa Pamfili«[159] exemplifiziert (an Stellen, auf deren eine Thomas Mann nach Ausweis einer Anstreichung bei der Lektüre Kerényis aufmerksam oder wieder aufmerksam wurde[160]).

In enger Beziehung zu Bachofens spekulativer Kulturgeschichte der Geschlechterverhältnisse steht wohl schon die traditionsreiche Isotopie von Licht und Dunkel, in der die bereits im Novellentitel an das weibliche Geschlecht gebundene Thematik des ›Betrugs‹ entfaltet wird, so der höhlenartige »Alkoven« des Schlosses[161] als »Ort der […] Täuschung«,[162] wie Rudi Schwerdtfegers fataler Besuch im künstlich »verdunkelten Zimmer« des Doktor Faustus[163] nicht eigentlich eine Reminiszenz des Märchens von Amor und Psyche, sondern vielmehr eine Revokation seines fortschrittsoptimistischen Kerygmas, das Bachofen in diesem

---

τα αἰ ὄρνιθες (Aristoteles, Historia animalium, Bd. 2: IV–VI, hg. v. A. L. Peck, London und Cambridge [Massachusetts] 1970 [Loeb Classical Library, Bd. 438], S. 228). In absichtlicher Anlehnung an den bei Bachofen zitierten Wortlaut kann man so übersetzen: »›Zephyrisch‹ heißen die Windeier gelegentlich; scheinen doch gegen die Frühlingszeit die Vögel den Hauch zu empfangen [oder: ›in sich aufzunehmen‹]« (vgl. dagegen Pecks Übersetzung, S. 229 [im Original keine Hervorhebung]: »because hen-birds can be seen in spring-time *inhaling* the breezes«, mit Liddell und Scott, S. 382 f., s. v. δέχομαι).

155 Bachofen, Urreligion und antike Symbole, Bd. 1, S. 120; im Original keine Hervorhebungen.
156 Bd. 8, S. 944–946.
157 Bd. 8, S. 945 f. Vgl. Bd. 2, S. 46; zur Bedeutsamkeit des Selbstzitats aus *Königliche Hoheit* weiter unten.
158 Bd. 8, S. 946; im Original keine Hervorhebung.
159 Bachofen, Urreligion und antike Symbole, Bd. 1, S. 40 f., 263; Bd. 2, S. 39; im Original keine Hervorhebung.
160 Karl Kerényi, Bachofen und die Zukunft des Humanismus. Mit einem Intermezzo über Nietzsche und Ariadne, Zürich 1945, S. 22. Außer dieser ist in dem »Thomas Mann de[m] Europäischen« gewidmeten Exemplar nur noch eine Stelle angestrichen, an der Kerényi Thomas Mann zitiert (S. 5).
161 Bd. 8, S. 946.
162 Vgl. Stefan Goldmann, Höhle. Ort der Prägung, Erinnerung und Täuschung bei Platon und Kleist, in: Irmela von der Lühe und Anita Runge (Hgg.), Wechsel der Orte. Studien zum Wandel des literarischen Geschichtsbewußtseins. Festschrift für Anke Bennholdt-Thomsen, Göttingen 1997, S. 290–303, v. a. S. 299 f. (wobei hinzuzudenken ist, daß auch in der *Verlobung in St. Domingo* dem verbotenen Blick der Frau auf den schlafenden Mann das Märchen von Amor und Psyche zugrundegelegt ist).
163 Bd. 6, S. 463–467. Zur Stilisierung Schwerdtfegers als Amor vgl. Bd. 6, S. 265, 440.

Märchen am (bei Thomas Mann konsequent abgeblendeten) Lichtmotiv festmacht. Vor allem aber — jener Besuch Schwerdtfegers fällt nicht zufällig auf einen »Januartag des Jahres 1919«[164] — gehört das oben diskutierte Thema der Republik hierher, das Ressentiment gegen den »Fluch der Demokratie«,[165] kurz die Revolutionsangst, aus welcher der Bachofensche Kulturpessimismus gespeist ist.[166] Sohn eines Bachofen und einer »geb. Merian« und mit einer »geb. Burckhardt« verheiratet,[167] als geborenes Mitglied also des sogenannten Basler Teigs — die Bezüge des Privatgelehrten beliefen sich auf das fast Zweihundertfache dessen, was die ein solches Vermögen Erarbeitenden verdienten[168] —, hatte Johann Jakob ein waches Gespür für den inneren Zusammenhang von *»fleischliche[r] und politische[r] Emanzipation«* (eine in Thomas Manns Ausgabe unterstrichene Formulierung)[169] und war er alles andere als ein Anwalt der Frauenrechtsbewegung; mag das *Mutterrecht* im genau zeitgenössischen *Lexikon der Frau* von 1953 auch als »bahnbrechend [...] geniales Werk« firmieren.[170] Das »Mutterrecht« hatte er im Rahmen seiner »Kulturstufenlehre«[171] nur als ein notwendiges, notwendig zu überwindendes Stadium des *»Fortschritt[s]«* postuliert:[172] »Durchgangspunkt der Menschheit aus der tiefsten ›Stufe‹ des Daseins zu *der höchsten«* (*»der höchsten«* hat Thomas Mann wieder unterstrichen und mit einer Bände sprechenden Marginalie versehen: »also doch«).[173] Vor dem Hintergrund der Bachofenschen Lehre interpretiert, kann, ja muß die republikanische Egalität als Atavismus und Regression auf eine ›asiatische‹, im ›Abendland‹ längst, eben durch das »Vaterrecht« überwundene Kulturstufe erscheinen. So heißt es zum Beispiel an einer der vielen von Thomas Mann angestrichenen Stellen vom Übergang aus »der tellurischen Feuchtigkeit«, »der Finsternis« und dem »Chaos« in »die höhere Stufe des Feuers, [...] des Lichts und der Ord-

---

164 Bd. 6, S. 463; »*Januar*tag« Sofortkorrektur aus »Winter«.
165 Bachofen, Urreligion und antike Symbole, Bd. 3, S. 37.
166 Vgl. Philipp Sarasin, Basel — Zur Sozialgeschichte der Stadt Bachofens, in: Johann Jakob Bachofen (1815–1887). Eine Begleitpublikation zur Ausstellung im Historischen Museum Basel 1987, o. O. u. J., S. 28–39, hier S. 29.
167 Bachofen, Das Mutterrecht [vor der Paginierung; Widmung des Autors bzw. Unterzeichnung der Herausgeberin].
168 Vgl. Sarasin, S. 37.
169 Bachofen, Urreligion und antike Symbole, Bd. 1, S. 104.
170 Gustav Keckeis und Blanche Christine Olschak et al., Lexikon der Frau, Bd. 1, Zürich 1953, Sp. 293–294, s. v. ›Bachofen‹, hier S. 294. Zur feministischen Rezeption Bachofens vgl. Brigitta Hauser-Schäublin, Mutterrecht und Frauenbewegung, in: Johann Jakob Bachofen (1815–1887). Eine Begleitpublikation zur Ausstellung im Historischen Museum Basel 1987, o. O. u. J., S. 137–150.
171 Max Burckhardt, Bachofen und die Politik, in: Neue Schweizer Rundschau, Neue Folge, 10, 1942, S. 476–495, hier S. 478.
172 Bachofen, Urreligion und antike Symbole, Bd. 2, S. 134; Thomas Mann Hervorhebung.
173 Bachofen, Urreligion und antike Symbole, Bd. 1, S. 89.

nung«:[174] »Aus dem gebärenden Muttertum stammt die allgemeine Brüderlichkeit aller Menschen, deren Bewußtsein und Anerkennung mit der Paternität untergeht.«[175]

Nicht so sehr die Lückenhaftigkeit ist daher an Ulrichs Ausführungen problematisch — denn vollständig wären die einschlägigen Anspielungen in einem Aufsatz wirklich kaum auszuheben —, sondern die unreflektiert positive Bewertung und das positivistische Muster, nach dem Ulrich die Bachofen-Reminiszenzen nur eben identifiziert, ohne deren Funktion zu bestimmen, geschweige denn ihre Ironie und ihren Zynismus je thematisch werden zu lassen. Unter dem Frontispiz des *Mutterrechts* steht nicht zufällig Ματέρος ἀγλαὸν εἶδος geschrieben, ›hehres *Bild* der Mutter‹, und nicht von ungefähr hat Bachofen dieses zum ›Hauptwerk‹ gewordene Buch »dem Andenken [s]einer Mutter [...] geb. Merian«, der Mutter als Toter gewidmet. Als Altertumswissenschaftler und Bewunderer des Römischen Rechts konzeptualisiert er die »Gynaikokratie«, um es nochmals zu betonen, als eine vorhistorische und längst untergegangene Einrichtung. Das »Recht der Frau [...], den Mann selbst zu wählen«,[176] wird im »Experiment«[177] der Mannschen Novelle zwar wirklich evoziert, aber als ein wesentlich »zeitvergessene[s]«.[178] »Andere Zeiten, andere Sitten«, kommentiert der Kastellan jene »Abgelegenheiten«, in deren einer die Frau und Mutter dem Mann um den Hals fällt.[179]

Wenn Ulrich noch den Tod der bezeichnenderweise so naturverbundenen Frau als Affirmation der Bachofenschen Matriarchatstheorie, der darin wesentlichen Verbindung von »vernichtende[r]« und »zeugende[r] Kraft« lesen kann (»wer Leben erweckt, arbeitet für den Tod«),[180] dann nur um den Preis, daß dabei die besondere Modalität des Sterbens übersehen oder unterschlagen werden muß. Vom »Freßgezücht« der »mörderische[n] Zellenansiedlung« tödlich befallen, wie sich unter »dem weißen Licht der Bogenlampen« herausstellt, sollte vom Anfang der Entstehungsgeschichte an ausgerechnet ein spezifisch ›mütterliches‹ Organ sein, dessen »furchtbares Bild« durch »die Eröffnung der Bauchhöhle« in dieses »weiße[] Licht« herausgekehrt wird (ursprünglich die ihrerseits hohlförmige Gebärmutter, dann, veranlaßt durch die oben schon zitierte Korrespondenz mit Rosenthal, der Eierstock[181]). —

Das besondere, von Grund auf und seinem ideologischen Zweck nach ahistorische Interesse an den mythologischen Reminiszenzen[182] scheint

174   Bachofen, Urreligion und antike Symbole, Bd. 1, S. 317.
175   Bachofen, Urreligion und antike Symbole, Bd. 1, S. 68.
176   Ulrich, »...diese kleine Mythe von Mutter Natur«, S. 128.
177   Bd. 11, S. 530. Der Kontext legt eine konzis poetologische Bedeutung, einen Bezug des Worts etwa auf Emile Zola oder Hippolyte Taine nicht zwingend nahe.
178   Bd. 8, S. 942.
179   Bd. 8, S. 944 f.
180   Ulrich, »...diese kleine Mythe von Mutter Natur«, S. 129.
181   Rosenthal, Brief vom 11.5.1952.
182   Vgl. z. B. M[ax von] B[rück], Frühling im Zwielicht, in: Die Gegenwart 8,

die Texte des Gesamtwerks vorgegeben zu haben, zu denen in der Forschungsgeschichte bisher intertextuelle Bezüge hergestellt wurden: in aller Regel natürlich zum *Tod in Venedig*, einem Jahrzehnte älteren Text — obwohl Thomas Mann beteuerte, die beiden Erzählungen hätten miteinander rein »gar nichts zu tun«[183] —; gelegentlich auch zu den Josephsromanen, Thomas Manns überhaupt deutlichstem Versuch, aufgrund mythologischer (übrigens auch hier über Bachofen vermittelter[184]) Reminiszenzen jene Vorstellung von einer Konstanz des »reine[n] menschliche[n] der Existenz« umzusetzen, aufgrund dessen das historisch und kulturell auch noch so Fremde doch zugänglich und gleichsam übersetzbar bleiben muß. Sobald man aber dieses Postulat des »reinen Menschen«[185] fallenläßt und *Die Betrogene* einmal von der besonderen historischen Situation des Texts her zu lesen beginnt, drängt sich eine ganz andere Beziehung zum Gesamtwerk auf.

»Schloß Holterhof beim gleichnamigen Dorfe südlich der Stadt«,[186] und das war und bleibt in der außerwissenschaftlichen Rezeption ein besonderes Faszinosum, ist eine einzige Anspielung auf einen realen Ort, ja mehr als eine Anspielung oder eine Anspielung doch nur erst seit einem sehr späten Stadium der Entstehungsgeschichte. Ursprünglich sollte das Schloß unumwunden »Benrath« heißen. Erst bei den Korrekturen der Reinschrift ersetzte Thomas Mann den realen durch den ohne weiteres dechiffrierbaren Phantasienamen,[187] den er aus zwei sehr leicht nachzuvollziehenden Assoziationen bildete. Im Schloß- und Dorfnamen »Holterhof« kombinierte er den Namen von »Schloß Jäg*erhof*«, welches »in denselben Jahren« wie Schloß Benrath-Holterhof erbaut wurde beziehungsweise worden sein soll,[188] mit dem Namen des Dorfs *Holt*hausen, das, auch auf einer der nachweislich benutzten Karten unmittelbar neben dem hier eigenhändig markierten Benrath eingezeichnet,[189] auf dem Weg von Düsseldorf dorthin liegt, wie er ebenfalls nachweislich wußte.[190]

Als er an der Novelle schrieb, hatte Thomas Mann Schloß Benrath noch nicht mit eigenen Augen gesehen. Wie oben schon angedeutet, lernte er es erst in der Folge ihrer Rezeption, auf Einladung der »Arbeitsgemeinschaft kultureller Organisationen« und geführt vom damali-

---

	1953, S. 468 f.
183	Bd. 11, S. 529.
184	Vgl. Manfred Dierks, Studien zu Mythos und Psychologie bei Thomas Mann. An seinem Nachlaß orientierte Untersuchungen zum *Tod in Venedig*, zum *Zauberberg* und zur *Joseph*-Tetralogie, Bern und München 1972 (Thomas Mann-Studien, Bd. 2), S. 169–206; Elisabeth Galvan, Zur Bachofen-Rezeption in Thomas Manns *Joseph*-Roman, Frankfurt a. M. 1996 (Thomas Mann-Studien, Bd. 12).
185	Barthes, Am Nullpunkt der Literatur, S. 75.
186	Bd. 8, S. 936.
187	Vgl. Hansmann, S. 163–165.
188	Bd. 8, S. 936.
189	In: Merian 4.5, 1951, Frontblatt verso.
190	Vgl. Rudolf Oberloskamp, Brief vom 7.2.1953 (Thomas Mann-Archiv).

gen Direktor des Düsseldorfer Stadtmuseums, Gert Adriani,[191] aus eigener Anschauung kennen. Die Informationen, die er für die betreffende Partie der *Betrogenen* also faute de mieux aus zweiter Hand heranziehen mußte, stammen zum größten Teil aus seiner Korrespondenz mit jenem Düsseldorfer Anwalt und besonders aus einem im Nachlaß erhaltenen *Merian*-Heft *Düsseldorf* von 1951. In diesem, mit vielen An- und Unterstreichungen versehen, findet sich unter dem Titel »Schloßzauber« auch ein Auszug aus Emil Barths *Wandelstern*. Bei den unzähligen, oft wortwörtlichen Anleihen, die er bei Barth machte und die dieser wie jeder auch noch so flüchtige Leser des *Wandelstern* oder des *Merian*-Auszugs unverzüglich bemerken mußte,[192] mag Thomas Mann mit der Abgelegenheit des geradezu ausgeweideten Vortexts gerechnet haben (wie in anderen, mitunter weniger gütlich aufgenommenen Fällen, so zum Beispiel im Zusammenhang mit seiner Arbeit am *Felix Krull*, der in jenen Jahren zum »Gegenstand« eines »Urheberrechtsprozesses« wurde[193]).

Der Wandelstern, ein 1939 erschienener und in ›innerer Emigration‹ entstandener autobiographischer ›Roman‹ (der generische Untertitel ist nicht authentisch und geht auf den Verleger zurück), besteht aus einer Reihe von sehr bezeichnenderweise durch und durch elegisch gestimmten Kindheitserinnerungen. Der im *Merian*-Heft abgedruckte Auszug, eine in der ersten Person und aus der Kinderperspektive erzählte Besichtigung von Schloß Benrath, erhält eine gewisse formale Geschlossenheit durch die Einheit des Orts, durch die leitmotivischen Erwähnungen des Rheinstroms. Der erste Absatz endet: »Zum Rhein, zum Rhein, zum deutschen Rhein!« Der Rhein, der übrigens zur erzählten Zeit des *Wandelstern* und der *Betrogenen* völkerrechtlich gerade nicht mehr ›deutsch‹ war, bildet die äußerste und in ihrer Unüberwindlichkeit thematische Grenze der Handlung. Wegen des für die Schloßbesichtigung ausgelegten Gelds können ihn die Kinder doch nicht »mit einem Motorschiff« überqueren. Und auf ihn kommt die ganze Emphase des letzten Worts zu liegen: »[…] der Strom.«

Daß Thomas Mann dieses letzte Wort unterstrichen und in einer Entwurfsskizze als solches übernommen hat, deutet darauf hin, wie genau er die besondere Rolle des Flusses bei Barth erkannt hat. Auch im Wortlaut des Novellentexts wird dann wiederholt auf die unmittelbare Nähe des Schlosses zum Strom hingewiesen; erst, bei der Planung des Aus-

---

191 Vgl. Hansmann, S. 165 f.
192 Vgl. Barths Brief vom 5.3.1955 an Willem Enzick, in: Emil Barth, Briefe aus den Jahren 1939–1958, hg. v. Peter Keller, Wiesbaden 1968, S. 240 f., hier S. 240; Herbert Nette, Thomas Mann — Emil Barth. Ein stilkritischer Vergleich, in: Neue Deutsche Hefte 87, 1962, S. 98–105, hier v. a. S. 98 f.; Barbara Mayer, Ueber Emil Barth: *Der Wandelstern* […] und Thomas Mann: *Die Betrogene* […]. Textvergleichungen, 1958 [Manuskript].
193 John Kafka, Welt und Kaffeehaus. Eine nicht ganz ernste und andere Geschichten, Berlin-Grunewald o. J., Waschzettel.

flugs, darauf, daß sich der »Park« »bis zum Rhein [...] hinziehe[]«,[194] dann, bei der tatsächlichen Ankunft, darauf, daß er das doch »[n]icht ganz« tue. Zwischen dem Fluß und der »Parkherrlichkeit«, die aus ganz »fremdartige[r]« Vegetation besteht, liegt immerhin »ein[] noch ziemlich feuchte[r] Wiesenweg«[195] (wie »die *Sumpf*zypresse«,[196] die allein in der für die Schilderung des Parks benutzten Literatur überhaupt nicht vorgegeben ist,[197] eine Reminiszenz an ein bei Bachofen stark privilegiertes Wortfeld — »luteae voluptates«, »Schlamm- und Sumpfgründe«, »*Sumpfvegetation*«, »Sumpfzeugung« und »*Sumpfbegattung*«[198] —, auf welches Thomas Mann wieder über Kerényi oder über Kerényi neuerlich aufmerksam wurde,[199] an Bachofens obsessiv konstante Assoziation vorpatriarchaler Zustände mit »[d]e[m] Sumpf und seine[n] Gewächse[n]«,[200] wie Carl Albrecht Bernoulli in seiner hierin sehr sinnigen Ausgabe eine der unter dem Titel »Natursymbole« versammelten Kapitelgruppen überschrieb). Selbst noch die »kahnartige[n] Filzpantoffeln« und »Filzkähne«,[201] in denen sich das ›Feuchte‹, als Übergängigkeit von Wasser und Erde, im seinerseits so modrig feuchten Schloßinnern metaphorisch fortsetzt, hat Thomas Mann verbatim aus *Schloßzauber* übernommen.

Auch in *Schloßzauber*, und damit löst sich die elegische Haltung des ganzen ›Romans‹ in romantischer Ironie auf, erscheint das Schloß als Ruine einer fremd gewordenen Vergangenheit, und es erhält diese Bedeutung über dieselben Embleme wie in der *Betrogenen*; die »zeitvergessene« Uhr, die an »Gebiß und Mähne« bröckelnden und zum Reiten mißbrauchten Wappentiere (wobei freilich die bei Barth allgemeine Geste der Respektlosigkeit und des Pietätsverlusts in der *Betrogenen* in nationalpsychologisch bezeichnender Weise auf den einen Amerikaner allein beschränkt wird):

Ich [...] sah aber doch eigentlicher das Natürlich-Zufällige: *den abblätternden Verputz, ein Büschelchen Heu unter der Regenrinne hervorlugend, ein Schwalbennest in der Stuckgirlande klebend oder überm weißen Portal auf schmaler Leiste ein paar Grasähren.* Niemand bewohnte *mehr* den zierlichen Bau; seit Jahrzehnten, so hatte der Vater erzählt,

---

194 Bd. 8, S. 937. Vgl. 7.2.1952 an Grete Nikisch; Dichter über ihre Dichtungen, Bd. 3, S. 513 f.

195 Bd. 8, S. 940.

196 Bd. 8, S. 940; im Original keine Hervorhebung. Vgl. Ulrich, S. 130; zur ›mutterrechtlichen‹ Symbolik der Zypresse Bachofen, Urreligion und antike Symbole, Bd. 2, S. 18 f.

197 Suter, S. 58–63; Barth, Schloßzauber, S. 56, 60. Vgl. Hansmann, S. 152 f.

198 Bachofen, Urreligion und antike Symbole, Bd. 1, S. 93, 317, 378, 385 f. (vgl. S. 373, 377 f., 380, 383); Bd. 2, S. 38; Thomas Manns Hervorhebungen. Vgl. Ulrich, »...diese kleine Mythe von Mutter Natur«, S. 129.

199 Vgl. Kerényi, Bachofen und die Zukunft des Humanismus, S. 22, und 3.12.1945 an Karl Kerényi; Briefe, Bd. 3, S. 460–462, hier S. 462.

200 Bachofen, Urreligion und antike Symbole, Bd. 1, S. 353–436.

201 Bd. 8, S. 943, 945.

war es nur der greise Kaiser Wilhelm gewesen, der einmal bei großen Manövern darin Quartier genommen. *Die Uhr, die ein fliegender Engel über dem Wappengiebel dahintrug, zeigte keine Zeit mehr an;* in einer zeitlosen Welt spielten *die pausbäckigen Putten* mit den Löwen, *die das Wappenschild hielten,* oder boten den *Schatz ihrer Fruchtkörbe* einem glücklichen Himmel dar. Ob auch wir es wohl wagen durften, uns ein wenig Löwenfreundschaft anzumaßen? *Friedlich die Vorderpranken übereinandergelegt, flankierten vier der Wüstenkönige Freitreppe und Auffahrt, gutmütig-grämliche Tiere aus Sandstein, deren Gebiß und Mähne bereits vor Alter zerbröckelte* und deren Satteldecken schon von manch heldensinnigem Löwenritter glattgewetzt waren, trotzdem ein Eisendorn darin stak, der keineswegs wie bei hölzernen Spielzeugpferden dazu dienen sollte, den Reiter sattelfest aufzusetzen. Und gerade schickte auch ich mich an, einmal dem Wappentier auf die Kruppe zu steigen, als oben hinter mir das Aufriegeln von Türen laut ward. Es schreckte mich weg; *mit großväterlichem Barte, wie ihn auf allen Bildern, ja noch auf dem Denkmal vorhin der alte Kaiser trug, trat ein Livrierter vor, die Brust voller Verschnürungen.* Runzelte er nicht die Brauen? Er sah uns an, überschlug mit gleichem Blick die Anzahl der Fremden.

»Wollt ihr das Schloß besichtigen?« fragte er mich bedrohlich. Ich bejahte es ziemlich kleinlaut. »Dann kommt nur herein!« sagte er weithin vernehmbar, kehrte in den Schatten zurück und öffnete den zweiten Flügel des Portals.

Wir stiegen zögernd hinan, und da wir auch die Fremden der Einladung folgen sahen, traten wir mutig über die Schwelle *ins Vestibül des Schlosses, das Feuchtigkeit und Kälte ausatmete.* Der kaiserbärtige *Hausmeister* zog ein Blöckchen aus der Tasche. *»Zehn Pfennig!« sagte er: »Zwei Mal!«* und riß unter meinem verdutzten Zusehen zwei rote Zettel ab. Fahr hin, Motorschiff! schwimm hin, du Traum von der Kajüte aus Samt und Spiegelglas, worinnen hundertmal die Wasserlilie, die begegnenden Dampfer und Boote, die fernen Ufer erscheinen sollten! Über und über errötend vor Scham, der großartige Mann könne mir ansehen, was für einen lächerlichen Gedanken ich gehabt — daß er uns nämlich aus purer kaiserlicher Freundlichkeit das Schloß zeigen wolle —, so kramte ich das Geldtäschchen hervor, das die Mutter mir mitgegeben hatte, und reichte […] die Hälfte unseres Vermögens hin. Die roten Zettel, die wir dafür bekamen, riß der gewalttätige Mensch zuvor noch halb durch.[202]

In *Schloßzauber*, und hierin besteht die bei aller fast schon plagiatorischen Ausbeutung des Vortexts entscheidende Differenz zur in dieser Hinsicht radikaleren und konsequenten Partie der *Betrogenen*, scheint sich der Abgrund zwischen Gegenwart und Vergangenheit unversehens doch noch zu schließen. Nicht nur, daß durch die Autorität des »Vater[s]«, durch die unmittelbare Überlieferung von einer Generation auf die andere, ein Kontinuum zu einer Zeit hergestellt wird, in der das Schloß seiner Bestimmung noch nicht völlig entfremdet war und einem, wenn auch schon »greise[n]« Hohenzollern immerhin sporadisch und ausnahmsweise als Unterkunft diente; in der kindlichen Wahrneh-

---

202   Barth, Schloßzauber, S. 57–59; Thomas Manns Hervorhebungen.

mungsperspektive des ›Schloß*zaubers*‹ scheint die Vergangenheit von der Gegenwart wenigstens für den einen Augenblick nicht mehr unterscheidbar, in dem der »kaiserbärtige Hausmeister« auftritt.

Daß Thomas Mann auf die kindliche Verwechslung oder Identifikation des angestellten »Hausmeister[s]« mit dem alten Haus*herrn* besonders aufmerksam wurde, zeigen schon seine einschlägigen, im Zitat oben durch Kursivsatz markierten Unterstreichungen oder auch seine Notizen: »Livrierter mit Alt-Kaiser-Bart.« Desto bezeichnender ist seine eigene Gestaltung des »Kastellan[s]«, wie er in der *Betrogenen*, wieder anders als bei Barth, zur »Elf-Uhr-Führung«,[203] also zu ›böser‹ Stunde erscheint — denn an Thomas Manns Wissen um die zahlensymbolische Bedeutung der Elf lassen im *Doktor Faustus* der »Elf-Uhr-Zug«, die »Klaviersonate opus 111« und die »11 Instrumente« des einst geplanten *Ragtime«* wie gesagt wenig Zweifel —:

> Dann knarrten Riegel, und Keaton beeilte sich, von seinem Reittier herunterzukommen, da der Kastellan, ein Mann mit leer aufgerolltem linken Ärmel und in Militärhosen, kriegsbeschädigter Unteroffizier allem Anschein nach, den man mit diesem stillen Amte getröstet, den Flügel des Mittelportals aufschlug und den Zutritt eröffnete. Er stellte sich im hohen Türrahmen auf, ließ das Publikum an sich vorüber, indem er von einem kleinen Block Entreebilletts abgab, die er mit seiner einzigen Hand gleich auch noch halb durchzureißen verstand. Dabei begann er auch schon zu reden, mit schief gestelltem Mund und heiser verschriener Stimme die auswendig gelernten und hundertmal vorgebrachten Belehrungen herzusagen [...].[204]

Ganz anders als im *Schloßzauber*, wo es die Figur des hier von »oben« erscheinenden Kastellans wenigstens für den Moment »eine[s] lächerlichen Gedanken[s]« und wenigstens einem »kleinlaut[en]« Kind ermöglicht, den sonst gebrochenen Zugang zur Vergangenheit doch noch zu finden und in eine ›zauberhafte‹ Unmittelbarkeit zu ihr zu gelangen, ist der hier so wenig »großartige Mann«, anders auch als noch in den Notizen mit keinem »Alt-Kaiser-Bart« mehr ausgestattet, gleichsam selbst zu einer einzigen Ruine und wehmütigen Erinnerung an die Vergangenheit geworden, zu deren Verwaltung und Kommerzialisierung er angestellt ist. Vor allem aber ist es eine ganz andere Vergangenheit, die hier evoziert wird; nicht »der alte Kaiser« und die »großen Manöver[]«, sondern der katastrophal ausgegangene Ernstfall, der verlorene Krieg. Und wenn der am linken Arm versehrte Kastellan und »Einarm« überhaupt an einen Kaiser erinnert, dann auch nicht an den »alte[n]«, sondern an dessen Nachfolger, unter dem dieser Krieg verloren wurde, oder doch jedenfalls an den Klaus Heinrich aus dem Roman *Königliche Hoheit* (mit dem Zusatz »A Novel of German Court Life«[205] als überhaupt er-

---

203 Bd. 8, S. 942.
204 Bd. 8, S. 943.
205 Thomas Mann, Royal Highness. Translated by A. Cecil Curtis, London 1916 (Rücken des Schutzumschlags).

ster Text Thomas Manns 1916 auf Englisch erschienen), in dem derselbe oder vielleicht auch eben nicht mehr ganz derselbe Autor ein halbes Jahrhundert zuvor der Monarchie und Wilhelm II. gehuldigt und sich mit diesem durch unzählige autobiographische Einschlüsse nahezu identifiziert hatte.

Solch eine intertextuelle Beziehung zwischen dem frühen, offen monarchistischen Roman und der letzten, untergründig antirepublikanischen Novelle legt schon der hier museal entfremdete Schauplatz nahe. Holterhof, wie gesagt, läßt sich selbst noch in der Druckfassung und hinter diesem Phantasienamen leicht als Benrath dechiffrieren; erstens aufgrund der geographischen Angaben (südlich von Düsseldorf, unmittelbar am Rhein), zweitens aber auch deswegen, weil das Schloß bei seiner ersten Erwähnung zusammen mit seinem Zwillingsschloß gleichsam und dieses unter seinem ›wirklichen‹ Namen erwähnt wird: »Schloß Jägerhof«.

Die beiden Schlösser Benrath und Jägerhof, und zwar in diesem Junctim, spielten nachweislich auch bei der Entstehung von *Königliche Hoheit* eine wesentliche, wenn nicht geradezu entscheidende Rolle. Der nierenkranke Millionär und »Leviathan«[206] — Kur von »Nierenleiden« erscheint auch in einer Notiz zur *Betrogenen*, in Zusammenhang mit den Düsseldorf und Benrath benachbarten Orten —, Samuel N. Spoelmann also entschließt sich bekanntlich, der »Krone« eines ihrer schon verfallenden Schlösser abzukaufen (zu denen ein »Schloß ›Jägerpreis‹«[207] gehört), es zu renovieren und selbst zu bewohnen, das, gemäß einer seinem Reichtum konstant assoziierten und schon seinem Namen assoziativ eingeschriebenen Fließ-Metaphorik, den natürlich auch monarchistisch motivierten Namen »Delphinenort« trägt (›Dauphin‹ als Metonymie für den Thronfolger). Schon diese doppelte Motivierbarkeit des Namens steht für das politische Kerygma des Romans, für eine Allianz von Monarchie und Industriekapitalismus.

Zu Spoelmanns Kauf aber, über dessen formaljuristische, durch die Staatsbürgerschaft des Käufers komplizierte Möglichkeit Thomas Mann eigens die Auskünfte eines Spezialisten einholte, ließ er sich ganz offensichtlich, wie so oft, durch eine Zeitungsnotiz anregen. Der hier einschlägige Zeitungsausschnitt befindet sich im Materialienkonvolut zu *Königliche Hoheit*. Unter der Rubrik »Tagesneuigkeiten« und der Schlagzeile »Zwei Schlösser des Kaisers dem Verkauf unterstellt« heißt es darin:

> Nach einer Meldung der »Düsseld. Ztg.« hat die *Verwaltung der Kronfideikommißgüter* die zuständigen Stellen angewiesen, den Verkauf der königlichen Schlösser *Benrath* und *Jägerhof* (Düsseldorf) anzubahnen, weil beide Schlösser für Wohnzwecke der kaiserlichen Familie nicht mehr in Betracht kommen und *jährlich steigende Zuschüsse erfordern*.[208]

---

206 Bd. 2, S. 151 f.
207 Bd. 2, S. 45.
208 Im Original andere Hervorhebungen; Kursives mit Blei- bzw. mit Blaustift,

Darin, daß Schloß »Delphinenort« und seine in *Königliche Hoheit* erzählte Geschichte durch die »königlichen Schlösser Jägerhof und Benrath« inspiriert ist, zeichnet sich eine überraschende, bisher jedenfalls unbeachtet gebliebene intertextuelle Beziehung dieses frühen Romans zur letzten Novelle ab, genauer gesagt zur letzten oder vorletzten, auch nach Ausweis der Rezeptionsgeschichte am stärksten profilierten Partie der Altersnovelle, die der bald achtzigjährige Thomas Mann als letzte »Erzählung« und realistischerweise wohl auch als letztes überhaupt noch vollendbares Werk schrieb. Es ist kaum denkbar, daß Thomas Mann nicht an »Delphinenort« denken *mußte*, als er Ken Keaton und die von Tümmlers »Holterhof« besuchen ließ — als Appellativ ist ›Tümmler‹ ein auch noch im zwanzigsten Jahrhundert geläufiges Erbwort für ›Delphin‹ —, das näher am Rhein gelegene der beiden zuvor zu einem einzigen kontaminierten Schlösser.

Von ihrem gemeinsamen realen Substrat aus gesehen, sind Holterhof und Delphinenort identisch. Der implizite Autor des Gesamtwerks kehrt in seiner letzten Novelle an den Schauplatz seines zweiten Romans zurück. Das inzwischen vergangene halbe Jahrhundert freilich wird damit nicht aufgehoben. Das einst so erfolgreich renovierte und geschmackvoll herausgeputzte Schloß, Kulisse einer sich anbahnenden ehelichen Verbindung von Großkapital und Hochadel, erscheint nunmehr in einem erbärmlich verfallenen Zustand. War es einst noch möglich, den Adelssitz einem seinem ursprünglichen wenigstens verwandten und in dieser Verwandtheit sinnreichen Zweck zuzuführen, eben, wenn schon keinen echtbürtigen Kaiser oder König, so wenigstens doch einen »Railway king[]«, »Dollar«-[209] und »Eisenbahnkönig«[210] zu behausen, so wird es hier, in der *Betrogenen*, als Museum wie die defekte Uhr zum Sinnbild dafür, daß die Zeit des Feudalismus und Neofeudalismus nun endgültig und rettungslos abgelaufen ist.

Der kriegsinvalide Kastellan steht für den verlorenen Krieg, welcher der Hohenzollern-Monarchie das Ende brachte. Schloß Holterhof, gerade aufgrund seiner Identität mit Schloß Delphinenort, steht für die begrabenen Hoffnungen, die sich einst vor dessen Kulisse und durch dessen fiktive Renovation artikulierten. Der Glaube an die Überlebens- und Verjüngungsfähigkeit der alten monarchistischen Formen ist der Trauer um deren Unwiederbringlichkeit gewichen. Das Schloß ist Ort nicht mehr einer »Erfüllung«, wie das entsprechende oder eben gerade nicht entsprechende Kapitel in *Königliche Hoheit* überschrieben ist, sondern es bildet nur noch die makabre, aber sehr sinnreiche Kulisse einer Leidenschaft, die ihrerseits nicht auf einer Verjüngung, sondern auf dem trüglichen und alsbald brutal widerlegten Verjüngungsglauben einer in Wahrheit schon moribunden Frau von Tümmler beruht.

---

wahrscheinlich von Thomas Mann selbst unterstrichen.
209   Notizen; die erste im Original an einer von zwei Belegstellen hervorgehoben.
210   Bd. 2, S. 152.

Die melancholische Rückkehr des impliziten fällt oder scheint doch mit einer solchen des realen Autors zusammenzufallen, der in *Königliche Hoheit* unverkennbar deutlich seine eigene, auch sonst als Nobilitierung stilisierte Einheirat ins Großkapital gestaltete[211] und der sich nun hinter der Figur der Rosalie auf teils ziemlich offensichtliche, andernteils aber auch auf unheimliche und ihm selber sehr wahrscheinlich unbewußte Weise verbirgt: Thomas Mann, und die zeitgenössische Rezeption folgte ihm darin,[212] bestimmte *Die Betrogene* als einen Text der »Rückkehr« nicht eigentlich nach Deutschland, aber immerhin nach »Europa« und zu »der alten Erde«;[213] und dieser Umstand war ihm wichtig genug, um ihn zusammen mit dem Titel auf dem Deckel einer Pappmappe eigenhändig festzuhalten, in der sich heute die Materialien zum Text befinden: »Die Betrogene / Begonnen am 16. Mai 52 in P. P. [Pacific Palisades] / Beendet am 18. März 53 in Erlenbach«.[214]

Ein paar Jahre zuvor, im Frühjahr 1946, hatte sich der leidenschaftliche Raucher im Billings Hospital in Chicago bei W. E. Adams, einem Mitbegründer der modernen Thoraxchirurgie und 1933 in Saint Louis an der ersten erfolgreichen Pneumonektomie beteiligt,[215] einer heiklen, aber geglückten Operation unterzogen, die, damals erst in den Vereinigten Staaten durchführbar,[216] eine Rettung vor dem sonst sicheren Krebstod bedeutete und ohne welche *Die Betrogene* also samt ihren antiamerikanischen Spitzen bestimmt nicht mehr hätte geschrieben, ja vielleicht nicht einmal *Das Leben des deutschen Tonsetzers Adrian Leverkühn* hätte zu Ende erzählt werden können (der nun zwar ganz jenseits der Reichsgrenze »die Infektion empfängt«, dem aber doch »die Zigarette« sinnigerweise »erst ziemlich spät, *erst in Leipzig*, zur Gewohn-

---

211 Vgl. z. B. das Detail der »schöngebundenen Bibliothek« Bd. 2, S. 282–284, mit Bd. 11, S. 117.

212 Vgl. z. B. A[dolf] H[anlik], Versuch über Thomas Manns Erzählung *Die Betrogene* [Manuskript, in Thomas Manns Nachlaß].

213 5.7.1952 an Agnes Meyer; Thomas Mann und Agnes E. Meyer, Briefwechsel 1937–1955, hg. v. Hans Rudolf Vaget, Frankfurt a. M. 1992, S. 771 f., hier S. 771. Vgl. Bd. 11, S. 529. Zur möglichen Bedeutung dieser Bestimmung für den in sexualibus vergleichsweise sehr gewagten Text vgl. Renate Böschenstein, *Der Erwählte* — Thomas Manns postmoderner Ödipus?, in: Colloquium Helveticum 26: Intertextualität — Intertextualité, 1997, S. 71–101, hier S. 89.

214 Vgl. Tagebücher 1953–1955, S. 36. Nach Ausweis der Tagebücher begann die Niederschrift erst am 17. oder schon am 14.5.1952: Tagebücher 1951–1952, S. 213, 215.

215 Vgl. Christian Virchow, A. P. Naef, H. E. Schaefer und J. Chr. Virchow jr., Thomas Mann (1875–1955) und die Pneumologie. Zur Indikation des thoraxchirurgischen Eingriffs im April 1946, in: Deutsche Medizinische Wochenschrift 122, 1997, S. 1432–1437, hier S. 1437, Anm. 33.

216 Vgl. Christian Virchow, Zur Pathographie Thomas Manns — Die Atemwegerkrankung im April 1946, in: Thomas Sprecher (Hg.), Vom *Zauberberg* zum *Doktor Faustus*. Krankheit und Literatur. Die Davoser Literaturtage 1998, Frankfurt a. M. (Thomas Mann-Studien) [im Druck]; Virchow, Naef, Schaefer und Virchow, S. 1436.

heit geworden« sein soll[217]). Der Zeitpunkt der Erkrankung muß sehr zu denken geben. Denn spätestens seit dem 1930 zu seinem fünfundfünfzigsten Geburtstag erschienenen *Lebensabriß* »vermute[te]« Thomas Mann, »im Jahre 1945, so alt wie [s]eine Mutter, sterben« zu müssen.[218] 1946, scheint es, war diese ›Vermutung‹ gegenstandslos geworden; mochte die damals als schon gefährlich weit fortgeschrittene Krankheit auch in das Jahr zurückreichen, auf welches Thomas Mann seinen Tod vermutenderweise datiert hatte. Etwas näher besehen allerdings erweist sich die ›Vermutung‹ als geradezu divinatorisch oder doch hochgradig autosuggestiv. Sie setzt sich nämlich auf zwei eigentlich verschiedenen Daten zusammen, von denen der Autor nur insinuiert, daß sie sich dekken: »1945« — »so alt wie meine Mutter«. 1945 wäre Thomas Mann siebzig oder neunundsechzig gewesen, noch nicht so alt, wie seine Mutter war, als sie 1923 im Alter von einundsiebzig Jahren und sieben Monaten starb. Unabhängig davon nun, ob Thomas Mann sie bewußt in Kauf nahm oder ob sie seinem »Sinn für mathematische Klarheit«[219] einfach entging — denn auch anderwärts gab er an, daß seine Mutter »mit 70 Jahren [...] starb«[220] —, ist die leichte Unstimmigkeit der ›Vermutung‹ bedeutsam; schon deshalb, weil sie etwas von der Selbstverständlichkeit und dem Automatismus erkennen läßt, womit das Sterben und die Mutter, Tod und Weiblichkeit immer wieder zu offenbar sehr suggestiver Symbiose zusammenfinden können. Erst diese Verbindung stört das Argument, dessen unmittelbarer Kontext sie überhaupt nicht erforderte. Denn eigentlich geht es dem Autor, dem Anlaß seines auf ein dezimal ›rundes‹ Jahr fallenden Geburtstags entsprechend, um die je in die »Mitten der Jahrzehnte« fallenden »Zahl[en] [...], die [s]ein Leben beherrschen«[221] (und tatsächlich ja selbst noch den Tod des Achtzigjährigen im August 1955). Bricht man jetzt die ›Vermutung‹ aus diesem Kontext der »rund[en]«[222] Zahlen heraus, um dessentwillen es Thomas Mann mit den Lebensdaten seiner Mutter nicht gar so genau nahm, nimmt man also die Bindung des eigenen ans Todesjahr der Mutter einmal beim Wort, so kann die Krebserkrankung von 1946 plötzlich als eine fast schon selbstmörderische Konsequenz der ›Vermutung‹ erscheinen. Denn ohne jene am Ort und zur Zeit des ›Vermutens‹ noch undenkbare Operation hätte Thomas Mann 1946 noch ein, zwei Jahre zu leben gehabt[223] und wäre damit wirklich ziemlich oder sogar ganz genau »so alt wie [s]eine Mutter« geworden.

Um so schwerer fällt es zu akzeptieren, was indessen alle Selbstzeugnisse nahelegen, daß er nämlich den Ernst seiner gesundheitlichen Gefährdung nicht kannte, daß man ihm mit Erfolg die wahre Natur seiner

---

217 Bd. 6, S. 419; im Original keine Hervorhebungen.
218 Bd. 11, S. 144.
219 Bd. 11, S. 144.
220 20.1.1941 an Caroline Newton; Briefe, Bd. 2, S. 174.
221 Bd. 11, S. 144.
222 Bd. 11, S. 144.
223 Vgl. Virchow, Naef, Schaefer und Virchow, S. 1435.

Krankheit verheimlicht, ihn selbst ›betrogen‹ hatte. Auf Katia Manns Wunsch hin und gemäß einer damals offenbar nicht unüblichen, von Thomas Mann selbst wahrscheinlich gutgeheißenen Praxis[224] hatte der Hausarzt, der später zur also vielleicht nicht gar so frei erfundenen Krebskrankheit der *Betrogenen* konsultierte Dr. Rosenthal, dem Patienten gegenüber von einem »Absceß«[225] im rechten Lungenflügel gesprochen;[226] ein Euphemismus, an den sich auch die Ärzte in Chicago hielten. Aus der *Entstehung des Doktor Faustus*, wo Thomas Mann aus der Verschlossenheit des Krankenhauspersonals keinen Verdacht schöpft, sondern sich im Gegenteil aus der Position des medizinisch recht gebildeten, ohnehin Bescheid wissenden Laien über die »wunderlichen Gesetze[] und Schweigegebote[] dieser Stätten« mokiert,[227] aus der Korrespondenz, aus den Tagebüchern oder auch noch aus den Antworten auf eine anamnestische Befragung aus dem letzten Lebensjahr[228] geht jedenfalls hervor, daß er an die »Diagnose eines infektiösen Abszesses in der Lunge«[229] glaubte und daß er nicht wußte oder eben, um es in Anlehnung an die Novelle und ihre intertextuellen Bezüge zu sagen — *Die Marquise von O....* hatte er unmittelbar vor Beginn der Arbeit wiedergelesen[230] —: nicht wissen *wollte*, woran er erkrankt war. Ein unbewußtes, ungewolltes Wissen um die eigene Krebskrankheit könnte schon aus seinem spontanen Interesse an »K.'s [Katias]« »Erinnerung« an eine krebskranke »Aristokratin« sprechen.[231] In seiner literarischen Einverwandlung dieser »Erinnerung« scheint Thomas Mann sein besseres Wissen abgewehrt zu haben. Die Krebskrankheit projizierte er auf eine Gestalt zwar des anderen Geschlechts, und noch dazu, wie bezeichnenderweise schon Theodor Storm in der von Thomas Mann sehr hochgeschätzten Novelle *Ein Bekenntnis*, auf ein für das andere Geschlecht spezifisches Organ, wenngleich die unmittelbare Todesursache in der *Betrogenen* in »einer doppelseitigen *Lungen*entzündung« besteht.[232] Andererseits aber konnte er offensichtlich doch nicht umhin, dieser dadurch im Freudschen Sinn ›unheimlichen‹ Gestalt einige seiner eigenen Züge zu verleihen, so wie übrigens auch sein günstiges Urteil über *Ein*

---

224 Vgl. Tagebücher 1944–1946, S. 34 (14.3.1944): »[...] Frage, ob man Krebskranke etc. in Unwissenheit lassen soll. Oft psychischer Collaps vor der Zeit.« Interessant, nicht nur für den Kontext der *Betrogenen*, ist auch das unmittelbar Folgende: »›Heilung‹ der Homosexualität durch Hormon-Injektionen. Es gibt Fälle rein psychischen Charakters, die ›unheilbar‹.«

225 20.5.1946 an Agnes Meyer; Briefe, Bd. 2, S. 490.

226 Vgl. Friedrich Rosenthal, Erinnerungen an Thomas Mann, in: Caroliner Zeitung. Blätter für Kultur und Heimat 25/26, Sonderheft, 1958, S. 51–61, hier S. 56 f.

227 Bd. 11, S. 258.

228 Vgl. Virchow, Naef, Schaefer und Virchow, S. 1437.

229 Tagebücher 1946–1948, S. 3.

230 Tagebücher 1951–1952, S. 210.

231 Tagebücher 1951–1952, S. 198.

232 Bd. 8, S. 950; im Original keine Hervorhebung.

Bekenntnis im Kontext der »verhängnisvoll[en]« Beziehung zwischen der literarischen Fiktion und Storms Magenkrebs gestanden hatte.[233]

»Düsseldorf sei nicht Deutschland«[234]

»In den zwanziger Jahren unseres Jahrhunderts«: Das im Gesamtwerk ganz singuläre Incipit der Zeitangabe ist um so bemerkenswerter, als die annalistisch präzise Festlegung des Geschehens auf die Zeit »um 1925« in den Entwurfsnotizen erst verhältnismäßig weit hinten erfolgt: »Handlung spielt um 1925«. Adorno, in einem der allerersten und am meisten zitierten Sekundärtexte, meldete bei seinem pauschalen »Rühmen[]«[235] der Novelle doch den einen Vorbehalt an, daß dieselbe es mit der Zeit der Handlung nicht genau genug nehme: Der Geliebte der »Betrogene[n]«, Ken Keaton, der vordem »Ken Kearny« heißen sollte — die gewahrte Identität der Initialen könnte vielleicht als Kontamination zweier biographischer Reminiszenzen wichtig sein: *K*laus Heuser (mit diesem Namen stimmten »Ken Keaton« und »Ken Kearny« auch prosodisch überein) und Ed *K*lotz,[236] eine Generation jünger als Heuser —, Ken Keaton also sei ein typischer Amerikaner nicht der Zwanziger-, sondern eindeutig der Vierziger- oder der Fünfzigerjahre.[237]

Wenn man einmal von der vielleicht etwas besserwisserischen Kritik absieht, in die er sie überführt, ist Adornos Beobachtung außerordentlich interessant. Die beobachtete und vorschnell nur einfach als Fehler verbuchte Zwiegestaltigkeit der Figur ist symptomatisch für die ganze Novelle und ihre Entstehung. Zwischen dem tatsächlich geschilderten und einem Amerikaner, wie er nach den Parametern der Erzählung realistischerweise sein müßte und wie ihn Adorno vermißte, liegt genau eine Generation. Damit aber führt Adornos Beobachtung direkt auf ein bemerkenswertes Austausch- und Analogieverhältnis zwischen den Generationen zu, ein Moment der Novelle selbst, das sich wieder als indirekte wie auch als direkte Bachofen-Reminiszenz beschreiben läßt. Denn schon bei Bachofen (der hier seinerseits auf den Mythologen Ludwig Preller zurückzugreifen scheint) ist die zentrale Bedeutung vorgegeben, die der Mythos von Demeter und Persephone in Jungs und

---

233 Bd. 9, S. 266. Vgl. hier auch die Assoziation von »Frau«, »Natur« und ›leichtem Sterben‹ mit dem »milden Tod« (Bd. 8, S. 950) der »Betrogene[n]«.
234 Bd. 8, S. 917.
235 Theodor W. Adorno, Aus einem Brief über die *Betrogene* an Thomas Mann, in: Akzente 2, 1955, S. 284–287, hier S. 284.
236 Vgl. Vaget, Kommentar zu sämtlichen Erzählungen, S. 297.
237 Adorno, Aus einem Brief über die *Betrogene* an Thomas Mann, S. 286.

Kerényis ›Archetypen‹- beziehungsweise ›Urbilder‹-Lehre[238] für das
»Sukzessionsverhältnis der Mutter und Tochter«[239] und das »Wechsel-
verhältnis von Tod und Leben«[240] angenommen hat und unter welcher
dieser Mythos von Thomas Mann in *Die Betrogene*[241] möglicherweise
rezipiert wurde (wie fast genau gleichzeitig von Max Frisch in *Homo faber*,[242] einem thematisch, in der Verbindung von Inzest, Krebsangst und
Antiamerikanismus, überraschend ähnlichen Werk).

Mit der mythologiegeschichtlichen Bedeutung von Demeter und Per-
sephone hängt es vielleicht zusammen, wenn die Vertauschbarkeit der
einen durch die andere Generation in der Entstehungsgeschichte der
Novelle am deutlichsten an Mutter und Tochter zu beobachten ist, an
Rosalie von Tümmlers Verhältnis zu ihrer Tochter Anna — zum Zeichen dessen, was der von Thomas Mann seinerzeit beifällig rezipierte
Jungianer Erich Neumann die »Identitätsbeziehung der Tochter zur
Mutter« nannte[243] —; aber doch auch an demjenigen zwischen« Ken
Keaton, der Rosalies »Sohn sein könnte« — das gibt ihr ihre Tochter
ausdrücklich zu bedenken, indem sie zu einer Ablenkung der Gefühle
ins Mütterliche rät —,[244] und ihrem verstorbenen »Gatte[n], Oberstleutnant von Tümmler« (ein in diesem Kontext der ›Stellvertreter‹ sehr
sprechender Dienstgrad, an dessen Stelle zuvor übrigens zwei andere
standen: »Major«, als Komparativ im Rahmen der Generationsthematik
immer noch sinnvoll und möglicherweise eine der vielen, übrigens wie
die Anspielungen auf die *Marquise von O....* schon in den Rezensionen
entdeckten[245] Reminiszenzen an den gerade auch für diese Thematik
einschlägigen *Mann von funfzig Jahren*; und »Rittmeister«, sei es einfach in anzüglicher Übereinstimmung mit Robert von Tümmlers »öfte-
re[n] Abweichungen von der Richtschnur ehelicher Treue«[246] oder so-

---

238 Vgl. Paul Bishop, »Literarische Beziehungen haben nie bestanden«? Thomas
     Mann und C. G. Jung, in: Oxford German Studies 23, 1994, S. 124–172, hier S.
     142, 148.
239 Bachofen, Urreligion und antike Symbole, Bd. 1, S. 78.
240 Bachofen, Urreligion und antike Symbole, Bd. 1, S. 79; in Thomas Manns Ex-
     emplar angestrichen.
241 Vgl. Heydenreich, S. 82.
242 Vgl. Rhonda L. Blair, ›Homo faber‹, ›Homo ludens‹ und das Demeter-Kore-
     Motiv, in: Walter Schmitz (Hg.), Frischs »Homo faber«, Frankfurt a. M. 1983,
     S. 142–170; zur inneren Beziehung der beiden Texte schon Stanislaw Lem, Über
     das Modellieren der Wirklichkeit im Werk von Thomas Mann, in: Sinn und
     Form 1965, Sonderheft: Thomas Mann, S. 157–177, hier S. 167.
243 Neumann, S. 173.
244 Bd. 8, S. 919, 926.
245 Vgl. Hermann Missenharter, Die Frau von 50 Jahren, in: Stuttgarter Nachrich-
     ten, 28.11.1953; Felicitas Vogler, Das Buch der Woche. Thomas Mann. *Die Be-
     trogene*, 23.11.1953 [Manuskript einer Hörfunkrezension]; Fritz Wolf, *Die Be-
     trogene* von Thomas Mann. Brief an eine Dame von fünfzig Jahren, 1.12.1953
     [Manuskript, in Thomas Manns Nachlaß].
246 Bd. 8, S. 877.

gar mit einer appellativischen Bedeutung seines Namens »Tümmler«: »[B]ereiter, [Z]ureiter«[247]).

Appellativisch motiviert ist wohl auch der Vorname der Frau von Tümmler selbst: »Die Rosenzeit war ihre ganze Wonne«[248] (die Rose ist Thomas Manns Konversationslexikon[249] zufolge der Aphrodite heilig und nach Bachofen in ihrer Schnellebigkeit ein »aphroditisches Sinnbild« für die »Stufe« des »Hetärismus«[250]). Ihren sprechenden Namen hat Rosalie gleichfalls erst verhältnismäßig spät erhalten. Zuvor trug sie einen bezeichnenderweise dezidiert christlichen Namen — bezeichnend im Zusammenhang der frivolen Anspielungen auf die biblische Sara[251] wie auch in Hinblick auf die genau reziproken Anspielungen auf die Jungfrau Maria in der *Marquise von O....* —: »Anna«, ein Palindrom (die theologisch-spekulative Bedeutsamkeit der Leserichtung war Thomas Mann spätestens seit seiner Arbeit am *Doktor Faustus* nachweislich bekannt), wie es in einem anderen Goetheschen und dem *Mann von funfzig Jahren* — das hatte Thomas Mann 1925 selber festgestellt[252] — eng verwandten Hypotext, den bereits schon einmal herangezogenen *Wahlverwandtschaften*, den Namen aller Hauptfiguren zugrundeliegt. Frau von Tümmler hieß also ursprünglich mit Vornamen so, wie ihre Tochter jetzt heißt. Bevor der in seiner christlichen Assoziierbarkeit für eine Mutterfigur eigentlich besser passende Name ›Anna‹[253] auf die Tochter überging — zum Zeichen einer tatsächlichen Vertauschung der konventionellen Mutter- und Tochterrolle, wie in *Unordnung und frühes Leid* die Verteilung der Namen »Abel«, »Adam« und »Eva« die republikanische Gegenwart als verkehrte Welt denunziert —, sollte diese Tochter »Agathe« beziehungsweise »Alice« heißen, so daß wenigstens die stabilen Initialen eine »Identitätsbeziehung« von Mutter und Tochter anzeigten.

Deren Ähnlichkeit ist in der älteren Konzeptionsschicht dadurch geradezu expliziert, daß Frau von Tümmler das »Schicksal« der Witwenschaft »mit ihrer Tochter teilt«. Die Tochter, die jetzt wegen eines ihr zu diesem Zweck verpaßten Klumpfußes (nach Bachofen ein ›hetärisch‹-›tellurisches‹[254] Symbol) »unverheiratet geblieben« ist[255] und sich nur einmal unglücklich verliebt haben muß, in »einen sehr schönen jungen Mann (Leutnant, Ministerialbeamter)« beziehungsweise, in der endgültigen Fassung, den »Chemiker« »Dr. Brünner«, »Gegenstand« einer kollektiv-unterschiedslosen »Verhimmelung durch Gänse und Puten«[256]

247 Grimm, Bd. 11, Abt. I, Teil 2, Sp. 1752, s. v. ›Tummler, Tümmler‹.
248 Bd. 8, S. 884.
249 Meyers kleines Lexikon, Bd. 3, Sp. 333, s. v. ›Rosen‹.
250 Bachofen, Urreligion und antike Symbole, Bd. 1, S. 386.
251 Bd. 8, S. 891, 903, 913.
252 Bd. 9, S. 174.
253 Vgl. Schoolfield, S. 106.
254 Bachofen, Urreligion und antike Symbole, Bd. 2, S. 201; vgl. Bd. 1, S. 440.
255 Bd. 8, S. 879.
256 Bd. 8, S. 881; vgl. Bd. 5, S. 1016.

(»Gänse« sind für Bachofen kultursymbolisch bedeutungsträchtige »Tier[e] der Sümpfe«[257]), sollte nach einem früheren Plan selbst schon verheiratet gewesen sein, mit einem »Gelehrte[n], Sinolog[en]«, »nach kurzer Ehe« gestorben an einer »vehementen Lungenentzündung« (in der Druckfassung, in der diese Todesart wieder frei geworden ist, wie gesagt die unmittelbare Ursache von Rosalies Tod).

Oberstleutnant Robert von Tümmler hingegen stirbt in der Druckfassung »ganz zu Anfang des Krieges, nicht im Gefecht, sondern auf recht sinnlose Weise durch einen Automobilunfall, doch konnte man trotzdem sagen: auf dem Felde der Ehre«.[258] Am Anfang der Notizen jedoch, wo eine annalistische Festlegung der erzählten Zeit und damit die explizite Beziehung auf den verlorenen Krieg ja fehlt, stirbt von Tümmler noch nicht diesen absurden und dubiosen »Heldentod«,[259] sondern »an Schrumpfnieren und Urämie«. Auf das Novellenganze hin gesehen, ist diese vergleichsweise banale Todesursache und ihre Ersetzung durch eine wenigstens halbwegs martialische, das Motiv jedenfalls der lädierten Nieren wieder sehr aufschlußreich. Genau wie der Vorname ›Anna‹ von der Mutter auf die Tochter überging, so wechselte im Lauf der Entstehungsgeschichte ein Merkmal des verstorbenen »Gatte[n]« auf den »Sohngeliebten«[260] über, und zwar seinerseits in direktem Zusammenhang mit Krieg und fadenscheinigem Heldentum. Der Ken Keaton der endgültigen Fassung, nun erst durch diesen Krieg nach Europa gelangt, hat seine »Tapferkeitsmedaille« und »Invalidenpension« wegen einer »Nierenverletzung« bekommen,[261] durch die er mit dem früheren Rittmeister und seinem Nierenleiden wie mit dem späteren Oberstleutnant und seinem zweifelhaften Tod »auf dem Felde der Ehre« gleichsam verwandt und verwechselbar wird (übrigens auch mit Rudi Schwerdtfeger, welcher wegen einer Nierenresektion[262] gar nicht erst in den Ersten Weltkrieg muß und also in der genau gleichen Weise »nicht mehr komplett«[263] ist oder ›incolumitatis damnatus‹, um das hierfür wie für »Schwerdtfegers Flirtnatur«[264] und Knabenhaftigkeit als Hypotext leitende Märchen von Amor und Psyche nochmals zu zitieren).

Das Problem der Verwechselbarkeit, wie es sich anhand einer historisch-kritischen Lektüre herauspräparieren läßt und wie es für Thomas Manns skeptische Haltung nicht nur der Weimarer, sondern eben zugleich auch den beiden neuen deutschen Republiken gegenüber weit-

---

257 Bachofen, Urreligion und antike Symbole, Bd. 2, S. 37–39. Vgl. Kerényi, Bachofen und die Zukunft des Humanismus, S. 22.
258 Bd. 8, S. 877.
259 Bd. 8, S. 889.
260 Neumann, S. 81, 122. Vgl. ders., Die Große Mutter. Eine Phänomenologie der weiblichen Gestaltungen des Unbewußten, Freiburg i. Br. ²1974 [Olten ¹1956], S. 133, 148, 177, 187, 189, 195, 199, 205, 214, 245, 265, 288, 294.
261 Bd. 8, S. 898.
262 Bd. 6, S. 403.
263 Bd. 8, S. 914. Vgl. Bd. 6, S. 444.
264 Bd. 6, S. 551.

reichende Implikationen hat, stellt sich zwar nicht wirklich, aber scheint sich wenigstens auch bei der eigentlich etwas befremdlichen Ortsangabe zu stellen: »in Düsseldorf am Rhein«. Der Fluß- hinter dem Ortsnamen, von diesem in den Entwurfsnotizen und ursprünglich auch noch in der Reinschrift durch ein hier dann gestrichenes Komma abgetrennt (»Düsseldorf, am Rhein«), ist völlig redundant und in seiner Redundanz ebenso befremdlich wie etwa die unter dem Lemma »Düsseldorf« doch wohl völlig selbstverständliche Notiz »[a]m rechten Rheinufer«, aber auch bezeichnend und um so bezeichnender, als er noch andernorts, so in Thomas Manns Korrespondenz erscheint. Warum war es für Thomas Mann so wichtig zu sagen, daß seine »wahre Geschichte«, die freilich gerade hierin wieder von ihrer ›wahren‹ Vorlage abweicht, nicht einfach nur »in Düsseldorf« oder »am Rhein« spielt, sondern, wie er auch an Agnes Meyer schrieb, in »Düsseldorf am Rhein«?[265]

Beim Nennwert genommen, implizierte der Flußname entweder, was natürlich ganz absurd wäre, daß es mehr als ein Düsseldorf gibt und der Name »Düsseldorf« deshalb durch einen formelhaft-stehend hinzugefügten Flußnamen vereindeutigt werden muß; oder aber er setzte voraus, was immer noch befremdlich, aber angesichts der Entstehungsgeschichte vielleicht etwas weniger absurd erscheint — die Niederschrift der Novelle begann ja noch in Kalifornien, und deren englische Übersetzung, *The Black Swan*, kam unverzüglich auf den amerikanischen Markt —, daß die Stadt zu unbedeutend oder immerhin zu unbekannt sei, als daß eine Vertrautheit mit ihrer geographischen Lage jedem Leser zugemutet werden dürfte (wie etwa bei der einzigen, übrigens rechtsrheinischen »Schweizer[] Ortschaft[]«, die Ken namentlich nennt: »Stein *am Rhein*«[266]).

Die geringe Plausibilität der einen wie der anderen Möglichkeit legt es nahe, den redundanten Flußnamen hinter der Ortsangabe »in Düsseldorf« — in der Handschrift zunächst: »*zu* Düsseldorf«[267] — ganz anders zu erklären; nicht aus einer denotativen Notwendigkeit, sondern anhand seiner Konnotationen: aus der nationalmythologischen Bedeutung des Flusses oder sogar als literarische Anspielung auf den bekannten Gedichtsanfang »*Zu* Bacherach am Rheine…« und also wieder auf den Lorelei-Mythos, wie er seine berühmteste Gestalt im ausgerechnet mit »Die Heimkehr« überschriebenen Zyklus des gebürtigen Düsseldorfers erhielt, dessen Namen Thomas Mann in den Notizen zur *Betrogenen* unter den »Berühmtheiten der Stadt« eigens aufgelistet und unterstrichen hat: »Heinrich *Heine*«, und den wenig später der seinerseits ›heimgekehrte‹ Adorno vor allem aufgrund der Lorelei-Rezeption als eine »Wunde« bezeichnen sollte, die »in Deutschland nach dem zweiten Krieg« klaffte.[268] Vor diesem Hintergrund kann der redundante Flußna-

265 5.7.1952 an Agnes Meyer; Thomas Mann und Agnes Meyer, Briefwechsel 1937–1955, S. 771.
266 Bd. 8, S. 898; im Original keine Hervorhebungen.
267 Im Original keine Hervorhebung.
268 Theodor W. Adorno, Die Wunde Heine, in: Theodor W. Adorno, Noten zur Litera-

me nicht nur auf die Bedeutung, die der Rhein für die nationale Identität hat, sondern auch auf deren schwere Krise weisen. Nicht zufällig geriet *Die Betrogene* unmittelbar zwischen die Fronten des von den beiden deutschen Staaten geführten Kalten Kriegs.[269]

Der Rhein verbindet alle für die Novelle und ihre Vorgeschichte (den Umzug von Duisburg nach Düsseldorf) relevanten Orte, und in der Novelle selbst sogar auf die handgreiflichste Weise, als Verkehrsweg nämlich. Obwohl die einschlägigen Zeugnisse zur Entstehungsgeschichte eindringlich dokumentieren, wieviel Thomas Mann gerade auch in der *Betrogenen* an einer akribisch genauen Abstimmung auf die konkreten lokalen und historischen Gegebenheiten lag, war ihm das Motiv der Bootsfahrt übrigens so wichtig, daß er dazu auch gegen die realen, in der Korrespondenz eigens sichergestellten Möglichkeiten des zeitgenössischen Düsseldorf entschlossen gewesen wäre.[270] Der Weg nach Benrath, im Potentialis stromaufwärts bis »zu den Füßen des Siebengebirges«[271] weitergesponnen — in den Notizen sogar bis nach Godesberg und in die Hauptstadt der jungen Bundesrepublik —, führt auf dem Rhein nach Süden (und verlängert damit die schon in der Vorgeschichte angebahnte Nord-Süd-Bewegung des Umzugs nach Düsseldorf). Der »Vater Rhein«, wie ihn Rosalie anläßlich der Ausflugsplanung nennt,[272] ist bisher erst in der französischen Germanistik, in Paul Felders Lacanianisch inspirierter Interpretation der Novelle thematisch geworden, und auch hier sozusagen nur negativ:

> Vom Signifikanten des ›Name-des-Vaters‹, von einer trennenden, dazwischentretenden väterlichen Instanz, die den Zugang zum Symbolischen vermitteln könnte, ist aber kaum die Rede. Innerhalb dieser Glück spendenden Natur wird nur einmal der »Vater Rhein« erwähnt, dessen Funktion einzig und allein darin besteht, die kleine Gesellschaft zu tragen.[273]

Einmal abgesehen davon, daß der »Name-des-Vaters« und »Papas Person« in der *Betrogenen* sehr wohl, nämlich von Anna zur Unterdrückung einer weiblich-selbstbestimmten Sexualität als »Instanz« berufen wird, »besteht« die »Funktion« des Rheins durchaus nicht »einzig und allein darin [...], die kleine Gesellschaft zu tragen«, sondern auch darin, große Gesellschaften zu ›trennen‹. Er ist durchaus nicht ausschließlich Teil einer »Glück spendenden Natur«, sondern auch, um bei der Terminologie Lacans zu bleiben, der politisch-›symbolischen Ordnung‹, die freilich gerade hier oft mit dem ›Realen‹ verwechselt und gleichgesetzt

---

tur, Bd. 1, Frankfurt a. M. 1975 [Radiovortrag 1956], S. 146–154, hier S. 146.

269 Vgl. z. B. Max Schroeder, *Die Betrogene*, in: Aufbau 10, 1954, S. 381 f.; dazu Vaget, Kommenter zu sämtlichen Erzählungen, S. 305–309.

270 7.2.1953 an Rudolf Oberloskamp; Dichter über ihre Dichtungen, Bd. 3, S. 514 f.

271 Bd. 8, S. 939 f.

272 Bd. 8, S. 938.

273 Felder, S. 132.

wurde. Seit dem verlorenen Krieg markierte der Rhein weitergehend als zuvor die ›natürliche‹ Grenze zwischen Deutschland und Frankreich. In der darauf reagierenden antifranzösischen Propaganda,[274] an der sich auch Ernst Bertram beteiligte — etliche von Bertrams einschlägigen Schriften befinden sich noch in der Nachlaßbibliothek[275] — und in Bertrams Gefolge sogar Thomas Mann selber, spielte nicht nur der »französische[] Ausdehnungsdrang[] rheinwärts«[276] eine Rolle, sondern besonders auch die Angst, daß der sehr alte französische Anspruch auf die ›natürliche‹ Ostgrenze[277] ein Vorwand dafür sei, endlich diesseits des Rheins Fuß zu fassen; eine Befürchtung, die zur Zeit und gerade am Ort der Handlung sehr berechtigt war. Denn wie in Thomas Manns Exzerpten aus seinem Konversationslexikon notiert, war Düsseldorf »1921–25 von den Franzosen als Sanktionsstadt besetzt«.[278]

»[I]n Düsseldorf am Rhein«: Die am Anfang der »Erzählung« exponierte Ortsangabe verdient um so mehr Beachtung, als der Stadtname »Düsseldorf« in der Erstpublikation ein zweites Mal an den Textanfang rücken und dort geradezu zu einem Incipit werden sollte. Diese zweite Exponierung des Ortsnamens ergab sich aufgrund einer seltsamen Diskontinuität der Entstehungsgeschichte, die sich, was den Übergang vom Typoskript über die Erstpublikation zur Buchfassung betrifft, nicht mehr als einsinnige Entwicklung beschreiben läßt.

In der Buch- und den folgenden Ausgaben ist *Die Betrogene* in zehn größere Abschnitte unterteilt. Diese Gliederung ergab sich verhältnismäßig spät. Erst bei einer Durchsicht des Typoskripts markierte Thomas Mann die Stellen, an denen ›Spatien‹ den hier noch kontinuierlich fortlaufenden Text unterbrechen sollten. In der Erstpublikation jedoch, in den betreffenden drei Nummern des *Merkur*, weist der Text außer

---

274   Vgl. z. B. Aloys Schulte, Frankreich und das linke Rheinufer, Stuttgart und Berlin 1918, hier v. a. S. 12–14, 315–322; Martin Spahn, Elsaß-Lothringen, Berlin 1919, hier v. a. S. 367; Alfons Paquet, Der Rhein als Schicksal, in: Alfons Paquet, Der Rhein als Schicksal oder das Problem der Völker, Bonn 1920, S. 9–62, hier v. a. S. 60; Hermann Oncken, Die historische Rheinpolitik der Franzosen, Stuttgart und Gotha 1922; Ernst Bertram, Rheingenius und génie du Rhin, Bonn 1922. Zur älteren Literatur vgl. v. a. Helmuth von Moltke, Die westliche Grenzfrage, in: Helmuth von Moltke, Gesammelte Schriften, Bd. 2: Vermischte Schriften, Berlin 1892, S. 171–228.

275   Ernst Bertram, Der Rhein. Ein Gedenkbuch, München 1922 (hier besonders das Motto aus Hölderlins Rheinhymne und das erste Gedicht *Der Rhein*); ders., Nietzsche. Versuch einer Mythologie, Berlin 1918, S. 182 f.; ders., Straßburg. Ein Kreis, München 1922 (hier besonders die Widmung »Den Rheinkindern« und das erste Gedicht *Rhein*); ders., Moselvilla, Frankfurt a. M. 1954 (wieder mit einem Hölderlin-Motto, diesmal sinnigerweise aber nicht der Rheinhymne entnommen; entspräche doch die Interpretation des Flusses — S. 9: »er mag sich von diesem Lande nicht trennen« — Hölderlins Deutung nur der *Donau* und gerade nicht des Rheins).

276   Bd. 12, S. 626; im Original hervorgehoben. Vgl. auch Bd. 11, S. 851 f.

277   Vgl. Febvre, »Frontière«, S. 34.

278   Vgl. Meyers kleines Lexikon, Bd. 1, Sp. 631, s. v. ›Düsseldorf‹.

den Alineas keine andere Unterteilung auf als die durch die drei aufeinander folgenden Nummern gegebene.

Diese Dreiteilung wiederum, anders als zu vermuten wäre, läßt sich mit der späteren Gliederung in zehn Teile nicht restlos in Einklang bringen, etwa so, daß die durch die Erstpublikation schon definierten drei Segmente je einfach noch weiter unterteilt worden wären. So ließe sich nur die Zäsur zwischen der zweiten und der dritten *Merkur*-Nummer beschreiben, die tatsächlich mit einem der im Typoskript markierten Spatien zusammenfällt:

> [...] »So geh, mein Kind. Laß mich ruhen. Du weißt, ein wenig stille Zurückgezogenheit empfiehlt sich uns Frauen an solchen Ehrentagen.«
>
> Anna küßte die Mutter und verließ aufstampfend das Schlafzimmer. [...][279]

Die durch die erste und die zweite Nummer des *Merkur* gegebene Textzäsur aber konvergiert weder mit solch einem »Spatium« noch auch nur mit einem Alinea der Buchfassung, des Typo- oder des Manuskripts, sondern fällt mitten in die Paraphrase von Kens Reden, und zwar eben so, daß der Text in der zweiten *Merkur*-Nummer wieder mit dem fraglichen Stadtnamen beginnt:

> [...] Das Rheinland mit seinen lieben, lustigen Leuten, so aimable, besonders wenn sie ein bißchen »knüll« seien; mit seinen altehrwürdigen Städten voller Atmosphäre, Trier, Aachen, Koblenz, dem heiligen Köln,[280] — man solle nur einmal versuchen, eine amerikanische Stadt »heilig« zu nennen — Holy Kansas City, haha! Der Goldschatz, gehütet von den Nixen des Missouri-River, hahaha — Pardon me![281]
>
> Von Düsseldorf und seiner langen Geschichte seit den Merowingern wußte er mehr, als Rosalie und ihre Kinder zusammengenommen, und sprach vom Hausmeier Pippin, von Barbarossa, der die Kaiserpfalz von Rindhusen erbaut, und von der Salierkirche in Kaiserswerth, wo Heinrich IV. als Kind zum König gekrönt wurde, von Albert vom Berg, Jan Willem [sic!] vom Palatin und von viel anderem noch wie ein Professor. [...][282]

---

279 Bd. 8, S. 931, bzw. Thomas Mann, Die Betrogene. Erzählung, in: Merkur 63 (7.5), 1953, S. 401–417; 64 (7.6), 1953, S. 549–573; 65 (7.7), 1953, S. 657–671; hier 64, S. 573; 65, S. 657.

280 Vgl. Herbert Eulenberg, Preis des Niederrheins, in: Merian 4.5, 1951, S. 61–63, hier S. 61 (Thomas Manns Hervorhebungen): »*das heilige Köln*«.

281 Merkur 63, S. 417.

282 Merkur 64, S. 549. Einen »Albert vom Berg« — wie übrigens auch bei der Schreibung »Willem« ist der Text hier handschriftlich gesichert — hat es offenbar nie gegeben (freundliche Auskunft von Herrn Bernhard Grabisch, Staatsarchiv Düsseldorf, vom 4.2.2000). Wie die ältere Schicht der Handschrift eindeutig zu erkennen gibt (»vom Grafen Albert vom Berg, der Düsseldorf zur Stadt erhoben«), muß Thomas Mann hier eine Verwechslung mit *Adolf* von Berg unter-

Daß die Handlung ausgerechnet in Düsseldorf spielen sollte, versteht sich durchaus nicht von selbst. Thomas Manns Altersgenossin und Berufskollegin Gertrud von Le Fort (Autorin eines Buchs mit dem für die Zeit, 1934, wie auch für die geistesgeschichtlichen Zusammenhänge der *Betrogenen* bezeichnenden Titel *Die ewige Frau*), nach deren im Thomas Mann-Archiv erhaltener Photographie Rosalie von Tümmler porträtiert ist, lebte damals im Allgäu. Der anekdotische Kern der Novelle, jene von Katia Mann kolportierte und von Thomas Mann samt dem Ortsvermerk ins Tagebuch notierte Klatschgeschichte von »eine[r] ältere[n] *Münchener* Aristokratin«,[283] war in dieser Notiz schon in einer Stadt situiert, die in Thomas Manns Werken häufiger als alle anderen den hinter- und vordergründigen Schauplatz problematischer Ereignisse abgibt, so auch, als »eine Stadt der Rentner« von der Inflation ganz besonders schwer betroffen,[284] in *Unordnung und frühes Leid*. München als Ort der Handlung beizubehalten, hätte sich eigentlich anbieten, ja aufdrängen müßen. Dennoch ist der »Schauplatz« der »wahren Begebenheit«, um den Untertitel der *Marquise von O....* zu zitieren, »verlegt worden«. Die ›Verlegung‹ von Südosten nach Westen ist bedeutsam und aufschlußreich.

Kein anderer unter Thomas Manns Texten spielt in Düsseldorf. Der »Schauplatz des Geschehens«, bemerkt Vaget prägnant, fällt »völlig aus dem Rahmen des Thomas Mannschen Œuvres«,[285] in dem dieser »Schauplatz« sonst geflissentlich ausgespart bleibt; und das, obwohl oder vielleicht auch weil der reale Autor zu dieser Stadt durchaus persönliche Beziehungen hatte. Thomas Mann war mehrmals in Düsseldorf, 1954, 1928, 1927, 1922, 1911, 1903. Im Herbst 1903 — eine in der *Betrogenen* von Anfang an bedeutungsträchtige Jahreszeit — hatte er seine damals in Düsseldorf lebende Schwester Carla besucht; wenige Jahre bevor sie über Schlesien ins Elsaß zog, dort an den bestehenden gesellschaftlichen Verhältnissen endgültig scheiterte und sich schließlich bei München das Leben nahm. Wie eng seine Beziehung zu ihr damals gewesen sein muß, geht schon daraus hervor, daß er ihr im selben Jahr als einzigem Familienmitglied eine Novelle der Sammlung *Tristan* widmete. Noch dem Text der *Betrogenen* scheint er versteckte Erinnerungen an sie eingeschrieben zu haben. Ihre Initialen, die so auch noch in der Erstpublikation des *Merkur*[286] stehen, hat er in der Handschrift in den Namen des »Kölnische[n] Wassers *C. M.* Farina« nachträglich eingefügt.[287] Auch wird einmal beiläufig und ziemlich unmotiviert Schil-

---

laufen sein, die man, angesichts der zeitgeschichtlich stark negativen Besetzung des verfehlten Namens, psychologisch sehr leicht erklären kann.

283 Tagebücher 1951–1952, S. 198; im Original keine Hervorhebung.
284 Frühwald, Eine Kindheit in München, S. 43, Anm.
285 Vaget, Kommentar zu sämtlichen Erzählungen, S. 298.
286 Merkur 63, S. 407.
287 Im Original keine Hervorhebungen.

lers *Kabale und Liebe* erwähnt,[288] dasselbe Stück, in dem Thomas Mann sie seinerzeit, 1903, am Düsseldorfer Stadttheater als Louise Millerin gesehen hatte; zu einer Zeit übrigens, in welche die ersten Notizen zu *Königliche Hoheit* fallen — seinen Aufenthalt im Düsseldorfer Parkhotel hat Mann direkt in den Roman eingearbeitet[289] —, zu denen auch die in den Romantext übernommene Beanstandung der *Zauberflöte* gehört, die monarchistisch gesinnte Revokation der ja auch vom jungen Schiller artikulierten Utopie des »Principe uomo« und eines »Ausgleich[s] von Konflikten und Distanzen«: »Er ist ein Prinz! [...] Er ist mehr als das; er ist ein Mensch!«[290]

1927, kurz nachdem sich auch seine andere Schwester Julia umgebracht hatte — in der Buchfassung der *Betrogenen* heißt die Marke des Kölnisch Wassers »J. M. Farina«[291] —, sah Thomas Mann in Düsseldorf

---

288   Bd. 8, S. 888. Zur Bedeutung des vom »Schranze[n]« benutzten, schon zur Zeit des jungen Schiller aus der Mode gekommenen Parfüms vgl. Corbin, Pesthauch und Blütenduft, S. 103 f.
289   Vgl. Notizbücher, Bd. 1, S. 288–290.
290   Notizen bzw. Bd. 2, S. 87 f.
291   Bd. 8, S. 885: »Fabrizierte Riechstoffe [...] gebrauchte Rosalie niemals, nur ausgenommen ein wenig erfrischendes Kölnisches Wasser [ältere Lesart der Handschrift: ›Eau de Cologne‹] von J. M. Farina, gegenüber dem Jülichsplatz.« Ein Johann Maria Farina erscheint als der »angeblich[e]« Erfinder des Kölnisch Wassers in Thomas Manns Konversationslexikon (Meyers kleines Lexikon, Bd. 1, Sp. 772, s. v. ›Farina‹). Der Name kommt darin jedoch nur als Lemma vor, also nicht etwa unter »Eau de Cologne« oder — in dieser Form mit flektiertem Adjektiv erscheint der Name ja auch in der *Betrogenen*: — »Kölnisches Wasser« (wo die Erfindung einem »J. P. Feminis« zugeschrieben ist, der das Rezept an einen Gianmaria Farina weitergegeben haben soll; ein Name, der in den Notizen, wie oben schon erwähnt, prompt zu späterer Verwendung vorgemerkt wurde: »Name: Feminis.«) Thomas Mann hat den Namen »Farina« freilich nicht erst im Lexikon suchen müssen; bezog er doch selber wie auch sein ›role model‹ Goethe die Marke »Johann Maria Farina gegenüber dem Jülichs Platz«, deren Name so auf dem Flakonetikett stand, also ganz ausgeschrieben und mit integriertem Ortsnamen, während dieser im Novellentext wegen des davorgesetzten Kommas suggeriert, daß es sich hierbei nicht mehr um einen Bestandteil des Markennamens, sondern um eine sozusagen echte, und das hieße dann: eine auf Düsseldorf bezogene Ortsangabe handelt, wo es — als Erinnerung an das Haus Jülich-Berg und nicht als dialektale Verballhornung des Kölner Bürgers Anton Gülich — nur eine Jülich*straße* gibt (freundliche Auskünfte von Frau Tina Farina, Köln, vom 25. und 26.10.1997). Indessen scheint er dem Namen »Johann Maria Farina« auch anderwärts noch begegnet zu sein und ihn dort registriert zu haben, nämlich auf den ersten paar Seiten des Reiseführers, so ein handschriftlicher Vermerk in seinem Exemplar: aus »Goethes Todesjahr«, den ihm Ernst Bertram 1917 zu Weihnachten geschenkt hatte, ein unbeschadet seiner Herkunft aus Elberfeld bei Wuppertal erklärter, auch von Thomas Mann als solcher titulierter »Rheinländer[]« (Bd. 12, S. 625) und Lokalpatriot: [William] Tombleson, Views of the Rhine; Vues du Rhin; Rhein Ansichten [sic!], hg. v. W. G. Fearnside, London o. J. Daß Thomas Mann die bibliophilen *Rhein Ansichten* für die *Betrogene* wieder hervornahm, legen schon seine Anstreichungen auf dem ausklappbaren Flußlauf nahe, wie ihn die »Betrogene« einmal in ihrer

den leidenschaftlich geliebten Klaus Heuser wieder, den er zuvor auf Sylt kennengelernt, später noch in München und 1935 in der Schweiz zu Besuch hatte und dessen Vater seit 1926 an der »berühmte[n] Kunstakademie«[292] unterrichtete, die in der Novelle Anna von Tümmler »zu besuchen wünschte« und derentwegen, unter anderem, die Familie aus Duisburg südwärts übergesiedelt sein soll.[293] Aus dieser ganz privaten Besetzung der Stadt, deren lebensgeschichtlicher Assoziation eben mit einer großen, der, wie Thomas Mann damals »[n]ach menschlichem Ermessen« glaubte, allerletzten »Leidenschaft«,[294] erklärt Vaget, an Hans Mayer anknüpfend,[295] die in der Tat sehr erklärungsbedürftige ›Verlegung‹ der Handlung »ausgerechnet nach Düsseldorf«.[296]

Vagets Erklärung ist bestechend. Etliche Details der Novelle gehen in ihr auf: Thomas Mann lernte Klaus Heuser »[i]n den zwanziger Jahren« kennen. Er war damals, wie Rosalie von Tümmler zur Zeit der Handlung, knapp über fünfzig. Wohl auch wegen dieses schon fortgeschrittenen Alters verstand und erlebte er Heuser als sozusagen ›terminale‹, eben als seine eigens als solche reflektierte »letzte Leidenschaft«. Wie zur bedeutungträchtigen Zeit der sich komplizierenden Novellenhandlung war es Herbst, als er die Heusers in Düsseldorf besuchte (so wie er auch in jener kargen Tagebuchaufzeichnung ausdrücklich vermerkte — an einem herbstlich »[k]ühl[en] und bedeckt[en]« Frühlingstag übri-

---

Phantasie bis »Köln und weiter« passieren läßt (Bd. 8, S. 939 f.), vor allem aber etliche wörtliche Übereinstimmungen, welche die Novelle mit der überhaupt ersten ›Ansicht‹ »Cöln« aufweist, und zwar mit genau demjenigen Passus, in dem auch der Name *Johann Maria Farina* erscheint, ganz ausgeschrieben auch hier und durch Kursivsatz hervorgehoben (wie im folgenden nur die lexikalischen Übereinstimmungen mit dem Wortlaut und den Lesarten des Novellentexts): »Das weltberühmte *Cölnische-Wasser ›Eau de Cologne‹* wird in bedeutenden Quantitäten *fabrizirt* [...]. Es giebt drei Firmen die den Namen *Farina* führen, von denen jede die original [sic!] Erfindung dieses köstlichen *wohlriechenden* Wassers behauptet, doch sind die *Fabricate* an Qualitè [sic!] verschieden. Wir glauben das vorzüglichste ist zu haben bey Johann Maria *Farina*, der Brief-Post *gegenüber* [nachmals, seitdem dieses Geschäft den alten Namen nicht mehr führen darf, nach der Hausnummer aus der Napoleonischen Zeit ›4711‹ genannt].« (Tombleson, S. 24; im Original andere Hervorhebungen). Obwohl also in jeder als solche in Frage kommenden ›Quelle‹ der Name des »Kölnische[n] Wasser[s]« aus drei voll ausgeschriebenen Bestandteilen besteht, hat Thomas Mann die ersten beiden, Vornamen und ›middle name‹, zunächst wie schon gesagt ganz weggelassen, dann aber, wie ebenfalls gesagt, dem Nachnamen im Stil jenes »J. P. Feminis« die zwei Initialen »C. M.« vorangestellt und ihn für die Buchausgabe ein weiteres Mal verändert, indem er die Initialen erst jetzt den Vornamen des Kölner Fabrikanten ganz anglich und damit womöglich eine ihm zuvor unwillkürlich unterlaufene Assoziation Johann *Maria* Farinas mit dem vom *Doktor Faustus* her wohl noch sehr präsenten *Carl Maria* von Weber korrigierte.

292 Bd. 8, S. 877.
293 Bd. 8, S. 877. Vgl. Vaget, Kommentar zu sämtlichen Erzählungen, S. 298.
294 Tagebücher 1933–1934, S. 185.
295 Hans Mayer, Thomas Mann, Frankfurt a. M. 1980, S. 417–426.
296 Vaget, Kommentar zu sämtlichen Erzählungen, S. 298.

gens —, daß die »Münchener Aristokratin« ihren »Liebesfrühling« erlebte, »nachdem schon der Herbst eingefallen« war[297]). Bei der letzten Begegnung endlich, 1935 in Küsnacht, war Klaus Heuser, und im Tagebuch hatte Thomas Mann dieses Alter wieder ausdrücklich notiert (»24«[298]), genauso alt oder jung wie Ken Keaton in der Novelle. Während die Altersangabe in den Arbeitsnotizen zur *Betrogenen* noch in unauffälliger und durchaus sinnvoller, sozusagen halbdezimaler Rundung erscheint — »Ken [...] ist ca 25« —, ist der (übrigens nachträglich in die Handschrift eingefügte) Wortlaut des Novellentexts an der entsprechenden Stelle einerseits vage und andererseits doch ganz präzis: »*etwa vierundzwanzig* Jahre alt[]«;[299] eine Widersprüchlichkeit, die beides verrät, den biographischen Bezug und das Bedürfnis oder den Zwang, ihn zu vertuschen.

Freilich war auch Ed Klotz vierundzwanzig, als er im Hause der Manns verkehrte, wie übrigens auch »ein gut anzuschauendes [...] Stück Leben«, das Thomas Mann in Gestalt eines Dr. Carlson bei jenem Krankenhausaufenthalt in Chicago angenehm auffiel,[300] und wie der seinerzeit in Wirklichkeit erst neunzehnjährige »kleine Tegernseer«[301] Franz Westermeier »etwa 25 Jahre alt sein« »*[m]uß[te]*«,[302] als Thomas Mann sich 1950 in Zürich in diesen Kellner des Grand Hôtel Dolder verliebte (den er übrigens mit einem für das Syndrom von Krankheits- und Sexualangst außerordentlich aufschlußreichen Ausdruck »den Erreger« nannte[303]). Auch daß die letzte Begegnung mit Heuser wie die mit dem »kleinen ›Münchener‹«[304] bei Zürich stattfand, die erste auf Sylt und die wichtigste in München, die Thomas Mann zeit seines Lebens als dessen größtes Glück wahrnahm[305] — eine von Heuser später stark relativierte Auratisierung[306] —, daß also die »Leidenschaft« durchaus nicht nur, ja nicht einmal vorherrschend an die Stadt Düsseldorf gebunden war, weist auf die Grenzen, die Vagets wie allen biographisch-deterministischen Ansätzen gezogen sind.

Die Frage, warum Thomas Mann das Geschehen aus München »verlegt[e]«, wo es der »Erinnerung« seiner Frau und zum Teil auch seiner lebensgeschichtlichen Assoziiertheit nach ursprünglich hingehörte, ist mit dem Rekurs auf die Autorbiographie nicht beantwortet, sondern nur neu gestellt. Zu fragen bleibt immer noch, warum Thomas Mann Düs-

---

297 Tagebücher 1951–1952, S. 198.
298 Tagebücher 1935–1936, S. 177.
299 Bd. 8, S. 893: im Original keine Hervorhebungen.
300 Bd. 11, S. 264.
301 Tagebücher 1949–1950, S. 207.
302 Tagebücher 1949–1950, S. 213.
303 Tagebücher 1949–1950, S. 215.
304 Tagebücher 1949–1950, S. 205.
305 Tagebücher 1940–1943, S. 395 f.; Tagebücher 1933–1934, S. 411 f.
306 Vgl. Karl Werner Böhm, Zwischen Selbstzucht und Verlangen. Thomas Mann und das Stigma der Homosexualität. Untersuchungen zu Frühwerk und Jugend, Würzburg 1991 (Studien zur Literatur- und Kulturgeschichte, Bd. 2), S. 379–381.

seldorf in der Beziehung zu Heuser eine größere Bedeutung zuwies als anderen Städten, was an dieser einen Stadt er mit seiner problematischen Leidenschaft verband, kurz wofür Düsseldorf in seinem und im kollektiven Imaginären stehen konnte. So gestellt, hängt die Frage nach dem gewählten Schauplatz eng mit der Emphase zusammen, welche der Rhein dadurch erhält, daß er gleich zu Beginn redundanterweise in einem Atemzug mit der Stadt erwähnt wird. Diese Emphase antizipiert beziehungsweise reflektiert die zentrale und zentrierende Funktion, die der Strom in der Novelle und ihrer Entstehungsgeschichte hat.

Topographisch gesehen, spielt der Rhein wie gesagt eine entscheidende Rolle bei der Nord-Süd-Bewegung, welche die Vorgeschichte der *Betrogenen* und deren Handlung selbst beschreiben. Wie ebenfalls schon einmal gesagt, bilden solche Nord-Süd-Bewegungen ein für Thomas Manns fiktionale wie auch für seine autobiographischen Texte erstaunlich stabiles Muster. Dieses aber ist gerade in der *Betrogenen* entscheidend abgewandelt. Die Bewegung bleibt hier auf ehemals preußisches, wenn auch traditionell katholisches Gebiet beschränkt. Eine von fern vergleichbare Abwandlung des Bewegungsschemas findet sich, um auch das zu wiederholen, nur in den späten Kapiteln des *Felix Krull*.

Die Preisgabe oder starke Modifikation des jahrzehnte-, ja ein halbes Jahrhundert lang bewährten Raum- und Bewegungsschemas im letzten Roman und der letzten Novelle reflektiert wieder die engen inneren Beziehungen zwischen diesen beiden Texten. So erscheint zum Beispiel auch die an dieser Novelle, ihrer Genese und ihrem Personal ablesbare Konfusion der ›Zeitekstasen‹, der Kollaps gleichsam der Generationen auch an einer exponierten Stelle des *Felix Krull*, in einer besonderen Abschattung dessen, was man mit Blick auf Thomas Manns großen Essay von 1927 — in dessen »Einleitung« hatte er seine Leidenschaft für Klaus Heuser hineingeheimnißt[307] — als das ›Amphitryon‹-Motiv bezeichnen könnte (wie umgekehrt ›Die Betrogene‹ eine passendere Überschrift für Kleists Alkmene-Stück wäre als der durch die Tradition vorgegebene und einigermaßen irreführende Titel »Amphitryon«, dem das Drama freilich seine lange Rezeptionskarriere verdankt, weil es der Initiale wegen an den Anfang des alphabetisch angeordneten Plautinischen Korpus rückte). Wie Felix als Schuljunge bereits die Unterschrift seines Vaters perfekt kopieren und also dessen juristische Identität annehmen konnte, so funktioniert der Identitätswechsel auch am vorläufigen und zufälligen, aber dennoch bezeichnenden Ende des Romanfragments, dessen exponierte Stellung als Ende wenigstens eines *Ersten Teils* ja intendiert war, über die Generationengrenze hinweg, und zwar wieder als »Identitätsbeziehung der Tochter zur Mutter«, wenn die Mutter Suzannas deren Rendezvous mit Felix vereitelt, um selbst mit ihm zu schlafen.

Vor allem aber hat die »Betrogene« natürlich geographisch dieselbe Herkunft wie der geborene Betrüger und »Hochstapler«, wie sie auch

---

307   Vgl. Tagebücher 1949–1950, S. 221; Tagebücher 1953–1955, S. 268.

ihrerseits »wenige Jahre« nach der Reichsgründung geboren sein muß, und zwar wie Felix und sein ›Vorbild‹ Georges Manolescu im Mai[308] (was bei Krull freilich neben der astrologischen[309] auch eine mythologische Dimension haben kann: die eponyme Göttin des Mai ist die Mutter des Hermes, des von Thomas Mann einmal ausdrücklich in Kerényis Terminologie so genannten »Urbildes [korrigiert aus: ›Vorbildes‹]«[310] des Romanhelden). Rosalie von Tümmler ist »Rheinländerin von Geblüt und Mundart«;[311] und »[d]er Rheingau hat« Felix Krull »hervorgebracht«,[312] während übrigens in einem nach Erika Manns Urteil »hirnverbrannten«[313] Plagiat aus den Fünfzigerjahren der Vater des Hochstaplers sinnigerweise »aus Schlesien, und zwar aus Breslau, in den Westen des neu etablierten Reiches« zieht.[314]

Daß die Handlung der *Betrogenen* »am Rhein« und im Rheinland spielt, scheint in Thomas Manns Imagination nach einem frühen Selbstzeugnis wichtiger gewesen sein als die von der Forschung allein thematisierte Stadt »Düsseldorf«: »im Rheinland, sagen wir: in Düsseldorf«.[315] Ursprünglich sollte Rosalies »Häuschen« nicht an »einer [...] nach Peter von Cornelius benannten Villenstraße« stehen,[316] »nahe dem Hofgarten«,[317] sondern an »einer Villenstraße in Meererbusch« (heute Meerbusch) bei Büderich; ein Plan, den Thomas Mann »nachträglich«, und zwar aus äußeren Gründen fallenließ, weil es ihm nämlich »dahin vom Centrum ein bißchen zu weit« war.[318] Er hatte diesen ursprünglichen Wohnort, nach dessen genauer Lage er sich bei Grete Nikisch erkundigte,[319] weil er auf seiner Landkarte fehlte, auf dieser eingetragen und mußte also genau wissen, wo Meererbusch lag — westlich des Rheins. Noch im Manuskript sollten wenigstens die »Spazierwege« von Mutter

---

308 Bd. 8, S. 878 (»Im Frühling geboren, ein Maienkind«); Bd. 7, 269 (»an einem lauen Regentage des Wonnemondes«); Georges Manolescu, Ein Fürst der Diebe. Memoiren, Berlin-Groß-Lichterfelde-Ost o. J., S. 9 (»am 20. Mai 1871«).

309 Zur explizit astrologischen Interpretation des Geburtstags im Roman vgl. Bd. 7, S. 371 (»nicht im Zeichen des Mars geboren«). Berücksichtigt man die autobiographische Dimension der *Bekenntnisse*, so spricht alles dafür, Krulls Geburtstag im letzten Mai-Drittel anzusetzen. Das ›Luftzeichen‹ der Zwillinge paßt über die Reminszenz an Calderóns Semiramis-Schauspiel hinaus auch zum Titel der Identifikations- und Projektionsfigur Andromache — Felix-Armand nimmt übrigens bald die Stelle seines Supérieur *Hector* ein —: »fille de l'air«, »Tochter der Lüfte« (Bd. 7, S. 458–463).

310 Vorbemerkung zu einer Lesung aus *Bekenntnisse des Hochstaplers Felix Krull.*

311 Bd. 8, S. 877.

312 Bd. 7, S. 266.

313 Notiz in dem im Thomas Mann-Archiv befindlichen Exemplar.

314 Hans Peter Dorn, War ich wirklich ein Hochstapler? Berlin-Grunewald 1958, S. 9.

315 13.5.1952 an Rosenthal; Briefe, Bd. 3, S. 255.

316 Bd. 8, S. 877.

317 9.2.1953 an Rudolf Oberloskamp; Briefe, Bd. 3, S. 290.

318 9.2.1953 an Rudolf Oberloskamp; Briefe, Bd. 3, S. 290.

319 2.2.1953 an Grete Nikisch; Dichter über ihre Dichtungen, Bd. 3, S. 513.

und Tochter regelmäßig auf linksrheinisches Gebiet, »über die Brücke nach Niederkassel« führen (in einer noch älteren Lesart: »gegen Schloß Benrath oder Kaiserswerth«).

Ähnlich ambivalent ist die regionale Herkunft auch der Krulls, aber doch und gerade in ihrer Ambivalenz dezidiert ›rheinisch‹. »[D]as ehrwürdige Städtchen«,[320] aus dem die Krulls stammen, liegt am Rhein und möglicherweise sogar jenseits des Rheins; je nachdem, ob man sich textimmanent an den Roman allein hält oder aber auch dessen referenzielle Suggestionen und Thomas Manns Vorarbeiten mit einbezieht. Denn aus den Notizen geht hervor, daß Thomas Mann unter »Rheingau« ausschließlich ein Gebiet »längs des *rechten* Rheinufers«[321] verstanden zu haben scheint (wenngleich er auf der zugehörigen Kartenskizze auch Bingen und Mainz eintrug) und daß er bei dem »Städtchen« an »*Eltville*«[322] dachte — oder Elfeld, wie der auch in den Notizen gemiedene deutsche Name des Orts lautete, den Thomas Mann zwangsläufig mit jenem betrügerischen Gatten seiner Tante Elisabeth assoziieren mußte —; und trotz diesem in bezeichnendem Gegensatz zu ihnen schon französischen Ortsnamen suggerieren die im unmittelbaren Kontext des Romans aufgezählten Ortschaften, »Rauenthal, Johannisberg, Rüdesheim«,[323] allesamt eine noch rechtsrheinische Lage des »Städtchen[s]«. Dem Wortlaut aber des Romans allein nach ist die »etwas zweifelhafte[] Herkunft«[324] der Krulls nur eben »westlich des Knies« situiert, »welches der Rhein bei Mainz beschreibt«.[325] Der Roman selber läßt also letztlich offen, ob der geborene Dieb und Betrüger einfach nur vom westlichen Rand »des Deutschen Reiches« oder auch aus linksrheinischem Gebiet stammt. Seiner in jedem Fall auch regional »zweifelhafte[n]« entspricht eine selbst nach dem ius sanguinis nicht ›rein‹ deutsche »Herkunft«. Dem schon französischen Namen des freilich ungenannten »Städtchen[s]« entsprechend soll er von einer weiblichen Vorfahrin, seiner Urgroßmutter, einen nicht näher bestimmten Anteil, wenn auch höchstens nur einen Achtel und immerhin einen verschwindend kleinen Bruchteil »französisches Blut ererbt« haben.[326]

Wenn Thomas Manns letzte Erzählung in ihrer geographischen Situierung allein mit seinem letzten Roman übereinstimmt, so bezeichnet das nur einen unter etlichen anderen Paradigmenwechseln, die sich in diesen beiden Werken abzeichnen. Der *Krull* und *Die Betrogene* lassen sich bis zu einem gewissen Grad wenigstens als Alterswerk in einer vollen, tieferen, nicht nur chronologischen Bedeutung des Worts lesen, in der dieses Selbstironie, Selbstdistanzierung, Distanz zu dem lebenslang fraglos Gültigen mit einschließt; im ersten Fall begünstigt natürlich

---

320   Bd. 7, S. 266.
321   Im Original keine Hervorhebung.
322   Hervorhebung des Originals.
323   Bd. 7, S. 266.
324   Vorbemerkung zu einer Lesung aus *Bekenntnisse des Hochstaplers Felix Krull*.
325   Bd. 7, S. 266.
326   Bd. 7, S. 266.

durch das bei Thomas Mann singuläre pikarische Genre[327] und die damit verbundene Eigenart des ›Schelmen‹ und »Hochstaplers«, Katholi-
ken und Rheinländers.

Die Repräsentation der deutschen Westgrenze im Alterswerk

Am Vorabend seiner Besichtigung von Schloß Benrath las Thomas
Mann in Düsseldorf öffentlich aus dem eben erst erschienenen Ersten
Teil des *Krull*-Fragments vor — nicht zur ungeteilten Freude aller Düsseldorfer, deren einer im Namen des »wahrscheinlich größeren Teil[s]
der Bevölkerung« dem Emigranten vorhielt, daß »seine Söhne [...] als
Offiziere in der amerikanischen Armee [...] nicht mehr deutsch sprechen« »durften«, und mit »Abschrift [...] an [...] den Bundeskanzler«
forderte, »[d]ie Regierung sollte endlich dazu übergehen, derartiges zu
verbieten«.[328] Die erste Wahl des angereisten Autors fiel denn süffisanterweise auf eine Ausreise-Szene, nämlich auf die Reise von *Frank*furt
nach Paris, nachdem Krull, um es zu wiederholen, ursprünglich in der
Deutschschweiz hätte Kellner werden sollen. Erst in dieser Partie des
Fragments, ziemlich genau gleichalt wie *Die Betrogene*, ließ Thomas
Mann das Phänomen der modernen Staatsgrenze zum ersten und einzigen Mal in einem Werk als eigentlichen Gegenstand des Erzählens thematisch werden (abgesehen einmal von der Schweizer Grenze, die er in
Gestalt der ägyptischen in den Josephsromanen, im Kapitel *Die Feste
Zel*, verballhornt hatte).

Thematisch wird die Staatsgrenze zunächst im Zusammenhang mit einer familialen Katastrophe. Nachdem sein Vater, von einem »jüdischen
Bankier« und »Halsabschneider« ins »Netz gelockt«,[329] sich erschossen
hat und die Leiche dennoch mit Hilfe eines »Geistlichen Rat[s]« katholisch bestattet wurde, der wie das »Städtchen« Eltville einen französischen Namen (»Chateau«) trägt und an »riechendem Fußschweiß lei-

---

327 Vgl. Vorbemerkung zu einer Lesung aus *Bekenntnisse des Hochstaplers Felix
Krull*, worin Thomas Mann, im Reflex möglicherweise auf die Rezeption des Romans, eine Beziehung zum Schelmenroman und zum *Simplicius Simplicissimus*
explizit herstellt.
328 Zitiert nach: Margot Ulrich, Thomas Mann und Düsseldorf. Biographische und
literarische Beziehungen, in: Volkmar Hansen und Margot Ulrich (Hgg.),
Thomas Mann 1875–1975. Zur Einführung in die Thomas Mann-Ausstellung
Düsseldorf anläßlich des hundertsten Geburtstags, Düsseldorf 1975, S. 55–67,
hier S. 65.
329 Bd. 7, S. 319. Vgl. Bd. 1, S. 454.

de[n]« soll,[330] muß Felix bekanntlich nach Paris emigrieren, um beim jüdisch-deutschschweizerischen Hotelier Isaak Stürzli unterzukommen. Zuallererst erscheint die »Reichsgrenze« im zweiten Buch, drittes Kapitel, als »unübersteigliche Schranke«,[331] und zwar wegen einer für die Etablierung des modernen Nationalstaats entscheidenden Institution,[332] der allgemeinen Wehrpflicht. Krulls »Militärverhältnis« ist nicht »geordnet«; um so weniger, als er »die Vorrechte der gebildeten Klasse nicht errungen« hat,[333] das heißt die volle dreijährige Dienstzeit ableisten müßte. Denn in der Schule ist Krull nicht weit genug vorgerückt, um als ›Einjährig-Freiwilliger‹ zu passieren. Er kann daher nicht von einer Ausnahme von der angeblich ›allgemeinen‹ Dienstpflicht profitieren, von einer Konzession der preußisch-deutschen Klassengesellschaft an das Bildungs- und natürlich nicht nur an das *Bildungs*bürgertum[334] (während der reale Autor sich nur vor dem einjährigen Dienst zu drücken brauchte, und das durchaus nicht aus einer gewitzt machenden Position sozialer Unterprivilegierung, sondern ganz prosaisch durch »Korruption«: durch »höhere Verbindungen« und »Herstellung eines privaten und gesellschaftlichen Verhältnisses zu den ärztlichen Machthabern«, dank »Mama's Vermittlung« und »dem Arzte Mama's« — einem »streberischen Esel« und Münchner Ordinarius —, der mit dem Oberstabsarzt befreundet war und bewirkte, daß der Stabsarzt sein Machtwort »Macht Dienst. Schluß. Abtreten« doch noch zurücknahm[335]).
Obwohl also weder Abiturient noch vorgerückter Gymnasiast, überwindet Felix die scheinbar »unübersteigliche Schranke« und ›erringt‹ er seinen, wie er ihn nennt: »wahren Davidssieg[]«[336] über die deutsche Militärbürokratie bekanntlich gerade dadurch, daß er sich enzyklopädisches und selbst akademisches Wissen aneignet, aus einem »mehrbändigen allgemeinen Nachschlagewerke[]« eines »mit seinem Bildungsgrade unzufriedene[n]« Pensionsgasts — eine treffliche Selbstcharakterisierung des Autors und seiner eigenen, dem Konversationslexikon sehr verpflichteten Arbeitsweise —, ja sogar »streng wissenschaftlich« aus »eine[r] Druckschrift klinischen Charakters«[337] (die, sofern man sie mit der von Thomas Manns konsultierten Fachliteratur gleichsetzt, noch nicht identifiziert ist). Seine drückebergerische, in der Vielzahl übrigens

330   Bd. 7, S. 324 f.
331   Bd. 7, S. 334.
332   Vgl. Febvre, »Frontière«, S. 33.
333   Bd. 7, S. 334.
334   Vgl. Manfred Messerschmidt, Die politische Geschichte der preußisch-deutschen Armee, München 1979 (Handbuch der deutschen Militärgeschichte 1648–1939, Bd. 2, Abs. IV, Teil 1), S. 87–103.
335   25.11.1900, 17.12.1900 und 27.4.1912 an Heinrich Mann; Thomas Mann und Heinrich Mann, Briefwechsel 1900–1949, S. 61–63, hier S. 62; S. 63–65, hier S. 63; S. 160–162, hier S. 161 f.
336   Bd. 7, S. 372.
337   Bd. 7, S. 350.

der Symptome eigentlich wenig glaubwürdige[338] Simulation »epileptoide[r] Zufälle[]«[339] läuft auf Fahnenflucht hinaus, wie sie zur selben erzählten Zeit jenes anderen »deutsche[n]« Hochstapler-»Märchen[s]«, im *Hauptmann von Köpenick* an einem notabene elsässischen Deserteur hart geahndet wird, und entspricht in ihrem maximalen Abstand zum Männlichkeitsideal und Ehrenkodex der Wilhelminischen Gesellschaft genau der »[u]npatriotisch[en]«[340] Gesinnung, welche Krull beim eigentlichen Grenzübertritt an den Tag legt.

Auf der deutsch-französischen Grenze nach seiner nationalen Identität gefragt, verleugnet er diese oder doch den stark überwiegend deutschen Anteil seines »Blut[s]«, maßt sich eine ›halb‹ französische an — natürlich auch um des Motivs der Halbheit und Hälftigkeit[341] willen, welches das ganze Fragment komplementär zu den ungezählten Doppelgänger- und Verdoppelungsmotiven durchzieht — und spricht sich in einem Atemzug damit ›auf jeden Fall‹ gegen ein deutsches Elsaß-Lothringen aus. Seinen zwiefachen Verrat aber begeht er nicht in seiner Muttersprache, sondern in seiner angeblichen »langue [...] paternelle«,[342] der Sprache des um neunzehnhundert so genannten ›Erbfeinds‹.[343] Das Deutsche bleibt wieder einmal von Lüge und Verrat un-

---

338 Vgl. Kruse, S. 27.
339 Bd. 7, S. 369.
340 Bd. 9, S. 131.
341 Vgl. z. B. Bd. 7, S. 267 (»in halbgeneigter Lage«), 268 (»eine halbe Flasche«), 270 (»Halbschlummer«), 278 (»halb acht Uhr«, »Halbwüchsig«), 291 (»Halbdunkel«), 292 (»Die eine Hälfte seines Gesichtes [...] gegen die käsige Fahlheit der anderen, schon entfärbten Gesichtshälfte«), 293 (»nur ein halbes Ohr«), 296 (»halb unbewußt«), 297 (»die untere Hälfte«), 313 (»Mittelstellung«), 350 (»anderthalb Reichsmark«), 351 (»die Hälfte des Mai«), 353 (»halbfeine«), 354 (»gegen seine Mitte«), 358 (»bei halboffenem Munde«), 359 (»halb unbewußt«), 362 (»halb ratend«), 378 (»zur schwereren Hälfte«, »mittleren Ranges«, »Halbschlummer«), 379 (»halbkurz«), 384 (»der halbjährigen Lebensperiode«), 389 (»mittleren Alters«), 391 (»halb und halb«), 296 (»Mittelfinger«), 397 (»der halbwüchsigen Chasseurs«), 402 (»Halbpart«, »Halbpart«), 405 (»das noch halbvolle Päckchen«), 408 (»Halbpart«, »Halbpart«), 425 (»die Mitte hielt«), 427 (»die Hälfte des Wertes«), 454 (»der vierzehntägigen halben Frei-Tage«), 456 (»zweieinhalbmal«), 457 (»halb gewollten Mißlingen«, »diese alterslos-halbwüchsigen Söhne«), 458 (»mittlerer Weibesgröße«), 459 (»halbwegs«), 461 (»in halb freundschaftlichem Sinn«), 462 (»halbnackt«), 495 (»die halbe Flasche«), 497 (»die Hälfte der zweiten Etage«), 502 (»Ihre halbe Flasche«), 512 (»mich zweiteilen«), 527 (»Halbcoupé«), 620 (»eine halbwegs lobende Kritik«), 624 (»halb ohnmächtig«), 631 (»halbwahr«), 650 (»Hälfte der Wade«), 655 (»fiel er halb hin«, »bis halb zum Heft«), 656 (»mit halbem Ohre«), 658 (»am Saume der halblangen Ärmel«), 659 (»Aufmerksamkeit [...] geteilt«); zur mythologischen Bedeutsamkeit des Motivs Bachofen, Urreligion und antike Symbole, Bd. 1, S. 252.
342 Bd. 7, S. 414.
343 Vgl. z. B. F. Sintenis, Zur Verwertung von Goethes Briefen, in: Goethe-Jahrbuch 28, 1907, S. 134–149, hier S. 142. Ein besonders interessanter, hinsichtlich der deutschschweizerischen Identitätsfrage wie möglicherweise auch des je-

berührt wie in Paris dann auch von allem Unrat, der dort, darin besteht die tiefere Bedeutung eines wirklich gelungenen Witzes, nicht über das Französische hinausgelangt: »Sie sagten ›Merde!‹ und, da auch Deutsche dabei waren: ›Verflucht nochmal!‹ und ›Hol's der Geier!‹«[344]

Das Pfingsterlebnis, das Felix »an der Grenzstation«[345] hat, indem er zugleich zu lügen und gleich auch noch in größerem Stil zu stehlen beginnt, ist mit der Frankophilie seines Vaters nur sehr dürftig erklärbar. Die vereinzelten französischen Brocken, die er von diesem aufschnappte (»›c'est ça‹, ›épatant‹ oder ›parfaitement‹«[346]), sein »*Anflug* von der französischen [...] Sprache«, den ihm sein Pate »*nach Möglichkeit* zu verstärken« riet[347] — erst im Gespräch mit Stürzli werden die dort wieder stupenden Französischkenntnisse zusätzlich noch mit dem Kindermädchen aus »Vevey en Suisse« begründet[348] —, vermögen nicht, die sich beim Grenzübertritt abspielende Szene plausibel zu motivieren; geschweige denn daß jene Urgroßmutter und der verschwindend geringe Bruchteil des »französische[n] Blut[s]«, welchen die Krulls von ihr »ererbt« haben wollen, die Identität rechtfertigen könnte, zu der sich Felix dem Repräsentanten der französischen Staatsgewalt gegenüber wenigstens ›zur Hälfte‹ bekennt:

> »Bonsoir, Monsieur le commissaire!« begrüßte ich den Zöllner, indem ich mit einem gewissen dumpfen Singen auf der dritten Silbe des Wortes »commissaire« verweilte. »Je suis tout à fait à votre disposition avec tout ce que je possède. Voyez en moi un jeune homme très honnête, profondément dévoué à la loi et qui n'a absolument rien à déclarer. Je vous assure, que vous n'avez jamais examiné une pièce de bagage plus innocente.«
>
> »Tiens!« sagte er und betrachtete mich näher. »Vous semblez être un drôle de petit bonhomme. Mais vous parlez assez bien. Êtes-vous Français?«
>
> »Oui et non«, antwortete ich. »A peu près. A moitié — à demi, vous savez. En tout cas, moi, je suis un admirateur passionné de la France et un adversaire irréconciliable de l'annexion de l'Alsace-Lorraine!«
>
> Sein Gesicht nahm einen Ausdruck an, den ich strengbewegt nennen möchte.
>
> »Monsieur«, entschied er feierlich, »je ne vous gêne plus longtemps. Fermez votre malle et continuez votre voyage à la capitale du monde avec les bons voeux d'un patriote français!«

---

weils intendierten Publikums aufschlußreicher Beleg für den stehenden Wortgebrauch liegt in den Lesarten zur Entstehungsgeschichte von Conrad Ferdinand Meyers *Die Schmiede* bzw. *Der deutsche Schmid* bzw. *Huttens letzte Tage* vor: Conrad Ferdinand Meyer, Sämtliche Werke. Historisch-kritische Ausgabe, hg. v. Hans Zeller und Alfred Zäch, Bd. 8, Bern 1970, S. 523, 525, 530.

344 Bd. 7, S. 403.
345 Bd. 7, S. 388.
346 Bd. 7, S. 266.
347 Bd. 7, S. 333 f.; im Original keine Hervorhebungen.
348 Bd. 7, S. 414.

Und während ich noch unter Danksagungen mein bißchen Unterzeug zusammenraffte, machte er schon sein Kreidezeichen auf den noch offenen Deckel meines Handkoffers. Bei meinem raschen Wiedereinpacken jedoch wollte es das Ungefähr, daß dieses Stück etwas von der Unschuld verlor, die ich ihm mit Recht nachgerühmt hatte, da eine Kleinigkeit mehr darin einging, als vordem darin gewesen war.[349]

Der Verrat an der eigenen deutschen Identität und der eigentliche Landesverrat stehen in einem und demselben Abschnitt, äußerlich unverbunden (»En tout cas«), aber offensichtlich in einem inneren Zusammenhang. Die bis zur Unverständlichkeit vage Antwort auf die Frage nach der nationalen Identität, »Oui et non [...]. A peu près. A moitié — à demi, vous savez«, erhält durch die ›auf jeden Fall‹ hinzugefügte Denunziation der deutschen ›Annexion‹ einen ganz präzisen Sinn, als dessen Mitwisser der Zöllner ausdrücklich angesprochen wird (»vous savez«). Krull gibt damit zu verstehen, selbst aus dem ›Reichsland Elsaß Lothringen‹ zu stammen, als Elsäßer oder Lothringer also juristisch strenggenommen zwar kein Franzose zu sein, diese deutsche Fremddefinition seiner Nationalität aber nicht zu akzeptieren. Er appelliert mit dieser unausgeprochenen Lüge an die Sympathie und Solidarität des französischen Beamten, die er unverzüglich ausnutzt. Noch auf der Grenze bestiehlt er die mitreisende Houpflé, eine wirkliche Elsässerin.

Der auf der Grenze begangene Landesverrat, der dadurch ermöglichte oder doch erleichterte Diebstahl und selbst noch dessen späteres Geständnis wird sich auszahlen: wenn nämlich Krull der bestohlenen Straßburgerin in Paris wiederbegegnet, die sich dort an ihm für ihren impotenten Mann schadlos hält und ihre zweifache, masochistisch-päderastische »Verkehrtheit« befriedigt, indem sie sich von ihm in einem sublimiert sadomasochistischen Arrangement und in expliziter Reinszenierung des Grenzübertritts weiter bestehlen läßt.[350] Das bei diesem Grenzübertritt gestohlene Gut aber, eine »Kleinigkeit« nur im allzu wörtlichen Sinn, ein Schmuck-»Kästchen« »beinahe von Würfelgestalt«[351] (in Hoffmanns verharmlosender Verfilmung freilich wieder zur platten ›Kleinigkeit‹ abgeflacht), steht in seinen weitreichenden, weitreichend glücklichen Folgen dem berühmten Kästchen-Motiv der *Wanderjahre* an Bedeutung um nichts nach. Mit Hilfe jenes Kollegen aus Zagreb, der den sprechenden Namen »Stanko« trägt, »Influenza« hat und an »dreckige[n] Kopfschmerzen« leidet, wird Krull den Schmuck in Paris für gutes Geld dem Uhrmacher Pierre Jean-Pierre verkaufen (ein Name, dem beides, das Halbierungs- und das Verdoppelungsmotiv eingeschrieben ist, den Brustellin und Sinkel aber dennoch, in der schon im Zusammenhang mit der in ihrem Film unversehens *jüdischen* Fremdheit der Rozsa erwähnten Fernsehproduktion, durch »Jean-Pierre

---

349 Bd. 7, S. 388 f.
350 Bd. 7, S. 448–450.
351 Bd. 7, S. 389. Vgl. Bachofens Ausführungen zum »Frauen-Zimmer«, Urreligion und antike Symbole, Bd. 1, S. 326 f.

Blumenberg« ersetzen zu müssen glaubten, indem sie den Hehler auch seinem ganzen Habitus nach zum Klischeejuden ummodelten).

Das erlöste Geld ist nichts anderes als ein Startkapital. Felix investiert es in sein Pariser »Doppelleben«;[352] dieses wiederum bringt ihn mit einem luxemburgischen Adligen in nähere Bekanntschaft; und in dieser endlich besteht die unmittelbare Voraussetzung der ganzen Hochstaplerkarriere. Krulls Erhebung also beruht innerhalb der kapitalistischen Logik, aus der ihn der Autor freilich heraushalten wollte,[353] auf seiner »[u]npatriotisch[en]« Denunziation der deutschen Grenze — hauptsächlich darauf[354] und nicht oder doch nur subsidiär auch noch auf dem »Liebes-Diebsgut«, das er bei späterer Gelegenheit in jenem »barocken« Ritual erbeutet.[355]

Um diese doppelte Demontage der »Reichsgrenze« und »unübersteigliche[n] Schranke« in ihrem intrikaten Verhältnis zu Thomas Manns Gesamtwerk goutieren zu können, sollte man sich die Parameter der im Unterschied zu Aschenbachs oder Leverkühns Grenzübertritt so vorteilhaft folgenreichen Reise vergegenwärtigen. Zur Kombination von Grenzübertritt und Schmuckdiebstahl ließ sich Thomas Mann offensichtlich durch Kurt Martens Ehepaar Kuminski und Martens wiederum durch die Memoiren des Hochstaplers Georges Manolescu anregen, eine »Hauptquelle«[356] des Felix Krull, auf die Thomas Mann vielleicht überhaupt erst über Martens und dessen Dieb und Heiratsschwindler Kuminski aufmerksam wurde.[357] Während dieser aber, genau gegenläufig zu Albrecht Van der Qualen im Kleiderschrank, mit dem D-Zug Rom-Berlin aus Verona über Trient, Bozen, Innsbruck und Kufstein nach München kommend, ins Reich einreist,[358] erfolgt Krulls Diebstahl im Lauf einer vom Reich aus gesehen zentrifugalen Bewegung. Und vor allem überquert Krull eine andere, nicht die Südost-, sondern eben die Westgrenze. Denunziert wird hier nur die West-, und zwar ein ganz bestimmter Verlauf der Westgrenze. Dieser wurde erst im Deutsch-Französischen Krieg so festgelegt und war zur Entstehungszeit des betreffenden Kapitels wieder zugunsten eines, wenn man so will: natürlicheren Grenzverlaufs korrigiert worden, so daß Krulls zur erzählten Zeit scheinbar so dreistes Bekenntnis unversehens in schöne Übereinstim-

---

352 Bd. 7, S. 498.
353 Vgl. Wysling, Narzißmus und illusionäre Existenzform, S. 471 f.
354 Bd. 7, S. 430 f.
355 Bd. 7, S. 451 f.
356 Notizbücher, Bd. 2, S. 160 [Kommentar].
357 Vgl. Wysling, Narzißmus und illusionäre Existenzform, S. 153. Beim Verweis auf einen ungedruckten »Brief vom 30.11.1910« muß es sich um einen Setzfehler für ›Brief vom 30.11.1901‹ handeln. Vgl. Thomas Mann, Briefe an Kurt Martens I: 1899–1907, hg. v. Hans Wysling, in: Thomas Mann-Jahrbuch 3, 1990, S. 175–247, hier S. 198 f.
358 Kurt Martens, Das Ehepaar Kuminski, in: Kurt Martens, Katastrophen. Novellen, Berlin 1904, S. 51–86.

mung mit den faits accomplis der seinerzeit, 1951, tatsächlich herrschenden Verhältnisse zu stehen kommt.

Daß der Rhein im kollektiven Imaginären mit der deutschen West- und insbesondere mit der deutsch-französischen Grenze nahezu zusammenfallen kann, beweist schon der habituelle und besonders auch Thomas Manns eigener Sprachgebrauch; so zum Beispiel der *Doktor Faustus* — Zeitblom hätte sich in der Zwischenkriegszeit »jenseits des Rheines wohler [...] gefühlt« als im besiegten »Deutschland«[359] — oder ein Kapitel aus dem Essay *Goethe und Tolstoi* mit dem in diesem Zusammenhang außerordentlich sinnigen Titel »Natur und Nation«, das Thomas Mann übrigens ebenso sinniger- oder, je nachdem, unsinnigerweise ausgerechnet in Düsseldorf vortrug (allerdings gegen seinen »persönlichen Wunsch [...], [...] den Düsseldorfern ›Unordnung‹ vor[zulesen]«[360]). »[D]iesseits oder jenseits des Rheines« meint, Orte und Vororte wie Elfeld, Meerbusch und Büderich hin oder her, ganz selbstverständlich ›Deutschland oder Frankreich‹.[361] Aufgrund erst dieser imaginären Qualität als natürliche Grenze, um etwas vorzugreifen und dafür ein weiteres, vermutlich unterhalb der Bewußtseinsschwelle liegendes und desto schlagenderes Beispiel zu geben, werden die verschiedenen Herkunftsnamen verständlich, die Thomas Mann in den Notizen zum *Doktor Faustus* für den »jüdische[n] Gelehrten« Breisacher alias »Mainzer oder Rüdesheimer« erwog. Über den gemeinsamen Nenner der drei zugrundeliegenden Ortsnamen »*Breisach*«,[362] Mainz und Rüdesheim, das heißt über die gemeinsame Lage aller drei Orte ganz unmittelbar am Rhein, läßt sich die Reihe der erwogenen Nachnamen als Versuch lesen, in Gestalt eines besonders unsympathischen Juden dasjenige auszugrenzen, was innerhalb der eigenen Grenze als das Fremde par excellence erscheint, es an, auf oder über diese Grenze hinaus zu rücken.

Setzte man die ›natürliche‹ West-, eben die Rheingrenze im *Krull* konsequent an, so verlöre erstens der Denunziant, der schon iure sanguinis kein ›reiner‹ Deutscher sein soll, seine eindeutig deutsche Identität auch iure soli und würde wie Kuminski beinahe zum Fremden: Krull ist wie schon gesagt »westlich« oder, wie es in der älteren Lesart der Handschrift mit einer die wieder zentrifugale Lage des Orts hervortreibenden Präposition hieß: er ist »west*wärts*« des Mainzer Rheinknies geboren.[363] Diesen, aber auch nur diesen einen Faktor seiner ›rheinländischen‹ Identität verleugnet er nirgends: weder bei seinem ersten Grenzübertritt, bei dem er insinuiert, aus Elsaß-Lothringen zu stammen; noch auf seiner nächsten Reise von Paris nach Lissabon, während derer er sich als luxemburgischer Marquis ausgibt (wobei man sich vielleicht vergegenwärtigen sollte, daß Luxemburg zusammen mit Österreich aus der Definition des im nationalstaatlich engeren Sinn ›Deutschen‹ ausge-

---

359   Bd. 6, S. 469.
360   1.11.1927 an Louise Dumont (Kopie des Thomas Mann-Archivs).
361   Bd. 9, S. 134. Vgl. z. B. Bd. 11, S. 19.
362   Sprenger und Institoris, Bd. 2, S. 52; Thomas Manns Hervorhebung.
363   Im Original keine Hervorhebung.

schlossen wurde). Sein deutsches ›Blut‹ ist nun ganz auf die mütterliche Linie der Genealogie verlagert. Denn als Marquis de Venosta bleibt ihm immerhin noch eine Mutter »von deutschem Adel«.[364] Ihrer Herkunft »aus dem« politisch unbedeutenden, doch für die deutsche *Kultur*nation bedeutsamen »Gothaischen«[365] entsprechend — nicht umsonst und offenbar gegen die historische Wahrscheinlichkeit[366] erscheint Gotha in *Lotte in Weimar* nach dem im Titel genannten als erster Ortsname des Romans —, motiviert die »Marquise de Venosta née de Plettenberg«[367] vordergründig die guten Deutschkenntnisse des wahren Marquis[368] und die deutsche Korrespondenz mit seinen Eltern. Zugleich aber gehört sie, als Ausnahme von den sonst regelmäßigen Zuordnungen von Weiblichkeit und Alterität, zum selbstparodistischen Potential des Romans, welches übrigens in jenem Film von 1957 gerade hier wieder mit traumwandlerischer Sicherheit abgebaut wird: Die Mutter, »eine geborene Baroneß Plettenberg aus dem Sächsischen«, stammt in dem Film aus einem Raum, der das Fremde und ›Andere‹ innerhalb Deutschlands selbst zu repräsentieren sehr geeignet war, nicht nur in Thomas Manns Gesamtwerk — wenigstens zum Teil des ›eigentlichen‹, des alten Königreichs Sachsen —, sondern vor allem auch — und in der vollen Bedeutungsbreite des »Sächsischen« — zur Entstehungszeit und am Entstehungsort der Verfilmung.

Und zweitens gewönne die Imagination der deutschen Westgrenze, ließe man diese mit dem Rhein versuchsweise ganz zusammenfallen, eine ziemlich eindeutige, und zwar ihrerseits eine nun sozusagen hygienische Struktur. »[W]estlich« des Rheins und »westwärts« des Mainzer Rheinknies käme schlechterdings alles hygienisch Bedenkliche zu liegen: der »riechende[] Fußschweiß« des katholischen Geistlichen und die von einem jüdischen »Halsabschneider« zu verantwortende Leiche des Selbstmörders; ansteckende Krankheit und »dreckige Kopfschmerzen«; der sprechende Name »Stanko« und das schmutzige Wort »Merde!«; die Impotenz des Straßburger Fabrikanten und die Perversionen seiner Frau; deren schlechte, französisch-deutsche Reime[369] und der anrüchige Reichtum, dessen Herkunft eigens und ganz redundanterweise nochmals jenseits des Rheins verortet wird: »*Straßburger* Klosettschüsseln von Houpflé«.

Angesichts der hygienischen Funktion, welche der Rhein immer wieder erhält, erscheint es zunächst nur konsequent, wenn Krull der jenseits des Stroms verlaufenden Reichsgrenze als einer arbiträr festgelegten die völkerrechtliche Legitimität abspricht. In seiner ›unversöhnlichen‹ und dezidierten Ablehnung dieser Grenze jedoch artikuliert der fiktive Au-

---

364   Bd. 7, S. 493.
365   Bd. 7, S. 535, 596.
366   Vgl. Gerhard Lange, Struktur- und Quellenuntersuchungen zur *Lotte in Weimar*, Bayreuth 1970, S. 45.
367   Bd. 7, S. 622.
368   Bd. 7, S. 493, 535.
369   Bd. 7, S. 450. Vgl. Tagebücher 1953–1955, S. 170.

tor die Meinung vielleicht des realen, nicht aber auch die Positionen eines sensu stricto ›impliziten‹ Autors.[370] Diese sind gerade hier seltsam verschwommen. In ihrer Ambivalenz reflektieren sie möglicherweise das hohe Alter des *Krull*-Projekts und des realen Autors, dessen im Lauf seines langen Lebens verschiedenen, teils eben auch inkompatiblen Haltungen.

Aufgrund des Romantexts allein lassen sich die Rhein- und die Reichsgrenze bestenfalls tendenziell, aber nicht ohne Vorbehalt und nur um den Preis einer allzu grobschlächtigen Simplifikation so gegeneinander ausspielen, daß man die eine dem kollektiven Imaginären und die andere der symbolischen Ordnung zuwiese. Die politische Reichsgrenze erscheint im *Felix Krull* nicht einfach nur als eine willkürlich gezogene, die sonst gar keine Relevanz hätte. Wie oben schon gesehen, markiert die deutsch-französische Grenze hier, anders als in der *Betrogenen*, auch die Differenz zweier politischer Systeme: der Dritten Republik und der Hohenzollern-Monarchie, unter der auch die »ältere [...] Aristokratin« Rosalie von Tümmler die längste Zeit »lebte« und mit deren stattgehabtem Untergang ihre »Leidenschaft« für »den jungen Hauslehrer ihres Sohnes« aufs engste assoziiert ist.

Wie ihre problematische, die Geschlechterstereotypien durchkreuzende und deshalb ›unnatürliche‹ Leidenschaft aufgrund der zeitlichen Festlegung des Geschehens auf die »zwanziger Jahre[]« ›atmosphärisch‹-suggestiv und suggestiv-ursächlich an die Republik gebunden wird, so ist die komisch-lächerliche Variante desselben »Experiment[s]« in der gleichalten Houpflé-Episode des *Felix Krull* regional auf ebenfalls republikanisches Gebiet »verlegt«. In dieses muß die Houpflé eigens aus ihrer seinerzeit deutschen und monarchistisch regierten Heimat einreisen, bevor sie sich ihrer »Verkehrtheit« ergeben darf. Die Reichsgrenze verliert damit ihren rein ›politischen‹ Status und gewinnt ihrerseits einen pseudonatürlichen, in Barthes' Sinn ›mythischen‹ Charakter.

Die Verdoppelung der Westgrenze, die einmal mit der natürlichen, dann aber doch auch wieder mit der politischen Topographie konvergieren kann, verzittert gleichsam die Vorstellung dessen, was im Südwesten noch ›deutsch‹ ist und was schon, mit einem typisch deutschen, zum Beispiel in Kens Muttersprache nicht übersetzbaren Kollektivsingular: ›Ausland‹. Daß im Rheinland faktisch-politische und imaginär-natürliche Landesgrenze so offensichtlich auseinandertreten, gefährdet das Konzept der ›Nation‹, dessen organologische Voraussetzungen und Suggestionen. Daher kann es nicht verwundern, wenn das Rheinland in den wenigen Texten, in denen es bei Thomas Mann den Schauplatz abgibt, denselben prekären Status erhält wie in den meisten anderen Fällen Bayern und München.

---

370 Vgl. Hannelore Link, Rezeptionsforschung. Eine Einführung in Methoden und Probleme, Stuttgart, Berlin, Köln, Mainz ²1980, S. 16–27.

Die Äquivalenz der beiden Regionen läßt sich auch dort ausmachen, wo die ›asiatische‹ Qualität der einen geradezu handgreiflich ist, in Gestalt eben jenes »stark nachgedunkelte[n] Ölgemälde[s]«, vor dessen Kulisse die Münchner Gesellschaft des *Doktor Faustus* direkt an oder hinter die europäisch-asiatische Grenze versetzt wird. Der Kulisse entsprechend besteht diese Gesellschaft überwiegend aus Menschen, die von den Rändern des Reichs oder gar nicht mehr aus diesem kommen: Schildknapp aus Schlesien, Schwerdtfeger aus Dresden (»seiner Herkunft nach eher niederdeutsch«[371]), Zink »aus der Gegend von Bozen«;[372] Bullinger von »übrigens rheinischer Herkunft«,[373] Schlaginhaufen »schwäbelnd[]« und »von schwäbischer Herkunft«,[374] Kridwiß »von stark rheinhessischer Sprechweise«;[375] »Exzellenz von Riedesel [...] in seiner [...] stark süddeutsch gefärbten Sprechweise«,[376] der »fermentöse[] Fremdkörper[]« Breisacher mit seiner »übrigens stark pfälzerisch getönt[en]« »Redefertigkeit«,[377] Madame Scheurl, »die sich niemals die Mühe gegeben hat[], Deutsch zu lernen« und deren »[z]wischen den Sprachen aufgewachsen[e]« Tochter deshalb ein »inkorrekte[s] Privatidiom« schreiben soll[378] (gegen alle Wahrscheinlichkeit und im Unterschied denn zu der in Jeannette Scheurl porträtierten »Deutsch-Französin« Annette Kolb, deren Mutter zwar wirklich nie Deutsch lernte,[379] in deren eigenem, weithin lupenreinem Deutsch man aber nach Gallizismen suchen muß[380] und welcher das ganze Portrait ihrer »mondäne[n] Häßlichkeit«[381] so wenig schmeichelte — ein »Mord[]«, für den der Autor »mit der Lungenoperation bezahlt«[382] zu haben glaubte —, daß daran eine Jahrzehnte alte Freundschaft zerbrach).

Die Verfremdung des Deutschen weist in den Münchener Kapiteln des *Doktor Faustus*, wenn irgendeine, eine leichte Tendenz in den Südwesten auf und bemerkenswerterweise nicht die, welche der Ort der Handlung am nächsten gelegt hätte. Der »bayerische Verwaltungsbeamte[]« Scheurl ist tot,[383] und der einzige Münchner, der explizit als solcher und zugleich, nach den Roddes, als allererstes Mitglied der Gesellschaft eingeführt wird, Konrad Knöterich, hat nicht umsonst eine »Be-

---

371   Bd. 6, S. 265.
372   Bd. 6, S. 264.
373   Bd. 6, S. 367.
374   Bd. 6, S. 267, 367.
375   Bd. 6, S. 481. Zum Namen vgl. Sprenger und Institoris, Bd. 1, S. XXVIII.
376   Bd. 6, S. 369 f.
377   Bd. 6, S. 370.
378   Bd. 6, S. 268 f.
379   Vgl. das zeitgenössische (erstmals 1927 erschienene) Portrait bei Franz Blei, Glanz und Elend berühmter Frauen, hg. v. Rolf-Peter Baake, Hamburg 1998, S. 263–268, hier S. 265.
380   Vgl. Annette Kolb, Briefe einer Deutsch-Französin, Berlin ⁴1917, S. 13 (im Original keine Hervorhebung): »die Treue *an* sich selbst«.
381   Bd. 6, S. 269.
382   Tagebücher 1946–1948, S. 134.
383   Bd. 6, S. 268.

gier, sich *schnaubend* auf dem Cello vernehmen zu lassen«,[384] wie der erste Rheinländer des Gesamtwerks, René Maria von Throta, diesem anzüglichen Wortlaut gemäß, vielleicht nicht nur, aber jedenfalls sicherlich mit seinem Cello und anderen Streichinstrumenten Thomas Buddenbrooks Ehe zerstört. Der »tuberkulös[e]« Knöterich, den der mit ihm auf seiner Viola d'amore rivalisierende Zeitblom auch später einmal abschätzig den »Sugambier« nennt,[385] verliert sein ›autochthon Münchnerisches‹ schon bei seiner Einführung gleich wieder an ein rheinländisches Äußeres: »autochthon münchnerisch, dem Ansehen nach einem alten Germanen, Sugambier oder Ubier gleich«.[386] Der verfremdende Vergleich ist nicht allein für das akademische Fachstudium des Erzählers bezeichnend (für ein solches pedantisch genaugenommen am allerwenigsten und mehr für die Halbbildung des realen Autors, der sich hier in der — authentisch überlieferten, handschriftlich eindeutig gesicherten — Form eines lateinischen Namens leicht vertan hat): Die Ubier und nördlich von ihnen die Sugamb*r*er oder Sugamber, wie das Lemma wahrscheinlich auch in Thomas Manns Konversationslexikon geheißen hätte,[387] waren im Rheinland ansässig, erst nur am rechten Rheinufer, wurden dann aber unter den Römern links des Rheins angesiedelt und gingen endlich beide »in den Franken auf«.[388]

Vor dem Hintergrund der Irritationen, die also schon seit den *Buddenbrooks* vom Rheinland ausgingen und die letztlich wohl die zwischen regionaler Peripherie und ›national icon‹ schwankende Rolle des Rheinstroms reflektieren,[389] ist es leicht zu verstehen, wenn Thomas Mann in den Fünfzigerjahren so gewagte Charaktere wie Diane Houpflé und Rosalie von Tümmler, so tabuierte Themen wie Masochismus und Päderastie, Menopause und Krebstod in ›ubisch‹-›sugambrisches‹ Gebiet plazierte, aus dem vordem eben nur dubiose Nebenfiguren zu stammen pflegten. Den eigentümlich oszillierenden Status dieses Niemandslands sozusagen zeigen schon die Namen der späteren Figuren mehr und minder deutlich an: ›Rosalie von Tümmler‹ als Kombination eines romanischen Vor- und eines so entschieden deutschen Nachnamens, daß ihn die Germanisten sogar über das Mittelhochdeutsche zum

---

384 Bd. 6, S. 367; im Original keine Hervorhebungen.
385 Bd. 6, S. 403.
386 Bd. 6, S. 264.
387 Meyers kleines Lexikon, Bd. 3, Sp. 712. Die hier jeweils zitierte Auflage des Lexikons, wie aus geringfügigen Abweichungen der Exzerpte hervorgeht, ist wahrscheinlich nicht mit der von Thomas Mann benutzten identisch, die noch nicht identifiziert zu sein scheint — das Lexikon ist in der Nachlaßbibliothek nicht enthalten —, kommt ihr aber angesichts der vielen wortwörtlichen Zitate mit derselben Wahrscheinlichkeit sehr nahe.
388 Meyers kleines Lexikon, Bd. 3, Sp. 712, s. v. ›Sugambrer‹; Sp. 862, s. v. ›Ubier‹; Meyers großes Konversationslexikon, Leipzig und Wien ⁶1909, Bd. 18, S. 455, s. v. ›Sigámber (Sugamber, Sigambrer)‹; Bd. 19, S. 862 f., s. v. ›Ubier‹.
389 Vgl. Febvre, Der Rhein und seine Geschichte, S. 160–185.

Sprechen bringen wollten[390] und ein Rezensent ihn konsequent anheimelnd-deutschtümelnd »Thümler« schrieb;[391] ›Houpflé‹ als eine die elsäßische Herkunft konnotierende Gallisierung eines wegen seiner Konsonantenfolge sehr deutsch klingenden Namens. Gegenläufig zu dieser Gallisierung des Deutschen stammt die Houpflé aus einem zwar nominell deutschen, aber eben erst vor kurzem, in unmittelbarem Zusammenhang mit »der glorreichen Gründung des Deutschen Reiches« wieder deutsch *gewordenen* Gebiet, dessen ›Annexion‹ der Romanheld, sich eine entsprechende Geburt anmaßend, ja noch dazu, und obwohl er seine wahre Geburt in der späteren Fassung des Texts mit dieser »glorreichen Gründung« in Beziehung bringt, ausdrücklich diffamiert.[392] Und umgekehrt hat Thomas Mann in seinen Lexikonexzerpten bekanntlich festgehalten und mußte er sich also mit Sicherheit daran erinnert haben, daß das Düsseldorf, in dem die »Rheinländerin von Geblüt und Mundart« dem, wie ein anderer Rezensent schrieb, »gallische[n] ›Eros zum Tode‹«[393] anheimfällt, — daß Düsseldorf zur Zeit der Handlung oder doch bis unmittelbar vor dieser Zeit, eben »1921–25« eine französische »Sanktionsstadt« war.

Sprachraum und Territorium

Der politischen Randlage, in welche die ganze, offenbar besonders für die männlichen Rezipienten »skandalöse Parabel«[394] der *Betrogenen* situiert ist, entspricht, wie bei Thomas Mann geradezu regelmäßig, eine Randlage auch in der Sprachgeographie. Das Begehren der »Betrogene[n]« entsteht hart an einer Sprachgrenze in verschiedenen, unterschiedlich radikalen Bedeutungen des Worts: Grenze des Hochdeutschen (wie sie ursprünglich entlang der ausgerechnet so genannten Benrather Linie verlief), Grenze des Deutschen und Grenze endlich der sinnvollen, ›logozentrischen‹ Sprache überhaupt. Die Beziehung von

---

390   Heinz Politzer, Der Durchbruch. Thomas Mann und die Krankheit, in: Ciba-Symposium 9, 1961, S. 36–43, hier S. 42; Schoolfield, S. 102.

391   Martin Gregor, Das jüngste Werk Thomas Manns, in: Tägliche Rundschau, 26.8.1954.

392   Bd. 7, S. 389.

393   J. O. Zöllner, Der Schwanengesang eines Hedonisten. Zu Thomas Manns neuer Erzählung *Die Betrogene*, in: Deutsche Tagespost, 20./21.9.1953; im Original keine Hervorhebung.

394   Vgl. die affirmative Zitatenreihe, in der diese Formel von Adorno über Mayer zu Hansmann gelangt: Hansmann, S. 141 mit Anm. 5.

Rosalie und Ken hat hier wesentlich mit der Differenz, aber auch der Ähnlichkeit ihrer beiden Muttersprachen zu tun:

> Die Augen geschlossen, sang sie mit halber Stimme irgend etwas Freudiges in den zuweilen fast stürmischen Wind hinein: »O Wasserwind, ich liebe Dich; liebst du mich auch, du Wasserwind?« [...] Keaton, der zwischen Mutter und Tochter saß, begnügte sich mit einem grauwollenen Sweater unter seiner Flausjacke. Das Taschentuch hing ihm lang aus der Brusttasche, und mit einer plötzlichen Wendung, die Augen auf einmal offen, stopfte Rosalie es ihm tief in die Tasche hinein.
> »Sittsam, sittsam, junger Mann!« sagte sie mit ehrbar verweisendem Kopfschütteln.
> Er lächelte: »Thank you« und wollte dann wissen, was für ein song das gewesen sei, den man eben von ihr gehört.
> »Song?« fragte sie, »habe ich denn gesungen? Das war ein Singsang und kein song.« Und schon schloß sie wieder die Augen und summte mit kaum bewegten Lippen: »Du Wasserwind, wie lieb' ich dich!«[395]

Rosalies puristische Abwehr des amerikanisch-englischen Terminus »song«, der bei aller unüberhörbaren Verwandtschaft dennoch mit keiner Ablautform des deutschen Verbs übereinstimmt (»Sing[]« — »[]sang« — »gesungen«), beruht sachlich-semantisch darauf, daß ihr »Singsang«, ›gesummt‹ »mit halber Stimme« und »mit kaum bewegten Lippen«, die Bezeichnung »song« gar nicht verdiene. Die Musikalität und Materialität einer sinnlosen Sprache wird hier also, wie nicht anders zu erwarten, der Frau, aber in eins damit und sehr bemerkenswertweise auch dem Deutschen oder doch, genauer gesagt, dem Deutschen einer »Rheinländerin von Geblüt und Mundart« zugeordnet, während das Amerikanisch-Englische des »junge[n] Mann[s]« für die gesicherte und beherrschbare Funktion von Sinn und Bedeutung zu stehen scheint.

Obwohl ausgerechnet auf der Rheinfahrt vorgeführt, ist die Sprachproblematik hier also vom Motiv der politisch-geographischen Marginalität dissoziiert. Wenngleich die »Handlung« faktisch entweder hart an der deutschen Westgrenze oder sogar auf französisch kontrolliertem Gebiet »spiel[en]« müßte — je nachdem, wo genau »um 1925« man die »Handlung« ansetzen wollte —, bleibt dieser für die »Atmosphäre« des damaligen Düsseldorf prägende Faktor wie alle anderen antifranzösischen Ressentiments überhaupt auf gespenstische Weise ausgespart. »[F]ranzösische[]«, zusammen mit »italienischen Brocken« — eine für die Sinnentleerung der Sprache natürlich wieder überaus signifikant materialistische Metapher —, erscheinen nur einmal, im Zusammenhang mit dem bekannten und das Begehren auch hier konstituierenden Phänomen der Sprachdurchmischung und der Sprachverwirrung, und zwar durchsetzen die »Brocken«, ihrerseits verfremdet, ein an sich schon »unverleugbar« verformtes Deutsch:

---

395   Bd. 8, S. 939.

Sein [Kens] einfaches, völlig ungezwungenes, aber nicht unmanierliches Wesen, sein drolliges Deutsch, das sein Mund ebenso unverleugbar englisch formte wie die französischen und italienischen Brocken, die er wußte (denn er war in mehreren europäischen Ländern gewesen) — dies alles gefiel Rosalien sehr; namentlich seine große Natürlichkeit nahm sie für ihn ein [...].[396]

Der Motivkomplex von Sprache und Begehren kommt also auch in Gestalt des Amerikaners Ken Keaton wieder ins Spiel, dessen einsilbiger Vor- und reduplikationsartiger Nachname in der Art des ein halbes Jahrhundert älteren »Hans Hansen« den Sprachverlust vorwegnimmt, welcher Rosalies endliche ›Artikulation‹ ihres Begehrens ähnlich kennzeichnet wie bei »Potiphars Weib« im Kapitel *Die schmerzliche Zunge,*[397] ihr »Liebesgestammel«, wie in Thomas Manns Tagebuch der Arbeitstitel des folgenden Passus lautet:[398]

Es war dunkel um sie. Mit einem aus letzten Tiefen heraufgeholten Seufzer schlang Rosalie die Arme um den Nacken des Jungen, und auch er umfing beglückt ihre zitternde Gestalt. »*Ken, Ken*«, stammelte sie, das Gesicht an seinem Halse, »*ich liebe dich, ich liebe dich*, nicht wahr, du weißt es, nicht ganz hab' ich's dir verbergen können, *und du, und du,* liebst du mich auch, *ein wenig, ein wenig* nur, sag, kannst du mich lieben mit deiner Jugend, wie die Natur mir gab, dich zu lieben im grauen Haar? *Ja? Ja? Deinen Mund,* oh, endlich denn *deinen* jungen *Mund,* nach dem ich gedarbt, *deine lieben Lippen, so, so — — Kann ich* küssen? Sag, *kann ich's*, mein süßer Erwecker? Alles *kann ich*, wie du. Ken, die *Liebe* ist stark, ein *Wunder*, so kommt sie, und tut große *Wunder.* Küsse mich, *Lieb*ling! Nach *deinen Lippen* hab' ich *gedarbt,* oh, wie *gedarbt,* denn du mußt wissen, mein armer Kopf verfiel auf allerlei Klügeleien, wie daß Vorurteilslosigkeit und Libertinage nicht meine Sache seien, und daß mir Zerstörung drohe vom Widerspruch zwischen Lebenswandel und angeborener Überzeugung. Ach, Ken, fast hätte die Klügelei mich zerstört und das Darben nach dir... *Das bist du, das bist* endlich *du, das ist dein* Haar, *das ist dein* Mund, der Atem ist das deiner Nase, *die Arme, die Arme* umschlingen mich, die ich kenne, das ist deines Leibes Wärme, von der ich kostete, und der Schwan war böse...«[399]

Wie die Differenz von Vor- und Nachnamen bei Ken *Ke*at*on* (alias *Ke*arn*y*) minimiert ist, die Differenz zwischen dem persönlich-privaten und dem gesellschaftlich-öffentlichen Aspekt der Person, so hängt das eine Detail, das an Kens gewöhnlicher Verfremdung des Deutschen hervorgehoben wird, eng mit dem in der *Betrogenen* durchgängigen Klischee zusammen, daß der amerikanischen Lebenskultur der Sinn für

---

396   Bd. 8, S. 895.
397   Bd. 5, S. 1156–1176.
398   Tagebücher 1953–1955, S. 32.
399   Bd. 8, S. 945 f.; im Original keine Hervorhebungen. Zu »Erwecker« und dem Bezug zu Bachofen vgl. Ulrich, »...diese kleine Mythe von Mutter Natur«, S. 128.

den Unterschied von Privatsphäre und repräsentativer Öffentlichkeit fehle:

> Er [Ken] unternahm es einmal, sie mit einem nicht gerollten Gaumen-r, das alle so gern hörten, in heißerem Tone »Rosalie« zu nennen, was, nur als Anrede genommen, nach seinen heimischen Begriffen nicht einmal eine besondere Kühnheit war.[400]

Daß Kens Verfremdung des Deutschen die Vornamensinitiale der ihn begehrenden Frau betrifft — auch von hier aus könnte man natürlich den Namenswechsel von »Anna« zu »Rosalie« zu erklären versuchen —, gehört zu jenem bekannten Syndrom von Begehren und Sprachverformung und ist um so bezeichnender, als das entsprechende Detail hier um den Preis eines weiteren Verstoßes gegen die historische Plausibilität erkauft ist. Denn nach den amerikanischen »Begriffen« der *ersten* Nachkriegszeit wäre Kens Anrede sehr wohl eine »Kühnheit« gewesen.[401]

Das Motiv der Sprachverformung, der Sprachverwirrung und endlich auch des Sprachverlusts kommt deswegen in einem ganz eigentlichen Sinn in Gestalt des Amerikaners ins Haus von Tümmler, weil dieser ja überhaupt erst nur als Sprachlehrer hierher gelangt. Durch das besondere Arrangement aber, daß Ken ausgerechnet als Englischlehrer die von Tümmlers ›heimsucht‹, wird das Motiv der Sprachverfremdung von Anfang an auch auf seine eigene Muttersprache übertragen. Wie er das Deutsche »drollig[]« verformt, so entstellt er auch das Englische weit über die amerikanische Varietät hinaus, bis zum ›Abenteuerlichen‹ und ›Wunderlichen‹ hin, ins ›Humoristische‹, ›Spaßige‹, »Komische«:

> [...] die Arbeit mit Keaton [...] machte ihm [Eduard] großes Vergnügen, ihrer Zweckmäßigkeit halber und dann weil es spaßig war, eine neue Sprache so ganz aus den Anfangsgründen, wie ein Abc-Schütze, zuerst an Hand einer kleinen ›primer‹, will sagen einer Kinderfibel, zu lernen: Vokabeln, ihre oft abenteuerliche Rechtschreibung, ihre höchst wunderliche Aussprache, die Ken dem Schüler, indem er das l auf mehr als rheinische Art im Halse bildete und das r am Gaumen ungerollt tönen ließ, in so gedehnter Übertriebenheit vormachte, als wollte er seine eigene Muttersprache ins Komische ziehen. »Scrr-ew the top on!« sagte er. »I sllept like a top.« »Alfred is a tennis play-err. His shoulders are thirty inches brr-oaoadd.« Eduard konnte über Alfred, den breitschultrigen Tennisspieler, über den noch so manches Rühmliche, unter Verwendung von möglichst viel »though« und »thought« und »taught« und »tough«, ausgesagt wurde, die ganzen anderthalb Unterrichtsstunden lachen, machte aber sehr gute Fortschritte, gerade weil Keaton gar kein gelernter Lehrer war und eine völlig lockere Methode verfolgte, will sagen: alles aufs Gelegentliche abstellte und unbekümmert drauflos praktizierend, mit slang-Geschwätz und nonsense den Schüler, der sich

---

400   Bd. 8, S. 933.
401   Vgl. Schoolfield, S. 101.

nichts Besseres wünschte, in seine bequeme und humoristische, weltläufige Sprache hineinzog.

Frau von Tümmler, angelockt von der in Eduards Zimmer herrschenden Vergnügtheit, kam manchmal zu den jungen Leuten herüber und nahm etwas teil an der förderlichen Kurzweil, lachte herzlich mit über Alfred, the tennis play-err, und fand eine gewisse Ähnlichkeit zwischen ihm und dem jungen Privatlehrer ihres Sohnes, besonders was die Schultern betraf, die auch bei diesem von stattlicher Breite waren.[402]

Ähnlich wie bei dem mehrfach aufgerufenen biblischen Beispiel (»die Vorstellung, mit ihm [Ken] Wollust zu pflegen«, ist schon in den Notizen »viel leichter und lockender, als es für Sara der Gedanke war, mit dem 99-jährigen Abraham Wollust zu pflegen«) bahnt sich das »Wunder«,[403] das Rosalie endlich in dem »Ostern der Weiblichkeit«[404] vollendet sieht, über das Ohr und die Sprache an. Die »Vergnügtheit«, die Rosalie allererst »angelockt« hat, entspringt einer nicht einfach nur deformierten, sondern in genau bestimmter Weise von der Norm abweichenden Sprache, für die signifikanterweise keine deutschen Bezeichnungen zu existieren oder sich jedenfalls amerikanisch-englische besser zu eignen scheinen: »slang-Geschwätz und nonsense«. Diese doppelte Bestimmung entspricht dem ihr Vorangehenden nur zur Hälfte. Die Ausrichtung der Beispielsätze nach der phonetischen Eigenart ihrer Wörter subvertiert den ›Logozentrismus‹ der Sprache, materialisiert diese gleichsam und erzeugt so in der Tat notwendig »nonsense«. Die scheinbar selbstverständliche Verbindung aber von »nonsense« mit »slang« und die offenbar ebenso selbstverständliche von »slang« und »Geschwätz« ist durch die zuvor erwähnten und zitierten Beispiele keineswegs gedeckt. »[S]lang« und Soziolekt kommen darin nicht vor.

Die also ganz unausgewiesene *Klassi*fizierung des vorgeführten Amerikanischen als »slang« läßt sich auch kaum aus Kens »schlichte[r] Herkunft«[405] verstehen oder nur, wenn man à tout prix den advocatus auctoris machen wollte. Die soziale Deklassierung von Kens Sprache ist im Zusammenhang mit der engen Beziehung zu sehen, in die diese Sprache hier von allem Anfang an zu einer dia- und soziolektalen Varietät des Deutschen gerückt ist, das heißt vor dem Hintergrund der sprachgeschichtlich besonders nahen Verwandtschaft des Englischen mit dem *Nieder*deutschen, wie es im Schneekapitel des *Zauberbergs* als Medium für die »unflätig[en]« Drohungen kindsmörderisch-kannibalischer Hexen und als Sprache des schlechthin Unheimlichen, in jeder Hinsicht ›Anderen‹ erscheint.[406]

402 Bd. 8, S. 894 f.
403 Bd. 8, S. 922.
404 Bd. 8, S. 931.
405 Bd. 8, S. 913.
406 Bd. 3, S. 683. Vgl. Hans-Martin Gauger, *Der Zauberberg* — ein linguistischer Roman, in: Hans-Martin Gauger, Der Autor und sein Stil. Zwölf Essays, Stuttgart 1988, S. 170–214, hier S. 195.

Als allererstes Charakteristikum wird an Ken Keatons amerikanischer Aussprache »das l« hervorgehoben, das er auf »mehr als rheinische Art im Halse bildet[]«.[407] Grundlage dieses Vergleichs sind die Auskünfte, die Thomas Mann bei der Rheinländerin Grete Nikisch über deren Dialekt eingeholt hatte. Nikisch hatte das »rheinländische« »l« mit dem »englischen« nur von fern verglichen: »Das ›l‹ wird im Hals gesprochen, *ähnlich wie* im Englischen […].«[408] An die Stelle dieser vagen und losen Beziehung zwischen Rheinisch und »Englisch[]« (»ähnlich wie«) setzte Thomas Mann eine eindeutige Hierarchie von Amerikanisch und Rheinisch (»mehr als«); eine minime, aber doch Bände sprechende Differenz, die das Gefälle von deutscher Hochsprache und rheinländischem Dialekt nach unten hin verlängert (und sich bis zu jenen »Kehllauten« der »Frau Aarenhold« hinab fortdenken ließe).

In der Differenz des outrierten Amerikanischen zum Standardenglisch und des Englischen zum Deutschen setzt sich gewissermaßen die auf Zeitgenossen offenbar »gespenstisch«[409] wirkende Diskrepanz fort, in dem Rosalies Dialekt zum »Stil der klassischen Novelle« und zum »Buchdeutsch«[410] steht, um welches sich der Erzähler gerade auch im eben zitierten Passus (etwa mit der wiederholten Papierformulierung »will sagen«) so krampfhaft bemüht. Wie das Amerikanische die Sprache einer stände- und quasi klassenlosen Gesellschaft zu sein scheint, so kommt Rosalies im Zusammenhang mit weiblicher Körperlichkeit und Sexualität regelmäßige Verwendung ihrer rheinischen »Mundart«, in die sie bei solchen Gelegenheiten zum Leidwesen der auf den Ehrenkodex der sozialen Herkunft eingeschworenen Tochter förmlich und buchstäblich ›fällt‹,[411] im Grunde genommen einer Deklassierung gleich. Denn in einer der für Thomas Manns essayistische Prosa so typischen Simplifikationen setzt Rosalie ja kurzerhand »Dialekt und Natur« und »Natur« mit »Volk« gleich.[412]

---

407   Bd. 8, S. 894.
408   Grete Nikisch, Brief vom 27.5.1952 (Thomas Mann-Archiv); im Original keine Hervorhebungen.
409   Wolfgang Schwerbrock, Vom Büchermarkt, 23.11.1953 [Manuskript, in Thomas Manns Nachlaß].
410   Bd. 8, S. 944.
411   Bd. 8, S. 882, 891.
412   Bd. 8, S. 891.

Die späte im Verhältnis zur früheren Grenzimagination

Sechzig Jahre nach *Gefallen*, seinem ersten, offen und dezidiert antifeministischen Erzähltext hat Thomas Mann in der *Betrogenen*, als seinem letzten und vermutlich bewußt als letztes vollendeten Werk,[413] eine Frau zur Protagonistin und zur Maske seiner selbst gemacht. Das Begehren der Rosalie von Tümmler weist denn auf den ersten Blick auch die genau gleichen Merkmale auf wie das so gut wie aller männlichen Protagonisten. Wieder ist es an das Erlebnis einer in Kristevas Sinn ›vorsymbolischen‹, das heißt einer sinnleeren, musikalischen, wieder ganz materiell gewordenen Sprache gebunden, die wieder als Fremdsprache, als Dia- und Soziolekt und in anderen Verfremdungen oder Abweichungen von der Norm in Erscheinung tritt. Zugleich erscheint das problematische Begehren an der Peripherie des deutschen Territoriums, hart an, ja eigentlich sogar *auf* dessen Grenze, die auch hier wieder zu einem Limes der abendländischen Kultur und Kultiviertheit emporstilisiert wird. Und auch hier ist das gesellschaftlich tabuierte Begehren in einer noch näher zu untersuchenden Weise, aber jedenfalls ganz unmittelbar mit einer lebensgefährlichen Krankheit assoziiert.

Auf dem Hintergrund der Kontinuität zwischen dem Gesamt- und dem letzten vollendeten Werk zeichnet sich dessen Eigenart desto schärfer ab. Der melancholisch-ironische Gestus, als der sich die intertextuelle Beziehung zu *Königliche Hoheit* beschreiben läßt, bestimmt in der *Betrogenen* auch die Imagination des deutschen Territoriums und seiner Grenzen. Der wesentliche, wenigstens für unser Frageinteresse entscheidende Unterschied besteht natürlich im hier aktualisierten Grenzabschnitt. Scheint Thomas Mann bei der Imagination des ›Deutschen‹ sonst aus leicht nachvollziehbaren Gründen von der deutsch-österreichischen Grenze obsediert gewesen zu sein, weil diese eben die in nationalistischen Diskursen am wenigsten legitimierbare und also für die nationale Selbstvergewisserung bedrohlichste war; so wird die ganze Energie seiner Imagination hier nun und sonst nur noch in den späten Kapiteln des *Krull* von dieser Grenze sozusagen abgezogen und auf die Westgrenze zentriert.

Anders aber als in den *Bekenntnissen des Hochstaplers*, auch den in den Fünfzigerjahren entstandenen Partien des Romanfragments — Krulls Reise über die deutsch-französische Grenze ist nur ein, zwei Jahre älter —, erscheint die West- in der *Betrogenen* nirgends konkret als die innereuropäische Grenze, die der »Rhein« zur Zeit der »Handlung« entweder de facto oder, seit dem Vertrag von Locarno im »Herbst« 1925, de iure bezeichnete. Sondern die Grenzimagination entspricht hier der Imagination der deutsch-österreichischen Grenze auch darin ganz genau, daß die deutsche wie gesagt wieder als Kontinentalgrenze,

---

413   Vgl. Tagebücher 1953–1955, S. 36.

als so etwas wie ein europäischer, als Limes eben wieder der ›abendländischen‹ Kultur funktioniert. Bedingt ist diese ganz neue und singuläre Umpolung gleichsam der Imaginationskräfte natürlich durch die besonderen historischen und lebensgeschichtlichen Umstände, unter denen der Text entstand und auf deren entscheidendes Gewicht Adorno mit seiner etwas altklugen Kritik und alle ihm darin folgenden Interpreten ungewollt hingewiesen haben.

Wenn Ken Keaton in so ganz offenkundiger, selbst einem Immigranten wie Adorno unmittelbar erkennbarer Weise als Amerikaner der »späten vierziger oder [...] frühen fünfziger Jahre[]«[414] erscheint und durchaus nicht als ›doughboy‹ des Ersten Weltkriegs, so läßt das zunächst natürlich auf Thomas Manns Vorstellungen von der nordamerikanischen Kultur schließen. Nach anderthalb Jahrzehnten amerikanischem Exil hatte er offenbar noch immer keinen wirklichen Einblick in die Geschichtlichkeit der Vereinigten Staaten gewonnen. Noch immer konnte er die amerikanische Gegenwartskultur ohne weiteres mit dem ›Amerikanischen‹ schlechthin verwechseln. Das dieser Verwechslung vorausliegende und unter westeuropäischen Antiamerikanismen bis heute lebendige Vorurteil von der amerikanischen Geschichtslosigkeit, wie es ausgerechnet der ›ewige‹ Amerikaner Ken Keaton auch noch ausformulieren muß — pikanterweise im Gegensatz zu den sonst treulich kopierten und nahezu zitierten Reden Ed Klotz', der indessen mit seiner amerikanischen Identität durchaus keine Probleme gehabt zu haben scheint[415] —, dieses antiamerikanische gleicht ganz erstaunlich den orientalistischen Klischees, die der geborene Abendländer Lodovico Settembrini so pointiert ausspricht und die natürlich ihrerseits, nicht zuletzt die Rezeption des *Zauberbergs* und die Toleranz gegenüber Settembrinis Platitüden beweisen es, bis auf den heutigen Tag ihre Macht behalten haben. Settembrinis wie Bachofens ›Orient‹, als riesiger, aber homogener und amorpher Raum, welchem jedes Verhältnis zur Zeit und daher auch eine ›Geschichte‹ fehlen soll, gleicht in dieser platten Klischiertheit erschreckend genau den Vereinigten Staaten Ken Keatons, deren »Geschichte, aber das sei nicht ›history‹«, als eine einzige, wieder ganz homogene »success story« abgetan wird:[416] eine Konvergenz, die an Martin Heideggers stupide, mit der nationalsozialistischen Ideologie konforme Identifikation von ›Bolschewismus‹ und ›Amerikanismus‹ erinnert; mit der Besonderheit freilich, daß Thomas Mann, der Ken vielleicht auch gerade deswegen aus »einer kleinen Stadt« und über den Mittleren Westen nach Europa kommen läßt, in den Fünfzigerjahren die hohe Differenziertheit zum Beispiel der Ost- und der Westküstenkultur aus eigener Anschauung kennen mußte.

---

414   Adorno, Aus einem Brief über die *Betrogene* an Thomas Mann, S. 286.
415   Vgl. die Zitate bei Erich A. Frey, Thomas Mann, in: John M. Spalek und Joseph Strelka (Hgg.), Deutsche Exilliteratur seit 1933, Bd. 1, Teil 1: Kalifornien, Bern und München 1976, S. 473–526, hier S. 490.
416   Bd. 8, S. 897.

Vor allem aber weist jene von Adorno beanstandete Verwechslung des modernen mit dem Amerika der »zwanziger Jahre[]« auf die Vergeblichkeit einer Anstrengung, die sich schon im ganz bewußt anachronistischen »Stil der klassischen Novelle« verrät. Beides, die gesuchte und gewollte Distanz zu Deutschland und zur deutschen Gegenwart wie auch die Versuchung, diese Distanz immer wieder zu verlieren, wird in der handschriftlichen Überlieferung von allem Anfang an, nämlich in der Aufschrift der Pappmappe deutlich: »Begonnen [...] in P. P. / Beendet [...] in Erlenbach«. Die genauen Datierungen weisen darauf hin, daß der Text außerhalb des Raums und des Lands entstand, in welches das Geschehen auf jene für Thomas Mann so ganz ungewöhnliche Weise schon im ersten Satz situiert wird. Zugleich freilich beschreiben die Daten eine rapide Bewegung auf diesen Raum zu, die hart an die deutsche Landesgrenze und schon in den deutschen Sprachraum führte. Die Vollendung aber einer dieser räumlichen in der Zeit entsprechenden Bewegung markieren die von Adorno monierten Verwechslungen der eigenen Gegenwart mit der dargestellten und gleichsam nur vorgeschobenen Vergangenheit.

Der Konfusion von Entstehungs- und erzählter Zeit, gerade weil er die ästhetischen Ansprüche verletzt, die Adorno an einen Thomas Mann stellen zu dürfen glaubte, zeugt von einer starken Sogwirkung, die von der unmittelbaren Gegenwart im Nachkriegs-Deutschland ausging. Der von Adorno pedantisch kritisierte Kunstfehler deutet auf die Aktualität der »Erzählung«, auf die Insistenz der aktuellen Probleme, welche die neue weltpolitische Situation für Europa und Deutschland mit sich brachte und auf welche auch noch Adornos eigener Antiamerikanismus eine nicht gerade sehr reflektierte Reaktion war. Eine besondere zeitgeschichtliche Aktualität des Texts haben die Rezensenten und Interpreten denn auch durchaus gesehen, und daß Thomas Mann dies zurückgewiesen hat, braucht natürlich nicht, ja vermöchte eigentlich nur in einer so stark in Autorintentionen befangenen wie der Thomas Mann-Forschung[417] gegen solche aktualisierenden Interpretationen zu sprechen. Eine geradezu allegorische Lektüre, auch an den Intentionen des Autors vorbei und gegen seine Selbstinterpretation, drängt sich gerade wegen der oben konstatierten Singularitäten des Texts auf. Daß ausgerechnet in der *Betrogenen*, ein Jahr bevor die Bundesrepublik dem Nordatlantikpakt beitrat, die Westgrenze Deutschlands in den Blick rückt, daß diese, ganz entgegen der zur erzählten Zeit in den Sanktionsstädten herrschenden »Atmosphäre«, nicht als nationale, innereuropäische Grenze, sondern als die europäisch-kontinentale Grenze zu der aus dem *Zweiten* Weltkrieg als eine solche hervorgegangenen Supermacht erscheint, — das alles kann ebensowenig ›Zufall‹ sein wie die besondere

---

417 Vgl. Hubert Ohl, Der Erfolg heiligt die Mittel oder Den Sinn liefert die Zeit. Thomas Manns Selbstdarstellungen am Beispiel von *Fiorenza*, in: Deutsche Vierteljahrsschrift für Literaturwissenschaft und Geistesgeschichte 70, 1996, S. 671–691, hier S. 671.

Modifikation, welche diese eine von allen anderen Grenzimaginationen in Thomas Manns Gesamtwerk unterscheidet.

Die außerordentlichen Irritationen, welche vom deutsch-amerikanischen Verhältnis auf Thomas Mann und das deutsche Bildungsbürgertum ausgingen, bilden einen gemeinsamen Nenner der Entstehungs- und der erzählten Zeit, aufgrund dessen das Geschehen in die »zwanziger Jahre[]« verlegt ist. Beide Nachkriegszeiten waren geprägt von einem Gegensatz zwischen der militärischen und ökonomischen Überlegenheit der Vereinigten Staaten einerseits und dem europäischen Monopolanspruch auf ›Kultur‹ und ›Geschichte‹ andererseits, wie ihn hier perfiderweise ein Amerikaner formulieren und fraglos anerkennen muß und wie er in der amerikanischen Rezeption der Novelle denn nicht ganz so fraglos hingenommen wurde.[418] Schon in den Entwurfsnotizen wird das behauptete Kulturgefälle ein wesentlicher Faktor der Beziehung von Mann und Frau. Bezeichnender-, nämlich auf eine für die Ablösung der ständisch-elitären durch eine regional-kulturelle Identität bezeichnende Weise, hängen Rosalies Hoffnungen auf die Erfüllbarkeit ihrer Wünsche explizit mit ihrer Gewißheit zusammen, daß Ken in ihr nicht etwa die Adlige, sondern eben die »Europäerin« ›bewundern‹ müsse: »Auf seine Bewunderung für Europa, ihre Überlegenheit als Europäerin rechnet sie« (so wie im Novellentext Ken wirklich besonderes »Vergnügen« daran findet, »an dieser [...] Europäerin eine Eroberung gemacht« zu haben[419]).

Wie schwierig sich zur Zeit der Werkentstehung die deutsch-amerikanischen Beziehungen gestalteten, zeigen vermutlich schon die zusätzlichen Komplikationen, mit welchen die Beziehung zwischen Ken und Rosalie überfrachtet wird. Die weithin ablehnende Aufnahme der *Betrogenen*, das hat Alan D. Latta in seiner gründlichen Untersuchung der Rezeptions- und Forschungsgeschichte eindrucksvoll aufgezeigt,[420] hängt damit zusammen, daß diese Novelle gleich drei tabuierte Bereiche verletzt und vor allem in den Fünfzigerjahren verletzte: Menstruation und Klimakterium; Krebs und Tod; Inzest oder doch Sexualität zwischen älteren Frauen und jungen Männern, wie sie das Inzesttabu auch im Wortlaut der Erzählung expressis verbis[421] berührt.[422] Mit einer für Frageverbot und Erkenntnisverzicht charakteristischen Selbstverständlichkeit und auf eine noch genauer zu diskutierende Art sind diese drei Tabu-Bereiche wie in einem borromäischen Knoten miteinander ver-

---

418 Vgl. z. B. Joseph Frank, Mann — Death and Transfiguration, in: New Republic 131, 1954, S. 18 f.

419 Bd. 8, S. 932; im Original keine Hervorhebung.

420 Alan D. Latta, The Reception of Thomas Mann's *Die Betrogene*: Tabus, Prejudices, and Tricks of the Trade, in: Internationales Archiv für Sozialgeschichte der deutschen Literatur 12, 1987, S. 237–272; ders., The Reception of Thomas Mann's *Die Betrogene*: Part II: The Scholarly Reception, in: Internationales Archiv für Sozialgeschichte der deutschen Literatur 18.1, 1993, S. 123–156.

421 Bd. 8, S. 919.

422 Vgl. Latta, v. a. 12, 1987, S. 238–244.

hängt, die vermeintliche Menstruation mit dem Krebs, der Krebs mit dem späten Begehren und dieses weibliche Begehren wieder mit dem trüglichen Ende der Menopause.

Die deutsch-amerikanische Beziehung gestaltet sich in der *Betrogenen* als trügliche, verkehrte, ›perverse‹. Der sie scheinbar legitimierende »Liebesfrühling«[423] und das »*Ostern* der Weiblichkeit« fallen in den Herbst. Die Trüglichkeit dieser Legitimation und die Komplikationen der Beziehung lassen sich als Artikulation des unbewältigten Definitionsproblems verstehen, als Ausdruck der unlösbaren Antinomie von menschlicher »Schwäche«,[424] militärischer Niederlage und ökonomischer Unterlegenheit auf der einen und dem Glauben an die Höherwertigkeit der eignen Kultur auf der anderen Seite.

Die überdeterminiert negative Besetzung des Begehrens, bei dessen Entstehung »die ›Freiheit‹ unter der Republik« eine so wichtige Rolle spielen soll, ist nicht einfach nur als reaktionärer Reflex eines einst eingefleischten Monarchisten zu lesen, sondern auch als Symptom einer kulturkonservativen Überfremdungsangst, wie sie sich schon in jener noch offener antirepublikanischen »Inflationsgeschichte« verriet. Während die moribunde Liebhaberin einen nicht nur kerndeutschen, sondern eben zugleich auch adligen Nachnamen trägt und also das Deutsche a limine mit dem Feudalismus assoziiert wird, den Ken in den Merowingern und ihresgleichen so verehrt, erscheint die Demokratie schon in den Entwurfsnotizen als etwas genuin Amerikanisches. Kens »Durchschnittlichkeit«[425] und »Einfalt« haben »den großen demokratischen Geist seines weiten Heimatlandes zum Hintergrunde«.[426]

Auch vor diesem »Hintergrunde« ist die ungeteilte Toleranz und Sympathie zu sehen, welche die Düsseldorfer und vor allem die Düsseldorferinnen dem Fremden entgegenbringen. An Ken und insbesondere an seiner entstellenden »Aussprache des Deutschen« fasziniert gerade das »Ausländische«. Die Faszination wird ausdrücklich als eine »deutsche[] *Schwäche*« notiert.[427] Von solcher Wertung kultureller Offenheit als ›faible‹ und »Schwäche« aus könnte man auch das schlimme Ende, das es mit der Leidenschaft der deutschen Aristokratin für den amerikanischen Eindringling nimmt, als politische Allegorie und Warnung lesen — Ken ist in Deutschland erst »wenig [...] vorgedrungen«[428] —: als Spitze natürlich nicht nur oder überhaupt nicht mehr gegen die längst untergegangene *Weimarer* Republik.

Über den sozial inakzeptablen Altersunterschied, der die Deutsche vom Amerikaner trennt, werden selbst die scheinbar ›natürlichsten‹ Kategorien verwirrt. Auch wenn man Felders tiefenpsychologisch gesinn-

---

423 Tagebücher 1951–1952, S. 198.
424 Bd. 8, S. 932.
425 Bd. 8, S. 913.
426 Bd. 8, S. 914.
427 Bd. 8, S. 907; im Original keine Hervorhebung.
428 Bd. 8, S. 898.

ter Interpretation der »zerschossene[n] Niere«[429] als Kastrationssymbol[430] nicht folgen möchte — dieses Detail wäre wie gesehen auch mythologisch und möglicherweise sogar noch über ein ›Vorbild‹ und ›Modell‹, am ehesten Paul Ehrenberg erklärbar —, so formuliert Rosalie selbst doch Kens ›weibliche‹ und die ›Männlichkeit‹ ihrer eigenen Rolle:

> Ich begehre ihn — habe ich denn je schon begehrt? Tümmler begehrte mich, als ich jung war, und ich ließ mir's gefallen, willigte in sein Werben, nahm ihn zur Ehe in seiner Stattlichkeit, und wir pflegten der Wollust auf sein Begehren. Diesmal bin ich's, die begehrt, von mir aus, auf eigene Hand, und habe mein Auge auf ihn geworfen wie ein Mann auf das junge Weib seiner Wahl — das machen die Jahre, mein Alter macht es und seine Jugend. Jugend ist weiblich und männlich das Verhältnis des Alters zu ihr, aber nicht froh und zuversichtlich in seinem Begehren, sondern voll Scham und Zagen vor ihr und der ganzen Natur, seiner Untauglichkeit wegen. Ach, viel Leiden steht mir bevor, denn wie kann ich hoffen, daß er sich mein Begehren gefallen läßt, und wenn gefallen, daß er willigt in mein Werben, wie ich in Tümmlers. Ist er ja doch auch kein Mädchen mit seinen festen Armen, — nichts weniger als das, sondern ein junger Mann, der selbst begehren will und, so sagt man, viel Glück darin hat bei Frauen.[431]

Wie schwierig und ungeklärt das Verhältnis zwischen der moribunden Deutschen und dem leicht kriegsversehrten Amerikaner ist, läßt sich an einschlägigen Inkonzinnitäten des Texts und seiner Entstehungsgeschichte paradigmatisch aufzeigen. Diese Inkonzinnitäten betreffen die Gefühle, welche Ken der »Betrogene[n]« entgegenbringt. Anders zwar, aber nicht weniger bezeichnend als im *Tod in Venedig*, wo die Gefühle des Begehrten ganz im Vagen bleiben, ja noch nicht einmal deutlich ist, ob Tadzio den ihn Begehrenden überhaupt, geschweige denn als solchen wahrnimmt, wird in der *Betrogenen* die Gefühlswelt Kens sehr wohl thematisch, dies jedoch in verschiedener und sogar widersprüchlicher Weise. Diese Widersprüchlichkeit wiederum läßt deutlich erkennen, wie sehr sich der Autor mit der Figur der Begehrenden identifiziert, die Unsicherheit und die Hoffnungen, die er hinsichtlich der Erwiderung seines Begehrens mit ihr teilt und die er ihr und sich selber in seiner auktorialen Allmacht endlich erfüllt (so wie er sich im Tagebuch seine »letzte« und angeblich »glücklichste« »Leidenschaft« zur »unverhoffte[n] Erfüllung einer Lebenssehnsucht« werden ließ,[432] während Heuser ja, wenn man seiner Erinnerung traut und hinter seiner Versicherung keine pia fraus vermutet, die Verliebtheit des schon ältlich wirkenden Mannes noch nicht einmal bemerkt zu haben scheint[433]).

---

429   Bd. 8, S. 898.
430   Felder, S. 125.
431   Bd. 8, S. 901 f.
432   Tagebücher 1933–1934, S. 296.
433   Vgl. Böhm, S. 376–381.

Zuerst, anläßlich der »mit dem Oktober« einsetzenden »gesellschaftliche[n] Saison«, heißt es von Ken lapidar und teils in Klammern — welche die sich später in Widersprüchlichkeiten rächende Marginalisierung des Themas versinnbildlichen —, daß es ihm gar nicht in den Sinn komme, die »Empfindungen« der Frau korrekt zu interpretieren:

> Mit Rosalie plauderte er [Ken] gern, auch abseits, unter vier Augen, — nicht nur weil sie zu seinen Brotgebern und »bosses« gehörte, sondern aus wirklicher Hingezogenheit. Denn während die kühle Intelligenz und die geistigen Ansprüche ihrer Tochter ihm Furcht einflößten, sprach die treuherzige Fraulichkeit der Mutter ihn sympathisch an, und ohne ihre Empfindungen richtig zu deuten (er kam nicht darauf, das zu tun), ließ er sich's wohl sein in der Wärme, die ausging von ihr zu ihm, gefiel sich in ihr und kümmerte sich wenig um dabei vorkommende Merkmale der Spannung, Beklommenheit, Verwirrung, die er als Äußerungen europäischer Nervosität verstand und darum hochachtete.[434]

Einige zwanzig Seiten später jedoch und, in der erzählten Zeit gesehen, offenbar keinen Monat (»[e]ine Woche« plus »[a]cht Tage« plus »drei Tage«[435]) nach jener angeblich vollständigen Ahnungslosigkeit, soll Ken schon *»längst«* begriffen haben, was eben noch ganz außerhalb des für ihn Denkbaren gelegen hat:

> Keaton, dem längst zu seinem Vergnügen klar geworden war, daß er, wie er da war, an dieser grauhaarigen, aber reizvollen Europäerin eine Eroberung gemacht hatte, wurde nicht recht klug aus der Veränderung ihres Wesens. Sein Respekt vor ihr, wie sich begreifen läßt, war gesunken durch das Gewahrwerden ihrer Schwäche; die aber hatte es seiner Männlichkeit auch wieder erregend angetan; seine Schlichtheit fühlte sich zu der ihren sympathisch hingezogen, und er fand, daß so prächtige, jugendlich dreinschauende Augen wohl aufkämen für fünfzig Jahre und alternde Hände. Der Gedanke, ein Liebesverhältnis mit ihr anzufangen, wie er es eine Zeitlang — nicht gerade mit Amélie Lützenkirchen[436] oder Louise Pfingsten, aber mit einer anderen Frau der Gesellschaft, auf die Rosalie gar nicht verfallen war — unterhalten hatte, war ihm keineswegs unvertraut, und wie Anna beobachtet, hatte er begonnen, den Ton, in dem er mit der Mutter seines Schülers verkehrte, wenigstens dann und wann aufs Schäkernd-Herausfordernde zu stellen.[437]

Nicht nur also, daß Ken »längst« verstanden hat, wie es um die »Europäerin« steht; auch der »Gedanke« an ein »Liebesverhältnis mit ihr« soll ihm »keineswegs unvertraut« sein: eine sehr verräterische Formulierung, sowohl literal, einfach als doppelte Negation, wie auch als eigentliche ›Litotes‹, das heißt als Verstärkung der doppelt verneinten Position les-

---

434 Bd. 8, S. 908.
435 Bd. 8, S. 920 f., 932.
436 Vgl. 2.10.1907 an Heinrich Mann; Thomas Mann und Heinrich Mann, Briefwechsel 1900–1949, S. 128 f., hier S. 129.
437 Bd. 8, S. 932 f.

bar und damit bezeichnend für die Identifikation des Autors mit der Perspektive der alternden Liebhaberin, da sie in ihrer Doppeldeutigkeit beides verrät, die Hoffnung auf eine Erwiderung des Begehrens seitens des jungen Mannes und den Zweifel daran. Die Hoffnung und den Wunsch erfüllt der Autor dann seiner Hauptfigur und über diese phantasmatisch sich selber anläßlich des Ausflugs nach Schloß Holterhof, »kein[en] volle[n] Monat«[438] später — natürlich wegen der physio- beziehungsweise pathologischen Notwendigkeit, daß nach der unverhofften Blutung »kein voller Monat« vergehen darf und daß Rosalie nur so an deren Interpretation als »Ostern der Weiblichkeit« nicht irre werden kann —, im »Februar« oder »Frühling« (dessen Verwechselbarkeit mit dem Herbst anhand des Motivs der »Herbstzeitlose[n]« expliziert wird):[439] »Mit einem aus letzten Tiefen heraufgeholten Seufzer schlang Rosalie die Arme um den Nacken des Jungen, und auch er umfing beglückt ihre zitternde Gestalt.«

Von einem rezeptionsästhetisch-probabilistischen Standpunkt aus gelesen, ist die Entwicklung, welche auf Kens endliche ›Beglückung‹ zuführt, natürlich wenig plausibel, widersprüchlich und unstimmig, auch weil die drei zitierten Stellen in der erzählten Zeit allzu nahe beieinander liegen. Aus einem produktionsästhetischen Gesichtswinkel jedoch, vor dem Hintergrund der Selbstidentifikation des Autors mit seiner Novellenfigur, beschreiben diese drei Stellen auf der Achse der Erzählzeit eine durchaus konsistente Entwicklung. Die Erfüllbarkeit eines erst ganz einseitigen Begehrens rückt sukzessiv näher. Die Konsequenz dieser Entwicklung reicht über die zitierten Stellen der Druckfassung hinaus und bestimmte offenbar auch deren Entstehungsgeschichte. Das Adjektiv »beglückt« zum Beispiel, welches zuletzt die Gegenseitigkeit des Begehrens so entschieden zu bekräftigen scheint, hat Thomas Mann nachträglich in den Text der Reinschrift hineingeflickt. Und zum anderen war der anfängliche Abstand zu diesem Gefühl der ›Beglückung‹ in den Entwurfsnotizen ungleich größer als der, den in der Druckfassung jene Ahnungslosigkeit Kens bezeichnet. Ursprünglich sollte Rosalies Verliebtheit dem jungen Mann peinlich und lästig sein: »Aus Höflichkeit und Abhängigkeit macht er süße Miene, sucht aber möglichst davonzukommen.«

Ob Ken Rosalies Begehren und zu welchem Grad er es erwidert, wird im Text also nicht eindeutig gesagt, und die Verschiedenheit und Widersprüchlichkeit der einschlägigen Stellen ist so symptomatisch für das Ungeklärte, Irritierende dieses Begehrens wie Rosalies eigentlich tragisches, von ihr selber aber in ein versöhnliches Licht gerücktes Ende. Solche Unschärfen des Texts lassen sich auch als Reflexe der Schwie-

---

438 Bd. 8, S. 936.
439 Bd. 8, S. 934. Zur Substituierbarkeit der beiden Jahreszeiten vgl. auch das Verhältnis der Märchenheirat in *Königliche Hoheit* mit dem autobiographischen Substrat bei Thomas Sprecher, *Das Strenge Glück der Ehe. Zum autobiographischen Kern von Thomas Manns Roman Königliche Hoheit*. Vortrag, gehalten am 5.11.1996 in Zürich [Manuskript].

rigkeit beschreiben, ein altes und über ein halbes Jahrhundert bewährtes Muster der Selbst- und Fremdimagination radikal veränderten Bedingungen anzugleichen. Das Schema, anhand dessen die deutsch-österreichische Grenze imaginiert wurde, ist im Alterswerk auf die Westgrenze übertragen. Auch hier wird die deutsche und die Sprache überhaupt bis zum »nonsense« verfremdet und die nationale zur Kontinentalgrenze emporstilisiert, über die der Fremde in feindlich-kriegerischer Absicht eindringt, um dann freilich als Kulturtourist »hängen[zu]bleiben«,[440] aus einer Nostalgie für alles Deutsch-Europäische, das er, wie Schloß Holterhof, eben »excitingly *continental*«[441] findet. Und auch hier natürlich konvergiert die imaginäre Grenze des »[C]ontinentalen«[442] mit der Geschlechterdifferenz und generiert so ein sexuelles Begehren, dessen negative Besetzung Krankheit und Tod endlich besiegeln; nur daß Fremdes und Eigenes hier innerhalb der Geschlechterdifferenz anders zugeordnet erscheinen als früher und daß es auch die Angst vor einer anderen Krankheit und einem anderen Tod ist, mit der die Grenze jetzt besetzt wird.

Krebs als neue Krankheit

In der *Betrogenen*, dem im Gesamtwerk einzigen Text Thomas Manns, in dem eine Frau die Hauptrolle spielt, und in der Konsequenz dieser Singularität, wird die weibliche Position nicht mehr dem Fremden, sondern Deutschland, und sei es auch nur dem »Rheinland« zugewiesen; und zwar auf der Grundierung einer spezifischen, eben republikanischen Verfassung und eines Arrangements der Lebensalter, welches die stereotype, mit gewissen Einschränkungen seinerzeit selbst noch von Freud[443] als die naturgewollte verstandene Zuordnung der Geschlechter und der ›Diathesen‹, des ›aktiven‹ und des ›passiven‹ Parts durcheinanderbringt. Vor allem jedoch steht das über die Geschlechter- und Kulturdifferenz erzeugte Begehren zwar immer noch in assoziativ sehr enger Beziehung zu Krankheit und Tod, doch nicht mehr in unmittelbar-kausaler zum begehrten Körper, wie etwa noch im nur wenig älteren, aber noch vor der »Heim-« und »Rückkehr« vollendeten *Doktor Faustus*.

---

440   Bd. 8, S. 917.
441   Bd. 8, S. 942; im Original keine Hervorhebung.
442   Bd. 8, S. 897.
443   Freud, Bd. 15, S. 122.

Anders als bei der femme fatale zum Beispiel dieses Romans oder des *Zauberberg* ist die rein mechanische Versehrtheit von Kens Körper völlig harmlos und ungefährlich. Man kann sich an ihm nicht anstecken. Die ihm verfallene Frau aber stirbt dennoch, an einer im Gesamtwerk ihrerseits und wieder nicht zufällig singulären Krankheit, was, wie erwähnt, wegen der Tabuierung dieser Krankheit wesentlich zur schlechten Rezeption des Texts beitrug. Alle die eindrücklichen Sterbeszenen und Todesfälle, für die Thomas Mann bekannt und sicherlich zu Recht berühmt ist, haben bei aller Verschiedenheit in den so fein ausgeführten Details doch etwas medizinisch Gemeinsames. In *Buddenbrooks. Verfall einer Familie* stirbt die erste eigentlich an einem Schnupfen, die Konsulin an »Bronchopneumonie« (»verursacht« von einer »infektiösen Krankheit«),[444] der letzte an Typhus (nicht wie Renée Mauperin in dem von Thomas Mann selber als solches bezeichneten »Vorbild[]«[445] an einer »Herzkrankheit[]«[446] beziehungsweise an einem eine solche hervorrufenden Schuldgefühl); Gustav Aschenbach im *Tod in Venedig* an Cholera (wie übrigens Emilie ›Lili‹ de Goncourt, das mutmaßliche ›Vorbild‹ für die sterbende Renée Mauperin); die Patienten des *Zauberberg* wie Gabriele Klöterjahn an Tuberkulose; Nepomuk Schneidewein im *Doktor Faustus* an Meningitis: alle an Infektionskrankheiten. Mit den entsprechenden Infektions- und Sexualängsten, wie gesehen, wurde auch die Reichsgrenze besetzt, wenn sich Gustav Aschenbach jenseits dieser Grenze mit Cholera und Adrian Leverkühn auf »jener Reise nach Graz, beziehungsweise nach Preßburg«[447] mit Syphilis ansteckt (einer Krankheit, von der Thomas Mann nach Ausweis seiner Quellen wußte, daß ihre externe Verursachung noch im zwanzigsten Jahrhundert kontrovers war, von frühneuzeitlichen Spekulationen über ihre astrologische Bedingtheit[448] bis zu ›amerikanistischen‹ Plädoyers für eine transatlantische »*Einschleppung*«,[449] wie Iwan Blochs »Kritik der Lehre von der Altertumssyphilis«, in der die »Kritische Analyse der ›Syphilis‹fälle in Bibel und Talmud« begreiflicherweise am weitaus meisten Raum einnimmt:[450] Syphilis als ›jüdische‹ Krankheit und ›Marranenseuche‹ —

---

444 Klein, S. 47.

445 Bd. 11, S. 379 f.

446 Edmond de Goncourt und Jules de Goncourt, Renée Mauperin, hg. v. Elisabeth Kuhs, Stuttgart 1989, S. 192.

447 Bd. 6, S. 293 f.

448 Phil[ipp] Gabr[iel] Hensler, Geschichte der Lustseuche, die zu Ende des XV. Jahrhunderts in Europa ausbrach, Altona 1783, S. 3–5.

449 Iwan Bloch, Das erste Auftreten der Syphilis (Lustseuche) in der europäischen Kulturwelt. Gewürdigt in seiner weltgeschichtlichen Bedeutung, dargestellt nach Anfang, Verlauf und voraussichtlichem Ende. Vortrag, gehalten in der Staatswissenschaftlichen Vereinigung zu Berlin am 12. November 1903, Jena 1904, S. 11; Hervorhebung des Originals. Thomas Mann kannte Blochs Positionen aus: Martin Gumpert, Zum Streit um den Ursprung der Syphilis, Sonderdruck aus dem Zentralblatt für Haut- und Geschlechtskrankheiten sowie deren Grenzgebiete 8.1/2 o. J. (mit Lesespuren in Thomas Manns Exemplar).

450 Iwan Bloch, Der Ursprung der Syphilis. Eine medizinische und kulturgeschicht-

›pestis marranica‹ oder ›Marranorum‹, eine offenbar noch im fünfzehnten Jahrhundert geläufig gewordene Bezeichnung[451] — gehörte ins Register sowohl des frühneuzeitlichen als auch des zeitgenössischen Antisemitismus[452]).

Rosalie von Tümmler also stirbt als erste und einzige Figur des Gesamtwerks an Krebs, im Unterschied zu den vielen anderen nicht an einer Infektions-, sondern an einer gewissermaßen ›miasmatischen‹[453] Krankheit, die Thomas Mann schon in seinem Storm-Essay als solche, als autochthon spezifische verstanden haben muß, wenn er den »Krebs« dort »das Marschenübel« nannte.[454] In der *Betrogenen*, als dem letzten vollendeten Werk des Autors, scheint die deutsche Grenze aufgehört zu haben, als cordon sanitaire zu funktionieren. Die tödliche Krankheit, zwar immer noch mit dem Begehren, dem Fremden und dem Begehren des Fremden assoziiert, scheint nicht mehr, und das ist wichtig genug, um es zu wiederholen: sie scheint nicht mehr ansteckend zu sein. In einem frühen Versuch, dem Krebstod einen gleichsam kultur- oder sozialdiagnostischen und -pathologischen Sinn abzugewinnen, wie dies Susan Sontag verbieten und es gleichzeitig in Fritz Zorns *Mars* doch geschehen sollte,[455] hat Thomas Mann der Krankheit, dem Sterben und dem Tod ihre Bedeutung für einmal offenbar nicht aus einem topographischen Bezugssystem, sondern zunächst nur aus einer lebensgeschichtlichen Perspektivierung heraus gegeben:

[...] ich leugne gar nicht, daß die Gebärmutter das Freßgezücht selbst produziert. Und doch rate ich Ihnen, meine Vermutung zu übernehmen, daß die Geschichte vom Eierstock ausging, — von unbenützten granu-

liche Untersuchung, Jena 1901–1911, Bd. 2, S. 483–498.

451 Vgl. Harry Friedenwald, A Hebrew Reference to the Epidemic of the Gallic Disease at the End of the 15th Century and the Accusation that the Marranos Caused its Spread, in: Harry Friedenwald, The Jews and Medicine. Essays, Bd. 2, Baltimore ²1944 (Publications of the Institute of the History of Medicine, Bd. 2), S. 529–532, hier S. 532. Obwohl Bloch entsprechende Bezeichnungen samt der dazugehörigen Theorie selber aufführt (Der Ursprung der Syphilis, Bd. 1, S. 246 f.), hat er sie in seine enzyklopädische Liste der »Benennungen der Syphilis in der alten Welt« bemerkens- und vielleicht bezeichnenderweise nicht mit aufgenommen (ebd., S. 297–305).

452 Vgl. Gilman, The Jew's Body, S. 96–102. Zur analogen Verbindung von Epidemiologie und Rassismus auch bei Bloch vgl. z. B. Das erste Auftreten der Syphilis, S. 34: »Es ist erwiesen, daß eine syphilitische Ansteckung, die ein Weißer sich bei Negern oder Mongolen zuzieht, eine viel intensivere Erkrankung zur Folge hat und einen maligneren Verlauf der Syphilis, als wenn er in bezug auf den Geschlechtsverkehr innerhalb der eigenen Rasse bleibt.«

453 Vgl. Caroline Hannaway, Environment and Miasmata, in: W. F. Bynum und Roy Porter (Hgg.), Companion Encyclopedia of the History of Medicine, New York und London 1993, Bd. 1, S. 292–308, hier S. 295.

454 Bd. 9, S. 266.

455 Vgl. Rudolf Käser, Metaphern der Krankheit: Krebs, in: Gerhard Neumann und Sigrid Weigel (Hgg.), Lesbarkeit der Kultur. Literaturwissenschaften zwischen Kulturtechnik und Ethnographie, München [im Druck].

lösen Zellen nämlich, die seit der Geburt da manchmal ruhen und nach dem Einsetzen der Wechseljahre durch Gott weiß welchen Reizvorgang zu maligner Entwicklung kommen.[456]

Die »maligne[] Entwicklung«, wie sie Wilhelm Reich damals als Resultat ›chronischer Sexualstauung‹ zu verstehen versuchte,[457] ist auch hier Ausdruck ungelebter Möglichkeiten. »[D]ie Geschichte«, so das in seiner saloppen Schmissigkeit ungewollt vieldeutige und tiefsinnige Wort des zynischen Mediziners, scheint ganz aus eigenem ihr schlimmes Ende genommen zu haben. Die Krankheit ist zum Zeichen einer Tragik geworden, die gar nichts mehr mit Grenze und Randlage zu tun zu haben scheint, sondern scheinbar ganz im Land der eigenen »Geburt« situiert ist. In der *Betrogenen* scheinen Tod und Krankheit nicht von außen einzudringen, sondern immer schon in Deutschland gelauert zu haben. So gelesen, als ›Alterswerk‹ in jenem anregenden und verheißungsvollen Sinn des Worts, steht der Text für die Möglichkeit, auch noch so festgefahrene Phantasmen gleichsam zu entmachten und zu überwinden.

Die veränderte geopolitische und historische Situation Deutschlands schlägt sich also in der *Betrogenen* unter anderem, so zum Beispiel einer neuerdings weiblichen Sexuierung des In- und einer männlichen des Auslands, auch in einem nosologischen Paradigmenwechsel nieder. An die Stelle der Infektionsängste, welche Thomas Manns Imagination der Südostgrenze ein halbes Jahrhundert lang bestimmten, tritt die Angst vor dem Krebs und dem Krebstod, wie sie unter allen Krankheitsängsten dominant geblieben oder wieder geworden ist (seitdem im kollektiven Imaginären das HIV-Virus erfolgreich auf andere Kontinente und soziale ›*Rand*gruppen‹ eingedämmt und ausgegrenzt wurde). Dieser Paradigmenwechsel reflektiert den medizinischen und pharmakologischen Fortschritt.

Wie ganz zu Anfang schon gesagt, fielen in Thomas Manns Lebensalter etliche epidemologische Durchbrüche. Alle für Mittel- und Westeuropa relevanten Infektionskrankheiten waren noch unverstanden, als Thomas Mann zur Welt kam; und so gut wie alle wurden zu seinen Lebzeiten erklärt, zuletzt, 1933, die Grippe oder »Influenza«, nachdem die Forschung durch die verheerende Pandemie von 1918 und 1919 ihre alten Hypothesen aufzugeben gezwungen worden war:[458] durch die sogenannte ›spanische Grippe‹, von der ein Zufall vielleicht will, daß sie durch den Ersten Weltkrieg und just durch die ›doughboys‹ nach Europa gelangte, zu denen Ken Keaton gehörte, und zwar ausgerechnet aus

---

456 Bd. 8, S. 949.
457 Wilhelm Reich, Die karzinomatöse Schrumpfungs-Biopathie, in: Wilhelm Reich, Ausgewählte Schriften. Eine Einführung in die Orgonomie, Köln 1976 [zuerst 1945], S. 232–288, hier S. 235–240.
458 Vgl. Winkle, S. 1048 f.

Kansas,[459] das in Kens antiamerikanischer Tirade parte pro toto für die Vereinigten Staaten steht.

Die wissenschaftlich adäquate Beschreibung der Infektionskrankheiten bedeutete freilich noch nicht deren pharmakologische Meisterung,[460] sondern schuf erst die Voraussetzungen dafür. Dieser andere Prozeß der praktischen Bewältigung ansteckender Krankheiten darf auch für die ›westliche‹ Welt erst in den Vierzigerjahren als abgeschlossen gelten. 1944 gelang es Selman Waksman, die Tuberkulose mit Streptomyzin zunächst sehr erfolgreich zu therapieren.[461] Und mit noch viel nachhaltigerem Erfolg begannen Howard Walter Florey und Ernst Boris Chain 1943 die Syphilis zu behandeln, indem sie dafür das schon anderthalb Jahrzehnte zuvor von Alexander Fleming isolierte Penizillin klinisch anwandten.[462] 1945 erhielten die drei Forscher dafür den Nobelpreis.

Zur Zeit also, als Thomas Mann den *Doktor Faustus* zu schreiben anfing, im Frühjahr 1943, wird er kaum schon etwas von dem neuen Antibiotikum gewußt haben, welches die Salvarsan-Therapie ablöste, der sich der Syphilitiker Leverkühn 1906 leicht anachronistisch zu unterziehen scheint — auf eine solche könnte jedenfalls die Bestimmung der »eingreifenden und ziemlich langwierigen Behandlung« deuten[463] —: Ein Jahr zuvor hatte Fritz Schaudinn den Syphiliserreger, die damals noch mit weiblichem Namen so genannte ›Spirochaeta pallida‹ (heute offenbar ›nur‹ noch ›Treponema pallid*um*‹[464]), gerade erst gefunden, und erst Jahre später sollte Paul Ehrlich seine auf Schaudinns Entdeckung aufbauende »magische Kugel[]«[465] entwickeln, die Chemotherapie mit Salvarsan eben, eine ebenfalls mit dem Nobelpreis ausgezeichnete, in der von Thomas Mann benutzten Fachliteratur[466] jedoch nicht datierte Errungenschaft.[467]

Als der Roman aber 1947 erschien, hatte das »Penecilin«[468] (um nur eine der Stöhr-haft abenteuerlichen, die Neuheit der Entdeckung doku-

459 Vgl. Winkle, S. 1045.
460 Vgl. z. B. Radkau, Das Zeitalter der Nervosität, S. 88.
461 Vgl. Miles Weatherall, Drug Treatment and the Rise of Pharmacology, in: Roy Porter (Hg.), The Cambridge Illustrated History of Medicine, Cambridge, New York, Melbourne 1996, S. 246–277, hier S. 271.
462 Vgl. John Walton, Paul B. Beeson und Ronald Bolley Scott (Hgg.), The Oxford Companion to Medicine, Oxford und New York 1986, Bd. 2, S. 1033, s. v. ›penicillin‹; S. 1369, s. v. ›syphilis‹.
463 Bd. 6, S. 208. Vgl. Allan M. Brandt, Sexually Transmitted Diseases, in: W. F. Bynum und Roy Porter (Hgg.), Companion Encyclopedia of the History of Medicine, New York und London 1993, Bd. 1, S. 562–584, hier S. 573.
464 Vgl. Porter, The Greatest Benefit to Mankind, S. 452.
465 Vgl. Winkle, S. 599.
466 F. W. Oelze und Meta Oelze-Rheinboldt, Die Geschlechtskrankheiten und ihre Bekämpfung, Berlin 1924. Zu Thomas Manns anderweitigen medizinischen Quellen vgl. Rütten.
467 Vgl. Winkle, S. XXXIV f., 599–601.
468 Tagebücher 1944–1946, S. 311.

mentierenden Schreibungen zu zitieren) auch der Syphilis, als letzter der einst so gefürchteten Infektionskrankheiten, ihre Bedrohlichkeit schon ganz genommen. Die im Register der kollektiven Krankheits- und Todesängste gleichsam vakante Stelle nahm nun oder begann der Krebs nun einzunehmen. Dieser Vorgang, wie nämlich die Krebs- *an die Stelle* der Infektionsangst trat, läßt sich gerade an der *Betrogenen* genau verfolgen. Denn die Krankheit erhält hier erstaunlich ähnliche Züge wie die in früheren Texten ansteckenden Krankheiten.

»Krankheit«, legte Thomas Mann sogar seinem Goethe in Form einer Selbstverständlichkeitsfloskel in den Mund, »Krankheit hat *ja* auch ihr Vorteilhaftes.«[469] Die in Thomas Manns Werk so eindrücklich bezeugte Faszinationsgeschichte der Krankheit hat mit einer letztlich romanti- schen, wohl besonders über Nietzsche und dann Freud, in zweiter Linie vielleicht auch über Autoren wie Max Nordau oder Cesare Lombroso vermittelten Ambivalenz zu tun. Diese wird nur gerade im auch in die- ser Hinsicht von den Regeln des Gesamtwerks abweichenden Schelmen- roman ironisiert: in der »übernormale[n] Sinnesverschärfung« des kerngesunden, aber den Epileptiker simulierenden Krull, dem »beson- ders fesselnde[n] Symptom«, als welches ein Wilhelminischer Militärarzt »die geradezu erstaunliche Überfeinerung des Gehörsinnes ansprechen« »möchte«.[470]

Die romantisch-stimulierende Seite hatte bei den ansteckenden Krankheiten oft eine mehr und weniger explizit sexuelle Note. »Die in- spiratorische Wirkung« der Infektion hat Thomas Mann bei seinen Vor- arbeiten zum *Faustus*-Roman eigens festgehalten und in jener von fremder, augenscheinlich fachmännischer Hand geschriebenen Über- sicht über die drei Krankheitsstadien der Syphilis beim tertiären Stadi- um, unter dem Titel »*Affektation des Gehirns / Paralyse*«, die hier ein- schlägigen Daten rot unterstrichen: »*enorme Steigerung der Reflexe*«. Im Roman selbst wird der Teufel dann die Syphilis mit einer demge- genüber spezifizierten Metapher als ein »Aphrodisiacum« bezeich- nen.[471] Bereits am ersten Morgen der im *Zauberberg* erzählten Zeit, im Unterkapitel *Ehrbare Verfinsterung*, beim »ohne jeden Zweifel ins Tie- rische übergegangen[en]« »Spiel«[472] eines mit konstantem Epitheton so genannten »barbarische[n]«,[473] sehr bezeichnenderweise »*russischen* Ehepaar[s]«,[474] wird Hans Castorp Ohrenzeuge der, wie es in einem frü- hen Kapitel des *Krull*-Fragments im Zusammenhang mit der »krankhaf- ten Gier« eines Leutnant Übel heißt: »der Begehrlichkeit brustschwacher Leute«,[475] und mit demselben Selbstverständlichkeitsgestus spricht Hof- rat Behrens nach Ausweis schon seiner Formulierung eine communis

469   Bd. 2, S. 666; im Original keine Hervorhebung.
470   Bd. 7, S. 369 f.
471   Bd. 6, S. 331.
472   Bd. 3, S. 59.
473   Bd. 3, S. 63, 129, 156, 439, 508.
474   Bd. 3, S. 21; im Original keine Hervorhebung.
475   Bd. 7, S. 316.

opinio[476] aus, wenn er behauptet, »daß die Phthise *nun mal* mit besonderer Konkupiszenz verbunden ist«.[477]

Solchen Vorstellungen aber fügt sich überraschend genau die spezielle Krebsart, an der Thomas Mann Rosalie von Tümmler sterben läßt. Wie im vorhergehenden Werk die Syphilis über die Sexualorgane übertragen wird und natürlich bei Leverkühn dort auch der Primäraffekt auftritt, so befällt die Krankheit in der *Betrogenen* ausgerechnet den Geschlechtsapparat. Mit dem ›quellenkritischen‹ Hinweis, daß dies schon in jenem Münchner Gesellschaftsklatsch so vorgegeben sei, wäre erstens gar nichts erklärt als vielleicht ein Teil des Interesses, das Thomas Mann für die »Erinnerung« seiner Frau unverzüglich entwickelte; und zweitens würde damit übersehen, daß das Motiv in der kolportierten Klatschgeschichte genaugenommen gerade nicht *so* vorgegeben ist, wie es in der *Betrogenen* endlich erscheint, sondern nur so, wie es in einer älteren Konzeptionsphase einmal erscheinen *sollte*. Diese ältere, verworfene Version, daß nämlich Rosalie nicht an Ovar-, sondern, genau wie angeblich jene »Münchener Aristokratin«, an Gebärmutterkrebs erkranken sollte, ist auch hier wieder im Text, und zwar wieder in Form einer a limine verworfenen Hypothese noch reflektiert, in der zynischen Rede des Professors an seinen Assistenten: »[...] ich leugne gar nicht, daß die Gebärmutter das Freßgezücht selbst produziert. Und doch rate ich Ihnen, meine Vermutung zu übernehmen, daß die Geschichte vom Eierstock ausging [...].«

Wie oben schon gesagt verlegte Thomas Mann im Lauf der Arbeit an der Novelle den Unterleibskrebs der »Betrogene[n]« vom Uterus in ein Ovar. Der Unterschied und die unterschiedlichen Konsequenzen der beiden Krebsarten waren ihm aus der Korrespondenz mit »[s]einem wirklichen Geheimen Rat Dr. Friedrich Rosenthal« klar geworden (so die hübsche, schon für das Adorno zugeeignete *Faustus*-Exemplar geprägte[478] Widmung der Rosenthal überreichten Buchausgabe[479]). Diese zum größeren Teil erhaltene Korrespondenz erlaubt es, das Motiv der Verlegung eindeutig zu bestimmen. »[W]enn die bösartige *Erkrankung* ein *primaeres Gebaermutterkarzinom* ist«, so Rosenthal in seinem mit den vielen An- und Unterstreichungen des Adressaten erhaltenen Brief, versinken die »Frauen gewoehnlich sehr frueh in einen Zustand morbider Melancholie« und »sexueller Frigiditaet«. »*Medizinisch*« konnte also schon bei jener »Münchener Aristokratin« der »Gebärmutter-Krebs« nicht der primäre gewesen sein. Nach Rosenthals Auskunft gibt es »*die Kombination eines sexuellen Wiedererwachens* im ersten Stadium *und* eines nachfolgenden *Zugrundegehens* an einer Krebskrankheit *nur dann*, wenn der *primaere Krebs* vom *Eierstock ausgeht*.« Und nochmals: »Wenn es [...] den Zwecken des Romans dient, das psychologische und organische Bild *von einheitlicher Grundlage ausgehend* dar-

---

476 Vgl. z. B. Gilman, Franz Kafka, 187 f.; Porter, What is Disease?, S. 106.
477 Bd. 3, S. 576; im Original keine Hervorhebungen.
478 Vgl. Bd. 11, S. 293.
479 Rosenthal, Erinnerungen an Thomas Mann, S. 59.

zustellen, dann [...] koennen wir nicht mit dem Gebaermutterkrebs beginnen, sondern muessen *ein von den Eierstöcken ausgehendes Karzinom als Grundursache betrachten.*«[480]

Mit der Ersetzung des Gebärmutter- durch einen Eierstockkrebs hielt Thomas Mann, den von Rosenthal gewonnenen Erkenntnissen gemäß, genau die Möglichkeit offen, mit der er im Tagebuch schon spekulierte und auf die er dort schon die Paraphrase der Anekdote zuspitzte, daß eben zwischen dem späten »Liebesfrühling« und der Krankheit kein bloß zufälliger, sondern ein kausaler, geradezu chemischer, hormonaler Zusammenhang besteht:

> [...] Erinnerung K.'s an eine ältere Münchener Aristokratin, die sich leidenschaftlich in den jungen Hauslehrer ihres Sohnes verliebt. Wunderbarer Weise tritt, nach ihrem entzückten Glauben kraft der Liebe, noch einmal Menstruation ein. Ihr Weibtum ist ihr zurückgegeben — es war im Grunde noch nicht tot, denn wie hätte sonst auch dies junge, mächtige Gefühl sie ergreifen können? Zu diesem faßt sie unter dem Eindruck der physiologischen Segnung, Verjüngung, Auferstehung, frohen und kühnen Mut. Alle Melancholie, Scham, Zagheit fällt davon ab. Sie wagt zu lieben und zu locken. Liebesfrühling, nachdem schon der Herbst eingefallen. Dann stellt sich heraus, daß die Blutung das Erzeugnis von *Gebärmutter-Krebs* war — auch eine Vergünstigung, da die Erkrankung gewöhnlich nichts von sich merken läßt. Furchtbare Vexation! War aber die Krankheit der Reiz zur Leidenschaft u. täuschte sie Auferstehung vor? (In welchem Stadium des Krebses tritt solche Blutung ein? Ist der Fall noch operierbar? Tod oder Selbstmord aus tiefster Beleidigung durch die Natur oder Verzicht und Grabesfriede.)[481]

Es handelt sich bei der Krankheit der »Betrogenen« durchaus nicht um eine beliebige Krebsart, sondern um diejenige, die sich der Topik früherer Thomas Mannscher Krankheitsgeschichten am leichtesten angleichen läßt. Auch hier wieder fällt die Krankheit mit einer sexuellen Stimulierung potentiell zusammen. Der kausale Nexus von der Krankheit zur Liebe, den Thomas Mann in dieser Tagebuchnotiz sogleich erwogen hatte, ist in der fachmännischen Diagnose Professor Muthesius' suggestiv evoziert (deren Zynimus einem Mediziner so vollständig entgehen konnte, daß er im Namen der ganzen, hier vermeintlich so »hoch« »[ge]achtet[en]« Zunft »dem Dichter Dank« sagte[482]):

> »Und doch rate ich Ihnen, meine Vermutung zu übernehmen, daß die Geschichte vom Eierstock ausging, — von unbenützten granulösen Zellen nämlich, die seit der Geburt da manchmal ruhen und nach dem Einsetzen der Wechseljahre durch Gott weiß welchen Reizvorgang zu maligner Entwicklung kommen. Da wird denn der Organismus, post festum, wenn

---

480 Rosenthal, Brief vom 11.5.1952; Hervorhebungen des Originals; von Thomas Mann angestrichen.
481 Tagebücher 1951–1952, S. 198 f.; Hervorhebung des Originals.
482 Erwin Loewy-Hattendorf, Oedipus, Oestron und Thomas Mann, in: Ars Medici 44, 1954, S. 481 f., hier S. 482.

Sie so wollen, mit Estrogenhormonen überschüttet, überströmt, überschwemmt [...].«

Der kranke Organismus, bis hierher zitiert Thomas Mann eine von ihm
doppelt und dreifach unterstrichene Metaphorik Rosenthals: ist »mit
Estrogenhormonen ueberschuettet«.[483] Die Fließmetaphorik verselbstän-
digt sich dann — »überschüttet, überströmt, überschwemmt« —, so aber,
daß das Quellen- mit einem Selbstzitat kontaminiert wird, einem Zitat
nämlich aus Rosalies großem Liebesmonolog: »mein ganzes Inneres
überströmt, überschwemmt [...] von schamvoller Süßigkeit«.[484] Das Zitat
der liebend ergriffenen in der schnöden Sprache des Mediziners, die
dabei unterlaufende Ersetzung »schamvoller Süßigkeit« durch »Estro-
genhormone[]«, die der metaphorischen Rede vom »ganze[n] Innere[n]« eine unheimlich eigentliche Bedeutung zurückgeben, kurz die
paradigmatische Äquivalenz von subjektiv überwältigendem Gefühl
und chemisch-materiellen Hormonen beantwortet gewissermaßen die
schon im Tagebuch aufgeworfene Frage, ob »die Krankheit der Reiz
zur Leidenschaft« gewesen sein kann.
   Aber die »Leidenschaft« der so »Betrogene[n]« erscheint nicht einfach bloß als Effekt der von Muthesius endlich objektivierten »Krankheit«. Ohne daß dem sarkastischen Professor die auch in dieser Hinsicht
ungeheure Tragweite dessen bewußt sein könnte, was er so alles daher-
redet, werden die Möglichkeiten kausaler Beziehungsbildung hier noch
entschieden weiter getrieben als im Tagebuch und weiter selbst als in
der Korrespondenz mit dem medizinischen Gewährsmann. Nicht nur
läßt sich die Krankheit als Ursache des Begehrens interpretieren. Auch
die Ursache der Erkrankung selbst rückt hier, wenn auch noch so vage
und als Leerstelle nur, in den Blick: »durch Gott weiß welchen Reizvorgang« (dafür bei Rosenthal: »durch einen neuentstehenden Reizvorgang«[485]).
   Es versteht sich von selbst, was durch die mit einem allwissenden Gott
floskelhaft gefüllte und als solche nur desto fühlbarere Leerstelle angedeutet oder als Möglichkeit jedenfalls nicht ausgeschlossen werden soll:
daß eben nicht nur das Begehren durch den krankhaft erhöhten Hormonspiegel verursacht wurde, sondern daß diese hormonelle »Ursache«,
um es mit Rosenthal zu sagen, ihrerseits wieder nur eine spezifische
»Wirkung« war.[486] Deren im Novellentext nahegelegte Ursache geht
über die von Rosenthal erwogene »Kausalitaet«[487] weit hinaus, dessen

483 [Frederick Rosenthal,] Zur Physiologie und Pathologie der Eierstöcke im Zusam-
     menhang mit Erscheinungen in den Wechseljahren [Manuskript, Thomas Mann-
     Archiv; vermutlich Anlage eines verschollenen Briefs aus der zweiten Mai-
     Hälfte 1952]; Hervorhebungen Thomas Manns.
484 Bd. 8, S. 901; im Original keine Hervorhebungen.
485 Rosenthal, Brief vom 11.5.1952; im Original keine Hervorhebung.
486 [Rosenthal,] Zur Physiologie und Pathologie der Eierstöcke im Zusammenhang
     mit Erscheinungen in den Wechseljahren.
487 [Rosenthal,] Zur Physiologie und Pathologie der Eierstöcke im Zusammenhang

Antworten überhaupt erkennen lassen, wie mangelhaft das wissenschaftliche Verständnis der Krebsentstehung damals noch war. Die ja wohl bis heute nicht restlos gefüllte Lücke der Fachwissenschaft wird in der Novelle spekulativ, hypothetisch oder, wenn man so will, mythisch geschlossen.

Das Erklärungsangebot, das der Text an der zitierten Stelle macht, hat erhebliche Implikationen. Läßt man sich auf die angebotene Antwort einmal ein, wozu der Wortlaut des Texts geradezu nötigt, dann ist die Krankheit der »Betrogene[n]« von ihrem Begehren, und das heißt auch: durch den Begehrten bedingt, und das wieder hieße: durch einen Fremden ausgelöst. Der durch den fremden Kriegsveteranen also doch nach Deutschland gewissermaßen eingeschleppte Tod entspricht so gesehen genau den eigentlichen und ursprünglichen Intentionen, die Keaton als Soldaten einst auf die deutsche Grenze zuführten; nämlich in einer im handfestesten, eben im militärischen Sinn feindlichen und aggressiven Bewegung.

Die im Werk Thomas Manns letzte Krankheit beginnt so unversehens doch wieder den früheren zu gleichen, insbesondere der vorletzten Krankheits- und letzten Ansteckungsgeschichte, der in der Erfüllung des Begehrens übertragenen Infektion des *Doktor Faustus*, aber auch den anderen, nicht sexuell übertragenen Infektionskrankheiten. Wie bei der beschönigenden Interpretation seines eigenen Tumors als »eines *infektiösen* Abszesses« hat Thomas Mann in der literarischen Behandlung der Krebserkrankung diese gewissermaßen zu einem paradigmatischen Spezialfall einer »infektiösen« Krankheit werden lassen. Der Krebs, mit nur geringfügiger Überspitzung gesagt, ist nun selbst wieder zur Infektionskrankheit geworden, oder er weist doch, ganz ohne Übertreibung, dieselbe Aitiologie auf wie die Infektionen in den älteren Texten. Er ist genau besehen nicht ganz sua sponte oder wie auch immer ›miasmatisch‹ entstanden. Rosalie von Tümmler hat ihn im eigentlichen Wortsinn des an sich schon verführerischen Sprachgebrauchs ›bekommen‹ (nicht selber ihn ›entwickelt‹, ›hervorgebracht‹ und ›entstehen lassen‹, wie Ken alternativ zu ›to get cancer‹ sagen könnte: ›to develop cancer‹). Die Krankheit wird zwar nicht vom einen Menschen auf den anderen übertragen wie bei einer wirklichen Infektion, wobei der eine, hier übrigens ja in der Tat versehrte, durchaus nicht zu sterben bräuchte; aber sie entsteht eben doch, immer jenem suggestiven Interpretationsangebot des Texts nach, erst im zwischenmenschlichen, und zwar auch hier sexuell motivierten Kontakt.

Hinter der Analogie, welche zwischen der letzten und den früheren Krankheitsgeschichten besteht, werden auch wieder die anderweitigen Kohärenzen zwischen der Novelle und dem Gesamtwerk deutlich erkennbar, die bei aller Neu- und Umorientierung und bei allen zugegebenermaßen erstaunlich tiefgreifenden Paradigmenwechseln eben doch nicht von der Hand zu weisen sind. Wie die in der *Betrogenen* gegen-

---

mit Erscheinungen in den Wechseljahren.

über dem restlichen Werk umgekehrte Sexuierung von In- und Ausland dadurch konterkariert und nahezu wettgemacht wird, daß die Frau eine explizit männliche Rolle spielt, also die Geschlechter*rollen* selbst vertauscht sind und auch nicht Deutschland schlechthin hier die Position dieses prekären Weiblichen einnimmt, vor allem nicht das Deutschland, aus dem Aschenbach, Castorp oder Leverkühn ausreisen mußten, um sich in Todesgefahr zu begeben, nicht das monarchistische Reich eben, sondern »die Republik«, — so ist die Einführung einer per definitionem nicht ansteckenden Krankheit an ein Arrangement von Details gebunden, welches die dadurch gleichsam gewonnene Möglichkeit der Revision und Selbstbesinnung gewissermaßen verscherzt. Virtuell wird auch hier wieder über die Geschlechterdifferenz hinweg, und wie gesehen noch nicht einmal in eindeutig umgekehrter Richtung, die Krankheit der Hauptfigur dieser von einer anderen sozusagen ›angehängt‹, ›zugefügt‹ und ›angetan‹; wieder ist dieser andere ein Fremder, repräsentiert er ›das‹ Ausland; und wieder erhält dadurch, durch die imaginär externe Verursachung der Krankheit, die Grenze zwischen In- und Ausland, zusätzlich zu ihrer nach wie vor sexuellen, sprachlichen und ›kontinentalen‹ Qualität, einen auch noch hygienischen Valeur. Die deutsche Grenze funktioniert hier noch immer oder versagt hier vielmehr als cordon sanitaire.

Obwohl also, so läßt sich summarisch sagen, Thomas Mann mit der *Betrogenen* den Versuch unternommen hat, Deutschland nicht nur in sexueller, sondern eben auch in hygienischer Hinsicht neu und anders zu imaginieren als zuvor, scheinen ihn dennoch auch hier wieder die alten Vorstellungen sozusagen einzuholen; ganz ähnlich wie noch im *Faustus*, als einer Abrechnung mit dem Nationalsozialismus, die ältesten und bösartigsten Antisemitismen wiederkehren (›der‹ Jude als Teufel und Versucher des Deutschen). Wie die nun weibliche Sexuierung Deutschlands mit einer Störung und Vertauschung der Geschlechterrollen einhergeht, infolge derer die aktive und die passive ›Diathese‹ doch wieder in der gewohnten und altbekannten Weise auf In- und Ausland zu liegen kommen, so wird die Konzeption der ›deutschen‹ Krankheit als einer gleichsam autochthonen in den konkreten Modalitäten ihrer Umsetzung von der Vorstellung überformt und durch die Möglichkeit gewissermaßen revoziert, daß auch diese Krankheit zuallerletzt von außen verursacht sein und der eigentliche Grund des Übels also doch nicht diesseits der deutschen und auch hier wieder zugleich der europäischen Grenzen liegen könnte.

Empfänglich für die Vorstellung solcher externer Krankheitsursachen blieb Thomas Mann auch dann noch, als er die Folgen des deutschen Nationalismus längst vor Augen hatte. Daß er diese Vorstellung sogar mit einem inzwischen kosmopolitischen Selbstverständnis und seinem »Weltdeutschtum«[488] durchaus zu verbinden gewußt hätte, zeigt der *Doktor Faustus*, besonders ein in den Materialien dazu erhaltener Aus-

---

488   Bd. 13, S. 747; im Original hervorgehoben.

schnitt aus dem *Time*-Magazin von Ende Februar 1944, aus einer Zeit also, als man auf das Ende des oder eines bestimmten Nationalismus schon hoffen durfte. Es geht in dem Artikel um die Herkunft der Grippe — an einer langwierigen Grippeerkrankung übrigens litt Thomas Mann im vollen Sinn des Verbs während der Entstehung der *Betrogenen* —, von deren verheerendster Epidemie wie gesagt ein böser, dem Autor freilich kaum bekannter Zufall vielleicht wollte, daß sie seinerzeit durch die Ken Keatons über den Atlantik nach Europa eingeschleppt wurde. Unter der Schlagzeile »Flu from Venus?« hatte sich Thomas Mann im ersten Absatz des Zeitungsausschnitts zwei Sätze rot angestrichen: »germs reach the earth from other planets«; »organisms causing recent flu epidemics had come from Venus, Jupiter or Mars«.[489]

---

489   Vgl. Bd. 6, S. 364. Am 19.1.2000 brachte die BBC im Zusammenhang mit einer Grippe-Epidemie einen Bericht über eine »new theory« von einer Herkunft dieser Grippe aus dem All.

Der Wille zum Glück

Die Fremdheit der Frauen und Mütter

Mit der einen, wie gesehen desto bezeichnenderen Ausnahme der *Betrogenen* tragen so gut wie alle prominenten Frauen- und Mutterfiguren im Werk Thomas Manns das Merkmal der Landesfremdheit, kombiniert gelegentlich mit dem eines Großstädtertums, oft mit dem der ›Liederlichkeit‹ und geradezu regelmäßig mit dem der Musikalität (so wie umgekehrt die einzige musikalische Mutter — die des ›Bajazzo‹ —, die nicht zugleich auch ›liederlich‹ ist, sondern ihrem Mann ziemlich unverzüglich nachstirbt, »Haar von schüchternem *Blond*« hat[1]). Um die Aufzählung nur auf die Mütter und Ehefrauen zu beschränken und wieder mit der oben zuerst analysierten zu beginnen: Gustav Aschenbachs Mutter, von der dieser »die Merkmale fremder Rasse in seinem Äußern« trägt, ist »Tochter eines *böhmischen Kapellmeisters*«.[2] »Einiges slawische Blut« ›fließt‹ in *Königliche Hoheit* in den »Adern« von Klaus Heinrichs Mutter.[3] Im *Buch der Kindheit* von 1922, dem späteren Ersten Buch des 1937 in erweiterter Form veröffentlichten und erst 1954 vollendeten Ersten Teils der *Bekenntnisse des Hochstaplers Felix Krull*, hat Engelbert Krull — der Name, der auch im Romantext und seinen Lesarten verformt wird[4] und dem in der alphabetischen »Reihe« der »Gestellungspflichtigen« die »Krolls« unmittelbar vorausgehen,[5] kommt in dieser wie in den Formen ›Crull‹, ›Croll‹ und ›Crollius‹ unter Thomas Manns Ahnen tatsächlich vor[6] — »von seiner Großmutter französisches Blut ererbt« (so daß sein Zusatz von ›fremdem‹ Blut vermutlich denselben Bruchteil ausmacht wie bei Thomas Mann). Der akronymische Rufname »Amra«, das wird gleich in den ersten Sätzen der Novelle *Luischen* (1900) klargestellt, paßt »mit seinem exotischen Klange« besser als die darin abgekürzten ›christlichen‹ Namen zur »Persönlichkeit« und zum »südlich[]«-»indolenten« Typus einer Frau,[7] die, übrigens wie

---

1   Bd. 8, 107; im Original keine Hervorhebung.
2   Bd. 8, S. 450.
3   Bd. 2, S. 59.
4   Vgl. z. B. Bd. 7, S. 395, 405, oder die im Manuskript gestrichene Stelle: »Meinen Familiennamen sprach ich nach französischer Art aus, also ›Kruell‹.«
5   Bd. 7, S. 353 f.
6   Vgl. de Mendelssohn, Bd. 1, S. 31.
7   Bd. 8, S. 168.

Julia Mann ein Jahrzehnt jünger als ihr Gatte, den Rechtsanwalt Jacoby mit einem Musiker betrügt und ihn, zusammen mit diesem und recht eigentlich durch die Musik, sozial und endlich auch physisch vernichtet (indem die beiden ihn »vierhändig« begleiten, während er öffentlich »[i]n rotseidenem Babykleide« bis zur tödlichen Erschöpfung tanzen und ein von seinem Rivalen komponiertes »lächerliche[s] Couplet« singen muß, in welchem er seine männliche Identität expressis verbis verleugnet[8]). Auf die Sphäre des Buddhismus, mit welcher Thomas Mann das Akronym »Amra« nachweislich assoziierte,[9] wird im ersten Abschnitt auch der *Anekdote* (1908) angespielt, die den »Schleier der Maja« an einer weiteren ›liederlichen‹ Ehefrau exemplifiziert, Angela Bekker, »immer erst [...] zur Zeit des künstlichen Lichts« sich zeigend und »schmutzig unter ihrer Spitzenwäsche!«[10] Auch daß sie ausnahmsweise blond und blauäugig ist, hat natürlich wie der engelhafte Vorname mit dem ›buddhistischen‹ fabula docet zu tun und bestätigt insofern die Regel, deren Ausnahme sie bildet. »Gott wußte, wie«, aber jedenfalls hat sie Ernst Becker »von auswärts mitgebracht« und ›heimgeführt‹.[11] Aus einem weniger unbestimmten ›Auswärts‹, »aus der Hauptstadt«, zieht Gerda von Rinnlingen (mit der sich eine sie im Film spielende von Bismarck süffisanterweise auch persönlich identifizieren konnte[12]) in die »südliche[] Vorstadt«,[13] die mondäne femme fatale des »kleine[n] Herr[n] Friedemann«, der im »Norden« der Stadt wohnt[14] (und dessen Unglück mit einer weder genetisch bedingten noch als sonstwie unabänderlich hinnehmbaren, sondern menschlich verschuldeten Mißbildung beginnt, welche vom ersten Satz der Erzählung an eine Frau und Ersatzmutter zu verantworten hat: »Die Amme hatte die Schuld. —«[15])

Die andere femme fatale dieses Vornamens, Gerda Buddenbrook, deren Familie wie schon einmal erwähnt aus der sächsischen »Hauptstadt« Dresden stammt und übrigens von einem ›völkisch‹ gesinnten Kritiker wohl fälschlicher-, aber desto bezeichnendererweise für jüdisch gehalten worden zu sein scheint,[16] kommt in der Druckfassung des Romans aus Amsterdam (zuvor aus Antwerpen), wohin sie endlich wieder zurückkehrt, »um wie ehemals mit ihrem Vater zu musizieren«;[17] so wie die Duos, die sie mit dem Leutnant von Throta spielt, mit eigentlichem

8   Bd. 8, S. 178–184.
9   Vgl. Wysling, Narzißmus und illusionäre Existenzform, S. 328.
10   Bd. 8, S. 413, 415.
11   Bd. 8, S. 411 f.
12   Der kleine Herr Friedemann, o. O. u. J. [Broschüre].
13   Bd. 8, S. 84.
14   Bd. 8, S. 90.
15   Bd. 8, S. 77.
16   Otto Schmidt-Gibichenfels, Ein Vorkämpfer jüdischer Rassenpolitik, in: Klaus Schröter (Hg.), Thomas Mann im Urteil seiner Zeit. Dokumente 1891–1955, Hamburg 1969 [zuerst in: Deutsche Tageszeitung, 14.11.1909], S. 50–52, hier S. 50.
17   Bd. 1, S. 755.

Ehebruch in metonymische oder jedenfalls metaphorische Beziehung gesetzt werden. Consuelo Kröger, die selbst ihr noch halbwüchsiger Sohn als »liederlich« empfindet und von der man, wie ebenfalls schon zitiert, außer ihrer Musikalität nur erfährt, daß sie »schwarzhaarig[]«, »dunk[e]l[]« und »feurig[]« ist,[18] heiratet nach dem Tod ihres Mannes sobald wie möglich »aufs neue, und zwar [...] eine[n] Musiker [...] mit italienischem Namen, dem sie in blaue Fernen folgt[]«;[19] ein für den Verlauf der Handlung ganz belangloses Detail, das Erich M. Simon in der Ausgabe von 1913 aber doch eine Illustration wert war.[20]

Die Ähnlichkeit der beiden Witwen erstreckt sich insbesondere auf die Bestimmungen ihrer Herkunft, die allerdings bei Consuelo Kröger komplizierter sind und zwischen vertikaler und horizontaler Dimension schillern: »von ganz unten auf der Landkarte« und »doch von drüben«.[21] Die verräterische Inkonzinnität der beiden Angaben, die als Vektor in den transatlantischen Südwesten, das hieße genau auf das in der Genealogie des Autors Fremdländische zeigen müßten, wurde in der Rezeptionsgeschichte sehr bemerkenswerterweise geglättet und auf die Vertikale vereindeutigt: 1964 ersetzte Rolf Thiele in seiner Verfilmung »von drüben« durch die im Jargon des Kalten Kriegs unverfänglichen Worte »aus dem Süden«.

Wenn Konsul Kröger seine Frau »einstmals von ganz unten auf der Landkarte heraufgeholt hat«,[22] dann ist das so etwas wie eine etymologische Wahrnahme der *Nieder*lande, aus denen Thomas Buddenbrook Gerda Arnoldsen ›heraufholt‹ (und deren appellativisch-übertragene Bedeutung den eben erwähnten Wechsel von Antwerpen zu Amsterdam möglicherweise motiviert hat). Die auffällig verhüllende Formulierung, »von ganz unten auf der Landkarte heraufgeholt«, durch welche die Herkunft Consuelo Krögers trotz ihres spanischen Vornamens nur ganz vage bestimmt wird — so wie sie endlich auch wieder »in blaue Fernen« entschwindet —, ist außerordentlich bezeichnend. Der ästhetische Effekt, den die Kontamination einer Bewegung im Raum mit der kartographischen Repräsentation desselben hier hervorruft, verdeckt oder, je nachdem, verrät auch das problematische Verhältnis von ›Land‹ und »Landkarte«. Die scheinbar selbstverständliche Vorgängigkeit des Repräsentierten, dessen Unabhängigkeit von seiner Repräsentation wird durch die Kontamination des einen mit dem anderen zumindest fragwürdig. Daß Konsul Kröger seine Frau »von ganz unten [...] heraufgeholt« hat, weist auf die imaginären Strukturierungen und die vorgängigen Interpretationsmuster, durch welche die Orte des Raums immer schon besetzt sind und die Bewegungen zwischen ihnen je spezifische Bedeutung erhalten.

18   Bd. 8, S. 275, 289.
19   Bd. 8, S. 289.
20   Thomas Mann, Tonio Kröger, Berlin 1913 (Fischers illustrierte Bücher), S. 39.
21   Bd. 8, S. 279.
22   Bd. 8, S. 275.

Die vorgängigen Besetzungen des Fremden, das kulturelle Schema, das ›Fremdheit‹ überhaupt erzeugt, wurde in der Thomas Mann-Forschung kaum je thematisch. Was an den Frauen- und Mutterfiguren interessierte und hervorgehoben wurde, waren deren in der Tat frappante Ähnlichkeiten mit Thomas Manns eigener Mutter. Julia Mann hatte bekanntlich eine kreolische Mutter. Sie war »einstmals von ganz unten auf der Landkarte« und »von drüben« auf die nördliche Hemisphäre und nach Europa gekommen. Thomas Mann hat mehrfach auf ihre Musikalität hingewiesen. Und selbst für das im Sinn seiner Zeit ›Liederliche‹ finden sich unter den in gerade dieser Hinsicht natürlich besonders dürftigen Zeugnissen einige Indizien, etwa jene etwas rätselhaft abrupte Übersiedlung der Witwe Gewordenen nach München oder eine spät gezeichnete, »sorgsam«[23] auf »1875« rückdatierte Kindheitserinnerung Heinrich Manns, in der er »offensichtlich«[24] als Zeuge eines Rendezvous seiner Mutter mit einem Militär erscheint (wobei aber zumindest subliminal vielleicht doch die *Buddenbrooks* in die Erinnerung hineinspielten; so nimmt sich die übernächste Zeichnung — zwei Frauen, deren eine der andern den Oberschenkelumfang mißt — wie eine Illustration zum *Felix Krull* aus).[25] Marianne Krüll jedenfalls geht bei ihrer freilich nicht unumstrittenen Analyse der Familienverhältnisse bis zur Vermutung, daß Senator Mann Zweifel daran hatte, ob sein jüngster Sohn Viktor wirklich ›von ihm‹ sei.[26]

Mit solchermaßen hergestellten Bezügen der literarischen Frauenfiguren zur realen Mutter, die Thomas Mann übrigens energisch bestritt und die schon deswegen interessant zu werden versprechen, ist zunächst noch gar nichts oder nur sehr wenig gewonnen. Zu fragen bleibt, warum gerade dieses eine autobiographische Element mit solcher Insistenz nach einer literarischen Verarbeitung verlangte, weshalb es in den Texten mit geradezu zwanghafter Regelmäßigkeit wiederkehrt, vor welchem Hintergrund es für Thomas Mann ein offenbar, angesichts dieser Repetitivität, unbewältigtes Problem bildete. Es versteht sich oder sollte sich wenigstens von selbst verstehen, daß solche Fragen offen bleiben müssen und immer nur neu gestellt sind, solange man den Bezug einer literarischen Frauen- oder Mutterfigur zum ›Vorbild‹ und ›Modell‹ der eigenen Mutter nur eben feststellt. Eigentlich beantwortet können sie erst werden, wenn man dabei den Fokus des Interesses gerade auf das richtet, worin die literarischen Gestaltungen und Verarbeitungen des Komplexes, denn ein solcher scheint hier ja wirklich vorzuliegen, von den autobiographischen Daten abweichen, diese gleichsam verdecken und verwerfen.

---

23 Gotthard Erler, [Einleitung zu:] Heinrich Mann, Die ersten zwanzig Jahre. Fünfunddreißig Zeichnungen, Berlin und Weimar ²1984, S. 5 f., hier S. 6.
24 Wysling und Schmidlin, Thomas Mann. Ein Leben in Bildern, S. 105.
25 Heinrich Mann, Die ersten zwanzig Jahre, S. 7, 11.
26 Krüll, S. 86 f.; vgl. S. 67.

Die Sexualisierung des Fremden und die Familie von Stein

Ob aus Hauptstädten oder den *Nieder*landen, ob aus Osteuropa oder auch »von ganz unten auf der Landkarte«, fast keine der »von auswärts« und »von drüben« eindringenden Frauen ist so »weither« wie Thomas Manns eigene Mutter, obwohl deren Merkmale, vor allem das musikalische, aber auch das heiklere, ›liederliche‹, in ihnen doch mit unübersehbarer und schon von den Zeitgenossen nicht übersehener Regelmäßigkeit wiederkehren. Selbst bei Consuelo Kröger sind die in ihrer Divergenz in diese Richtung zeigenden Angaben »doch« zu unbestimmt, um sie entschieden als Lateinamerikanerin zu identifizieren. Nur in einem einzigen von Thomas Manns Erzähltexten stammt die Mutter eines Helden eindeutig und unmißverständlich aus »Südamerika«. Weniger vage wird auch dieser eine Text, bezeichnenderweise die erste Künstlernovelle des Autors, nirgends:

> Der alte Hofmann hatte sein Geld als Plantagenbesitzer in Südamerika verdient. Er hatte dort eine Eingeborene aus gutem Hause geheiratet und war bald darauf mit ihr nach Norddeutschland, seiner Heimat, gezogen. Sie lebten in meiner Vaterstadt, wo auch seine übrige Familie zu Hause war. Paolo wurde hier geboren.
> Die Eltern habe ich übrigens nicht näher gekannt. Jedenfalls war Paolo das Ebenbild seiner Mutter. Als ich ihn zum ersten Male sah, das heißt, als unsere Väter uns zum ersten Male zur Schule brachten, war er ein mageres Bürschchen mit gelblicher Gesichtsfarbe. Ich sehe ihn noch. Er trug sein schwarzes Haar damals in langen Locken, die wirr auf den Kragen seines Matrosenanzuges niederfielen und sein schmales Gesichtchen umrahmten.[27]

Die autobiographischen Reminiszenzen in diesen beiden Eingangsabschnitten des *Willens zum Glück* liegen deutlich zutage und verleiten fast dazu, die Differenzen zu den in der Familie des Autors vorliegenden Verhältnissen zu übersehen. Thomas Mann, *Paul* Thomas Mann mit vollem Namen und mit dem frühen Pseudonym »Paul Thomas«, hatte einen kränklichen Bruder, der ursprünglich Maler werden wollte wie Paolo Hof*mann*; mütterlicherseits einen Onkel Paolo (ein Jahr jünger als Julia Mann); einen Großvater, Johann Ludwig Hermann Bruhns alias João Luiz Germano, welcher, wie »[d]er alte Hofmann«, in Brasilien »sein Geld [...] verdient« und dort »aus gutem Hause« »eine Eingeborene« geheiratet hatte — aber anders als Hofmann kam er nicht mit ihr, sondern vielmehr wegen ihres Todes und der fünf halbwaisen Kinder wegen »nach Norddeutschland, seiner Heimat« zurück —, deren Urgroßeltern väterlicherseits aus Portugal eingewandert waren und deren Mutter eine »Eingeborene« war.

---

27 Bd. 8, S. 43.

Die Autobiographismen, die im *Willen zum Glück* über das sonst Übliche (wie zum Beispiel den »Matrosenanzug« oder das später erwähnte Scheitern im Gymnasium) erheblich hinausgehen, sind in Hinblick auf die Mutterfigur insofern bezeichnend, als diese stärker als alle anderen Figuren des Texts ausgeblendet wird und wie schon gesagt ziemlich weit im Vagen bleibt: »eine Eingeborene« — ein in diesem Kontext stark ambivalenter Ausdruck —, die der Erzähler »übrigens nicht näher gekannt« haben will und die, im Unterschied zur Vaterfigur, bei seiner ersten Begegnung mit Paolo, im Zusammenhang mit der im Zeichen der »Väter« stehenden Einschulung, nicht unmittelbar erwähnt ist; wohl aber mittelbar dadurch, daß ihre und Paolos ›Ebenbildlichkeit‹ in demselben Zusammenhang konkretisiert wird. Paolos Äußeres, das »[j]edenfalls [...] das Ebenbild seiner Mutter« sein soll, wird in einer doppelten, sozusagen ana- und zugleich kataphorischen Weise geschildert; anaphorisch in Bezug eben auf die am Anfang des Abschnitts behauptete Ähnlichkeit mit der Mutter, kataphorisch deshalb, weil die allermeisten äußeren Attribute auf Paolos schwache Konstitution deuten und damit das Ende der Novelle antizipieren, an dem Paolo »nach der Hochzeitsnacht, — beinahe in der Hochzeitsnacht« stirbt.[28]

Diese beiden Anbindungen der Schilderung lassen sich in deren Wortlaut überhaupt nicht auseinanderhalten. Vielmehr besteht dessen Eigenart und Hinterhältigkeit gerade darin, daß mit der Fremdheit der Erscheinung zugleich die Todesverfallenheit des Körpers markiert wird: »*mageres* Bürschchen«; »mit *gelblicher* Gesichtsfarbe«; »sein schwarzes Haar« — dieses einzig unverfängliche Attribut kehrt später modifiziert in den »dunklen Augen« und ihrem »*krankhaften* Glanz« mehrmals wieder[29] —; »sein *schmales* Gesichtchen« — in dieser deminuierten Form wird das Wort in einem späteren Text als prominentes Merkmal indianischen ›Bluts‹ erscheinen —, das im Lauf der Erzählung ebenfalls mehrmals erwähnt wird und dabei, zum Zeichen der Krankheit, zusehends schmaler zu werden scheint.[30] Von allem Anfang an also kommt die Mutterfigur nur insofern in Betracht, als über die Ähnlichkeit mit ihr die äußeren Merkmale des Protagonisten festgelegt sind; und in eins damit und ganz im Gegensatz zu den Verhältnissen in der Familie des Autors werden diese mütterlichen Merkmale der Krankheit und dem Tod assoziiert.

Die schon in den ersten Sätzen hergestellte Assoziation von Fremdheit, Weiblichkeit, Krankheit und Tod bleibt bis ans Ende der Novelle stabil. Paolo stirbt ja ganz eigentlich an einer Frau, Ada von Stein (wie dieser ›entgleiten‹ die Vornamen auch anderer als irgendwie ›anders‹ wahrgenommener Gestalten ins Infantil-Vorsprachliche: Gigi, Bibi, Dûdu, Loulou, Zaza und Zouzou Kuckuck mit ihrem stehenden »Patatípatatá!«[31]). Ada ist ihrerseits als eine spezifisch ›Fremde‹ charakterisiert.

---

28   Bd. 8, S. 61.
29   Bd. 8, S. 49, 53; im Original keine Hervorhebung.
30   Bd. 8, S. 49, 53.
31   Bd. 7, S. 588 et passim.

Nicht nur, daß ihr Vater, »*Stein*«, »*Baron* Stein«,[32] aus Wien nach München gezogen ist — wie bei »Detlev *Spinell*« markiert der Kursiv- beziehungsweise Sperrsatz die problematischen, hier aber explizit problematisierten Bestandteile des Namens —:

> Sie [Ada] war von eleganter Gestalt, aber für ihr Alter reifen Formen und machte mit ihren sehr weichen und fast trägen Bewegungen kaum den Eindruck eines so jungen Mädchens. Ihr Haar, das sie über die Schläfen und in zwei Locken in die Stirn frisiert trug, war glänzend schwarz und bildete einen wirksamen Kontrast zu der matten Weiße ihres Teints. Das Gesicht ließ *zwar* mit seinen vollen und feuchten Lippen, der fleischigen Nase und den mandelförmigen, schwarzen Augen, über denen sich dunkle und weiche Brauen wölbten, nicht den geringsten Zweifel aufkommen über ihre wenigstens zum Teil semitische Abstammung, war *aber* von ganz ungewöhnlicher Schönheit.[33]

Paolos fatale Leidenschaft für »sehr weibliche«[34] und »reife[] Formen« scheint in untergründiger Beziehung zur »semitische[n] Abstammung« der »Baronesse Ada!«[35] zu stehen, deren »Schönheit« (wieder einmal »*mandelförmige[]*, schwarze[] Augen«) hier in ein explizit konzessiv-adversatives Verhältnis zu dieser »Abstammung« gerückt wird. Jedenfalls ist Paolos Libido so schon in der Jugendepisode assoziiert, die in einer ursächlichen Beziehung zu seinem vorzeitigen Abgang von der Schule als einer ›im Namen des Vaters‹ autoritären Institution steht. Ein von Paolo gezeichnetes »Blatt […], auf welchem eine bis auf den linken Fuß vollendete, sehr weibliche Gestalt sich ohne jedes Schamgefühl den Blicken darbot«, soll »der betreffende Oberlehrer« ausdrücklich, und obwohl ›Altes‹ und ›Neues Testament‹ in den Schul- wie anderen Bibeln zusammengebunden zu sein pflegen, unter Paolos »Alte[m] Testament« entdeckt haben.[36]

Die »Abstammung« der »Baronesse Ada« beschäftigt den Erzähler auch bevor und nachdem er sie porträtiert hat. Bei seinem und Paolos Wiedersehen in München, nachdem er sich über den Adel der von Steins gewundert und ihm Paolo gesagt hat, daß es sich um »Geldadel« handle, möchte der Erzähler in seiner ersten und einzig spezifischen Frage zur Person des Barons wissen, ob »er Jude« sei. Paolos Antwort: »Er, glaube ich, nicht. Seine Frau vermutlich«,[37] wird dann durch den um einen Grad skeptischeren Erzähler anläßlich seines ersten Besuchs bei den von Steins nur zur einen, sozusagen schlimmen Hälfte bestätigt,

---

32 Bd. 8, S. 46; Hervorhebungen des Originals.
33 Bd. 8, S. 48; im Original keine Hervorhebungen.
34 Bd. 8, S. 45.
35 Bd. 8, S. 47 f. Zum Symbolwert der »Dame« »im Erker, von dem aus man auf die Straße hinausblickte«, vgl. Yahya A. Elsaghe, Philine Blaúte. Zur Genese und Funktion mythologischer Reminiszenzen in *Wilhelm Meisters Lehrjahren*, in: Jahrbuch des Freien Deutschen Hochstifts 1992, S. 1–35, hier S. 4–9.
36 Bd. 8, S. 45; vgl. S. 44.
37 Bd. 8, S. 46.

nicht aber in Hinblick auf Paolos ›Glauben‹ an eine unverfängliche Herkunft wenigstens des Manns:

> Der Baron war ein eleganter, untersetzter Herr mit Glatze und grauem Spitzbart; er hatte eine unnachahmliche Art, sein dickes goldenes Armband in die Manschette zurückzuwerfen. Es ließ sich nicht mit Bestimmtheit erkennen, ob seiner Erhebung zum Freiherrn einst ein paar Silben seines Namens zum Opfer gefallen waren; dagegen war seine Gattin einfach eine häßliche kleine Jüdin in einem geschmacklosen grauen Kleid. An ihren Ohren funkelten große Brillanten.[38]

Seine Zweifel an der »Abstammung« des Vaters artikuliert der Erzähler in aufschlußreicher und vor dem Hintergrund der damaligen juristischen Situation besonders zynischer Weise. Die Vermutung, daß der Name des »Freiherrn« ebenso falsch, angemaßt und gekauft sei wie sein Adel, die, wenn auch nur spekulative Ineinssetzung also von eigentlichem ›Snobismus‹ und jüdischer Abstammung reflektiert die Verbindung eines sozialpolitisch extrem reaktionären mit dem modernen rassistischen Diskurs, wie sie in dessen Gründungstext schon vorliegt, der genau gleichzeitig mit der Buchpublikation des *Willens zum Glück*, »[d]en Manen Richard Wagners« gewidmet und auf dessen »Herzenswunsch« hin,[39] in deutscher Übersetzung zu erscheinen begann. Der auch von Thomas Mann geschätzte Joseph Arthur de Gobineau, selbst dem Hochadel und seiner eigenen Überzeugung nach ›der Rasse der Götter‹[40] angehörig, ging in seinem *Essay sur l'inégalité des races humaines* davon aus, daß der alte, echte und wahre Adel am meisten ›arisches Blut‹ haben müsse (wobei schon hier die Versetzung des ›arischen‹ mit anderem ›Blut‹ unter die hygienischen Metaphern der »Krankheit« und »Degeneration« fällt).[41]

Zynisch ist an der Formulierung des Erzählers zunächst die damit insinuierte Vorstellung, daß die Nobilitierung und die damit spekulativerweise in eins gesetzte Namensänderung ein »Opfer« bedeute. In Wahrheit wurde solchen, die unter einem jüdisch markierten Namen zu leiden hatten, dieses »Opfer« seit 1894, zwei Jahre bevor *Der Wille zum Glück* erstmals erschien, de iure erschwert und de facto fast verunmöglicht.[42] Ein dies sicherstellender Erlaß kam 1894 offenbar auf Druck des organisierten Antisemitismus zustande, der sich im Jahr zuvor im Deutschnationalen Handlungsgehilfenverband und im Bund der Landwirte schlagkräftig formiert hatte. Der Widerstand gegen Namensfluchten zum Beispiel eben aus Edelstein-Namen, der sich übrigens in einer

---

38 Bd. 8, S. 49.
39 Ludwig Schemann, [»Widmung des Übersetzers« von:] Joseph Arthur de Gobineau, Versuch über die Ungleichheit der Menschenracen, Stuttgart 1898–1901, Bd. 4, S. VIII.
40 Vgl. Hannah Arendt, Elemente und Ursprünge totaler Herrschaft. Antisemitismus, Imperialismus, Totalitarismus, München und Zürich ⁶1998, S. 378.
41 Gobineau, Bd. 4, S. 201–231, 318. Vgl. Klemperer, LTI, S. 178 f.
42 Vgl. Bering, S. 132 f.

signifikant neuen Begriffsopposition artikulierte (›jüdisch‹ versus ›deutsch‹ oder ›gutdeutsch‹, nicht mehr ›jüdisch‹ versus ›christlich‹), reflektiert genau die Schwierigkeit, die der Erzähler hier mit der Erscheinung des »Freiherrn« hat, die Unmöglichkeit nämlich, einen assimilierten (hier sogar in »eine kolossale Rolle«[43] avancierten) Juden überhaupt noch als solchen zu identifizieren.

Nicht wirklich wird hier eingestanden, daß sich eine »semitische Abstammung« des »Freiherrn« nicht »mit Bestimmtheit erkennen« läßt; sondern unbestimmt bleibt strenggenommen nur, ob dieser seinen Namen bei der Nobilitierung verkürzt habe oder nicht. Diese Substitution, die Reduktion der Abstammungs- auf die Namensfrage beruht natürlich auf einer offenbar als selbstverständlich vorausgesetzten Annahme, daß, anders als die Erscheinung des Körpers, ein Name auf ›-stein‹ eine »semitische Abstammung« zweifelsfrei beweise; eine Annahme, die auch jenen antisemitischen Widerständen gegen Namensänderungen zugrundelag (und die Bering mit dem Nachweis etlicher solcher Namen in einer Dienstaltersliste der SS schlagend widerlegt hat[44]). Die mangelnde »Bestimmtheit«, in der die ganze Absurdität der Obsession mit »semitische[r] Abstammung« eigentlich wünschbar offen zutage liegt, erscheint hier als Effekt der Verwirrung, welche durch die Änderung ›jüdischer‹ Namen in ein sonst vorgeblich eindeutiges Namenssystem gekommen sein soll, und das natürlich auf die Initiative der Juden selbst hin, zu der die passivische Wendung des ›Zum-Opfer-Fallens‹ in sarkastische Distanz gesetzt wird.

Die Variabilität des Namens, als Indiz von Unaufrichtigkeit, Persönlichkeits- und virenhaftem Identitätsmangel oder dergleichen interpretiert, konnte natürlich leicht selbst wieder als ›jüdisches‹ Spezifikum und als antisemitisches Stereotyp auf jüdische Menschen zurückfallen. Noch in den Fünfzigerjahren, als ihn in der gereizten Atmosphäre der McCarthy-Ära Eugene Tillinger beschuldigte, mit ›Kommunisten‹ zu sympathisieren, ließ es Thomas Mann in einem endlich doch zurückgezogenen Pamphlet[45] nicht mit einem Hinweis auf die jüdische Herkunft Tillingers und der Vermutung bewenden, »[v]ielleicht, wer weiss«, sei er, Mann, »direkt oder indirekt schuld daran«, daß Tillinger dem Genozid entkommen konnte.[46] Sondern er verband diese Invektive, allerdings nur im Entwurf, sehr bemerkenswerterweise mit einer süffisanten Bemerkung über den anglisierten Namen seines Gegners und verspottete diesen als »Eutschien[]« und »*Jut*schien«.[47]

Auch in anderen literarischen Texten Thomas Manns ist das Phänomen des Namenswechsels in ganz konkretem, nämlich entstehungsgeschichtlichem Sinn auf jüdische Namen wenn nicht beschränkt, so doch

---

43 Bd. 8, S. 46.
44 Bering, S. 231.
45 Vgl. Tagebücher 1951–1952, S. 421 [Kommentar].
46 Tagebücher 1951–1952, S. 804 f. [Dokument 32].
47 Tagebücher 1951–1952, S. 801, 798 [Dokument 31]; im Original keine Hervorhebung.

konzentriert, jedenfalls soweit davon die mit ›Herkunft‹ und »Abstammung« natürlich besonders eng verbundenen Nachnamen betroffen sind. Die »deutsche[n] Namen«, die Thomas Mann unter diesem Titel in den Notizen zum *Doktor Faustus* gegen die »jüd[ischen]« auflistete, variieren, wenn überhaupt, meistens im ersten Glied: »Anselm« statt »Adrian« Leverkühn; »Bartolomäus«, »Urban« oder »Hieronymus« statt »Serenus Zeitblom«; »Hellenus« statt »Rüdiger« Schildknapp; statt »Rudi« »Arnold« oder »Paul« Schwerdtfeger (der Vorname des in der literarischen Figur, um es mit Thomas Manns eigenem Wort zu sagen: ›verewigten‹ »Paul [Ehrenberg]«[48]).

Der »*Mystiker und Faschist*« Chaim Breisacher hingegen, der anders als sein ›Modell‹[49] Oskar Goldberg gleich zwei verdächtige Namen trägt, sollte, wie teils schon erwähnt, zuerst »*Dr. Schalom Mainzer* oder Rüdesheimer oder Mondstein, Karfunkelstein«[50] heißen, der kosmopolitische und mehrsprachige, das Deutsche und insbesondere Adrians deutschen Namen (»Le Vercune«[51]) zersetzende Agent, wie schon gesagt seiner österreichischen Herkunft gemäß, »Jean *Wiener* oder Fitelberg«.[52] Gelegentlich entspricht die Änderung des Nachnamens dem Phänomen der realen Namensfluchten sogar insoweit, als sie die jüdische Herkunft einer Figur verunklärt; so in *Königliche Hoheit* bei Samuel N. Spoelmann, der, wie oben angedeutet und wie weiter unten im einzelnen zu diskutieren, zunächst »Samuel Davis (eigentlich Davids oder Davidsohn)« hieß.[53] Daß es sich in all diesen Fällen um männliche

---

48 Tagebücher 1949–1950, S. 221.
49 Vgl. Bd. 12, S. 743; Tagebücher 1933–1934, S. 473 f.; Stéphane Mosès, Thomas Mann et Oskar Goldberg: un example de »montage« dans le *Doktor Faustus*, in: Etudes germaniques 31, 1976, S. 8–24.
50 Hervorhebungen des Originals.
51 Bd. 6, S. 528; vgl. S. 542.
52 Im Original alles durch Thomas Mann hevorgehoben (mit Rotstift unterstrichen).
53 Das dazu gegenläufige Phänomen, daß ein ›jüdischer‹ oder ›jüdisch‹ assoziierbarer Nachname einen ganz unverdächtigen oder gar entschieden ›deutsch‹ klingenden ersetzt, scheint jeweils mit einer Substitution eines ganzen ›set‹ von Merkmalen einherzugehen, so daß man eigentlich nicht mehr einfach nur von einer *Namens*änderung sprechen darf; es sei denn, de Mendelssohn hätte mit seiner freilich unzulänglich belegten Behauptung recht, daß der Arzt Dr. Sammet, der in *Königliche Hoheit* nun einzige als solcher eindeutig markierte Jude, zuerst noch »Dr. Unkraut« heißen sollte (de Mendelssohn, Bd. 3, S. 446, s. v. ›Königliche Hoheit, Figuren‹; von den beiden aufgeführten Seitenverweisen führt der eine ganz ins Leere, und der andere [Bd. 1, S. 643] ist keineswegs geeignet, das von de Mendelssohn Behauptete plausibel erscheinen zu lassen: »Dr. Unkraut«, ein im selben Notizbuch wie »Dr. Sammet (jüdisch)« vorgemerkter »Nachname« (Notizbücher, Bd. 2, S. 38), klang für Thomas Mann offenbar sehr ›deutsch‹ im Sinne von ›nichtjüdisch‹. Denn der Spottname, wie andere in jenem Notizbuch vorgemerkte Namen auf eine für *Königliche Hoheit* angelegte Namensliste übertragen — »*Nachnamen* / [...] Dr. Unkraut / D̶r̶.̶ ̶S̶a̶m̶m̶e̶t̶ ̶(̶j̶ü̶d̶i̶s̶c̶h̶)̶ / Zur Höhe / Herr u. Fr. X. Beliebig« (Hervorhebung des Originals; ausgestrichen wurde offensichtlich, was im Roman Verwendung gefunden hatte; vgl. Notizbücher, Bd.

306

Figuren handelt, reflektiert möglicherweise mehr als nur Thomas Manns nahezu ausschließliches Interesse an männlichen Gestalten. Es scheint zu bestätigen, daß in Stereotypisierungen und Feindbildern »der Jude […] fast immer männlich« ist.[54] Diese männliche Imagination ›des‹ Juden konfligiert mit der sonst regelmäßig weiblichen Sexualisierung alles ›Fremden‹ und erzeugt damit eine Spannung, die zum Beispiel in der Bartlosigkeit des großfüßigen Schriftstellers Detlev Spinell wieder gelöst wird.

In der weiblichen Sexualisierung des Fremden, auch des ›Jüdischen‹, dessen Ähnlichkeit mit dem männlich imaginierten ›Eigenen‹ dessen Konstituierung sowohl gefährdet als auch bedingt — daß er selber wie viele Juden seiner Füße wegen ausgemustert wurde, erwähnt Thomas Mann wohlweislich nur in einer solchen autobiographischen Skizze, in welcher nicht zugleich auch sein ›Blut‹ thematisch wird —, gerade darin besteht ein wichtiger Berührungspunkt zwischen der frühen Novelle und dem Gesamtwerk, einschließlich des letzten vollendeten Romans, während sich im überhaupt letzten vollendeten Erzähltext, in der *Betrogenen*, die Verhältnisse doch erheblich komplexer gestalten. Im *Willen zum Glück* stellt sich ja das Problem des Namenswechsels und die die-

2, S. 41) —, figuriert in den Vorarbeiten zum *Doktor Faustus* in einer Liste »deutsche[r] Namen« (im Roman dann durch »Dr. Kürbis« ersetzt). In aller Regel aber gehen Umbenennungen dieser Art mit einer ganz neuen Markierung einer nun erst jüdischen Figur einher. So sollte der wohl berühmteste Jude in Thomas Manns Werk, der »etwas anrüchige[] Mystiker« Leo Naphta (Bd. 12, S. 424), früher, als er noch als evangelischer Pastor konzipiert war, »Bunge« heißen (vgl. Anthony Grenville, »Linke Leute von rechts«: Thomas Mann's Naphta and the Ideological Confluence of Radical Right and Radical Left in the Early Years of the Weimar Republic, in: Deutsche Vierteljahrsschrift für Literaturwissenschaft und Geistesgeschichte 59, 1985, S. 651–675, hier S. 655, 659). In einem schon erwähnten Fall des *Doktor Faustus* kann man der Wechselwirkung von Namensgebung und Stigmatisierung bei der Werkgenese vielleicht geradezu beiwohnen. Meta Nackedey erhielt ihren Spottnamen ja zusammen mit den Merkmalen, die sie als Jüdin zu kennzeichnen zumindest sehr geeignet wären. Zuvor hieß die betreffende, zu dieser Zeit offenbar noch vage und noch nicht ausgeformte Gestalt bekanntlich »Meta Rühel«. Auch diesen Namen, da ein »Johann Rühel« in einer Auflistung ausschließlich »deutsche[r] Namen« auftaucht, muß Thomas Mann, wie bereits erwähnt, als dezidiert ›deutsch‹ und ›nichtjüdisch‹ empfunden haben. Die Änderung des Nachnamens, die Streichung des alten und seine Ersetzung durch den neuen Namen, ist in den Notizen, wie ebenfalls schon gesehen, unmittelbar dokumentiert. Sie geschah im Zug der Plastifizierung gleichsam der Frauenfigur, in deren Merkmalsatz bei dieser Gelegenheit eben eine ganze Reihe ›jüdisch‹ assoziierbarer Charakteristika eingetragen wurde, die körperliche Behinderung (»hinkend«), der Beruf (erst »Psychoanalytikerin« wie Caroline Newton, später »Klavierlehrerin«) oder auch, wenn damit nicht schon die im Roman ganz eindeutig ›jüdische‹ Konkurrentin Rosenstiel skizziert sein sollte — eine ja kaum definitiv entscheidbare Alternative —, das Temperament (»[t]rauernd[]«) und die Sprech- und Schreibweise (»wohlgesetzt sprechend[] u. schreibend[]«).

54 Gilman, Rasse, Sexualität und Seuche, S. 182.

sem Problem vorausliegende Schwierigkeit, den jüdischen Körper prima vista zu »erkennen«, nur beim »Frei*herrn*«, in jener differenzierten Antwort Paolos sowohl als auch in der Schilderung des Erzählers. Ließ schon der Körper der frühreifen Tochter »nicht den geringsten Zweifel [...] über ihre [...] semitische Abstammung« zu, so soll diese »Abstammung« auch bei der Mutter ganz »einfach« zu »erkennen« sein: »einfach eine häßliche kleine Jüdin«, an ihrem Körper also, seiner Kürze und vor allem seiner Häßlichkeit, gegen welche die (wie in den *Buddenbrooks* bei jener »Frankfurterin« und ihrer Tochter) auffallend »große[n] Brillanten« an den »Ohren« um so stärker abstechen; wie umgekehrt die »Schönheit« der Tochter auf ein erst leicht apologetisches und dann offen adversatives Verhältnis zu »ihre[r] *wenigstens zum Teil* semitischen Abstammung« gebracht wird: »*aber* von ganz ungewöhnlicher Schönheit« (und wie auch schon der stereotyp[55] frühreife Körper in seiner rassischen Typizität im Gegensatz zu seiner ästhetisch positiven Bewertung steht: »von eleganter Gestalt, *aber* für ihr Alter reifen Formen«).

Zusammengefaßt: Im *Willen zum Glück*, als dem ersten Text, in dem ›eingeboren‹-südamerikanische Abstammung, wenn auch nur vage und flüchtig vorkommt, ist diese an eine Mutterfigur gebunden und, da Paolos moribunder Leib »ganz« deren »Ebenbild« ist, mit Körperlichkeit und besonders auch mit Krankheit und Tod assoziiert. Die südamerikanische Herkunft erscheint in einem strukturellen Junctim mit einer jüdischen, die ihr auf der Seite der Braut insofern symmetrisch gegenübersteht, als sie wieder »einfach« an einer Mutterfigur, der »häßliche[n] kleine[n] Jüdin« festgemacht ist. Ganz asymmetrisch sind Paolos und Adas Fremdheit jedoch in Hinblick auf ihre Behandlung durch den Erzähler. Während die Mutter Paolos, die »Eingeborene aus gutem Hause«, nur kurz einmal und nur als Objekt eines Satzes erscheint, dessen Subjekt Paolos Vater ist und welcher noch andere Informationen über diesen als die eine, darin nahezu untergehende beinhaltet, daß »[d]er alte Hofmann [...] eine Eingeborene [...] geheiratet« hat, wird Adas »Abstammung« mehrfach und ausführlich zum eigentlichen Thema der Erzählung.

Beides, die strukturelle Symmetrie der südamerikanischen und der jüdischen »Herkunft« und der Umstand, daß die jüdische erzählerisch viel stärker ins Gewicht fällt und die andere, südamerikanische, gleichsam überblendet, entspricht frappant dem Befund, der sich aus der chronologischen Lektüre der als solche deklarierten autobiographischen Texte ergeben wird: daß nämlich Thomas Manns ebenso vage, ja noch vagere Rede über seine südamerikanische, die halbwahre Betonung seiner portugiesischen und die ganz falsche einer spanischen ›Blutzumischung‹, auf den Verdacht »einer noch dunkleren«, eben jüdischen »Abstam-

---

55 Vgl. Sander L. Gilman, Making the Body Beautiful. A Cultural History of Aesthetic Surgery, Princeton 1999, S. 220 f., 232.

mung«[56] reagierte und ihn als das offenbar weitaus größere Übel entkräften sollte.

Die Äquivalenz von ›südamerikanischem‹ und ›jüdischem Blut‹, die sich hier an der frühen Novelle aufzeigen ließ und sich übrigens ebenso bei Heinrich (Luiz Heinrich, »L. Heinrich«) Mann und zum Beispiel seinem Klischeejuden James L. — Louis — Türkheimer aufzeigen läßt,[57] steht auch innerhalb des im engeren Sinn literarischen Werks keineswegs allein. Um die Vorstellung von den »junge[n] Exoten« im Feldkircher Jesuitenpensionat zu präzisieren, »die ›jüdischer‹ aussahen als« der galizische Jude Leib-Leo Naphta, greift der Erzähler des *Zauberberg* nur gerade und ausgerechnet *»portugiesische* Südamerikaner« heraus;[58] und ein weiteres, breiter ausgeführtes Beispiel für die Verwechselbarkeit von Juden und »portugiesische[n] Südamerikaner[n]« findet sich an einer entstehungsgeschichtlich stark exponierten[59] Stelle aus den *Bekenntnissen des Hochstaplers Felix Krull*, zweites Buch, viertes Kapitel. Bei seiner späten Wiederaufnahme der Arbeit am Roman hat Thomas Mann die betreffende Stelle einer gründlichen Umgestaltung unterzogen. Unter den zuvor ununterschieden flüchtigen Eindrücken des Frankfurter Großstadtlebens wird nun in vergleichsweise statarischer Schilderung eine bestimmte Erscheinung sozusagen arretiert, ein »Geschwisterpaar ungleichen Geschlechtes«,[60] wie es in *Wälsungenblut* eindeutig jüdisch markiert ist:

> Der Schauplatz war zu meinen Häupten: ein offener Balkon der Bel-Étage des Hotels ›Frankfurter Hof‹. Auf ihn traten — so einfach war es, ich entschuldige mich — eines Nachmittags zwei junge Leute, jung wie ich selbst es war, Geschwister offenbar, möglicherweise ein Zwillingspaar — sie sahen einander sehr ähnlich — Herrlein und Fräulein, miteinander ins winterliche Wetter hinaus. Sie waren ohne Kopfbedeckung, ohne Schutz, aus purem Übermut. Leicht überseeischen Ansehens, dunkelhäuptig, mochten sie spanisch-portugiesische Südamerikaner, Argentinier, Brasilianer — ich rate nur — sein; vielleicht aber auch Juden, — ich möchte mich nicht verbürgen und ließe mich dadurch in meiner Schwärmerei nicht beirren, denn luxuriös erzogene Kinder dieses Stammes können höchst anziehend sein.[61]

Die Spekulationen über die Herkunft des mutmaßlichen »Zwillingspaar[s]«, motiviert durch die hier stark außensichtige Perspektive des Erzählers (»zu meinen Häupten«), der sich aber doch gleich in unmittelbare Beziehung zu den »[l]eicht überseeisch[]« aussehenden Geschwistern setzt (»wie ich selbst«), versammeln auf kleinem Raum alles, was hinsichtlich der Beziehung von ›jüdischem‹ und ›südamerikani-

---

56   Eloesser, S. 21 f.
57   Vgl. Thiede, S. 109 f.
58   Bd. 3, S. 615; im Original keine Hervorhebung.
59   Vgl. Wysling, Narzißmus und illusionäre Existenzform, S. 516–518.
60   Bd. 7, S. 346.
61   Bd. 7, S. 344 f.; vgl. dazu auch Tagebücher 1949–1950, S. 242, 255, 257.

schem Blut‹ an Thomas Manns literarischen Texten zu beobachten ist und an den autobiographischen noch zu beobachten sein wird. Das Kopulativ- oder besser Alternativkompositum »spanisch-portugiesisch[]« suggeriert eine Indifferenz von spanischem und portugiesischem ›Blut‹. Die Sequenz der Vermutungen über die geographische Herkunft (»Südamerikaner« — »Argentinier« — »Brasilianer«) insinuiert eine Indifferenz aller südamerikanischen, der spanischen und portugiesischen Kolonien. Und die letzte oder eben vorletzte, der Autorbiographie am nächsten kommende und als solche durch eine Parenthese emphatisierte Möglichkeit (»Brasilianer — ich rate nur —«) wird von einer weiteren über- oder unterboten: »*vielleicht aber auch* Juden«, für die der Erzähler sich und seine »Schwärmerei« förmlich rechtfertigen zu müssen glaubt. Er »möchte [s]ich nicht verbürgen und ließe [s]ich dadurch in [s]einer Schwärmerei nicht beirren«.

Ganz im Rahmen einer ›liberalen‹ Auffassung verbleibend, wie ihr Anatole Leroy-Beaulieu nachhaltigen und auflagenstarken Ausdruck verlieh,[62] legitimiert Felix Krull seine offenbar erklärungs- und entschuldigungsbedürftige Toleranz für den mutmaßlich besonderen »Stamm[]« der »Kinder« mit dem Credo, daß die Klassenzugehörigkeit den als solchen unbestritten bleibenden Rassenmakel wettmachen kann. Seine scheinbar so menschenfreundliche Toleranz geht mit einer Huldigung an die Klassengesellschaft einher, an deren Verhältnissen, jedenfalls in der ›westlichen‹ Welt, zwischen der Entstehungszeit der ersten und derjenigen der jüngeren Romankapitel sich nicht gar so viel geändert hatte. An die Verbindlichkeit dieser gesellschaftlichen Verhältnisse rührt der Roman mit keinem Jota, wie nahe das Genre des Schelmenromans und das Hochstaplermotiv die Möglichkeit dazu auch gelegt hätten; war doch solch eine assertorische Haltung der gesellschaftlichen Realität gegenüber in einem Vortext deutlich vorgegeben, dessen Adaption in dieser Hinsicht sehr bezeichnend ist: In Herman Bangs *Franz Pander* muß die dem Hochstapler Krull ausnahmsweise und naturaliter zugestandene, hier ungleich harmlosere Mißachtung der Klassengrenzen — der Proletarier und Kellner Pander begehrt vor allen anderen weiblichen Gästen auch eine »Miß Ellinor [sic!]« — sogar durch den Tod gesühnt werden.[63]

---

62 Vgl. Gilman, Franz Kafka, S. 289, Anm. 16.
63 Herman Bang, Franz Pander, in: Herman Bang, Exzentrische Novellen, Berlin 1905, S. 49–76.

Die Autobiographismen und die Entstehungsgeschichte des Romans

Die Hypothese einer Äquivalenz und inneren Beziehung, die Thomas Mann zwischen seiner eigenen und einer jüdischen ›Blutmischung‹ wahrnahm oder auch gerade nicht ›wahrnahm‹, nicht wahrnehmen wollte — eine müßige, weil unentscheidbare Alternative —, läßt sich an dem anderen Werk erhärten, in dem ›eingeborene‹-südamerikanische »Herkunft«, und dem überhaupt einzigen, in dem indianisch-kreolisches ›Blut‹ je thematisch wird. Wie bereits angedeutet, kehren Schmächtigkeit des Körpers und des Gesichts, wie sie im *Willen zum Glück* zusammen mit dem schwarzen Haar Paolos eine von der Mutter herrührende Fremdheit markieren, anderthalb Jahrzehnte später in derselben Funktion und zum Teil sogar mit demselben Wortmaterial, besonders in einem notorisch deminuierten »Gesichtchen« wieder; und zwar rühren sie dort nicht nur von einer Frau und Mutter beziehungsweise Großmutter her, sondern werden auch von einer Frau getragen: Imma Spoelmann.

Von den *Buddenbrooks* abgesehen — wo übrigens der mütterlicherseits jüdische Hermann Hagenström ausgerechnet portugiesischer Konsul wird[1] —, ist *Königliche Hoheit* der am deutlichsten autobiographische Roman Thomas Manns, welcher hier sein eigenes Leben gezielt ausbeutete, ja dieses fast schon in Hinblick auf seine literarische Verwertbarkeit geführt zu haben scheint. Um dafür nur ein, das vielleicht krasseste Beispiel zu geben: Unter den Vorarbeiten zum Roman finden sich ausführliche Auszüge aus Thomas Manns Liebesbriefen an seine spätere Frau. — Die Mutter Klaus Heinrichs, »die Großherzogin Dorothea«[2] mit dem wie erwähnt »slawische[n] Blut« in den »Adern«, deren autobiographische Beziehung zu seiner eigenen Mutter Thomas Mann ausnahmsweise eingestand und die er bis in einen späten Brief als »Erinnerung« an diese und deren Schönheit »in spanischem Stil« bezeichnen sollte,[3] ist in einer älteren, in den Notizen und einer erhaltenen Variante des Romananfangs greifbaren Konzeptionsschicht noch ganz of-

---

1   Bd. 1, S. 597.
2   Bd. 2, S. 12.
3   29.6.1939 an Meyer; Briefe, Bd. 2, S. 101.

fensichtlich mit der eigenen mütterlichen Herkunft assoziiert. Eine »Großherzogin ~~Maria da Gloria~~« beziehungsweise »Großherzogin ~~Maria (da Gloria, Prinzessin von Portugal)~~« erscheint so in den Notizen, in denen an Klaus Heinrichs allzu exogamer »Heitrath [...] das Blut seiner Mutter schuld« sein soll;[4] und in der ältesten Fassung des Romananfangs, nach der wehmütigen Erwähnung der guten Partie, die schon der Vater Klaus Heinrichs hätte machen können, steht nicht einfach nur »Statt dessen...«,[5] sondern »Statt dessen... Portugal...«.

Königliche Hoheit, als ein modernes Märchen, in dem auf »opernhafte[]«[6] und wahrhaft aristophaneische Weise dem realen Problem eines maroden Staatshaushalts mit der fabelhaften Mitgift einer Braut abgeholfen wird, ist im genau gleichen Maß autobiographisch[7] wie die zur selben Zeit entstandene Autobiographie *»Im Spiegel«* märchenhaftfiktiv.[8] Thomas Mann, der ganz offensichtlich auf eine Nobilitierung hoffte[9] (und statt dessen mit Ehrendoktorat und Titularprofessur vorliebnehmen mußte), der diesem für das Wilhelminische Bürgertum typischen Wunsch aber die besondere Wendung gab, gerade das Nicht-Bürgerliche und Bohemehafte seiner Existenz als das zu deklarieren, was ihn dem Adel ebenbürtig machte — »das strenge Glück der Fürsten und der Dichter«, endet das Vorwort zu *Bilse und ich*[10] —, der spätere Doktor und Professor Mann also identifiziert sich in *Königliche Hoheit* ganz offensichtlich mit dem Prinzen Klaus Heinrich, der darunter leidet, keinen bürgerlichen Nachnamen zu haben und dessen repräsentativüberpersönliche Existenz schon daran deutlich wird, daß seine Vornamensinitialen mit den Initialen seines im Romantitel zitierten Ehrentitels identisch und als identische nachweisbar intendiert sind.[11] Besonders deutlich wird die autobiographische Identifikation am Namen der weiblichen Hauptfigur »Imma, — ein kerndeutscher Name, [...] nichts weiter als eine ältere Form von ›Emma‹«.[12] (»Emma« hieß übrigens Ludwig Bruhns', des Großvaters Thomas Manns, zweite Ehefrau *und* vormalige Schwägerin: eine für autobiographisch-familiengeschichtliche Hinter-

---

4   Im Original keine Hervorhebungen.
5   Bd. 2, S. 22.
6   10.11.1908 an Heinrich Mann; Thomas Mann und Heinrich Mann, Briefwechsel 1900–1949, S. 70 f., hier S. 70.
7   Vgl. Sprecher, Das Strenge Glück der Ehe.
8   Vgl. die Notiz über Imma Spoelmanns Mitgift im Konvolut des Thomas Mann-Archivs: »nicht märchenmäßig, aber doch recht erfreulich«. Bemerkenswerterweise wird diese Negation des ›Märchenhaften‹ im Romantext zurückgenommen, und zwar erfolgte die Änderung um den Preis eines nun etwas befremdlichen Wortlauts, dem zufolge die Mitgift ein »recht erfreuliches Maß« *übersteigt* (Bd. 2, S. 354).
9   Vgl. Frühwald, »Der christliche Jüngling im Kunstladen«, S. 342, Anm. 66.
10   Bd. 10, S. 11.
11   Vgl. 16.10.1907 an Heinrich Mann; Thomas Mann und Heinrich Mann, Briefwechsel 1900–1949, S. 129 f., hier S. 129.
12   Bd. 2, S. 188.

gründe der Thamar-Episode des vierten Josephsromans vielleicht wichtige Koinzidenz.)

Der Name Imma gibt seine direkte Beziehung zur Person und Lebensgeschichte des realen Autors erst dann frei, wenn man im Notizenkonvolut seiner Entstehung und Motivation nachgeht:

> *Imma*, der Sage nach eine Tochter Carls des Gr. (Erbach, fränk. Dynastengeschlecht, führt seinen Stammbaum bis auf Einhard u. Imma zurück.) Einhard: Vertrauter u. Biograph Karls des Gr. geb. um 770. Liebesverhs. mit Imma. Da sein Besuch bei ihr durch den frisch gef. Schnee verrathen zu werden drohte, trug sie den Geliebten selbst über den Hof. Wurden trotzdem entdeckt, aber Carl ließ sich besänftigen u. willigte in den Bund. (Sage beruht auf dem Verhältnis des Dichters Angilbert zur Kaiserstochter Bertha).

Der Name ›Imma‹, dessen Alter im Romantext ja eigens noch hervorgehoben wird, verweist also auf eine »Sage«, die aber auf einem historischen Substrat »beruht«, und in diesem besteht das Paar aus einer »Kaiserstochter« und einem »Dichter[]«. Wenn es in *Königliche Hoheit*, bei der an den *Willen zum Glück* (»Geldadel«) erinnernden Verbindung von Adel und Kapital um eine eigentliche Mesalliance geht, so ist mit dieser für den ›Neofeudalismus‹ des wihelminischen Zeitalters überaus erhellenden Verbindung der realen ökonomischen mit der repräsentativ-politischen Macht zunächst ein Thema berührt, von dem Thomas Mann (wie übrigens auch sein Bruder[13]) vor und nach seiner eigenen Heirat mit einer Jüdin aus schwerreichem Haus geradezu besessen war, von der ersten Novellensammlung (*Luischen* in *Der kleine Herr Friedemann*) und den *Buddenbrooks* über die zur Zeit der *Königlichen Hoheit* entstandene *Anekdote* bis in den allerletzten Erzähltext. Die regelmäßige Assoziation oder Belastung der Geschlechterdifferenz mit zusätzlichen Unterschieden des sozialen Status, der finanziellen Situation, der physischen Erscheinung, der charakterlichen Eigenart und endlich, in der *Betrogenen*, auch des Alters, geht sehr bemerkenswerterweise ebenso regelmäßig mit der weiteren Differenz einher, daß der eine Part das Merkmal der Fremdheit trägt (meist die Frau, nur in der *Betrogenen*, wo ja auch sonst die Rollenklischees verkehrt sind, der Mann).

Bei Imma Spoelmann ist diese Fremdheit überdeterminiert. Sie stammt von einem anderen Kontinent, der vom romaninternen Publikum des Geschehens sogar zu dem der »Gegenfüßler[]« hyper- oder vielmehr katabolisiert wird;[14] und sie ist eine ›Quinterone‹, stammt im fünften Glied von Indianern ab. Daß Imma Spoelmann eine »sujet mixte« ist, darin besteht die allererste Information über sie, wichtiger offenbar auch als ihre für die zeitgenössischen Verhältnisse unerhörte ›Gelehrtheit‹ (»sie studiert wie ein Mann, und zwar Algebra und so scharf-

---

13 Vgl. z. B. Heinrich Mann, Ein Verbrechen, in: Heinrich Mann, Ein Verbrechen und andere Geschichten, Leipzig-Rendwitz 1898, S. 1–12.
14 Bd. 2, S. 295. Vgl. Bd. 9, S. 427.

sinnige Dinge...«).[15] Leitmotivisch kehren die körperlichen Kennzeichen ihrer Fremdheit wieder: das »dunkle[], fremdartige[] Köpfchen«[16] und eben das »perlblasse Gesichtchen«;[17] die »Schwärze ihres Haares« mit der »Neigung [...], in glatten Strähnen in die Stirn zu fallen«;[18] die »schwarzen Brauen«,[19] das »unbestimmt gebildete[] Näschen«,[20] der »volle[] und weiche[] Mund«,[21] die »bräunliche[n] Kinderarme«;[22] und vor allem die »tiefschwarz[en] und übergroß[en]« Augen, »die [...] eine ernste, fließende, aber nicht allgemein verständliche Sprache führ[]en«.[23]

Diese Merkmale, besonders die Schmächtigkeit des Körpers, wie sie in seinen ständigen Deminuierungen, seinem Vergleich mit einem »Kinder[]«-Körper expliziert ist und den ersten Eindruck dominiert (»Wie klein und seltsam sie war!«[24]), teilt Imma Spoelmann nicht nur mit Paolo Hofmann. Das am häufigsten repetierte, die »wirklich ganz übergebührlich groß[en] Augen« und ihre »hinreißend fließende Sprache«[25] gehören wie auch der Reichtum der Familie oder das »Algebra«-Studium zu den vielen Hinweisen auf Katia Pringsheim, die Thomas Mann schon im allerersten einschlägigen Zeugnis über »das ›Objekt‹« und die mit diesem gemachte »Carrière«, einem Brief ausgerechnet an Otto Grautoff, ins Fluidum von »Wunder« und »Zaubermärchen« getaucht hatte.[26] Im *Gesang vom Kindchen*, in dem »Vom Morgenlande« überschriebenen achten Teil, in dem der Erzähler und Vater die »menschliche Mischung« seines »Kindchen[s]« »prüf[t]«[27] — ähnlich wie im unmittelbar zuvor vollendeten »Idyll« der »Herr« die tierische seines »Hund[s]«[28] —, erinnert ihn die Orientalität, welche er zum Beispiel am »maurischen« oder »arabische[n] Näschen«[29] des »Kindchen[s]« wahrnimmt, an das »Mütterchen« des Kinds, »Prinzessin des Ostens«:

> [...] Es fiel ihr das schwarze,
> Golden gekränzte Haar auf die elfenbeinernen Schultern,
> Welche kindlich gebildet und anders als die unsrer Frauen,
> Schultern von Flötenspielerinnen, Schultern des Niltals,
> Und auf das rote Gewand. Das fremde, ernste Gesichtchen

---

15   Bd. 2, S. 153.
16   Bd. 2, S. 201; vgl. S. 207, 235.
17   Bd. 2, S. 217; vgl. S. 201, 203.
18   Bd. 2, S. 217.
19   Bd. 2, S. 201.
20   Bd. 2, S. 201.
21   Bd. 2, S. 217.
22   Bd. 2, S. 230; vgl. S. 284.
23   Bd. 2, S. 182; vgl. S. 201, 209, 217.
24   Bd. 2, S. 201.
25   Bd. 2, S. 201.
26   29.8.1903 an Otto Grautoff; Briefe, Bd. 1, S. 37 f., hier S. 37.
27   Bd. 8, S. 1086.
28   Vgl. Marjorie Garber, Dog Love, London 1996, S. 172 f.
29   Bd. 8, S. 1089, 1087.

Zeigte die Blässe der Perlen, und dunkle, fließende Sprache
Führte darin ein Augenpaar, vorherrschend an Größe...
Märchenosten! Traum vom Morgenland! [...]³⁰

Die Fremdheit, obwohl davon mit denselben Worten die Rede ist wie in
Königliche Hoheit oder auch im *Willen zum Glück* (»das schwarze [...]
Haar«, »[d]as fremde [...] Gesichtchen«, »die Blässe der Perlen«, die
»fließende Sprache« der großen Augen), ist im *Gesang vom Kindchen*
dennoch keine südamerikanisch-indianische. Von dieser, eben Thomas
Manns eigener Fremdheit ist im ganzen *Gesang* nirgends die Rede. Der
Erzähler identifiziert seine Herkunft eindeutig und ausschließlich mit
dem »Nord im West«.³¹ Die Fremdheit des »Kindchen[s]« ist ganz über
die Mutter determiniert. Deren »exotisch[e]«,³² die Herkunft des — das
Wort ›Jude‹ wird mitsamt seinen Ableitungen panisch gemieden —: die
Herkunft »des Mittelvolks« ist zusätzlich zu dieser Umschreibung einem
märchenhaften ›Arabien‹ angenähert, wie übrigens auch der Reichtum
der Spoelmanns: Immas Edelstute *Fatme* ist ausgesprochen »arabischen
Typs« und gehörte vordem »einem Fürsten aus dem Morgenlande«;³³
und »Thema« der Hochzeitspredigt ist »der Psalterklang, der da lautet:
›*Er wird leben, und man wird ihm vom Golde aus Reich Arabien geben.*‹«³⁴

Die Euphemismen des *Gesangs vom Kindchen*, die Ersetzung des Jüdischen durch ein »[i]rgendwie«,³⁵ hier »arabisch[]« und »maurisch«
Exotisches entsprechen der Logik, die sich in Thomas Manns Entgegnungen auf die Verdächtigungen der ›völkischen‹ Literaturwissenschaft
abzeichnen wird. Zugrunde liegt dieser Logik offenbar die Vorstellung,
daß fast jedes andere nichtgermanische, spanische, portugiesische, ja
kreolische und selbst arabisch-maurische ›Blut‹ noch immer ein kleineres Übel bedeute als das jüdische. Handgreiflich wird diese Hierarchie,
um den oben verwandten Terminus der ›Äquivalenz‹ einzuschränken
und zu präzisieren, an der Entstehungsgeschichte von *Königliche Hoheit*, soweit sie sich aus den erhaltenen Notizen rekonstruieren läßt.

Die dafür wichtigste ist ein gefalteter Oktavzettel, auf dessen beiden
Außenseiten mit Bleistift einige auf den Kontext passende, zum Teil sogar ungemein sprechende Vokabeln vermutlich zu späterer Verwendung vorgemerkt und, wo offenbar nötig, erläutert sind: »demagogisch
(volksverführerisch, aufwieglerisch) / demokratisch / Atmosphäre des
Hasses (Dunstkreis) / Agitation (Aufreizung, lebhafte Thätigkeit[)] /
Umtriebe / Chikanen (Anfeindung, Plagen [)] / Widerwärtigkeiten / ver-
leiden, satthaben // Be[e]inträchtigung / Erschwerung / Verstecken u.
vertreten«. Auf den beiden Innenseiten befinden sich Definitionen der

---

30   Bd. 8, S. 1088.
31   Bd. 8, S. 1087.
32   Bd. 8, S. 1087.
33   Bd. 2, S. 247, 225.
34   Bd. 2, S. 362; Hervorhebungen des Originals.
35   Bd. 8, S. 1087.

Termini »Mestize«, »Kreole«, »Farbige«, einige Differenzierungen dieser Termini, vereinzelte Anwendungen derselben auf den Roman und
ein Stammbaum Imma Spoelmanns:

Mestize (wörtlich Mischling) dem Sprachgebrauch nach Mischlinge
von Weißen und Indianern.
Kreole in den ehemal. französ., spanischen u. portugiesischen ~~Provin-
zen~~ Kolonien Amerikas oder Afrikas die *Eingeborenen* von rein europäischem Blute (spanisch-deutsch)
Farbige im allgem. im Gegensatz zu eingew. Europäern und Kreolen die
eingeborenen Indianer, ~~etc.~~ Neger u. die durch Vermischung dieser un-
tereinander *oder mit den Weißen* entstandenen Mischlinge; im besonderen nur diese *Mischlinge* im Gegensatz zu den Weißen, Negern, Indianern pur sang. Siehe *Mestizen.*
Aus der wiederholten Vermischung von Mulatten oder *Mestizen* mit Europäern entstehen die Terzeronen (Kinder Weißer mit ~~Mulatinnen~~ Mestizen[)]. Der alte Sp. heiratet eine Terzerone d. h. die Tochter eines
Weißen und einer Halbindianerin.

Weißer — Mestize
   Tochter (Terzerone) — Alter Spoelmann
      Samuel Sp. (Quarterone) — Kreolin
         Imma (Quinterone)

Imma hat deutsches, portugiesisches, englisches [nachträglich einge-
fügt] indianisches Blut.[36]

»Genauso«, schreibt Peter de Mendelssohn zu diesem Stammbaum,
»[g]enauso« schildere Imma Spoelmann »im Roman ihre Abkunft«.[37]
Tatsächlich »schildert« sie im Roman, im Gespräch mit Klaus Heinrich,
eine etwas andere »Abkunft«:

»Mit Ihrer Abstammung?«
  »Ja, Prinz, wir sind keine adeligen ›Fasanen‹, wir stammen leider weder von Washington noch von den ersten Einwanderern ab...«
  »Nein, denn Sie sind ja Deutsche.«
  »O ja, aber da ist trotzdem nicht alles in Ordnung. Haben Sie doch die
Herablassung, mich einmal genau zu betrachten. Finden Sie es etwa eh-
renhaft, so blauschwarzes, strähniges Haar zu haben, das immer fällt,
wohin es nicht soll?«
  »Gott weiß, daß Sie wunderschönes Haar haben, Fräulein Imma!« sagte Klaus Heinrich. »Auch ist mir wohlbekannt, daß Sie zum Teile südli-
cher Abstammung sind, denn Ihr Herr Großvater hat sich ja in Bolivia
vermählt oder in dieser Gegend, wie ich gelesen habe.«
  »Das tat er. Aber hier liegt der Haken, Prinz. Ich bin eine Quinterone.«
  »Was sind Sie?«

---

36   Hervorhebungen des Originals. Vgl. die zum Teil ganz andere Entzifferung dieses Blatts bei de Mendelssohn, Bd. 2, S. 1197.
37   De Mendelssohn, Bd. 2, S. 1197.

»Eine Quinterone.«

»Das gehört zu den Adirondacks und der Parallaxe, Fräulein Imma. Ich weiß nicht, was es ist. Ich sagte Ihnen ja schon, daß ich nicht viel gelernt habe.«

»Nun, das war so. Mein Großvater, unbedenklich wie er in allen Stükken war, heiratete dort unten eine Dame mit indianischem Blut!«

»Mit indianischem!«

»Jawohl. Besagte Dame nämlich stammte im dritten Gliede von Indianern ab, sie war die Tochter eines Weißen und einer Halbindianerin und also Terzerone, wie man es nennt, — oh, sie soll erstaunlich schön gewesen sein! — und sie wurde meine Großmutter. Die Enkel solcher Großmütter aber werden Quinteronen genannt. So liegen die Dinge.«

»Ja, das ist merkwürdig. Aber sagten Sie nicht, daß es auf das Verhalten der Leute Ihnen gegenüber von Einfluß gewesen sei?«

»Ach, Prinz, Sie wissen gar nichts. Sie müssen aber wissen, daß indianisches Blut dort drüben einen schweren Makel bedeutet, — einen solchen Makel, daß Freundschaften und Liebesbündnisse mit Schimpf und Schande auseinandergehen, wenn eine derartige Abstammung des einen Teiles ans Licht der Sonnen kommt. Nun steht es ja so arg nicht mit uns, denn bei Quarteronen, — in Gottes Namen, da ist der Schade nicht mehr so groß, und ein Quinterone gehört im ganzen schon fast zu den Makellosen. Aber mit uns, die wir so sehr dem Gerede ausgesetzt waren, war es natürlich etwas anderes, und mehrmals, wenn hinter mir drein geschimpft wurde, habe ich zu hören bekommen, daß ich eine Farbige sei. Kurz, es blieb eine Beeinträchtigung, eine Erschwerung, und sonderte uns selbst von den wenigen ab, die sich übrigens ungefähr in der gleichen Lebenslage befanden, — blieb immer etwas, was zu verstecken oder zu vertreten war. Mein Großvater hatte es vertreten, er war der Mann dazu und hatte gewußt, was er tat; auch war er ja reinen Bluts, und nur seine schöne Frau trug den Makel. [...]«[38]

De Mendelssohn hat bei seiner Kollationierung des schematischen Stammbaums und des Romans in einer für die Thomas Mann- und besonders für die einschlägige Quellenforschung sehr typischen Weise nur gesehen, was er sehen *wollte*. Die Faszination, dem ›Werk‹ des ›Zauberers‹ bei seiner Entstehung gewissermaßen zusehen zu können, wie überhaupt die dem ›Werk‹-Begriff inhärente Vorstellung einer ›organisch‹-kontinuierlichen Genese haben de Mendelssohn übersehen lassen, daß die schematische und die diskursive Darstellung der »Abstammung« eine für die »Blutzusammensetzung Imma Spoelmanns«[39] sehr erhebliche Differenz aufweisen.

Wenig erheblich, aber doch auch schon bemerkenswert ist das der Arbeitsnotiz nach »portugiesische[] [...] Blut« Immas. Denn der oben zitierten, aber auch schon einer früheren Stelle des Romans, der Paraphrase eines Zeitungsartikels zufolge soll »Spoelmanns Vater« zwar »nach Südamerika«, aber »ins Land Bolivia«, also nicht etwa in eine portugiesische, sondern in eine ehemals *spanische* Kolonie »übergesie-

---

38   Bd. 2, S. 264–266.
39   Bd. 2, S. 341.

delt« sein[40] beziehungsweise »in Bolivien [...] *oder in dieser Gegend*«
geheiratet haben (so wie in Krulls Beschreibung jener »dunkelhäuptig[en]« »Geschwister« eine spanische Kolonie in einem Atemzug mit der
portugiesischen, aber doch noch vor dieser und wie diese vor der bedenklichsten Möglichkeit genannt wird, daß die Geschwister »Juden«
sind). Die Bemerkung hinter der Definition von »Kreole«: »(spanisch-deutsch)«, läßt auch nicht darauf schließen, daß von dieser Seite an
»portugiesisches [...] Blut« gedacht war. Dennoch heißt es an einer späten Romanstelle von Imma, im Zusammenhang mit der genealogischen
Rechtfertigung der Ehe und der damit gestellten Problematik des
»Blut[s]« ausdrücklich, daß »außer dem [...] *portugiesischen* [...], wie
man vernähme, auch ein wenig von dem uradligen Blut der Indianer in
ihren Adern« »fließe«.[41]

Diese leichte, in der Forschungsliteratur übersehene Unstimmigkeit
innerhalb des Romans selbst beziehungsweise der Unterschied zwischen
den früheren beiden Romanstellen und der Notiz unter dem Spoelmann-Stammbaum rührt vermutlich von einer älteren Konzeptionsschicht her, in der die natürlich auch jetzt noch erkennbaren autobiographischen Reminiszenzen ungleich stärker ausgeprägt waren. In dieser älteren Schicht »holte sich« noch nicht Spoelmanns »Vater [...] seine Frau aus dem Süden«,[42] sondern es war hier noch *Immas* Vater selbst,
der »sich seine Frau aus dem Süden« »holte« oder vielmehr auch noch
nicht wirklich »*holte*«, wie aus einer Notiz deutlich hervorgeht: »Lernt
sie etwa in S. Francisko kennen.« Vor allem aber war »sie« keine aus
dem »Land Bolivia«, sondern »eine in der Nähe von Bahia geborene
Plantagenbesitzerstochter mit deutschem Vater und portugiesischer
Mutter«.

Bis auf die vergleichsweise minime Ersetzung Rio de Janeiros durch
Bahia stimmen hier alle Daten mit den in den autobiographischen Texten über die Mutter gemachten Aussagen überein: die »Nähe« des Geburtsorts zu einer brasilianischen Stadt; »deutsche[r] Vater« und »Plantagenbesitzer[]«; die cum grano salis »portugiesische[]« Mutter. *Diese*
Version findet sich auf dem Stammbaum der Spoelmanns. Immas Mutter ist dort ja »Kreolin«, während sie im Roman »wieder eine Deutsch-Amerikanerin mit halbenglischem Blut«[43] sein soll. So steht es auch in
der referierten Zeitungsnotiz — wie den »Makel« des »Blut[s]« bei Immas Großmutter, so kompensiert weibliche Schönheit bei ihrer Mutter
die Armut —:

> Aus Liebe und ganz ohne geschäftliche Rücksichten, erzählte der ›Eilbote‹, hatte er [Samuel Spoelmann] sich vermählt, — *mit einem armen
> und schönen Mädchen, halb deutsch, halb angelsächsisch ihrer Abkunft*

---

40 Bd. 2, S. 186.
41 Bd. 2, S. 341; im Original keine Hervorhebung.
42 Bd. 2, S. 153.
43 Bd. 2, S. 153.

nach. Sie war gestorben; aber sie hatte ihm eine Tochter zurückgelassen, dies merkwürdige Blutgemisch von einem Mädchen [...].[44]

Auch von dieser »Abkunft« der Mutter freilich scheint sich zwar nicht auf dem Stammbaum selbst, aber doch in der darunter angefügten Notiz schon ein Reflex zu finden. Unter dem Stammbaum ist in den ursprünglichen Satz »Imma hat deutsches, portugiesisches, indianisches Blut« das Adjektiv »englisches« eingefügt. Daß de Mendelssohn im Stammbaumschema die hier so ganz anders als im Roman besetzte Position der Mutter entgangen ist, hat wahrscheinlich nicht oder jedenfalls nicht nur mit einer patrilinear einseitigen Entzifferung dieses Schemas zu tun, sondern damit, daß sein Blick eben auf das fixiert war, was im Roman »[g]enauso« wie auf dem Schema ist. Denn wirklich findet sich auch die von Imma und vom ›Eilboten‹ präsentierte Version der »Abkunft« auch hier schon, und zwar nicht nur in dem darunter in die Notiz eingefügten »englische[n]« Element des »Blut[s]«. Wie Imma im Roman erzählt und dem Schema gemäß heiratete der »Alte[] Spoelmann« eine »Terzerone«, die Tochter eines »Weißen« und einer »Mestize«, nachdem in der ersten Erwähnung der Familie Spoelmann, in einem Gespräch am Hof, dieser Großmutter »mit deutschem Vater und eingeborener Mutter« ausdrücklich »kreolisches«, und nach den aufgelisteten Definitionen heißt das: das »Blut« also gerade nicht einer »Mestize« zugeschrieben wurde:

> »Jawohl, Ditlinde, seine Frau ist tot, aber er hat eine Tochter, Miss Spoelmann, und die bringt er mit. Ein sonderbares Mädchen, nach allem, was ich gelesen habe. Er selbst ist ja schon ein sujet mixte, denn sein Vater holte sich seine Frau aus dem Süden, — kreolisches Blut, eine Person mit deutschem Vater und eingeborener Mutter. Aber Samuel heiratete dann wieder eine Deutsch-Amerikanerin mit halbenglischem Blut, und deren Tochter ist nun Miss Spoelmann.«[45]

Die weiter oben zitierte Definitionsliste über dem Stammbaum Immas kann man als einen deutlichen Hinweis darauf verstehen, daß sich Thomas Mann der betreffenden Rassenterminologie vergewissern wollte oder mußte und daß er sich insbesondere über die exakte Bedeutung des Worts »Kreole« im unklaren war, das in seinem Sprachgebrauch, wie an den autobiographischen Texten und Reminiszenzen noch zu zeigen, das »indianische[] Blut« offenbar sowohl ein- als auch ausschließen konnte. Die zwei Möglichkeiten, die durch die doppelte Verwendbarkeit des Worts bezeichnet werden und deren rassenbiologisch schwer ins Gewicht fallende Differenz die Vagheiten des Wortgebrauchs überspielen und verdecken, sind im Stammbaumschema beide enthalten. Dessen Terminologie, da es exakten Definitionen unmittelbar folgt, ist ausnahmsweise ganz präzis. In diesem Schema erscheinen bemerkenswer-

---

44 Bd. 2, S. 188; im Original keine Hervorhebungen.
45 Bd. 2, S. 153.

terweise gleich zwei, und zwar zwei miteinander nicht verwandte, voneinander ganz unabhängige südamerikanische Linien. Beide sind, ebenso bezeichnenderweise, durch Frauen in die Familie gekommen. Imma Spoelmanns Urgroßmutter soll »Mestize«, ihre Mutter »Kreolin« gewesen sein.

Das gleich doppelte Auftreten des südamerikanisch-exotischen Elements, die Romanversion beweist es — die kreolische Mutter wird dort ja durch eine »Deutsch-Amerikanerin« ersetzt —, wirkt störend und ist jedenfalls seltsam und erklärungsbedürftig. Es bieten sich zwei verschiedene Erklärungen dafür an, die sich indessen nicht ausschließen, sondern nur der Perspektivierung des Problems nach verschieden sind. Sozusagen synchronisch gesehen, aus dem entstehungsgeschichtlichen Kontinuum gleichsam herausgebrochen, vereinigt der Stammbaum zwei im einzelnen noch vorzuführende Dimensionen der Selbstbiographierung. Die kreolische Mutter entspricht der Version, die Thomas Mann von seiner eigenen »Herkunft« mütterlicherseits öffentlich präsentierte. Die »Mestizin« aber steht für die rassenbiologisch bedenklichste Interpretation dieser mütterlichen »Herkunft«.

Entstehungsgeschichtlich gesehen, bezeichnet die Verdoppelung des südamerikanischen Elements im Stammbaum wahrscheinlich den Übergang von einer noch älteren Konzeption zu der durch die Einfügung des »englische[n]« Bluts schon antizipierten Fassung des Romans, in dem die kreolische Mutter Immas durch eine »Deutsch-Amerikanerin« ersetzt ist und das Südamerikanische auf eine Großmutter und Urgroßmutter (»Mestize«) beschränkt bleibt. Auf dieses rassenbiologisch problematische Element nun aber, die mestizische Urgroßmutter, ist Thomas Mann nachweislich ziemlich spät verfallen. Der Millionär (dessen Schloß Delphinenort auf einer kartographischen Skizze den östlichsten Punkt des Schauplatzes bildet — wie, dem genau entsprechend, Klaus Heinrichs Eremitage den nördlichsten —) sollte in einer älteren, durch noch ältere Notizen des nachgelassenen Konvoluts dokumentierten Konzeptionsschicht zwar schon eine Kreolin heiraten, wie es auf dem Stammbaumschema noch vermerkt ist, aber der rassenbiologische Makel, mit dem er und seine Tochter auch damals schon behaftet sein mußten, sollte weniger oder gar nichts mit Südamerika, sondern mit der Herkunft seiner deutschen Eltern zu tun haben. Aus genau diesem Zusammenhang heraus sollte er auch noch nicht Spoelmann, sondern Davis heißen:

Davis' Eltern waren Deutsche (eigentlich Davidsohn oder Davids) sind nach Amerika ausgewandert als kleine Händlersleute. Samuel D. wird in Milwaukee geboren, nimmt sich auf[46] (noch reicher, nachdem schon seine Eltern reich geworden) heirathet eine in der Nähe von Bahia gebo-

---

46   »[N]immt sich auf« (vgl. Bd. 1, S. 41) scheint hier soviel zu bedeuten wie ›seine Umstände heben sich, bessern sich‹. Vgl. Grimm, Bd. 1, Sp. 697, s. v. ›aufnehmen‹, Nr. 10; vgl. s. v. ›aufnehmen, n.‹: »prosperitas, das gedeihen«.

rene Plantagenbesitzerstochter mit deutschem Vater und portugiesischer Mutter. (Lernt sie etwa in S. Francisko kennen.)

Der Ausdünnung gleichsam von Immas südamerikanischem »Blut«, der Verlegung der dafür verantwortlichen Vorfahrin um zwei Generationen den Stammbaum hinauf, ging also eine Namensänderung voraus, die sich in derselben Weise, als Ausfällung sozusagen des allzufremden »Blut[s]« interpretieren läßt. Wie im Zusammenhang mit dem im *Willen zum Glück* thematischen Phänomen der Namensfluchten erwähnt, gehört der Wechsel von »Davis« zu »Spoelmann« zu den entstehungsgeschichtlichen Änderungen spezifisch jüdischer Namen, wie sie sich an der Genese von Thomas Manns Texten in bemerkenswerter Parallelität zum realen Phänomen feststellen lassen, daß Träger als besonders jüdisch geltender Namen sich zur Namensänderung oder jedenfalls zum Versuch einer solchen gezwungen sahen. Thematisch hätte dieses Phänomen offenbar auch einmal in *Königliche Hoheit* werden sollen, denn Davis sollte ja »*eigentlich* Davidsohn oder Davids« heißen, also auch im Roman selbst eine Namensflucht hinter sich haben.

Das Motiv für die Abwahl, Verkürzung oder Entstellung des »eigentlich[en]« Namens mußte für ein zeitgenössisches deutsches Publikum ohne weiteres supplierbar sein. Es läßt sich aus einer von Bering erstellten Tabelle sogar statistisch erhärten.[47] Der Nachname ›Davidsohn‹ kam unter Nichtjuden ungleich seltener vor als etwa ›David‹, und ein untrüglicher Gradmesser für seinen ›jüdischen‹ Charakter ist der Umstand, daß er signifikant häufiger abgewählt wurde als ›David‹. (›Davids‹ figuriert auf der Tabelle nicht; möglicherweise ist »Davids« in jener Notiz nicht einfach als Vorform gleichsam zu »Davis«, sondern als Abkürzung für die Schreibung ›Davidson‹ zu lesen, die seinerzeit, wie ihr oben einmal erwähntes Verbot bezeugt, als Beschönigung von ›Davidsohn‹ empfunden wurde.)

Als unmißverständlichen Hinweis auf eine jüdische Herkunft faßt auch de Mendelssohn den früheren Namen des Millionärs auf, und dementsprechend interpretiert er dessen Ersetzung durch den Namen »Spoelmann«:

> Vor allem aber scheint die Namensänderung damit zusammenzuhängen, daß der Millionär Davis in den Notizen auf halbem Weg seine Herkunft ändert [...].
>
> Die Eltern des Millionärs Samuel Davis waren [...] arme jüdische Auswanderer aus Deutschland namens Davidson [sic!], und Imma wäre eine amerikanische ›Vierteljüdin‹ mit deutschen und portugiesischen Vorfahren gewesen. Das, mag der Dichter bei reiflicher Überlegung sich gesagt haben, so hübsch es zum Teil seinen eigenen Familienverhältnissen entsprach, hätte dem Staatsminister Knobelsdorff nicht gefallen können [sic!] und er hätte es wohl schwerlich durchgehen lassen: an Immas

---

47   Bering, S. 214 f.

jüdischen Großeltern wäre auch damals, 1908, die Verbindung mit dem Prinzen Klaus Heinrich gescheitert.[48]

Was immer de Mendelssohn mit »den eigenen Familienverhältnissen« des »Dichter[s]« auch meint, die »Verhältnisse« nur der ›Familie‹ Mann oder auch die der angeheirateten ›Familie‹ Pringsheim, und wie immer er auf die Vorstellung verfallen sein mag, Imma »wäre eine [...] ›*Viertel*jüdin‹ [...] gewesen« —: »Vor allem scheint die Namensänderung« antisemitischen Reflexen zuvorkommen zu sollen und ist damit eben ein genaues Äquivalent tatsächlich dokumentierter Namensfluchten. Und wie diese realen Namensfluchten natürlich an einer »Herkunft« ebensowenig änderten wie die christliche Taufe — Davis sollte in den Notizen über die Besteuerung der »Reichsausländer« »Protestant«, »z. B. Methodist« sein —, sondern bestenfalls die automatische Assoziation solcher »Herkunft« unterbinden konnten, so läßt sich auch de Mendelssohns Behauptung anfechten, »daß der Millionär Davis in den Notizen [...] seine Herkunft ändert«. War die jüdische »Herkunft« des Millionärs zuvor in den Notizen nirgends expresso verbo festgelegt, sondern nur impresso nomine, durch den der Figur aufgeprägten Namen ›Samuel Davis‹ und vor allem auch durch die Mutabilität des Namens Davis »(eigentlich Davidsohn oder Davids)« zu verstehen gegeben, sonst aber nur leise durch ein paar Stereotype angedeutet (»Deutsche«, »kleine Händlersleute«, »reich«, »noch reicher«), so wurden mit »der Namensänderung« nicht alle diese Indizien kassiert. Zwar ist im Romantext der auch hier »arm[e]« Vater des Millionärs kein Händler mehr — er kommt nun »von *irgendeinem deutschen* Kontorsessel aus« nach Victoria[49] —, doch kann man trotzdem nicht sagen, daß damit und mit dem neuen Namen die Assoziation einer jüdischen »Herkunft« gleich verunmöglicht wird. Sondern sie stellt sich nur nicht mehr zwangsläufig ein. Wie das »indianische[] Blut« seiner Tochter ausgedünnt wird, so ist Davis-Spoelmanns Herkunft mit dem neuen Namen verunklärt: Samuel N. Spoelmann.

Daß der neue Nachname einer automatisch ›jüdischen‹ Assoziation des amerikanischen Magnaten zuvorkommen sollte, läßt sich an seiner rekonstruierbaren Entstehungsgeschichte genau ablesen, die eng mit der Benennung der Gräfin Löwenjoul verbunden ist. Beide Namen gehen nämlich auf den eines belgischen Adelsgeschlechts Spoelberch oder Spoelbergh de Lovenjoul zurück (eine »Baronin Spoelberch« ist in einer großen Namensliste der Notizen aufgeführt, und anderwärts erscheint in diesen ein »Vicomte Spoelberch de Lowenjoul«). Die verdeutschte zweite Hälfte des Namens, Löwenjoul, welche durch den Titel »de« als das eigentlich adlige Element festgelegt war, verlieh Thomas Mann bezeichnenderweise nicht dem ehemaligen Davis — auch schon im *Willen zum Glück* beruhte ja die Fadenscheinigkeit des »Geldadel[s]« zu einem guten Teil auf einer maximalen Differenz von echtem Adel und Judentum, wie sie für Gobineaus Konfusion von rassistischem und

---

48   De Mendelssohn, Bd. 2, S. 1196 f.
49   Bd. 2, S. 185; im Original keine Hervorhebungen.

feudalaristokratisch reaktionärem Diskurs typisch ist —; sondern eben dem Grafen Löwenjoul, das heißt einem »Wüstling« und »schamlos[en] Menschen«, der ungeachtet dessen und gerade vermöge der Teilung des ursprünglichen Adelsnamens (in eine noch immer adlige und eine bürgerliche Hälfte) in der für das Milieu der *Königlichen Hoheit* geltenden Hierarchie dem Millionär Spoelmann übergeordnet bleibt.

Daß die erste Hälfte des belgischen Namens nicht einfach verdeutscht wird wie das erste Kompositionsglied der zweiten, *Löwen*joul, daß Spoelmann also nicht Spoel*berg* heißt, läßt sich als Verlängerung der für den Namenswechsel überhaupt ausschlaggebenden Tendenz verstehen, dem Namen des Millionärs die spezifisch jüdische Assoziierbarkeit zu nehmen. Denn die Zweitsilbe ›-berg‹, wie aus der Erzählung *Der Wille zum Glück* und wieder aus Berings materialreicher Untersuchung hervorgeht, war einschlägig besetzt, ähnlich wie, aber stärker noch als das Zweitglied ›-thal‹ (und stärker übrigens auch als das Erstglied ›Löwen-‹).[50] Indessen betrifft diese spezifische Fluchttendenz den Nachnamen allein. Der Vorname »Samuel«, der schon vor »Davis« alias »Davidsohn« stand, wurde auf den neutralen Nachnamen Spoelmann übertragen; und das, obwohl ›Samuel‹ zu den von Juden am allerhäufigsten abgewählten, also ganz offensichtlich als stark ›jüdisch‹ wahrgenommenen und entsprechend starken Ressentiments ausgesetzten Vornamen gehörte.[51]

Außerdem aber kommt im Romantext zwischen den beibehaltenen Vor- und den geänderten Nachnamen ein ganz neues Element zu stehen, ein ›middle initial‹ auch im spaßhaften, hier aber freilich kaum intendierten Sinn seiner Position innerhalb des Alphabets: »Samuel *N.* Spoelmann«, wie der Name schon bei der ersten sich bietenden Gelegenheit, gleich nach den ersten beiden, je kursivierten beziehungsweise spationierten Nennungen des Nachnamens ausgeschrieben wird.[52] Natürlich dient die Initiale zunächst dazu, ›Amerikanizität‹ zu konnotieren, und macht damit gleichsam die für amerikanische Verhältnisse unwahrscheinliche, unvollständig amerikanisierte Schreibung ›-mann‹ wett. Wie aber bei »M. Blüthenzweig« und »M. Hagenström«, bei »B. Grünlich« und »S. Büchermarkt« gesehen, haben so abgekürzte Namen im deutschen Kulturraum eine andere Geschichte und hatten sie seinerzeit einen ganz anderen konnotativen Valeur als im angelsächsischen (wo die Toleranz gegenüber Vornamensinitialen deshalb bis heute ungleich höher ist und diese ohne weiteres den oder die ›eigentlichen‹ Vornamen vollständig ersetzen können, wenn es auch kein Zufall sein dürfte, daß die in den Massenmedien am geläufigsten gewordenen Vornamensinitialen, ›J. R.‹ und ›O. J.‹ — die Vornamensinitiale hält hier auch noch den sich aufdrängenden Bezug zu Othello offen —, je eine zwielichtige Person bezeichnen). Und in der antisemitischen Propagan-

50   Bering, S. 108 f.
51   Vgl. Bering, S. 238.
52   Bd. 2, S. 149.

da, Fritschs *Katechismus*, erschien unter den hierfür gegebenen Beispielen ausgerechnet Spoelmanns Initiale als erstes und folglich ganz besonders »charakteristisch[es]«: »N., S., B., D.« Die Ambivalenz, eine bestimmte »Herkunft« zu verschleiern und doch, und gerade dadurch auch wieder zu verraten, scheint dem Namen »Samuel N. Spoelmann« also in besonders hohem Maß zuzukommen.

Die Entstehungsgeschichte von Imma Spoelmanns »Blutzusammensetzung« weist demnach zwei parallele Tendenzen auf. Der Prozentsatz des »indianische[n] Blut[s]« nimmt erheblich ab, und das zuvor einmal eindeutig konnotierte jüdische Element wird verzweideutigt bis zur Unentscheidbarkeit, aber auch nur bis zur Unentscheidbarkeit und nicht darüber hinaus. An dieser Parallelität der zwei Tendenzen wird beides deutlich, sowohl eine Äquivalenz des jüdischen und des indianischen Elements als auch eine Hierarchie dieser beiden Elemente. Das indianische, indem es zwar verdünnt, aber dennoch eindeutig und unmißverständlich bezeichnet wird, ist für einen »Staatsminister« offensichtlich weniger prekär und ein kleineres Übel. In entstehungsgeschichtlicher Perspektive gesehen, weist »Immas Abstammung«,[53] wie schon angedeutet und wie noch zu zeigen, dieselbe Struktur auf wie die autobiographischen Aussagen, die Thomas Mann den antisemitischen Verdächtigungen seiner Person entgegenhielt; nur daß dort das ›spanische‹, ›portugiesische‹ und ›kreolische‹ »Blut«, das dem Verdacht auf jüdisches entgegengehalten wird, auch dem Verdacht auf ›indianisches‹ zuvorkommen sollte, wärend in *Königliche Hoheit*, sozusagen eine Stufe weiter unten, gerade dieses indianische dazu dient, von der Möglichkeit des jüdischen abzulenken — und zwar, wenn man von der zeitgenössischen Rezeption ausgeht, durchaus nicht ganz erfolgreich.

Ein gutes und ergiebiges Beispiel für diese zeitgenössische Rezeption gibt Otto Schmidt-Gibichenfels ab, derselbe, der in der Familie Gerda Arnoldsens Juden vermutete. In seiner Rezension von *Königliche Hoheit* finden Antiurbanismus, Antisemitismus und Konservativismus mit wünschbarer Deutlichkeit zu einer einzigen protofaschistischen Tirade zusammen:

> Mögen sie auch die Großstädte finanziell, sittlich und rassenhaft in den Sumpf ziehen: Solange noch ein deutscher Bauernstand das Feld bestellt, ein echter deutscher Fürst auf dem Throne sitzt und ein echter deutscher Adel mit dem Schwerte in der Hand ihm zur Seite steht: — solange wird aller Juden und Judenknechte List und Trug an unserem Volke zu Schanden werden.[54]

---

53 So soll nach einer ganz falschen, aber doch sinnigen Angabe bei de Mendelssohn, Bd. 2, S. 1197, die Überschrift der betreffenden Notiz lauten, die tatsächlich gar keinen Titel trägt.

54 Schmidt-Gibichenfels, S. 52. Zur antisemitischen »Verklärung« der »Krise des Bauerntums« vgl. Herbert A. Strauss, Juden und Judenfeindschaft in der frühen Neuzeit, in: Herbert A. Strauss und Norbert Kampe (Hgg.), Antisemitismus. Von der Judenfeindschaft zum Holocaust, Frankfurt a.M. 1985, S. 66–87, hier S. 79f.

In seiner ›Rezension‹ also, 1909 unter dem für diesen Zusammenhang schon bezeichneten Titel *Ein Vorkämpfer jüdischer Rassenpolitik* erschienen, wittert Schmidt-Gibichenfels in seiner Weise scharfsinnig die Möglichkeit aus, daß Imma Spoelmann eine Mischung »alle[r] vier verschiedene[r] Menschenrassen« ist und eben auch zu der besonderen »Menschenrasse[]« gehört, die er für die in Thomas Manns Roman aristophaneisch-phantastisch gelösten Probleme allein verantwortlich zu machen scheint: »deren Vater Samuel Spoelmann (vielleicht Börsen-Spoelmann?) heißt«.[55]

Die Entstehungsgeschichte des Spoelmannschen Stammbaums, die sich im Roman selbst in etlichen Unstimmigkeiten und Inkonzinnitäten niedergeschlagen hat, stellt sich zusammengefaßt also so dar: Der rassenbiologische »Makel« sollte ursprünglich einmal in der jüdischen Herkunft Spoelmanns alias Davis alias Davidsohn bestehen und die autobiographische Reminiszenz, Davis' Heirat mit einer »Kreolin« im eng definierten, rassenbiologisch vergleichsweise harmlosen Sinn von diesem Makel unabhängig sein. Der »Makel« der jüdischen Herkunft wurde dann zurückgenommen, nicht eindeutig widerrufen, aber doch in einer Weise verdunkelt, die ihn hinter dem neu eingeführten verschwinden ließ, eben dem eindeutig »indianische[n] Blut« in der nun erst »Spoelmann« heißenden Familie. In der Folge dieser Ersetzung des eindeutig Jüdischen durch das Indianische wurde die nun gleichsam überzählige und durch die Verdoppelung des südamerikanischen Elements störende Heirat mit einer Kreolin preisgegeben. Die deutsch-portugiesische Kreolin aus Bahia, und dadurch erst verlor die dennoch beibehaltene Behauptung von Immas portugiesischem »Blut« ihre Plausibilität, wurde durch eine »Deutsch-Amerikanerin« mit englischem Hintergrund ersetzt.

Für Immas »Blutzusammensetzung« hat diese Entwicklungsgeschichte rassenbiologisch sehr erhebliche Folgen. Die schrittweise Nobilitierung, die sie im Roman zum einen Teil erfährt und die ihr zu den anderen Teilen in Aussicht gestellt wird — zur Gräfin, zur Fürstin und endlich die fast volle Ebenbürtigkeit mit der Königlichen Hoheit Klaus Heinrich —, ist in der Entstehungsgeschichte dieses Romans auf rassenbiologischem Niveau gewissermaßen antizipiert und jedenfalls allererst ermöglicht: Von einer ›Halbjüdin‹ (natürlich immer nur im rassenbiologisch quantitierenden Sinn) mit einem Viertel portugiesischem und auch nur höchstens einem Viertel deutschem ›Blut‹ — wenn man nämlich die ›deutsche‹ Abstammung mütterlicherseits nicht weiter verdächtigt — zu einer Dreiviertelsgermanin. Sie hat nun am meisten, nämlich zur Hälfte »deutsches«, zu einem Viertel »englisches« und nur gerade zu einem Sechzehntel »indianisches Blut«.

Auch über Immas Abstammung und ihre Entstehungsgeschichte hinaus lassen sich Äquivalenz und Hierarchie von jüdischem und »indiani-

---

55   Schmidt-Gibichenfels, S. 51; im Original keine Hervorhebungen.

sche[m] Blut« in *Königliche Hoheit* nachweisen. Der »Makel« des »indianische[n] Blut[s]«, wie ihn Imma Spoelmann ausdrücklich nennt,[56]
dem »dort drüben« ganz offensichtlich derselbe Status zugeschrieben
wird wie in Deutschland einer jüdischen Abstammung — auch »dort
drüben« sollen sich die rassistischen Reflexe mit dem Neid der Unter-
priviligierten auf die Reichen verbinden —, dieser »Makel« also hat in
Königliche Hoheit ebenso offensichtlich die Funktion, seine Trägerin in
ähnlicher Weise auszuzeichnen, wie es mit Klaus Heinrich geschieht.
Nicht nur entsprechen sich die beiden hinsichtlich ihrer sozial privilegierten Herkunft, des alten Adels und des neuen, märchenhaften Reich-
tums, sondern eben auch individuell dadurch, daß sie innerhalb ihres an
sich schon abgehobenen Milieus isoliert und ›anders‹ sind, sie durch
»eine derartige Abstammung«,[57] er durch die verkrüppelte Hand. Die
indianische »Abstammung« bekommt hier also, ›unter der Hand‹ sozusagen, denselben Status wie eine physische »Mißbildung«.[58] Auch hierin
und hierin ganz besonders ist sie aber wieder der Stigmatisierung durch
eine jüdische Herkunft äquivalent.

Dr. Sammets Selbstinterpretation der Fremdheit

Im Kapitel *Die Hemmung*, in dem Klaus Heinrich geboren und eben
seine »Miß«- und »Hemmungsbildung[]«[59] diagnostiziert wird, tritt in
direktem Zusammenhang damit der einzige Jude auf, der in *Königliche
Hoheit* als solcher sozusagen übriggeblieben, unverblümt und unmißverständlich als solcher bezeichnet ist: Nicht nur wird explizit gesagt, er
sei »obendrein jüdischer Abstammung«;[60] als ob er die verunklärte jüdische »Abstammung« des amerikanischen Millionärs kompensieren
müßte, versammelt der Autor auf dieser einen Figur alle, aber auch
wirklich alle Merkmale, die bei ihm solche »Abstammung« nur kennzeichnen können: Die daran schon erkennbare Tendenz, ihn zum Typus zu entindividualisieren, wird nochmals am Namen deutlich, der gerade keine Individualität mehr garantiert, nämlich wieder nur aus einem
Nachnamen und einem Titel besteht, welcher zugleich einen typischen
Beruf bezeichnet: »Dr. Sammet«, ein ausdrücklich »unsympathische[r]
Name«.[61]

---

56   Bd. 2, S. 265.
57   Bd. 2, S. 265.
58   Bd. 2, S. 29.
59   Bd. 2, S. 29.
60   Bd. 2, S. 14.
61   Bd. 2, S. 114. Vgl. dagegen Gerhard Härle, Hinter-Sinn. Zur Bedeutung des Ana-

Wie bereits einmal erwähnt, wird viel später in der Erzähl- und der erzählten Zeit mit der Typizität des als typisch jüdisch wahrgenommenen Namens gespielt (Berufsname nach Handelsgut und differenziert nach Ware[62]): Auf dem Sterbebett stammelt Klaus Heinrichs Vater, Johann Albrecht, »gewisse Worte, scheinbar zusammenhangslos«, aber nur syntagmatisch »zusammenhangslos«, wie sich dann doch noch herausstellen wird, und mit einem paradigmatisch sehr wohl gegebenen ›Zusammenhang‹, um nämlich in Wirklichkeit nach einem besonderen Arzt zu verlangen: »mehrere Stoffe, Seide, Atlas und Brokat«, bis ihm das richtige Wort doch noch einfällt: »Sammet«.[63] Durch die paradigmatische Achse, auf die der Eigenname mit den Stoffbezeichnungen zu liegen kommt, wird dieser Name nicht nur auf seine Typizität durchsichtig, sondern geradezu auch zum Appellativ reduziert, also seines Namencharakters gewissermaßen beraubt; und maliziöserweise, um auch das nochmals zu sagen, bezeichnet diese appellativische Bedeutung des Namens ein Material, »Sammet«, das in Wert und Prestige weit unter den drei zuvor genannten Edelstoffen »Seide, Atlas und Brokat« rangiert.

Der typisch ›jüdische‹ Name gehört zu einem als ebenso typisch ›jüdischer‹ wahrgenommenen Körper, bei dessen Portrait der Erzähler ganz überflüssiger- und um so bezeichnendererweise das herausragende und allertypischste der aufgezählten Merkmale eigens noch auf die »Herkunft« Sammets zurückbezieht: »Seine Nase, zu flach auf den Schnurrbart abfallend, deutete auf seine Herkunft hin.«[64] Noch vor der Beschreibung der Körpermerkmale und unmittelbar nach der Nennung des Namens wird ein zwischen dieser ›symbolischen Ordnung‹ der Namen und der Sprache und dem ›realen‹ Körper situiertes Merkmal hervorgehoben, das unverzüglich »Lächeln« hervorruft:[65] Sammets behinderte, stammelnde und repetitive Sprechweise, seine »zögernde[n] Vorlaute[]« und »häufig, wie zu schlichter Bekräftigung, [...] ein[ge]schalt[et]en« Füllwörter[66] — ein scheinbar harmloses und unschuldiges, aber für die Geschichte antisemitischer Stereotypien aufschlußreiches und erhellendes Detail; setzt sich in ihm doch eines der wichtigsten, aber durch die Assimilation hinfällig gewordenen Stereotype in einer an diese veränderten Bedingungen adaptierten Form fort, die Erkennbarkeit des Juden an seiner differenten, vordem eben ›mauschelnden‹ Sprechweise. (Wie gesagt ist es für seine Zeit sehr bezeichnend, daß Thomas

---

len für die Ästhetik homosexueller Literatur, in: Forum Homosexualität und Literatur 1, 1987, S. 38–72, hier S. 60; ders., Männerweiblichkeit. Zur Homosexualität bei Klaus und Thomas Mann, Frankfurt a. M. 1988, S. 239, wo »Sammet«, als Assoziation des Münchner Magenspezialisten Albert Loeb, der den Autor mit einem Gummischlauch penetriert hatte, von der appellativischen Bedeutung her als »sanfte[r]« Name und also ausschließlich positiv interpretiert wird.

62 Vgl. Bering, S. 402.
63 Bd. 2, S. 123.
64 Bd. 2, S. 28.
65 Bd. 2, S. 14.
66 Bd. 2, S. 28.

Mann das Verb ›mauscheln‹ nicht mehr in dessen ursprünglicher Bedeutung, sondern metaphorisch verwandt und insbesondere auf die Körpersprache des »Jude[n]« übertragen hat: »die [...] vergiftende Nietzsche-Vermauschelung Kerr's«;[67] »Fettbuckel, krumme Beine und rote, mauschelnde Hände«.[68])

Im Kapitel *Die Hemmung* kommt die Rede ausdrücklich auf Sammets Judentum und die Folgen, die dieses für dessen berufliches und »private[s]« Leben hat. Der betreffende Dialog zwischen dem Großherzog Johann Albrecht und dem Arzt bildet die unmittelbare Fortsetzung eines Gesprächs, in dem der zum Erstaunen seiner brüskierten Kollegen beigezogene Sammet dem Großherzog die »Mißbildung« erklären und besonders auch zu Johann Albrechts »Genugtuung« versichern mußte, daß sie »gar nicht« mit »Vererbung« zu tun habe, wovon man »neuerdings« spreche:[69]

»Sie sind Jude?« fragte der Großherzog, indem er den Kopf zurückwarf und die Augen zusammenkniff...

»Ja, Königliche Hoheit.«

»Ah. — Wollen Sie mir noch die Frage beantworten... Haben Sie Ihre Herkunft je als ein Hindernis auf Ihrem Wege, als Nachteil im beruflichen Wettstreit empfunden? Ich frage als Landesherr, dem die bedingungslose und private, nicht nur amtliche Geltung des paritätischen Prinzips besonders am Herzen liegt.«

»Jedermann im Großherzogtum«, antwortete Dr. Sammet, »hat das Recht, zu arbeiten.« Aber dann sagte er noch mehr, setzte beschwerlich an, ließ ein paar zögernde Vorlaute vernehmen, indem er auf eine linkisch leidenschaftliche Art seinen Ellenbogen wie einen kurzen Flügel bewegte, und fügte mit gedämpfter, aber innerlich eifriger und bedrängter Stimme hinzu: »Kein gleichstellendes Prinzip, wenn ich mir diese Bemerkung erlauben darf, wird je verhindern können, daß sich inmitten des gemeinsamen Lebens Ausnahmen und Sonderformen erhalten, die in einem erhabenen oder anrüchigen Sinne vor der bürgerlichen Norm ausgezeichnet sind. Der Einzelne wird guttun, nicht nach der Art seiner Sonderstellung zu fragen, sondern in der Auszeichnung das Wesentliche zu sehen und jedenfalls eine außerordentliche Verpflichtung daraus abzuleiten. Man ist gegen die regelrechte und darum bequeme Mehrzahl nicht im Nachteil, sondern im Vorteil, wenn man eine Veranlassung mehr, als sie, zu ungewöhnlichen Leistungen hat. Ja. Ja«, wiederholte Dr. Sammet. Es war die Antwort, die er mit zweimaligem Ja bekräftigte.

»Gut... nicht übel, sehr bemerkenswert wenigstens«, sagte der Großherzog abwägend. Etwas Vertrautes, aber auch etwas wie eine Ausschreitung schien ihm in Dr. Sammets Worten zu liegen. Er verabschiedete den jungen Mann mit den Worten: »Lieber Doktor, meine Zeit ist gemessen. Ich danke Ihnen. Diese Unterredung — von ihrer peinlichen Veranlassung abgesehen — hat mich sehr befriedigt. Ich mache mir das

---

67   Tagebücher 1933–1934, S. 46.
68   Bd. 13, S. 461.
69   Bd. 2, S. 29.

Vergnügen, Ihnen das Albrechtskreuz dritter Klasse mit der Krone zu verleihen. Ich werde mich Ihrer erinnnern. Ich danke.«[70]

Es wird nicht gesagt, wo genau das »Vertraute[]« liegt und worin die »Ausschreitung« der Antwort besteht, die der Großherzog auf »die«, auf seine zweite oder eigentlich seine einzig echte »Frage« erhält. Die erste, »Sie sind Jude?«, ist als Frage nur durch die Interpunktion und die metasprachliche Klassifizierung seitens des Erzählers markiert. Sonst hat sie sehr bezeichnenderweise die grammatische Form einer Aussage, und auch die Gestik ihrer Äußerung scheint zu insinuieren — der Großherzog nimmt etwas Abstand und kneift »die Augen zusammen[]« —, daß sich dies zu »frag[]e[n]« im Grunde erübrigt und das Äußere des Angesprochenen bei distanziert-genauem Hinsehen die Antwort immer schon zur Schau stellt. — Vermutlich haben das »Vertraute[]« und die »Ausschreitung« damit zu tun, daß Sammet »Sonderstellung«, »Auszeichnung« und »außerordentliche Verpflichtung« davon abstrahiert, ob sie es »in einem erhabenen [...] Sinne« sind oder in einem »anrüchigen« (ein auch auf Leo Naphta gemünztes[71] und von Thomas Mann im Zusammenhang mit der »Judenfrage« wiederholt benutztes Adjektiv, in dessen volksetymologisch-wörtlicher Bedeutung, gerade kraft der Repetition, wohl noch das zum Beispiel bei Richard Wagner[72] als allgemein bekannt vorausgesetzte Stereotyp des foetor iudaicus mitklingt). Unter die »Ausnahmen und Sonderformen des Lebens«, darauf weist die Alternative des »erhabenen oder anrüchigen Sinn[s]« oder auch die Doppeldeutigkeit der »bürgerlichen Norm«, lassen sich Judentum und Hochadel gleichermaßen subsumieren. Auf sehr bezeichnende Art, bezeichnend für die ganz besonders affirmative Haltung, die der Autor gerade dieses Romans den seinerzeit herrschenden Verhältnissen gegenüber einnimmt, ist hier ein gesellschaftliches Problem gelöst, indem es einfach negiert wird; durch Thomas Manns Interpretation rassistischer Diskriminierungen als »Vorteil« und Glück, zu der für Hans Wollschläger »schon ein schieres Rindsgemüt [...] gehört«,[73] und vor allem dadurch, daß diese ungeheuerliche Interpretation perfiderweise einem unmittelbar Betroffenen in den Mund gelegt wird (so wie der einzige im Doktor Faustus als solcher geschilderte »Faschist« Chaim Breisacher alias Schalom Mainzer alias Karfunkelstein ist).

Noch in diesem fast vier Jahrzehnte jüngeren Roman kann Saul Fitelberg in seinem 1946 entstandenen Monolog nicht umhin, eine »Verwandtschaft [...] von Deutschtum und Judentum [...] wahrzunehmen«,[74] so wie schon Goethe wiederholtermaßen in den nach der ›Reichskristall-

---

70 Bd. 2, S. 31 f.
71 Bd. 12, S. 424.
72 Vgl. Marc A. Weiner, Richard Wagner and the Anti-Semitic Imagination, Lincoln und London 1995 (Texts and Contexts, Bd. 12), S. 195–259.
73 Hans Wollschläger, Karl May. Grundriß eines gebrochenen Lebens, Zürich ²1977, S. 15.
74 Bd. 6, S. 541.

nacht‹ geschriebenen Kapiteln von *Lotte in Weimar*;[75] und das, obwohl Fitelberg den »deutschen Charakter« bereits zur erzählten Zeit als »*essentiellement* anti-sémitique« einstuft[76] und Goethe das Pogrom von Eger schildert, bevor er diese »allerwunderlichste Verwandtschaft« nochmals besonders nachdrücklich konstatiert.[77] Eine solche »Verwandtschaft« der in den Vierzigerjahren unleugbar zu Tätern und der zu Opfern Gewordenen ließ sich übrigens schon in den oben aus dem *Gesang vom Kindchen* zitierten Versen heraushören. Die Juden, als »Mittelvolk«, erhielten dort ein in den *Betrachtungen eines Unpolitischen* oder im *Zauberberg* wesentlich deutsches Attribut.

Auf ähnliche, ähnlich provozierende, aber auch signifikant andere Art wird auch in *Königliche Hoheit* eine maximale Differenz auf der sozialen Skala schlankweg annulliert, der Unterschied eben des »Judentum[s]« noch nicht einfach zu einem pauschalen »Deutschtum«, sondern zum deutschen, dem nach Gobineau besonders reinrassigen Hochadel. (Selbst der in den *Buddenbrooks* einzige Adlige, Kai Graf Mölln, dessen »Rassereinheit«[78] auch bei der letzten sich dafür bietenden Gelegenheit noch einmal notiert wird, trägt »alle[] Merkmale[] einer reinen und edlen Rasse«,[79] ein auch in Tagebüchern bezeugtes Ingrediens des homosexuellen Begehrens,[80] das Thomas Mann übrigens als Konstituente der Freundschaft zwischen Kai und Hanno völlig unbewußt gewesen und geblieben zu sein scheint: eine einschlägige Bemerkung in Hans Mayers ihm »in Ehrfurcht und Dankbarkeit zum 6. Juni 1950 überreicht[er]« Monographie hat er mit einem Fragegezeichen versehen.[81]) Dieselbe Übergängigkeit der Extreme, bei der es sich um kein vereinzeltes und als solches entschuldbares Manöver handelt, suggeriert übrigens die Metaphorik in Thomas Manns zur selben Zeit entstandenem Beitrag zur »Lösung der Judenfrage«, einem im Sinne Leroy-Beaulieus ›liberalen‹ Plädoyer für Integration, Assimilation und »*Europäisierung* des Judentums«.[82] Diese sei »gleichbedeutend mit einer *Nobilisierung* der zweifellos entarteten und [...] verelendetsten Rasse«.[83]

---

75   Bd. 2, S. 665, 733. Vgl. Goethe, Gespräche, Bd. 2, S. 232.
76   Bd. 6, S. 540; im Original keine Hervorhebung.
77   Bd. 2, S. 727 f. Vgl. Goethe, Gespräche, Bd. 4, S. 106 f.
78   Bd. 1, S. 709.
79   Bd. 1, S. 516.
80   Vgl. Tagebücher 1918–1921, S. 111; Tagebücher 1933–1934, S. 308 f., 470; Tagebücher 1935–1936, S. 259; Tagebücher 1937–1939, S. 246; freundliche Hinweise von Herrn Guido Freisberg, Brisbane.
81   Mayer, Thomas Mann. Werk und Entwicklung, S. 317. An den beiden anderen Beispielen, die Mayer für »erotischen Beiklang[] oder sogar eine[] Vollziehung« gibt, Tonio Kröger und Hans Hansen, Hans Castorp und Pribislav Hippe, scheint Thomas Mann nichts auszusetzen gehabt zu haben.
82   Bd. 13, S. 461; Hervorhebung des Originals.
83   Thomas Mann, Die Lösung der Judenfrage [Erstpublikation], in: Münchner Neueste Nachrichten, 14.9.1907. Vgl. dagegen die zweite Publikation, in: Julius Moses (Hg.), Die Lösung der Judenfrage. Eine Rundfrage [...], München 1907, S. 242–246, hier S. 245: »verelend*eten* Rasse«; in den Originalen keine

Sammets Interpretation jeder, auch der »anrüchigen« »Ausnahmen und Sonderformen« des »Leben[s]« als »Vorteil« und »Auszeichnung« steht aber natürlich nicht nur zum feudalen Stand dessen in Beziehung, der mit seinen Fragen den Anlaß zur Äußerung dieser Interpretation gibt. Sie steht in engem Zusammenhang auch mit der ganzen Gesprächssituation, dem eigentlichen Anlaß der Unterredung von Großherzog und Arzt, deren Appendix sie bildet, kurz mit der »Mißbildung« und »Hemmung« des neugeborenen Klaus Heinrich; auch wenn diese, woran dem Vater so viel liegt, anders als die »anrüchige[]« »Auszeichnung« einer jüdischen und die »erhabene[]« einer adligen Herkunft, nicht vererblich ist. Die Bewertung einer objektiven Benachteiligung als »Vorteil«, ein Paradox, das als solches die Prophezeihung erfüllt, daß ein Fürst »mit einer Hand [...] dem Lande mehr geben« werde, »als andere mit zweien nicht vermöchten«,[84] scheint das Schicksal des Neugeborenen zu antizipieren, dessen Behinderung ihn für die »morganatische«, die ausdrücklich so genannte Ehe »zur Linken«[85] mit der märchenhaft reichen, aber eben auch makelhaften Imma Spoelmann alias Davis alias Davidsohn prädestiniert.

Der zunächst sozusagen nur syntagmatische Zusammenhang zwischen der eigentlichen Unterredung und deren Appendix suggeriert eine paradigmatische Äquivalenzbeziehung zwischen dem Anlaß und Gegenstand der Unterredung und der persönlichen Situation des medizinischen Sachverständigen; zwischen der »Miß-« und »Hemmungsbildung« einerseits und dem allgemeinen »Makel« andererseits, anderes »Blut« zu haben, mit dem auch Imma Spoelmann eindeutig behaftet ist, beziehungsweise eben dem besonders »anrüchigen« Makel, »Jude« zu sein, mit dem sie einmal ebenso eindeutig behaftet sein sollte. Die insinuierte Äquivalenz von »Mißbildung« und »Jude«-Sein entspricht genau den pseudowissenschaftlichen Ausprägungen des zeitgenössischen Antisemitismus, die Gilman in *The Jew's Body* untersucht hat. Die vererbungsdeterministische Rede über ›den Juden‹, seine Plattfüße zum Beispiel, seine Prädisposition zu ›Nervosität‹, ›Perversion‹, Nikotinsucht und dergleichen, hatte die Form eines pathologischen Diskurses.

Konstitutiv dafür ist in Sammets Antwort die Verwendung des hier zentralen Worts »Leben[]«, dessen Bedeutungsbreite und Vieldeutigkeit besonders auch durch die sogenannte Lebensphilosophie bis zur völligen Beliebigkeit zugenommen hatte. Daß Sammet im »Leben[]« schlechthin »Ausnahmen und Sonderformen« für unvermeidlich erklärt, das erst legt es so verführerisch nahe, diesen »Ausnahmen und Sonderformen« auch die »Hemmungsbildung« zu subsumieren, von der gerade eben noch die Rede war. Genaugenommen ist das Wort hier aber uneigentlich, metonymisch, jedenfalls in einem kulturellen, sozialen Kontext verwendet, nicht im Sinn des, so wird es in den Notizen zur

---

Hervorhebungen.
84   Bd. 2, S. 296.
85   Bd. 2, S. 346.

Betrogenen heißen: des »Pathologisch-Physische[n]«, wie er in der Rede von den »Ausnahmen und Sonderformen« auf die »Hemmungsbildung« so genau passen würde. Sammets für seine eigene Situation wie für den Vater des behinderten Kinds so tröstliche Antwort hat diese doppelte Funktion also aufgrund einer Verkennungsstruktur, der ein vager »Lebens«-Begriff und überhaupt ein unreflektiert ambivalenter Sprachgebrauch zugrundeliegt:

Mit dem Hinweis auf die unausweichlichen »Sonderformen« des »Lebens« antwortet oder entgegnet Sammet auf die Frage nach den spezifisch *sozialen* Diskriminierungen eines jüdischen Arztes. Die Antwort, anders gesagt, hat eine in Barthes' Sinn ›mythische‹ Qualität. Ein soziales Konstrukt gerät unversehens zu natürlich und unabänderlich Gegebenem, und diese Aufhebung der Differenz von Natur und Kultur steht offensichtlich im Dienst der herrschenden sozialen und politischen Verhältnisse, deren prinzipielle Revidierbarkeit damit verstellt wird. Grundlegend für diese Verkennung ist im Roman und seinem feudalen Milieu die Ambivalenz des Worts ›Geburt‹. Die ›Geburt‹ determiniert sowohl Klaus Heinrichs »anrüchige[]« Behinderung wie auch seine sozial hoch »erhabene[]« Rolle; nur daß das Wort je etwas ganz anderes meint, einmal seine wörtliche Bedeutung noch behält, dann aber dieser, der kruden Faktizität des Gebärvorgangs völlig entfremdet wird und auf die Zeugung durch einen bestimmten Vater verweist.

Dieselbe ›mythische‹ Ambivalenz der Wortbedeutung bewährt sich auch am anderen Ende der sozialen Skala. Ein »Malheur von *Geburt*«[86] nennt den Kinderarzt Sammet der ›natürliche‹ Sohn Raoul Überbein — auch er zählt seine durch die Geburt determinierte »Ausgeschlossenheit vom Glück« ohne Ironie unter »die guten Bedingungen« eines auf »Leistung« abgestellten Lebens[87] —, indem er ein sonst auf seine eigene Existenz gemünztes Wort auf seinen einzigen Freund überträgt; eine Übertragung und eine Freundschaft übrigens, welche die entstehungsgeschichtlich enge Beziehung der beiden Figuren, deren gleichsam siamesische Identität reflektieren: Sammet und Überbein, der in einer schon sehr detaillierten Tabelle zu den Altersverhältnissen der Personen noch als »Hutzelbein« figuriert, sind durch eine und dieselbe historische Person inspiriert, den jüdischen Arzt Maurice Hutzler. Hutzler hatte im Münchner Krankenhaus den überraschenden Besuch einer Prinzessin empfangen (Stand und Geschlecht werden beim entsprechenden Besuch in *Königliche Hoheit* auf Klaus Heinrich und Imma Spoelmann sozusagen verteilt). Beschuldigt, eine dem Chefarzt gebührende Ehrung gleichsam usurpiert zu haben, und mit einem Berufsverbot belegt, erschoß er sich wie der gekränkte Gymnasiallehrer Überbein.[88]

Diese tragische Lebensgeschichte, die er als Menetekel des deutschen Antisemitismus und seiner mörderischen Konsequenzen leicht hätte le-

---

86   Bd. 2, S. 83; im Original keine Hervorhebung.
87   Bd. 2, S. 82.
88   Vgl. die Erinnerung Katia Manns, zitiert bei de Mendelssohn, Bd. 2, S. 1192.

sen können, hat Thomas Mann in einer Bände sprechenden Weise abgewandelt. Im Roman ist das rassistische Moment der historisch-realen Lebenskatastrophe abgeschwächt und seine Gemeingefährlichkeit schlankweg eskamotiert. Die Aufspaltung der einen historischen in zwei fiktive Gestalten liegt genau auf der Linie von Sammets eigener Verharmlosung antisemitischer Diskriminierung und ist zynisch wie diese. »Dr. Sammet«, dem der Großherzog »das Albrechtskreuz« wenn auch nur »dritter Klasse« verleiht,[89] unterscheidet sich von Hutzler ja gerade dadurch, daß ihm dessen schlimmes Ende erspart bleibt. Dieses wird auf die Kollateralfigur gleichsam des allzu ehrgeizigen »Doktor Überbein« verlagert, wo es mit rassistischer Diskriminierung in gar keinem Zusammenhang mehr steht. Überbein wird so zu einer Drohung gegen allzu großen Ehrgeiz, zu einem warnenden Exempel für die engen Grenzen, die der Flexibilität und Permeabilität der Gesellschaftsordnung gesetzt sind.

Die Affirmation der bestehenden klassengesellschaftlichen Verhältnisse hat hier eine wieder ausgesprochen oder vielmehr unausgesprochen mythische Struktur. Die soziale Benachteiligung, die Überbein als ›natürlicher‹ Sohn einer Schauspielerin erfährt, geht sehr bezeichnenderweise mit einer körperlichen Stigmatisierung einher, wie sie der jetzige Spottname »Überbein« ja geradezu denotiert, mit einer ganz außerordentlichen Häßlichkeit des Körpers: »von Gott begabt mit einer grünlichen Fratze nebst Hundsohren«.[90] Mit ihrer bissigen Selbstironie überspielt diese Formulierung die offene Frage, in welcher Beziehung die Häßlichkeit des Körpers zur sozialen Herkunft steht. Im Rahmen des zeitgenössischen Darwinismus, wie ihn ein Ammon propagierte, wäre ein simpler Kurzschluß zwischen proletarischer Herkunft und genetischer Minderwertigkeit zwar durchaus denkbar. Zum Beispiel sind die »häßlichen […] Hände[]« schon der Frühgeborenen in *Königliche Hoheit* das untrügliche »Abzeichen einer niederen […] Geburt«.[91] In Überbeins besonderem Fall aber würde solch eine biologistische Argumentation nicht greifen. Dem proletarischen Milieu seiner Pflegeeltern gehört Überbein in keiner genetisch konzeptualisierbaren Weise an. Raouls Vater ist unbekannt und seine Mutter, als Schauspielerin, ebenso unsicherer Herkunft (denselben Beruf hatte ja zum Beispiel die Lübecker Patriziertochter Carla Mann, die sich kurz nach Erscheinen des Romans vergiften sollte).

Die Schwierigkeit, in welche die Kombination und Gleichsetzung sozialer und natürlicher Benachteiligung hier führt, und der Erklärungsdruck, den sie erzeugt, schlägt sich übrigens im Text selbst, wieder einmal in dessen Inkonzinnität und Vagheit nieder. Keine drei Seiten bevor Überbeins »Hundsohren« und »grünliche[] Fratze« als eine »von Gott« verliehene ›Gabe‹ angesprochen und also genetisch determiniert

89   Bd. 2, S. 32.
90   Bd. 2, S. 82.
91   Bd. 2, S. 214.

werden — eine andere Auflösung der sarkastischen Berufung auf »Gott« lassen wenigstens die »Hundsohren« nicht zu —, wird »die grünliche Färbung seines Gesichtes« ganz anders, nicht als genetisch-natürliche ›Begabung‹, sondern als Effekt des Milieus und seiner eng begrenzten materiellen Ressourcen, kurzum des »Hunger[s]« erklärt, den er als Kind zu leiden hatte. Die sozusagen milieutheoretische Erklärung der äußeren Erscheinung in einem Text, der sonst von neofeudalistischen Ideologemen geprägt ist, hinterläßt eine Ratlosigkeit, die dieser Text im unmittelbaren Anschluß an jene Erklärung in Form von Frageverbot und Erkenntnisverzicht selbst eingesteht: »Das waren Dinge, die sich der Einsicht, ja dem Nachdenken verschlossen, wilde unzugängliche Dinge […].«[92]

---

92   Bd. 2, S. 80.

Anhang: Zu Thomas Manns autobiographischen Zeugnissen

Die ältesten autobiographischen Zeugnisse

Die meisten älteren autobiographischen Texte Thomas Manns wurden nicht in die *Gesammelten Werke* aufgenommen; sei es, daß sie den Herausgebern entgingen, oder sei es auch, daß sie ihnen zu amtlich-förmlich erschienen, um als ›Werke‹ zu passieren. Der in dieser Hinsicht extremste, kargste ist eine ›Selbstbiographie‹ in einem Sammelband aus dem Jahr 1910. Thomas Mann schrieb sie als Einleitung zu einem Abdruck von *Schwere Stunde*, der erstmals 1905 zu Schillers hundertstem Todestag im *Simplicissimus* veröffentlichten, ihrerseits stark autobiographischen Studie, in der er Schillers Arbeitsweise so verräterisch einfühlsam als gleichsam obstipiert vorführt und deren Thematik somit in einem befremdlich ironischen, wohl ungewollt zynischen Verhältnis zum Zweck und Kontext des betreffenden Sammelbands *Freiheit und Arbeit* steht, da dieser nämlich von einem »Internationalen Komitee zur Unterstützung der Arbeitslosen« herausgegeben wurde:

> Im Jahre 1875 in Lübeck als Sohn eines Senators und Kaufmanns geboren, lebe ich seit 15 Jahren in München und bin seit 5 Jahren verheiratet. 1898 erschien mein erster Novellenband »Der kleine Herr Friedemann«, 1901 der zweibändige Roman »Buddenbroghs« [sic!], 1903 der Novellenband »Tristan« und 1906 der Roman »Königliche Hoheit«.[1]

Die Notiz, so knapp und dürr sie ist, vermittelt gerade wegen dieser starken Komprimation einen guten Einblick in das, was für Thomas Mann damals an seiner Person, seinem bisherigen Leben unbedingt erwähnenswert und was ihm daran vice versa quantité négligeable war. Erwähnt ist zusammen mit dem Geburtsjahr und dem Geburtsort, dem gegenwärtigen Wohnsitz, dem Zivilstand und den bisher erschienenen Buchpublikationen zwar nicht der Name, aber doch der Beruf und das hohe Amt des Vaters. Von einer Mutter kein Wort. —

---

1 Thomas Mann, [Vorbemerkung zu:] Schwere Stunde, in: Freiheit und Arbeit. Kunst und Literatur. Sammlung. Selbstbiographien, Bildnisse und Faksimilien, hg. v. Komitee [sic!] zur Unterstützung der Arbeitslosen, Berlin 1910, S. 84; aufgenommen in: Aufsätze; Reden; Essays, Bd. 1, S. 219.

Die ältesten erhaltenen explizit autobiographischen Texte, insgesamt vier, stammen aus den ersten Jahren des Jahrhunderts und sind in ihrem Wortlaut sehr weitgehend identisch: Den ersten, von 1903, schrieb Thomas Mann zuhanden eines Vilhelm Andersen für die Einleitung zur dänischen Ausgabe der *Buddenbrooks* — daher eine in den anderen Texten fehlende und ganz singuläre Reverenz vor Jens Peter Jacobsen als dem für ihn »vielleicht am meisten« prägenden Vorgänger, und daher wohl auch ein Hinweis auf sein »*ganz* nordisch gestimmt[es]« Wesen, dessentwegen der Einfluß des »romanischen Blutes« wiederum »ganz« auf den »älteren Bruder« abgewälzt werden muß; den zweiten zuhanden eines Oskar Wilda, den dieser 1904 in seinem Aufsatz *Thomas Mann* offenbar wörtlich wiedergibt; den dritten für das Programm des Berliner *Vereins für Kunst* (für die Saison von 1904 auf 1905). Diese ersten drei der vier ältesten autobiographischen Texte, in derselben Reihenfolge zitiert, lauten:

> Ich bin im Jahre 1875 als zweiter Sohn des Großkaufmanns und Senators Heinrich Mann zu Lübeck geboren. Meine Mutter stammt aus Rio de Janeiro; ihre Mutter war Creolin, ihr Vater jedoch ein Deutscher. Ich besuchte das »Katharineum« in Lübeck und ging, zum Geschäftsmann bestimmt, etwa 19jährig nach München, wo ich in das Bureau einer Feuerversicherungsgesellschaft als Volontair eintrat. In diesem Bureau schrieb ich meine erste Novelle, die in einer modernen Monatsschrift veröffentlicht wurde. Auch dauerte es mit dem »praktischen Beruf« nicht lange. Ich begann, an den Münchener Hochschulen litterarische, historische und kunstgeschichtliche Kollegien zu hören, verbrachte ein Jahr in Italien (in welche Zeit das Erscheinen meines ersten Novellenbändchens »*Der kleine Herr Friedemann*« fällt) und lebe seither, von verschiedenen Reisen abgesehen, dauernd in München. 1901 erschien mein zweibändiger Roman »*Buddenbrooks*«, 1903 sechs unter dem Titel »*Tristan*« vereinigte Novellen. Im Gegensatz zu meinem älteren Bruder Heinrich, dem Verfasser der Romane »Im Schlaraffenland« und »Die Göttinnen«, bei welchem sich der Zusatz romanischen Blutes künstlerisch stark bemerkbar macht, bin ich ganz nordisch gestimmt, und vielleicht ist es J. P. Jakobsen [sic!], der meinen Styl bis jetzt am meisten beeinflußt hat. —[2]

> Ich bin im Jahre 1875 zu Lübeck als zweiter Sohn des Großkaufmannes und Senators Heinrich Mann geboren. Meine Mutter stammt aus Rio de Janeiro, ihre Mutter war Kreolin, ihr Vater jedoch ein Deutscher. Zum Geschäftsmann bestimmt, kam ich etwa neunzehnjährig nach München, wohin nach meines Vaters Tode meine Mutter übergesiedelt war und wo ich in das Büreau einer Feuerversicherungsgesellschaft als Volontair eintrat. In diesem Büreau schrieb ich verstohlenerweise meine erste Novelle, die in der damals blühenden »Gesellschaft« abgedruckt wurde. Auch dauerte es mit dem »praktischen Beruf« nicht lange. Ich begann an den Münchener Hochschulen litterarische, historische und kunstgeschichtliche Kollegien zu hören, verbrachte ein Jahr in Italien (in wel-

---

2   8.7.1903 an Vilhelm Andersen (Kopie des Thomas Mann-Archivs).

che Zeit das Erscheinen meines ersten Novellenbändchens *»Der kleine Herr Friedemann«* fällt) und lebe seither dauernd in München, wo ich auch eine Zeitlang als Redakteur des »Simplicissimus« tätig war. 1901 erschien der zweibändige Roman *»Die Buddenbrooks«* [sic!], 1903 sechs unter dem Titel *»Tristan«* vereinigte Novellen.[3]

Ich bin im Jahre 1875 zu Lübeck als zweiter Sohn des Kaufmanns und Senators Heinrich Mann geboren. Meine Mutter stammt aus Rio de Janeiro; ihre Mutter war Creolin, ihr Vater jedoch ein Deutscher. Ich war zum Geschäftsmann bestimmt und kam etwa neunzehnjährig nach München, wohin nach dem Tode meines Vaters meine Mutter übergesiedelt war, und wo ich als Volontair in das Bureau einer Feuerversicherungs-Gesellschaft eintrat. In diesem Bureau schrieb ich verstohlenerweise meine erste Novelle, die in einer modernen Monatsschrift abgedruckt wurde. Auch währte es mit dem praktischen Beruf nicht lange. Ich begann an den Münchener Hochschulen litterarische, historische und kunstgeschichtliche Kollegien zu hören, verbrachte ein Jahr in Italien (in welche Zeit das Erscheinen meines ersten Novellenbändchens »Der kleine Herr Friedemann« fällt) und lebe seither dauernd in München, wo ich auch eine Zeit lang als Redakteur des »Simplicissimus« thätig war. 1901 erschien der zweibändige Roman »Buddenbrooks«, 1903 sechs unter dem Titel »Tristan« vereinigte Novellen.[4]

In diesen ausführlicheren Selbstdarstellungen, nach einer Erwähnung des namentlich und mit Amt und Beruf genannten Vaters, des »Kaufmanns« und »*Groß*kaufmannes«, wird die Mutter anonym und mit der immer selben Geste erwähnt. Ihre eigene »Mutter war Kreolin, ihr Vater *jedoch* ein Deutscher«. In den beiden zuletzt zitierten Texten erscheint sie dann nochmals, nach einer weiteren Erwähnung des Vaters — diese Reihenfolge wird durch eine Inversion der grammatisch zu erwartenden Wortfolge ermöglicht: »[...] nach dem Tode meines Vaters meine Mutter [...]« — im Zusammenhang mit dem Umzug nach München.

Das Muster dieser ältesten autobiographischen Texte, von denen wenigstens einer in Harry Matters Ausgabe der *Aufsätze, Reden, Essays* aufgenommen wurde, diente, dem Kommentar dieser Ausgabe zufolge »[l]eicht verändert und ergänzt«, als Vorlage für den letzten der vier ältesten einschlägigen Texte, eine ›Selbstbiographie‹ von 1907, die in einem *Literarischen Heimatbuch für Schleswig-Holstein, Hamburg und Lübeck* erschien und in den *Gesammelten Werken* ebenfalls fehlt. Etwas genauer gesagt besteht die ›leichte Veränderung‹ einerseits, wie zu erwarten, in einer ›Ergänzung‹ der mittlerweile eingetretenen Veränderungen im Leben des Autors, das hieß der Heirat von 1905, andererseits aber in Kürzungen. Gekürzt hat Thomas Mann das frühere Textmuster

---

3 Oskar Wilda, Thomas Mann, in: Nord und Süd 120, 1904, S. 347–356, hier S. 349. Vgl. den teils massiv modernisierenden (zum Beispiel »in Lübeck« statt »zu Lübeck«), teils einfach auch nur nachlässigen Abdruck in Aufsätze; Reden; Essays, Bd. 1, S. 52.

4 Thomas Mann, [Selbstbiographie] in: Verein für Kunst. Winter-Programm 1904/05 [Berlin] o. J. [ohne Paginierung].

um ein Viertel bis ein Drittel, und zwar offensichtlich nicht auf äußere Veranlassung hin, sondern aus ganz freien Stücken — denn andere ›Selbstbiographien‹ im *Heimatbuch* sind ungleich länger —, so daß also besonderes Interesse verdient, was er beibehalten und was er ausgeschieden hat:

> Ich bin geboren am 6. Juni 1875 zu Lübeck als zweiter Sohn des Kaufmanns und Senators Heinrich Mann, verließ, ursprünglich für den kaufmännischen Beruf bestimmt, die Schule mit der Berechtigung zum einjährigen Militärdienste und trat in München, wohin meine Mutter nach dem Tode meines Vaters übergesiedelt war, als Volontär in das Bureau einer Feuerversicherungsgesellschaft. Hier schrieb ich meine erste Novelle, die in einer modernen Monatsschrift abgedruckt wurde. Auch gab ich denn den praktischen Beruf bald auf, hörte an den Münchener Hochschulen literarische, historische und kunstgeschichtliche Kollegien und verbrachte ein Jahr in Italien, in welche Zeit das Erscheinen meines ersten Novellenbändchens fiel. Seither lebe ich dauernd in München, wo ich auch eine Zeitlang Mitredakteur des »Simplicissimus« war. Seit 1905 bin ich verheiratet mit der Tochter des Münchener Universitätsprofessors Pringsheim.[5]

Die »Selbstbiographie« des *Heimatbuchs* ist gewollt förmlich und steifer noch als ihr Muster. Der Volontär ›schreibt‹ seine »erste Novelle« (die im Zusammenhang mit der *Betrogenen* schon erwähnte Erzählung *Gefallen*) nur eben im Büro, nicht mehr »verstohlenerweise«; und die Novelle erscheint nur noch »in einer *modernen* Monatsschrift«, nicht mehr »in der damals blühenden ›Gesellschaft‹« (die 1885 von Conrad gegründete, gegen das Establishment agitierende »Monatsschrift für Litteratur, Kunst und öffentliches Leben«), und schon gar nicht, wie es in der zur selben Zeit erschienenen Selbstdarstellung *»Im Spiegel«* heißen wird, »in einer umstürzlerisch gesinnten Monatsschrift«.[6] Hinzugefügt ist wie gesagt die Heirat »mit der Tochter des Münchener Universitätsprofessors Pringsheim«, gekürzt aber, außer dem Werkkatalog, jener Satz, der in der älteren Fassung der Autobiographie der Mutter und deren eigener Mutter gewidmet ist.

Daß es zu dieser Unterdrückung des einen, fremden Elternteils Alternativen gegeben hätte und auch wirklich gab, dafür bietet gerade das *Literarische Heimatbuch* ein schlagendes Beispiel und Zeugnis. Im selben *Heimatbuch* finden sich, wie zu erwarten, etliche »Selbstbiographie[n]« von Leuten, die in teils direkter, teils mittelbarer Beziehung zu Thomas Mann standen, so zum Beispiel eine der Feministin Hedwig Dohm, der Großmutter Katia Manns, eine des ›völkischen‹ Literaturhistorikers Adolf Bartels und natürlich auch eine Heinrich Manns, die, kaum halb so lang und in der dritten Person betont distanziert geschrie-

---

5   Richard Dohse (Hg.), Meerumschlungen. Ein literarisches Heimatbuch für Schleswig-Holstein, Hamburg und Lübeck, Hamburg 1907, S. 281.
6   Bd. 11, S. 330. Zur schwankenden Charakterisierung der *Gesellschaft* vgl. Sauermann, S. 73.

ben, in jeder und besonders eben in jener einen Hinsicht von der des Bruders sich unterscheidet:

Heinrich Mann, als Sohn des Senators Th. Joh. Heinrich Mann und seiner Frau Julia geb. Da Silva-Bruhns, am 27. März 1871 in Lübeck geboren, ging mit 22 Jahren nach Italien, lebt abwechselnd dort und in München, hat sich gleichmäßig an der Kultur der beiden Rassen entwickelt, die sein Blut vereinigt.[7]

Ganz anders als sein Bruder versucht sich Heinrich Mann im *Heimatbuch* als Nonkonformist und gerade nicht »als Sohn« einer einzigen ›Heimat‹ darzustellen. Er lebt nicht *»dauernd* in München« wie sein jüngerer Bruder, sondern »abwechselnd« in zwei verschiedenen, noch nicht einmal benachbarten Ländern, und vor allem macht er aus seiner Mutter, ihrem Namen, selbst ihrer fremden »Rasse[]« kein Geheimnis, sondern er gibt damit geradezu an und kokettiert mit seinem gemischten »Blut«. Ausdrücklich will er sich *»gleichmäßig* an der Kultur der beiden Rassen« entwickelt haben, die sein besonderes »Blut« vereinigt.

Abgesehen einmal von dem heillosen Widerspruch, in den die »Blut«-Metapher hier zum Begriff »Kultur« gerät, ist daran besonders die Vorstellung der ›Gleichmäßigkeit‹ interessant, sofern sie ebenbürtige Anteile an beiden »Rassen« insinuiert. In diesem symmetrisch-»gleichmäßig[en]« Sinn »[z]wischen den Rassen«, um es mit dem Titel des im selben Jahr 1907 erschienenen Romans zu sagen, stand eigentlich nur »Julia geb. Da Silva-Bruhns«, der Heinrich Mann in jenem Roman ein Denkmal zu setzen versuchte. Das »Blut« der Brüder, wie der jüngere später nachdrücklich betonen sollte, war *»nur* zum vierten Teil [...] mit lateinamerikanischem gemischt«.[8] In dem quantifizierenden Sinn, den die Metonymie des ›Blut-Mischens‹ mit sich bringt, sind die beiden »Selbstbiographie[n]« der Brüder Mann im *Heimatbuch* genau komplementär. Mit der ›Gleichmäßigkeit‹ der ›Mischung‹ rundete der eine zur vollen Hälfte auf, was der andere ganz verschwieg. Der eine, um bei der Arithmetik jener Metonymie zu bleiben, addierte, der andere subtrahierte einen »vierten Teil«. In dieser Komplementarität reflektieren die zwei Selbstdarstellungen weniger eine geradezu archetypische, in den *Geschichten Jaakobs* durchdeklinierte Rivalität von Erst- und Zweitgeborenem, die beide denselben sozialen Status beanspruchen, als daß sie vielmehr einen Versuch bilden, dem labilen Rivalitätsverhältnis eine stabile Definition zu geben und sich ins mütterlich-fremde und väterlich-deutsche ›Erbe‹ brüderlich zu teilen; und sei es auch in einer Weise, welche die Phänotypen, soweit sie einem jedenfalls auf den Photographien heute noch entgegentreten, keineswegs nahelegen und die psychologisch vielleicht mit einem beim Älteren ungleich heftigeren Verlauf der ödipalen Konflikte zusammenhängt. Heinrichs übertriebenes Bekenntnis zur eigenen und zur Fremdheit der Mutter, wodurch er sich

---

7 Dohse, S. 277.
8 Bd. 11, S. 420; im Original keine Hervorhebung.

dem Bruder gegenüber schon 1903 bereitwillig abgegrenzt hatte —
»Ich bin mehr Romane, fremder und haltloser«, steht hinter dessen Brief
über *Die Jagd nach Liebe* notiert[9] —, leistete Thomas Manns Tendenz
Vorschub, sich mit dem Väterlich-Soliden zu identifizieren und von allem ›Fremden‹ und ›Haltlosen‹ gewissermaßen zu entlasten.

»Im Spiegel« (1907)

Im selben Jahr wie die vergleichsweise skizzenhafte »Selbstbiographie«
des *Literarischen Heimatbuchs*, am 15. Dezember 1907, erschien unter
der Überschrift *»Im Spiegel«* in der Zeitschrift *Das literarische Echo*
eine ausführlichere, die für lange Zeit wichtigste Selbstdarstellung Thomas Manns. Sie wurde 1920 in den ersten Band des Sammelwerks
Deutsche Dichterhandschriften und 1922 in *Rede und Antwort* aufgenommen, Thomas Manns »Gesammelte Abhandlungen und kleine Aufsätze«, obwohl seit 1913 bereits eine zweite, etwa gleich ausführliche, in
Rede und Antwort nicht enthaltene autobiographische Schrift vorlag.[10]
»Die kleine Autobiographie ›Im Spiegel‹«, »nur ein Scherz«,[11] aber fürs
Schullesebuch dennoch wenig »geeignet[]«,[12] unterscheidet sich grundlegend von allen früheren und späteren, in inhaltlicher, vor allem aber
auch in stilistischer Hinsicht. Anders als die früheren und späteren und
im Reflex vielleicht auf den erst sehr jungen Ruhm des Autors ist sie
stark selbstironisch und in ihrer Selbstironie witzig wie erst wieder, wenn
überhaupt, die letzte von 1936. Etwas fadenscheinig wird diese Selbstironie freilich, wenn man *»Im Spiegel«* neben die »Selbstbiographie«
des *Heimatbuchs* hält. Die Selbstironie kann bei solch einer Synopse
leicht zum Ausdruck des Narzißmus und der Saturiertheit eines Arri-
vierten geraten. Denn im *literarischen Heimatbuch* von 1907 wird ja
deutlich, wie sehr sich Thomas Mann als angepaßtes Glied der bürgerli-

---

9   Heinrich Mann, [Notizen auf:] 5.12.1903 an Heinrich Mann; Thomas Mann und
     Heinrich Mann, Briefwechsel 1900–1949, S. 88 f., hier S. 89. Die Formulie-
     rung der Glosse ist in Heinrich Manns bisher unveröffentlichtem Antwortbrief
     eingegangen: vgl. das Zitat bei Helmut Koopmann, Thomas Manns *Zauberberg*
     und Heinrich Manns *Der Atem*: eine späte Antwort?, in: Thomas Sprecher (Hg.),
     Vom *Zauberberg* zum *Doktor Faustus*. Krankheit und Literatur. Die Davoser Lite-
     raturtage 1998, Frankfurt a. M. (Thomas Mann-Studien) [im Druck].

10   Vgl. 19.8.1912 an Hermann Brechtmüller; Die Briefe. Register und Regesten,
     Bd. 2, S. 152.

11   22.12.1949 an Hans Balzer.

12   26.2.1925 an Martin Havenstein; Die Briefe. Register und Regesten, Bd. 2, S.
     400.

chen Gesellschaft sehen konnte. Die Zeitschrift, in der seine »erste Novelle« erschien, ist dort, wie gesehen, nur eben »modern« und nicht
»umstürzlerisch gesinnt[]«. Die Irregularität des ›wilden‹ Studiums in
München wird nicht wirklich deutlich, Versagen in Schule und Armee
ganz verschwiegen.

Zu bedenken gilt es bei allen krassen Unterschieden zwischen den
beiden etwa gleichzeitig publizierten Texten, daß der eine auf einer
älteren Vorfassung beruht, eben jener in drei nahezu identischen
Versionen publizierten autobiographischen Skizze. In die drei Jahre,
die zwischen die frühen Skizzen und die »Selbstbiographie« des
Heimatbuchs zu liegen kamen, fällt die in diesem denn ja auch
nachgetragene Verheiratung. Diese hat hier also fast notwendigerweise
den Status eines Anhängsels. Im anderen Text von 1907 jedoch, »*Im
Spiegel*«, bildet sie das Zentrum und den eigentlichen Dreh- und
Angelpunkt des ganzen Texts. »*Im Spiegel*« ist in zwei genau symmetrische Hälften geteilt, eine auch in den beiden Bogen der Handschrift faßbare Komposition. In der ersten Hälfte rekapituliert der Autor
oder vielleicht besser — davon sogleich — der Ich-Erzähler seine
»dunkle und schimpfliche Vergangenheit«:

Erstens bin ich ein verkommener Gymnasiast. Nicht daß ich durchs
Abiturientenexamen gefallen wäre, — es wäre Aufschneiderei, wollte
ich das behaupten. Sondern ich bin überhaupt nicht bis Prima gelangt;
ich war schon in Sekunda so alt wie der Westerwald.[13]

»[V]on Stufe zu Stufe« wird ein scheinbar unaufhaltsamer sozialer
Abstieg erzählt, die berufliche Unstetigkeit:

[…] das Wort »vorläufig« im Herzen […]

Ich […] gab an, Journalist werden zu wollen […]

[…] in buntem und unersprießlichem Durcheinander […]

Plötzlich ließ ich alles liegen […]

[…] ein Jahr plan- und beschäftigungslos[14]

und endlich auch die militärische Untauglichkeit gestanden:

Wenn man aber zu vernehmen hofft, daß ich mich auf militärischem Gebiete irgend tauglicher erwiesen hätte als auf anderen, so wird man enttäuscht werden. Schon nach einem Vierteljahr, noch vor Weihnachten,
wurde ich mit schlechtem Abschied entlassen, da meine Füße sich nicht
an jene ideale und männliche Gangart gewöhnen wollten, die Parademarsch heißt, und ich beständig mit Sehnenscheidenentzündung danie-

---

13   Bd. 11, S. 329 f.
14   Bd. 11, S. 330 f.

derlag. Aber der Körper ist dem Geiste bis zu einem gewissen Grade unterworfen, und wenn die geringste Liebe zur Sache in mir gelebt hätte,
so wäre das Leiden wohl zu bezwingen gewesen.[15]

Damit endet der erste Bogen der Handschrift und ist auch fast schon
das ›rock-bottom‹ der Antiklimax erreicht:

> Genug, ich quittierte den Dienst und setzte in Zivilkleidern mein fahr
> lässiges Leben fort. Eine Zeitlang war ich Mitredakteur des ›Simplicis
> simus‹, — man sieht, ich sank von Stufe zu Stufe. Ich ging in das vierte
> Jahrzehnt meines Lebens.
>
> Und nun? Und heute? Ich hocke verglasten Blicks und einen wollenen
> Schal um den Hals mit anderen verlorenen Gesellen in einer Anarchi
> stenkneipe? Ich liege in der Gosse, wie sich's gebührte?
>
> Nein. Glanz umgibt mich. Nichts gleicht meinem Glücke. Ich bin ver
> mählt, ich habe eine außerordentlich schöne junge Frau — eine Prinzes
> sin von einer Frau, wenn man mir glauben will, deren Vater königlicher
> Universitätsprofessor ist und die ihrerseits das Abiturientenexamen ge
> macht hat, ohne deshalb auf mich herabzusehen […].[16]

Die Metapher, die aus »einer Frau« »eine Prinzessin« macht, und die Beziehung, in der diese Metaphorik zum »Vater« und »*königliche[n]* Universitätsprofessor« steht, lassen vollends erkennen, welchem literarischen
Muster die Autobiographie entlanggeführt ist. Expliziert und ausgewiesen war dieses Muster in einer älteren Fassung des Texts, der in der
Handschrift einmal mit dem später darin gestrichenen Absatz begann:
»Niemand sage [ältere Lesart: ›Man sage nicht‹], daß sich heute keine
Märchen mehr begeben! Ich lache in mich hinein und weiß es besser.«
Das Märchenhafte besteht in jenem eben auch in den beiden Bogen
der Handschrift materiell greifbaren Bruch des Erzählverlaufs, darin,
daß sich der »Glanz« und das »Glück« der Gegenwart so ganz und gar
nicht aus der »dunkle[n] und schimpfliche[n] Vergangenheit« prognostizieren lassen. Diese Diskontinuität der erzählten Lebensgeschichte
widerlegt die »Ordnung«, welche zuerst »die Wächter« der »Jugend«[17]
repräsentierten, wie sie im Text heißen. Sie widerlegt das »heute« gültige
Leistungsprinzip, dem der Erzähler schon in der Schule ebensowenig
genügte wie dem in der gründerzeitlichen und Wilhelminischen Gesellschaft dominanten militärischen Männlichkeitsideal.
Um der Märchenhaftigkeit des sozialen Aufstiegs willen muß der Anteil, den die eigene Leistung am Zugang zu den ›königlichen‹ Kreisen
hatte, so tief wie möglich heruntergespielt werden. Anders als in der ersten und selbst als in jener knappsten Notiz von 1910 sind weder die
Buddenbrooks noch andere literarische Arbeiten namentlich genannt.
Die literarische Produktion wird immer im selben Atemzug mit einer
scheinbar völlig undifferenzierten Lesewut erwähnt und mit dieser gera-

---

15   Bd. 11, S. 331.
16   Bd. 11, S. 331.
17   Bd. 11, S. 332.

dezu in eins gesetzt (»mit Schreiben und der Vertilgung jenes Lesestof-
fes, den man den belletristischen nennt«, »Dichterbücher zu lesen und
selber *dergleichen* herzustellen«) und der materiell-banale Aspekt solcher Produktion dagegen hervorgekehrt (»Lese*stoff*[]«, »Dichter*bücher*«, »dergleichen *herzustellen*«).[18]
Wie prekär diese Erzählstruktur ist und daß zu dieser märchenhaften
Beziehung oder vielmehr eben Beziehungslosigkeit von Schriftstellerei
und sozialem Erfolg und Prestige auch Alternativen bestanden, zeigt
schon die etwas ältere, oben schon einmal einschlägig zitierte Streit-
schrift *Bilse und ich*, vor allem aber ein kaum ein halbes Jahrzehnt jüngerer, zwar fiktionaler, aber geradezu aufdringlich autobiographische
Züge aufweisender Text. Gustav Aschenbach »oder von Aschenbach«
hat ja, wie erinnerlich, seinen »persönlichen Adel« und die Affinität zur
fürstlichen Sphäre nicht trotz, sondern ausschließlich wegen seiner
schriftstellerischen Arbeit erhalten. Diese Arbeit konfligiert auch nicht
mit dem bürgerlichen Prinzip der »Leistung« und schon gar nicht mit
dem militärischen des »Dienst[s]«, sondern stimmt mit diesen beiden die
Wilhelminische Gesellschaft tragenden Prinzipien im Gegenteil vollauf
überein.
Ob als innere Konsequenz einer mit dem zivilen und militärischen
Codices konformen oder aber einer damit fabelhaft kollidierenden Lebensgeschichte, immer läuft die Selbststilisierung auf eine tatsächliche
oder dann wenigstens metaphorische Nobilitierung hinaus. Dieser konstante Fluchtpunkt, besonders aber auch das schwankende, ungeklärte,
bald adversative, bald sozusagen konsekutive Verhältnis, in dem die eigene Existenz zur ökonomischen und politischen Sphäre steht, ist symptomatisch für die gemeinsame Entstehungsperiode aller drei Texte.
Wie im Zusammenhang mit Aschenbachs Nobilität oder Snobismus erwähnt, war das Wilhelminische Zeitalter von einer ›Neofeudalismus‹ genannten Tendenz geprägt, der ideologischen Wiederbelebung und Zele-
bration der feudalen Traditionen, die in Widerspruch zur ökonomisch
besiegelten Entmachtung des Adels stand. Genau dieser Antinomismus
von neofeudalistischer Ideologie und kapitalistischem Unterbau ›hebt‹
die Märchenhaftigkeit der erzählten Lebensgeschichte »*Im Spiegel*« im
Hegelschen Sinn des Verbs ›auf‹. Die ironisch aufgebotene Textsorte
erlaubt, gerade auch vermöge dieser Ironie, es mit dem genealogischen
Prinzip nicht gar so genau zu nehmen, auf dem doch alle feudale Ideologie beruhen müßte. Der »Glanz«, der den Erzähler auch in der ganz
eigentlichen Form von »elektrischem Licht« »umgibt«,[19] war zwar wirklich, wenn auch nicht ausschließlich, mit der geheirateten »Prinzessin«
gekommen; nur rührte er nicht von der »königliche[n]« Professur ihres
Vaters, sondern von den in den Gründerjahren sehr profan erzielten
Bergbau- und Eisenbahnprofiten ihres Großvaters her.

---

18   Bd. 11, S. 330–332; im Original keine Hervorhebungen.
19   Bd. 11, S. 331.

Es entspricht vielleicht dem Märchen, dem die Lebensgeschichte hier ironisch angeglichen ist, aber jedenfalls nicht der ›eigentlichen‹, eben der autobiographischen Textsorte, wie sie bei Thomas Mann sonst wahrgenommen ist, wenn die Herkunft auch des Erhöhten selbst ziemlich weit im Dunkeln bleibt. Auf seine Herkunft im doppelten, spatialen und zeitlich-genealogischen Sinn des Worts kommt der Erzähler erst in einem dritten Abschnitt zu sprechen, und auch hier scheinbar nur zufällig und gleichsam nebenher, in den Nebensätzen eines verschachtelten Satzgefüges:

> [...] so saß ich die Jahre ab, bis man mir den Berechtigungsschein zum einjährigen Militärdienst ausstellte.
> Ich entwich damit nach München, wohin nach dem Tode meines Vaters, der Inhaber einer Getreidefirma und Senator in Lübeck gewesen war, meine Mutter ihren Wohnsitz verlegt hatte; und da ich immerhin Anstand nahm, mich sofort und offenkundig dem Müßiggang zu überlassen, so trat ich, das Wort ›vorläufig‹ im Herzen, als Volontär in die Bureaus einer Feuerversicherungsgesellschaft ein.[20]

Die für den Autor charakteristische Vertracktheit des Satzbaus rührt hier daher, daß im Nebensatz die temporal-adverbiale Bestimmung (»nach dem Tode meines Vaters«) dem Subjekt (»meine Mutter«) vorangestellt und dieser erste Nebensatz (»wohin nach dem Tode meines Vaters [...]«) von einem Nebensatz zweiten Grades (»meines Vaters, der [...]«) nicht gefolgt, sondern eben unterbrochen wird; eine bekanntlich für die Dekodierung ungleich beschwerlichere Operation als die hier durchaus gegebene, ja naheliegende Möglichkeit einer ›Treppenkonstruktion‹. Die also von einem rein grammatischen Standpunkt aus gamz unnötige syntaktische Komplikation stellt sicher, daß der »Vater[]« vor der »Mutter« genannt wird — gegen das am nächsten liegende, im Beitrag zum *Heimatbuch* prompt eingehaltene Satzmuster (»meine Mutter nach dem Tode meines Vaters«), durch Nachstellung des Subjekts »Mutter« —; und sie hat darüber hinaus wesentlich auch damit zu tun, daß die gesellschaftliche Stellung des »Vaters« nach ihrer ökonomischen und dann noch nach ihrer politischen Seite hin bestimmt wird (»Inhaber einer Getreidefirma und Senator in Lübeck«).

Über die Mutter jedoch scheint es nichts zu sagen zu geben, als daß sie eben »nach dem Tod« des »Senator[s] in Lübeck« »nach München« »ihren Wohnsitz *verlegt* hatte« und nicht einfach »übergesiedelt war«, wie es in den anderen autobiographischen Texten ganz ohne diese maliziöse Konnotierbarkeit des Prädikats heißt. Obwohl man im nachhinein die ganze erfolglose Gymnasialzeit des Sohns nach Lübeck lokalisieren muß — von einem anderen Sohn oder sonstwelchen Geschwistern ist keine Rede —, wird allein der tote Vater, Inhaber und Senator mit dieser Stadt in eine explizite Beziehung gesetzt, die Mutter nur mit München. An die Geschlechterdifferenz der Eltern lagert sich also eine

---

20   Bd. 11, S. 330.

räumliche und natürlich, wie sich ja auch an den im engen Sinn literarischen Texten Thomas Manns immer wieder gezeigt hat, nicht nur räumliche Opposition von Norden und Süden an. Deren konnotative Besetzungen antizipiert der Wortlaut des Texts, noch bevor sie überhaupt aufgebaut ist. Das erste Prädikat des betreffenden Passus, das Hauptverb des sich erst danach verschlingenden Satzgebildes (»Ich *entwich* [...]«) insinuiert gewissermaßen ein innerhalb der Reichsgrenzen bestehendes Druckgefälle. München erscheint hier als Auffangbecken solcher, die dem Druck des Nordens, seiner hohen Standards und rigiden Pflichten nicht gewachsen sind.

Mit dem ›Entweichen‹ nach München wird eine für den ganzen Text oder doch für dessen erste Hälfte formative Raumstruktur eröffnet. Die soziale Verwahrlosung des Erzählers bleibt vorerst an die Stadt München gebunden. Fällt der Standort jenes Gymnasiums wie gesagt unter die Leerstellen des Texts oder kann er jedenfalls nur indirekt und im nachhinein aus dem Folgenden erschlossen werden, so sind es ausdrücklich die »*Münchener* Hochschulen«, an denen der in Lübeck gescheiterte Abiturient »in buntem und unersprießlichem Durcheinander historische, volkswirtschaftliche und schönwissenschaftliche Vorlesungen« besucht.[21] Die mit den ersten Ortsangaben verbundene Nord-Süd-Bewegung und ihre Parallelisierung mit dem sozialen Abstieg setzt sich dann konsequent über die Reichsgrenze fort — »[...] ins Ausland, nach Rom [...]« —, um von dort aus zwar wieder ins Deutsche Reich zurück-, aber nicht mehr über ihren ersten Fixpunkt hinaufzuführen. Die letzte Ortsangabe der ersten Texthälfte und damit der ganzen Erzählung lautet — denn der Ort der märchenhaften Erhöhung bleibt naturgemäß im Vagen —: »nach München zurückgekehrt«.[22]

Zusammengefaßt und in Hinblick auf die späteren Selbstzeugnisse: Die räumliche wie die genealogische Dimension der eigenen Herkunft bleiben ziemlich weit im Hintergrund, werden aber auch im Hintergrund ineinander verschränkt; so nämlich, daß dem Vater Lübeck, der Mutter München und die Bewegung dorthin zugeordnet wird (»nach München, wohin [...] meine Mutter«). Die stabilitas loci des Vaters (»Inhaber [...] und Senator in«) steht dem Vagieren auch schon der Mutter gegenüber, von der Thomas Mann 1931 in einem Interview gesagt haben soll — ob es sich dabei nun um eine sinnige Lüge seinerseits oder eine ebenso sinnige Fehlleistung seitens des Interviewers handelt —, sie sei mit nach Italien gekommen.[23] Der Text »*Im Spiegel*« sagt nur wenig über den Vater, aber immerhin mehr als über die Mutter, deren Identität in jener mit dem Tod des Vaters assoziierten Bewegung nach Süden voll und ganz aufgeht. Wie in der biederen »Selbstbiographie« von 1907 wird auch hier, bei aller scheinbar so vorbehaltlosen

---

21   Bd. 11, S. 330; im Original keine Hervorhebung.
22   Bd. 11, S. 331.
23   Interview vom 17.10.1931; Frage und Antwort, S. 177 mit S. 180, Anm. 5.

Bekenntnishaftigkeit und Selbstdenunziation, kein Wort über ihre Herkunft verloren.

Geistiges und künstlerisches München in Selbstbiographien (1913)

Wie schon gesagt, wurde »*Im Spiegel*« 1922 unter der Rubrik »Autobiographisches« in die *Gesammelten Abhandlungen und kleinen Aufsätze* aufgenommen, zusammen mit *Kinderspiele* (1904) und *Süßer Schlaf* (1909), zwei für die autobiographischen Momente des *Felix Krull*, das Schlaf- und das Nobilitierungsmotiv sehr ergiebigen Texten. Offenbar war »*Im Spiegel*« also auch fünfzehn Jahre nach der Erstpublikation in Thomas Manns Augen ein gültiges Selbstzeugnis. Bemerkenswert ist diese Aufnahme in *Rede und Antwort* zunächst deshalb, weil damals ja bereits ein weiterer autobiographischer Text von ungefähr gleichem Umfang vorlag. Dieser jedoch, 1913 erstmals veröffentlicht und, als *Rede und Antwort* erschien, noch kein Jahrzehnt alt, wurde zugunsten des noch älteren Texts nicht ins »Autobiographische[]« der *Gesammelten Abhandlungen und kleinen Aufsätze* übernommen.

Seine Ausschließung ist insofern irritierend und erklärungsbedürftig, als er sich vom älteren, wiederabgedruckten Text sehr wesentlich unterscheidet. Einige der Unterschiede mögen mit dem Anlaß und dem Ort der Erstpublikation zu tun haben. Die autobiographische Notiz von 1913 schrieb Thomas Mann für einen Sammelband *Geistiges und künstlerisches München in Selbstbiographien*. Zur selbstdarstellerisch-repräsentativen Intention dieses Bands hätte natürlich die zweifelhafte Rolle schlecht gepaßt, die Thomas Mann der Stadt in seinem Leben noch fünf Jahre zuvor zugewiesen hatte. Stattdessen erweist er ihr am Ende der »Selbstbiographie« seine volle Reverenz:

> Seit 1905 bin ich verheiratet mit Katja, geb. Pringsheim, Tochter des ordentlichen Professors für Mathematik an der Universität München, Geheimrats Pringsheim. Meine Frau ist mütterlicherseits Enkelin der bekannten Schriftstellerin Hedwig Dohm. Ich bin Vater von vier Kindern. Mit den Meinen verlebe ich den Sommer auf meiner kleinen Besitzung in Tölz, den Winter in München. Soweit diese große und liebenswürdige Stadt dem Hanseaten zur Heimat werden konnte, ist sie mir lieb geworden. Und so hoffe ich, daß mir in ihrer harten und starken Luft noch ein und das andere Werk erwachsen möge, dessen solides Gefüge einige Dauer verbürgt.[24]

---

24   Bd. 13, S. 32 f.

Bei seiner Reverenz vor der »große[n] und liebenswürdige[n]« Stadt geht der »Hanseate[]« so weit, dieser, ihrer »Luft« und Atmosphäre, solche Attribute zuzuschreiben, die man sonst wohl eher mit dem ›Norden‹ und norddeutscher »Luft« assoziieren würde, ›Härte‹ und ›Stärke‹ eben — was immer darunter zu verstehen sei —, so daß sich seine Einbürgerung also auch im Wortlaut des Texts geradezu zu vollziehen scheint. Die positive Besetzung Münchens und seiner »harten und starken Luft« und daß sie endlich im Namen des »Werk[s]« erfolgt, reflektiert die nun wieder ganz konventionelle Erzählstruktur der »Selbstbiographie«. Die Lebens- ist jetzt als Erfolgsgeschichte erzählt. Der Erfolg fällt nicht mehr aus heiterem Himmel, sondern er ist das wohlverdiente Resultat »solide[r]«, nun durchaus nicht mehr ironisierter Arbeit, der die zwei mittleren und zugleich die beiden längsten der insgesamt vier Abschnitte gewidmet sind. Diese Arbeit, ihrerseits in ein Kontinuum situiert (»ich [...] der Nachfolger Fontane's«, »[b]elehrt [...] von skandinavischen und russischen Meistern«[25]), steht in keinem Gegensatz mehr zu den bestehenden Verhältnissen, und der »Dichter« ist nicht mehr jener »auf allen Gebieten ernsthafter Tätigkeit unbedingt unbrauchbare[], einzig auf Allotria bedachte[], dem Staate nicht nur nicht nützliche[], sondern sogar aufsässig gesinnte[] Kumpan«,[26] sondern ein anständiges Mitglied der Gesellschaft, mit nicht mehr »königliche[n]«, dafür aber »ordentlichen« Verwandten, auf die er stolz sein und die er namentlich nennen darf, nicht obwohl, sondern gerade weil sich darunter auch eine »bekannte[] Schriftstellerin« befindet. Das Versagen in der Schule, wenige Jahre zuvor noch Aufhänger einer antiklimaktischen Lebensgeschichte und Motivation des Umzugs in die jetzt unverdächtige »Stadt«, ist nun nahezu verheimlicht, nur sehr leise angedeutet und mit dem frühen Tod des Vaters entschuldigt; und der soziale Abstieg, den jenes kokett herausgestellte Versagen noch antizipierte, wird im Grunde genommen negiert:

> Mein eigentlicher Eintritt in die Literatur erfolgte mit der Novelle ›Der kleine Herr Friedemann‹, die von Oscar Bie für die ›Neue Deutsche Rundschau‹ erworben wurde und später das Titelstück für mein erstes Büchlein abgab. Der Band erschien im Jahr 1897, das ich mit meinem Bruder Heinrich in Italien, in Rom und den Sabiner Bergen verbrachte. Mein Zustand war recht problematisch und unregelmäßig, und wenn ich dennoch, in der Fremde und Stille meine Anlagen ausbildend, um meine Zukunft nicht weiter Sorge trug, so war das nicht sowohl jugendlicher Leichtsinn, als vielmehr dem sicheren Gefühl zuzuschreiben, daß ich keineswegs Gefahr lief zu verkommen.[27]

---

25 Bd. 13, S. 32.
26 Bd. 11, S. 331.
27 Bd. 13, S. 32. Bei der Jahreszahl handelt es sich um eine geringfügige, vielleicht gerade durch die damalige Abwesenheit bedingte Ungenauigkeit. *Der kleine Herr Friedemann* erschien erst im Frühjahr 1898.

Ihre vordem gravierende und bedenkliche Bedeutung scheint die »Fremde« eingebüßt zu haben. Sie gewährt nun die zur ›Ausbildung‹ der »Anlagen« offenbar nötige »Stille«. Der Aufenthalt daselbst dient also der Entwicklung oder Karriere, jedenfalls einem entelechisch vorbestimmten Ziel. Die Bewegung von Norden nach Süden, in der oder als die sich der soziale Abstieg zuvor vollzog, erscheint nur mehr als Nebensache. Die maximale Entfernung von der »Heimat« wird nur noch im Nebensatz eines »Gefüge[s]« registriert, dessen Hauptsache die Integration des Individuums in die Gesellschaft, nämlich die erste Buchpublikation des Autors ist: »Der Band erschien im Jahr 1897, das ich mit meinem Bruder Heinrich in Italien, in Rom und den Sabiner Bergen verbrachte.«

Dem zurückgenommenen Symbolwert der Nord-Süd- wie der Bewegung im Raum überhaupt und der ganzen Konformität des sich hier neu stilisierenden Ich entspricht der nun seinerseits völlig konventionelle Anfang des Lebenslaufs. Die ›Herkunft‹, unverzüglich und namentlich identifiziert, legt ein für allemal die Identität des geborenen »Hanseaten« fest, dem München trotz seiner »harten und starken Luft« nicht wirklich zur »Heimat werden« kann: »Geboren […] zu Lübeck« (der im Grimmschen Wörterbuch letzte Beleg für diesen auch 1913 schon antiquierten, in späteren autobiographischen Texten gemiedenen und gerade wegen der Antiquiertheit in einer Lesart zur bewußt archaisierenden Betrogenen wiederaufgegriffenen Präpositionsgebrauch stammt bezeichnenderweise von Fontane[28]):

> Geboren im Jahre 1875 zu Lübeck als zweiter Sohn des Senators und Kaufmanns Johann Heinrich Mann und seiner Frau Julia geb. da Silva-Bruhns (aus Rio de Janeiro gebürtig, halb deutscher, halb kreolischer Abstammung) verlebte ich mit meinen vier Geschwistern, trotz regelmäßig wiederkehrender Ärgernisse, die durch meine träumerische Renitenz als Schüler hervorgerufen wurden, in unserem schönen Elternhause eine glückliche Jugend. Ursprünglich zum Erben der hundert Jahre alten Firma bestimmt, besuchte ich die Realklassen des Lübecker Katharineums; allein, als nach dem Tode meines Vaters die Firma aufgelöst worden und meine Mutter mit den jüngeren Geschwistern nach München übergesiedelt war, folgte ich ihr, ausgerüstet einzig mit der Berechtigung zum einjährigen Militärdienst, bald dorthin nach und trat, der Unterkunft wegen, als Volontär in das Bureau einer Feuerversicherungsgesellschaft ein.[29]

Nach dem Vater — dieser nun, anders als noch 1907, zuerst mit seinem hohen Amt und erst dann als »Kaufmann« — und implicite (»als zweiter Sohn«) auch schon dem wichtigsten der »Geschwister«, dem später mit Namen erwähnten »Bruder Heinrich«, wird jetzt auch die Mutter namentlich genannt und etwas näher bestimmt. Die Klammern, zwischen denen diese nähere Bestimmung steht, die einzigen des ganzen

---

28   Grimm, Bd. 16 [1954], Sp. 210, s. v. ›zu‹.
29   Bd. 13, S. 31.

Texts — alle vorhergehenden autobiographischen Texte hatten überhaupt keine —, sind um so bezeichnender, als die erste erst nach und nicht, was ja durchaus möglich wäre, nicht schon vor dem Ausdruck »geb. da Silva-Bruhns« steht. Ein- oder ausgeklammert sind also nicht einfach alle näheren Angaben über die »Frau« »des Senators«, sondern nur diejenigen, welche ihre »Abstammung« betreffen. Die Klammern, anders gesagt, sind hier nicht Ausdruck einer patriarchalen Marginalisierung weiblicher Lebensgeschichten. Die hinter den Mädchennamen der Mutter gesetzte Informationsreihe soll allein deren Namen erklären, entschuldigen oder relativieren: zwar »aus Rio«, aber immerhin »halb deutsch[]« und nur »halb kreolisch[]«.

Um es wieder in Hinblick auf das Gesamtkorpus der autobiographischen Äußerungen zusammenzufassen, ist an der ersten namentlichen Erwähnung der Mutter hier zweierlei hervorzuheben und festzuhalten. Diese Erwähnung trägt deutlich apologetische Züge; und sie steht im Kontext weiterer Neuerungen, vor allem einer Zurücknahme der Nord-Süd-Opposition. Der Autor präsentiert sich nicht mehr als Asozialer und Versager wie in der Skizze »*Im Spiegel*«: Die »Gefahr [...] zu verkommen« soll nie wirklich bestanden haben; die frühen Reibungen mit den gesellschaftlichen Institutionen werden heruntergespielt (»*trotz* regelmäßig wiederkehrender Ärgernisse [...] eine glückliche Jugend«); Erfolg und Prestige erscheinen nicht als Märchen, sondern als wohlverdiente Konsequenz einer mit den Normen der Gesellschaft konformen Existenz.

Die drei autobiographischen Texte aus den Dreißigerjahren

Die Tendenz ins Biedere und Konforme, wie sie sich in der Münchener Autobiographie von 1913 aus dem besonderen Anlaß erklären läßt, bestimmt auch zwei 1930 entstandene Texte zur eigenen Person, in denen sie wohl neuerlich die äußeren Umstände der Publikation reflektiert. Sie erschienen je auf besondere Veranlassung, die den jeweils ganz und gar nicht mehr selbstironischen Duktus mit erklärt: eine Selbstdarstellung auf wenigen Seiten in *Les prix Nobel en 1929* und jener zum fünfundfünfzigsten Geburtstag geschriebene, in der *Neuen Rundschau* publizierte *Lebensabriß*, umfangreich genug, um noch im selben Jahr in Paris, aber in *englischer* Übersetzung, zum Zeichen der internationalen Reputation des Jubilars als Buchausgabe zu erscheinen. Thomas Mann hat diesen *Lebensabriß*, seinen überhaupt ausführlichsten autobiographischen Text, auch noch kurz vor seinem Tod, 1954, fast unverändert wiederabdrucken lassen, nur um einen Zusatz ergänzt, der die inzwischen widerlegte Prognose des Todesjahrs rechtfertigen sollte: »als eine sublime Methode [...], das Schicksal zu bestechen.«[30] Von Anfang an zur Übersetzung, und zwar für das amerikanische Publikum bestimmt war dann auch die letzte Autobiographie, die 1936 in einem Band *Portraits and Self-Portraits* publiziert wurde.

Der für die Schwedische Akademie verfaßte Text läßt sich cum grano salis als Teilmenge des gut zehnmal ausführlicheren *Lebensabrisses* von 1930 beschreiben. Kaum etwas findet sich in dem einen, was nicht wörtlich im anderen enthalten wäre. In einer einzigen Hinsicht steht der *Lebensabriß* der jüngsten, für den »amerikanischen Leser«[31] geschriebenen autobiographischen Skizze von 1936 näher als der fast gleichzeitig erschienenen Selbstdarstellung des Nobelpreisträgers. Während in diesem besonders formellen Text das Problem von Gefolgschaft und Nachfolge entfällt, wird die 1913 noch von Fontane okkupierte Stelle der literarischen Vorgängerschaft sonst neu besetzt. Die Neubesetzung steht sicherlich mit Thomas Manns offiziell gewordener Reputation, mit Ehrendoktorat, Professorenwürde, Nobelpreis und Papst-Audienz in enger Beziehung. Sie ist aber im literarischen Werk von langer Hand angebahnt und wird darin zusehends vorlaut: von der 1905, in *Schwere Stunde*, noch entschieden distanzierten Perspektive auf *den* Klassiker über den Versuch, dessen peinlichen Heiratsantrag an eine fünfundfünfzig Jahre Jüngere dar- und so den greisen Goethe bloßzustellen — woraus dann bekanntlich ›nur‹ *Der Tod in Venedig* wurde —, bis zum siebenten Kapitel von *Lotte in Weimar*, wo es Thomas Mann gelingt, sich buchstäblich in Goethes Haut zu versetzen. Die konstante Tendenz, die Stelle des deutschen Nationalschriftstellers einzunehmen, erhielt ihre deutlichsten, nahezu aufdringliche Formen zur Zeit, als Thomas Mann *Lotte in Weimar* zu schreiben begann, also ebenfalls schon unter den besonderen Bedingungen des Exils und vor einem fremden Publikum, nämlich am Anfang jenes jüngsten autobiographischen Texts: »Ich bin geboren am Sonntag den 6. Juni 1875 mittags zwölf Uhr. Der Planetenstand war günstig, wie Adepten der Astrologie mir später oft versicherten [...].«[32]

Bis auf das im *Buch der Kindheit* des *Felix Krull* schon weidlich ausgeschlachtete Motiv des Sonntagskinds (wobei die *Bekenntnisse des Hochstaplers* bereits im Untertitel einiger Ausgaben auf das ›Hauptwerk‹ des hier aufgerufenen ›Klassikers‹ weisen: »Der Memoiren erster Teil«), abgesehen also vom besonderen Wochentag handelt es sich beim Anfang der zuletzt geschriebenen Autobiographie, die sich in der Ironie dieses zitathaften Bezugs mit der Skizze »*Im Spiegel*« berührt, ganz offenkundig um eine Parodie auf den Beginn von *Dichtung und Wahrheit*[33] (welchen die Ersetzungen einzelner Wörter durch Synonyme nur notdürftig, in der englischen Fassung möglicherweise etwas weniger

---

30   Bd. 11, S. 144, Anm.
31   Bd. 11, S. 451.
32   Bd. 11, S. 450. In Thomas Manns Nachlaß befinden sich nur zwei Horoskope.
33   Goethe, Werke, Abt. I, Bd. 26, S. 11.

plump vertuschen: »Mittags mit dem Glockenschlage zwölf« — »mittags zwölf Uhr«; »Constellation [...] glücklich« — »Planetenstand [...] günstig«; »Astrologen« — »Adepten der Astrologie«). Daß die Identifikation mit *dem* deutschen Nationalschriftsteller bereits im *Lebensabriß*[34] durch eine Manipulation der Geburtsstunde erzwungen ist — Thomas Mann kam durchaus nicht »mittags zwölf Uhr« zur Welt —, ist in gewissem Sinn selbst noch Teil dieser Identifikation; insofern nämlich, als Goethe sein Horoskop um der »glücklich[en]« »Constellation« willen seinerseits manipuliert hatte (wie Franz Boll nachgewiesen und Thomas Mann nachweislich gewußt hat: Die betreffenden Seiten von Bolls *Sternglaube und Sterndeutung* weisen in Manns Exemplar etliche Anstreichungen auf.[35])

Die Identifikation mit dem deutschen Klassiker par excellence ist in dem fürs amerikanische Publikum bestimmten Text — der übrigens auch mit einem zur eigenen Lebensmaxime erhobenen »Wort« Goethes endet[36] — zwar besonders aufdringlich, aber keineswegs auf ihn beschränkt. So beantwortet Thomas Mann die Frage nach der »erblichen Herkunft« der eigenen »Anlagen« zum Beispiel auch in einem Brief an die Amerikanerin Agnes Meyer[37] und schon im *Lebensabriß* von 1930 mit einem berühmten Goethe-Zitat:

> Frage ich mich nach der erblichen Herkunft meiner Anlagen, so muß ich an Goethe's berühmtes Verschen denken und feststellen, daß auch ich »des Lebens ernstes Führen« vom Vater, die »Frohnatur« aber, das ist die künstlerisch-sinnliche Richtung und — im weitesten Sinne des Wortes — die »Lust zu fabulieren«, von der Mutter habe.[38]

Bezeichnend nicht nur für Thomas Manns Interpretation dieser einen Goethe-Stelle, sondern auch für die Rezeptionsweise überhaupt, die einen Autor zum Klassiker werden läßt, ist die Selbstverständlichkeit, mit der dem »Verschen« eine so darin gar nicht enthaltene Bedeutung unterschoben wird. Schon das Wort, »Verschen«, ist für den kanonisierenden Rezeptionsvorgang symptomatisch. Als Deminutiv konnotiert es a limine etwas Beschaulich-Gemütliches, jedenfalls ganz Harmloses und

---

34 Bd. 11, S. 144.
35 Franz Boll, Sternglaube und Sterndeutung. Die Geschichte und das Wesen der Astrologie, hg. v. W. Gundel, Berlin ³1926, S. 66–71. Thomas Manns Exemplar trägt die wahrscheinlich von Gundel stammende Widmung: »Prof Thomas Mann verehrungsvoll überreicht / Marburg 4/XII [1]926«.
36 Bd. 11, S. 456: »Gehe ich diese Blätter [die Glückwünsche zum sechzigsten Geburtstag] durch, in denen von ersten Geistern der Zeit meinem Leben und Streben große, ergreifende Ehre erwiesen wird, empfinde ich tief die Schönheit und Wahrheit von Goethe's Wort: ›Selten tun wir uns selbst genug; desto tröstlicher ist es, anderen genuggetan zu haben.‹«
37 29.6.1939 an Meyer; Briefe, Bd. 2, S. 100. Vgl. 18.1.1939 an Alfred Neumann; Briefe, Bd. 2, S. 77 f., hier S. 77.
38 Bd. 11, S. 98 bzw. S. 451 f.

denotiert, so wie der vollends unzutreffende Singular, einen geringen Umfang und die Zitier- und Überschaubarkeit des Texts.

Goethes *Zahmes Xenion* konnte zu einem »berühmte[n] Verschen« darum werden, weil es eine seinerzeit zwar noch junge, seither aber ziemlich konstant gebliebene Erfahrung, die Erfahrung natürlich der Sozialisation in einer bürgerlichen Kernfamilie formuliert: die emotional enge (»sinnliche«) Bindung an die Mutter oder eben das »Mütterchen« und die mit der Auslagerung des Arbeitsplatzes einhergehende Entfremdung vom Vater, dessen Identifikation mit den »ernste[n]« Zwängen der gesellschaftlichen Sphäre.[39] Daß Goethe in dem zitierten Xenion von sich selber, seinen eigenen »Anlagen« spricht, legt zwar die eine ›Anlage‹ des ›Fabulierens‹ nahe — handschriftlich sind dafür die bemerkenswerten Lesarten »Erzählen dichten lügen«[40] überliefert —; doch ist die Gleichsetzung von ›lyrischem Ich‹ und realem Autor hier doch problematisch.[41] Wie nämlich aus dem unmittelbaren Kontext des »Verschen[s]« hervorgeht, handelt es sich bei diesem durchaus nicht einfach um einen allen Ernstes unternommenen Versuch, sich der »erblichen Herkunft« eigener »Anlagen« zu vergewissern, eher schon um die Ironisierung solcher Versuche, den »Complex« des Individuums und »Original[s]« auf einzelne »Elemente« zu reduzieren:

Sind nun die Elemente nicht
Aus dem Complex zu trennen,
Was ist denn an dem ganzen Wicht
Original zu nennen?[42]

Vor allem läßt das aus dem es ironisierenden Kontext gebrochene »Verschen« offen, wie die »Elemente« in den »Complex« gelangt sind. Von der »Statur« vielleicht abgesehen, zwingt keines der »Elemente« zur Annahme, das sprechende Ich »habe« es auf genetisch-›erblichem‹ Weg »[v]om Vater« mitbekommen — geschweige denn »vom Mütterchen«: eine vor Karl Ernst von Baers Publikationen aus den Zwanzigerjahren des neunzehnten Jahrhunderts durchaus nicht selbstverständliche Möglichkeit. In seiner Bereitschaft, dem »Verschen« einen solchen genetischen Sinn ohne weiteres zu unterstellen, erklärt Thomas Mann eine literargeschichtliche Beziehung hier letztlich biologistisch über gemeinsame genetische Dispositionen, und das auch schon bei der früheren Identifikationsfigur Fontane, mit dessen »Blutmischung« — gedacht ist wohl an die Herkunft des »gaskognische[n] Märker[s]«[43] aus der huge-

---

39 Goethe, Werke, Abt. I, Bd. 3, S. 368.
40 Goethe, Werke, Abt. I, Bd. 3, S. 447.
41 Vgl. auch Jürgen Behrens, [Artikel:] Goethe, Johann Kaspar und Katharina Elisabeth, geb. Textor, in: Bernd Witte, Theo Buck, Hans-Dietrich Dahnke, Regine Otto und Peter Schmidt (Hgg.), Goethe-Handbuch, Bd. 4: Personen, Sachen, Begriffe, Stuttgart und Weimar 1998, S. 399–404, hier. v. a. S. 399.
42 Goethe, Werke, Abt. I, Bd. 3, S. 368.
43 Bd. 9, S. 252.

nottisch-französischen Gemeinde — er sich verwandt gefühlt haben will.[44]

Trotz dem durch das Goethe-Zitat gegebenen Hinweis auf eine zweiseitige »Herkunft« der »Anlagen« werden im folgenden Identifikationen vor allem mit der väterlichen Linie greifbar, als deren eine man sogar schon das Goethe-Zitat selbst lesen kann: Goethe hat ja die Stelle des früheren Vorgängers und ›Vaters‹ Fontane eingenommen, der deutsche, aber seinerseits aus einer einst Freien Stadt stammende Nationalschriftsteller die Stelle eines eng mit Berlin und Norddeutschland assoziierten Autors. Nicht zufällig heißt es in der letzten, der autobiographischen Skizze von 1936, in der auch die Identifikation mit Goethe so entschiedene und aufdringliche Formen angenommen hat, daß der ökonomisch erfolgreiche Autor und Bürger sich und den Seinen nicht einfach nur »ein schönes Haus in der Villenvorstadt Münchens«, sondern daß er es »wie einst [s]ein Vater in Lübeck erbaute«.[45]

Dennoch ist in allen drei autobiographischen Texten aus den Dreißigerjahren auch von der Mutter die Rede, und zwar in den immer selben, im folgenden kursiv gesetzten Worten:

Ich bin geboren am 6. Juni 1875 zu Lübeck als zweiter Sohn des Kaufmannes und Senators der Freien Stadt Johann Heinrich Mann *und seiner Frau Julia da Silva-Bruhns*. Während mein Vater Enkel und Urenkel Lübecker Bürger war, *hatte meine Mutter in Rio de Janeiro als Tochter eines deutschen Plantagenbesitzers und einer portugiesisch-kreolischen Brasilianerin das Licht der Welt erblickt und war mit sieben Jahren nach Deutschland verpflanzt worden.*[46]

Ich wurde geboren im Jahre 1875 in Lübeck als zweiter Sohn des Kaufmanns und Senators der Freien Stadt Johann Heinrich Mann *und seiner Frau Julia da Silva-Bruhns*. Während mein Vater Enkel und Urenkel Lübecker Bürger war, *hatte meine Mutter in Rio de Janeiro als Tochter eines deutschen Plantagenbesitzers und einer portugiesisch-kreolischen Brasilianerin das Licht der Welt erblickt und war mit sieben Jahren nach Deutschland verpflanzt worden. Sie war von ausgesprochen romanischem Typus, in ihrer Jugend eine vielbewunderte Schönheit und außerordentlich musikalisch.* Frage ich mich nach der erblichen Herkunft meiner Anlagen, so muß ich an Goethe's berühmtes Verschen denken und feststellen, daß auch ich »des Lebens ernstes Führen« vom Vater, *die »Frohnatur« aber, das ist die künstlerisch-sinnliche Richtung und — im weitesten Sinne des Wortes — die »Lust zu fabulieren«, von der Mutter* habe.[47]

Während mein Vater, Inhaber einer Getreidehandlung, die während meiner Kindheit ihr hundertjähriges Jubiläum beging, Enkel und Urenkel Lübecker Bürger war, *hatte meine Mutter in Rio de Janeiro als Tochter*

---

44   30.8.1910 an Maximilian Harden; Briefe, Bd. 1, S. 85 f., hier S. 85.
45   Bd. 11, S. 455; vgl. S. 451.
46   Bd. 11, S. 413; im Original keine Hervorhebungen.
47   Bd. 11, S. 98; im Original keine Hervorhebungen.

eines deutschen Plantagenbesitzers und einer portugiesisch-kreolischen Brasilianerin das Licht der Welt erblickt und war mit sieben Jahren nach Deutschland verpflanzt worden. Sie war von ausgesprochen romanischem Typus, in ihrer Jugend eine vielbewunderte Schönheit und außerordentlich musikalisch. Frage ich mich nach der erblichen Herkunft meiner Anlagen, so muß ich an Goethe's berühmtes Verschen denken und feststellen, daß auch ich »des Lebens ernstes Führen« vom Vater, *die »Frohnatur« aber, das ist die künstlerisch-sinnliche Richtung und — im weitesten Sinne des Wortes — die »Lust zu fabulieren«, von der Mutter* habe.[48]

Vielleicht als Reflex einer nun veränderten Redesituation — Julia Mann war 1923 gestorben — und anders jedenfalls als bei ihren früheren Erwähnungen erscheint die Mutter hier nicht als quantité négligeable, nicht mehr zwischen Klammern, sondern von Anfang an im Hauptsatz eines in der Protasis vom Vater handelnden Satzgefüges, dem in den beiden ausführlicheren Zitaten noch ein ganzer, ihr allein gewidmeter Satz folgt. Wie schon in jenem älteren Zeugnis wird die ›Herkunft‹ der Mutter auch hier erst nach ihrer väterlichen und »deutschen«, dann nach ihrer fremden Seite hin bestimmt. Diese freilich heißt nun nicht mehr einfach ›kreolisch‹, sondern die Ambivalenz dieses Adjektivs wird durch ein Determinativkompositum, »*portugiesisch*-kreolisch[]«, beseitigt.

In allen drei Zitaten wird mit denselben Worten gesagt, daß Julia da Silva-Bruhns schon »mit sieben Jahren nach Deutschland *verpflanzt*« wurde. Diese konstante Verbalmetapher, mit hübschem etymologischem Bezug zum Beruf des für die ›Verpflanzung‹ verantwortlichen »*Plantagen*besitzers«, insinuiert zweierlei: einerseits, daß die ›Verpflanzte‹ in ›Deutschland‹ ›verwurzelt‹ und integriert war; andererseits aber eben auch, daß sie eine wesentlich Fremde blieb und als solche identifizierbar war. Auf der Linie der Europäisierung gleichsam der Fremden, wie es deren Determination als »portugiesisch« mit sich bringt, liegt natürlich auch die nähere Charakterisierung des Äußeren und der »Schönheit« der Mutter. Sie ist »romanisch«, ja sogar ›typisch‹ und »ausgesprochen romanisch«. In den beiden Texten, in denen dies notiert ist, wird, im jeweils selben Satz, auch noch eine andere, letzte Qualität der Mutter registriert: daß sie »außerordentlich musikalisch« gewesen sei; eine Qualität, die sie wie gesehen mit unzähligen Mutter- und Frauenfiguren im Werk ihres zweiten Sohns teilt, trotz dessen angesichts der Regelmäßigkeit des Motivs absurden und in ihrer Absurdität verräterischen Behauptung, seine Mutter in keiner dieser Figuren porträtiert zu haben.[49]

Wie bei den Virtuosinnen Gabriele Klöterjahn, Gerda Buddenbrook oder Consuelo Kröger, die ihrer graduell ganz verschiedenen, in dieser Reihenfolge zunehmenden respektive zunehmend explizierten ›Lieder-

---

48   Bd. 11, S. 451 f.; im Original keine Hervorhebungen.
49   Bd. 11, S. 420.

lichkeit‹ entsprechend verschiedene Instrumente spielen, je näher am
Körper und Unterleib liegende und den körperlichen Bewegungsimpuls
je direkter umsetzende (Klavier — Geige — Mandoline, wie in der las-
ziven Atmosphäre von *Gladius Dei*, bevor »die Akademie der bildenden
Künste [...] ihre weißen Arme [...] ausbreitet«, in genau entsprechender
Reihenfolge »Übungen auf dem Klavier, der Geige oder dem Violon-
cell« zu hören sind), so wird sich der Eindruck einer ganz »außerordentlich[en]« Musikalität auch bei der Pianistin Julia Mann aus einem
Kontrast zu ihrem Ehemann ergeben haben. Denn wonach sonst sich
die ›Außerordentlichkeit‹ der mütterlichen Musikalität bemessen könnte, geht aus den zitierten Texten nicht hervor und wäre kaum zu bestimmen. Es handelt sich dabei um das im Grunde selbe Problem wie bei
dem Anamnesis-Effekt, den »Goethe's Verschen« bei Thomas Mann
auslöste und bei dessen Interpretation das Bedürfnis nach einer individuellen Ähnlichkeit mit dem Klassiker der Einsicht zuvorkam, daß hier
keine individuelle, sondern die kollektive Erfahrung bürgerlicher Sozialisation artikuliert ist. Insofern wäre die Musikalität der Mutter gerade nicht ›außer-ordentlich‹, sondern nur Reflex der im gehobenen
Bürgertum des späteren neunzehnten Jahrhunderts gängigen Normen,
der geschlechtsspezifischen Zwänge und der diese teils konsolidieren-
den, teils kompensierenden Kulturtechniken.
    Die Frau am Flügel, ein in Romanen tausendfach belegbares Motiv,[50]
das seine wohl berühmteste Gestalt durch Auguste Renoir zu genau der
Zeit erhielt, als Thomas Mann von seiner »außerordentlich musikalisch[en]« Mutter geboren wurde, gewann diese Beliebtheit und Verbreitung in Kunst und Literatur offensichtlich deshalb, weil in ihr wesentliche Momente einer zeit-, geschlechts- und klassenspezifischen Lebens-
erfahrung auf besonders prägnante Weise inszeniert sind: die Verbindung von Ökonomie und Sexualität — der ›Marktwert‹ der ›ästhetischen Mitgift‹ —; die Begrenzung weiblicher Existenz auf den Privat-,
gelegentlich auch den halböffentlichen Raum des ›Salons‹; die Diszipli-
nierung des weiblichen Körpers und die auch ganz wörtliche Unterdrückung seiner Sexualität, augenfällig besonders in den zeitgenössischen Moden vor allem der Unterbekleidung — erst um die Jahrhundertwende regten sich dagegen offene Widerstände[51] und wagte es Paul
Poiret, zusammen mit dem in der genau umgekehrten Richtung bezeichnenden Humpelrock (und dem offenbar erfolglos orientalisieren-
den Hosenrock), korsettlose Mode zu präsentieren —; die aus all diesen
Zwängen entstehende Bedeutung eines ästhetischen Freiraums und
eines Mediums, in dem das Ausdruck finden konnte, was sprachlich zu
artikulieren versagt war und was in dieser Artikulationsform zwar ver-

50   Vgl. Alain Corbin, Backstage, in: Michelle Perrot (Hg.), A History of Private
     Life, Bd. 4: From the Fires of Revolution to the Great War, Cambridge (Massa-
     chusetts) und London 1990, S. 451–667, hier S. 531, 533.
51   Vgl. Almut Junker und Eva Stille, Zur Geschichte der Unterwäsche 1700–1960,
     Frankfurt a. M. ³1988, S. 240–243; Duerr, S. 230–238.

dächtig und in den *Buddenbrooks* »von eindeutiger Obszönität«[52] sein konnte, aber doch unverfänglich blieb.[53] —

Überblickt man die explizit autobiographischen Texte Thomas Manns, zeichnet sich in dem von ihnen abgedeckten Zeitraum von drei Jahrzehnten eine hinsichtlich der eigenen »Herkunft« interessante Entwicklung ab. Sie reflektieren eine in diesem Zeitraum stark zunehmende Reputation, auch nur schon dadurch, daß die letzten für ein internationales Publikum bestimmt beziehungsweise für einen Anlaß geschrieben sind, durch den die Person des Autors gefeiert und geehrt werden sollte. Während einer der ältesten, der immerhin noch in den Zwanzigerjahren anderen, weniger oder vielmehr gar nicht selbstironischen vorgezogen wurde, mit dem Status des ›Großschriftstellers‹ als einem ganz unverdienten kokettiert, fehlen in den späten alle selbstironischen Signale, um allenfalls im letzten, also in der Mitte der Dreißigerjahre wiederzukehren — ›allenfalls‹, weil erstens unter allen Tropen die Ironie bekanntlich am schwersten nachweisbar ist und weil zweitens die Selbstironisierung hier, wenn man eine solche denn überhaupt konzedieren möchte, ihrerseits nur Reflex einer der eigenen Person angemaßten Wichtigkeit ist. Sie erscheint ja im Zusammenhang jenes forschen, für das angesprochene, nämlich amerikanische Publikum vielleicht weniger leicht zu entziffernden Versuchs, die Stelle des deutschen Nationalschriftstellers schlechthin zu usurpieren.

Ob an dieser besonderen Stelle ironisch oder nicht, die Selbstidentifikation mit Goethe spielt auch anderwärts, weniger aufdringlich, dafür aber auch eindeutig ironielos. Wie die zuvor schon reklamierte Nachfolge Fontanes ist sie Ausdruck einer Reverenz vor dem ›Namen des Vaters‹, den geistigen »Meistern« und ›Vätern‹ sowohl wie dem leiblichen Vater. (Um die psychoanalytische Ersetzbarkeit übrigens des eigentlichen und der Väter im übertragenen, ja auch in einem spezifisch literaturgeschichtlichen Sinn, der fast schon Harold Blooms Theoretisierung literarischen Einflusses als ›ödipalen‹ Konflikts vorwegnimmt, mußte Thomas Mann selber genau Bescheid wissen, als er *Lotte in Weimar* als seine »unio mystica mit dem *Vater*«[54] oder sogar in psychologischer Terminologie »mit der Vater-Imago«[55] bezeichnete.)

In ausnahmslos allen autobiographischen Texten, denjenigen eingeschlossen, in denen sich Thomas Mann als ein ganz aus der Art geschlagener Bohemien stilisiert, erscheint der leibliche Vater als »Inhaber« und »Kaufmann«, »Großkaufmann«, und abgesehen von jenem einen Text auch als »Senator«, und dann allermeistens mit vollem Namen. Nur im jüngsten Text, in dem sich der Autor am deutlichsten mit der Aura des Klassikers und Nationalschriftstellers umgibt, bleiben bis auf

---

52 Von Matt, Verkommene Söhne, mißratene Töchter, S. 246.
53 Vgl. Corbin, Backstage, S. 486–491, 531–541.
54 Bd. 13, S. 169; Hervorhebung des Originals. Vgl. 15.12.1938 an Ferdinand Lion; Briefe, Bd. 2, S. 71 f., hier S. 72.
55 12.1.1942 und 12.1.1943 an Agnes Meyer; Dichter über ihre Dichtungen, Bd. 2, S. 501, 503.

den »Bruder Heinrich«[56] alle Familienmitglieder wieder anonym. Der Name der Mutter hingegen wird in den aus der ersten Dekade des Jahrhunderts stammenden Texten ganz verschwiegen und erst in der zweiten erstmals genannt, und zwar mit einer erstmals nicht mehr apologetischen Bestimmung ihrer Herkunft (»halb […] halb«). In den Dreißigerjahren sodann, nach dem Tod Julia Manns, erscheinen solche Bestimmungen nicht mehr in Klammern und sozusagen kleinlaut, sondern in Hauptsätzen. Die Mutter erhält nun einige positive Attribute. Sie war einst eine Schönheit und »außerordentlich musikalisch«.

Weitere autobiographische Zeugnisse

Thomas Manns Einschätzung seiner selbst, wie man sie in den autobiographischen Texten zum Beispiel an den unausgewiesenen und vor allem auch an den zunehmend explizit als solche gekennzeichneten Selbstzitaten ablesen kann, äußert sich bekanntlich auch darin, daß Äußerungen zum eigenen Leben und zur eigenen Person weit über diese eigentlich autobiographischen Texte hinaus, über das gesamte essayistische Werk hin verstreut sind, um die im engeren Sinn literarischen Anspielungen und ›Portraits‹ einmal beiseite zu halten. Unter diesen verstreuten Äußerungen sind hier drei einschlägig. Die erste, von 1930, also gleichalt wie die Selbstdarstellung des Nobelpreisträgers und der ausführliche *Lebensabriß*, steht in einer Entgegnung auf allzu biographistische Interpretationen jener im engen Sinn literarischen Anspielungen auf den eigenen familiären Hintergrund; die zweite in einer 1940 an der Princeton University gehaltenen Vorlesung, die dem behelfsmäßigen Editionstitel »On Myself« zum Trotz mit autobiographischen Informationen eher geizt; die dritte endlich in einer Würdigung Heinrich Manns aus dem Jahr 1946.

In der Princeton-Vorlesung, genauer gesagt in der ersten Hälfte dieses zweiteiligen Vortrags, die in der Handschrift den authentischen Titel »Von Kinderspielen bis zum Tod in Venedig« trägt, ›kommt‹ Thomas Mann einen ziemlich langen Abschnitt lang auf eine Besonderheit der »eigenen Kinderspiele« ›zurück‹:

Um auf meine eigenen Kinderspiele zurückzukommen, so hatten Indianergeschichten keinen Anteil an ihnen. Ich habe mich nie für sie erwärmt, und nicht von ihnen waren meine Maskenspiele inspiriert, sondern von griechischer Mythologie. Mein Schaukelpferd hieß »Achill«, ich selbst taufte es, und Sie ersehen daraus meine frühe Beschäftigung

---

56   Bd. 11, S. 453.

mit der ›Ilias‹. Wirklich nahmen Homer und Vergil in meiner Knabenzeit den Platz ein, den bei anderen ›Der letzte Mohikaner‹ behauptet. In
einem Buch, das schon meiner Mutter beim mythologischen Unterricht
gedient hatte (es trug eine Pallas Athene auf dem Umschlag und gehörte
zu denen, die wir Kinder dem Bücherschrank entlehnen durften), waren
aus den Werken der beiden antiken Dichter in deutscher Sprache packende Auszüge enthalten, die ich seitenweise auswendig wußte; besonderen
Eindruck machte mir die »diamantscharf schneidende Sichel«, die Zeus
im Kampf gegen Typhon erhob (ich wiederholte mir diese Stelle immer
wieder), und früh war ich vor Troja, auf Ithaka und dem Olympus so wohl
zu Hause, wie meine Altersgenossen im Lande des Lederstrumpfes. Und
was ich so begierig in mich aufgenommen, das stellte ich spielend vor.
Ich hüpfte als Hermes mit papiernen Flügelschuhen durch die Zimmer,
ich balancierte als Helios eine glanzgoldne Strahlenkrone auf dem am-
brosischen Haupt, ich schleifte als Achilleus meine Schwester, die wohl
oder übel den Hektor darstellte, unerbittlich dreimal um die Mauern von
Ilion. Aber als Zeus stand ich auf einem kleinen rotlackierten Tisch, der
mir als Götterburg diente, und vergebens türmten die Titanen den Pelion
auf den Ossa, so gräßlich blitzte ich mit einer roten Pferdeleine, die
obendrein mit Glöckchen benäht war.[57]

Thomas Manns Selbstdarstellung, und sie folgt darin genau dem Muster
des Bildungsromans, gestaltet sich zunächst als eine Erzählung der eigenen Kindheit, in der die Lektüre der »Knabenzeit« eine besondere Stelle
einnimmt. Diese Lektüre bereits läßt eine Distanz oder, wie Thomas
Mann gerne mit Nietzsche sagte: »das Pathos der Distanz« den »Altersgenossen« gegenüber deutlich erkennen: »Indianergeschichten«, »›Der
letzte Mohikaner‹« und »Lederstrumpf[]« versus »Ilias«, »Homer und
Vergil«. Die Opposition zwischen der als typisch ›trivial‹ geltenden
James F. Cooper-Lektüre der »Altersgenossen« und der immer schon
›klassischen‹ des Autors ist konstruiert und erkauft mit deren stark hy-
perbolischer Charakterisierung. Gerade durch ihre Angestrengtheit
wirft diese Konstruktion ein Licht auf die untergründigen Motive, aus
denen sich Thomas Mann als ›Europäer‹, ›Abendländer‹ und ›Klassiker‹ zu stilisieren liebte. Sie sind nicht identisch, aber vielleicht doch
vergleichbar mit den Motiven, die etliche Angehörige derselben Generation dazu brachten, ihren jüdischen Hintergrund als ›klassische‹ Philologen zu kompensieren, und welche zum Beispiel auch die Energie
und Verve verständlich erscheinen lassen, mit der ein Eduard Norden
die Theorie von einer ›hebräischen‹ Herkunft des ›europäischen‹ End-
reims zu widerlegen versuchte.[58]
Wie Thomas Mann im weiteren Verlauf des zitierten Passus nach und
nach zu verstehen gibt, hat er in seiner »Knabenzeit« nicht eigentlich
»Ilias« oder »Homer und Vergil« gelesen — Griechisch hat er über-

---

57   Bd. 13, S. 129 f.
58   Eduard Norden, Die antike Kunstprosa. Vom VI. Jahrhundert v. Chr. bis in die
      Zeit der Renaissance, Leipzig und Berlin ²1909 (Nachdruck Darmstadt ⁹1983),
      Bd. 2, S. 810–908 [Anhang I].

haupt nie gelernt, und ein entsprechender Inferioritätskomplex scheint dem Schopenhauer- und Nietzsche-Verehrer zeitlebens geblieben zu sein —, sondern nur »Auszüge« »in deutscher Sprache«. Diese »packende[n] Auszüge« aus »Homer und Vergil« — in dem betreffenden Kompendium war Vergil unter den römischen Dichtern übrigens verhältnismäßig selten zitiert, ungleich seltener jedenfalls als der weniger ›klassische‹ Ovid —, deren in der Regel bescheidener Umfang es auch nur gelegentlich zugelassen haben kann, sie gleich »*seitenweise* auswendig« zu beherrschen, standen in Friedrich Nösselts *Lehrbuch der griechischen und römischen Mythologie für höhere Töchterschulen und die Gebildeten des weiblichen Geschlechts* (1853 in vierter Auflage erschienen), welches aber nicht bei diesem trivialen Namen genannt wird, vielleicht um der frühen Lektüre den allerletzten Rest einer ›klassischen‹ Aura zu lassen.

Ausdrücklich erwähnt hingegen ist immerhin der Umstand, daß das »dem Bücherschrank« erlaubterweise »entlehn[te]« »Buch« der »Mutter beim mythologischen Unterricht gedient hatte«. Die frühe Begabung mit dem ›klassisch‹-›abendländischen‹ Bildungsgut, für das die Namen »Homer und Vergil« stehen, wird also in einen expliziten Zusammenhang mit der »Mutter« gebracht, die Thomas Mann nirgendwo sonst in der an einer, ja an *der* Universität der Ivy League gehaltenen Vorlesung erwähnt. Und andererseits werden die »Altersgenossen« mehrfach mit »*Indianer*geschichten« assoziiert. Das Merkmal also, welches Mutter und Sohn als ›fremd‹ oder ›anders‹ zu stigmatisieren jedenfalls das Potential hatte, wird als solches verschwiegen und kehrt auf symbolischer Ebene, eben bei der bildungsbiographischen Identitätszuweisung durch die erste Lektüre, zur Kennzeichnung der großen Mehrheit wieder, von der die Drohung jener Stigmatisierung de facto ausging. —

Im Dezember 1930 veröffentlichte Thomas Mann in der *Illustrierten Leipziger Zeitung* eine Scheltrede an »die Öffentlichkeit«, in der er sich wie ein Vierteljahrhundert zuvor in seinem sehr selbstbewußten, ja selbstgefälligen — das Wort sagt alles: — seinem »Sendschreiben«[59] *Bilse und ich* darüber beschwert, daß diese Öffentlichkeit »im Identifizieren gewisser Figuren« allzu »schnell fertig gewesen« sei. Anlaß zu diesem Ausfall gegen die Annahme seiner »streng autobiographischen Gebundenheit als Dichter« war die ›Unbedenklichkeit‹, mit der »[m]ehr als ein Kritiker« die Mutter des Tonio Kröger mit Thomas Manns eigener Mutter identifiziert habe. »Daß aber die Dinge so einfach nicht liegen«, gehe »schon daraus hervor, daß die entsprechende Frauengestalt in den ›Buddenbrooks‹ [...] keine Ähnlichkeit mit Tonio's Mutter« habe — »außer der Musik und dem Weither-Sein«.

Thomas Manns Aversion gegen die Annahme seiner »streng autobiographischen Gebundenheit«, anders als noch in *Bilse und ich*, richtet sich ausschließlich auf eine entsprechende Interpretation seiner literarischen Mutterfiguren, und ebenso bemerkenswert wie seine allergische

---

59   Bd. 10, S. 22.

Reaktion selbst sind die Widersprüche, in die er sich bei seiner Entgegnung verstrickt. Die Verschiedenheit von Consuelo Kröger und Gerda Buddenbrook-Arnoldsen stellt Thomas Mann als Beweis dafür hin, daß weder die eine noch die andere ein literarisches Portrait seiner eigenen Mutter sein könne — ein an sich schon ziemlich befremdliches Argument —, um dann doch einzuräumen, daß diese beiden Mutterfiguren ein identisches Merkmalspaar aufweisen: »nur« die Merkmale »der Musik und des Weither-Sein[s]«. Das Adverb »nur« (wie auch zuvor die Wendung »keine Ähnlichkeit [...] außer«) steht in einem seltsamen Gegensatz dazu, daß es sich jeweils um eindeutig dominante, früh und häufig erwähnte Merkmale der beiden literarischen Mütter handelt — »Merkmale der Rasse« mit einer die entsprechende Stelle des *Tods in Venedig* nahezu zitierenden Wendung — und daß dieselben auch im folgenden Portrait der eigenen Mutter vorherrschen:

> Meine Mutter stammte aus Rio de Janeiro, hatte aber einen deutschen Vater, so daß nur zum vierten Teil unser Blut mit lateinamerikanischem gemischt ist. Uns Kindern erzählte sie von der paradiesischen Schönheit der Bucht von Rio, von Giftschlangen, die sich auf der Pflanzung ihres Vaters zeigten und von Negersklaven mit Stöcken erschlagen wurden. Mit sieben Jahren fand sie sich nach Lübeck verpflanzt [...].
>
> Unsere Mutter war außerordentlich schön, von unverkennbar spanischer Turnüre — gewisse Merkmale der Rasse, des Habitus habe ich später bei berühmten Tänzerinnen wiedergefunden — mit dem Elfenbeinteint des Südens, einer edelgeschnittenen Nase und dem reizendsten Munde, der mir vorgekommen. Gefeierte Gesellschaftsdame, stand sie einem großen Hause vor, in dessen Ballsaal die Offiziere der Garnison die Töchter des Patriziats zum Tanze führten; aber wenn auch wir Geschwister, solange wir Kinder waren, in der Hauptsache der Obhut eines ›Fräuleins‹ überlassen waren, blieb doch das Heim bürgerlich genug, uns immer in Kontakt mit unserer Mutter zu halten, und namentlich ihre freien Abende schenkte sie uns oft, indem sie uns unter der Lampe des Wohnzimmertisches Fritz Reuters Erzählungen vorlas. Das Mecklenburger Platt nahm sich überraschend genug aus in ihrem exotischen Munde [...].
>
> Noch lieber freilich folgte ich meiner Mutter beim Musizieren. Ihr Bechstein-Flügel stand im Salon, [...] und hier kauerte ich [...] und lauschte dem wohlgeübten, sinnlich feinfühligen Spiel meiner Mutter [...]. Meine eingewurzelte Neigung für die mondäne Romantik dieser Musik, meine Kenntnis der klassisch-romantischen Klavierliteratur überhaupt stammt von damals, und noch empfänglicher vielleicht fand den Jungen, dessen Gefühlsleben unter dem Einfluß von Eichendorff, Heine und Storm die lyrische Verschmelzung mit dem Sprachlichen einzusehen begann, die Verbindung von Wort und Ton im Liede. Meine Mutter hatte eine kleine, aber überaus angenehme und liebliche Stimme [...].[60]

---

60 Bd. 11, S. 420–422.

Unter Umkehrung der Reihenfolge, in der die beiden »Motive« in der polemischen Einleitung des Artikels wiederholt erscheinen, handelt dieser nun erst vom »Weither-Sein« und dann, ausführlicher, von der Musikalität der Mutter. Verglichen mit der ersten ist diese zweite, größere Hälfte des Portraits wenig ergiebig. Festzuhalten ist daran immerhin dreierlei: daß die Mutter, hierin so typisch für ihre Zeit wie der »Salon«, »Flügel« spielte, »sinnlich feinfühlig[]«; daß ihre »liebliche Stimme« eigens erwähnt und hervorgehoben wird; daß das »Gefühlsleben« des »Jungen« sich in der Erinnerung eng mit dieser Stimme und mit der »Verschmelzung« und »Verbindung von Wort und Ton«, also der Auflösung und *Mater*ialisierung der Sprache assoziiert.

Im Unterschied zu dieser zweiten, sozusagen rein elegischen Hälfte des Portraits — Thomas Mann erwähnt hier eigens den Tod seiner Mutter vor »sechs Jahren« — hat die erste eine unverkennbar apologetische Tendenz. Diese verraten allein schon die Adverbien und Konjunktionen des ersten Satzes: »stammte aus Rio de Janeiro, hatte *aber* einen deutschen Vater« — so wie zuvor seine eigene, so läßt Thomas Mann hier die Mutter seiner Mutter im Dunkeln —, »so daß *nur* zum vierten Teil unser Blut mit lateinamerikanischem gemischt ist«. Im ersten Satz des betreffenden Passus scheint das »Weither-Sein« der Mutter, ihre frühe ›Verpflanzung‹ fast schon in eine phylogenetisch universelle Entfremdungserfahrung gespiegelt: durch die Erwähnung der »*paradiesischen* Schönheit« ihres Herkunftslands, die dieser Erwähnung unmittelbar folgende Nennung der »Giftschlangen« und durch die isotopische Kohärenz, in der diese beiden Textelemente auf den Sündenfall der Genesis weisen.

Vor allem aber wird die Fremdheit der Mutter auf den Nenner des ›Lateinamerikanischen‹ gebracht. Damit, durch das ›Lateinische‹ eben, ist diese Fremdheit gewissermaßen schon eskamotiert oder jedenfalls ins entschieden ›Abendländische‹ umstilisiert; so wie auch 1921, im für den *Neuen Merkur* bestimmten, dann aber zurückgezogenen Aufsatz *Zur jüdischen Frage*, in dem sich Thomas Mann expresso verbo und trotz der damals sehr bedenklichen De- und Konnotationen des Worts[61] als »Mischling« bezeichnete, von »einem Viertel lateinischen Geblütes«[62] und 1912, in einer Entgegnung auf Theodor Lessing und Adolf Bartels, von einer »lateinischen [...] Blutmischung« die Rede ist, die hier freilich noch in Klammern, parva voce sozusagen, wahrheitsgemäß als »(portugiesische)« und noch nicht als ›spanische‹ deklariert wird:

Was wäre das Buch, das meinen Namen bekannt gemacht hat, was wäre der Roman ›Buddenbrooks‹, wenn er von einem Juden herrührte? Ein Snob-Buch. Dies meinte ich, als ich Ihnen schrieb: Da ich keiner sei, könnte ich nicht wünschen, für einen Juden gehalten zu werden. Was einen Forscher wie Prof. Bartels an meiner und meines Bruders Produktion fremdartig anmutet, wird wohl, teilweise wenigstens, auf jene latei-

---

61   Zur »allgemeine[n] Auffassung« vgl. z. B. Hildebrandt, S. 233.
62   Bd. 13, S. 473.

nische (portugiesische) Blutmischung zurückzuführen sein, die wir tatsächlich darstellen.[63]

Noch ein Vierteljahrhundert später, in dem offenen Brief an die *Neue Zürcher Zeitung*, in dessen Folge er prompt ausgebürgert wurde, einer Replik auf Eduard Korrodis Behauptung, nicht die ›deutsche‹, sondern ›nur‹ die jüdische Literatur sei aus dem nationalsozialistischen Deutschland emigriert, ergänzte Thomas Mann seine Beteuerung, er und sein Bruder seien »keine Juden«, um den »Tropfen Latinität« in ihrem »Blut« »(und« — ein aus der Kommunikationssituation motivierter Zusatz: — »Schweizertum von unserer Großmutter her)«;[64] und ein weiteres Jahrzehnte später, in einer Huldigung an Heinrich Mann von 1946, als die »Blut«-Metaphorik schon schwer belastet war, ist vom »lateinisch-politische[n] Bluterbe« der Brüder die Rede, das in dem älteren »aktiv von je« gewesen sei — so daß dieser also wieder besonders eng mit der Mutter assoziiert wird —, und dementsprechend zum Beispiel auch ausdrücklich noch von der »überaus klaren und deutlich ausgeformten *Latein*schrift«, mit welcher dieser, »*in Kalifornien ausgerechnet«* — »Kalifornien« natürlich als maximaler Gegensatz zu allem ›Abendländischen‹ und ›Lateinischen‹ —, »Blatt auf Blatt [...] bedeckt« habe.[65] Die Synekdoche, durch die der mütterlichen Herkunft eine umfassende, bis in die politische Einstellung und die Handschrift reichende ›Latinität‹ abgewonnen wird, geht nicht erst in der Huldigung an den Bruder, sondern schon im Portrait der Mutter in ihrem rhetorisch-imaginären Charakter in Vergessenheit und wird auch hier schon gewissermaßen beim Wort genommen; so etwa, wenn die synekdochische Generalisierung einen knappen Abschnitt weiter unten sozusagen umgekehrt wird und nun, offenbar allen Ernstes, von »*unverkennbar spanischer* Turnüre« die Rede ist. An solch »unverkennbar spanische[]« Artung gebunden, darf die Fremdheit der Mutter nun deutlich und positiv hervortreten, in einer »außerordentlich[en]« weiblichen Schönheit und beim typisch mütterlichen ›Vorlesen‹ als das »in ihrem Munde« angeblich »überraschend[e]« Plattdeutsch (während das Spanische mit dem Männlichen in *Wie Jappe und Do Escobar sich prügelten*, einer für die Verbindlichkeit des »Nationalcharakters«[66] überhaupt sehr aufschlußreichen Erzählung, nur zu einer Karikatur zusammenfinden kann).

Bei der Sichtung der bisher zitierten autobiographischen Zeugnisse ergibt sich also in Hinblick auf die jeweiligen Erwähnungen der Mutter ein deutlicher Befund. Die Fremdheit der Mutter wird erst lange entwe-

---

63   Bd. 11, S. 731. Vgl. dieselbe Formulierung in den Interviews vom 17.10.1931 und 8.5.1936; Frage und Antwort, S. 176, 224.
64   3.2.1936 an Korrodi; Briefe, Bd. 1, S. 412 f.
65   Bd. 11, S. 479 f.; im Original keine Hervorhebungen. Vgl. dazu 27.2.1904 an Heinrich Mann; Thomas Mann und Heinrich Mann, Briefwechsel 1900–1949, S. 96: »von jener romanischen Gedrungenheit des Styls, die so ganz Dein eigen ist«.
66   Bd. 8, S. 443.

der ganz ausgeblendet oder doch heruntergespielt, dann aber, in den Dreißigerjahren, gewissermaßen dick aufgetragen, regelmäßig zusammen mit ihrer je ›außerordentlichen‹ Schönheit und Musikalität. Diese Entwicklung scheint sich aus einem Zusammenspiel mehrerer Faktoren ergeben zu haben. Zunächst manifestiert sich in ihr, wie ja auch in der damit einhergehenden Selbstidentifikation mit Goethe, ein konstant zunehmendes Bewußtsein von der Wichtigkeit der eigenen Person, aus dem heraus Thomas Mann es sich leisten kann, zu einem für ihn scheinbar problematischen Aspekt seiner ›Herkunft‹ offen zu stehen. Zum anderen, und das vermag insbesondere den Übergang von dem 1913 noch zaghaften zum später gleichsam vorbehaltlosen Gestus der Erwähnung zu erklären, starb Julia Mann in der ersten Hälfte des Jahrzehnts, das die früheren von den späteren Erwähnungen trennt und aus dem, vielleicht nicht zufälligerweise, kein neuer autobiographischer Text vorliegt. Der vorbehaltlose Gestus der späteren Erwähnungen läßt sich damit leicht als Reflex der Pietät, möglicherweise auch gewisser Schuldgefühle lesen. Drittens schließlich vollzieht sich jene Entwicklung parallel zu und also sicherlich nicht unabhängig von den Veränderungen, welche das politisch-gesellschaftliche System in Deutschland innerhalb des betreffenden Zeitraums erfuhr. Die offenen Bekenntnisse zur Fremdheit der Mutter fallen in die Zeit der Weimarer Republik oder schon des Exils — wie im ersten Exilroman, *Lotte in Weimar*, Goethe seine »Distanz vom Deutschen, den Blick für seine Gemeinheit, die an tausent nährenden Wurzeln zerrende Antipathie gegen das Sackermentsvolk [...], zu dessen Bildung berufen« er ein »durch Instinct [...] isolierte[s] Leben führ[]t«, letztlich rassenbiologisch mit dem »römisch[]«-»antike[n]« ›Blut‹ einer Vorfahrin erklärt.[67] Die früheren, gewundenen und kleinlauten Äußerungen über die Mutter dagegen stammen aus der Zeit des Kaiserreichs. In diesem wurde Thomas Mann die Rede über sein ›Blut‹ aufgenötigt.

---

67 Bd. 2, S. 657. Vgl. Joseph A. von Bradish, Goethe als Erbe seiner Ahnen, Berlin und New York 1933 (Vortragsreihe, hg. i. A. des Verbandes deutscher Schriftsteller und Literaturfreunde in New York, Gemeinverständliche Folge, Bd. 2), S. 26.

Thomas Mann und die ›völkische‹ Literaturwissenschaft

Thomas Manns frühere Äußerungen über seine Mutter waren Teil eines Dialogs, der sich leicht rekonstruieren läßt. Denn einige weitere Stellen, an denen sich Thomas Mann beiläufig zu seiner »Blutmischung« äußert, sind explizit als Entgegnungen auf Bezichtigungen formuliert, deren Prämissen Thomas Mann freilich mit seiner Antwort auf die Rede von »Blut[]« und »[M]ischung« übernahm.[68] Als Entgegnungen richten sie sich vor allem an Adolf Bartels, den vielleicht wichtigsten Wegbereiter der ›völkischen‹ Literaturwissenschaft[69] (der auch in der Bundesrepublik noch gut genug war, um Straßen und Schulen seinen Namen zu geben[70]). 1936 konnte zum Beispiel ein Buch über *Jüdische und völkische Literaturwissenschaft* sich auf einen »Vergleich zwischen Eduard Engel und Adolf Bartels« beschränken, das heißt Bartels als *den* Exponenten der »völkische[n] Literaturwissenschaft« schlechthin zitieren, für die sich der Verfasser, ein Gerhard Baumann, engagiert. In seinem Plädoyer steht unter anderem (übrigens ganz ohne Anmerkungen und Nachweise):

> [...] Engel [...] regt sich darüber auf, daß Bartels die portugiesische Mutter der Gebrüder Mann feststellt. Dazu äußert Bartels: »Daß ich der rassischen Herkunft nachzugehen und aus ihr das dichterische Wesen zu erklären versuche, ist jetzt im Zeitalter der Rassenwissenschaft doch selbstverständlich, und so darf man sich auch nicht wundern, daß ich Th. und H. Manns portugiesische Mutter feststelle und an die unter anderem auch in Meyers Konversationslexikon zugegebenen jüdischen Blutbestände im Portugiesentum erinnere.«[71]

In der hier assertorisch zitierten ›Äußerung‹ verzerrt und verkürzt Bartels die Geschichte seiner Auseinandersetzung mit den »Gebrüder[n] Mann« in einem Maß, bei dem nicht mehr zu entscheiden ist, ob es aus kalkulierter Fälschung und Lüge oder aber aus einem sehr weit fortgeschrittenen Realitätsverlust resultiert. Wie auch nur schon seine bereits erwähnte »Selbstbiographie« in jenem *Literarischen Heimatbuch für Schleswig-Holstein* — sie beansprucht ein Vielfaches mehr an Raum als die »der Gebrüder Mann« zusammen — dokumentiert Bartels Rekapitulation seiner ›Feststellungen‹ und ›Erinnerungen‹ die ans Pathologi-

---

68   Zur Vieldeutigkeit dieser Rede vgl. Gilman, Franz Kafka, S. 179.

69   Vgl. Jürgen Fohrmann, Das Projekt der deutschen Literaturgeschichte. Entstehung und Scheitern einer nationalen Poesiegeschichtsschreibung zwischen Humanismus und Deutschem Kaiserreich, Stuttgart 1989, S. 237–239.

70   Vgl. Carl Otto Conrady, Vor Adolf Bartels wird gewarnt. Aus einem Kapitel mißverstandener Heimatliebe, in: Die Zeit, 18.12.1964.

71   Gerhard Baumann, Jüdische und völkische Literaturwissenschaft. Ein Vergleich zwischen Eduard Engel und Adolf Bartels, München 1936, S. 17.

sche nicht nur grenzende Selbstgefälligkeit eines sozial lange benach-
teiligten und gedemütigten, durch seinen fanatischen Antisemitismus
aber endlich zur Autorität gewordenen Menschen.

Bartels, der selbst versucht hatte, als ›Dichter‹ zu reüssieren, scheint
mit den ihm mißliebigen, das heißt vor allem den besonders erfolgreichen unter den zeitgenössischen Schriftstellern nach einem festen
Muster verfahren zu sein. Zuerst ›vermutete‹ er einfach einmal, sie seien
»Juden«, ein für ihn indessen hinlänglich vernichtendes Argument
gegen die inkriminierten Autoren, denen er seinen ›völkischen‹ Diskurs
förmlich aufzwang. Denn waren sie sich zu gut, auf Bartels ›Vermutung‹ einzugehen, die freilich als Bezichtigung gemeint war, so war ihr
Schweigen, als die vieldeutigste aller Kommunikationsformen, als ›Geständnis‹ lesbar. So auch einmal bei Thomas Mann. Nachdem Theodor
Lessing in einem gehässigen Schlagabtausch die Familie Pringsheim
»beständig« als diejenige Thomas Manns »bezeichnete«[72] und dieser
darauf in einer nicht weniger bösartigen Replik auf dieses eine Moment
nicht einging, drechselte Bartels daraus gleich wieder ein Argument für
seine von Thomas Mann schon Jahre zuvor einmal bestrittene »Hypothese«, Heinrich und Thomas Mann »seien Juden«:[73]

Meine Frau ist die Tochter des Ordinarius für Mathematik an der Münchener Universität, Prof. Alfred Pringsheim, und mütterlicherseits die
Enkelin der bekannten Schriftstellerin Hedwig Dohm. Daß ich also eine
Mißheirat eingegangen sein sollte, will meiner Bescheidenheit nicht
sogleich einleuchten. Ebensowenig aber habe ich mir träumen lassen,
daß ich durch diese Heirat zum Juden geworden und daß meine Person und
namentlich meine Arbeit nun »biologisch nach der jüdischen Seite hin
zu verrechnen« sei. Wenn ich dem hie und da auftauchenden Irrtum von
meiner jüdischen Abstammung ruhig und bestimmt widerspreche, so geschieht es, weil ich eine wirkliche Fälschung meines Wesens darin er-
blicke und weil, wenn ich als Jude gälte, meine ganze Produktion ein
anderes, falsches Gesicht bekommen würde. Was wäre das Buch, das
meinen Namen bekannt gemacht hat, was wäre der Roman ›Buddenbrooks‹, wenn er von einem Juden herrührte? Ein Snob-Buch. Dies
meinte ich, als ich Ihnen schrieb: Da ich keiner sei, könnte ich nicht
wünschen, für einen Juden gehalten zu werden.[74]

Wenn die von Bartels als »Juden« ins Visier Genommenen, wie hier
Thomas Mann, auf seine ›Vermutungen‹ entgegneten, anerkannten sie
deren Relevanz und begaben sich also hinab auf das Niveau des Kontrahenten, der nun erst recht leichtes Spiel hatte. Ohne die ›Vermutung‹
aufrecht zu erhalten, konnte er weiterhin behaupten, der und der »gehöre« »[l]iterarisch [...] auf alle Fälle zu den Juden« und sei »nicht eben
deutsch«, wobei der völlig diffuse Sinn solcher Prädikate seine Adepten,
wie jenen Gerhard Baumann, offenbar nicht im geringsten zu beirren

---

72 Bd. 11, S. 730.
73 Bd. 13, S. 471.
74 Bd. 11, S. 731.

vermochte.[75] Nach diesem Schema verfuhr Bartels auch in seiner Auseinandersetzung mit Thomas Mann, indem er eben dem Wort ›deutsch‹ eine vage, unbestimmt metaphorische, aber als solche, rhetorisch-willkürliche, nicht ausgewiesene Bedeutung unterlegte; ein Manöver, das Thomas Mann offensichtlich durchschaute:

> Was mich betrifft, so schrieb Herr Adolf Bartels, der völkische Literaturprofessor in Weimar: »Zwar hat er im Kriege nationale Haltung gewahrt, aber offen gestanden glaube ich ihm sein Deutschtum nicht recht.« Was soll ich machen? Er glaubt es mir nicht recht.[76]

Das ›double bind‹, in das ein von Bartels einmal aufs Korn genommener Autor geriet, zeigt sich noch an einer verhältnismäßig späten Reaktion Thomas Manns, in seinem zu Recht berüchtigtsten Buch, worin die ihm von Bartels zugestandene »nationale Haltung« ihren bekanntesten Ausdruck fand, *Betrachtungen eines Unpolitischen* (in der ersten Neuauflage nach dem Ersten Weltkrieg um besonders bedenkliche Stellen gekürzt,[77] aber auch nach dem Zweiten von keinem Geringeren als Alfred Andersch gepriesen[78]):

> Solchen [Nietzsches] Einflüßen, solchen Bedürfnissen und Empfänglichkeiten entsprach denn auch nur zu sehr meine eigene schriftstellerische Haltung; sie war derart, daß Leute, die sich nicht anders zu raten wußten, wie Adolf Bartels, einen Juden aus mir machen wollten, — wogegen ich der Wahrheit halber protestieren zu sollen meinte. Wenn ich, in meinen Grenzen, dazu beitrug, die deutsche Prosa-Erzählung zu europäisieren; wenn ich behilflich sein konnte, den Roman als Gattung für Deutschland im Range und Ansehen zu erhöhen, so war das eine Auswirkung meines Blutes, nicht meines Ranges: denn der Rang ist heutzutage kaum etwas Individuelles, er ist eine Frage des nationalen Niveaus, er berechtigt kaum zu aristokratischem, sondern nur zu einem demokratischen Selbstbewußtsein, wie man sieht, das in Zeiten nationaler Vereinsamung und Bedrohtheit ins Anstößig-Patriotische zu entarten gar sehr Gefahr läuft...[79]

---

75 Baumann, S. 81.
76 Bd. 10, S. 873 f.; vgl. Bd. 13, S. 471.
77 Vgl. Arthur Hübscher, Die Metamorphosen der *Betrachtungen eines Unpolitischen*, in: Deutsches Volkstum 1927, S. 562–565; Ernst Keller, Der unpolitische Deutsche. Eine Studie zu den *Betrachtungen eines Unpolitischen* von Thomas Mann, Bern und München 1965, S. 141–170; Mackensen, S. 161. In der betreffenden »19. bis 24. Auflage«, Berlin 1922, findet sich kein Hinweis auf die veränderte Gestalt des Textes.
78 Vgl. Thomas Körber, Thomas Mann und die deutsche Nachkriegsliteratur 1947–1955, in: Germanisch-romanische Monatsschrift, Neue Folge, 48, 1998, S. 231–239, hier S. 238 mit Anm. 39; W. G. Sebald, Der Schriftsteller Alfred Andersch, in: W. G. Sebald, Luftkrieg und Literatur. Mit einem Essay zu Alfred Andersch, München und Wien 1999, S. 121–160, hier S. 144 f.
79 Bd. 12, S. 88.

Daß Thomas Mann »protestieren zu sollen« nur eben »*meinte*«, läßt schon als Formulierung die dilemmatische Situation spürbar werden, in welche jeder geraten mußte, den Bartels vor die Alternative stellte, ihm zu antworten oder nicht. Thomas Mann entschied sich für das erste, nur »der Wahrheit halber«, wie er versichert — und wie er auch schon mit dem nächsten Wort widerlegt: er »meinte« »der Wahrheit halber«, aber eben doch »*protestieren* zu sollen«. Durch die Implikationen dieses Verbs — Jacques Darmaun übersetzt es in seiner Studie *Thomas Mann et les Juifs* in einer für deren Konzilianz bezeichnenden Abschwächung mit »dementir«[80] — macht sich Thomas Mann selbstverständlich zu Bartels' Komplizen. Auch wenn es »der Wahrheit halber« geschieht, man hat jedenfalls ein Recht zu »protestieren«, also ernsthaft verletzt oder empört zu sein, wenn einer wie Bartels seine ›Vermutungen‹ einmal fälschlicherweise anstellt.

Die gemeinsamen Voraussetzungen der beiden Kontrahenten werden im Folgenden dann vollends deutlich. Denn auch Thomas Mann, der in seinen besonders deutschnationalistischen *Betrachtungen* seine mütterliche Herkunft schlankweg übergeht, bemißt ja den Wert, den »Rang« und das »Ansehen« der Literatur im allgemeinen — »Hätte Hölderlin [...] Jude sein können?«[81] — und seiner eigenen Produkte im besonderen nach einem rassenbiologischen Kriterium, wenn er diese als »Auswirkung« des »Blutes« bestimmt. Den Wert der *Buddenbrooks*, daran läßt die oben zitierte Entgegnung keinen Zweifel, macht weder eine objektive ›textimmanente‹ Qualität aus, noch auch ein rezeptionsgeschichtliches Faktum, der kommerzielle Erfolg oder das Glück, ganzen Generationen von Lesern und Leserinnen zu einem eindrücklichen Leseerlebnis geworden zu sein, sondern eine produktionsästhetische Größe, der Umstand, nicht »von einem Juden her[zu]rühr[en]«.

Nur weil er selbst tief in Vorstellungen wie »Blut«, »Rasse« und dergleichen verhaftet war, konnten Bartels' Vermutungen Thomas Mann und mußten sie ihn in ernsthafte Verlegenheit bringen. Für Thomas, anders als für Heinrich Mann — dieser hatte zur Herkunft seiner Mutter wie gesehen ein von je affirmatives Verhältnis —, war eine Entgegnung deswegen besonders heikel, weil sie ihn zwang, seine »Blutmischung« zum Thema zu machen; so auch in jener Entgegnung auf Bartels' argumentum ex silentio. Auch dort setzte er eine zwar noch immer synekdochische, aber die doch am wenigsten vage Bestimmung der »Blutmischung« in Klammern und versuchte sie außerhalb dieser Klammern wieder zu ›latinisieren‹ und zu ›romanisieren‹:

> Was einen Forscher wie Prof. Bartels an meiner und meines Bruders Produktion fremdartig anmutet, wird wohl, teilweise wenigstens, auf jene *lateinische (portugiesische)* Blutmischung zurückzuführen sein, die wir tatsächlich darstellen.

---

80 Darmaun, Thomas Mann et les Juifs, S. 104.
81 Tagebücher 1944–1946, S. 269.

Wenn er Richard Dehmel einen »slawischen Virtuosen« nennt, so möge er uns »*romanische* Artisten« nennen. Juden sind wir nun einmal nicht.[82]

Mit dieser Entgegnung, über die sich Bartels als eine »sehr komisch[e]« mokierte,[83] wiederholte sich Thomas Mann freilich selbst — er hatte schon vor Jahren energisch widersprochen —, was ebenso verständlich ist, wie es vergeblich war. Denn Bartels hatte jene frühere Replik in seinen späteren Auslassungen über die »Gebrüder Mann« zwar einbezogen, aber so perfid paraphrasiert, daß er das letzte Wort immer behalten konnte. »Blutmischung« hin oder her, sie sind »*wesentlich* jüdisch« und haben »uns Deutschen [...] *im Grunde* nichts zu bieten«:[84]

Juden schienen mir auch die Gebrüder Mann aus Lübeck zu sein [...], doch haben sie selber nur eine kreolische Blutmischung *zugegeben*.[85]

Die Gebrüder Mann [...] sind *nach Thomas' Aussage* keine Juden, aber [...] ihre Kunst erscheint wesentlich jüdisch.[86]

Die aufschlußreichste Entgegnung auf Bartels »Hypothese«, in den *Gesammelten Werken* »Die Lösung der Judenfrage« überschrieben, erschien 1907 — daher wohl auch die wörtlichen, im folgenden durch Kursive gekennzeichneten Anklänge an eine oben diskutierte Stelle aus *Königliche Hoheit* —, zuerst als »Antwort auf eine Rundfrage« in den *Münchner Neuesten Nachrichten*, dann in einem von Julius Moses unter dem in der Gesamtausgabe supplierten Titel herausgegebenen Sammelband *Die Lösung der Judenfrage* (in den übrigens, der im Rückblick unheimlichen Titelgebung durchaus gemäß, auch eine »Antwort« von Bartels aufgenommen wurde):

Ich bin, entgegen einer bestehenden Hypothese des Herrn Adolf Bartels, kein Jude und stelle, obwohl der große germanische Lyriker und Literaturhistoriker das als »höchst wahrscheinlich« bezeichnet, keine jüdische, sondern nur eine romanische Blutmischung dar. Immerhin habe ich weder Recht noch Lust zu irgendwelchem Rassen-Chauvinismus, bin, wenn auch sonst mit ganz zweifellosen Überzeugungen nicht sehr reich gesegnet, ein überzeugter und zweifelloser »Philosemit« und glaube steif und fest, daß ein Exodus, wie die Zionisten von der strengen Observanz ihn träumen, ungefähr das größte Unglück bedeuten würde, das unserem Europa zustoßen könnte. Diesen unentbehrlichen europäischen

---

82 Bd. 11, S. 731; im Original keine Hervorhebungen.
83 Adolf Bartels, Die deutsche Dichtung der Gegenwart. Die Jüngsten, Leipzig 1921, S. 96.
84 Adolf Bartels, Geschichte der Deutschen Literatur, Leipzig 5/61909, Bd. 2, S. 543; im Original keine Hervorhebungen.
85 Bartels, Geschichte der Deutschen Literatur, S. 542; im Original keine Hervorhebungen.
86 Adolf Bartels, Die deutsche Dichtung der Gegenwart. Die Alten und die Jungen, Leipzig 81910, S. 307 f.; im Original keine Hervorhebungen.

Kultur-Stimulus, der Judentum heißt, heute noch, und zumal in Deutschland, das ihn so bitter nötig hat, in irgendeinem feindseligen und aufsässigen Sinne zu diskutieren, scheint mir so roh und abgeschmackt, daß ich mich ungeeignet fühle, zu solcher Diskussion auch nur ein Wort beizusteuern.

Man verzeihe es dem Novellisten, wenn er in der Judenfrage zunächst einen persönlich-menschlichen Konflikt, ein rein psychologisches Problem erblickt — und zwar eines von höchstem Reiz. Überall als Fremdling kenntlich, das Pathos der *Ausnahme* im Herzen, stellt er eine der *außerordentlichen* Daseins*formen* dar, die sich, *in einem erhabenen oder anrüchigen Sinne von der gemeinen Norm ausgezeichnet*, aller human-demokratischen Nivellierung zum Trotz, *inmitten des bürgerlichen Lebens erhalten.*[87]

So lautet der Text in Band 13, dem 1974 erschienenen Nachtragsband der *Gesammelten Werke*, in den er als erster von elf unter der Rubrik »Zum jüdischen Problem« versammelten Texte aufgenommen ist. Wie Harry Matter 1983 im Kommentar zum ersten Band der *Aufsätze, Reden, Essays* mit vollem Recht moniert hat, bieten die *Gesammelten Werke* einen Mischtext.[88] Abgesehen von einer gegen die gesamte Überlieferung vorgenommenen Konjektur — davon sogleich —, beruht er im wesentlichen auf der Buchfassung, die, abgesehen von etlichen in den *Gesammelten Werken* natürlich emendierten Setzfehlern, bis auf eine, oben schon einmal zitierte Stelle mit dem Text des Zeitungsvorabdrucks identisch ist (»verelendete[]« versus »verelendetste[] Rasse«). Andererseits aber berücksichtigt er eine von zwei Korrekturen, die Thomas Mann nach seiner Lektüre des Zeitungsvorabdrucks für die Buchfassung anmeldete, die in diesem aber beide nicht berücksichtigt sind.

Wie eben angedeutet enthält der oben zitierte Eingangspassus sowohl in den *Gesammelten Werken* als erstaunlicherweise auch in der ›kritischeren‹ Ausgabe Matters eine stillschweigende, nicht als solche ausgewiesene Konjektur. Sie betrifft die erste Zeile: »entgegen einer bestehenden Hypothese«.[89] Dafür steht im Zeitungsvorabdruck *und* in der Buchfassung: »entgegen einer *bestechenden* Hypothese«.[90] Diese Form des Texts, die ihm denn Hermann Kurzke und Stephan Stachorski in der jüngsten Ausgabe der *Essays* endlich zurückgegeben haben, erfordert weder grammatisch noch auch nur stilistisch eine Emendation, wie sie die früheren Herausgeber für offenbar selbstverständlich hielten. Deren Konjektur fordert daher ihrerseits schon eine Interpretation heraus.

Selbst wenn wider Erwarten einmal das verschollene Manuskript auftauchte und die fragliche Konjektur unversehens rechtfertigte, behielte die in den beiden autorisierten Drucken überlieferte Lesart ihr Gewicht,

---

87 Bd. 13, S. 459; im Original keine Hervorhebungen. Vgl. Bd. 2, S. 32.
88 Aufsätze; Reden; Essays, Bd. 1, S. 399 [Kommentar].
89 Aufsätze; Reden; Essays, Bd. 1, S. 128.
90 Münchner Neueste Nachrichten, 14.9.1907; Julius Moses, S. 242; in den Originalen keine Hervorhebung.

und sei es auch das einer Fehlleistung, und zwar einer Fehlleistung nicht nur eines Setzers und der Lektoren. Man braucht noch nicht einmal darüber zu spekulieren, ob Thomas Mann je die Druckfahnen wenigstens der Buchausgabe vorlagen. Denn noch am selben Tag, an dem der Zeitungsvorabdruck erschien, am 14. September 1907, schrieb Thomas Mann aus Seeshaupt an den Redakteur Emil Grimm. Der Brief, der die beiden schon erwähnten Korrekturbitten enthält, ist leider nicht zugänglich. Sein Wortlaut aber wird in einem Berliner Auktionskatalog von 1929 paraphrasiert und teils auch zitiert:

> Bittet um Berichtigung des Abdrucks seiner »Antwort« auf eine Rundfrage des Herrn Moser [sic!]. Es seien zwei fatale Versehen unterlaufen, die er richtig zu stellen bitte:
> »Überall als Fremdling kenntlich«, solle es im zweiten Absatz heißen »....stellt *der Jude* (nicht *er*, der Novellist) eine Daseinsform dar etc.« »Und etwas weiter unten soll es selbstverständlich nicht von einer *Ver*legenheit, sondern von einer *Über*legenheit der Juden im beruflichen Wettstreit die Rede sein!«[91]

Es steht also fest, daß Thomas Mann den ersten »Abdruck[]« las, daß er die darin unterlaufenen »Versehen« registrierte und daß ihm deren Korrektur wichtig genug war, um unverzüglich, wenn auch vergeblich zu versuchen, ihrer Verschleppung in die Buchausgabe zuvorzukommen. Angenommen daher selbst, jene Lesart »bestechenden« sei erst durch einen Setzfehler in den Text gekommen, so gewönne dieser spätestens in der Buchfassung den Status einer Fehlleistung seitens des Autors, der die frühere Fassung ganz und genau durchlas und dem die fragliche Lesart offenbar nicht als besonders sinnentstellend auffiel, und das, obwohl sie an der überhaupt exponiertesten Textstelle, in der allerersten Zeile eben, erschien und seiner Aufmerksamkeit unmöglich entgangen sein konnte.

Die Konjektur der älteren Editionen ist symptomatisch. Sie ist charakteristisch für die eher entspannte Haltung, welche die Thomas Mann-Forschung nicht allein »[z]um jüdischen Problem« einnimmt, sondern zu ›Problemen‹ der Xenophobie und des Rassismus überhaupt; sowohl was Thomas Manns aktive Partizipation an den entsprechenden Diskursen angeht, wie auch insofern, als er passiv davon betroffen war. Die Konjektur ist Ausdruck des affirmativen Tenors, der die Thomas Mann-Rezeption dominiert. An dem einen konjizierten Attribut wird die Allianz oder Komplizenschaft der Editoren und des Autors unmittelbar deutlich. Als Editionspraxis leistet die Konjektur dasselbe wie in der Sekundärliteratur das in der Thomas Mann-Rezeption so beliebte Interpretationstheorem der Ironie, durch das wie gesagt auch Texte wie *Wälsungenblut* dem humanistisch-aufklärerischen Bild des — so der hierin bemerkenswerterweise hinzuerfundene Untertitel in der Übersetzung ei-

---

91 Karl Ernst Henrici, Auktionskatalog CXII. Autographen, Berlin 1929 [Masch., Kohledurchschlag, Thomas Mann-Archiv]; Hervorhebungen des Originals.

ner neuen Biographie —: des »Deutsche[n] und Weltbürger[s]«[92] integriert werden können (und mit dem auch wirklich jeder Text zu retten wäre: *Mein Kampf* als Parodie seiner selbst). Indem sie aus einer »bestechenden Hypothese« eine nur mehr »bestehende[]« werden läßt, dient die Konjektur der ›Lesbarkeit‹ des Texts und glättet nicht das einzige, aber das offensichtlichste seiner Irritationsmomente.

Die reibungslose Lesbarkeit des Texts hängt wesentlich von der Eindeutigkeit ab, mit welcher hier wie im Band *Die Lösung der Judenfrage* überhaupt Subjekt- und Objektposition verteilt und festgelegt sind. Thomas Manns Beitrag, und genau das soll dessen Anfang ja klarstellen, scheint zu denjenigen Antworten auf Moses' »Rundfrage« zu gehören, in denen die »Judenfrage« von einem davon nicht direkt Betroffenen ›beantwortet‹ wird (oder eben ›gelöst‹, um den Perspektivpunkt der Entwicklung lexikalisch nochmals zu markieren, welche die Obsession mit dieser »Judenfrage« endlich nehmen sollte). Ganz am Anfang seiner Antwort scheint der Autor klarstellen zu wollen und stellt er in der zitierten Gestalt des Texts auch tatsächlich klar, daß er selber nicht zu denen gehört, deren ›Frage‹ und ›Problem‹ hier diskutiert wird. Eine das Gegenteil besagende »Hypothese«, der zitierten Textgestalt nach, ›besteht‹ zwar, aber zu Unrecht.

Wenn von dieser »Hypothese« jedoch nicht mehr als von einer nur eben »bestehenden«, sondern, wie der überlieferte Text in seinen beiden Versionen anzunehmen eigentlich zwingt, als von einer »bestechenden« die Rede ist, dann verlieren die folgenden Beteuerungen des Gegenteils an Gewicht und Eindeutigkeit. Sie werden dadurch problematisch und erst wirklich interessant. Die »Hypothese des Herrn Adolf Bartels«, um diesen für die Argumentation entscheidenden Punkt zu wiederholen, ›besticht‹ auch dann, wenn das ›Bestechende‹ daran erst auf einen Druckfehler zurückgeht, aber sinnvoll genug war, um Thomas Manns Aufmerksamkeit zu entgehen und in seiner zweifelsfrei bezeugten Korrekturlektüre nicht als störend aufzufallen.

Offenbar muß es gute oder eben »bestechende[]« Gründe für die Annahme geben, Thomas Mann sei »Jude« — was immer damit auch gemeint sein soll. Denn daß das Wort »Jude« in der überlieferten Textgestalt eine metaphorische oder sonstwie uneigentliche Bedeutung annimmt, liegt auf der Hand. Die »Hypothese« ist ja unabhängig davon »bestechend[]«, daß Thomas Mann sensu stricto »kein Jude« ist (wenn es anders einen ›strengen Sinn‹ dieses immer schon in Assoziationen und Konnotierungen gleichsam diffundierenden Worts gibt). Der Widersprüchlichkeit der denotierten Aussage, daß die »Hypothese« zwar falsch, aber doch »bestechend[]« sein kann, entspricht genau die Konnotation dieses Partizips. Bestimmt man das Konnotat als Summe aller potentiellen, im je gegebenen Kontext aber nicht aktivierten Wortbe-

---

92   Deutsche Ausgabe von Donald Prater, Thomas Mann. A Life, Oxford 1995: Thomas Mann. Deutscher und Weltbürger. Eine Biographie, München und Wien 1995.

deutungen, so konnotiert das Partizip wegen der sonst geläufigen Bedeutung des Verbs »bestechen«, daß die »Hypothese« eine zwar unstatthafte und moralisch verwerfliche, aber eben doch sehr erhebliche Überzeugungskraft hat.

Ihr ›Bestechendes‹ und Plausibles behält Thomas Manns Identifikation als »Jude« aber selbst noch in der oben zitierten Gestalt des Texts. Auch in dieser noch ist die Bestimmung der eigenen Position der »Judenfrage« gegenüber durchaus nicht so eindeutig, wie es vordergründig scheint. Der Text enthält auch in den *Gesammelten Werken* mindestens eine stark irritierende Stelle, nämlich in einem jener beiden »fatale[n] Versehen«, die Thomas Mann in seinem Brief monierte und die wie gesagt hier nur zur einen Hälfte berücksichtigt sind:

> Man verzeihe es dem Novellisten, wenn er in der Judenfrage zunächst einen persönlich-menschlichen Konflikt, ein rein psychologisches Problem erblickt — und zwar eines von höchstem Reiz. Überall als Fremdling kenntlich, das Pathos der Ausnahme im Herzen, stellt er eine der außerordentlichen Daseinsformen dar, die sich, in einem erhabenen oder anrüchigen Sinne von der gemeinen Norm ausgezeichnet, aller humandemokratischen Nivellierung zum Trotz, inmitten des bürgerlichen Lebens erhalten.

Das Subjekt des zweiten Satzes ist aus dem ersten herauszuziehen, zu abstrahieren, eben aus dem Kompositum »Judenfrage«. Es versteht sich von selbst — das war die Formulierung des oben indirekt zitierten Briefs: »selbstverständlich« —, wer mit »er« und mit dem »Fremdling« gemeint sein muß, der »Jude« natürlich, der Thomas Mann zu sein bestreitet oder jedenfalls zu bestreiten versucht und den er in jenem Brief für das Pronomen »er« sehr begreiflicherweise einzusetzen bittet. Denn genau genommen, und gerade bei diesem um die sprachlich korrekte Form so ostentativ bemühten Autor darf man es doch wohl pedantisch genau nehmen wie mit nur einem, auch und besonders dann, wenn er seine sonst so souveräne Beherrschung der Sprache einmal verliert, — grammatisch streng genommen also kann sich »er« ja auf nichts anderes beziehen als ausgerechnet auf den »Novellisten«, das einzige persönliche Maskulinum, das im vorhergehenden Satz als Bezugswort des Pronomens in Frage kommt. Gemeintes und tatsächlich Gesagtes treten im zweiten Abschnitt des Texts diametral auseinander, als Paradebeispiel geradezu einer weiteren Fehlleistung, die hier unmöglich als Druckfehler erklärbar ist. Sie muß unmittelbar auf den Autor zurückgehen, wenn dieser sie auch nachträglich selbst erkannt und versucht hat, sie in der Buchfassung zu beseitigen — ein wie gesagt vergeblicher Rettungsversuch: In der Buchfassung, die etliche zusätzliche Fehler aufweist, ist diese Korrektur von »er« durch »der Jude« ebensowenig berücksichtigt wie das andere »fatale Versehen«; »ärgerlich[]« bleibt auch hier die »häufige *Ver*legenheit« des »Jude[n]«.

Die Identität oder doch Affinität Thomas Manns und der ›Juden‹, auf welche die doppelte Fehlleistung hinausläuft, läßt sich verschieden interpretieren. Am nächsten läge und am leichtesten mit anderen Äußerungen des Autors zu belegen wäre es, hierin eine generelle Analogie zwischen der »Judenfrage« und dem in der Forschung ad nauseam diskutierten ›Künstlerproblem‹ zu sehen, wie sie Thomas Mann dem dagegen vehement protestierenden Jakob Wassermann gegenüber formulierte.[93] Ohne solch eine naheliegende Interpretation auszuschließen und eher schon um sie zu ergänzen und zu vertiefen — so wie auch in Detlev Spinell das ›Künstlerproblem‹ mit der unbewältigten »Judenfrage« zusammenfällt —, kann man jene Fehlleistungen aber auch innerhalb des rassenbiologischen Diskurses selbst erklären, in dem der Autor nun einmal befangen war, wenn er, um dafür ein letztes Beispiel aus dem literarischen Werk zu geben, im *Doktor Faustus* den »jüdischen Verlegersfrauen und Bankiersdamen« pauschal eine »tiefgefühlte[] Bewunderung ihrer Rasse für deutsches Herrenblut und lange Beine«, konkret für das germanische »Blutserbe« ausgerechnet des eingefleischten Antisemiten Rüdiger Schildknapp unterstellt[94] (dessen »Modell«, Hans Reisiger, sich über dieses »Porträt«[95] ebensowenig freute wie Annette Kolb über das ihre[96]).

Thomas Manns Bestimmungen seiner mütterlicherseits ererbten Fremdheit, ob sie nun direkt auf Bartels replizieren oder indirekt und generell rassenbiologischen Verdächtigungen zuvorkommen sollen, sind, abgesehen von der allen gemeinsamen Tendenz, das Fremde zu europäisieren, merkwürdig disparat, ohne daß sich ihre Divergenzen diachron, also in eine einsinnige Entwicklung voll und ganz auflösen ließen: »romanisch[]« (1903, 1907), »portugiesisch-kreolisch[]« (1903, 1904, 1905), »lateinisch[] (portugiesisch[])« (1912), »lateinisch[]« (1921), »lateinamerikanisch[]« (1930), »ausgesprochen romanisch[]« (1930, 1936), »unverkennbar spanisch[]« (1930). Die Entwicklungslinie, die sich in dieser Sequenz undeutlich abzeichnet, verläuft von einer synekdochischen Umschreibungsweise (›romanisch‹ und ›lateinisch‹ als totum pro parte) zu einer metonymischen, in der das Portugiesische durch das angrenzende Spanische ersetzt wird, ganz ähnlich wie schon in *Königliche Hoheit* sich die Fiktion (das »Land Bolivia« als einst spanische Kolonie) zum autobiographischen Substrat verhielt (der vormals portugiesischen Kolonie Brasilien).

Der Übergang von den synekdochischen zu den metonymischen Umschreibungen bedeutet einen Wechsel von einer Strategie der Verunklärung zu einer der blanken Irreführung und, im außermoralischen Sinne, der Lüge. Jedenfalls sucht man in den zahlreichen und umfangreichen Biographien vergeblich nach genealogischen Anhaltspunkten für das behauptete ›Spanische‹ unter den Ahnen großmütterlicherseits. Und selbst wenn sich ein solcher fände oder Thomas Mann fälschlicherweise,

---

93   Vgl. Thomas Mann, Briefwechsel mit Autoren, hg. v. Hans Wysling, Frankfurt a. M. 1988, S. 476–480.
94   Bd. 6, S. 226 f.
95   Bd. 11, S. 202.
96   Vgl. Harpprecht, S. 1552.

aber bona fide an ihn glaubte, so bliebe doch zu fragen, warum das spanische ›Blut‹, da es gegebenenfalls ungleich dünner sein müßte als das *portugiesisch*-kreolische, dieses dennoch zu verdrängen tendiert.

Die Antwort darauf ist im Grunde schon in Baumanns Bartels-Zitat enthalten: »die unter anderem auch in Meyers Konversationslexikon zugegebenen jüdischen Blutbestände im Portugiesentum«; ein echt Bartelssches Argument, das auch Philipp Stauff in seinen *Semi-Kürschner* sub nomine »Mann« aufgenommen hat:

> Im übrigen ist auch portugiesische Blutzumischung ziemlich bedenklich, da das portugiesische Volk von allen europäischen das rassenhaft schlechteste ist: man vergleiche Meyers Konversationslexikon, wo die Mischung mit Arabern, Juden, Indern und Negern hervorgehoben wird.[97]

Gerade weil sich Bartels jeweils auf die denkbar banale Quelle eines Konversationslexikons bezieht, artikuliert er wohl eine communis opinio der Rassenbiologen, so daß man Thomas Manns Verfälschungen der »iberischen«[98] Herkunft keineswegs als persönliche Marotte zu deuten braucht. Vielmehr scheint es sich dabei um eine generelle Aufwertung des eigenen ›Bluts‹ nach allgemeinen Standards zu handeln, durch die insbesondere dem Verdacht auf »jüdische[] Blutbestände« vorgebaut werden sollte. Dieser liegt in der Tat nicht so fern, wie es Thomas Manns als solche vielleicht allein schon etwas verdächtigen Repliken suggerieren (nicht aber die Assoziationen seiner literarischen Texte, zum Beispiel eben »Herr Hermann Hagenström, Großhändler und Königlich *Portugiesischer* Konsul«[99]). Der berühmteste Träger des Mädchennamens seiner Mutter, Portugiese und obendrein in Rio de Janeiro geboren, der Dramatiker António José da Silva, der 1739 von der Inquisition in Lissabon verbrannt wurde, trug den Beinamen o Judeu, ›der Jude‹; und auch Holitscher erwähnt in seinen Memoiren einen portugiesisch-deutsch-jüdischen Maler namens Raffael Salomon da Silva.[100]

Um das ganz klarzustellen, geht es und darf es hier nicht darum gehen, über Thomas Manns Genealogie irgendwelche Aussagen zu machen oder auch nur Vermutungen in die Welt zu setzen. Hieße dies doch, das Frageinteresse und in eins damit auch fast schon die ideologischen Voraussetzungen der Rassenbiologie zu übernehmen; ganz abgesehen einmal von der methodologischen Fragwürdigkeit beziehungsweise Unhaltbarkeit solcher Vermutungen und Aussagen, die ja, patre semper incerto, je nur eine patriarchale idée fixe artikulieren. Es kommt hier allein und ausschließlich darauf an, die Vorstellungen und vor allem die Ängste zu rekonstruieren, die Thomas Mann selber hinsichtlich seines ›Blutes‹ haben konnte oder mußte.

---

97   Adolf Bartels, Deutsches Schrifttum; zitiert nach: Stauff, Sp. 236, s. v. ›Mann, Thomas‹.

98   Bd. 7, S. 661. Vgl. das Interview vom 2.5.1925; Frage und Antwort, S. 63.

99   Bd. 1, S. 597; im Original keine Hervorhebung.

100   Holitscher, S. 148.

Bei Thomas Manns gegebenem Interesse an der »Mischung« des »Geblütes«[101] läßt es sich eigentlich kaum denken, daß sich nicht auch in ihm selbst, und sei es unterhalb der Bewußtseinsschwelle, Vermutungen regten, wie er ihnen, von Bartels geäußert, so entschieden entgegentrat, die Angst eben vor der Möglichkeit des eigenen ›jüdischen Bluts‹, mochte dieses auch noch so stark, über noch so viele Generationen verdünnt sein. Denn nach der communis opinio von der Minderwertigkeit der ›Mischlinge‹, und in solchen Vorstellungen von der Gefährlichkeit auch geringer Quantitäten verrät der rassenbiologische neuerlich seine Prägung durch den epidemologischen Diskurs, hätte diese Verdünnung am Befund gar nichts oder kaum etwas geändert. Noch näher als diese »dunklere[]« mußte allerdings die Möglichkeit einer in anderer Richtung außereuropäischen »Herkunft« Thomas Manns gelegen haben, die freilich von rassenbiologischem Standpunkt aus gesehen, wie jede »Mischung« mit ›fremdem Blut‹, noch immer schlimm genug war und deren solchermaßen ambivalente Beziehung zu jener »dunkleren« Möglichkeit an *Königliche Hoheit* genau zu beobachten war.

Einen ersten in diesem Zusammenhang wichtigen Hinweis gibt schon jenes in Thomas Manns autobiographischen Äußerungen regelmäßig wiederkehrende Determinativkompositum »*portugiesisch*-kreolisch[]«. Neben die Liste rassentheoretischer Definitionen gehalten, die Thomas Mann für seine Arbeit an *Königliche Hoheit* zusammenstellte, scheint diese Determinierung wenig oder dann nichts Gutes zu bedeuten. Denn da »Kreole[n]« der Auflistung nach von »Farbige[n]« kategorisch verschieden und »von *rein* europäischem Blute« sind, läuft die Determination, rassenbiologisch gesehen, auf die schlechteste der dort gegebenen Möglichkeiten hinaus (»franzö[sisch], spanisch[] u[nd] portugiesisch[]«). Indessen dokumentiert natürlich allein schon die schiere Existenz jener Liste, daß Thomas Mann hier terminologisch unsicher war und daß also im landläufigen Sprachgebrauch ›Kreole‹ und ›kreolisch‹ eine wohl ähnlich diffuse Bedeutung hatten wie in der deutschen Sprachgemeinschaft von heute. Auch als *Terminus* verwendet, können diese Wörter heute durchaus Menschen von nicht »rein europäischem Blute« bezeichnen (nach dem *Wahrig*[102] von 1991 und dem in seiner Wortwahl noch 1997 nicht sensibler gewordenen Fremdwörter-*Duden*[103] auch »Neger«).

Daß das Bedeutungsspektrum zumindest im alltäglich-laxen Gebrauch der Wörter schon seinerzeit breiter war und Menschen von nicht »rein europäischem Blute« keineswegs auszuschließen brauchte, bezeugt eine Stelle in der überhaupt ersten Biographie von 1925: *Thomas*

---

101   Bd. 7, S. 555 f.
102   Gerhard Wahrig, Deutsches Wörterbuch [...], hg. v. Ursula Hermann, o. O. 1991, Sp. 2247, s. v. ›Kreole‹.
103   Günther Drodowski (Hg.), Duden. Das große Wörterbuch der deutschen Sprache, Bd. 4, Mannheim, Wien, Zürich 1978, S. 1579, s. v. ›Kreole‹. Vgl. ders. (Hg.), Duden. Fremdwörterbuch, Mannheim, Leipzig, Wien, Zürich 1997, S. 543, s. v. ›Kreole‹.

Mann. Sein Leben und sein Werk von Arthur Eloesser, einem Bekannten und ganz vorbehaltlosen Bewunderer Thomas Manns. Wie unbedingt seine Devotion war, zeigt bereits ein flüchtiger, ein Blick schon nur auf die Illustrationen seines Buchs, in dem Thomas Manns aberwitziger Widerstand gegen autobiographische Interpretationen seiner Mutterfiguren, ja geradezu das Verbot entsprechender Lektüren vollkommen internalisiert ist. Ähnlich wie in anderen illustrierten Biographien sind die Abbildungen von Familienangehörigen in der Regel doppelt beschriftet, mit der eigentlichen Identität der Abgebildeten und, in Klammern, mit den Namen ihrer Äquivalente in den *Buddenbrooks* (ein Verhältnis, das sich in einer für diese Rezeptionshaltung bezeichnenden Weise sogar so umkehren kann, daß die literarischen Namen, zuerst und in Fettdruck gesetzt, die realen ganz zu verdrängen tendieren[104]): Von dieser Regel einer zweiten, auf den Roman bezogenen Beschriftung gibt es nur eine, desto verräterischere, Eloessers unreflektierte Befolgung jenes auktorialen Interpretationsverbots verratende Ausnahme: »Die Mutter des Dichters« wird als einzige nur so, also nicht etwa als ›(Gerda Buddenbrook)‹ tituliert und damit nicht ins Personal des Romans integriert.[105]

Angesichts solch bedingungsloser Unterwerfung unter Thomas Manns Selbstaussagen wiegt Eloessers Verwendung des Worts ›Kreolin‹ und dessen Kontext um so schwerer. Thomas Manns Mutter »Julia Bruhn-Da Silva [sic!]«, so Eloesser, sei Tochter einer »Kreolin« gewesen, *»die, um genauer zu sein, aus einer portugiesisch-indianischen Mischung hervorgegangen war«*.[106] Natürlich ist Eloessers Biographie, schon die falsche Schreibung des Mädchennamens Bruhns zeigt es, keine ungetrübte Quelle. Doch darf man die devote Haltung des Verfassers und seine wie gesagt persönliche Bekanntschaft mit Thomas Mann nicht außer acht lassen, die im Umkreis der Monographie offenbar bis zur regelrechten Zusammenarbeit ging. So lieh Thomas Mann Eloesser das heute ganz verschollene erste Heft der Zeitschrift *Frühlingssturm*.[107] Bei alledem vermag man sich wirklich kaum vorzustellen, wie Eloesser darauf hätte verfallen können, etwas seinerzeit so Exotisches wie »eine[] portugiesisch-indianische[] Mischung« aus freien Stücken zu erfinden oder auch nur zu vermuten. Die Angabe wird wohl am ehesten auf eine Auskunft Thomas Manns zurückgehen; deckt sie sich doch auch mit der Vorstellung, welche in der Familie Mann bis heute und ganz selbstverständlich von ihrer südamerikanischen Linie zu herrschen scheint.[108]

Es ging hier, um das zu wiederholen, nicht um die Frage, ob der kanonischste aller im engsten Sinne ›deutschen‹ Autoren und zu welchem Bruchteil er ein Indianer war, sondern einzig und allein um eine Rekon-

---

104 Wysling und Schmidlin, Thomas Mann, S. 102–108.
105 Eloesser, S. 96/97 verso.
106 Eloesser, S. 21; im Original keine Hervorhebungen.
107 Vgl. de Mendelssohn, Bd. 1, S. 217.
108 Freundliche Auskunft von Herrn Prof. Dr. Frido Mann, Göttingen, vom 7.6.1997. Vgl. Heinrich Mann, Ein Zeitalter wird besichtigt, S. 497.

struktion dessen, was Thomas Mann von der »Mischung« seines eigenen »Geblütes« glaubte, glauben konnte und fürchten mußte. Diese Rekonstruktion läßt etwas von den zutiefst autobiographischen Bedeutungsschichten der *Königlichen Hoheit* erkennen: autobiographisch nicht im platt positivistischen Sinn identifizierbarer ›Vorbilder‹ und ›Muster‹; sondern so, daß man hier einer Bewältigungs- oder Verdrängungsarbeit förmlich zusehen kann. Diese steht in allerengster Beziehung zu der hier wie auch im *Tod in Venedig* so manifesten Nobilitierungsphantasie, insofern nämlich, als der feudalistische seinerzeit wie gesehen mit dem rassistischen Diskurs kurzgeschlossen war und der Hochadel als besonders ›reinrassig‹ galt.

Ähnlich wie sehr viel später bei der *Betrogenen* die Krebskrankheit wird in *Königliche Hoheit* ein mutmaßliches und schon in seiner Mutmaßlichkeit beängstigendes Merkmal des Autors selbst auf das andere Geschlecht übertragen, hier eben das Merkmal einer Fremdheit, mit dem Thomas Mann in seinem eigenen »Geblüt[]« zu rechnen kaum umhin konnte. Das Indianisch-Fremde, das, historisch-kritisch gesehen, mit dem früheren oder dem früher expliziten Judentum der Spoelmanns und natürlich auch dem der Pringsheims auf eine und dieselbe paradigmatische Achse zu liegen kommt, ist beim Übergang von der biographischen Realität in die literarische Fiktion von der männlichen auf die weibliche Seite übergewechselt. Auf dieser war es, zusammen mit der Musikalität, innerhalb der, und sei es auch einer bloß imaginären Genealogie des Autors in dessen Wahrnehmung immer schon verortet wie alles für seine deutsche Identität Bedrohliche. Ein spätes und vielleicht besonders eindrückliches Beispiel für dieses Assoziationsmuster und seine nicht eigentlich biographische Bedingtheit, sondern seine Bedingtheit in einer speziellen Interpretation biographischer Daten ist jener Name, welchen der »*deutsche* Tonsetzer[] Adrian Leverkühn« der ihn tödlich ansteckenden »Bräunliche[n]« eigenmächtig gibt und als solchen Buchstaben für Buchstaben in Musik setzt.[109] Der »Glasflügler« »Hetaera esmeralda«,[110] dessen halb erfundener Name hier auf einen Menschen übertragen wird, hatte eine ausgerechnet »in Brasilien nachgewiesene« Falterart zum »Vorbild«, welche das Motiv ganz sprachloser, eben der Instrumentalmusik gleichsam im ersten Namensglied führt: »*cithaerias* esmeralda«.[111]

---

109 Bd. 6, S. 207.
110 Bd. 6, S. 23.
111 Vgl. Volker Scherliess, Zur Musik im *Doktor Faustus*, in: Hans Wißkirchen und Thomas Sprecher (Hgg.), »und was werden die Deutschen sagen??« Thomas Manns Roman *Doktor Faustus*, Lübeck 1997, S. 113–151, hier S. 115; im Original keine Hervorhebung.

Indizes

Werke Thomas Manns

Personen

W. E. Adams 242; 244
Konrad Adenauer 260
Lulla Adler 22
Adolf von Berg 252 f., Anm. 282
Dieter Wolfgang Adolphs 32
Theodor W. Adorno 17; 99; 134 f.;
211; 213; 229; 245; 249; 271,
Anm. 394; 278 f.; 291
Gert Adriani 235 f.
Giorgio Agamben 19
Peter Altenberg 104; 108 f.
Otto Ammon 76; 168 f.; 333
Alfred Andersch 366
Vilhelm Andersen 336
Benedict Anderson 11; 54
Richard Andree 196
Angilbert 313
Gabriele d'Annunzio 95
Lucius Apuleius 217–221; 231–233;
248
Aristophanes 312; 325
Aristoteles 231 f.
Arnhold (Familie) 127
Charles alias Varenagh Aznavour 92,
Anm. 81
Johann Jakob Bachofen sen. 233
Johann Jakob Bachofen jun. 16; 25;
38; 42; 208; 213; 218, Anm. 73;
230–237; 245–247; 262, Anm.
341; 264, Anm. 351; 273, Anm.
399
Luise Elisabeth Bachofen geb. Burck-
hardt 233
Valerie Bachofen geb. Merian-Hoff-
mann 233
Michail Bachtin 140
Karl Ernst von Baer 352
Herbert Ballmann 16; 92; 103
Herman Bang 310
Adolf Bartels 189; 338; 361; 364–
368; 371–375
Emil Barth 228, Anm. 126; 236–239
Roland Barthes 11; 118; 140; 228;

235; 268; 332
Friedrich Basil alias Meyer 149–152
Gerhard Baumann 364–366; 374
Johannes R. Becher 9
Richard Beer-Hofmann 41
Iris Bellinghausen 92
Walter Benjamin 155 f.
Moritz Berduschek 148 f.; 152
Dietz Bering 118; 305; 321; 323
Carl Albrecht Bernoulli 237
Bertha (Tochter Karls des Großen) 313
Ernst Bertram 251; 254, Anm. 291
Homi K. Bhabha 23
Oscar Bie 347
Alice Biermann geb. Haag 172
Maria von Bismarck 298
Otto von Bismarck 77; 171; 177
Ajoy Ranjan Biswas 216
Bernhard Blechmann 130
Iwan Bloch 286
Harold Bloom 356
Johann Friedrich Blumenbach 100;
128–130
Dirk Bogarde 183, Anm. 117
Franz Boll 351
Lilli Bourges 57, Anm. 190
Hellmut Walther alias Henry Walter
Brann 62; 67; 68, Anm. 44
Bertolt Brecht 10
Hermann Broch 38
Heinrich von Brühl 33
Oswald Brüll 22
Emma Bruhns geb. Bruhns 312
Johann Ludwig Hermann Bruhns alias
João Luiz Germano 301; 312; 336
f.; 353 f.; 360 f.
Maria Luiza Bruhns geb. da Silva 300;
336–338; 353 f.; 360 f.
Paolo Bruhns 301
Alf Brustellin 15 f.; 59; 264 f.
Carl Jacob Burckhardt 41
Jacob Burckhardt 96
Max Burckhardt 233

Robert Goheen 203, Anm. 229
Oskar Goldberg 306
Edmond de Goncourt 286
Emilie ›Lili‹ de Goncourt 286
Jules de Goncourt 286
Max Grad 126; 153
Ottokar Gräbner 86, Anm. 43
Otto Grautoff 157; 314
Stephen Greenblatt 13
Martin Gregor alias Gregor-Dellin 271
Emil Grimm 370
Hans Jakob ›Christoffel‹ von Grimmelshausen 260, Anm. 327
Anton Gülich 254, Anm. 291
Max Güttinger 77
Hanns von Gumppenberg 180
W. Gundel 351, Anm. 35
Elisabeth Haag geb. Mann 117; 172; 259
Gerhard Härle 326 f., Anm. 61
Ernst ›Putzi‹ Hanfstaengl 114
Hanfstaengl (Familie) 112–114; 116; 122 f.; 155
Wilfried Hansmann 271, Anm. 394
Richard Harpprecht 203
Christoph Hartung von Hartungen 88
Gerhart Hauptmann 121
Benjamin Hederich 37
Georg Wilhelm Friedrich Hegel 31; 343
Martin Heidegger 278
Heinrich Heine 212; 249; 360
Thomas Theodor Heine 142
Heinrich IV. 252
Franz alias André Heller 16; 70
Theodor Heller 102; 116
Karl Ernst Henrici 370
Philipp Gabriel Hensler 286
Jost Hermand 98; 104
Ida Herz 202
Hans Hesse 177, Anm. 81
Hermann Hesse 177
Klaus Heuser 213; 245; 254–257; 282
Werner Heuser 255
Eduard Heyck 34, Anm. 57; 150
H. Higier 128–130
Kurt Hildebrandt 92, Anm. 80; 361, Anm. 61

Adolf Hitler 51 f.; 65; 75; 114; 126; 151; 371
Eric Hobsbawm 29 f.
Friedrich Hölderlin 251, Anm. 275; 367
Kurt Hoffmann 15; 221; 264; 267
Hugo von Hofmannsthal 41 f.; 156
Arthur Holitscher 98, Anm. 111; 104; 374
Hieronymus Holzschuher 73
Homer 357–359
Max Horkheimer 134 f.
Karl August Horst 229
Kurt Hübner 228
Maurice Hutzler 25; 332 f.
Heinrich Institoris 50; 266
Jens Peter Jacobsen 336
Gustav Jäger 128 f.; 136; 143
Curt Paul Janz 62
Walter Jens 43
Wilhelm Jensen 49; 55
Johann Wilhelm von der Pfalz (›Jan Wellem‹) 252
Carl Gustav Jung 229; 245 f.
Franz Kafka 9; 88
John Kafka 236
Immanuel Kant 100; 176
Karl der Große 313
Ernst Keller 14
Gottfried Keller 184
Karl Kerényi 229; 232; 237; 245 f.; 257 f.
Alfred Kerr 92; 328
Hanjo Kesting 16
Hermann Graf Keyserling 209
Heinrich von Kleist 232, Anm. 162; 244; 246 f.; 253; 257
Victor Klemperer 123
Ed Klotz 222; 245; 256; 278
Volker Klotz 136, Anm. 126
Ruth Klüger 99 f.
Robert Koch 17 f.; 45; 182 f.
Annette Kolb 269; 373
Sophie Kolb geb. Danvin-Lambert 269
Eduard Korrodi 362
Tadeusz Kosciuszko 58
Julia Kristeva 56; 277
Marianne Krüll 300

Bibliographie

Thomas Mann-Ausgaben

Volkmar Hansen und Gert Heine (Hgg.), Frage und Antwort. Interviews mit Thomas Mann. 1909–1955, Hamburg 1983

Gert Heine und Paul Sommer (Hgg.), »Herzlich zugeeignet«. Widmungen von Thomas Mann 1887–1955, Lübeck 1998

Karl Ernst Henrici, Auktionskatalog CXII. Autographen, Berlin 1929

Ernst Loewy (Hg.), Thomas Mann. Ton- und Filmaufnahmen. Ein Verzeichnis, Frankfurt a. M. 1994 [Supplementband zu den Gesammelten Werken]

Thomas Mann, Buddenbrooks. Verfall einer Familie, Berlin 1901

Ders., Gladius Dei, in: Die Zeit, 12.7.1902, S. 31 f.; 19.2.1902, S. 46–48

Ders., Tristan. Sechs Novellen, Berlin 1903

Ders., Tristan. Radierungen von Edwin Scharff, München o. J.

Ders., [Selbstbiographie] in: Verein für Kunst. Winter-Programm 1904/05 [Berlin] o. J. [ohne Paginierung]

Ders., Die Lösung der Judenfrage, Münchner Neueste Nachrichten, 14.9.1907

Ders., [Vorbemerkung zu:] Schwere Stunde, in: Freiheit und Arbeit. Kunst und Literatur. Sammlung. Selbstbiographien, Bildnisse und Faksimilien, hg. v. Komitee [sic!] zur Unterstützung der Arbeitslosen, Berlin 1910, S. 84

Ders., Bekenntnisse des Hochstaplers Felix Krull. Bruchstück aus einem Roman, in: Almanach des S. Fischer Verlags, 25. Jahr, Berlin 1911, S. 273–283

Ders., Der Tod in Venedig. Novelle, in: Neue Rundschau 23, 1912, S. 1368–1398, 1499–1526

Ders., Der Tod in Venedig. Novelle, München 1912

Ders., Tonio Kröger, Berlin 1913 (Fischers illustrierte Bücher)

Ders., [Bekennnisse eines Dichters] in: Straßburger Post, 8.9.1913

Ders., Royal Highness. Translated by A. Cecil Curtis, London 1916

Ders., [Tristan] hg. v. Hanns Martin Elster, Dresden 1920 (Deutsche Dichterhandschriften, Bd. 1) [Faksimile der Handschrift]

Ders., Wälsungenblut. Mit Steindrucken von Th[omas] Th[eodor] Heine, München 1921

Ders., Bekenntnisse des Hochstaplers Felix Krull. Buch der Kindheit, Wien, Leipzig und München 1922

Ders., Betrachtungen eines Unpolitischen, Berlin [19-24]1922

Ders., Unordnung und frühes Leid. Novelle [41-45]1926 [Umschlagbild von Karl Walser]

Ders., Adel des Geistes. Sechzehn Versuche zum Problem der Humanität, Stockholm 1945

Ders., Die Betrogene. Erzählung [Faksimile der Handschrift], Lausanne 1953

Ders., Die Betrogene. Erzählung, in: Merkur 63 (7.5), 1953, S. 401–417; 64 (7.6), 1953, S. 549–573; 65 (7.7), 1953, S. 657–671

Ders., Die Betrogene. Erzählung, Frankfurt a. M. 1953

Ders., Vorbemerkung zu einer Lesung aus *Bekenntnisse des Hochstaplers Felix Krull* [1953; Typoskript, Thomas Mann-Archiv]

Ders., Le mirage. Traduit par Louise Servicen, Paris 1954

Ders., Erzählungen, Frankfurt a. M. 1958

Ders., An Ernst Bertram. Briefe aus den Jahren 1910–1955, hg. v. Inge Jens, Pfullingen 1960

Ders., Briefe, hg. v. Erika Mann, Frankfurt a. M., 1962–1965

Ders., Tristan, hg. v. Ernst Gloor, Zürich 1966 [illustriert von Hans Gruber]

Ders., Der Tod in Venedig. Mit neun Illustrationen von Alfred Hrdlicka, Frankfurt a. M. 1973

Ders., Gesammelte Werke, Frankfurt a. M. ^{2}1974

Ders., Briefe an Otto Grautoff 1894–1901 und Ida Boy-Ed 1903–1928, hg. v. Peter de Mendelssohn, Frankfurt a. M. 1975

Ders., Wälsungenblut. Mit Steindrucken von Th[omas] Th[eodor] Heine, Berlin und Weimar 1975 [Faksimile der Ausgabe München 1921]

Ders., Die Bekenntnisse des Hochstaplers Felix Krull. Der Memoiren erster Teil, Frankfurt a. M., Wien, Zürich 1975 [illustriert von Gunter Böhmer]

Ders., Tonio Kröger. Mit [...] elf Illustrationen von Lutz R. Kretschmer, Berlin 1975

Ders., Wälsungenblut. Mit Steindrucken von Th[omas] Th[eodor] Heine, Berlin und Weimar 1975 [Faksimile der Ausgabe München 1921]

Ders., Wälsungenblut. Mit Steindrucken von Th[omas] Th[eodor] Heine, Frankfurt a. M. 1976 [Faksimile der Ausgabe München 1921]

Ders., Wälsungenblut. Mit Steindrucken von Th[omas] Th[eodor] Heine, Stuttgart, Gütersloh, Wien o. J. [Faksimile der Ausgabe München 1921]

Ders., Aufsätze; Reden; Essays, hg. v. Harry Matter, Bd. 1: 1893–1913, Berlin und Weimar 1983

Ders., Über mich selbst. Autobiographische Schriften, Frankfurt a. M. 1983 (Gesammelte Werke in Einzelbänden, hg. v. Peter de Mendelssohn)

Ders., Wälsungenblut, Frankfurt a. M. 1984, ^{2}1986, ^{3}1989 [Faksimile der Ausgabe München 1921]

Ders., Die Briefe. Regesten und Register, hg. v. Hans Bürgin Otto Mayer, Gert Heine und Yvonne Schmidlin, Frankfurt a. M. 1976–1987

Ders., Briefwechsel mit Autoren, hg. v. Hans Wysling, Frankfurt a. M. 1988

Ders., Der Tod in Venedig. Mit einem Zyklus farbiger Lithographien von Wolfgang Born und einem Brief des Autors an den Künstler, Berlin 1990

Ders., Briefe an Kurt Martens I: 1899–1907, hg. v. Hans Wysling, in: Thomas Mann-Jahrbuch 3, 1990, S. 175–247

Ders., Briefe an Kurt Martens II: 1908–1935, hg. v. Hans Wysling, in: Thomas Mann-Jahrbuch 4, 1991, S. 185–260

Ders., Notizbücher, hg.v. Hans Wysling und Yvonne Schmidlin, Frankfurt a.M. 1991f.

Ders. und Agnes E. Meyer, Briefwechsel 1937–1955, hg. v. Hans Rudolf Vaget, Frankfurt a. M. 1992

Ders. und Heinrich Mann, Briefwechsel 1900–1949, hg. v. Hans Wysling, Frankfurt a. M. ^{2}1995

Ders., Tagebücher 1918–1921; 1933–1955, hg. v. Peter de Mendelssohn und Inge Jens, Frankfurt a. M. 1979–1995

Ders., Mario and the Magician and Other Stories. Translated by H. T. Lowe-Porter, London, Auckland, Melbourne, Singapore and Toronto 1996

Ders., Essays, hg. v. Hermann Kurzke und Stephan Stachorski, Frankfurt a. M. 1993–1997

Julius Moses (Hg.), Die Lösung der Judenfrage. Eine Rundfrage [...], München 1907

James F. White (Hg.), The Yale *Zauberberg*-Manuscript, Bern und München 1984 (Thomas-Mann-Studien, Bd. 4)

Hans Wysling (Hg.), Thomas Mann, München 1975–1981 (Dichter über ihre Dichtungen, Bd. 14/I–III)

Quellenliteratur

Theodor W. Adorno, Zeitlose Mode. Zum Jazz, in: Merkur 64 (7.6), 1953, S. 537–548

Ders., Aus einem Brief über die *Betrogene* an Thomas Mann, in: Akzente 2, 1955, S. 284–287

Ders., Die Wunde Heine, in: ders., Noten zur Literatur, Bd. 1, Frankfurt a. M. 1975, S. 146–154

Adreßbuch von München für das Jahr 1897, München o. J.

Adreßbuch von München für das Jahr 1898, München o. J.

Adreßbuch von München für das Jahr 1899, München o. J.

Adreßbuch von München für das Jahr 1900, München o. J.

Adreßbuch von München für das Jahr 1901, München o. J.

Adreßbuch von München für das Jahr 1902, München o. J.

Wilhelm Alberts, Thomas Mann und sein Beruf, Leipzig 1913

Hollis Alpert, Visconti in Venice, in: Saturday Review, 8.8.1970

Peter Altenberg, Wie ich es sehe, Berlin [2]1898

Ders., Was der Tag mir zuträgt. Fünfundsechzig neue Studien, Berlin [2]1902

H[ans] C[hristian] Andersen, Märchen. Gesamt-Ausgabe, Halle a. d. S. o. J.

Richard Andree, Zur Volkskunde der Juden. Mit einer Karte über die Verbreitung der Juden in Mitteleuropa, Bielefeld und Leipzig 1881

Ders., Die Beschneidung, in: Archiv für Anthropologie 13, 1881, S. 53–78

J. F. Angelloz, *Die Betrogene*, in: Mercure de France, 1.5.1954

Anonymus, Thuiskon. Ueber Teutschlands Einheit. Von dem Verfasser der Gea, Berlin 1810

Anonymus, Ein Wort Friedrichs des Großen über die Naturgränze zwischen Deutschland und Frankreich, Berlin 1840

Anonymus, Der Judenstamm in naturhistorischer Betrachtung, in: Ausland 53, 1880, S. 453–456, 483–488, 509–512, 536–539

Anonymus, Gesta Romanorum, hg. v. Johann Georg Theodor Gräße, Leipzig 1905

Anonymus, Die Cholera in Italien, in: Münchner Neueste Nachrichten, 5.9.1911

Anonymus, Volksverräter und Reichsfeinde. Das sind die Hetzer, die Deutschland ausstößt, in: Völkischer Beobachter, 5.12.1936, S. 15

Anonymus, Historia von D. Johann Fausten [...], hg. v. Richard Benz, Stuttgart 1964

Anonymus, Aus den Papieren der Manns. Dokumente zu den *Buddenbrooks*, Berlin und Weimar 1965

Otto Ammon, Die Bedeutung des Bauernstandes für den Staat und die Gesellschaft. Sozialanthropologische Studie, Berlin [2]1906

Lucius Apuleius, Der Goldene Esel. Satirisch-mystischer Roman [...]. Rodesche Uebersetzung. Eingeleitet v. M. G. Conrad, Berlin [5]1906

Ders., Amor und Psyche. Übersetzt v. Albrecht Schaeffer. Mit einem Kommentar von Erich Neumann: Ein Beitrag zur seelischen Entwicklung des Weiblichen, München

1952 (Das Erbe der Antike)

Ders., Metamorphoses, hg. v. J. Arthur Hanson, Cambridge (Massachusetts) und London 1989 (Loeb Classical Library, Bdd. 44, 453)

Aristoteles, Historia animalium, Bd. 2: IV–VI, hg. v. A. L. Peck, London und Cambridge (Massachusetts) 1970 (Loeb Classical Library, Bd. 438)

Johann Astruc, Abhandlung aller Venuskrankheiten, Leipzig 1764

W. B., Ich war Thomas Manns Tadzio, in: Twen 7.8, 1965, S. 10

J[ohann] J[akob] Bachofen, Das Mutterrecht. Eine Untersuchung über die Gynaikokratie der alten Welt und ihrer religiösen und rechtlichen Natur, Basel ²1897

Ders., Versuch über die Gräbersymbolik der Alten, Basel ²1925

Ders., Urreligion und antike Symbole. Systematisch angeordnete Auswahl aus seinen Werken [...], hg. v. Carl Albrecht Bernoulli, Leipzig 1926

Ders., Der Mythus von Orient und Occident. Eine Metaphysik der alten Welt. Aus den Werken von J. J. Bachofen. Mit einer Einleitung von Alfred Baeumler, München 1926

Ders., Selbstbiographie und Antrittsrede über das Naturrecht, hg. v. Alfred Baeumler, Halle a. d. S. 1927

Hanne Back, Thomas Mann. Verfall und Überwindung, Wien 1925

Herman Bang, Franz Pander, in: Herman Bang, Exzentrische Novellen, Berlin 1905, S. 49–76

Adolf Bartels, Geschichte der Deutschen Literatur, Leipzig ⁵/⁶1909

Ders., Die deutsche Dichtung der Gegenwart. Die Alten und die Jungen, Leipzig ⁸1910, ⁹1918

Ders., Die deutsche Dichtung der Gegenwart. Die Jüngsten, Leipzig 1921

Emil Barth, Der Wandelstern. Roman, Hamburg 1951 [zuerst 1939]

Ders., Schloßzauber, in: Merian 4.5, 1951: Düsseldorf, S. 56–60

Ders., Briefe aus den Jahren 1939–1958, hg. v. Peter Keller, Wiesbaden 1968

Richard Bauer (Hg.), Das alte München. Photographien 1805–1912. Gesammelt von Karl Valentin, München 1982

Ders. (Hg.), Prinzregentenzeit. München und die Münchner Fotografie, München 1988

Gerhard Baumann, Jüdische und völkische Literaturwissenschaft. Ein Vergleich zwischen Eduard Engel und Adolf Bartels, München 1936

August Bebel, Die Frau und der Sozialismus, in: August Bebel, Ausgewählte Reden und Schriften, Bd. 10, hg. v. Anneliese Beske und Eckhard Müller, München, New Providence, Londen, Paris 1996

Johannes R. Becher, Thomas Mann [Sonett], in: Spektrum 11.5: Zum 90. Geburtstag Thomas Manns, 1965, S. 139

Johannes Beckmann, Thomas Mann, der Zweifler, in: Vaterland, 8./15./22.2.1926

Walter Benjamin, Das Kunstwerk im Zeitalter seiner technischen Reproduzierbarkeit, in: Walter Benjamin, Gesammelte Schriften, hg. v. Rolf Tiedemann und Hermann Schweppenhäuser, Bd. I.2, Frankfurt a. M. 1974, S. 471–508

Ernst Bertram, Nietzsche. Versuch einer Mythologie, Berlin 1918

Ders., Rheingenius und génie du Rhin, Bonn 1922

Ders., Der Rhein. Ein Gedenkbuch, München 1922

Ders., Sraßburg. Ein Kreis, München 1922

Ders., Moselvilla, Frankfurt a. M. 1954

Bernhard Blechmann, Ein Beitrag zur Anthropologie der Juden, Diss. Dorpat 1882

Franz Blei, Glanz und Elend berühmter Frauen, hg. v. Rolf-Peter Baake, Hamburg 1998

Ernst Bloch, Das Prinzip Hoffnung, Bd. 1, Berlin 1954

Ders., Über Beziehungen des Mutterrechts (Antigone) zum Naturrecht, in: Sinn und Form 6, 1954, S. 237–261

Iwan Bloch, Der Ursprung der Syphilis. Eine medizinische und kulturgeschichtliche Untersuchung, Jena 1901–1911

Ders., Das erste Auftreten der Syphilis (Lustseuche) in der europäischen Kulturwelt. Gewürdigt in seiner weltgeschichtlichen Bedeutung, dargestellt nach Anfang, Verlauf und voraussichtlichem Ende. Vortrag, gehalten in der Staatswissenschaftlichen Vereinigung zu Berlin am 12. November 1903, Jena 1904

Johann Friedrich Blumenbach, Decas collectionis suae craniorum diversarum gentium illustrata, Göttingen 1790

Ders., Decas altera collectionis suae craniorum diversarum gentium illustrata, Göttingen 1793

Ders., Decas tertia collectionis suae craniorum diversarum gentium illustrata, Göttingen 1795

Ders., De generis humani varietate nativa, Göttingen [3]1795

Ders., Tria crania perantiquorum ex diversissimis orbis partibus gentium, in: Commentationes societatis regiae scientiarum Gottingensis, Classis physica[], 14, 1797 f., S. 36–43

Ders., Decas quarta collectionis suae craniorum diversarum gentium illustrata, Göttingen 1800

Ders., Decas quinta collectionis suae craniorum diversarum gentium illustrata, Göttingen 1808

Ders., Decas sexta collectionis suae craniorum diversarum gentium illustrata, Göttingen 1820

Ders., Nova pentas collectionis suae craniorum diversarum gentium illustrata. Tanquam complementum primorum decadum, Göttingen 1828

Ders., Handbuch der Naturgeschichte, Göttingen [12]1830

Walter Böhlich, Vom Mythos der Einfalt, in: Merkur 64 (7.6.), 1953, S. 497 f.

Franz Boll, Sternglaube und Sterndeutung. Die Geschichte und das Wesen der Astrologie, hg. v. W. Gundel, Berlin [3]1926

Wolfgang Born, Der Tod in Venedig. Neun farbige Lithographien zu der Novelle Thomas Manns, München 1921

Martin Borrmann, Thomas Mann, in: Kölner Tagblatt 23.12.1916

Maurice Boucher, Lettres allemandes, in: Hommes et mondes 25.97, 1954, S. 145–147

Lilli Bourges, Der Dichter Thomas Mann, in: Kölnische Volkszeitung, 17.9.1919

Joseph A. von Bradish, Goethe als Erbe seiner Ahnen, Berlin und New York 1933 (Vortragsreihe, hg. i. A. des Verbandes deutscher Schriftsteller und Literaturfreunde in New York, Gemeinverständliche Folge, Bd. 2)

Hellmut Walther Brann, Nietzsche und die Frauen, Leipzig 1931

Ders. [Henry Walter Brann], Thomas Mann. *Die Betrogene*, in: Books Abroad, Norman (Oklahoma), Spring 1954

Bernhard Breslauer, Über Namensänderung, in: Allgemeine Zeitung des Jundenthums 59, 1895, S. 367–370

Hermann Broch, Philistrosität, Realismus, Idealismus der Kunst, in: Der Brenner 3, 1.2.1913, S. 399–415

M[ax von] B[rück], Frühling im Zwielicht, in: Die Gegenwart 8, 1953, S. 468 f.

Otto Brües, Thomas Mann liest in Düsseldorf, in: Der Mittag, 28.8.1954

F. Bruns, Lübeck. Ein Führer durch die Freie und Hansestadt und ihre nähere Umgebung, Lübeck 1923

Oswald Brüll, Thomas Mann. Variationen über ein Thema, Wien, Leipzig, München 1923

Jacob Burckhardt, Die Cultur der Renaissance in Italien. Ein Versuch, Leipzig [7]1899

Carl Busse, Neues vom Büchertisch […], in: Velhagen und Klasings Monatshefte 27.10, 1912/1913, S. 309–312

Peter Camper, Über den natürlichen Unterschied der Gesichtszüge in Menschen verschiedener Gegenden und verschiedenen Alters; Über das Schöne antiker Bildsäulen und geschnittener Steine nebst Darstellung einer neuen Art, allerlei Menschenköpfe mit Sicherheit zu zeichnen, hg. v. Adrian Gilles Camper, Berlin 1792

Thomas Carlyle, Geschichte Friedrichs des Zweiten, genannt Friedrich der Große, Berlin 1916–1918

Hans Carossa, Führung und Geleit. Eine Lebensgechichte, Leipzig 1933

Houston Stewart Chamberlain, Kriegsaufsätze, München [8]1915

Cécile de Courtot, Die Memoiren [...], hg. v. Moritz von Kaisenberg, Leipzig 1906

Edgar Dacqué, Umwelt, Sage und Menschheit. Eine naturhistorisch-metaphysische Studie, München 1924

Ders., Der Geist im Gericht (II), in: Corona 4, 1933, S. 167–195

Joseph Bernard Davis, Thesaurus craniorum. Catalogue of the Skulls of the Various Races of Man, London 1867

Paul Deussen, Erinnerungen an Friedrich Nietzsche, Leipzig 1901

Heinrich Döring, [Artikel:] Juden als Theaterfigur, in: Allgemeine Encyklopädie der Wissenschaften und Künste, 2. Section, 26. Theil, Leipzig 1847, S. 430–432

Richard Dohse (Hg.), Meerumschlungen. Ein literarisches Heimatbuch für Schleswig-Holstein, Hamburg und Lübeck, Hamburg 1907

Hans Peter Dorn, War ich wirklich ein Hochstapler? Berlin-Grunewald 1958

Willi Dünwald, Thomas Mann, in: Die Schaubühne, 4.9.1913, S. 830–835

Havelock Ellis, Die Gattenwahl beim Menschen mit Rücksicht auf Sinnesphysiologie und allgemeine Biologie, hg. v. Hans Kurella, Leipzig [3]1922

Arthur Eloesser, Thomas Mann. Sein Leben und sein Werk, Berlin 1925

Eduard Engel, Geschichte der Deutschen Literatur von den Anfängen bis in die Gegenwart, Bd. 2: Das 19. Jahrhundert und die Gegenwart, Wien und Leipzig [16]1913

Friedrich Engels, Der Ursprung der Familie, des Privateigentums und des Staats, Berlin 1990 (Karl Marx und Friedrich Engels, Gesamtausgabe, Abt. I, Bd. 29)

Herbert Eulenberg, Preis des Niederrheins, in: Merian 4.5, 1951: Düsseldorf, S. 61–63

Samuel Fischer und Hedwig Fischer, Briefwechsel mit Autoren, hg. v. Dierk Rodewald und Corinna Fiedler, Frankfurt a. M. 1989

Joseph Frank, Mann — Death and Transfiguration, in: New Republic 131,1954, S.18f.

Karl Emil Franzos, Namensstudien, in: Karl Emil Franzos, Halb-Asien. Land und Leute des östlichen Europa, Bd. 6: Aus der großen Ebene II, Stuttgart und Berlin [2]o. J., S. 1–24

Johann Frerking, Hochstapler Felix Krull. Thomas Manns Schelmenroman, in: Hanoversche Allgemeine Zeitung, 27.11.1954

Sigmund Freud, Gesammelte Werke. Chronologisch geordnet, hg. v. Anna Freud, Edward Bibring und Ernst Kris, London und Frankfurt a. M. 1940–1968

Alexander M. Frey, Thomas Manns neue Erzählung, in: Neue Zürcher Zeitung, 1.10.1953

Thomas Frey, Antisemiten-Catechismus. Eine Zusammenstellung des wichtigsten Materials zum Verständniß der Judenfrage, Leipzig 1887

Egon Friedell (Hg.), Das Altenbergbuch, Leipzig, Wien, Zürich 1921

Paul Friedrich, Thomas Mann, Berlin o. J. [in Thomas Manns Exemplar mit einer Widmung des Verlegers vom 19.5.1913] (Der moderne Dichter, Bd. 3)

Theodor Fritsch, Antisemiten-Katechismus. Eine Zusammenstellung des wichtigsten Materials zum Verständniß der Judenfrage, Leipzig [25]1893

Ders., Handbuch der Judenfrage. Eine Zusammenstellung der wichtigsten Tatsachen zur Beurteilung des jüdischen Volkes, Handbuch der Judenfrage, Hamburg [26]1907, Leipzig [35]1933, [38]1935

[Franz Joseph] Gall, Vorlesungen über die Verrichtungen des Gehirns und die Möglichkeit, die Anlagen mehrerer Geistes- und Gemüthseigenschaften aus dem Baue des

Schädels der Menschen und Thiere zu erkennen, hg. v. G. C. v. Selpert, Berlin 1805
Susanne Gaschke, Brandanschläge, Briefbomben, Hakenkreuze, Haßparolen: Die Stadt Thomas Manns kommt nicht zur Ruhe.»Warum immer wieder Lübeck?«, in: Die Zeit, 30.5.1997
Théophile Gautier, Mademoiselle de Maupin, Paris 1883 (Nachdruck Genève 1978; Œuvres complètes, Bd. 5)
Hans W. Geissendörfer, *Der Zauberberg* — Lesefassung des Drehbuchs, in: Gabriele Seitz (Hg.), *Der Zauberberg*. Ein Film von Hans W. Geissendörfer nach dem Roman von Thomas Mann, Frankfurt a. M. 1982, S. 33–157
Wilhelm Gennerich, Die Syphilis des Zentralnervensystems. Ihre Ursachen und Behandlung, Berlin 1921
Heinrich Gloël, Goethes Wetzlarer Zeit. Bilder aus der Reichskammergerichts- und Wertherstadt, Berlin 1911
Gustav Glück, Dürers Bildnis einer Venezianerin aus dem Jahre 1505, in: Jahrbuch der Kunsthistorischen Sammlungen in Wien 36, 1924, S. 97–121
Martin Gumpert, Zum Streit um den Ursprung der Syphilis, Sonderdruck aus dem Zentralblatt für Haut- und Geschlechtskrankheiten sowie deren Grenzgebiete 8.1/2 o. J.
Hanns von Gumppenberg, Im Akademisch-dramatischen Verein las am Montag Thomas Mann […], in: Rudolf Wolff (Hg.), Thomas Manns *Buddenbrooks* und die Wirkung, 1. Teil, Bonn 1986 (Sammlung Profile, Bd. 16) [zuerst in: Münchner Neueste Nachrichten, 20.11.1901], S. 9
Joseph Arthur de Gobineau, Essay sur l'inegalité des races humaines, Paris 1853–1855
Ders., Versuch über die Ungleichheit der Menschenracen, Stuttgart 1898–1901
Ders., Die Renaissance. Savonarola; Cesare Borgia; Julius II.; Leo X.; Michelangelo. Historische Szenen, Leipzig 1911
Albrecht Goes, Thomas Mann. *Die Betrogene* [Manuskript, in Thomas Manns Nachlaß]
Johann Wolfgang von Goethe, Werke, hg. i. A. der Großherzogin Sophie von Sachsen, Weimar 1887–1919 (Nachdruck München 1987)
Ders., Gespräche, hg. v. Woldemar von Biedermann, Leipzig 1889–1891
Ders., Sämtliche Werke nach Epochen seines Schaffens. Münchner Ausgabe, hg. v. Karl Richter et al., Bd. 4.1: Wirkungen der Französischen Revolution 1791–1797, hg. v. Reiner Wild, München 1988
Oskar Goldberg, Die Wirklichkeit der Hebräer. Einleitung in das System des Pentateuch, Bd. 1, Berlin 1925
Edmond de Goncourt und Jules de Goncourt, Renée Mauperin, hg. v. Elisabeth Kuhs, Stuttgart 1989
Max Grad, Madonna. Novelle, in: Neue Deutsche Rundschau 7, 1896, S. 988–996
Martin Gregor, Das jüngste Werk Thomas Manns, in: Tägliche Rundschau, 26.8.1954
Max Güttinger, Zurück zum Ichthyosaurus, in: Neue Zürcher Zeitung, 11.2.1934
J. C. F. Guts-Muths und J. A. Jacobi, Deutsches Land und Deutsches Volk, Bd. 1, Gotha 1821
Ernst Hanfstaengl, Tat gegen Tinte. Hitler in der Karikatur der Welt. Ein Bildband, Berlin 1933
Ders., Tat gegen Tinte. Hitler in der Karikatur der Welt. Ein Bildband. Neue Folge, Berlin 1934
Ders., Zwischen Weißem und Braunem Haus. Memoiren eines politischen Außenseiters, München 1970
A[dolf] H[anlik], Versuch über Thomas Manns Erzählung *Die Betrogene* [Manuskript, in Thomas Manns Nachlaß]
Eckhard Heftrich, Zu Thomas Mann. *Der Erwählte* […] — *Die Betrogene*, in: Atoll 1953 [unpaginiert]
Karl Ernst Henrici, Auktionskatalog CXII. Autographen, Berlin 1929 [Masch., Kohle-

durchschlag, Thomas Mann-Archiv]

Phil[ipp] Gabr[iel] Hensler, Geschichte der Lustseuche, die zu Ende des XV. Jahrhunderts in Europa ausbrach, Altona 1783

Hermann Hesse, Gesammelte Werke, Frankfurt a. M. 1973

Ed[uard] Heyck, Die Mediceer, Bielefeld und Leipzig 1897 (Monographien zur Weltgeschichte, Bd. 1)

Ders., Die Frauen des Rokoko, in: Velhagen und Klasings Monatshefte 22.1, 1907/1908, S. 57–71

H. Higier, Zur Kritik der angiosklerotischen paroxysmalen Myasthenie (»Claudication intermittente« Charcot's) und der sog. spontanen Gangrän, in: Deutsche Zeitschrift für Nervenheilkunde 19, 1901, S. 438–466

Kurt Hildebrandt, Norm und Entartung des Menschen und Norm und Verfall des Staates, Berlin 1934

Adolf Hitler, Mein Kampf, München [8]1931

A. G. Hoffmann, [Artikel:] Hebräer, in: Allgemeine Encyklopädie der Wissenschaften und Künste, 2. Section, 3. Theil, Leipzig 1827, S. 307–329

Ders., [Artikel:] Jüdeln, ebd., 2. Section, 26. Theil, Leipzig 1847, S. 432

Hugo von Hofmannsthal, Wiener Brief [II], in: Hugo von Hofmannsthal, Gesammelte Werke, Reden und Aufsätze, Bd. 2: 1914–1924, Frankfurt a. M. 1979, S. 185–196

Arthur Holitscher, Lebengeschichte eines Rebellen, Berlin 1924

Karl August Horst, Wandlungen des Mythos, in: Merkur 63 (7.5), 1953, S. 489–494

Arthur Hübscher, Die Metamorphosen der *Betrachtungen eines Unpolitischen*, in: Deutsches Volkstum 1927, S. 562–565

Gustav Jäger, Entdeckung der Seele, Berlin, Stuttgart, Leipzig [3]1884 (Nachdruck ebd. 1905)

Ders., Die Normalkleidung als Gesundheitsschutz. Gesammelte Aufsätze aus dem *Neuen Deutschen Familienblatt*, Stuttgart [2]1891

K., Thomas Manns Kotau vor Paris. Der Mann, der für Vaterlandsverräter eintritt und sein Volk lästert, in: Berliner Nachtausgabe, 7.2.1928

Hans Kafka, Welt und Kaffeehaus. Eine nicht ganz ernste Geschichte, in: Die Bühne [undatiert], S. 46 f., 59

Ders., Welt und Kaffeehaus. Eine nicht ganz erste und andere Geschichten, Berlin-Grunewald o. J.

Ders., Ein Brief an Thomas Mann, in: Die literarische Welt, 26.11.1926

Immanuel Kant, Werkausgabe, hg. v. Wilhelm Weischedel, Zürich 1977

Karl Kerényi, Gedanken über Dionysos. Zum Erscheinen des *Dionysos* von Walter F. Otto, Bologna 1935 (Studi et Materiali di Storia delle Religioni, Bd. 11)

Ders., Dionysos und das Tragische in der *Antigone*, Frankfurt a. M. 1937 (Frankfurter Studien zur Religion und Kultur der Antike)

Ders., Die antike Religion. Eine Grundlegung, o. O. 1940

Ders., Labyrinth-Studien Labyrinthos als Linienreflex einer mythologischen Idee, Amsterdam und Leipzig 1941 (Alba Vigiliae, Bd. 15)

Ders., Bachofen und die Zukunft des Humanismus. Mit einem Intermezzo über Nietzsche und Ariadne, Zürich 1945

Ders., Ekloe, in: Symbolae Osloenses 30, 1953, S. 82–91

Ders., Apollon. Studien über antike Religion und Humanität, Wien, Amsterdam, Leipzig o. J.

Ders., Geburt der Helena [Manuskript in Thomas Manns Nachlaß]

Ludwig Klages, Die psychologischen Errungenschaften Nietzsches, Leipzig 1926

Ders., Der Geist als Widersacher der Seele, in: ders., Sämtliche Werke, hg. v. Ernst Frauchinger, Gerhard Funke, Karl J. Groffmann, Robert Heiß und Hans Eggert Schröder, Bd. 2: Philosophie II, 5. Buch: Die Wirklichkeit der Bilder, Bonn 1966

Felix Klemperer, Ärztlicher Kommentar zu Thomas Manns *Zauberberg*, in: Die Therapie der Gegenwart 27, 1925, S. 601–606

Victor Klemperer, LTI. Notizbuch eines Philologen, Leipzig [16]1996

Ders., Ich will Zeugnis ablegen bis zum letzten. Tagebücher 1933–1941, Bd. 1, hg. v. Walter Nowojski, Berlin [9]1997

Thilo Koch, Thomas Mann. *Die Betrogene*, 21.11.1953 [Manuskript einer Hörfunkrezension, in Thomas Manns Nachlaß]

Annette Kolb, Briefe einer Deutsch-Französin, Berlin [4]1917

Reinhold Koser, Friedrich der Große als Kronprinz, Stuttgart 1886

Ders., König Friedrich der Große, Stuttgart und Berlin 1893–1903 (Bibliothek Deutscher Geschichte)

Gustave Le Bon, Psychologische Grundgesetze der Völkerentwicklung, Leipzig [14]1919

Franz Leppmann, Thomas Mann, Berlin o. J.

Anatole Leroy-Beaulieu, Israël chez les nations, Paris 1893

Ders., Der Antisemitismus, Berlin 1901

J[onas] Lesser, Thomas Mann. *Die Betrogene*, in: Neue Schweizer Rundschau, Neue Folge, 21, 1953/1954, S. 686 f.

Theodor Lessing, Europa und Asien, Berlin-Wilmersdorf 1918 (Politische Aktions-Bibliothek)

Carolus Linnaeus, Systema naturae per regna tria naturae, secundum classes, ordines, genera, species, cum characteribus, differentiis, synonymis, locis, Bd. 1, Stockholm [10]1758

Erwin Loewy-Hattendorf, Oedipus, Oestron und Thomas Mann, in: Ars Medici 44, 1954, S. 481 f.

S[amuel] Lublinski, [Rezension von:] Thomas Mann, *Die* [sic!] *Buddenbrooks. Verfall einer Familie*, in: Berliner Tageblatt, 13.9.1902

Lübeckisches Adreß-Buch 1879, Lübeck o. J. (Nachdruck ebd. 1978)

Georg von Lukács, Die Seele und die Formen. Essays, Berlin 1911

Martin Luther, Von den Juden und ihren Lügen, in: Martin Luther, Werke. Kritische Gesamtausgabe, Bd. 53, Weimar 1919, S. 412–552

Ders. (Übers.), Die heiligen Schriften des Alten und Neuen Bundes deutsch von Martin Luther, München und Leipzig o. J.

Ders., Briefe, hg. v. Reinhard Buchwald, Leipzig 1909

Lutz Mackensen, Die Dichter und das Reich, Brüssel 1941

Erika Mann, Die Buddenbrooks im Film, in: Münchner Illustrierte 37, 12.9.1959, S. 6–10

Dies., Mein Vater, der Zauberer, hg. v. Irmela von der Lühe und Uwe Naumann, Reinbek b. Hamburg 1996

Heinrich Mann, Ein Verbrechen und andere Geschichten, Leipzig-Rendwitz 1898

Ders., Zwischen den Rassen, München 1907

Ders., [Rezension von:] *Der Tod in Venedig* […], in: März 7.13, 1913, S. 478 f.

Ders., Eine Liebesgeschichte. Novelle, München 1953

Ders., Ein Zeitalter wird besichtigt, Berlin und Weimar 1973

Ders., Die ersten zwanzig Jahre. Fünfunddreißig Zeichnungen, Berlin und Weimar [2]1984

Ders., Die Göttinnen oder Die drei Romane der Herzogin von Assy, hg. v. Peter-Paul Schneider, Frankfurt a. M. 1987

Julia Mann [sen.], Aus Dodos Kindheit. Erinnerungen, Konstanz 1958

Julia Mann [jr.], Tante Elisabeth [1.–8.9.1897 an Thomas Mann], in: Sinn und Form 15, 1963, S. 482–496

Katia Mann, Meine ungeschriebenen Memoiren, hg. v. Elisabeth Plessen und Michael Mann, Frankfurt a. M. 1974

Klaus Mann, Wendepunkt. Ein Lebensbericht, Frankfurt a. M. 1966

Viktor Mann, Wir waren fünf. Bildnis der Familie Mann, Konstanz ³1973
Georges Manolescu, Ein Fürst der Diebe. Memoiren, Berlin-Groß-Lichterfelde-Ost o. J.
Ludwig Marcuse, Toynbees Gesetz, in: Neue Schweizer Rundschau, Neue Folge, 21, 1953/1954, S. 688–690
Kurt Martens, Das Ehepaar Kuminski, in: Kurt Martens, Katastrophen. Novellen, Berlin 1904, S. 51–86
Ders., Literatur in Deutschland. Studien und Eindrücke, Berlin 1910
Ders., [Rezension von:] Der Tod in Venedig, in: Der Zwiebelfisch 5, 1913, S. 62
Ders., Die Deutsche Literatur unsrer Zeit. In Charakteristiken und Proben, Berlin und Leipzig ¹¹1928
Barbara Mayer, Ueber Emil Barth: *Der Wandelstern* [...] und Thomas Mann: *Die Betrogene* [...]. Textvergleichungen, 1958 [Manuskript]
Giuseppe Mazzini, Politische Schriften, Bd. 1, Leipzig 1911
Conrad Ferdinand Meyer, Sämtliche Werke. Historisch-kritische Ausgabe, hg. v. Hans Zeller und Alfred Zäch, Bern 1958–1996
Hermann Missenharter, Die Frau von 50 Jahren, in: Stuttgarter Nachrichten, 28.11.1953
Helmuth von Moltke, Die westliche Grenzfrage, in: Helmuth von Moltke, Gesammelte Schriften, Bd. 2: Vermischte Schriften, Berlin 1892, S. 171–228
Samuel George Morton, Catalogue of Skulls of Man and the Inferior Animals, Philadelphia ³1849
Julius Moses (Hg.), Die Lösung der Judenfrage. Eine Rundfrage [...], München 1907
Johannes Müller, Judaismus oder Judenthumb [...], Hamburg 1644
Johannes Müller, Der Weg der Verständigung zwischen Judentum und Christentum, Leipzig 1892 (Schriften des Institutum Judaicum in Leipzig, Heft 39)
Hans Müller-Schlösser, Der Schobbe Schabau, in: Merian 4.5, 1951: Düsseldorf, S. 76
Theodor Mundt, Madonna. Unterhaltungen mit einer Heiligen, Leipzig 1835
Walter Muschg, Tragische Literaturgeschichte, Bern ³1957
Erich Neumann, Die Große Mutter. Eine Phänomenologie der weiblichen Gestaltungen des Unbewußten, Freiburg i. Br. ²1974
Friedrich Nietzsche, Sämtliche Werke. Kritische Studienausgabe, hg. v. Giorgio Colli und Mazzino Montinari, München, Berlin, New York 1980
Friedrich Nösselt, Lehrbuch der griechischen und römischen Mythologie für höhere Töchterschulen und die Gebildeten des weiblichen Geschlechts, hg. v. Friedrich Kurts, Leipzig ⁶1874
Max Nordau, Entartung, Berlin 1892 f.
Eduard Norden, Die antike Kunstprosa. Vom VI. Jahrhundert v. Chr. bis in die Zeit der Renaissance, Leipzig und Berlin ²1909 (Nachdruck Darmstadt ⁹1983)
F. W. Oelze und Meta Oelze-Rheinboldt, Die Geschlechtskrankheiten und ihre Bekämpfung, Berlin 1924
Offizieller Katalog der internationalen Hygieneausstellung. Dresden, Mai bis Oktober 1911, Berlin o. J.
Helmut Olles, Thomas Mann nach der Epoche seiner Vollendung, in: Diskus 10/11, 1953, S. 9
Hermann Oncken, Die historische Rheinpolitik der Franzosen, Stuttgart und Gotha 1922
Rudolf Pannwitz, C. G. Jung's Wissenschaft von der Seele, in: Merkur 63 (7.5), 1953, S. 418–437
Alfons Paquet, Der Rhein als Schicksal, in: Alfons Paquet, Der Rhein als Schicksal oder das Problem der Völker, Bonn 1920, S. 9–62
Robert Petsch, *Hermann und Dorothea*. Ein Epos vom deutschen Bürgertum, in: Deutsche Grenzlande 14, 1935, S. 128–134

Hans Pfitzner, Gesammelte Schriften, Augsburg 1926–1929

Platon, Politeia, hg. v. Karlheinz Hülser, Frankfurt a. M. 1991 (Sämtliche Werke, Bd. 5)

Felix Plaut, Paralysestudien bei Negern und Indianern. Ein Beitrag zur vergleichenden Psychiatrie, Berlin 1926

Plutarch, Œuvres morales, Bd. 12.2: Opinions des philosophes, hg. v. Guy Lachenaud, Paris 1993 (Collection des Universités de France; Association Guillaume Budé)

E. F. Podach, Nietzsches Zusammenbruch. Beiträge zu einer Biographie auf Grund unveröffentlichter Dokumente, Heidelberg 1930

Ders., Gestalten um Nietzsche. Mit unveröffentlichten Dokumenten zur Geschichte seines Lebens und seines Werks, Weimar 1932

Adrien Proust, Essai sur l'hygiène internationale. Ses applications contre la peste, la fièvre jaune et le choléra asiatique. (Avec une carte indiquant la marche des épidémies de choléra, par les routes de terre et la voie maritime.), Paris 1873

H. R., Neue amerikanische Musik, in: Weltwoche, 31.8.1945

Walther Rathenau, Staat und Judentum. Eine Polemik, in: Walther Rathenau, Gesammelte Schriften, Bd. 1, Berlin 1918 [zuerst 1911], S. 183–207

Wilhelm Reich, Die karzinomatöse Schrumpfungs-Biopathie, in: Wilhelm Reich, Ausgewählte Schriften. Eine Einführung in die Orgonomie, Köln 1976 [zuerst 1945], S. 232–288

Hans Reisiger, Vom bescheidenen Sterben. Zu Thomas Manns Erzählung *Die Betrogene*, in: Stuttgarter Zeitung, 7.11.1953

Erwin Rohde, Psyche. Seelencult und Unsterblichkeitsglaube der Griechen, Bd. 2, Freiburg i. Br., Leipzig, Tübingen ²1898 (Nachdruck Darmstadt 1991)

Friedrich Rosenthal, Erinnerungen an Thomas Mann, in: Caroliner Zeitung. Blätter für Kultur und Heimat 25/26, 1958, Sonderheft, S. 51–61

Gottfried Schadow, National-Physiognomieen oder Beobachtungen über den Unterschied der Gesichtszüge und die äussere Gestaltung des menschlichen Körpers [...] — Physiognomies nationales ou observations sur le visage et sur la conformation de la tête de l'homme [...], Berlin 1830

Richard Schankal [sic!], Thomas Mann. Ein literar-psychologisches Portrait, in: Rheinisch-Westfälische Zeitung, 9.8.1903

S. H. Scheiber, Untersuchungen über den mittleren Wuchs der Menschen in Ungarn, in: Archiv für Anthropologie 13, 1881, S. 233–267

Otto Schmidt-Gibichenfels, Ein Vorkämpfer jüdischer Rassenpolitik, in: Klaus Schröter (Hg.), Thomas Mann im Urteil seiner Zeit. Dokumente 1891–1955, Hamburg 1969 [zuerst in: Deutsche Tageszeitung, 14.11.1909], S. 50–52

Max Schroeder, *Die Betrogene*, in: Aufbau 10, 1954, S. 381 f.

Johann Jacob Schudt, Jüdische Merckwürdigkeiten [...], Frankfurt a. M. und Leipzig 1714–1717 (Nachdruck Berlin 1922)

Werner Schütz, Begegnung mit Thomas Mann [Manuskript]

Aloys Schulte, Frankreich und das linke Rheinufer, Stuttgart und Berlin 1918

Wolfgang Schwerbrock, Vom Büchermarkt, 23.11.1953 [Manuskript, in Thomas Manns Nachlaß]

Franz Seitz, *Doktor Faustus* — Lesefassung des Drehbuches, in: Gabriele Seitz (Hg.), *Doktor Faustus*. Ein Film von Franz Seitz nach dem Roman von Thomas Mann, Frankfurt a. M. 1982, S. 31–112

Ders., Doktor Faustus. Bilder aus dem Leben des deutschen Tonsetzers Adrian Leverkühn. Nach dem Roman von Thomas Mann, München o. J.

Ders., Unordnung und frühes Leid. Nach der Erzählung von Thomas Mann, o. O. u. J.

Walther Siegfried, Paris vor dem Krieg, in: Süddeutsche Monatshefte, April 1916, S. 47–76

Henry E. Sigrist, Sebastian-Apollo, in: Archiv für Geschichte der Medizin 19, 1927, S.

301–317
Georg Simmel, Soziologie des Raumes, in: Georg Simmel, Aufsätze und Abhandlungen 1901–1908, Bd. 1, hg. v. Rüdiger Kramme, Angela Rammstedt und Otthein Rammstedt, Frankfurt a. M. 1995 (Gesamtausgabe, Bd. 7), S. 132–183
Ders., Die Großstädte und das Geistesleben, ebd., S. 116–131
Ders., Venedig, in: ders., Aufsätze und Abhandlungen 1901–1908, Bd. 2, hg. v. Alessandro Cavalli und Volkhard Krech, Frankfurt a. M. ²1997 (Gesamtausgabe, Bd. 8), S. 258–263
Ders., Soziologie. Untersuchungen über die Formen der Vergesellschaftung, hg. v. Otthein Rammstedt, Frankfurt a. M. ²1995 (Gesamtausgabe, Bd. 11)
Samuel Singer (Hg.), Sprichwörter des Mittelalters, Bern 1944–1947
Werner Sombart, Die Juden und das Wirtschaftsleben, Leipzig 1911
Ders., Die Zukunft der Juden, Leipzig 1912
Ders., Der Bourgeois. Zur Geistesgeschichte des modernen Wirtschaftsmenschen, Stuttgart ²1920
Ders., Die Zukunft des Kapitalismus, Berlin 1932
Martin Spahn, Elsaß-Lothringen, Berlin 1919
Oswald Spengler, Briefe 1913–1936, hg. v. Anton M. Kokanek, München 1963
L. St., Die Juden in den südwestlichen Provinzen Rußlands I, in: Globus 37, 1880, S. 331–333
Jakob Sprenger und Heinrich Institoris, Der Hexenhammer (Malleus maleficarum), hg. v. J. W. R. Schmidt, Berlin 1906
Henri Beyle-de Stendhal, Gesammelte Werke, Bd. 4: Über die Liebe, Berlin 1921
Ders., dass., Bd. 8: Ausgewählte Briefe, Berlin o. J.
Ludwig Stieda, Ein Beitrag zur Anthropologie der Juden, in: Archiv für Anthropologie 14, 1882, S. 61–71
Heinz Artur Strauß, Astrologie. Grundsätzliche Betrachtungen, München 1927
Richard Strauss, Salome. Drama in einem Aufzuge nach Oskar Wilde's gleichnamiger Dichtung in deutscher Übersetzung von Hedwig Lachmann. Musik von Richard Strauss, Berlin 1905
Ders., Betrachtungen und Erinnerungen, hg. v. Willi Schuh, Zürich 1981
Igor Strawinsky, Erinnerungen, Zürich und Berlin 1937
C. Suetonius Tranquillus, Opera, Bd. 1: De vita Caesarum, hg. v. Maximilian Ihm, Stuttgart 1978
Wilhelm Suter, Spaziergänge und Ausflüge im Bereich der Rheinbahn [...], Düsseldorf ⁴1934
T., Änderung jüdischer Vornamen, in: Deutsch-Soziale Blätter, 25.7.1985
Felix A. Theilhaber, Goethe. Sexus und Eros, Berlin-Grunewald 1929
Eugene Tillinger, Thomas Mann's Left Hand, in: The Freeman 1.13, 26.3.1951, S. 397f.
Ders., Thomas Mann and the Commissar, in: The New Leader, 18.6.1951, S. 6–8
[William] Tombleson, Views of the Rhine; Vues du Rhin; Rhein Ansichten [sic!], hg. v. W. G. Fearnside, London o. J.
Margrit Traber-Kuhn, Betrachtungen über *Die Betrogene* von Thomas Mann [Manuskript, in Thomas Manns Nachlaß]
Pasquale Villari, La storia di Girolamo Savonarola et de' suoi tempi, Bd. 1, Florenz 1859
Ders., Geschichte Girolamo Savonarola's und seiner Zeit. Unter Mitwirkung des Verfassers aus dem Italienischen von Moritz Berduschek, Leipzig 1868
Felicitas Vogler, Das Buch der Woche. Thomas Mann. *Die Betrogene*, 23.11.1953 [Manuskript einer Hörfunkrezension, in Thomas Manns Nachlaß]
G. Vrolik, Schreiben an M. J. Weber über dessen Lehre von den Ur- und Racenformen der Schaedel und Becken des Menschen, Amsterdam 1830

[Anonymus] Wachter, Bemerkung über den Kopf der Juden, in: Der Gesellschaft naturforschender Freunde zu Berlin Magazin für Entdeckungen in der gesammten Naturkunde 6, 1812 [Berlin 1814], S. 64 f.
Joan Waddell, Two Illustrations for *Death in Venice*, in: Trend 1.2, 1942, S. 15–17
Wilhelm Waetzoldt, Dürer und seine Zeit. Große illustrierte Phaidon-Ausgabe, Wien
1935
Johann Christoph Wagenseil, Tela ignea Satanae. Hoc est: Arcani et horribiles Judaeo-
rum adversus Christum Deum, & Christianam Religionem Libri ἀνέκδοτοι […], Altdorf 1681
Ders., Belehrung Der Jüdisch-Teutschen Red- und Schreibart. Durch welche / Alle so des
wahren Teutschen Lesens kundig / für sich selbsten / innerhalb wenig Stunden / zu sothaner Wissenschaft gelangen können […], Königsberg 1694
Ders., An alle hohe Regenten und Obrigkeiten / welche Juden unter Ihrer Bottmässig-
keit haben […]. Denunciatio christiana, oder Christliche Ankündigung / wegen der
Lästerungen / womit die Juden / unsern Heyland Jesum Christum / sonder Aufhören /
freventlich schmähen. Mit demüthiger Bitte / solchem Himmel-schreyendem Ubel /
dermahleins / weilen es hohe Zeit / und dazu gar leicht sein kan / um Gottes Willen zu
wehren / und den Mäulern der Juden Zäume und Gebisse einzulegen, Altdorf 1703
Richard Wagner, Sämtliche Schriften und Dichtungen. Volks-Ausgabe, Leipzig ⁶o. J.
Hermann W. von Waltershausen, Der Freischütz. Ein Versuch über die musikalische Ro-
mantik, München 1920 (Musikalische Stillehre in Einzeldarstellungen, Bd. 3)
Eden Warwick, Nasology: Or, Hints Towards a Classification of Noses, London 1848
Max Weber, Die protestantische Ethik und der Geist des Kapitalismus, in: Max Weber,
Die protestantische Ethik, Bd. 1: Eine Aufsatzsammlung, hg. v. Johannes Winckel-
mann, Gütersloh ⁹1991, S. 27–277
Wilhelm Weigand, Der Abbé Galiani, [Einleitung zu:] Ferdinando Galiani, Die Briefe
des Abbé Galiani, hg. v. Wilhelm Weigand, München und Leipzig 1907, S. I–XCVII
(auch wieder in: Ferdinando Galiani und Luise D'Epinay, Helle Briefe, Frankfurt a. M.
1992 [Die andere Bibliothek], S. 7–37)
Otto Weininger, Gedanken über Geschlechtsprobleme, hg. v. Robert Saudek, Berlin
²1907
Ders., Geschlecht und Charakter. Eine prinzipielle Untersuchung, Wien und Leipzig
1926
A. Weisbach, Körpermessungen verschiedener Menschenrassen, Berlin 1878 (Zeitschrift für Ethnologie 9, 1877, Supplement)
Hermann Welcker, Wachsthum und Bau des menschlichen Schädels. Erster Theil: Allgemeine Verhältnisse des Schädelwachsthums und Schädelbaues. Normaler Schädel deutschen Stammes, Leipzig 1862
Ders., Kraniologische Mittheilungen, in: Archiv für Anthropologie 1, 1866, S. 89–
160
Johann Karl Wezel, Hermann und Ulrike. Ein komischer Roman, Leipzig 1780 (Nach-
druck Stuttgart 1971; Deutsche Neudrucke, Texte des 18. Jahrhunderts)
Oskar Wilda, Thomas Mann, in: Nord und Süd 120, 1904, S. 347–356
Josef Wilden, Düsseldorf. Die Lichtstadt im Industrierevier. Silhouetten aus alter und
neuer Zeit, Düsseldorf 1952
Achim von Winterfeld, Thomas Mann, Dresden und Leipzig 1912
Fritz Wolf, *Die Betrogene* von Thomas Mann. Brief an eine Dame von fünfzig Jahren,
1.12.1953 [Manuskript, in Thomas Manns Nachlaß]
Z., Thomas Mann zum Gruss. Zu seinem Kadimah-Vortrag am Samstagabend, in: Israeli-
sches Wochenblatt für die Schweiz, 12.3.1937
August Zeune, Die drei Stufen der Erdkunde für höhere und niedere Schulen, Berlin 1844
Ders., Über Schädelbildung zur festern Begründung der Menschenrassen, Berlin 1846

Richard Zimmermann, [Rezension von:] *Der Tod in Venedig* [...], in: Preußische Jahr-bücher 156, April–Juni 1914, S. 356 f.

J. O. Zöllner, Der Schwanengesang eines Hedonisten. Zu Thomas Manns neuer Erzäh-lung *Die Betrogene*, in: Deutsche Tagespost, 20./21.9.1953

Carl Zuckmayer, Der Hauptmann von Köpenick. Theaterstücke 1927–1937 (Gesammel-te Werke in Einzelbänden, hg. v. Knut Beck und Maria Guttenbrunner-Zuckmayer), Frankfurt a. M. 1995

Forschungsliteratur

Dieter Wolfgang Adolphs, Thomas Manns Einflußnahme auf die Rezeption seiner Wer-ke in Amerika, in: Deutsche Vierteljahrsschrift für Literaturwissenschaft und Geistes-geschichte 64, 1990, S. 560–582

Ders., [Rezension von:] Hubert Brunträger. *Der Ironiker und der Ideologe. Die Bezie-hung zwischen Thomas Mann und Alfred Baeumler*; Harvey Goldman. *Max Weber and Thomas Mann. Calling and the Shaping of the Self*, in: German Quarterly 69, 1996, S. 448–450

Theodor W. Adorno und Max Horkheimer, Dialektik der Aufklärung. Philosophische Fragmente, Frankfurt a. M. 1988

Giorgio Agamben, Homo Sacer. Sovereign Power and Bare Life, Stanford 1998 (Meridi-an. Crossing Aesthetics)

Ingrid Aichinger, Goethes *Dichtung und Wahrheit* und die Autobiographien der Folge-zeit, Bern, Frankfurt a. M., Las Vegas 1977 (Goethezeit, Bd. 7)

Marguerite De Huzar Allen, Denial and Acceptance. Narrative Patterns in Thomas Mann's *Die Betrogene* und Kleist's *Die Marquise von O...*, in: Germanic Review 64, 1989, S. 121–128

Hollis Alpert, Visconti in Venice, in: Saturday Review, 8.8.1970

Jean Améry, Venezianische Zaubereien. Luchino Visconti und sein *Tod in Venedig*, in: Merkur 280, 1971, S. 808–812

René Ammann, Mundschenk, in: Tagesanzeiger-Magazin, 18.7.1992

Benedict Anderson, Imagined Communities. Reflections on the Origin and Spread of Nationalism, London und New York [2]1994

Herbert Anton, Der Dichter Thomas Mann und die Stellvertretung der Wahrheit im dich-terischen Wort, in: Vokmar Hansen und Margot Ulrich (Hgg.), Ausstellung der Uni-versitäts-Bibliothek Düsseldorf im Goethe-Museum Düsseldorf, 1875–1975, Düssel-dorf 1975, S. 29–39

Hannah Arendt, Elemente und Ursprünge totaler Herrschaft. Antisemitismus, Imperia-lismus, Totalitarismus, München und Zürich [6]1998

Michail Bachtin, Literatur und Karneval. Zur Romantheorie und Lachkultur, Frankfurt a. M., Berlin, Wien 1985

James Northcote Bade, Die Wagner-Mythen im Frühwerk Thomas Manns, Bonn 1975

Ders., *Der Tod in Venedig* and *Felix Krull*. The Effect of the Interruption in the Compo-sition of Thomas Mann's *Felix Krull* Caused by *Der Tod in Venedig*, in: Deutsche Vierteljahrsschrift für Literaturwissenschaft und Geistesgeschichte 52, 1978, S. 271–278

Ders., »Noch einmal dies«. Zur Bedeutung von Thomas Manns »letzter Liebe« im Spätwerk, in: Thomas Mann-Jahrbuch 3, 1990, S. 139–148

Ders., *Die Betrogene* aus neuer Sicht. Der autobiographische Hintergrund zu Thomas
Manns letzter Erzählung, Frankfurt a. M. ²1995

Ehrhard Bahr, Thomas Mann. *Der Tod in Venedig*, Stuttgart 1991 (Erläuterungen und
Dokumente)

Peter Baldwin, Contagion and the State in Europe, 1830–1930, Cambridge, New York,
Melbourne 1999

André Banuls, La décadence existe-t-elle? Thomas Mann et le triomphe du moi, in: Etudes germaniques 34, 1979, S. 404–417

Roland Barthes, Mythen des Alltags, Frankfurt a. M. 1964

Ders., Am Nullpunkt der Literatur, Frankfurt a. M. 1982

Ders., S/Z, Frankfurt a. M. 1987

Ders., Das semiologische Abenteuer, Frankfurt a. M. 1988

Eva Bauer Lucca, »Diesmal mit dem Namen herausgeplatzt«. Bemerkungen zum vollständigen Titel von Thomas Manns *Doktor Faustus*, in: Colloquia Germanica 29,
1996, S. 223–234

Zygmunt Bauman, Moderne und Ambivalenz. Das Ende der Eindeutigkeit, Hamburg
1992 (Hamburger Institut für Sozialforschung)

Reinhard Baumgart, Betrogene Betrüger. Zu Thomas Manns letzter Erzählung und ihrer
Vorgeschichte, in: Heinz Ludwig Arnold (Hg.), Thomas Mann, Frankfurt a. M. ²1982
(Text und Kritik, Sonderband), S. 123–131

Ders., Thomas Mann, Brecht, Kafka, in: Wissenschaftskolleg zu Berlin, Jahrbuch
1987/1988, Berlin 1989, S. 16–19

Kenneth B. Beaton, Die Zeitgeschichte und ihre Integrierung im Roman, in: Ken
Moulden und Gero von Wilpert (Hgg.), *Buddenbrooks*-Handbuch, Stuttgart 1988, S.
201–211

Jürgen Behrens, [Artikel:] Goethe, Johann Kaspar und Katharina Elisabeth, geb. Textor, in: Bernd Witte, Theo Buck, Hans-Dietrich Dahnke, Regine Otto und Peter
Schmidt (Hgg.), Goethe-Handbuch, Bd. 4.1: Personen, Sachen, Begriffe, Stuttgart
und Weimar 1998, S. 399–404

Iris Bellinghausen, Umsetzung eines intellektuellen Diskurses in Bilder am Beispiel
des Naphta-Komplexes in Hans W. Geißendörfers Film *Der Zauberberg* nach dem
gleichnamigen Roman von Thomas Mann, München 1985 [Manuskript]

Hans Wolfgang Bellwinkel, Naturwissenschaftliche Themen im Werk von Thomas
Mann, in: Naturwissenschaftliche Rundschau 45, 1992, S. 174–183

Willy R. Berger, Thomas Mann und die antike Literatur, in: Peter Pütz (Hg.), Thomas
Mann und die Tradition, Frankfurt a. M. 1971 (Athenäum Paperbacks Germanistik),
S. 52–100

Margot Berghaus, Versuchung und Verführung im Werk Thomas Manns, Diss. Hamburg
1971

Dietz Bering, Der Name als Stigma. Antisemitismus im deutschen Alltag 1812–1933,
Stuttgart ²1988

Chris Berry, A Bit on the Side. East-West Topographies of Desire, Sydney 1994

Homi K. Bhabha, DissemiNation. Time, Narrative, and the Margins of the Modern Nation, in: Homi K. Bhabha (Hg.), Nation and Narration, London 1990, S. 291–322

Ders., The Location of Culture, London und New York 1994

Wolfgang Binder, Goethes Vierheiten, in: Wolfgang Binder, Aufschlüsse. Studien zur
deutschen Literatur, Zürich und München 1976, S. 119–130

Doerte Bischoff, Repräsentanten für Europa? Thomas und Heinrich Mann als Grenz-
Gänger eines Europa-Diskurses in ihren Essays 1914–1933, in: Jürgen Wertheimer
(Hg.), Suchbild Europa — künstlerische Konzepte der Moderne, Amsterdam 1995 (In-

ternationale Forschungen zur allgemeinen und vergleichenden Literaturwissenschaft, Bd. 12), S. 18–37

Paul Bishop, »Literarische Beziehungen haben nie bestanden«? Thomas Mann und C. G. Jung, in: Oxford German Studies 23, 1994, S. 124–172

Ajoy Ranjan Biswas, Thomas Mann and Indian Literature. A Comparative Study in Themes and Motifs, in: Roger Bauer und Douve Fokkema (Hgg.), Space and Boundaries — Espace et Frontières, München 1990 (Proceedings of the XIIth Congress of the International Comparative Literature Association — Actes du XIIe Congrès de l'Association Internationale de Littérature Comparée), Bd. 4, S. 351–356

Rhonda L. Blair, »Homo faber«, »Homo ludens« und das Demeter-Kore-Motiv, in: Walter Schmitz (Hg.), Frischs *Homo faber*, Frankfurt a. M. 1983, S. 142–170

Thomas Bleicher, Zur Adaption der Literatur durch den Film. Viscontis Metamorphose der Thomas Mann-Novelle *Tod in Venedig*, in: Neophilologus 64, 1980, S. 479–492

Harold Bloom, The Anxiety of Influence. A Theory of Poetry, London, Oxford, New York 1975

Hans Blumenberg, Paradigmen einer Metaphorologie, Frankfurt a. M. 1998

Richard Bochalli, Robert Koch. Der Schöpfer der modernen Bakteriologie, Stuttgart 1954 (Große Naturforscher, Bd. 15)

Michael Böhler, Nationalisierungsprozesse von Literatur im deutschsprachigen Raum. Verwerfungen und Brüche — vom Rande betrachtet, in: Martin Huber und Gerhard Lauer (Hgg.), Bildung und Konfession. Politik, Religion und literarische Identitätsbildung 1850–1918, Tübingen 1996 (Studien und Texte zur Sozialgeschichte der Literatur, Bd. 59), S. 21–38

Karl Werner Böhm, Die homosexuellen Elemente in Thomas Manns *Der Zauberberg*, in: Literatur für Leser 1984, S. 171–190

Ders., Der Narziß Thomas Mann und die Pathologisierung seiner Homosexualität. Zu einem »neuen Konzept« der Thomas Mann-Forschung, in: Psyche 44, 1990, S. 308–332

Ders., Zwischen Selbstzucht und Verlangen. Thomas Mann und das Stigma der Homosexualität. Untersuchungen zu Frühwerk und Jugend, Würzburg 1991 (Studien zur Literatur- und Kulturgeschichte, Bd. 2)

Bernhard Böschenstein, Exzentrische Polarität. Zum *Tod in Venedig*, in: Volkmar Hansen (Hg.), Interpretationen. Thomas Mann. Romane und Erzählungen, Stuttgart 1993, S. 89–120

Renate Böschenstein-Schäfer, Eichendorff im Werk Thomas Manns, in: Aurora 47, 1987, S. 31–52

Dies., Namen als Schlüssel bei Hoffmann und bei Fontane, in: Colloquium Helveticum 23, 1996, S. 67–91

Dies., Der Erwählte — Thomas Manns postmoderner Ödipus?, in: Colloquium Helveticum 26: Intertextualität — Intertextualité, 1997, S. 71–101

Dies., Doktor Faustus und die Krankheit als Inspiration, in: Thomas Sprecher (Hg.), Vom Zauberberg zum Doktor Faustus. Krankheit und Literatur. Die Davoser Literaturtage 1998, Frankfurt a. M. (Thomas Mann-Studien) [im Druck]

Klaus Bohnen, Ein literarisches »Muster« für Thomas Mann. J. P. Jacobsens *Niels Lyhne* und *Der kleine Herr Friedemann*, in: Roger Goffin, Michel Vanhelleputte und Monique Weyembergh-Boussart (Hgg.), Littérature et culture allemandes. Hommage à Henri Plard, Bruxelles 1985 (Faculté de Philosophie et Littérature, Bd. 32), S. 197–215

Gabriele Brandstetter, Tanz-Lektüren. Körperbilder und Raumfiguren der Avantgarde, Frankfurt a. M. 1995 (Fischer ZeitSchriften)

Allan M. Brandt, Sexually Transmitted Diseases, in: W. F. Bynum und Roy Porter (Hgg.), Companion Encyclopedia of the History of Medicine, New York und London

1993, Bd. 1, S. 562–584

Christina von Braun, Die »Blutschande«. Wandlungen eines Begriffs: Vom Inzesttabu zu den Rassegesetzen, in: Christina von Braun, Die schamlose Schönheit des Vergangenen. Zum Verhältnis von Geschlecht und Geschichte, Frankfurt a. M. 1989, S. 80–111

Rudolf Braun und David Gugerli, Macht des Tanzes — Tanz der Mächtigen. Hoffeste und Herrschaftszeremoniell 1550–1914, München 1993

Thomas D. Brock, Robert Koch. A Life in Medicine and Bacteriology, Madison 1988 (Scientific Revolutionaries)

David Bronson, The Artist Against Himself. Henrick Ibsen's Master Builder and Thomas Mann's Death in Venice, in: Neohelicon 11, 1984, S. 323–344

Gert Bruhn, Das Selbstzitat bei Thomas Mann. Untersuchungen zum Verhältnis von Fiktion und Autobiographie in seinem Werk, New York, San Francisco, Bern, Baltimore, Frankfurt a. M., Berlin, Wien, Paris 1992 (American Universities Studies, I, German [sic!] Languages and Literature, Bd. 98)

Belinda Bryder, Below the Magic Mountain. A Social History of Tuberculosis in Twentieth Century Britain, Oxford 1988

Max Burckhardt, Bachofen und die Politik, in: Neue Schweizer Rundschau, Neue Folge, 10, 1942, S. 476–495

Walter Burkert, Mythisches Denken. Versuch einer Definition an Hand des griechischen Befunds, in: Hans Poser (Hg.), Philosophie und Mythos. Ein Kolloquium, Berlin und New York 1979, S. 16–39

Anni Carlsson, Der Meeresgrund in der neueren Dichtung. Abwandlungen eines symbolischen Motivs von H. C. Andersen bis Th. Mann, in: Deutsche Vierteljahrsschrift für Literaturwissenschaft und Geistesgeschichte 28, 1954, S. 221–233

Cesare Cases, Thomas Mann. Die Betrogene, in: Cesare Cases, Stichworte zur deutschen Literatur. Kritische Notizen, Wien, Frankfurt a. M., Zürich 1969, S. 161–177

John Conley, Thomas Mann on Sources of Two Passages in Death in Venice, in: German Quarterly 40, 1967, S. 152–155

Alain Corbin, Backstage, in: Michelle Perrot (Hg.), A History of Private Life, Bd. 4: From the Fires of Revolution to the Great War, Cambridge (Massachusetts) und London 1990, S. 451–667

Ders., Pesthauch und Blütenduft. Eine Geschichte des Geruchs, Frankfurt a. M. 1990

Roger Caillois, Die Spiele und die Menschen. Maske und Rausch, Frankfurt a. M., Berlin, Wien 1982

Steven Cerf, Love in Thomas Mann's Doktor Faustus as an Imitatio Shakespeari, in: Comparative Literature Studies 18, 1981, S. 475–486

Ders., The Shakespearean Element in Thomas Mann's Doktor Faustus-Montage, in: Revue de littérature comparée 4, 1985, S. 427–441

Michel Chaouli, Devouring Metaphor. Disgust and Taste in Kleist's Penthesilea, in: German Quarterly 69, 1996, S. 125–143

Mary A. Ciora, Beethoven, Shakespeare, and Wagner. Visual Music in Doktor Faustus, in: Deutsche Vierteljahrsschrift für Literaturwissenschaft und Geistesgeschichte 63, 1989, S. 267–281

René-Pierre Colin, Les privilèges du chaos. La Mort à Venise et l'esprit décadent, Tusson (Charente) 1991 (Transferts)

Carl Otto Conrady, Vor Adolf Bartels wird gewarnt. Aus einem Kapitel mißverstandener Heimatliebe, in: Die Zeit, 18.12.1964

Gordon A. Craig, Die preußisch-deutsche Armee 1640–1945. Staat im Staate, Düsseldorf 1960

Jacques Darmaun, Aspects de l'Italie chez Thomas Mann. L'image de Venise de la Mort à Venise, in: Etudes allemandes et autrichiennes 1989, S. 103–113

Ders., Thomas Mann et les Juifs, Bern, Berlin, Frankfurt a. M., New York, Paris, Wien 1995 (Collection Contacts, III: Etudes et documents, Bd. 27)

Ders., L'Allemagne, Thomas Mann, les Juifs. Le sens d'une interrogation, in: Cahiers d'études germaniques 32, 1997, S. 85–96

Robert von Dassanowsky-Harris, Thomas Mann's *Der Tod in Venedig*. Unfulfilled »Aufbruch« from the Wilhelminian World, in: Germanic Notes 18, 1987, S. 16–17

Claude David, Naphta, des Teufels Anwalt, in: Rudolf Wolff (Hg.), Thomas Mann. Aufsätze zum *Zauberberg*, Bonn 1988 (Sammlung Profile, Bd. 33), S. 23–38

Natalie Zemon Davis, Noch einmal *Religion und Kapitalismus*? Jüdische Kaufmannskultur im siebzehnten Jahrhundert, in: Natalie Zemon Davis, Lebensgänge. Glikl; Zwi Hirsch; Leone Modena; Martin Guerre; Ad me ipsum, Berlin 1998 (Kleine kulturwissenschaftliche Bibliothek, Bd. 61), S. 7–40

Burghart Dedner, Kultur und Wahrheit. Zur thematischen Dialektik von Thomas Manns Frühwerk, in: Jahrbuch der Deutschen Schiller-Gesellschaft 27, 1983, S. 345–380

Ders., Entwürdigung. Die Angst vor dem Gedächtnis in Thomas Manns Werk, in: Gerhard Härle (Hg.), Heimsuchung und süßes Gift. Erotik und Poetik bei Thomas Mann, Frankfurt a. M. 1992, S. 87–102

Marcel Detienne, Die skandalöse Mythologie (oder: Projekt einer Arbeit über das zweideutige Wesen der sogenannten Mythologie), in: Renate Schlesier (Hg.), Faszination des Mythos. Studien zu antiken und modernen Interpretationen, Basel und Frankfurt a. M. 1985, S. 13–34

Peter Dettmering, Dichtung und Psychoanalyse. Thomas Mann — Rainer Maria Rilke — Richard Wagner, Frankfurt a. M. ²1976 (Reprints Psychologie)

Werner Deuse, »Besonders ein antikisierendes Kapitel scheint mir gelungen«. Griechisches in *Der Tod in Venedig*, in: Gerhard Härle (Hg.), Heimsuchung und süßes Gift. Erotik und Poetik bei Thomas Mann, Frankfurt a. M. 1992, S. 41–62

Manfred Dierks, Studien zu Mythos und Psychologie bei Thomas Mann. An seinem Nachlaß orientierte Untersuchungen zum *Tod in Venedig*, zum *Zauberberg* und zur *Joseph*-Tetralogie, Bern und München 1972 (Thomas Mann-Studien, Bd. 2)

Ders., Die Aktualität der positivistischen Methode am Beispiel Thomas Manns, in: Orbis litterarum 33, 1978, S. 158–182

Ders., Der Wahn und die Träume in *Der Tod in Venedig*. Thomas Manns folgenreiche Freud-Lektüre im Jahr 1911, in: Psyche 44, 1990, S. 240–267

Ders., Traumzeit und Verdichtung. Der Einfluß der Psychoanalyse auf Thomas Manns Erzählweise, in: Eckhard Heftrich und Helmut Koopmann (Hgg.), Thomas Mann und seine Quellen. Festschrift für Hans Wysling, Frankfurt a. M. 1991, S. 111–137

Bernard Dieterle, Die versunkene Stadt. Sechs Kapitel zum Venedig-Mythos, Frankfurt a. M., Berlin, Bern, New York, Paris, Wien 1995 (Artefakt, Bd. 5)

Ulrich Dietzel, Tony Buddenbrook — Elisabeth Mann. Ein Beitrag zur Werkgeschichte der *Buddenbrooks*, in: Sinn und Form 15, 1963, S. 497–502

Ulrich Dittmann, Thomas Mann. *Tristan*, Stuttgart 1971 (Erläuterungen und Dokumente)

Mary Douglas, Reinheit und Gefährdung. Eine Studie zu Vorstellungen von Verunreinigung und Tabu, Frankfurt a. M. 1988

Hans Peter Duerr, Der Mythos vom Zivilisationsprozeß, Bd. 4: Der erotische Leib, Frankfurt a. M. 1997

Hartwig Dräger (Hg.), *Buddenbrooks*. Dichtung und Wirklichkeit. Bilddokumente, Lübeck 1993

Uwe Ebel, Die Kunst als Welt der Freiheit. Studien zu Werkstruktur und Werkabsicht bei Thomas Mann, Mentelen und Steinfurt 1991 (Wissenschaftliche Reihe, Bd. 4)

Bernd Effe, Sokrates in Venedig. Thomas Mann und die »platonische Liebe«, in: Antike und Abendland 31, 1985, S. 153–166

Ernst Ludwig Ehrlich, Luther und die Juden, in: Herbert A. Strauss und Norbert Kampe (Hgg.), Antisemitismus. Von der Judenfeindschaft zum Holocaust, Frankfurt a. M. und New York 1985, S. 47–65

Paul Eich, Die Maria Lactans. Eine Studie ihrer Entwicklung bis in das 13. Jahrhundert und ein Versuch ihrer Deutung aus der mittelalterlichen Frömmigkeit, Diss. Frankfurt a. M. 1953

Paul Eisenstein, Leverkühn as Witness. The Holocaust in Thomas Mann's *Doktor Faustus*, in: German Quarterly 70, 1997, S. 325–346

Yahya A. Elsaghe, Philine Blaúte. Zur Genese und Funktion mythologischer Reminiszenzen in *Wilhelm Meisters Lehrjahren*, in: Jahrbuch des Freien Deutschen Hochstifts 1992, S. 1–35

Ders., Zur Sexualisierung des Fremden im *Tod in Venedig*, in: Archiv für das Studium der neueren Sprachen und Literaturen 234, 1997, S. 19–32

Ders., »Herr und Frau X. Beliebig«? Zur literarischen Funktion der Vornamensinitiale bei Thomas Mann, in: German Life and Letters, New Series, 52, 1999, S. 58–67

Ders., »»Merde!‹ [...] und ›Hol's der Geier!‹« Zur Imagination der deutschen Westgrenze in Thomas Manns Alterswerk, in: Rüdiger Görner und Suzanne Kirkbright (Hgg.), Nachdenken über Grenzen, München 1999, S. 143–159

Ders., »Vom Moschusgeruch des Exkrementhaufens«. Mythos und Ideologie in Thomas Manns *Die Betrogene*, in: Deutsche Vierteljahrsschrift für Literaturwissenschaft und Geistesgeschichte 73, 1999, S. 692–709

Ders., Zur Imagination der deutschen Reichsgrenze. Thomas Mann als Angehöriger der ersten Generation nach 1871, in: Gerhard Neumann und Sigrid Weigel (Hgg.), Lesbarkeit der Kultur. Literaturwissenschaften zwischen Kulturtechnik und Ethnographie, München 2000, S. 305–321

Ders., *Lotte in Weimar*, in: Ritchie Robertson (Hg.), The Cambridge Companion to Thomas Mann, Cambridge [im Druck]

Ders., »Gute Augen, [...] gute Rasse«. Zur Aufwertung des Schweizer-Stereotyps in Thomas Manns Spätwerk, in: German Quarterly [im Druck]

Ders., »Diese Flegel«. Die Zürcher in Thomas Manns Romanen, in: Thomas Mann-Jahrbuch [im Druck]

Dietrich von Engelhardt, Medizin in der Literatur der Neuzeit, Bd. 1: Darstellung und Deutung, Hürtgenwald 1991 (Schriften zu Psychopathologie, Kunst und Literatur, Bd. 2)

Ders., Tuberkulose und Kultur um 1900. Arzt, Patient und Sanatorium in Thomas Manns *Zauberberg* aus medizinhistorischer Sicht, in: Thomas Sprecher (Hg.), Auf dem Weg zum *Zauberberg*. Die Davoser Literaturtage 1996 (Thomas Mann-Studien, Bd. 16), Frankfurt a. M. 1997, S. 323–345

John Evans, *Death in Venice*. The Appollonian/Dionysian Conflict, in: The Opera Quarterly 4, 1986, S. 102–115

D. J. Farrelly, Apollo and Dionysus Interpreted in Thomas Mann's *Tod in Venedig*, in: New German Studies 3, 1975, S. 1–15

Werner und Ingeborg Faulstich, Modelle der Filmanalyse, München 1977

Lucien Febvre, »Frontière« — Wort und Bedeutung, in: Lucien Febvre, Das Gewissen des Historikers, hg. v. Ulrich Raulff, Berlin 1988, S. 27–37

Ders., Der Rhein und seine Geschichte, hg. v. Peter Schöttler, Frankfurt a. M. und New York 1994

Ferenc Fehér und Agnes Heller, Biopolitik, Frankfurt a. M. und New York 1995 (Wohlfahrtspolitik und Sozialforschung, Bd. 6)

Paul Felder, Thomas Mann et Berlin, in: Revue d'Allemagne 14, 1982, S. 321–336

Ders., *Die Betrogene*, »Unverkennbar von mir«, in: Thomas Mann-Jahrbuch 3, 1990, S. 118–138

Gerald D. Feldman, Bayern und Sachsen in der Hyperinflation 1922/23, München 1984

(Schriften des Historischen Kollegs, Vorträge, Bd. 6)

Ders., The Great Disorder. Politics, Economics, and Society in the German Inflation, 1914–1924, New York und Oxford 1993

Ders., Existenzkämpfe, in: Tagesspiegel, 26.6.1998

Ludwig Fertig, Vor-Leben. Bekenntnis und Erziehung bei Thomas Mann, Darmstadt 1993

John F. Fetzer, Changing Perceptions of Thomas Mann's *Doctor Faustus*. Criticism 1947–1992, Columbia 1996 (Literary Criticism in Perspective)

Kurt Fickert, Truth and Fiction in *Der Tod in Venedig*, in: Germanic Notes 21, 1990, S. 25–31

Rolf Fieguth, Zur literarischen Bedeutung des Bedeutungslosen. Das Polnische in Thomas Manns Novelle *Der Tod in Venedig*, in: Hendrik Feindt (Hg.), Studien zur Kulturgeschichte des deutschen Polenbildes 1848–1939, Wiesbaden 1995 (Veröffentlichungen des Deutschen Polen-Instituts Darmstadt, Bd. 9), S. 130–147

Jean Finck, Thomas Mann und die Psychoanalyse, Paris 1973 (Bibliothèque de la Faculté de Philosophie et Lettres de l'Université de Liège, Bd. 294)

Gail Finney, Self-Reflexive Siblings. Incest as Narcissism in Tieck, Wagner and Thomas Mann, in: German Quarterly 56, 1983, S. 243–256

Jürgen Fohrmann, Das Projekt der deutschen Literaturgeschichte. Entstehung und Scheitern einer nationalen Poesiegeschichtsschreibung zwischen Humanismus und Deutschem Kaiserreich, Stuttgart 1989

Michel Foucault, Histoire de la sexualité, Bd. 1: La volonté de savoir, Paris 1976

Ders., Des espaces autres, in: Architecture, Mouvement, Continuité 5, Oktober 1984, S. 46–49

Ute Frevert, Ehrenmänner. Das Duell in der bürgerlichen Gesellschaft, München 1991

Erich A. Frey, Thomas Mann, in: John M. Spalek und Joseph Strelka (Hgg.), Deutsche Exilliteratur seit 1933, Bd. 1, Teil 1: Kalifornien, Bern und München 1976, S. 473–526

John R. Frey, Blick und Auge in Thomas Manns Erzählkunst, in: Jahrbuch der Deutschen Schillergesellschaft 13, 1969, S. 454–481

Harry Friedenwald, A Hebrew Reference to the Epidemic of the Gallic Disease at the End of the 15th Century and the Accusation that the Marranos Caused its Spread, in: Harry Friedenwald, The Jews and Medicine. Essays, Bd. 2, Baltimore ²1944 (Publications of the Institute of the History of Medicine, Bd. 2), S. 529–532

Saul Friedländer, Das Dritte Reich und die Juden, Bd. 1: Die Jahre der Verfolgung 1933–1939, München 1998

Werner Frizen, »Der Knabe lebt!« Über Christus-Imitationen bei Wagner, Nietzsche und Thomas Mann, in: Deutsche Vierteljahrsschrift für Literaturwissenschaft und Geistesgeschichte 55, 1981, S. 476–494

Ders., Von Weibes Wonne und Wert. Über eine Frauengestalt Thomas Manns und den Misogyn Schopenhauer, in: Etudes germaniques 36, 1981, S. 306–317

Ders., Thomas Mann. *Der Tod in Venedig*. Interpretation, München 1993 (Oldenbourg Interpretationen, Bd. 61)

Wolfgang Frühwald, Repräsentant des Zeitalters. Thomas Manns Erzählung *Der Tod in Venedig*, in: Analele Universitatis Bucaresti, Limbi Germanice, 22, 1973, S. 51–59

Ders., »Der christliche Jüngling im Kunstladen«. Milieu- und Stilparodie in Thomas Manns Erzählung *Gladius Dei*, in: Günter Schnitzler (Hg.), Bild und Gedanke. Festschrift für Gerhart Baumann, München 1980, S. 324–342

Ders., »Katholisch, aber wie Sailer...«. Kultur und Literatur in Bayern am Übergang zur Moderne, in: Aus dem Antiquariat 7, 1984, S. A237–A246

Ders., Kulturstadt München. Von der Entstehung und Dauerfähigkeit eines romantisch-literarischen Mythos, in: Michael S. Batts, Anthony W. Riley und Heinz Wetzel

(Hgg.), Echoes and Influences of German Romanticism. Essays in Honour of Hans Eichner, New York, Bern, Frankfurt a. M., Paris 1987, S. 271–286

Ders., Eine Kindheit in München. Die Familie Mann und das Genre der Inflationsliteratur, in: Andreas Kablitz und Ulrich Schulz-Buschhaus (Hgg.), Literarhistorische Begegnungen. Festschrift für Bernhard König, Tübingen 1993, S. 43–56

Angelika Führich, Topographie der Grenze in Kerstin Spechts Dramatik, in: Zeitschrift für Literaturwissenschaft und Linguistik 27.106, 1997, S. 150–156

Stephan Füssel, Thomas Manns *Gladius Dei* (1902) und die Zensurdebatte der Kaiserzeit, in: Gerhard Hahn und Ernst Weber (Hgg.), Zwischen den Wissenschaften. Beiträge zur deutschen Literaturgeschichte. Bernhard Gajek zum 65. Geburtstag, Regensburg 1994, S. 427–436

Lilian R. Furst, Re-Reading *Buddenbrooks*, in: German Life and Letters, New Series, 44, 1991, S. 317–329

Dies., Realistic Pathologies and Romantic Psychosomatics in Thomas Mann's *Buddenbrooks*, in: Clifford A. Bernd, Ingeborg Henderson und Winder McConnell (Hgg.), Romanticism and Beyond. A Festschrift for John F. Fetzer, New York, Washington D. C., Baltimore, Bern, Frankfurt a. M., Berlin, Wien, Paris 1996 (California Studies in German and European Romanticism and the Age of Goethe, Bd. 2), S. 231–245

Elisabeth Galvan, Mütter-Reich. Zur deutschen Erzählprosa der Dreißiger [sic!] Jahre, Stuttgart 1994 (Stuttgarter Arbeiten zur Germanistik, Bd. 229)

Dies., Zur Bachofen-Rezeption in Thomas Manns *Joseph*-Roman, Frankfurt a. M. 1996 (Thomas Mann-Studien, Bd. 12)

Claude Gandelman, Thomas Mann and the Theory of »Cristalline Beauty«, in: Orbis litterarum 37, 1982, S. 122–133

Marjorie Garber, Dog Love, London 1996

Hans-Martin Gauger, [Leserbrief,] in: Der Spiegel, 29.24, 1975, S. 8

Ders., *Der Zauberberg* — ein linguistischer Roman, in: ders., Der Autor und sein Stil. Zwölf Essays, Stuttgart 1988, S. 170–214

Peter Gay, Die Republik der Außenseiter. Geist und Kultur in der Weimarer Zeit 1918–1933, Frankfurt a. M. 1987

Ders., The Borgeois Experience from Victoria to Freud, Bd. 3: Cultivation of Hatred, New York und London 1993

Christoph Geiser, Naturalismus und Symbolismus im Frühwerk Thomas Manns, Bern und München 1971

Mark H. Gelber, Thomas Mann and Zionism, in: German Life and Letters, New Series, 37, 1983/1984, S. 118–124

Ders., Das Judendeutsch in der deutschen Literatur. Einige Beispiele von den frühesten Lexika bis zu Gustav Freytag und Thomas Mann, in: Stéphane Mosès und Albrecht Schöne (Hgg.), Juden in der deutschen Literatur. Ein deutsch-israelisches Symposium, Frankfurt a. M. 1986, S. 162–178

Ders., Indifferentism, Anti-Semitism, the Holocaust, and Zionism, in: Tel Aviver Jahrbuch für deutsche Geschichte 20, 1991, S. 327–337

Eva Geulen, A Case Study of Thomas Mann's *Mario and the Magician*, in: New German Critique 68, 1996, S. 3–29

Martin H. Geyer, Verkehrte Welt. Revolution, Inflation und Moderne, München 1914–1924, Göttingen 1998 (Kritische Studien zur Geschichtswissenschaft, Bd. 128)

Helga Geyer-Ryan, Gendering the Utopian. *Death in Venice*. An On-topology [Manuskript]

Sander L. Gilman, Jewish Self-Hatred. Anti-Semitism and the Hidden Language of the Jews, Baltimore und London 1986

Ders., Disease and Representation. Images of Illness from Madness to AIDS, Ithaca und London 1988

Ders., The Jew's Body, New York und London 1991

Ders., The Indelibility of Circumcision, in: Koroth 9, 1991, S. 806–817

Ders., Rasse, Sexualität und Seuche. Stereotypen aus der Innenwelt der westlichen Kultur, Reinbek b. Hamburg 1992

Ders., Franz Kafka, the Jewish Patient, New York und London 1995

Ders., Creating Beauty to Cure the Soul. Race and Psychology in the Shaping of Aesthetic Surgery, Durham und London 1998

Ders., Making the Body Beautiful. A Cultural History of Aesthetic Surgery, Princeton 1999

René Girard, Der Sündenbock, Zürich 1988

Hermann Glaser, Ansichten wilhelminischer Kultur, in: Neue Zürcher Zeitung, 20/21.10.1984

Erving Goffman, Stigma. Über Techniken der Bewältigung beschädigter Identität, Frankfurt a. M. 1975

Harvey Goldman, Max Weber and Thomas Mann. Calling and the Shaping of the Self, Berkeley, Los Angeles, London 1988

Stefan Goldmann, Höhle. Ort der Prägung, Erinnerung und Täuschung bei Platon und Kleist, in: Irmela von der Lühe und Anita Runge (Hgg.), Wechsel der Orte. Studien zum Wandel des literarischen Geschichtsbewußtseins. Festschrift für Anke Bennholdt-Thomsen, Göttingen 1997, S. 290–303

Hans Grandi, Die Musik im Roman Thomas Manns, Diss. Berlin 1952

Stephen Greenblatt, Culture, in: Frank Lentricchia und Thomas McLaughlin (Hgg.), Critical Terms for Literary Study, Chicago und London ²1995, S. 225–232

Graham Greene, Der Anblick des Montblanc, in: Marcel Reich-Ranicki (Hg.), Was halten Sie von Thomas Mann? Achtzehn Autoren antworten, Frankfurt a. M. 1986, S. 27

Liah Greenfeld, Nationalism. Five Roads to Modernity, Cambridge (Massachusetts) und London 1993

Martin Gregor, [Nachwort zu:] Thomas Mann, Über mich selbst. Autobiographische Schriften, Frankfurt a. M. 1983 (Gesammelte Werke in Einzelbänden, hg. v. Peter de Mendelssohn), S. 505–522

Anthony Grenville, »Linke Leute von rechts«: Thomas Mann's Naphta and the Ideological Confluence of Radical Right and Radical Left in the Early Years of the Weimar Republic, in: Deutsche Vierteljahrsschrift für Literaturwissenschaft und Geistesgeschichte 59, 1985, S. 651–675

Christian Grimm, Zum Mythos Individualstil. Mikrostilistische Untersuchungen zu Thomas Mann, Würzburg 1991 (Würzburger Beiträge zur deutschen Philologie, Bd. 6)

Ernst Günther Grimme, Deutsche Madonnen. Aufnahmen von Hans Georg Schwarzkopf, Köln 1966

Gerhard Härle, Hinter-Sinn. Zur Bedeutung des Analen für die Ästhetik homosexueller Literatur, in: Forum Homosexualität und Literatur 1, 1987, S. 38–72

Ders., Männerweiblichkeit. Zur Homosexualität bei Klaus und Thomas Mann, Frankfurt a. M. 1988

Ders., Simulation der Wahrheit. Körpersprache und sexuelle Identität im *Zauberberg* und *Felix Krull*, in: ders. (Hg.), Heimsuchung und süßes Gift. Erotik und Poetik bei Thomas Mann, Frankfurt a. M. 1992, S. 63–80

Maurice Halbwachs, Das kollektive Gedächtnis, Stuttgart 1966

Ders., Das Gedächtnis und seine sozialen Bedingungen, Frankfurt a. M. 1985

Hans Henning Hahn, Stereotypen in der Geschichte und Geschichte im Stereotyp, in: Hans Henning Hahn (Hg.), Historische Stereotypenforschung. Methodische Überlegungen und empirische Befunde, Oldenburg 1995 (Oldenburger Schriften zur Geschichtswissenschaft, Bd. 2), S. 190–204

Hans-Werner Hahn, Geschichte des Deutschen Zollvereins, Göttingen 1984 (Kleine

410

Vandenhoeck-Reihe, Bd. 1502)

Manfred Haiduk, Bemerkungen zu Thomas Manns Novelle *Wälsungenblut*, in: Georg Wenzel (Hg.), Vollendung und Größe Thomas Manns, Halle a. d. S. 1962, S. 213–216

Brigitte Hamann, Hitlers Wien. Lehrjahre eines Diktators, München [3]1996

Caroline Hannaway, Environment and Miasmata, in: W. F. Bynum und Roy Porter (Hgg.), Companion Encyclopedia of the History of Medicine, New York und London 1993, Bd. 1, S. 292–308

Volkmar Hansen, Thomas Mann, Stuttgart 1984 (Sammlung Metzler, Bd. 211)

Ders., Die Kritik der Modernität bei Thomas Mann, in: Thomas Mann-Jahrbuch 4, 1991, S. 145–160

Wilfried Hansmann, »...dies Erzeugnis des späten Rokoko...«. Thomas Mann und Schloß Benrath, in: Düsseldorfer Jahrbuch 65, 1994, S. 141–183

Richard Harpprecht, Thomas Mann. Eine Biographie, o. O. [Reinbek b. Hamburg] 1995

Brigitta Hauser-Schäublin, Mutterrecht und Frauenbewegung, in: Johann Jakob Bachofen (1815–1887). Eine Begleitpublikation zur Ausstellung im Historischen Museum Basel 1987, o. O. u. J., S. 137–150

Tom Hayes und Lee Quinby, The Apology of Bourgois Art. Desire in Thomas Manns *Death in Venice*, in: Criticism 31, 1989, S. 159–177

Ronald Hayman, Thomas Mann. A Biography, New York, London Toronto, Sydney, Tokyo, Singapore 1994

Eckhard Heftrich, Vom Verfall zur Apokalypse. Über Thomas Mann, Bd. 2, Frankfurt a. M. 1982 (Das Abendland, Neue Folge, Bd. 14)

Ders., Thomas Manns Verhältnis zum Deutschtum und Judentum, in: Thomas Mann-Jahrbuch 1, 1988, S. 149–166

Ders., Matriarchat und Patriarchat. Bachofen im Joseph-Roman, in: Thomas Mann-Jahrbuch 6, 1993, S. 205–221

Ute Heidemann Vischer, Récit de rêve. Deux formes de représentation littéraire chez Marguerite Yourcenar, Thomas Mann et Christa Wolf, in: Colloquia Helvetica 21, 1995, S. 27–44

Anthony Heilbut, Thomas Mann. Eros and Literature, New York 1996

Gert Heine, Thomas Mann-Quellenforschung, in: Wissenschaftliche Zeitschrift der Friedrich-Schiller-Universität Jena/Thüringen, Gesellschafts- und sprachwissenschaftliche Reihe, 25, 1976, S. 395–401

Stefan Heiner, Politische Aspekte im Werk Thomas Manns 1895 bis 1918, Berlin 1977

Erich Heller, Thomas Mann in Venedig. Zum Thema Autobiographie und Literatur, in: Erich Heller, Die Wiederkehr der Unschuld und andere Essays, Frankfurt a. M. 1977, S. 167–188

Peter Heller, *Der Tod in Venedig* und Thomas Manns »Grundmotiv«, in: Hans H. Schulte und Gerald Chapple (Hgg.), Thomas Mann, Bonn 1978, S. 84–94

Ulrike Hermanns, Thomas Manns *Doktor Faustus* im Lichte von Quellen und Kontexten, Bern, Frankfurt a. M., New York 1994 (Europäische Hochschulschriften, I, Bd. 1486)

Jost Hermand, Peter Spinell, in: Modern Language Notes 79, 1964, S. 439–447

Ernest W. B. Hess-Lüttich und Susan A. Liddell, Medien-Variationen. Aschenbach und Tadzio in Thomas Manns *Der Tod in Venedig*, Luchino Viscontis *Morte a Venezia*, Benjamin Brittens *Death in Venice*, in: Kodikas/Code 14, 1991, S. 145–161

Titus Heydenreich, Eros in der Unterwelt. Der Holterhof-Ausflug in Thomas Manns Erzählung *Die Betrogene*, in: Eberhard Leube und Ludwig Schrader (Hgg.), Interpretation und Vergleich. Festschrift für Walter Pabst, Berlin 1972, S. 79–95

Ekkehard Hieronimus, Wilhelm von Gloeden. Photographie als Beschwörung, Aachen 1982

Eberhard Hilseher, [Nachwort zu:] Thomas Mann, Der Tod in Venedig. Mit einem Zyklus farbiger Lithographien von Wolfgang Born und einem Brief des Autors an den Künstler, Berlin 1990, S. 143–152

Eric Hobsbawm, Mass-Producing Traditions: Europe, 1870–1914, in: Eric Hobsbawm und Terence Ranger (Hgg.), The Invention of Tradition, Cambridge 1984, S. 263–307

Rolf Hochhuth, Thomas Mann oder der Undank der Enkel, in: Der Spiegel 29.24, 1975, S. 125–131

Ernst Fedor Hoffmann, Thomas Mann's Gladius Dei, in: Publication of the Modern Language Association of America 83, 1968, S. 1353–1361

Fernand Hoffmann, Thomas Mann als Philosoph der Krankheit. Versuch einer systematischen Darstellung seiner Wertphilosophie des Bionegativen, Luxembourg 1975

Gisela Hoffmann, Das Motiv des Auserwählten bei Thomas Mann, Bonn 1974 (Studien zur Germanistik, Anglistik und Komparatistik, Bd. 28)

R. J. Hollingdale, Thomas Mann. A Critical Study, London 1971

Thomas Hollweck, Thomas Mann, München 1975

Graham Huggan, Maps and Mapping Strategies in Contemporary Canadian and Australian Fiction, Toronto, Buffalo, London 1994

Norbert Honsza, Thomas Mann. Einige Überlegungen zu Quellenstudium und Rezeption, in: Dietrich Papenfuß und Jürgen Söming (Hgg.), Rezeption der deutschen Gegenwartsliteratur im Ausland, Stuttgart 1976 (Internationale Fachgespräche), S. 197–203

Paul Egon Hübinger, Thomas Mann und die Juden. Eine unveröffentlichte Äußerung des Dichters aus dem Jahre 1921, in: Frankfurter Allgemeine Zeitung, 15.1.1966

Ders., Thomas Mann, die Universität Bonn und die Zeitgeschichte. Drei Kapitel deutscher Vergangenheit aus dem Leben des Dichters 1905–1955, München und Wien 1974

Linda Hutcheon und Michael Hutcheon, The Empowering Gaze in Salome, in: Profession 1998, S. 11–22

Manfred Jäger, Thomas Manns Werk in der DDR, in: Heinz Ludwig Arnold (Hg.), Thomas Mann, Frankfurt a. M. ²1982 (Text und Kritik, Sonderband), S. 180–194

Sung-Hyun Jang, Dichtung und Wahrheit bei Thomas Mann: Manns »letzte Liebe« und ihre Verarbeitung im Felix Krull in doppelter Form, in: German Life and Letters, New Series, 51, 1998, S. 372–382

Curt Paul Janz, Friedrich Nietzsche. Biographie, München 1981

Helmut Jendreiek, Thomas Mann. Der demokratische Roman, Düsseldorf 1977

Inge Jens, Seelenjournal und politische Rechenschaft. Thomas Manns Tagebücher. Ein Bericht aus der Werkstatt, in: Thomas Mann-Jahrbuch 9, 1996, S. 231–248

Dies., »Über das Falsche, Schädliche und Kompromittierende des Tagebuch-Schreibens, das ich unter dem Choc des Exils wieder begann und fortführte...«, in: German Life and Letters, New Series, 51, 1998, S. 287–301

Walter Jens, Der Gott der Diebe und sein Dichter. Thomas Mann und die Welt der Antike, in: Walter Jens, Statt einer Literaturgeschichte, Pfullingen ⁷1978, S. 165–183

Werner Jochmann, Struktur und Funktion des deutschen Antisemitismus 1878–1914, in: Herbert A. Strauss und Norbert Kampe (Hgg.), Antisemitismus. Von der Judenfeindschaft zum Holocaust, Frankfurt a. M. und New York 1985, S. 99–142

Ilselore B. Jonas, Thomas Mann und Italien, Heidelberg 1969 (Beiträge zur neueren Literaturgeschichte, Dritte Folge, Bd. 10)

Erkme Joseph, Hans Castorps »biologische Phantasie in der Frostnacht«. Zur epischen Integration naturwissenschaftlicher Texte im Zauberberg von Thomas Mann, in: Wirkendes Wort 46, 1996, S. 393–411

Katrin Jünemann, Das Verhältnis von Hochsprache und Dialekt in Thomas Manns Roman *Buddenbrooks*, in: Niederdeutsches Wort 22, 1982, S. 129–144

Almut Junker und Eva Stille, Zur Geschichte der Unterwäsche 1700–1960, Frankfurt a. M. ³1988, S. 240–243

Anton Kaes, Die ökonomische Dimension der Literatur: Zum Strukturwandel der Institution Literatur in der Inflationszeit (1918–1923), in: Gerald D. Feldman, Carl-Ludwig Holtfrerich, Gerhard A. Ritter und Peter-Christian Witt (Hgg.), Konsequenzen der Inflation — Consequences of Inflation, Berlin 1989 (Einzelveröffentlichungen der Historischen Kommission zu Berlin, Bd. 67), S. 307–329

Rudolf Käser, Metaphern der Krankheit: Krebs, in: Gerhard Neumann und Sigrid Weigel (Hgg.), Lesbarkeit der Kultur. Literaturwissenschaften zwischen Kulturtechnik und Ethnographie, München [im Druck]

Friedrich Wilhelm Kantzenbach, Thomas Mann nach dem Abschied von München und die Kirche in der Zeit des Nationalsozialismus, in: Zeitschrift für bayrische Landesgeschichte 42, 1979, S. 369–402

Yaak Karsunke, »…von der albernen Sucht, besonders zu sein«. Thomas Manns *Der Tod in Venedig* — wiedergelesen, in: Heinz Ludwig Arnold (Hg.), Thomas Mann, Frankfurt a. M. 1976 (Text und Kritik, Sonderband), S. 61–69

Urzula Kawalec, Fiktion und Realität — die polnische Episode in der Aschenbach-Novelle. Zur Arbeitsweise Thomas Manns, in: Norbert Honsza (Hg.), Annäherungsversuche. Germanistische Beiträge, Wroclaw 1986 (Acta Universitatis Wratislaviensis, Bd. 1844; Germanica Wratislaviensia, Bd. 116), S. 143–147

Hermann Kellenbenz, [Artikel: Werner Sombart,] *Der moderne Kapitalismus*, in: Walter Jens (Hg.), Kindlers neues Literatur-Lexikon. Studienausgabe, Bd. 15, München 1996, S. 729–731

Ernst Keller, Der unpolitische Deutsche. Eine Studie zu den *Betrachtungen eines Unpolitischen* von Thomas Mann, Bern und München 1965

Ders., Hagenströms, in: Ken Moulden und Gero von Wilpert (Hgg.), *Buddenbrooks*-Handbuch, Stuttgart 1988, S. 195 f.

Alice van Buren Kelley, Von Aschenbach's Phaedrus. Platonic Allusion in *Tod in Venedig*, in: Journal of English and Germanic Philology 75, 1976, S. 228–240

Karl Kerényi, Thomas Mann und der Teufel in Palestrina, in: Karl Kerényi, Tessiner Schreibtisch. Mythologisches Unmythologisches, Stuttgart 1963, S. 86–109, 158 f.

Hanjo Kesting, Thomas Mann oder der Selbsterwählte. Zehn polemische Thesen über einen Klassiker, in: Der Spiegel 29.22, 1975, S. 144–148

Ders., Krankheit zum Tode. Musik und Ideologie, in: Heinz Ludwig Arnold (Hg.), Thomas Mann, Frankfurt a. M. ²1982 (Text und Kritik, Sonderband), S. 27–44

Mary Cox Kitaj, Thomas Manns zwiespältiges Verhältnis zu den Vereinigten Staaten von Amerika, Diss. Brüssel 1972/1973

Paul Klein, Die Infektionskrankheiten im erzählerischen Werk Thomas Manns, in: Hefte der Deutschen Thomas Mann-Gesellschaft 3, 1983, S. 41–56

Ruth Klüger, Thomas Manns jüdische Gestalten, in: Ruth Klüger, Katatrophen. Über deutsche Literatur, Göttingen 1994, S. 39–58

Manfred Koch, Serlo, Aurelie, Orest und Cornelia. Zu den Namen in Goethes Roman *Wilhelm Meisters Lehrjahre*, in: Germanisch-romanische Monatsschrift, Neue Folge, 47, 1997, S. 399–413

Joachim Köhler, Zarathustras Geheimnis. Friedrich Nietzsche und seine verschlüsselte Botschaft. Eine Biographie, Reinbek b. Hamburg 1992

Felix König, Zur Filmkonjunktur um Thomas Mann, in: Filmblätter 52/53, 1964, S. 1175 f.

Thomas Körber, Thomas Mann und die deutsche Nachkriegsliteratur 1947–1955, in: Germanisch-romanische Monatsschrift, Neue Folge, 48, 1998, S. 231–239

Rudolf Koester, Jacob Wassermann, Anti-Semitism and German Politics, in: Orbis Litterarum 53, 1998, S. 170–190

Leszek Kolakowski, Der Dichter der Krankheit, in: Marcel Reich-Ranicki (Hg.), Was halten Sie von Thomas Mann? Achtzehn Autoren antworten, Frankfurt a. M. 1986, S. 47–49

Hans-Ulrich Kolb, Neue Quellen zu Thomas Manns Romans *Doktor Faustus*, in: Archiv für das Studium der neueren Sprachen und Literaturen 207, 1971, S. 20–29

Helmut Koopmann, Hanno Buddenbrook, Tonio Kröger und Tadzio. Anfang und Begründung des Mythos im Werk Thomas Manns, in: Rolf Wiecher (Hg.), Gedenkschrift für Thomas Mann, Kopenhagen 1975, S. 53–65

Ders., Thomas Mann. Konstanten eines literarischen Werkes, Göttingen 1975 (Kleine Vandenhoeck-Reihe, Bd. 1404)

Ders., Vaterrecht und Mutterrecht. Thomas Manns Auseinandersetzungen mit Bachofen und Baeumler als Wegbereitern des Faschismus, in: Text und Kontext 8.2: Nationalsozialismus und Literatur, 1980, S. 266–283

Ders., Wer ist Settembrini? Über Namen und Identität einer Figur aus Thomas Manns *Zauberberg*, in: Davoser Revue 69.3: *Der Zauberberg*, 1994, S. 24–27

Ders., Thomas Manns *Zauberberg* und Heinrich Manns *Der Atem*: eine späte Antwort?, in: Thomas Sprecher (Hg.), Vom *Zauberberg* zum *Doktor Faustus*. Krankheit und Literatur. Die Davoser Literaturtage 1998, Frankfurt a. M. (Thomas Mann-Studien) [im Druck]

Erwin Koppen, Nationalität und Internationalität im *Zauberberg*, in: Rudolf Wolff (Hg.), Aufsätze zum *Zauberberg*, Bonn 1988 (Sammlung Profile, Bd. 33), S. 39–59

Rudi Kost, Dr. Fäustchen oder die (De-)Montage der Attraktion. Gedanken zur *Doktor Faustus*-Verfilmung von Franz Seitz und zu Literaturverfilmungen überhaupt, in: Rudolf Wolff (Hg.), Thomas Manns *Doktor Faustus* und die Wirkung, 2. Teil, Bonn 1983 (Sammlung Profile, Bd. 5), S. 8–26

Reinhart Koselleck, Hermeneutik und Historik, Heidelberg 1987 (Sitzungsberichte der Heidelberger Akademie der Wissenschaften, Philosophisch-historische Klasse, Nr. 1)

Bernd M. Kraske, Thomas Manns *Wälsungenblut* — eine antisemitische Novelle?, in: Rudolf Wolff (Hg.), Thomas Mann. Erzählungen und Novellen, Bonn 1984 (Sammlung Profile, Bd. 8), S. 42–66

Julia Kristeva, Die Revolution der poetischen Sprache, Frankfurt a. M. 1978

Marianne Krüll, Im Netz der Zauberer. Eine andere Geschichte der Familie Mann, o. O. 1991

Hanno-Walter Kruft, Alfred Pringsheim, Hans Thoma, Thomas Mann. Eine Münchner Konstellation, München 1993 (Abhandlungen der Bayerischen Akademie der Wissenschaften, Philosophisch-historische Klasse, N. F., Heft 107)

Rolf Kruse, Gesundheit und Krankheit — Anfälle im Werk Thomas Manns, in: Epilepsie-Blätter 7.2, 1994, S. 22–30

Maria Kublitz, Thomas Manns *Die Betrogene*, in: Renate Berger, Monika Hengsbach, Maria Kublitz, Inge Stephan und Sigrid Weigel (Hgg.), Frauen — Weiblichkeit — Schrift. Dokumentation der Tagung in Bielefeld vom Juni 1984 (Literatur im historischen Prozeß, Neue Folge, Bd. 14), S. 159–171

Jürgen Kuczynski, Die Wahrheit, das Typische und die *Buddenbrooks*, in: Jürgen Kuczynski, Gestalten und Werke. Soziologische Studien zur Literatur, Berlin und Weimar 1969, S. 246–279

Winfried Kudszus, Understanding media. Zur Kritik dualistischer Humanität im *Zauberberg*, in: Heinz Saureßig (Hg.), Besichtigung des Zauberbergs, Biberach a. d. Riss 1974, S. 55–78

Hermann Kurzke, Auf der Suche nach der verlorenen Irrationalität. Thomas Mann und der Konservativismus, Würzburg 1980 (Epistemata, Reihe Literaturwissenschaft, Bd. 1)

Ders., Thomas Mann. Epoche — Werk — Wirkung, München 1985 (Arbeitsbücher zur

Literaturgeschichte)

Ders., Thomas-Mann-Forschung 1969–1976. Ein kritischer Bericht, Frankfurt a. M. 1997

Dominick LaCapra, History and the Devil in Mann's *Doctor Faustus*, in: Dominick LaCapra, History, Politics and the Novel, Ithaca und London 1987, S. 150–174

Ders., Mann's *Death in Venice*. An Allegory of Reading, ebd., S. 111–128

Ders., Geistesgeschichte und Interpretation, in: ders. und Steven L. Kaplan (Hgg.), Geschichte denken. Neubestimmungen und Perspektiven moderner europäischer Geistesgeschichte, Frankfurt a. M. 1988, S. 45–86

Gerhard Lange, Struktur- und Quellenuntersuchungen zur *Lotte in Weimar*, Bayreuth 1970

Alan D. Latta, The Reception of Thomas Mann's *Die Betrogene*: Tabus, Prejudices, and Tricks of the Trade, in: Internationales Archiv für Sozialgeschichte der deutschen Literatur 12, 1987, S. 237–272

Ders., The Reception of Thomas Mann's *Die Betrogene*: Part II: The Scholarly Reception, in: Internationales Archiv für Sozialgeschichte der deutschen Literatur 18.1, 1993, S. 123–156

Eberhard Lämmert, Thomas Mann. *Buddenbrooks*, in: Benno von Wiese (Hg.), Der deutsche Roman vom Barock bis zur Gegenwart. Struktur und Geschichte, Bd. 2: Vom Realismus bis zur Gegenwart, Düsseldorf 1963, S. 190–233

Herbert Lehnert, Thomas Manns Vorstudien zur Josephstetralogie, in: Jahrbuch der Deutschen Schillergesellschaft 7, 1963, S. 458–520

Ders., Die Künstler-Bürger-Brüder. Doppelorientierung in den frühen Werken Heinrich und Thomas Manns, in: Peter Pütz (Hg.), Thomas Mann und die Tradition, Frankfurt a. M. 1971 (Athenäum Paperbacks Germanistik), S. 14–51

Ders., Thomas Manns *Unordnung und frühes Leid*. Entstellte Bürgerwelt und ästhetisches Reservat, in: Rolf Wiecker (Hg.), Text und Kontext 6.1/6.2: Festschrift für Steffen Steffensen, München 1978, S. 239–256

Ders., Leo Naphta und sein Autor, in: Orbis litterarum 37, 1982, S. 47–69

Ders., Historischer Horizont und Fiktionaltät in *Der Tod in Venedig*, in: Heinz Gockel, Michael Neumann und Ruprecht Wimmer (Hgg.), Wagner — Nietzsche — Thomas Mann. Festschrift für Eckhard Heftrich, Frankfurt a. M. 1993, S. 254–278

Ders. und Wulf Segebrecht, Thomas Mann im Münchener Zensurbeirat (1912/13), in: Jahrbuch der Deutschen Schillergesellschaft 7, 1963, S. 190–200

Rudolf Lennert, Rechtfertigung einer Geschichte. Ein Brief, in: Rolf Bohnsack, Hellmut Heeger und Wolf Hermann (Hgg.), Gestalt, Gedanke, Geheimnis. Festschrift für Johannes Pfeiffer, Berlin 1967, S. 216–224

Wolfgang Leppmann, Der Amerikaner im Werke Thomas Manns, in: Wolfgang Leppmann, In zwei Welten zu Hause. Aus der Lebensarbeit eines amerikanischen Germanisten, München und Wien 1989, S. 95–107

Ders., Kein Tod in Venedig. Thomas Mann und die Wirklichkeit, ebd., S. 122–126

Ders., Time and Place in *Death in Venice*, ebd., S. 127–141

Jacques Le Rider, Der Fall Otto Weininger. Wurzeln des Antifeminismus und Antisemitismus. Mit der Erstveröffentlichung der *Rede auf Otto Weininger* von Heimito von Doderer, Wien und München 1985

Ders., Das Ende der Illusion. Die Wiener Moderne und die Krisen der Identität, Wien 1990

Paul Levesque, The Double-Edged Sword. Anti-Semitism and Anti-Wagnerianism in Thomas Mann's *Wälsungenblut*, in: German Studies Review 20, 1997, S. 9–21

Gustav Lindtke, Die Stadt der Buddenbrooks. Lübecker Bürgerkultur im 19. Jahrhundert, Lübeck ²1981

Hannelore Link, Rezeptionsforschung. Eine Einführung in Methoden und Probleme,

Stuttgart, Berlin, Köln, Mainz [2]1980

Manfred Link, Namen im Werk Thomas Manns. Deutung, Bedeutung, Funktion, Tokio 1966 (Proceedings of the Department of Foreign Languages and Literatures [...], University of Tokyo, Bd. XIV.1)

Stanislaw Lem, Über das Modellieren der Wirklichkeit im Werk von Thomas Mann, in: Sinn und Form 1965, Sonderheft: Thomas Mann, S. 157–177

Helmut Lorenz, Die Musik in Thomas Manns Erzählungen, *Buddenbrooks*, Essays, *Betrachtungen eines Unpolitischen*, *Zauberberg*, *Doktor Faustus*, Tagebücher [sic!], Berlin [2]o. J.

Domenico Losurdo, La communauté et la mort. La culture allemande devant la première guerre mondiale, in: Germanica 8, 1990, S. 29–51

Kurt Loup, Kontraste und Paradoxe. Das kulturelle Klima Düsseldorfs in den zwanziger Jahren, in: Düsseldorfer Hefte 22, 1963, S. 1062–1067

Frederick Alfred Lubich, Die Entfaltung der Dialektik von Logos und Eros in Thomas Manns *Tod in Venedig*, in: Colloquia Germanica 18, 1985, S. 140–159

Ders., Die Dialektik von Logos und Eros im Werk von Thomas Mann, Heidelberg 1986 (Reihe Siegen, Bd. 63)

Ders., »Fascinating Fascism«. Thomas Manns *Das Gesetz* und seine Selbstdemontage als Moses-Hitler, in: Zeitschrift für Literaturwissenschaft und Linguistik 20.79, 1990, S. 129–133

Ders., Thomas Manns *Der Zauberberg*. Spukschloß der Großen Mutter oder Die Männerdämmerung des Abendlandes, in: Deutsche Vierteljahrsschrift für Literaturwissenschaft und Geistesgeschichte 67, 1993, S. 729–763

Ders., »Das Ewig Weibliche« *Up to Date*: Gegenkultur und Mutterrecht in Otto F. Walters Roman *Die Verwilderung*, in: German Quarterly 71, 1998, S. 14–29

Paul Michael Lützeler, Neuer Humanismus. Das Europa-Thema in Exilromanen von Thomas und Heinrich Mann, Lion Feuchtwanger und Stefan Zweig, in: Paul Michael Lützeler, Europäische Identität und Multikultur. Fallstudien zur deutschsprachigen Literatur seit der Romantik, Tübingen 1997 (Stauffenburg Discussion, Bd. 8), S. 107–125

Michael Maar, Der Teufel in Palaestrina. Neues zum *Doktor Faustus* und zur Position Gustav Mahllers im Werk Thomas Manns, in: Literaturwissenschaftliches Jahrbuch, Neue Folge, 33, 1989, S. 211–247

Ders., Der kalte Schatten großer Männer. Über den Teufel in Thomas Manns *Doktor Faustus*, in: Frankfurter Allgemeine Zeitung, 13.6.1992

Ders., Geister und Kunst. Neuigkeiten aus dem Zauberberg, München und Wien 1995

Antal Madl, Namen bei Thomas Mann, in: Antal Madl (Hg.), Festschrift für Karl Mollay, Budapest 1978 (Budapester Beiträge zur Germanistik, Bd. 4), S. 193–205

Michael Mann, Der verfilmte Tod in Venedig. Offener Brief an Lucchino [sic!] Visconti, in: Süddeutsche Zeitung, 21.11.1971

Ders., Thomas Mann und Österreich, in: Winfried Kudszus und Hinrich C. Seeba (Hgg.), Austriaca. Beiträge zur österreichischen Literatur. Festschrift für Heinz Politzer, Tübingen 1975, S. 376–379

Ders., Thomas Mann. Wahrheit und Dichtung, in: Deutsche Vierteljahrsschrift für Literaturwissenschaft und Geistesgeschichte 50, 1976, S. 203–212

John Margetts, Die »scheinbar herrenlose« Kamera. Thomas Manns *Tod in Venedig* und die Kunstphotographie Wilhelm von Gloedens, in: Germanisch-romanische Monatsschrift, Neue Folge, 39, 1989, S. 326–337

Peter von Matt, Zur Psychologie des deutschen Nationalschriftstellers. Die paradigmatische Bedeutung der Hinrichtung und Verklärung Goethes durch Thomas Mann, in: Sebastian Goeppert (Hg.), Perspektiven psychoanalytischer Literaturkritik, Freiburg i. Br. 1978, S. 82–100

Ders., ...fertig ist das Angesicht. Zur Literaturgeschichte des menschlichen Gesichts,

Frankfurt a. M. 1989

Ders., Brecht und der Kälteschock. Das Trauma der Geburt als Strukturprinzip seines Dramas, in: ders., Das Schicksal der Phantasie. Studien zur deutschen Literatur, München und Wien 1994, S. 297–312

Ders., Verkommene Söhne, mißratene Töchter. Familiendesaster in der Literatur, München 1995

Harry Matter, Die Erzählungen, in: Das erzählerische Werk Thomas Manns. Entstehungsgeschichte, Quellen, Wirkung, Berlin und Weimar 1976, S. 431–534

Gert Mattenklott, [Einleitung zu:] Gerhard Härle (Hg.), »Heimsuchung und süßes Gift«. Erotik und Poetik bei Thomas Mann, Frankfurt a. M. 1992, S. 11–16

Sonja Matthes, Friedrich Mann und Christian Buddenbrook. Eine Annäherung, Würzburg 1997

Hans Mayer, Thomas Mann. Werk und Entwicklung, Berlin 1950

Ders., Thomas Mann. Die politische Entwicklung eines Unpolitischen, in: Ulrich Gaier und Werner Volke (Hgg.), Festschrift für Friedrich Beissner, Bebenhausen 1974, S. 237–255

Ders., Außenseiter, Frankfurt a. M. 1975

Ders., Thomas Mann, Frankfurt a. M. 1980

Ders., Der Tod in Venedig. Ein Thema mit Variationen, in: Jürgen Brummack, Gerhart von Graevenitz, Fritz Hackert, Hans-Georg Kemper, Günther Mahal, Paul Mog, Klaus-Peter Philippi, Hinrich C. Seeba und Waltraut Wiehölter (Hgg.), Literaturwissenschaft und Geistesgeschichte. Festschrift für Richard Brinkmann, Tübingen 1981, S. 711–724

Ders., »München leuchtete«. Über Thomas Mann und München, in: ders., Stadtansichten. Berlin; Köln; Leipzig; München; Zürich, Frankfurt a. M. 1989, S. 101–131

Hans Medick, Grenzziehungen und die Herstellung des politisch-sozialen Raumes. Zur Begriffsgeschichte der Grenzen in der Frühen Neuzeit, in: Richard Faber und Barbara Naumann (Hgg.), Literatur der Grenze — Theorie der Grenze, Würzburg 1995, S. 211–224

H. E. Meller, Leisure and the Changing City 1870–1914, London, Henley, Boston 1976

Peter de Mendelssohn, Der Zauberer. Das Leben des deutschen Schriftstellers Thomas Mann, Frankfurt a. M. ²1996

Manfred Messerschmidt, Die politische Geschichte der preußisch-deutschen Armee, München 1979 (Handbuch der deutschen Militärgeschichte 1648–1939, Bd. 2, Abs. IV, Teil 1)

Jeffrey Meyers, Shakespeare and Mann's Doctor Faustus, in: Modern Fiction Studies 19, 1973–74, S. 541–545

Ders., Homosexuality in Literature 1890–1930, London 1977

Alexander Mitscherlich, Auf dem Weg zur vaterlosen Gesellschaft. Ideen zur Sozialpsychologie, München 1963

J. Mitchell Morse, Gobineau and Thomas Mann, in: Sheema Z. Buehne, James L. Hodge und Lucille B. Pinto (Hgg.), Helen Adolf Festschrift, New York 1968, S. 252–267

Dietz-Rüdiger Moser, Die Zahl Elf als Zahl der Narren. Zur Funktion der Zahlenallegorese im Fastnachtsbrauch, in: Jahrbuch für Volksliedforschung 27/28, 1982/1983, S. 346–363

Stéphane Mosès, Thomas Mann et Oskar Goldberg: un example de »montage« dans le Doktor Faustus, in: Etudes germaniques 31, 1976, S. 8–24

George L. Mosse, Nationalism and Sexuality. Respectability and Abnormal Sexuality in Modern Europe, New York 1985

Ders., Das Bild des Mannes. Zur Konstruktion der modernen Männlichkeit, Frankfurt a. M. 1997

417

Heidy M. Müller, Die Judendarstellung in der deutschsprachigen Erzählprosa (1945–1981), Königstein i. Ts. ²1986 (Hochschulschriften Literaturwissenschaft, Bd. 58)

Joachim Müller, Thomas Manns Sinfonia Domestica, in: Zeitschrift für deutsche Philologie 83, 1964, S. 142–170

Boyd Mullan, Death in Venice. The Tragedy of a Man and a City in Paul Heyse's *Andrea Delfin*, in: Colloquia Germanica 29, 1996, S. 97–114

Nancy P. Nenno, Projections on Blank Space. Landscape, Nationality, and Identity in Thomas Mann's *Der Zauberberg*, in: German Quarterly 69, 1996, S. 305–321

Herbert Nette, Thomas Mann — Emil Barth. Ein stilkritischer Vergleich, in: Neue Deutsche Hefte 87, 1962, S. 98–105

Bernd Neumann, Der musizierende Sokrates. Zur Rolle der Musik in Thomas Manns *Buddenbrooks*, in: Irmela von der Lühe und Anita Runge (Hgg.), Wechsel der Orte. Studien zum Wandel des literarischen Geschichtsbewußtseins. Festschrift für Anke Bennholdt-Thomsen, Göttingen 1997, S. 129–137

John Kevin Newman, Classical Background to Thomas Mann's *Doktor Faustus*, in: Neohelicon 8, 1980/1981, S. 35–42

Ders., The Classical Epic Tradition, Madison (Wisconsin) 1986 (Wisconsin Studies in Classics)

Thomas Nipperdey, Deutsche Geschichte 1866–1918, München 1998

Hubert Ohl, Ethos und Spiel. Thomas Manns Frühwerk und die Wiener Moderne. Eine Revision, Freiburg i. Br. 1995 (Reihe Litterae, Bd. 39)

Ders., Der Erfolg heiligt die Mittel oder Den Sinn liefert die Zeit. Thomas Manns Selbstdarstellungen am Beispiel von *Fiorenza*, in: Deutsche Vierteljahrsschrift für Literaturwissenschaft und Geistesgeschichte 70, 1996, S. 671–691

Friedrich Ohly, Goethes Ehrfurchten — ein ordo caritatis, in: Euphorion 55, 1961, S. 113–145, 405–448

Gunar Ortlepp, Selbstmord am Klavier. *Tristan. Fernsehfilm nach Thomas Mann von Herbert Ballmann und Wolfgang Patzschke*, in: Der Spiegel 29.24, 1975, S. 132

Laura Otis, The Language of Infection. Disease and Identity in Schnitzler's *Reigen*, in: Germanic Review 70, 1995, S. 65–75

Dies., The Tigers of Wrath. Koch, Mann, and the Origin of Cholera [Vortrag, gehaltem am 29.12.95 an der 111. Jahrestagung der Modern Language Association in Chicago]

Susanne Otto, Literarische Produktion als egozentrische Variation des Problems von Identitätsfindung und -stabilisierung. Ursprung, Grundlagen und Konsequenzen bei Thomas Mann, Frankfurt a. M. und Bern 1982 (Europäische Hochschulschriften, I, Bd. 477)

Walter Pabst, Satan und die alten Götter in Venedig. Entwicklung einer literarischen Konstante, in: Euphorion 49, 1955, S. 335–359

Arnold Paucker, Die Abwehr des Antisemitismus in den Jahren 1893–1933, in: Herbert A. Strauss und Norbert Kampe (Hgg.), Antisemitismus. Von der Judenfeindschaft zum Holocaust, Frankfurt a. M. und New York 1985, S. 143–171

Margaret Pelling, Contagion / Germ Theory / Specificity, in: W. F. Bynum und Roy Porter (Hgg.), Companion Encyclopedia of the History of Medicine, New York und London 1993, Bd. 1, S. 309–334

Karl Pestalozzi, Geistesgeschichte, in: Seminar Literaturwissenschaft — heute. Sechs Vorträge zur Methodendiskussion, Zürich 1977, S. 73–80

Johannes Pfeiffer, Über Thomas Manns Erzählung *Die Betrogene*, in: Wirkendes Wort 8, 1957, S. 30–33

Ders., Dichterische Wirklichkeit und »weltanschauliche« Wahrheit erläutert an Novellen von Hans Grimm, Thomas Mann und Franz Kafka, in: ders., Die dichterische Wirklichkeit. Versuche über Wesen und Wahrheit der Dichtung, Hamburg 1962, S. 94–113

418

Hans Rudolf Picard, Der Geist der Erzählung. Dargestelltes Erzählen in literarischer Tradition, Bern, Frankfurt a. M., New York, Paris 1987

Lothar Pikulik, Thomas Mann und die Renaissance, in: Peter Pütz (Hg.), Thomas Mann und die Tradition, Frankfurt a. M. 1971 (Athenäum Paperbacks Germanistik), S. 101–129

Ders., Leistungsethik contra Gefühlskult. Über das Verhältnis von Bürgerlichkeit und Empfindsamkeit in Deutschland, Göttingen 1984

Ulrich Pohlmann, Wilhelm von Gloeden — Sehnsucht nach Arkadien, Berlin 1987

Léon Poliakov, Geschichte des Antisemitismus, Bd. 8: Am Vorabend des Holocaust, Frankfurt a. M. 1988

Heinz Politzer, Der Durchbruch. Thomas Mann und die Krankheit, in: Ciba-Symposium 9, 1961, S. 36–43

Wolfgang Popp, Männerliebe. Homosexualität und Literatur, Stuttgart 1992

Roy Porter, What is Disease?, in: Roy Porter (Hg.), The Cambridge Illustrated History of Medicine, Cambridge, New York, Melbourne 1996, S. 82–117

Ders., The Greatest Benefit to Mankind. A Medical History of Humanity from Antiquity to the Present, London 1997

Georg Potempa, Über das Vermögen der Buddenbrooks, in: Georg Potempa, Geld — »Blüte des Bösen«? Drei Aufsätze über literarisch-finanzielle Themen bei Dante, Goethe und Thomas Mann, Oldenburg 1978, S. 41–77, 80–83

Ders., Über das Vermögen der Buddenbrooks. Vortrag, gehalten am 17.1.1995 in Oldenburg [Manuskript]

Donald Prater, Thomas Mann. A Life, Oxford 1995

Ders., Thomas Mann. Deutscher und Weltbürger. Eine Biographie, München und Wien 1995

Mario Praz, Liebe, Tod und Teufel. Die schwarze Romantik, München 1963

Christine Pritzlaff, Zahlensymbolik bei Thomas Mann, Hamburg 1972 (Hamburger philologische Studien, Bd. 25)

Peter Pütz, Thomas Mann und Nietzsche, in: Peter Pütz (Hg.), Thomas Mann und die Tradition, Frankfurt a. M. 1971 (Athenäum Paperbacks Germanistik), S. 225–249

Ders., Der Ausbruch aus der Negativität. Das Ethos im Tod in Venedig, in: Thomas Mann-Jahrbuch 1, 1988, S. 1–11

Joachim Radkau, Neugier der Nerven. Thomas Mann als Interpret des »nervösen Zeitalters«, in: Thomas Mann-Jahrbuch 9, 1996, S. 29–53

Ders., Das Zeitalter der Nervosität. Deutschland zwischen Bismarck und Hitler, München und Wien 1998

Wolfdietrich Rasch, Thomas Manns Erzählung Tristan, in: William Foerste und Karl Heinz Borck (Hgg.), Festschrift für Jost Trier, Köln und Graz 1964, S. 430–465

Terence James Reed, Thomas Mann. The Writer as Historian of his Time, in: Modern Language Review 71, 1976, S. 82–96

Ders. (Hg.), Thomas Mann, Der Tod in Venedig. Text, Materialien, Kommentar [...], München und Wien 1983 (Hanser Literatur-Kommentare, Bd. 19)

Ders., Meeting the Model. Christian Buddenbrook and Onkel Friedel, in: German Life and Letters, New Series, 45, 1992, S. 207–211

Marcel Reich-Ranicki, Thomas Mann und die Seinen, Stuttgart 1987

Günter Reiß, Werterechtliche Bemerkungen zum Syndrom des Autoritären in Thomas Manns frühen Erzählungen, in: Rolf Wiecher (Hg.), Gedenkschrift für Thomas Mann, 1875–1975, Kopenhagen 1975, S. 67–94

Rolf Günter Renner, Lebens-Werk. Zum inneren Zusammenhang der Texte von Thomas Mann, München 1985

Ders., Das Ich als ästhetische Konstruktion. Der Tod in Venedig und seine Beziehung zum Gesamtwerk Thomas Manns, Freiburg i. Br. 1987 (Reihe Litterae)

Ders., Verfilmungen der Werke von Thomas Mann, in: Helmut Koopmann (Hg.), Thomas Mann-Handbuch, Stuttgart ²1995, S. 799–822

Robert M. Rennick, The Nazi Name Decrees of the Nineteen Thirties, in: Names 18, 1970, S. 65–88

Jürgen Reulecke, Geschichte der Urbanisierung in Deutschland, Frankfurt a. M. 1985 (Neue Historische Bibliothek)

W. H. Rey, Rechtfertigung der Liebe in Th. Manns Erzählung *Die Betrogene*, in: Deutsche Vierteljahrsschrift für Literaturwissenschaft und Geistesgeschichte 34, 1960, S. 428–448

Joachim Rickes, Politiker — Parlamente — Public Relations. Thomas Manns Roman *Königliche Hoheit* als Spiegel des aktuellen politischen Geschehens. Ein literarisch-politischer Essay, Frankfurt a. M., Berlin, Bern, New York, Paris, Wien 1994

Hugh Ridley, The Problematic Bourgeois. Twentieth-Century Criticism on Thomas Mann's *Buddenbrooks* and *The Magic Mountain*, Columbia 1994 (Studies in German Literature, Linguistics and Culture; Literary Criticism in Perspective)

Erwin Riess, Zum Antisemitismus kein Talent?, in: Konkret 12, 1998, S. 64 f. [Rezension von: Rolf Thiede, Stereotypen vom Juden. Die frühen Schriften von Heinrich und Thomas Mann. Zum antisemitischen Diskurs der Moderne und dem Versuch seiner Überwindung]

Ernst Risch, Zephyros, in: Ernst Risch, Kleine Schriften, hg. v. Annemarie Etter und Marcel Looser, Berlin und New York 1981, S. 158–166

Heidi M. Rockwood und J. R. Rockwood, The Psycological Reality of Myth in *Der Tod in Venedig*, in: Germanic Review 59, 1984, S. 137–141

John C. G. Röhl, The Emperor's New Clothes: a Character Sketch of Kaiser Wilhelm II, in: John C. G. Röhl und Nicolaus Sombart (Hgg.), Kaiser Wilhelm II. New Interpretations. The Corfu Papers, Cambridge, London, New York, New Rochelle, Melbourne, Sydney 1982, S. 23–61

Ders., Wilhelm II. Die Jugend des Kaisers 1859–1888, München 1993

Charles E. Rosenberg, Cholera in Nineteenth-Century Europe. A Tool for Social and Economic Analysis, in: Charles E. Rosenberg, Explaining Epidemics and Other Studies in the History of Medicine, Cambridge, New York, Melbourne 1992, S. 109–121

Conrad Rosenstein, *Die Betrogene* von Thomas Mann (Motive und Strukturen später Prosa). Ein Essay, 1972 [Manuskript]

Klaus-Jürgen Rothenberg, Das Problem des Realismus bei Thomas Mann. Zur Behandlung von Wirklichkeit in den *Buddenbrooks*, Köln und Wien 1969 (Literatur und Leben, Bd. 11)

Anna Ruchat, Thomas Manns Roman-Projekt über Friedrich den Großen im Spiegel der Notizen. Edition und Interpretation, Bonn 1989 (Studien zur Germanistik, Anglistik und Komparatistik, Bd. 121)

Holger Rudloff, Pelzdamen. Weiblichkeitsbilder bei Thomas Mann und Leopold von Sacher-Masoch, Frankfurt a. M. 1994

Ders., Hetaera esmeralda. Hure, Hexe, Helferin. Anklänge ans »Märchenhafte« und »Sagenmäßige« in Thomas Manns Roman *Doktor Faustus* in: Wirkendes Wort 47, 1997, S. 61–74

Reinhard Rürup, Emanzipation und Antisemitismus: Historische Verbindungslinien, in: Herbert A. Strauss und Norbert Kampe (Hgg.), Antisemitismus. Von der Judenfeindschaft zum Holocaust, Frankfurt a. M. und New York 1985, S. 88–98

Thomas Rütten, Zu Thomas Manns medizinischem Bildungsgang im Spiegel seines Spätwerks, in: Thomas Sprecher (Hg.), Vom *Zauberberg* zum *Doktor Faustus*. Krankheit und Literatur. Die Davoser Literaturtage 1998, Frankfurt a. M. (Thomas Mann-Studien) [im Druck]

Jacques Ruffié und Jean-Charles Sournia, Die Seuchen in der Geschichte der Menschheit,

Stuttgart 1987

Doris Runge, *Die Betrogene*, in: Thomas Mann-Jahrbuch 4, 1991, S. 109–118

Michael Rupprecht, Der literarische Bürgerkrieg. Zur Politik der Unpolitischen in Deutschland, Frankfurt a. M. 1995

Pierre-Paul Sagave, Art et bourgeoisie dans l'Œuvre de Thomas Mann, en particulier dans les *Considérations d'un a-politic*, in: Revue germanique 28, 1937, S. 125–133

Ders., Réalité sociale et idéologie religieuse dans les romans de Thomas Mann. Les *Buddenbrook*; La *Montagne magique*; Le *Docteur Faustus*, Paris 1954 (Publications de la Faculté des Lettres de l'Université de Strasbourg, Bd. 124)

Ders., Zur Geschichtlichkeit von Thomas Manns Jugendroman. Bürgerliches Klassenbewußtsein und kapitalistische Praxis in *Buddenbrooks*, in: Helmut Arntzen, Bernd Balzer, Karl Pestalozzi und Rainer Wagner (Hgg.), Literaturwissenschaft und Geistesgeschichte. Festschrift für Wilhelm Emmrich, Berlin, New York 1975, S. 436–452

Ders., Der Begriff des Terrors in Thomas Manns *Zauberberg*, in: Rudolf Wolff (Hg.), Thomas Mann. Aufsätze zum *Zauberberg*, Bonn 1988 (Sammlung Profile, Bd. 33), S. 9–22

Edward W. Said, Orientalism, New York 1979 (Vintage Books)

Ders., Culture and Imperialism, New York 1993

Hans-Joachim Sandberg, »Der fremde Gott« und die Cholera. Nachlese zum *Tod in Venedig*, in: Eckhard Heftrich und Helmut Koopmann (Hgg.), Thomas Mann und seine Quellen. Festschrift für Hans Wysling, Frankfurt a. M. 1991, S. 66–110

Philipp Sarasin, Basel — Zur Sozialgeschichte der Stadt Bachofens, in: Johann Jakob Bachofen (1815–1887). Eine Begleitpublikation zur Ausstellung im Historischen Museum Basel 1987, o. O. u. J., S. 28–39

Paul Ludwig Sauer, Ironie und Versöhnung. Zu Thomas Manns letzter Novelle *Die Betrogene*, in: Wirkendes Wort 24, 1974, S. 99–112

Ders., Der allerletzte Homeride? Thomas Manns *Gesang vom Kindchen*. Idylle und Weltgeist, Frankfurt a. M. 1987

Heinz Saueressig, Die Entstehung des Romans *Der Zauberberg*, in: Heinz Saueressig (Hg.), Besichtigung des Zauberbergs, Biberach a. d. Riss 1974, S. 5–53

Eberhard Sauermann, Thomas Mann und die Deutschnationalen. Otto Grautoff als Faktor der Rezeptionssteuerung von Thomas Manns Frühwerk, in: Internationales Archiv für Sozialgeschichte der deutschen Literatur 16, 1991, S. 57–78

Carl Theodor Saul, Die Bedeutung des Niederdeutschen in den Werken Thomas Manns, in: Quickborn 72, 1982, S. 179–181

Brigitta Schader, Schwindsucht. Zur Darstellung einer tödlichen Krankheit in der poetischen Literatur vom poetischen Realismus bis zur Moderne, Frankfurt a. M. 1987

Volker Scherliess, Zur Musik im *Doktor Faustus*, in: Hans Wißkirchen und Thomas Sprecher (Hgg.), »und was werden die Deutschen sagen??« Thomas Manns Roman *Doktor Faustus*, Lübeck 1997, S. 113–151

Albert von Schirnding, Die Betrogene. Zum Briefwechsel Thomas Manns mit Agnes E. Meyer, in: Süddeutsche Zeitung, 7./8.11.1992

Wolfgang Schivelbusch, Das Paradies, der Geschmack und die Vernunft. Eine Geschichte der Genußmittel, Frankfurt a. M. 1992

Winfried Schleiner, The Nexus of Witchcraft and Male Impotence in Renaissance Thought and its Reflection in Thomas Mann's *Doktor Faustus*, in: Journal of English and Germanic Philology 84, 1985, S. 166–187

Christian Schmidt, Bedeutung und Funktion der Gestalten der europäisch-östlichen Welt im dichterischen Werk Thomas Manns, München 1971 (Slawistische Beiträge, Bd. 56)

Anthony D. Smith, The Ethnic Origin of Nations, Oxford und Cambridge (Massachusetts)

Walter Schmitz, *Der Tod in Venedig*. Eine Erzählung aus Thomas Manns Münchner Jahren, in: Blätter für den Deutschlehrer 29, 1985, S. 2–20

Ders., »Geburt« und »Wiedergeburt«. Politisch-ästetische Mythologie der Weiblichkeit in der deutschen Gegenwartsliteratur, in: Mona Knapp und Gerd Labroisse (Hgg.), Frauen-Fragen in der deutschsprachigen Literatur seit 1946, Amsterdam und Atlanta 1989 (Amsterdamer Beiträge zur neueren Germanistik, Bd. 29), S. 53–81

Ders., [Einleitung zu:] Die Münchner Moderne. Die literarische Szene der »Kunststadt« um die Jahrhundertwende, Stuttgart 1990, S. 15–24

Rainer Schönhaar, Beschriebene und imaginäre Musik im Frühwerk Thomas Manns, in: Albert Gier und Gerold W. Gruber (Hgg.), Musik und Literatur. Komparatistische Studien zur Strukturverwandtschaft, Frankfurt a. M., Berlin, Bern, New York, Paris, Wien 1995 (Europäische Hochschulschriften, XXXVI, Bd. 127) S. 237–268

Günter Scholdt, »Cuius regio, eius lingua«. Literarische Spiegelungen der Sprachenpolitik im deutsch-französischen Grenzraum seit 1871, in: Roland Marti (Hg.), Sprachenpolitik in Grenzregionen [...], Saarbrücken 1996 (Veröffentlichungen der Kommission für saarländische Landesgeschichte und Volksforschung, Bd. 29), S. 251–272

George C. Schoolfield, Thomas Mann's *Die Betrogene*, in: Germanic Review 38, 1963, S. 91–120

Sieglind Schröder, »...ich glaubte... es käme nichts mehr...«. Psychoanalytische Überlegungen zu Hanno Buddenbrook und Thomas Mann, Berlin 1990 [Manuskript]

Klaus Schröter, Thomas Mann, Reinbek b. Hamburg [27]1995 (Rowohlts Monographien)

Dirk Schubert, Von der Katastrophe zur »Gesundung«. Stadthygiene, Städtebau und Sanierung nach der Cholera 1892 in Hamburg, in: Thomas Hapke (Hg.), Stadthygiene und Abwasserreinigung nach der Hamburger Cholera-Epidemie. Umweltforschung vor 100 Jahren im Spiegel der Sielklär-Versuchsstation Hamburg-Eppendorf, Herzberg 1993, S. 11–39

Hans-Dietrich Schultz, Deutschlands »natürliche« Grenzen, in: Alexander Demandt (Hg.), Deutschlands Grenzen in der Geschichte, München 1990, S. 33–88

Peter-Klaus Schuster, Als München leuchtete. Kunsthistorische Anmerkungen zu einer Erzählung von Thomas Mann, in: Süddeutsche Zeitung, 9.–11.6.1984

Werner Schwan, Goethes *Wahlverwandtschaften*. Das nicht erreichte Soziale, München 1983

Egon Schwarz, Die jüdischen Gestalten im *Doktor Faustus*, in: Thomas Mann-Jahrbuch 2, 1989, S. 79–101

Reinhild Schwede, Wilhelminische Neuromantik — Flucht oder Zuflucht? Ästhetischer, exotischer und provinzialitischer Eskapismus im Werk Hauptmanns, Hesses und der Brüder Mann um 1900, Frankfurt a. M. 1987 (Hochschulschriften Literaturwissenschaft, Bd. 81)

W. G. Sebald, Der Schriftsteller Alfred Andersch, in: W. G. Sebald, Luftkrieg und Literatur. Mit einem Essay zu Alfred Andersch, München und Wien 1999, S. 121–160

Oskar Seidlin, Stiluntersuchung an einem Thomas Mann-Satz, in: Horst Enders (Hg.), Die Werkinterpretation, Darmstadt 1978, S. 336–348

Ders., Thomas Manns *Versuch über Schiller*, in: Jürgen Brummack, Gerhart von Graevenitz, Fritz Hackert, Hans-Georg Kemper, Günther Mahal, Paul Mog, Klaus-Peter Philippi, Hinrich C. Seeba und Waltraut Wiehölter (Hgg.), Literaturwissenschaft und Geistesgeschichte. Festschrift für Richard Brinkmann, Tübingen 1981, S. 692–710

Ders., *Doctor Faustus*: The Hungarian Connection, in: German Quarterly 56, 1983, S. 594–607

Bernd W. Seiler, Theodor Fontanes uneheliche Kinder und ihre Spuren in seinem Werk, in: Wirkendes Wort 48, 1998, S. 215–233

Gabriele Seitz, Film als Rezeptionsform von Literatur. Zum Problem der Verfilmung von Thomas Manns Erzählungen *Tonio Kröger*, *Wälsungenblut* und *Der Tod in Venedig*, München 1979 (Tuduv-Studien, Reihe Sprach- und Literaturwissenschaften, Bd. 12)

Richard Sheppard, *Tonio Kröger* and *Der Tod in Venedig*. From Bourgeois Realism to Visionary Modernism, in: Oxford German Studies 18/19, 1989/1990, S. 92–108

Hinrich Siefken, Thomas Mann. Goethe — »Ideal der Deutschheit«. Wiederholte Spiegelungen 1893–1949, München 1981

John-Thomas Siehoff, »Philine ist doch am Ende nur ein Hürchen...«. *Doktor Faustus*: Ein Bildungsroman? Thomas Manns *Doktor Faustus* und die Spannung zwischen dem Bildungsidealen der deutschen Klassik und ihrer Rezeption durch das deutsche Bürgertum im 19. Jahrhundert und frühen 20. Jahrhundert, in: Monatshefte 89, 1997, S. 196–207

Armin Singer, *Death in Venice*. Visconti and Mann, in: Modern Language Notes 91, 1976, S. 1348–1359

Walter H. Sokel, Demaskierung und Untergang wilhelminischer Repräsentanz. Zum Parallelismus der Inhaltsstruktur von *Professor Unrat* und *Tod in Venedig*, in: Gerald Gillespie und Edgar Lohner (Hgg.), Herkommen und Erneuerung. Essays für Oskar Seidlin, Tübingen 1976, S. 387–412

Andreas Urs Sommer, Thomas Mann und Franz Overbeck, in: Wirkendes Wort 46, 1996, S. 32–55

Claus Sommerhage, Eros und Poesis. Über das Erotische im Werk Thomas Manns, Bonn 1983

Franz Maria Sonner, Ethik und Körperbeherrschung. Die Verflechtung von Thomas Manns Novelle *Der Tod in Venedig* mit dem zeitgenössischen intellektuellen Kräftefeld, Opladen 1984

Susan Sontag, Krankheit als Metapher, Frankfurt a. M. 1993

Ronald Speirs, Macht und Mythos bei Thomas Mann. Festvortrag zum Schillertag 1995, Jena o. J. (Schriftenreihe Ernst Abbe-Kolloquium, Heft 3)

Helmut Spelsberg, Thomas Manns Durchbruch zum Politischen in seinem kleinepischen Werk. Untersuchungen zur Entwicklung von Gehalt und Form in *Gladius Dei*, *Beim Propheten*, *Mario und der Zauberer* und *Das Gesetz*, Marburg 1972 (Marburger Beiträge zur Germanistik, Bd. 40)

Hans G. Sperlich (Hg.), Der Tod in Venedig. Hommage à Thomas Mann et Luchino Visconti. Zeichnungen, Aquarelle und Gemälde von Jörg Madlener und Jan Vanriet, Darmstadt 1978

Monica Spiridon, Le sacré et le profane dans l'univers imaginaire de Mircea Eliade, Thomas Mann, Hermann Hesse, Ernst Jünger, in: Roger Bauer und Douve Fokkema (Hgg.), Space and Boundaries — Espace et Frontières, München 1990 (Proceedings of th XIIth Congress of the International Comparative Literature Association — Actes du XIIe Congrès de l'Association Internationale de Littérature Comparée), Bd. 2, S. 436–441

Thomas Sprecher, Felix Krull und Goethe. Thomas Manns *Bekenntnisse* als Parodie auf *Dichtung und Wahrheit*, Bern, Frankfurt a. M., New York 1985 (Europäische Hochschulschriften, I, Bd. 841)

Ders., Thomas Mann in Zürich, Zürich 1992

Ders., Deutscher, Tschechoslowake, Amerikaner. Zu Thomas Manns staatsbürgerlichen Verhältnissen, in: Thomas Mann-Jahrbuch 9, 1996, S. 303–338

Ders., Kur-, Kultur- und Kapitalismuskritik im *Zauberberg*, in: ders. (Hg.), Auf dem Weg zum *Zauberberg*. Die Davoser Literaturtage 1996 (Thomas Mann-Studien, Bd. 16), Frankfurt a. M. 1997, S. 187–249

Ders., Das strenge Glück der Ehe. Zum autobiographischen Kern von Thomas Manns Roman *Königliche Hoheit*. Vortrag, gehalten am 5.11.1996 in Zürich [Manuskript]

Cornelia Staudacher, [Nachwort zu:] Ein Saum von unsagbarer Zärtlichkeit. Deutsche Liebesgeschichten aus drei Jahrhunderten, hg. v. Cornelia Staudacher, München und Zürich 1987, S. 523–532

Steffen Steffensen, Thomas Mann und Dänemark, in: Rolf Wiecker (Hg.), Gedenkschrift für Thomas Mann 1875–1975, Kopenhagen 1975, S. 223–275

Jürgen Stenzel, Zeichensetzung. Stiluntersuchungen an deutscher Prosadichtung, Göttingen 1966 (Palaestra, Bd. 241)

Fritz Stern, Gold und Eisen. Bismarck und sein Bankier Bleichröder, Frankfurt a. M., Berlin, Wien 1978

Guy Stern, Thomas Mann und die jüdische Welt, in: Helmut Koopmann (Hg.), Thomas Mann-Handbuch, Stuttgart ²1995, S. 54–67

Walter K. Stewart, Der Tod in Venedig. The Path to Insight, in: Germanic Review 53, 1978, S. 50–55

Herbert A. Strauss, Juden und Judenfeindschaft in der frühen Neuzeit, in: Herbert A. Strauss und Norbert Kampe (Hgg.), Antisemitismus. Von der Judenfeindschaft zum Holocaust, Frankfurt a. M. 1985, S. 66–87

Michael Stürmer, Die Reichsgründung. Deutscher Nationalstaat und europäisches Gleichgewicht im Zeitalter Bismarcks, München ⁴1993 (Deutsche Geschichte der neuesten Zeit vom 19. Jahrhundert bis zur Gegenwart)

Anton Summerer, Strukturelle und kontextuelle Analyse eines Erzähltextes. Thomas Manns Gladius Dei [Manuskript]

Martin Swales, Buddenbrooks. Family Live as the Mirror of Social Change, Boston 1991 (Twayne's Masterwork Studies, Bd. 29)

Zoltán Szendi, Die doppelte Optik von Versteck- und Entlarvungsspiel. Zur Funktion der mythischen Parallelen in Thomas Manns Der Tod in Venedig, in: Jahrbuch der ungarischen Germanistik 1995, S. 31–44

Mario Szenessy, Über Thomas Manns Die Betrogene, in: Deutsche Vierteljahrsschrift für Literaturwissenschaft und Geistesgeschichte 40, 1966, S. 217–247

Ders., Thomas Manns Die Betrogene. Ein Versuch [Manuskript]

Jakob Tanner, Nationale Identität und kollektives Gedächtnis. Die Schweiz im internationalen Kontext, in: Neue Zürcher Zeitung, 31.1./1.2.1998

Owsei Temkin, An Historical Analysis of the Concept of Infection, in: Owsei Temkin, The Double Face of Janus and Other Essays in the History of Medicine, Baltimore und London 1977, S. 456–471

Klaus Theweleit, Objektwahl (All You Need is Love...). Über Paarbildungsstrategien & Bruchstück einer Freudbiographie, München ²1996, S. 24

Rolf Thiede, Stereotypen vom Juden. Die frühen Schriften von Heinrich und Thomas Mann. Zum antisemitischen Diskurs der Moderne und dem Versuch seiner Überwindung, Berlin 1998 (Reihe Dokumente — Texte — Materialien, Bd. 23)

Claus Tillmann, Das Frauenbild bei Thomas Mann. Der Wille zum strengen Glück. Frauenfiguren im Werk Thomas Manns, Wuppertal 1991 (Wissenschaftliche Monographien, Literaturwissenschaft, Bd. 2)

Eitel Timm, Thomas Manns Doktor Faustus im Film. Zum Problem der »Wortmusik«, in: Carleton Germanic Papers 15, 1987, S. 41–54

Josua Trachtenberg, The Devil and the Jews. The Medieval Conception of the Jew and its Relation to Modern Antisemitism, New Haven 1943

Beatrice Trummer, Thomas Manns Selbstkommentare zum Zauberberg, Konstanz 1992

David Turner, Balancing the Account: Thomas Mann's Unordnung und frühes Leid, in: German Life and Letters, New Series, 52, 1999, S. 43–57

Siegmar Tyroff, Namen bei Thomas Mann in den Erzählungen und den Romanen Buddenbrooks, Königliche Hoheit, Der Zauberberg, Bern und Frankfurt a. M. 1975 (Europäische Hochschulschriften, I, Bd. 102)

Ludwig Uhlig, Der Todesgenius in der deutschen Literatur von Winckelmann bis Thomas Mann, Tübingen 1975 (Untersuchungen zur deutschen Literaturgeschichte, Bd. 12)

Margot Ulrich, Thomas Mann und Düsseldorf. Biographische und literarische Beziehungen, in: Volkmar Hansen und Margot Ulrich (Hgg.), Thomas Mann 1875–1975. Zur Einführung in die Thomas Mann-Ausstellung Düsseldorf anläßlich des hundertsten Geburtstags, Düsseldorf 1975, S. 55–67

Dies., »...diese kleine Mythe von Mutter Natur«. Zu Thomas Manns letzter Erzählung *Die Betrogene*, in: Rudolf Wolff (Hg.), Thomas Mann. Erzählungen und Novellen, Bonn 1984 (Sammlung Profile, Bd. 8), S. 121–134

Bernd Urban, Hofmannsthal, Freud und die Psychoanalyse. Quellenkundliche Untersuchungen, Frankfurt a. M., Bern, Las Vegas 1978 (Literatur und Psychologie, Bd. 1)

Hans Rudolf Vaget, Thomas Mann's *Gladius Dei* Once Again, in: Publications of the Modern Language Association of America 86, 1971, S. 482–484

Ders., Thomas Mann und Theodor Fontane. Eine rezeptionsästhetische Studie zu *Der kleine Herr Friedemann*, in: Modern Language Notes 90, 1975, S. 448–471

Ders., Film and Literature. The Case of *Death in Venice*: Luchino Visconti and Thomas Mann, in: German Quarterly 53, 1980, S. 159–175

Ders, Intertextualität im Frühwerk Thomas Manns. *Der Wille zum Glück* und Heinrich Manns *Das Wunderbare*, in: Zeitschrift für deutsche Philologie 101, 1982, S. 193–216

Ders., Thomas Mann. Kommentar zu sämtlichen Erzählungen, München 1984

Ders., Thomas Mann und die Neoklassik. *Der Tod in Venedig* und Samuel Lublinskis Literaturauffassung, in: Hermann Kurzke (Hg.), Stationen der Thomas Mann-Forschung. Aufsätze seit 1970, Würzburg 1985, S. 41–60

Ders., Vorzeitiger Antifaschismus und andere unamerikanische Umtriebe. Aus den geheimen Akten des FBI über Thomas Mann, in: Hannelore Mundt, Egon Schwarz und William J. Lillyman (Hgg.), Horizonte. Festschrift für Herbert Lehnert, Tübingen 1990, S. 173–204

Ders., *Germany: Jekyll and Hyde*. Sebastian Haffners Deutschlandbild und die Genese von *Doktor Faustus*, in: Eckhard Heftrich und Helmut Koopmann (Hgg.), Thomas Mann und seine Quellen. Festschrift für Hans Wysling, Frankfurt a. M. 1991, S. 249–271

Ders., The Spell of Salome: Thomas Mann and Richard Strauss, in: Claus Reschke und Howard Pollack (Hgg.), German Literature and Music. An Aesthetic Fusion: 1890–1989, München 1992 (Houston German Studies, Bd. 8), S. 39–60

Ders., Deutsche Einheit und nationale Identität. Zur Genealogie der gegenwärtigen Deutschland-Debatte am Beispiel von Thomas Mann, in: Literaturwissenschaftliches Jahrbuch, Neue Folge, 35, 1992, S. 277–298

Christian Virchow, Geschichten um den *Zauberberg*. Aus der Hochgebirgsklinik Davos-Wolfgang, in: Deutsches Ärzteblatt, 4./11.2.1967

Ders., Zur Pathographie Thomas Manns — Die Atemwegerkrankung im April 1946, in: Thomas Sprecher (Hg.), Vom *Zauberberg* zum *Doktor Faustus*. Krankheit und Literatur. Die Davoser Literaturtage 1998, Frankfurt a. M. (Thomas Mann-Studien) [im Druck]

Ders., A. P. Naef, H. E. Schaefer und J. Chr. Virchow jr., Thomas Mann (1875–1955) und die Pneumologie. Zur Indikation des thoraxchirurgischen Eingriffs im April 1946, in: Deutsche Medizinische Wochenschrift 122, 1997, S. 1432–1437

Jochen Vogt, Einiges über »Haus« und »Familie« in den *Buddenbrooks*, in: Heinz Ludwig Arnold (Hg.), Thomas Mann, Frankfurt a. M. ²1982 (Text und Kritik, Sonderband), S. 67–84

Ders., Thomas Mann. *Buddenbrooks*, München 1983

Shulamit Volkov, Jüdische Assimilation und jüdische Eigenart im Deutschen Kaiserreich, in: Geschichte und Gesellschaft 9, 1983, S. 331–348

Dies., Die Juden in Deutschland 1780–1918, München 1994 (Enzyklopädie der Geschichte, Bd. 16)

Pia Daniela Volz, Nietzsche im Labyrinth seiner Krankheit. Eine medizinisch-biographische Untersuchung, Würzburg 1990

Liselotte Voß, Die Entstehung von Thomas Manns Roman *Doktor Faustus*. Dargestellt anhand von unveröffentlichten Vorarbeiten, Tübingen 1975 (Studien zur deutschen Literatur, Bd. 39)

Helmut Wagner, Die innerdeutschen Grenzen, in: Alexander Demandt (Hg.), Deutschlands Grenzen in der Geschichte, München 1990, S. 235–276

R. B. J. Walker, Gender and Critique in the Theory of International Relations, in: V. Spike Peterson (Hg.), Feminist (Re)Visions of International Relations Theory. Gendered States, Boulder und London 1992 (Gender and Political Theory. New Contexts), S. 179–202

John Walton, Paul B. Beeson und Ronald Bolley Scott (Hgg.), The Oxford Companion to Medicine, Oxford, New York 1986

Hans Wanner, Individualität, Identität und Rolle. Das frühe Werk Heinrich Manns und Thomas Manns Erzählungen *Gladius Dei* und *Der Tod in Venedig*, München 1976 (Tuduv-Studien, Reihe Sprach- und Literaturwissenschaft, Bd. 5)

Jan Watrak, Substitutionsqualität und relativer Stellenwert des Begriffs der Heimat, in: Uwe Grund und Günter Scholdt (Hgg.), Literatur an der Grenze. Der Raum Saarland — Lothringen — Luxemburg — Elsaß als Problem der Literaturgeschichtsschreibung. Festgabe für Gerhard Schmidt-Henkel, Saarbrücken 1992 (Veröffentlichungen des Archivs für die Literaturen der Grenzregionen Saar-Lor-Lux-Elsaß), S. 153–166

Miles Weatherall, Drug Treatment and the Rise of Pharmacology, in: Roy Porter (Hg.), The Cambridge Illustrated History of Medicine, Cambridge, New York, Melbourne 1996, S. 246–277

Barbara Wedekind-Schwertner, »Daß ich eins und doppelt bin«. Studien zur Idee der Androgynie unter besonderer Berücksichtigung Thomas Manns, Frankfurt, Bern, New York 1984 (Europäische Hochschulschriften, I, Bd. 785)

Hans-Ulrich Wehler, Deutsche Gesellschaftsgeschichte, Bd. 3: Von der deutschen Doppelrevolution bis zum Beginn des Ersten Weltkriegs 1849–1914, München 1995

Sigrid Weigel, Topographien der Geschlechter. Kulturgeschichtliche Studien zur Literatur, Reinbek b. Hamburg 1990

Marc A. Weiner, Silence, Sound and Song in *Der Tod in Venedig*. A Study in Psycho-Social Repression, in: Seminar 23, 1987, S. 137–155

Ders., Wagner's Nose and the Ideology of Perception, in: Monatshefte 81, 1989, S. 62–78

Ders., Undertones of Insurrection. Music, Politics, and the Social Sphere in the Modern German Narrative, Lincoln und London 1993 (Texts and Contexts, Bd. 6)

Ders., Richard Wagner and the Anti-Semitic Imagination, Lincoln und London 1995 (Texts and Contexts, Bd. 12)

Marianne Welter, Späte Liebe — Vergleichende Betrachtungen über *Der Tod in Venedig* und *Die Betrogene*, in: Spektrum 11.5: Zum 90. Geburtstag Thomas Manns, 1965, S. 210–214

Joachim Wich, Thomas Manns *Gladius Dei* als Parodie, in: Germanisch-romanische Monatsschrift, Neue Folge, 22, 1972, S. 389–400

Thomas Willey, Thomas Mann's Munich, in: Gerald Chapple und Hans H. Schulte (Hgg.), Turn of the Century. German Literature and Art 1890–1915. McMaster Colloquium on German Literature 2, Bonn 1981 (Modern German Studies, Bd. 5), S. 477–491

Ruprecht Wimmer, Die altdeutschen Quellen im Spätwerk Thomas Manns, in: Eckhard Heftrich und Helmut Koopmann (Hgg.), Thomas Mann und seine Quellen. Festschrift für Hans Wysling, Frankfurt a. M. 1991, S. 272–299

Stefan Winkle, Geißeln der Menschheit. Kulturgeschichte der Seuchen, Düsseldorf und Zürich 1997

Michael Winkler, Tadzio-Anastasios. A Note on *Der Tod in Venedig*, in: Modern Language Notes 72, 1977, S. 607–609

Hans Wißkirchen, Republikanischer Eros. Zu Walt Whitmans und Hans Blühers Rolle in der politischen Publizistik Thomas Manns, in: Gerhard Härle (Hg.), »Heimsuchung und süßes Gift«. Erotik und Poetik bei Thomas Mann, Frankfurt a. M. 1992, S. 17–40

Ders., »Ich glaube an den Fortschritt, gewiß.« Quellenkritische Untersuchungen zu Thomas Manns Settembrini-Figur, in: Thomas Sprecher (Hg.), Das *Zauberberg*-Symposium 1994 in Davos, Frankfurt a. M. 1995 (Thomas Mann-Studien, Bd. 11), S. 81–116

Richard Winston, Thomas Mann. Das Werden eines Künstlers 1875 bis 1911, München und Hamburg 1985

Ernest M. Wolf, Savonarola in München. Eine Analyse von Thomas Manns *Gladius Dei*, in: Euphorion 64, 1970, S. 85–96

Ders., A Case of Slightly Mistaken Identity. Gustav Mahler and Gustav Aschenbach 19, 1973, S. 40–52

Ders., Magnum Opus. Studies in the Narrative Fiction of Thomas Mann, New York, Bern, Frankfurt a. M., Paris 1989 (Studies in Modern German Literature, Bd. 25)

Hans Wollschläger, Karl May. Grundriß eines gebrochenen Lebens, Zürich ²1977

A. Wayne Wonderley, Das Problem des Außenseiters der Gesellschaft in Thomas Manns *Gladius Dei*, in: Philobiblon 17, 1973, S. 275–278

Hans Wysling, Thomas Manns Plan zu einem Roman über Friedrich den Großen, in: Hans Wysling, Thomas Mann heute. Sieben Vorträge, Bern und München 1976, S. 25–36, 114

Ders., Thomas Manns Deskriptionstechnik, ebd., S. 64–84, 122–125

Ders., Thomas Manns Goethe-Nachfolge, in: Jahrbuch des Freien Deutschen Hochstifts 1978, S. 498–551

Ders., Thomas Manns Rezeption der Psychoanalyse, in: Benjamin Bennett, Anton Kaes und William J. Lillyman (Hgg.), Probleme der Moderne. Studien zur deutschen Literatur von Nietzsche bis Brecht. Festschrift für Walter Sokel, Tübingen 1983, S. 201–222

Ders., Narzißmus und illusionäre Existenzform. Zu den *Bekenntnissen des Hochstaplers Felix Krull*, Frankfurt a. M. ²1995 (Thomas Mann-Studien, Bd. 5)

Ders. und Yvonne Schmidlin, Bild und Text bei Thomas Mann. Eine Dokumentation, Bern und München 1975

Ders. und dies., Thomas Mann. Ein Leben in Bildern, Zürich ²1994

Kim Youn-Ock, Das »weibliche« Ich und das Frauenbild als lebens- und werkkonstituierende Elemente bei Thomas Mann, Frankfurt a. M., Berlin, Bern, New York, Paris, Wien 1997 (Europäische Hochschulschriften, I, Bd. 1645)

Michael Zeller, Bürger oder Bourgeois? Eine literatursoziologische Studie zu Thomas Manns *Buddenbrooks* und Heinrich Manns *Im Schlaraffenland*, Stuttgart 1976 (Literaturwissenschaft — Gesellschaftswissenschaft, Bd. 18)

Theodore Zielkowski, The Telltale Teeth. Psychodontia to Sociodontia, in: Publications of the Modern Language Association of America 91, 1976, S. 9–22

Jörg Zimmermann, Repräsentation und Intimität. Zu einem Wertgegensatz bei Thomas Mann. Mit besonderer Berücksichtigung der Werke aus den Jahren vor und während des ersten Weltkriegs, Zürich 1975 (Zürcher Beiträge zur Literatur- und Geistesgeschichte, Bd. 44)

Hans-Günter Zmarzlik, Antisemitismus im Deutschen Kaiserreich 1871–1918, in: Bernd Martin und Ernst Schulin (Hgg.), Die Juden als Minderheit in der Geschichte, München ²1982, S. 249–270

Viktor Zmegac, Zu einem Thema Goethes und Thomas Manns: Wege der Erotik in der modernen Gesellschaft, in: Goethe-Jahrbuch 103, 1986, S. 152–167

Atlanten, Lexika, Bibliographien

Atlas zur Geschichte, hg. vom Zentralinstitut für Geschichte der Akademie der Wissenschaften der DDR, Bd. 1: Von den Anfängen der menschlichen Gesellschaft bis zum Vorabend der Großen Sozialistischen Oktoberrevolution 1917, Gotha ⁴1989

Konrad Duden, Vollständiges Wörterbuch der deutschen Sprache. Nach den neuen preußischen und bayerischen Regeln, Leipzig 1880 (Nachdruck Mannheim 1980)

Ders., Orthografisches Wörterbuch der deutschen Sprache. Mit etymologischen Angaben, Sacherklärungen und Verdeutschungen der Fremdwörter. Nach den neuen amtlichen Regeln, Leipzig und Wien ⁴1893

Ders., Orthografisches Wörterbuch der deutschen Sprache. Nach den für Deutschland, Österreich und die Schweiz gültigen amtlichen Regeln, Leipzig und Wien ⁷1903

Günther Drodowski (Hg.), Duden. Das große Wörterbuch der deutschen Sprache, Mannheim, Wien, Zürich 1977–1981

Ders. (Hg.), Duden. Fremdwörterbuch, Mannheim, Leipzig, Wien, Zürich 1997

Ludwig Eisenberg, Grosses Biographisches Lexikon der Deutschen Bühne im XIX. Jahrhundert, Leipzig 1903

Josef Engel und Ernst Walter Zeeden (Hgg.), Großer Historischer Weltatlas, Teil 3: Neuzeit, München ⁴1981

Gedenkbuch. Opfer der Verfolgung der Juden unter der nationalsozialistischen Gewaltherrschaft in Deutschland 1933–1945, hg. vom Bundesarchiv, Koblenz, und dem internationalen Suchdienst Arolsen, o. O. 1986

Goethe-Wörterbuch, hg. v. der Deutschen Akademie der Wissenschaften der DDR, der Akademie der Wissenschaften in Göttingen und der Heidelberger Akademie der Wissenschaften, Stuttgart, Berlin, Köln, Mainz 1978 ff.

Jacob Grimm und Wilhelm Grimm et al., Deutsches Wörterbuch, Leipzig 1854–1971 (Nachdruck München 1984)

Benjamin Hederich, Gründliches mythologisches Lexicon […], Leipzig 1770 (Nachdruck Darmstadt 1986)

Gustav Keckeis und Blanche Christine Olschak et al., Lexikon der Frau, Zürich 1953 f.

Friedrich Kluge, Etymologisches Wörterbuch der deutschen Sprache, Berlin und New York ²¹1975

Henry George Liddell und Robert Scott, Greek-English Lexicon. Revised and Augmented Throughout by Henry Stuart Jones, Oxford ⁹1982

Meyers kleines Lexikon, Leipzig ⁸1931 f.

Meyers großes Konversationslexikon, Leipzig und Wien ⁶1909

Wolfgang Pfeifer et al., Etymologisches Wörterbuch des Deutschen, Berlin 1989

Georg Potempa, Thomas Mann. Das Werk, Morsum/Sylt 1992

Philipp Stauff, Semi-Kürschner oder Literarisches Lexikon der Schriftsteller, Dichter, Bankiers, Geldleute, Ärzte, Schauspieler, Künstler, Musiker, Offiziere, Rechtsanwälte, Revolutionäre, Frauenrechtlerinnen, Sozialdemokraten usw., [sic!] jüdischer Rasse und Versippung [...], o. O. [Selbstverlag] 1913

Gerhard Wahrig, Deutsches Wörterbuch [...], hg. v. Ursula Hermann, o. O. 1991

Ernst Walter Zeeden, Großer Historischer Weltatlas, Teil 3: Neuzeit. Erläuterungen, München 1984